ERNST CASSIRER

DAS ERKENNTNISPROBLEM

ERSTER BAND

ERNST CASSIRER

DAS ERKENNTNISPROBLEM
IN DER PHILOSOPHIE UND WISSENSCHAFT DER NEUEREN ZEIT

SONDERAUSGABE

ERSTER BAND

WISSENSCHAFTLICHE BUCHGESELLSCHAFT
DARMSTADT

This reprint 1994 of the 3rd edition 1922 (1st edition 1906; 2nd, revised edition 1911)
is published by arrangement with the Yale University Press, New Haven, Conn. (U.S.A.)
All rights reserved

Die Deutsche Bibliothek – CIP-Einheitsaufnahme

Cassirer, Ernst:
Das Erkenntnisproblem in der Philosophie und
Wissenschaft der neueren Zeit / Ernst Cassirer. –
Sonderausg., Reprint. – Darmstadt: Wiss. Buchges.
ISBN 3-534-12480-4

Sonderausg., Reprint
Bd. 1. – Reprint of the 3rd ed., 1922. – 1994

Bestellnummer 12480-4

Das Werk ist in allen seinen Teilen urheberrechtlich geschützt.
Jede Verwertung ist ohne Zustimmung des Verlages unzulässig.
Das gilt insbesondere für Vervielfältigungen,
Übersetzungen, Mikroverfilmungen und die Einspeicherung in
und Verarbeitung durch elektronische Systeme.

Gedruckt auf säurefreiem und alterungsbeständigem Offsetpapier
Druck und Einband: Wissenschaftliche Buchgesellschaft, Darmstadt
Printed in Germany

ISBN 3-534-12480-4

Vorrede zur ersten Auflage.

Die Schrift, deren ersten Band ich hier veröffentliche, stellt sich das Ziel, die geschichtliche Entstehung des Grundproblems der neueren Philosophie zu beleuchten und durchsichtig zu machen. Alle gedanklichen Bestrebungen der neueren Zeit fassen sich zuletzt zu einer gemeinsamen höchsten Aufgabe zusammen: es ist ein neuer Begriff der E r k e n n t n i s , der in ihnen in stetigem Fortgange erarbeitet wird. So einseitig es wäre, den Ertrag der modernen philosophischen Arbeit lediglich im logischen Gebiete aufsuchen zu wollen: so deutlich läßt sich doch erkennen, daß die verschiedenen geistigen Kulturmächte, die zu dem endgültigen Ergebnis zusammenwirken, erst kraft des t h e o r e t i s c h e n S e l b s t b e w u ß t s e i n s , das sie erringen, ihre volle Wirkung entfalten können und daß sie damit mittelbar zugleich die allgemeine Aufgabe und das Ideal des W i s s e n s fortschreitend umgestalten.

Jede Epoche besitzt ein Grundsystem letzter allgemeiner Begriffe und Voraussetzungen, kraft deren sie die Mannigfaltigkeit des Stoffes, den ihr Erfahrung und Beobachtung bieten, meistert und zur Einheit zusammenfügt. Der naiven Auffassung aber und selbst der wissenschaftlichen Betrachtung, soweit sie nicht durch kritische Selbstbesinnung geleitet ist, erscheinen diese Erzeugnisse des Geistes selbst als starre und ein für alle Mal f e r t i g e Gebilde. Die Instrumente des Denkens werden zu bestehenden Objekten umgewandelt; die freien Setzungen des Verstandes werden in der Art von D i n g e n angeschaut, die uns umgeben und die wir passiv hinzunehmen haben. So wird die Kraft und Unabhängigkeit des Geistes, die sich in der Formung des unmittelbaren Wahrnehmungsinhalts bekundet, von neuem durch ein System fester Begriffe beschränkt, das ihm wie eine zweite unabhängige und unabänderliche W i r k l i c h k e i t gegenübertritt. Die Illusion, auf Grund deren wir die subjektiven Empfindungen der Sinne den Gegenständen selbst anheften, wird von der Wissenschaft Schritt für Schritt beseitigt: aber an ihrer Stelle erhebt sich die nicht minder gefährliche Illusion des B e g r i f f s. Wenn die „Materie" oder das „Atom" ihrem reinen Sinne nach nichts anderes bedeuten wollen, als die Mittel, kraft deren der G e d a n k e seine Herrschaft über die Erscheinungen gewinnt und sichert, so werden sie hier zu selbständigen Mächten, denen er sich zu unterwerfen hat.

Erst die kritische Analyse, die den inneren gesetzlichen Aufbau der Wissenschaft aus ihren Prizipien aufhellt, vermag diesen D o g m a t i s m u s der gewöhnlichen Ansicht zu entwurzeln. Was dieser als ein selbstgenügsamer und fest umschränkter Inhalt gilt, das erweist sich jetzt als eine intellektuelle Teilbedingung des Seins, als ein einzelnes begriffliches Moment, das erst im Gesamtsystem unserer Grunderkenntnisse zu wahrer Wirksamkeit gelangt. So notwendig und unumgänglich indes diese rein logische Auflösung ist: so schwierig ist sie zugleich. Gerade an dieser Stelle darf daher die systematische Zergliederung der Erkenntnis die Hilfsmittel nicht verschmähen, die die g e s c h i c h t l i c h e Betrachtung ihr allenthalben darbietet. Ein Hauptziel, dem die inhaltliche Kritik der Prinzipien zustrebt, läßt sich in ihr fast mühelos und in voller Klarheit gewinnen: das Trugbild des „Absoluten" verschwindet hier von den ersten Schritten an von selbst. Indem wir die Voraussetzungen der Wissenschaft als g e w o r d e n betrachten, erkennen wir sie eben damit wiederum als S c h ö p f u n g e n des Denkens an; indem wir ihre historische R e l a t i v i t ä t und Bedingtheit durchschauen, eröffnen wir uns damit den Ausblick in ihren unaufhaltsamen Fortgang und ihre immer erneute Produktivität. Die beiden Richtungen der Betrachtung fügen sich hier zwanglos und ungesucht ineinander ein. Die systematische Gliederung der Grunderkenntnisse und das Verhältnis ihrer inneren

Abhängigkeit tritt uns in dem Bilde ihrer geschichtlichen Entstehung noch einmal deutlich und faßlich entgegen. So wenig diese Entwicklung verstanden und dargestellt werden kann, ohne daß man sich das G a n z e , dem sie zustrebt, beständig in einem idealen Entwurf vor Augen hält: so wenig gelangt die fertige Gestalt selbst zur vollen anschaulichen Bestimmtheit, ehe wir sie nicht in ihren einzelnen Teilen vor uns entstehen lassen.

In dieser Grundansicht habe ich versucht, in der folgenden Darstellung das systematische und das geschichtliche Interesse zu vereinen. Von Anfang an galt es mir als das notwendige und selbstverständliche Erfordernis, die Herausbildung der fundamentalen Begriffe an den g e s c h i c h t l i c h e n Q u e l l e n selbst zu studieren und jeden Einzelschritt der Darstellung und Schlußfolgerung unmittelbar aus ihnen zu rechtfertigen. Die einzelnen Gedanken sollten nicht nur ihrem allgemeinen Sinne nach in historischer Treue wiedergegeben, — sie sollten zugleich innerhalb des bestimmten intellektuellen Gesichtskreises, dem sie angehören, betrachtet und aus ihm heraus begriffen werden. Hier erwarte und erhoffe ich die eingehende Nachprüfung von seiten der Kritik; je genauer und strenger sie ist, um so erwünschter wird sie mir sein. Ich selbst habe bei der Herbeischaffung und Sichtung des historischen Materials die Lücken unseres heutigen Wissens im Gebiet der Geschichte der Philosophie zu lebhaft empfunden, als daß ich nicht jede Förderung durch erneute, eindringende Spezialforschung willkommen heißen sollte. Und je bestimmter und schärfer die Kenntnis des Einzelnen sich gestalten wird, um so deutlicher werden sich auch die großen intellektuellen Zusammenhänge vor uns enthüllen. Die immanente L o g i k der Geschichte gelangt um so klarer zum Bewußtsein, je weniger sie u n m i t t e l b a r gesucht und mittels eines fertigen Schemas in die Erscheinung hineinverlegt wird. Daß die innere E i n h e i t , die die einzelnen Tatsachen verknüpft, nicht direkt mit diesen selber mitgegeben, sondern immer erst durch gedankliche S y n t h e s e n zu erschaffen ist: dies muß freilich von Anfang an erkannt werden. Das Recht derartiger Synthesen wird heute — da auch die erkenntnistheoretischen Voraussetzungen der Geschichte klarer begriffen und formuliert sind — keines besonderen Erweises mehr bedürfen; nicht das allgemeine Verfahren, sondern nur seine besondere Anwendung kann kritisch bestritten werden. Die Geschichte der Philosophie kann, so wahr sie Wissenschaft ist, keine Sammlung bedeuten, durch die wir die Tatsachen in bunter Folge kennen lernen; sie will eine M e t h o d e sein, durch die wir sie verstehen lernen. Daß die P r i n z i p i e n, auf die sie sich hierbei stützt, zuletzt „subjektiv" sind, ist freilich wahr; aber es besagt nichts anderes, als daß unsere Einsicht hier wie überall durch die Regel und das Gesetz unserer E r k e n n t n i s bedingt ist. Die Schranke, die hierin zu liegen scheint, ist überwunden, sobald sie durchschaut ist, sobald die unmittelbar gegebenen Phänomene und die begrifflichen Mittel für ihre theoretische Deutung nicht mehr unterschiedslos in Eins verschwimmen, sondern beide Momente sowohl in ihrer Durchdringung, wie in ihrer relativen Selbständigkeit erfaßt werden. —

Die Abgrenzung des Stoffgebiets und die leitenden Gesichtspunkte für seine Behandlung habe ich in der Einleitung zu begründen gesucht. Die allgemeine Fassung der Aufgabe verlangte, daß die Betrachtung nicht auf die Abfolge der einzelnen philosophischen Systeme beschränkt, sondern stets zugleich auf die Strömungen und Kräfte der allgemeinen geistigen Kultur, vor allem auf die Entstehung und Fortbildung der e x a k t e n W i s s e n s c h a f t bezogen wurde. Diese Erweiterung hat es verschuldet, daß der erste Band, der hier erscheint, über die A n f ä n g e der neueren Philosophie nicht hinausreicht. Der Reichtum der philosophischen und wissenschaftlichen R e n a i s s a n c e, der heute noch kaum erschlossen, geschweige bewältigt ist, forderte überall ein längeres Verweilen; wird doch hier der originale und sichere Grund für alles Folgende gelegt. Der zweite Band wird mit der englischen Erfahrungsphilosophie beginnen, um sodann, in einer doppelten Richtung, die Entwickelung des Idealismus von L e i b n i z an und den Fortgang der Naturwissenschaft von N e w t o n an zu verfolgen; beide Ströme vereinigen sich in der k r i t i s c h e n Philosophie, mit deren Darstellung das Werk seinen Abschluß erreichen soll. Die Vorarbeiten zu diesem Bande sind so weit fortgeschritten, daß er, wie ich hoffe, in kurzem erscheinen wird.

Berlin, im Januar 1906.

E r n s t C a s s i r e r.

Zur zweiten Auflage.

Zwischen dem ersten Abschluß dieser Schrift und ihrer zweiten Auflage liegen drei Jahre, während deren ich hauptsächlich mit systematischen Studien über die Grundfragen der Erkenntniskritik beschäftigt war. Auch diese Studien, die jetzt in der Schrift „Substanzbegriff und Funktionsbegriff" (Berlin 1910) zusammengefaßt sind, stehen jedoch mit dem Thema des vorliegenden Buches in engem Zusammenhang: sie versuchen, die Grundauffassung der Erkenntnis, die innerhalb der rein geschichtlichen Betrachtung nur in allgemeinen Umrissen dargestellt werden konnte, schärfer zu bestimmen und eingehender zu begründen. Was somit den systematischen Teil der Aufgabe betrifft, so konnte ich mich in dieser Neubearbeitung darauf beschränken, auf diese ausführlicheren Darlegungen zurückzuweisen. Dagegen erforderten die geschichtlichen Entwicklungen, bei dem Umfang und der Mannigfaltigkeit des Materials, überall eine erneute kritische Nachprüfung. Hier mußte, um die Darstellung genauer und prägnanter zu gestalten, wiederum durchweg auf die Quellen selbst zurückgegangen werden. Insbesondere ist es der erste Band, der hierbei vielfach ergänzt und berichtigt wurde; doch haben auch im zweiten Bande einzelne Abschnitte, wie z. B. der Abschnitt über G a s s e n d i eine durchgreifende Umgestaltung erfahren. Die einleitenden Betrachtungen über das Erkenntnisproblem in der griechischen Philosophie sind diesmal fortgefallen, da sie mir in ihrer bisherigen Fassung nicht mehr genügten, eine eingehendere Darlegung aber über den Rahmen dieses Buches hinausgegangen wäre. Die Belegstellen und Anmerkungen, die in der ersten Auflage am Schluß jedes Bandes vereinigt waren, sind jetzt unmittelbar unter den Text gestellt worden, um auch auf diese Weise den Zusammenhang zwischen der Darstellung und dem geschichtlichen Quellenmaterial fester zu knüpfen und deutlicher hervortreten zu lassen. Ein ausführliches Namen- und Sachregister, das dem zweiten Bande beigegeben werden wird, soll schließlich versuchen, die Entwicklung der einzelnen Begriffe und Probleme nochmals zusammenzufassen und übersichtlich zu gliedern.

Es bleibt mir nur übrig, allen denen, die mich durch ihre Ratschläge und ihre Kritik gefördert haben, meinen herzlichen Dank auszusprechen; ich werde auch weiterhin für jeden Rat und jede Anregung dankbar sein. —

Berlin, im November 1910.

Ernst Cassirer.

Inhalts=Verzeichnis.

Einleitung.

I. Das Erkennen und sein Gegenstand. — Das System der Grundbegriffe und seine Wandlungen. — Psychologische und geschichtliche Analyse des Erkenntnisprozesses. — Erkenntnisbegriff und Erkenntnistheorie. — Die exakte Wissenschaft und ihr Verhältnis zum Erkenntnisproblem. — Verhältnis zur Metaphysik. — Die „transscendentale Methode" und die Geschichte. — Das Apriori und seine Geschichte 1

Erstes Buch.
Die Renaissance des Erkenntnisproblems.

Erstes Kapitel:

Nikolaus Cusanus.

I. Gott und Welt. — Der Fortschritt zur Immanenz. — Die „docta ignorantia" als Erkenntnismittel. — Der Begriff der „conjectura" 21

II. Verstand und Sinnlichkeit. — Verhältnis zur Platonischen Ideenlehre. — Die „Ähnlichkeit" des Geistes und der Dinge. — Die Analyse des Wahrnehmungsprozesses. — Das Musterbild der Mathematik. — Quantität und Qualität. — Das Problem des „Unendlich Kleinen". — Der Begriff der Substanz 31

III. Die symbolische Verwendung der Mathematik. — Verhältnis der Mathematik zum Satz des Widerspruchs. — Abstraktions- und Konstruktionsbegriffe. — Mathematische und metaphysische Deduktion 45

IV. Objekt und Funktion des Denkens. — Der Begriff des Wertes. Der Begriff des Logos. — Die Frage als Prinzip der Gewißheit. — Der Wahrheitsbegriff 54

Carolus Bovillus.
Dialektik und Naturphilosophie. — Der Formbegriff und die Theorie der „Species". — Intellekt und Gedächtnis. — Der Widerspruch im Aristotelischen Substanzbegriff. — Makrokosmos und Mikrokosmos 61

Zweites Kapitel:

Der Humanismus und der Kampf der Platonischen und Aristotelischen Philosophie.

Die Philosophie in der Kultur der Renaissance. — Die Kritik der substantiellen Formen. — Das Problem des Individuums. — Ichbegriff und Naturbegriff. — Die Harmonie der „Welt" und der „Seele" 73

I. Die Erneuerung der Platonischen Philosophie 80
Georgius Gemistos Plethon
Die Logoslehre. — Ideenlehre und Götterlehre 82
Marsilius Ficinus 84
Philosophie und Religion. — Die Stufenfolge des geistigen Seins. — Seelenbegriff und Erkenntnisbegriff. — Die Selbsttätigkeit des Denkens. — Die Funktion des Begriffs. — Ichbegriff und Gottesbegriff. — Der Begriff der ästhetischen Harmonie.

II. Die Reform der Aristotelischen Psychologie 98
Die kritische Erneuerung der Aristotelischen Lehre. — Der Übergang zum modernen Begriff des Bewußtseins. — Aristoteles' Lehre vom „tätigen Verstande". — Der Averroismus.
Pietro Pomponazzi 105
Die Korrelation von Seele und Körper. — Die Einheit der Seele. — Stoff und Form der Erkenntnis. — Das Allgemeine und das Besondere. — Die Grundlegung der Ethik.
Giacomo Zabarella 117
„Forma informans" und „forma assistens". — Wahrnehmung und Urteilsfunktion.

III. Die Auflösung der scholastischen Logik 120
Lorenzo Valla 122
Lodovico Vives 124
Die Schrift „gegen die Pseudodialektiker". — Die Kritik der Ontologie. — Die Rechtfertigung der Prinzipien der Erkenntnis.
Petrus Ramus 130
Logik und Mathematik. — Die „natürliche Dialektik". — Der Übergang zur mathematisch-naturwissenschaftlichen Renaissance.
Giacomo Zabarella 136
Kompositive und resolutive Methode. — Die Logik der Induktion. — Die regressive Methode und der Zirkelschluß. — Begriffliche Analyse und kausale Erkenntnis.

XIII

Seite

Francesco Pico della Mirandola 144
Form und Materie der Erkenntnis. — Die Kritik des Substanzbegriffs. — Das Problem der Repräsentation.
Marius Nizolius 149
Die Kritik der Universalien.

IV. Die Erneuerung der Natur- und Geschichtsansicht 153
Verhältnis von Natur- und Geisteswissenschaft. — Giov. Picos Schrift „gegen die Astrologie". — Ursachen und Zeichen. — Das Problem der Willensfreiheit. — Naturbewußtsein und Selbstbewußtsein. Die Geschichtsphilosophie. — Geschichte und Offenbarung. — Verhältnis der Geschichte zur Psychologie. — Die Anfänge der Geschichte der Philosophie. — Die Idee der Universalreligion. — Die Logoslehre.

Drittes Kapitel:

Der Skeptizismus 172
Montaigne 174
Zweckbegriff und Naturbegriff. — Die skeptische Kritik des Pantheismus. — Die subjektive Bedingtheit der Erkenntnis. — Die ethische Bedeutung der Skepsis. — Die Natur als sittlicher Normbegriff. — Die neue Grundlage der Pädagogik. — Psychologie und Ästhetik. — Ichbegriff und Naturbegriff. — Die anthropologische Kritik der Religion. *Montaigne* und *Agrippa von Nettesheim.*
Charron.
Die Kritik der religiösen Ethik.— Skepsis und Protestantismus. 194
Sanchez und *La Mothe le Vayer* 198

Zweites Buch.

Die Entdeckung des Naturbegriffs.

Erstes Kapitel:

Die Naturphilosophie 203
A. Der Begriff des Weltorganismus . . '. . 205
Agrippa von Nettesheim. — Die dynamische Naturanschauung. — Der Begriff der „natürlichen Magie". — Sein und Bewußtsein.
Die Kritik des Potenzbegriffs. — Die Definition der Substanz. — Die Bewegung und der „unbewegte Beweger". Der Begriff der Entwicklung. — Die Immanenz der Naturgesetze. — Die Kritik des Kraftbegriffs. — Die Kritik des Aristotelischen Formbegriffs.

	Seite
Paracelsus	218

Die Idee des Mikrokosmos. — Das „Sichtige" und das „Unsichtige". — Der doppelte Begriff der Erfahrung.
B. Die Psychologie des Erkennens 225
I. *Girolamo Fracastoro* 226
Die Psychologie des Erkennens. — Die Speziestheorie. — Das Problem der Allgemeinbegriffe. — Die Begriffe der seelischen Tätigkeiten.
II. *Telesio* 232
Die Theorie der Wahrnehmung. — Verstand und Gedächtnis. — Verhältnis zum modernen Sensualismus. — Die Verdinglichung des Geistes und der Erkenntnis.
III. *Campanella* 240
Die Verwandlung des Ich in die Dinge. — Bewegung und Denken. — Die skeptische Kritik der Erkenntnis. — Umfang und Inhalt der Begriffe. — Das Problem des Selbstbewußtseins. — Intuitive und reflexive Erkenntnis des Ich. — Wahrnehmung und Urteilsakt. — Der Rationalismus in Campanellas Erkenntnislehre. — Verhältnis zur Mathematik.
C. Die Begriffe des Raumes und der Zeit. Die Mathematik 257
Raum und Zeit bei *Cardano*, *Scaliger* und *Telesio* 257
Raumbegriff und Körperbegriff.
Patrizzi 260
Der Raum und das Kategoriensystem. — Die metaphysische Stellung des Raumes. — Zahl und Continuum. — Die Anfänge des Differentialbegriffs.
Der Begriff des Unendlichen 268
D. Das Copernikanische Weltsystem und die Metaphysik. — *Giordano Bruno* 271
Copernicus und seine Lehre. — Mathematische und ästhetische Momente des Weltbegriffs. — Die astronomische Weltansicht im Verhältnis zu den Geisteswissenschaften. —
Naturbegriff und Offenbarungsbegriff 271
Giordano Bruno.
I. Der Begriff der Weltseele. — Der Begriff des Unendlichen. — Die metaphysischen Grundlagen von Brunos Erkenntnislehre. — Die Idee des Schönen. — Idee und Erscheinung. — Die sinnliche und die intelligible Welt. — Abstraktion und Analyse 277
II. Einheit und Vielheit. — Materie und Form. — Der Begriff der Substanz. — Natur und Gesetz 293
III. Der Begriff des Minimums. — Das Minimum als Maß der Dinge. — Die Entstehung der Einzelgestalten. — Minimum

und Grenze. — Kritik der Minimum-Lehre. — Kontinuität und Zahl. — Die Stellung der Mathematik in Brunos Methodenlehre 300

Zweites Kapitel:

Die Entstehung der exakten Wissenschaft 314
Begriff und Erfahrung.
1. *Leonardo da Vinci* 318
Die mathematische Gewißheit. — Mathematik und Magie. — Die Erfahrung und die „Vernunftgründe". — Die logische Bedeutung der „Imagination".
2. *Kepler.*
a) Der Begriff der Harmonie 328
Die Harmonie als eine Schöpfung des Geistes. — Die sinnliche und die intellektuelle Harmonie. — Die Theorie der Wahrnehmung. — Verhältnis zur Platonischen Ideenlehre. — Das Wahrnehmungsproblem in Keplers Optik. — Der Begriff der Hypothese. — Die astronomische und die physische Hypothese. — Realistische und idealistische Deutung der astronomischen Hypothesen. — Die Hypothese als Grundlage des Calculs. — Mathematische und mystische Naturanschauung. — Der ontologische und der mathematische Formbegriff.
b) Der Begriff der Kraft 352
Kraftbegriff und Seelenbegriff. — Kraftbegriff und Funktionsbegriff. — Die Arithmetik der Kräfte.
William Gilbert. — Die Theorie des Magnetismus. Die Theorie der Gravitation bei *Gilbert* und *Kepler.* — Die Entdeckung des Massenbegriffs. — Die „Trägheit" der Materie.
c) Der Begriff des Gesetzes 367
Verhältnis des Zahlbegriffs zum Raumbegriff. — Die Gesetzlichkeit des Ungleichförmigen. — Die Konstanz der Naturgesetze. — Der Grund des Seins und das Gesetz des Werdens.
3. *Galilei* 377
Der Briefwechsel zwischen Kepler und Galilei. — Der Kampf gegen die Syllogistik. — Abstraktion und Erfahrung. — Begriff und Wirklichkeit. — Reine und angewandte Mathematik. — Der Begriff der Materie. — Verhältnis zur antiken Atomistik. — Die Subjektivität der sinnlichen Qualitäten. — Die Erhaltung des Stoffes. — Die Bewegung als Objekt der reinen Mathematik. — Das Beharrungsgesetz. — Quantitative und qualitative Naturansicht. — „Sein" und „Wirken". — Substantielle und phänomenale

Erkenntnis. — Extensiver und intensiver Maßstab des Wissens. — Die Relativität der Erkenntnis. — Kompositive und resolutive Methode. — Das Phänomen und seine Wahrheit. — Das Apriori der Idee und das Apriori des Zwecks. — Gesetzesbegriff und Harmoniebegriff. — Die philosophische Bedeutung von Galileis Wissenschaft.

4. Die Mathematik 418
Die Wechselwirkung von Mathematik und Physik. — Der Begriff des Unendlichen. — „Gleichheit" und „Ungleichheit" unendlicher Inbegriffe. — Das Continuum und seine Elemente. — Das „Indivisible" und die Erneuerung der Geometrie. — Das Tangentenproblem und die Anfänge der analytischen Geometrie. — Die projektive Geometrie. — Buchstabenrechnung und Logarithmen. — Die negative und die imaginäre Zahl.

Drittes Buch.

Die Grundlegung des Idealismus.

Erstes Kapitel:

Descartes 439

I. Die Einheit der Erkenntnis 442
Das Problem der Notwendigkeit. — Methodenlehre und Metaphysik. — Die Universalmathematik. — Die Kritik der Syllogistik. — Die philosophische Bedeutung der analytischen Methode. — Die Grundlegung der analytischen Geometrie. — Die Ausdehnung als gemeinsames Größenmaß. — Raumbegriff und Größenbegriff.
Die Grundlegung der Physik. — Die Ausdehnung als „eingeborene Idee". — Der Begriff der Substanz. — Das Grundproblem der Statik. — Die Relativität der Bewegung. - Die Erhaltung der Bewegung.
Das Problem der Erfahrung. — Die Voraussetzungen der Induktion. — Induktion und Enumeration. — Die „wirkliche" und die „mögliche" Welt. — Die Hypothesen der Physik. — Verhältnis zu Galilei. — Fundament und Ausbau der Cartesischen Physik.

II. Die Metaphysik 483
Der Begriff des reinen Verstandes. — Die Analyse des Gegenstandes. — Das Problem des Selbstbewußtseins. — Der Gegenstand und die Urteilsfunktion.
Die Gottesidee. — Der absolute und der endliche Verstand. — Gott und die „ewigen Wahrheiten". — Der Begriff des Unendlichen. — Die „eingeborenen Ideen". — Der Zu-

sammenhang von Geist und Körper. — Die Grenzen der Cartesischen Philosophie.

Zweites Kapitel:

Die Fortbildung der Cartesischen Philosophie ... 506

Das Kriterium der klaren und deutlichen Perzeption. — Cartesianismus und Augustinismus.
A. *Pascal.*
I. Die Idee der rationalen Erkenntnis. — Die Methode der Geometrie. — Das Problem des Unendlichen. — Die Würde des Denkens 510

II. Das Problem der Ethik. — Das Mysterium der Erbsünde — Der Jansenismus. — Gottesbegriff und Wahrheitsbegriff. — Wille und Intellekt. — Verhältnis zu Montaigne ... 517
B. Logik und Kategorienlehre
Claubergs Logica vetus et nova und die Logik von *Port Royal.* — Verhältnis der Logik zur Psychologie 528
Pierre Silvain Regis 530
Das Substrat der „ewigen Wahrheiten".
Geulincx 532
Die Kritik des Verstandes. — Die allegorischen Bestandteile der Metaphysik. — Der Dogmatismus der Metaphysik. — Die Verdinglichung der geistigen Funktionen. — Der Dingbegriff als Kategorie.
Richard Burthogge 543
Das Absolute und das System der Begriffe. — Die Kategorie der Substanz. — Materie und Denken. — Der Kausalbegriff.
C. Die Ideenlehre. — *Malebranche.*

I. Die Anfänge der modernen Psychologie. — Das Problem der „Selbsterkenntnis". — Die Aufhebung der absoluten Materie. — Die Kritik des Kraftbegriffs. — Der Grundbegriff der Relation. — Kraftbegriff und Gesetzesbegriff 553

II. Der psychologische Idealismus. — Die Kritik des ontologischen Beweises. — Idee und Perzeption. — Die Idee des Unendlichen und die Mathematik. — Der Begriff der „intelligiblen Ausdehnung". — Das Problem der ewigen Wahrheiten.
Arnaulds Einwände gegen die Ideenlehre. — Die Vorstellung und ihr Gegenstand. — Die Unbedingtheit der ewigen Wahrheiten. — Die Ideen als objektive Vernunftgesetze . 567

D. Der Ausgang der Cartesischen Philosophie. — *Bayle.*
I. Bayle und Montaigne. — Das Problem der Geisteswissenschaft 585
II. Vernunft und Offenbarung. — Die Antinomien des Unendlichen. — Die Aufhebung der logischen Grundwahrheiten. — Das ethische Ziel der Bayleschen Skepsis. — Das psychologische Motiv der Bayleschen Skepsis. — Die Grenzen von Bayles Kritik 591

Einleitung.

Der naiven Auffassung stellt sich das Erkennen als ein Prozeß dar, in dem wir uns eine an sich vorhandene, geordnete und gegliederte Wirklichkeit nachbildend zum Bewußtsein bringen. Die Tätigkeit, die der Geist hierin entfaltet, bleibt auf einen Akt der W i e d e r h o l u n g beschränkt: nur darum handelt es sich, einen Inhalt, der uns in fertiger Fügung gegenübersteht, in seinen einzelnen Zügen nachzuzeichnen und uns zu Eigen zu machen. Zwischen dem „Sein" des Gegenstandes und der Art, in der er sich in der Erkenntnis widerspiegelt, besteht auf dieser Stufe der Betrachtung keine Spannung und kein Gegensatz: nicht der Beschaffenheit, sondern lediglich dem G r a d e nach lassen sich beide Momente auseinanderhalten. Das Wissen, das sich die Aufgabe stellt, den U m f a n g der Dinge zu erfassen und zu erschöpfen, vermag dieser Forderung nur allmählich zu genügen. Seine Entwicklung vollzieht sich in den successiven Einzelschritten, in denen es nach und nach die ganze Mannigfaltigkeit der ihm entgegenstehenden Objekte ergreift und zur Vorstellung erhebt. Immer wird dabei die Wirklichkeit als ein in sich selbst ruhender fester Bestand gedacht, den das Erkennen nur seinem gesamten Umkreis nach zu umschreiben hat, um ihn sich in allen seinen Teilen deutlich und vorstellig zu machen.

Schon die ersten Anfänge der theoretischen Weltbetrachtung aber erschüttern den Glauben an die Erreichbarkeit, ja an die innere Möglichkeit des Zieles, das diese populäre Ansicht dem Erkennen setzt. Mit ihnen wird sogleich deutlich, daß wir es in allem begrifflichen Wissen nicht mit einer einfachen Wiedergabe, sondern mit einer Gestaltung und inneren U m f o r m u n g des Stoffes zu tun haben, der sich uns von außen darbietet. Die Erkenntnis gewinnt eigentümliche und spezifische Züge und gelangt zu qualitativer Unterscheidung und Entgegensetzung gegen die Welt der Objekte. Mag die naive Grundanschauung tatsächlich bis weit in die abstrakte Theorie hinein weiterwirken und ihre Vorherrschaft behaupten: mit dem Beginn der Wissenschaft ist sie mittelbar bereits entwurzelt. Die Aufgabe wandelt sich nunmehr: sie besteht nicht in der nachahmenden Beschreibung, sondern in der A u s w a h l und der k r i t i s c h e n G l i e d e r u n g, die an der Mannigfaltigkeit der Wahrnehmungsdinge zu vollziehen ist. Die auseinanderstrebenden Anzeigen der Empfindung werden nicht gleichmäßig hingenommen, sondern sie werden derart gedeutet und umgebildet, daß sie sich zu einer in sich einstimmigen, systematischen Gesamtverfassung fügen. Nicht mehr schlechthin das Einzelding, sondern die Forderung inneren Zusammenhangs und innerer Widerspruchslosigkeit, die der Gedanke stellt, bildet nunmehr das letzte Urbild, an dem wir die „Wahrheit" unserer Vorstellungen messen. Kraft dieser Forderung zerlegt sich das unterschiedslose und gleichförmige „Sein" der naiven Auffassung in getrennte Gebiete, grenzt sich ein Bereich der echten, wesentlichen Erkenntnis von dem Umkreis des „Scheinens" und der wandelbaren Meinung ab. Der wissenschaftliche V e r s t a n d ist es, der nunmehr die Bedingungen und Ansprüche seiner eigenen Natur zugleich zum Maße des Seienden macht. Nach dem Grund und der Rechtfertigung dieser Ansprüche selbst wird hier zunächst nicht gefragt; in voller unbefangener Sicherheit schaltet das Denken mit den empirischen Inhalten, bestimmt es aus sich heraus die Kriterien und Gesetze, nach denen sie zu formen sind.

Dennoch vermag der Gedanke in dieser ersten naiven Selbstgewißheit, so bedeutsam und fruchtbar sie sich ihm erweist, nicht zu verharren. Die Kritik, die er an dem Weltbild der unmittelbaren Anschauung vollzogen hat, enthält, tiefer gefaßt und durchgeführt, für ihn selbst ein dringliches und schwieriges Problem. Wenn das Erkennen nicht mehr schlechthin das Abbild der konkreten sinnlichen Wirklichkeit, wenn es eine eigene ursprüngliche Form ist, die es allmählich gegenüber dem Widerspruch und dem Widerstand der Einzeltatsachen der Empfindung durchzusetzen und auszuprägen gilt, so ist damit die frühere Grundlage für die Gewißheit unserer Vorstellungen hinfällig geworden. Wir können sie nicht mehr unmittelbar mit ihren äußeren dinglichen „Originalen" vergleichen, sondern müssen in ihnen selbst das Merkmal und die Regel entdecken, die ihnen Halt und Notwendigkeit gibt. Bestand der erste Schritt darin, die scheinbare Sicherheit und Festigkeit der Wahrnehmungsobjekte aufzuheben und die Wahrheit und Beständigkeit des Seins in einem System wissenschaftlicher B e g r i f f e zu gründen, so muß nunmehr erkannt werden, daß uns auch in diesen Begriffen kein letzter unangreifbarer und fragloser Besitz gegeben ist. Erst in dieser Einsicht vollendet sich die p h i l o s o p h i s c h e Selbstbesinnung des Geistes. Wenn es der Wissenschaft genug ist, die vielgestaltige Welt der Farben und Töne in die Welt der Atome und Atombewegungen aufzulösen und ihr damit in letzten konstanten Einheiten und Gesetzen Gewißheit und Dauer zu verleihen, so entsteht das eigentlich philosophische Problem erst dort, wo diese Urelemente des Seins selbst als g e d a n k l i c h e S c h ö p f u n g e n verstanden und gedeutet werden. Die Begriffe der Wissenschaft erscheinen jetzt nicht mehr als Nachahmungen dinglicher Existenzen, sondern als Symbole für die Ordnungen und funktionalen Verknüpfungen innerhalb des Wirklichen. Diese Ordnungen aber lassen sich nicht fassen, solange wir bei dem passiven Eindruck der Dinge stehen bleiben, sondern sie werden erst in der intellektuellen Arbeit, in dem tätigen Fortgang von bestimmten Grundelementen zu immer komplexeren Schlußfolgerungen und Bedingungs - Zusammenhängen ergriffen. Diese Gesamtbewegung des Denkens erst ist es, in der nunmehr der Begriff des Seins selbst sich fortschreitend bestimmt.

Aber freilich: dem Bereich grenzenloser R e l a t i v i t ä t, dem wir noch eben entronnen zu sein meinten, scheinen wir jetzt von neuem und für immer überantwortet. Die Wirklichkeit der Objekte hat sich uns in eine Welt idealer, insbesondere mathematischer Beziehungen aufgelöst; an Stelle der dinglichen Welt ist eine geistige Welt reiner Begriffe und „Hypothesen" erstanden. Die Geltung reiner Ideen aber steht mit der Starrheit und Festigkeit, die die gewöhnliche Ansicht den sinnlichen Dingen zuspricht, nicht auf derselben Stufe. Die Bedeutung der Ideen tritt vollständig erst in der allmählichen G e s t a l t u n g der wissenschaftlichen Erfahrung hervor: und diese Gestaltung kann nicht anders erfolgen, als dadurch, daß die Idee selbst sich hierbei in verschieden logischen Gestalten darstellt. Erst in dieser Mannigfaltigkeit tritt ihr einheitlicher Sinn und ihre einheitliche Leistung heraus. So fordert das eigene Wesen jener logischen Grundbegriffe, die die Wissenschaft aus sich heraus entwickelt, daß wir sie nicht als gesonderte und voneinander losgelöste Wesenheiten betrachten, sondern sie in ihrer g e s c h i c h t l i c h e n Abfolge und Abhängigkeit erfassen. Damit aber droht uns zugleich der feste systematische Haltpunkt zu entschwinden. Die gedanklichen Einheiten, vermittels deren wir das Gewirr der Erscheinungen zu gliedern suchen, halten selbst, wie es scheint, nirgends stand; in buntem Wechselspiel verdrängen sie sich und lösen unablässig einander ab. Wir versuchen vergebens, bestimmte beharrliche Grundgestalten des Bewußtseins, gegebene und konstante E l e m e n t e des Geistes auszusondern und festzuhalten. Jedes ,,a priori", das auf diesem Wege als eine unverlierbare Mitgift des Denkens, als ein notwendiges Ergebnis seiner psychologischen oder physiologischen ,,Anlage" behauptet wird, erweist sich als ein Hemmnis, über das der Fortschritt der Wissenschaft früher oder später hinwegschreitet. Wenn wir daher hier, in den gedanklichen Synthesen und Setzungen, das ,,Absolute" wiederzufinden hofften, das sich der unmittelbaren Wahrnehmung entzog, so sehen wir uns nunmehr enttäuscht; was uns zuteil wird, sind nur immer erneute h y p o t h e t i s c h e Ansätze und Versuche, den Inhalt der Erfahrung, soweit er sich uns auf der jeweiligen Stufe unserer Erkenntnis erschlossen hat, auszusprechen und zusammenzufassen. Ist es nicht Willkür, irgendeines dieser mannigfachen Systeme fixieren und der künftigen Forschung als Muster und Regel aufdrängen zu wollen? Sind unsere Begriffe etwas anderes und können sie mehr zu sein verlangen, als Rechenmarken: als vorläufige Abkürzungen, in denen wir den augenblicklichen Stand unseres empirischen Wissens überschauen und zur Darstellung bringen? Die unbedingte Einheit und Gleichförmigkeit der Erfahrung erscheint selbst als eines jener Begriffspostulate, deren bloß relative Geltung nunmehr durchschaut ist. Nichts versichert uns mehr, daß nicht der gesamte begriffliche Inhalt, den das Denken erbaut und notwendig erbauen muß, im nächsten Augenblick durch eine neue Tatsache gestürzt und vernichtet werde. Für die Eine und unwandelbare „Natur", die uns anfangs als zweifelloser Besitz galt, haben wir somit, wie es scheint, nur das Spiel unserer „Vorstellungen" eingetauscht, das durch keine innere Regel mehr gebunden ist. So hebt diese letzte Folgerung, in die die geschichtliche Betrachtung des Ganges der Wissenschaft einmündet, den Sinn und die Aufgabe der Philosophie auf.

Wir dürfen uns dieser Konsequenz nicht verschließen, sondern müssen sie aufnehmen und weiterführen. In der Tat wäre es ungenügend, wenn man ihr etwa mit dem Hinweis begegnen wollte, daß die vorangehenden Leistungen des Denkens und der Forschung in den folgenden als notwendige Momente enthalten und „aufgehoben" seien. In so einfacher und geradliniger Folge, wie diese Konstruktion es voraussetzt und verlangt, gehen die verschiedenen Begriffssysteme nicht auseinander hervor. Der empirische Gang der Erkenntnis vollzieht sich keineswegs immer in der Art, daß die einzelnen Momente sich friedlich aneinanderreihen, um sich mehr und mehr zu einer einheitlichen Totalansicht zu ergänzen. Nicht in solchem stetigen quantitativen Wachstum, sondern im schärfsten dialektischen Widerspruch treten in den eigentlich kritischen Epochen der Erkenntnis die mannigfachen Grundanschauungen einander gegenüber. So sehen wir, daß ein Begriff, der der einen Epoche als in sich widerspruchsvoll erscheint, der folgenden zum Instrument und zur notwendigen Bedingung aller Erkenntnis wird; so folgt selbst in der empirischen Wissenschaft auf eine Periode, in der alle Erscheinungen auf ein einziges Grundprinzip zurückgeführt und aus ihm „erklärt" werden, eine andere, in der dieses Prinzip selbst als „absurd" und unausdenkbar verworfen wird. Der

Eleatische Begriff des Nicht-Seins in der antiken, die Begriffe des leeren Raumes und der Fernkraft in der modernen Spekulation sind bekannte und lehrreiche Beispiele eines derartigen Prozesses. Und man begreift gegenüber solchen Wendungen die skeptische Frage, ob nicht aller Fortschritt der Wissenschaft nur die Resultate, nicht aber die V o r a u s s e t z u n - g e n und Grundlagen betrifft, die vielmehr gleich unbeweisbar und gleich unvermittelt einander ablösen. Oder sollte es dennoch möglich sein, in dieser ständigen Umwandlung, wenn nicht bleibende und unverrückbare I n h a l t e , so doch ein einheitliches Z i e l zu entdecken, dem die gedankliche Entwicklung zustrebt? Gibt es in diesem Werden zwar keine beharrlichen E l e m e n t e des Wissens, aber doch ein universelles G e s e t z , das der Veränderung ihren Sinn und ihre Richtung vorschreibt?

Wir haben an dieser Stelle noch keine endgültige Antwort auf diese Fragen. Wie die G e s c h i c h t e das Problem gestellt hat, so kann nur sie selbst die Mittel zu seiner Bewältigung darbieten. Mitten in den geschichtlichen Erscheinungen und Erfahrungen müssen wir unseren Standort wählen, um von hier aus die Gesamtentwicklung zu überblicken und zu beurteilen. Wenn wir allgemein von dem Gedanken ausgegangen sind, daß die Anschauung, die jede Zeit von der Natur und der Wirklichkeit der Dinge besitzt, nur der Ausdruck und das Widerspiel ihres Erkenntnisideals ist: so versuchen wir nunmehr im einzelnen, uns die Bedingungen zu verdeutlichen, kraft deren der m o d e r n e Begriff und das moderne S y s t e m d e r E r k e n n t n i s sich gestaltet hat. Den komplexen Inbegriff von Voraussetzungen, mit denen unsere Wissenschaft an die Deutung der Erscheinungen herantritt, suchen wir aufzulösen und die wichtigsten Fäden gesondert in ihrer historischen Entstehung und Herausbildung zu verfolgen. Auf diesem Wege dürfen wir hoffen, zugleich einen sachlichen Einblick in dieses vielverschlungene begriffliche Gewebe zu gewinnen und die inneren Beziehungen und Abhängigkeiten zwischen seinen einzelnen Gliedern verstehen zu lernen. Die Geschichte wird zur Ergänzung und zum Prüfstein der Ergebnisse, die die inhaltliche A n a l y s e und

Reduktion der Wissenschaften uns darbietet. In einem doppelten Sinne kann versucht werden, diese Analyse der gegebenen Wissenschaft, die die eigentliche Hauptaufgabe für jede Kritik der Erkenntnis bleiben muß, zu vervollständigen und mittelbar zu bewahrheiten. Wir können das eine Mal nach den p s y c h o l o g i s c h e n Bedingungen fragen, die in der Entwicklung des individuellen Bewußtseins den A u f - b a u d e r W a h r n e h m u n g s w e l t beherrschen und leiten; wir können versuchen, die gedanklichen Kategorien und Gesichtspunkte, die hier zu dem Stoff der Empfindungen hinzutreten müssen, aufzudecken und in ihrer Leistung zu beschreiben. Aber so wertvoll diese Betrachtung ist, solange sie in den Grenzen, die ihr gesteckt sind, verweilt und nicht versucht, sich selbst an die Stelle der kritischen Zergliederung des G e h a l t s der wissenschaftlichen Prinzipien zu setzen: sie bliebe für sich allein unzureichend. Die Psychologie des einzelnen „Subjekts" empfängt volles Licht erst durch die Beziehung, in die wir sie zur Gesamtentwicklung der Gattung setzen; sie spiegelt uns nur die Tendenzen wieder, die den Aufbau der geistigen Kultur der Menschheit beherrschen. Hier treten, auf breiterem Raum, die bestimmenden Faktoren schärfer und klarer auseinander; hier scheiden sich, wie von selber, die unfertigen und verfehlten Ansätze von den notwendigen und dauernd wirksamen Motiven. Nur zum Teil freilich handelt es sich in dieser allmählichen Herausarbeitung der Grundmomente um einen völlig bewußten Prozeß, der auf jeder Einzelstufe zu deutlicher Bezeichnung und A u s - s p r a c h e gelangte. Was in die bewußte philosophische Reflexion einer Epoche eingeht, ist zwar ein wesentlicher und triebkräftiger Bestand ihrer Gedankenarbeit; aber es erschöpft dennoch nur auf den wenigen geschichtlichen Ausnahms- und Höhepunkten deren vollen Gehalt. Lange bevor bestimmte Grundanschauungen sich in strenger begrifflicher Deduktion heraussondern und abgrenzen, sind in der wissenschaftlichen Kultur die geistigen Kräfte wirksam, die zu ihnen hinleiten. Auch in diesem gleichsam latenten Zustand gilt es, sie zu erfassen und wiederzuerkennen, wenn wir uns der S t e t i g - k e i t der geschichtlichen Arbeit versichern wollen. Die

Geschichte der **Erkenntnistheorien** gibt uns kein volles und zureichendes Bild der inneren Fortbildung des **Erkenntnisbegriffs**. In der empirischen Forschung einer Periode, in den Wandlungen ihrer konkreten Welt- und Lebensauffassung müssen wir die Umformung ihrer logischen Grundansicht verfolgen. Die Theorien über die Entstehung und den Ursprung der Erkenntnis fassen das **Ergebnis** zusammen, aber sie enthüllen uns nicht die letzten Quellen und Antriebe. So werden wir sehen, wie die eigentliche **Renaissance** des Erkenntnisproblems, von den verschiedensten Seiten her — von der Naturwissenschaft, wie von der humanistischen Geschichtsansicht, von der Kritik des Aristotelismus, wie von der inneren immanenten Umbildung der Peripatetischen Lehren in der neueren Zeit — vorbereitet wird, ehe sie in der Philosophie Descartes' zur Reife und zum vorläufigen Abschluß gelangt. Und es sind keineswegs immer die geringeren und minder fruchtbaren logischen Leistungen, denen eine explicite Heraushebung und ein gesonderter, abstrakter Ausdruck versagt bleibt. Die Geschichte des modernen Denkens kennt kaum eine gleich wichtige und gleich entscheidende logische Tat, wie **Galileis** Grundlegung der exakten Naturwissenschaft: die einzelnen Gesichtspunkte aber, die hierbei leitend waren und die dem Urheber selbst in voller begrifflicher Deutlichkeit vor Augen standen, sind dennoch nirgends zu theoretischer Zusammenfassung und zur abgelösten systematischen Darstellung gelangt. Wollten wir daher unseren Maßstab einzig von der Betrachtung der geschichtlichen Abfolge der „Erkenntnistheorien" entnehmen, so müßte Galilei uns hinter einem Zeitgenossen, wie **Campanella** zurückstehen, dem er doch nicht nur als wissenschaftlicher Denker, sondern an echter **philosophischer** Produktivität und Tiefe unvergleichbar überlegen ist. —

Allgemein müssen wir uns deutlich machen, daß die Begriffe des „Subjekts" und „Objekts" selbst kein gegebener und selbstverständlicher **Besitz** des Denkens sind, sondern daß jede wahrhaft schöpferische Epoche sie erst erwerben und ihnen ihren Sinn selbsttätig aufprägen muß. Nicht derart schreitet der Prozeß des Wissens fort, daß der Geist, als ein fertiges Sein, die äußere, ihm entgegenstehende und gleichfalls in sich abgeschlossene Wirklichkeit nur in Besitz zu nehmen hätte; daß er sie Stück für Stück sich aneignete und zu sich hinüberzöge. Vielmehr gestaltet sich der Begriff des „Ich" sowohl wie der des Gegenstandes erst an dem Fortschritt der wissenschaftlichen Erfahrung und unterliegt mit ihm den gleichen inneren Wandlungen. Nicht nur die I n h a l t e wechseln ihre Stelle, so daß, was zuvor der objektiven Sphäre angehörte, in die subjektive hinüberrückt, sondern zugleich verschiebt sich die Bedeutung und F u n k t i o n der beiden Grundelemente. Die großen wissenschaftlichen Epochen übernehmen nicht das fertige Schema der Entgegensetzung, um es nur mit mannigfachem und wechselnden Gehalt zu erfüllen, sondern sie erschaffen selbst erst begrifflich die beiden Gegenglieder. Die Aristotelische Auffassung der Erkenntnis unterscheidet sich von der modernen nicht nur in der Art der Abhängigkeit, die sie zwischen „Natur" und „Geist" annimmt, sondern in dem Kern und Grundsinn dieser Begriffe selbst. Dies also ist eine der ersten und charakteristischsten philosophischen Leistungen jeder Epoche, daß sie sich das P r o b l e m des Wechselverhältnisses von Sein und Denken aufs neue formuliert und damit der Erkenntnis erst ihren Rang und ihre spezifische Stellung anweist. In dieser Abgrenzung der A u f g a b e besteht, mehr noch als in den besonderen Ergebnissen, die Originalität jedes produktiven Zeitalters. Wiederum aber erweitert sich mit dieser Erwägung das M a t e r i a l, auf das die geschichtliche Betrachtung und Untersuchung sich zu richten hat. Es sind keineswegs allein die abgeschlossenen philosophischen Systeme, es sind die mannigfachen Versuche und Ansätze der Forschung, wie der gesamten geistigen Kultur, in denen diese allmähliche Umgestaltung des I c h b e g r i f f s, wie des O b j e k t b e g r i f f s sich vollzieht. Alle Tendenzen, die darauf gerichtet sind, eine neue Methodik der Erfahrungswissenschaften zu schaffen, oder aber in einem vertieften Begriff des Selbstbewußtseins einen neuen Grund der Geisteswissenschaften zu legen, gehören nunmehr mittelbar zu unserem Problem. So dürfen wir große geistige Bewegungen — wie etwa den italienischen Humanismus oder die französische Skepsis des 16. Jahrhunderts — auch dann in unsere Forschung einbeziehen, wenn ihr direkter Ertrag für die systematische Philosophie gering ist. Es muß der Versuch gewagt werden, aus der intellektuellen G e s a m t b e w e g u n g eines Zeitalters sein herrschendes und treibendes Erkenntnisideal zu rekonstruieren. Zu dieser Fassung der Aufgabe nötigt noch ein anderes Moment. Es besagt wenig, wenn wir hören, daß zu einem bestimmten Zeitpunkt auf eine „empiristische" Periode der Philosophie eine „rationalistische" gefolgt sei und daß beide etwa ihren Ausgleich in einer dritten „kritischen" Richtung gefunden hätten. Als „Empiristen" treten uns sogleich in den Anfängen der neueren Philosophie Bacon, wie Leonardo da Vinci, Galilei wie Paracelsus und Campanella entgegen. Und doch ist der Begriff der „Erfahrung", für den alle diese Denker eintreten, nur eine Scheineinheit, hinter der sich die schwersten prinzipiellen Gegensätze, die die Entwicklung des Erkenntnisproblems kennt, verbergen. Was einem Jeden von ihnen die „Erfahrung" in Wahrheit bedeutet, das kann nur die sachliche Analyse ihrer wissenschaftlichen und philosophischen G e s a m t l e i s t u n g herausstellen: nicht lediglich in seiner Aussprache, sondern in seiner B e t ä t i g u n g durch die verschiedenen Problemgebiete hindurch enthüllt sich uns der Sinn des Begriffs. Das Verhältnis zwischen Philosophie und Wissenschaft ist nur äußerlich erfaßt und beschrieben, solange man nur von einem wechselseitigen „Einfluß" spricht, den beide aufeinander ausüben. Eine derartige Wirksamkeit ist nicht das Vorrecht eines einzelnen Gebiets, sondern gilt in gleichem Sinne für alle Inhalte und Richtungen der Kultur. Die Fassung unserer Aufgabe dagegen setzt ein engeres, s p e z i f i s c h e s Verhältnis zwischen beiden Gedankenkreisen voraus: sie sind uns gleich selbständige und gleich unentbehrliche Symptome ein und desselben intellektuellen Fortschritts. Was der moderne Begriff der Erkenntnis besagt, dafür sind Galilei und Kepler, Newton und Euler ebenso wichtige und vollgültige Zeugen, wie Descartes oder Leibniz. Die Gesamtentwicklung müßte sprunghaft und lückenhaft erscheinen, wenn wir uns der Betrachtung dieses wichtigsten Mittelgliedes begeben wollten. Denn erst in ihm und kraft des Zusammenhanges mit ihm erhält der philosophische Gedanke selbst seine wahrhafte innere Kontinuität. Daß es Erkenntnis als strengen und e i n d e u t i g e n logischen Begriff gibt: dies wird erst hier vollständig bewiesen. Auch die übrigen Gebiete der geistigen Tätigkeit, auch das Recht und die Sprache, auch Kunst und Religion enthalten einen bestimmten Beitrag zum allgemeinen Problem der Erkenntnis. Aber wie sie sich diesem Problem von sehr verschiedenen Seiten her nähern, so bleibt es zunächst dahingestellt, ob und wie weit sie mit ihm einen wahrhaft einheitlichen Sinn verbinden. Eine Reihe charakteristischer Stellungnahmen zum „Ich" und zur „Wirklichkeit" tritt uns auch hier entgegen, aber ob in dieser Fülle der Motive eine gemeinsame Grundtendenz sich aussondern und festhalten läßt, bleibt häufig fraglich. In der exakten Wissenschaft erst, in ihrem trotz aller Schwankungen stetigem Gange, erhält die Einheit des Erkenntnisbegriffs, die überall sonst eine bloße Forderung blieb, ihre wahrhafte Erfüllung und Bewährung. Der Wechsel der Meinungen gestaltet sich erst hier zu einem klaren und sinnvollen Z u s a m m e n h a n g um, in welchem sich nunmehr auch die Philosophie ihres eigenen Begriffs und ihrer theoretischen Aufgaben erst vollständig bewußt wird.

Wenn indes der Beitrag, den Mathematik und Naturwissenschaft für den Fortschritt des Erkenntnisproblems leisten, offen zutage liegt, so ist es schwieriger, den allgemeinen Einfluß, der von den Geisteswissenschaften her geübt wird, zu bestimmen und deutlich abzugrenzen. Denn die Geisteswissenschaften treten uns zu Anfang der neueren Zeit noch nicht als ein unabhängiges Ganze entgegen, das in sich bereits seinen festen Halt gefunden hätte. Ihr Gehalt ist gleichsam eingeschmolzen in das herrschende System der Metaphysik, das gleichmäßig durch die Aristotelische Tradition, wie durch die Kirchenlehre bestimmt wird. Langsam nur treten die einzelnen gedanklichen Momente, die in diesem System wie unter einem dogmatischen Zwange zusammengehalten sind, in selbständigen, freieren Regungen hervor. Es bedarf der tiefen intellektuellen Kämpfe der Renaissance, um die mannigfachen und verschiedenartigen Probleme, die in dem Weltbild des Mittelalters noch unterschiedslos verschmolzen sind, Schritt für Schritt in ihrer Eigenart zurückgewinnen. An die Stelle der bewunderungswürdigen Folgerichtigkeit, mit der in der antiken Philosophie jede neue Phase aus der vorhergehenden nach inneren l o g i s c h e n Gesetzen erwächst, tritt hier eine vielfältig komplizierte und durch mannigfache Rücksichten bedingte Bewegung, die sich erst allmählich um einen festen Mittelpunkt zusammenschließt. Wollen wir daher auf dieser Stufe das Problem der Erkenntnis in seiner konkreten geschichtlichen Gestalt ergreifen, so dürfen wir es aus den Beziehungen und Zusammenhängen, die es mit andersartigen Interessen eingeht, nicht herauslösen. Die strenge Abgrenzung seiner Bedeutung, die Einsicht in seine Sonderstellung und seinen fundamentalen Wert, die das letzte E r g e b n i s der gedanklichen Arbeit der Neuzeit ist, dürfen wir nicht vorwegnehmen und an die Spitze stellen. Wie eng insbesondere die Verknüpfung mit den e t h i s c h e n u n d r e l i g i ö s e n I d e e n ist, kann man sich alsbald verdeutlichen, wenn man sich die Rolle vergegenwärtigt, die beide in der Entwicklung des modernen Begriffs des S e l b s t b e w u ß t s e i n s spielen. Hier müssen vor allem Denker, wie P a s c a l , in denen zwei verschiedene innere Stellungnahmen zum Erkenntnisproblem, in denen die neue wissenschaftliche Methodik mit der religiösen Grundstimmung des Mittelalters sich begegnen und widerstreiten, das geschichtliche Interesse fesseln. Der individuelle Kampf, der sich in ihnen vollzieht, ist zugleich der Ausdruck einer tieferen allgemeinen Wandlung der Denkart. Allgemein müssen wir überall dort, wo im Bewußtsein einer Epoche die metaphysischen Interessen noch von entscheidender und zentraler Bedeutung sind, auch innerhalb dieser Interessen selbst unseren ersten Standort und Ausgangspunkt nehmen; und diese Rücksicht gilt, wie für das Gesamtgebiet, so auch für seine einzelnen Teile und Glieder. Die Grundbegriffe der wissenschaftlichen Erkenntnis, die Begriffe der Kraft und der Ursache, der Substanz und der Materie haben sämtlich eine lange und vielverzweigte metaphysische Vorgeschichte, die weit über die Anfänge der neueren Zeit hinausreicht. Die

Genese dieser Begriffe läßt sich freilich nicht darstellen, wenn man nicht beständig auf ihre Funktion innerhalb der mathematischen Physik hinblickt; ebensowenig aber lassen sich hieraus allein alle Einzelphasen ihres Werdens verständlich machen. So sehen wir insbesondere bei den Begriffen des Raumes und der Zeit, wie sie bei ihrem ersten Auftreten in der neueren Philosophie noch völlig in metaphysische Voraussetzungen verstrickt sind. Und dieser Zusammenhang beider mit der G o t t e s l e h r e, der uns zuerst in der italienischen Naturphilosophie begegnet, bleibt weiterhin, bis zu Newton, herrschend. Noch Kant hat — wie sich uns zeigen wird — bei seiner transscendentalen Kritik des Raumes und der Zeit eine bestimmte geschichtliche Fassung und Ausprägung dieser Begriffe vor Augen, die gleich sehr durch das Interesse an der wissenschaftlichen Grundlegung der Mechanik, wie durch allgemeine metaphysische Fragestellungen bedingt ist. Können wir somit den Gegenstand unserer Untersuchung nicht von seinem metaphysischen Hintergrund ablösen, so dürfen wir doch bei den metaphysischen Problemen nur insoweit verweilen, als wir in ihnen die Hülle und das Symptom von Fragen sehen, die das Verhältnis der Erkenntnis zu ihrem „Gegenstand" betreffen. Es ist der charakteristische Grundzug der neueren Metaphysik, daß sie kraft ihres eigenen immanenten Fortgangs immer deutlicher zu diesen Fragen hinstrebt. Allgemein soll uns die Geschichte des Erkenntnisproblems nicht sowohl einen T e i l der Geschichte der Philosophie bedeuten — denn bei der inneren sachlichen Wechselbedingtheit aller Glieder des philosophischen Systems bliebe jede solche Abtrennung eine willkürliche Schranke —, als sie vielmehr das G e s a m t g e b i e t unter einem bestimmten Gesichtspunkt und einer bestimmten Beleuchtung darstellen und damit gleichsam in einem Querschnitt den Inhalt der neueren Philosophie zur Anschauung bringen soll.

Die analytische Aufgabe, die dem modernen Denken gestellt war, findet ihren logischen Abschluß im System K a n t s. Hier erst wird der letzte endgültige Schritt getan, indem das Erkennen völlig auf sich selbst gestellt und nichts mehr, im Gebiete des Seins wie des Bewußtseins, seiner eigenen G e s e t z l i c h k e i t vorangesetzt wird. Aber indem Kant diese Wendung vollzieht, bringt er damit nicht sowohl die früheren Gedankenreihen zur Vollendung, als er vielmehr zum Schöpfer neuer Probleme wird, die bis unmittelbar in unsere philosophische Gegenwart hineinreichen und daher nicht mehr in geschichtlicher, sondern nur in systematischer Untersuchung behandelt und beurteilt werden können[1]). Das System Kants ist uns nicht sowohl das Ende, als ein dauernd neuer und fruchtbarer Anfang der Kritik der Erkenntnis. Aber indem wir unsere historische Betrachtung bis zu ihm hinführen, suchen wir damit zugleich ein Mittel zu seinem sachlichen Verständnis zu gewinnen. Weit enger, als die bisherigen Darstellungen der Entwicklung der kritischen Philosophie es erkennen lassen, ist diese in ihrer Entstehung mit der Wissenschaft des achtzehnten Jahrhunderts verflochten und verschwistert. Überall blickt die allgemeine Theorie hier auf die bestimmte konkrete Problemlage hin, die durch die methodischen Kämpfe zwischen Leibniz und Newton und ihren Nachklang in den bedeutendsten Forschern der Zeit, wie E u l e r und d ' A l e m b e r t, geschaffen war. Wenn in diesem Zusammenhang das kritische System die Wurzel seiner Kraft besitzt, so enthüllt sich in ihm doch zugleich auch seine notwendige innere Bindung. Je deutlicher wir zu unterscheiden vermögen, in welchen begrifflichen Formulierungen der Vernunftkritik die wissenschaftliche Kultur der Zeit zum Ausdruck und zum Bewußtsein ihrer selbst gelangt, um so klarer werden sich uns die allgemein gültigen Züge der M e t h o d i k Kants aus den Besonderheiten der Ausführung herausheben. Eben indem wir an dem Grundgedanken der M e t h o d e festhalten, suchen wir damit für die spezielle Ableitung und Begründung der Prinzipien freies Feld zu erhalten. Die ,,transscendentale Kritik'' bliebe zur Unfruchtbarkeit verurteilt, wenn es ihr versagt wäre, dem Fortschritt der wissenschaftlichen Grundbegriffe selbsttätig zu folgen und ihn in ihren speziellen Ergebnissen und Defini-

---

[1]) Vgl. jetzt hierzu m. Schrift: Substanzbegriff und Funktionsbegriff. Untersuchungen über die Grundfragen der Erkenntniskritik. Berlin 1910.

tionen zum Ausdruck zu bringen. Je vielseitiger und beweglicher sie sich in dieser Hinsicht erhält, um so reiner wird sich die Universalität und die systematische Einheit ihrer F r a g e - s t e l l u n g erweisen. Hier freilich stehen wir an einem Punkt, an dem noch heute die Absicht Kants, wie die der modernen Vertreter der kritischen Methode, am häufigsten und beharrlichsten mißverstanden wird. Immer wieder erhebt sich der Vorwurf, daß die transscendentale Kritik, indem sie von dem F a k t u m der Newtonischen Wissenschaft ausgeht, damit den geschichtlichen Prozeß gleichsam zum Stehen bringe und eine einzelne Phase der „Erfahrung" zum allgemeinen Maßstab ihres Gehalts und inneren Wertes mache. Die „Festlegung der Forschung an einen geschichtlichen Zustand bestimmter Einzeldisziplinen" übt zugleich — wie man einwendet — eine hemmende Tendenz aus: eine Festigung der Vernunft d u r c h ihre Arbeit kann nicht erfolgen, ohne daß sie zugleich „eine Befestigung an ihrer Arbeit und damit ein Hindernis des Fortschritts zu neuer Arbeit wäre"[1]). Wäre indes diese Folgerung richtig, so würden wir uns damit zugleich jedes sicheren Halts philosophischer Beurteilung beraubt sehen. Denn es ist vergeblich, uns, nachdem man uns die Orientierung an dem I n h a l t der rationalen Wissenschaft versagt hat, an die G e s c h i c h t e d e r g e i s t i g e n K u l t u r als die eigentliche Realität zu verweisen. Solange die Vernunft in sich selbst noch nicht ihre Festigkeit und ihre Selbstgewißheit gefunden hat, bleibt ihr auch die Geschichte nur ein wirres und widerspruchsvolles Chaos. Es bedarf bestimmter sachlicher Prinzipien der Beurteilung, es bedarf fester Gesichtspunkte der Auswahl und Formung, damit die historischen Erscheinungen, die für sich allein stumm sind, zu einer lebendigen und sinnvollen Einheit werden. Wenn irgendwo, so wird es in der Geistesgeschichte deutlich, daß ihr Inhalt und Zusammenhang nicht gegeben, sondern von uns auf Grund der Einzeltatsachen erst zu erschaffen ist: sie i s t nur das, was wir kraft gedanklicher Synthesen aus ihr m a c h e n. Worin

---

[1]) S c h e l e r, Die transscendentale und die psychologische Methode. Lpz. 1900. S. 67.

aber sollten wir den inhaltlichen Grund dieser Synthesen selbst suchen, wenn wir uns des Halts an der Wissenschaft und an ihrem g e g e n w ä r t i g e n Bestand begeben müßten? Daß wir in ihr immer nur einen r e l a t i v e n Stützpunkt finden, daß wir somit die K a t e g o r i e n, unter denen wir den geschichtlichen Prozeß betrachten, selbst veränderlich und wandlungsfähig erhalten müssen, ist freilich richtig: aber diese Art der Relativität bezeichnet nicht die Schranke, sondern das eigentliche Leben der Erkenntnis. Die inhaltliche Analyse des T a t b e s t a n d s der rationalen Wissenschaften und die Verfolgung ihres allmählichen Werdens erhellen und bedingen sich nunmehr wechselseitig. Man wird in der geschichtlichen „Arbeitswelt" der Kultur nicht heimisch, wenn man sich nicht zuvor mit dem sachlichen Interesse an den Prinzipien und Problemen der gegenwärtigen Forschung erfüllt hat.

Die Aufgabe, die der Philosophie in jeder einzelnen Phase ihrer Entwicklung gestellt ist, besteht daher immer von neuem darin, an einem konkret geschichtlichen Inbegriff bestimmter wissenschaftlicher Begriffe und Grundsätze die allgemeinen logischen Funktionen der Erkenntnis überhaupt herauszuheben. Dieser Inbegriff mag sich wandeln und hat sich seit Newton gewandelt: es bleibt dennoch die Frage zurück, ob nicht auch in dem neuen Gehalt, der jetzt heraustritt, jene allgemeinsten Beziehungen, auf die allein die kritische Analyse ihren Blick gerichtet hielt, nur unter einer anderen Gestalt und Hülle sich darstellen. Der Begriff der W i s s e n s c h a f t s g e s c h i c h t e selbst birgt in sich bereits jenen Gedanken der E r h a l t u n g e i n e r a l l g e m e i n e n l o g i s c h e n S t r u k t u r in aller Aufeinanderfolge besonderer Begriffssysteme. In der Tat: wäre der frühere Inhalt des Denkens mit dem vorangehenden nicht durch irgendeine I d e n t i t ä t verknüpft, so gäbe es nichts, was uns berechtigte, die verstreuten logischen Bruchstücke, die wir alsdann vor uns hätten, zu e i n e r Reihe des Geschehens zusammenzufassen. Jede historische Entwicklungsreihe bedarf eines „Subjekts", das ihr zugrunde liegt und sich in ihr darstellt und äußert. Der Fehler der metaphysischen Geschichtsphilosophie liegt nicht darin, daß sie überhaupt ein solches Subjekt fordert, sondern darin, daß sie es v e r d i n g l i c h t, indem sie von einer Selbstentwicklung der „Idee", einem Fortschritt des „Weltgeistes" u. dgl. spricht. Auf jeden derartigen sachlichen T r ä g e r, der hinter der geschichtlichen Bewegung stände, müssen wir verzichten; die metaphysische Formel muß sich uns in eine m e t h o d i s c h e wandeln. Statt eines gemeinsamen S u b s t r a t s suchen und fordern wir nur die gedankliche K o n t i n u i t ä t in den Einzelphasen des Geschehens; sie allein ist es, die wir brauchen, um von der E i n h e i t des Prozesses zu sprechen.

Freilich bleibt auch dieser Gedanke einer inneren Stetigkeit zunächst nichts anderes als eine Hypothese, die aber — wie alle echten wissenschaftlichen Voraussetzungen — zugleich schlechthin die Bedingung des A n f a n g s der historischen Erkenntnis ist. An dieser Einsicht in das echte „Apriori" der Geschichte gilt es festzuhalten, wenn die falsche apriorische K o n s t r u k t i o n der Einzeltatsachen wahrhaft abgewehrt werden soll. „Der regelmäßige Gang und die organische Gliederung der Geschichte" — so bemerkt Z e l l e r gegen H e g e l — „ist, mit Einem Wort, kein apriorisches Postulat, sondern die Natur der geschichtlichen Verhältnisse, und die Einrichtung des menschlichen Geistes bringt es mit sich, daß seine Entwicklung, bei aller Zufälligkeit des Einzelnen, doch im großen und ganzen einem festen Gesetz folgt, und wir brauchen den Boden der Tatsachen nicht zu verlassen, sondern wir dürfen den Tatsachen nur auf den Grund gehen, wir dürfen nur die Schlüsse ziehen, zu denen sie die Prämissen enthalten, um diese Gesetzmäßigkeit in einem gegebenen Fall zu erkennen[1])." Diese Kritik indes wird dem tieferen i d e a l i s t i s c h e n Motiv, das bei Hegel trotz aller metaphysischen Irrungen zugrunde liegt, nicht gerecht. Denn — so dürfen wir entgegnen — ist denn jene „Natur" der Geschichte und jene gleichförmige „Einrichtung" des Menschengeistes ein g e g e b e n e s und selbstverständliches F a k t u m, das wir dogmatisch an die Spitze stellen

---

[1]) Z e l l e r, Die Philosophie der Griechen ⁵ I, 1, S. 16.

dürften? Oder bedeutet sie nicht gleichfalls eine Setzung und eine A n n a h m e , die die E r k e n n t n i s macht, um in dem Getriebe einzelner „Tatsachen" sich zurechtzufinden, um sich für ihre eigenen Zwecke eines Ausgangspunkts und eines L e i t f a d e n s zu versichern? Auch hier ist uns somit kein anderer Weg gelassen, als das Problem der Einheit der Geschichte — nach einem Goetheschen Wort — „in ein Postulat zu verwandeln". Je mehr sich dieses Postulat in der Erschließung und Sichtung der besonderen Erscheinungen bewährt, um so mehr hat es sein Recht und seine „Wahrheit" erwiesen. Denn das „Faktum" der Wissenschaft ist und bleibt freilich seiner Natur nach ein geschichtlich sich entwickelndes Faktum. Wenn bei Kant diese Einsicht noch nicht unzweideutig zutage tritt, wenn die Kategorien bei ihm noch als der Zahl und dem Inhalte nach f e r t i g e „Stammbegriffe des Verstandes" erscheinen können, so hat die moderne Fortbildung der kritischen und idealistischen Logik über diesen Punkt volle Klarheit geschaffen. Die U r t e i l s f o r m e n bedeuten ihr nur einheitliche und lebendige M o t i v e des Denkens, die durch alle Mannigfaltigkeit seiner besonderen Gestaltungen hindurchgehen und sich in der Erschaffung und Formulierung immer neuer Kategorien betätigen. Je reicher und bildsamer sich diese Variationen beweisen, um so mehr zeugen sie damit für die Eigenart und Ursprünglichkeit der logischen Funktion, aus der sie hervorgehen[1]). In diesem Zusammenhang wurzelt zugleich die s y s t e m a t i s c h e Aufgabe, die der Geschichte der Philosophie gestellt ist und die ihr, bei aller Versenkung in die Einzeltatsachen und bei allem Streben nach genauester Erschließung und Wiedergabe der Quellen, dauernd lebendig bleiben muß. —

---
[1]) S. C o h e n , Logik der reinen Erkenntnis, Berl. 1902, S. 41 ff. u. s.

Erstes Buch
Die Renaissance des Erkenntnisproblems.

Erstes Kapitel.
Nikolaus Cusanus.

I.

Wenn man in Nikolaus Cusanus den Begründer und Vorkämpfer der n e u e r e n Philosophie sieht, so kann sich dieses Urteil nicht auf die Eigenart und den objektiven Gehalt der Probleme berufen, die in seiner Lehre zur Darstellung und Entfaltung kommen. Die gleichen Fragen, die das gesamte Mittelalter bewegt haben, treten uns hier noch einmal entgegen: noch wird das Verhältnis Gottes zur Welt unter den speziellen Gesichtspunkten der christlichen Erlösungslehre betrachtet und zum Mittelpunkt der Untersuchung gemacht. Wenn das Dogma nicht mehr unbedingt den Weg und Gang der Forschung bestimmt, so weist es ihr doch ihre letzten Ziele. An den Problemen der Christologie, an den Fragen der Dreieinigkeit und der Menschwerdung Gottes erwächst und entwickelt sich die Philosophie des Cusanus. Das ist das Charakteristische für die g e s c h i c h t l i c h e Stellung des Systems: daß es sich nicht unmittelbar dem neuen Inhalt zuwendet, sondern an dem überlieferten Stoff selbst eine Wandlung und Fortbildung vollzieht, die ihn den Forderungen einer neuen Denkart und Fragestellung zugänglich macht. —

In allen Phasen des Systems bildet daher die G o t t e s l e h r e den einheitlichen Mittelpunkt. In ihr konzentrieren sich die allgemeinen Grundgedanken; in ihrer Entwicklung spiegelt sich jegliche Anregung, die von seiten der wissenschaftlichen Forschung ausgeht. In den frühesten Schriften sind Gottesbegriff und Erkenntnisbegriff zunächst negativ auf einander bezogen und mit einander verknüpft. Indem wir alle Bestimmtheit, die dem Wissen und seinem endlichen Objekt eignet, fortschreitend verneinen und aufheben, gelangen wir damit zum Sein und zur Inhaltsbestimmung des Absoluten. Da alles Erkennen in einem Messen besteht, in einer

Gleichung, die zwischen dem gesuchten Inhalt und bestimmten bekannten Elementen hergestellt wird, so bleibt das Unendliche, da es über alle Proportion hinaus liegt, der Funktion des Begriffs unzugänglich. Alles Denken und Benennen geht in einem Trennen und Unterscheiden auf, erreicht daher die höchste Einheit nicht, die allen Gegensätzen entrückt sein muß, um jedweden Inhalt zu umfassen und an ihm teilhaben zu können. Sprache und Begriff bleiben gleichmäßig an das abhängige und eingeschränkte Sein gebunden; sie vermögen das Wesen ihres Objekts nicht an und für sich, sondern nur in der Differenz und Entgegensetzung gegen andere Inhalte zu bestimmen. Über diese gesamte Sphäre der „Andersheit" gilt es sich zu erheben, um das höchste Sein zu erreichen. Je mehr wir das Moment der Mannigfaltigkeit zurückdrängen, je weiter wir alle Mehrheit und Verschiedenheit entfernen, desto reiner erfassen wir den Sinn und Gehalt der ersten und absoluten Einheit. Gott selbst ist weder das Leben noch die Wahrheit, sondern liegt über diese, wie über alle anderen intelligiblen Bestimmungen hinaus: der „Himmel des Intellekts" vermag ihn nicht zu fassen und in sich zu schließen. Nur durch ein Hinwegschreiten über alle Proportion, über alle Vergleichung und allen Begriff (per transscensum omnium proportionum, comparationum et ratiocinationum) vermögen wir uns seiner Anschauung zu nähern[1]). Die Fülle und das gegensätzliche Leben

---

[1]) S. die Schriften: „De docta ignorantia" (1440) und „De conjecturis" (1441 ff.). Vgl. bes. De conjecturis I, 7: „Si cuncta alia separasti et ipsam solam (absolutam unitatem) inspicis, si aliud nunquam aut fuisse aut esse aut fieri posse intelligis, si pluralitatem omnem abjicis atque respectum, et ipsam simplicissimam tantum unitatem subintras ... arcana omnia penetrasti." S. ferner „De filiatione Dei" (1445) fol. 67a: „Deus .. nec est intelligibilis, aut scibilis, nec est veritas, nec vita est, sed omne intelligibile antecedit, ut unum simplicissimum principium. Unde cum omnem intellectum sic exsuperet: non reperitur sic in regione seu coelo intellectus, nec potest per intellectum attingi extra ipsum coelum esse." (Ich zitiere nach der Pariser Ausgabe der Werke des Nikolaus Cusanus, die im Jahre 1514 von Faber Stapulensis herausgegeben worden ist.)

der Erscheinungswelt bildet das Hemmnis, das uns von der echten Gotteserkenntnis ausschließt. Damit aber ist nicht nur die Begreiflichkeit des göttlichen Urwesens aufgehoben, sondern zugleich das Sein und die innere Möglichkeit des Einzelwesens zu einem unlösbaren Problem geworden. Das Geschöpf kann nicht als Folge aus dem göttlichen Grunde des Seins, der alle Vielheit und alle Zerfällung von sich abweist, begriffen und hergeleitet werden. Keine innere gedankliche Notwendigkeit ist es, die sein Dasein erklärt und rechtfertigt. Das Einzelwesen bleibt das schlechthin „Zufällige", der Gegensatz und das Widerspiel zu aller logischen und metaphysischen Begründung und Ableitung[1]). Dem I n d i v i d u u m ist der Anteil am Sein im letzten und höchsten Sinne versagt; wir müssen es als irrationales Faktum hinnehmen, ohne ihm seinen Bestand und seine Geltung in einem eigenen P r i n z i p sichern zu können. Diese Folgerung aber, zu der Cusas Gotteslehre in ihrer ursprünglichen Gestalt hindrängt, enthält zugleich die Aufforderung und das innere Motiv der Umkehr in sich. Je weiter die Entwicklung von Cusas Philosophie fortschreitet, um so deutlicher tritt neben dem Bestreben, das göttliche Sein in seiner unvermischten Reinheit festzuhalten, die Tendenz hervor, das Einzelwesen in seinem Eigenwerte zu begreifen und in seiner endlichen Besonderheit zu behaupten. Mit diesem Zuge erst wird seine Lehre zum Ursprung und Vorbild der Philosophie der R e n a i s s a n c e. Jedes Geschöpf ist, innerhalb der Schranken, die ihm durch seine Sondernatur gesetzt sind, in sich selbst v o l l e n d e t; all sein Streben kann nicht darauf gerichtet sein, die ihm eigentümliche Wesenheit zu überschreiten, sondern nur sie vollständig zu erfüllen und zu verkörpern. Auch die Erhebung zum Absoluten kann daher nun nicht mehr schlechthin in der Verneinung des eigenen, spezifischen Seins der „Kreatur" gesucht werden. Die einzelne Erscheinung ist nicht mehr der unversöhnliche Gegensatz zum Sein des Unendlichen; sie ist der notwendige Ausgangspunkt und das Symbol, das uns allein zu seiner Erfassung hinzuleiten vermag. Die zweite, reife Epoche von

---

[1]) S. De docta ignorantia II, 2 (fol. 14a) u. ö.

Cusas Philosophie hat diesen Gedanken zu voller Klarheit fortentwickelt. Er selbst spricht es aus, daß er das Absolute, das er zuvor jenseits aller Kraft unserer Erkenntnis, jenseits aller Mannigfaltigkeit und Entgegensetzung gesucht habe, nunmehr in der geschaffenen Welt selbst zu ergreifen und festzuhalten trachte[1]). Um ins Unendliche zu schreiten, brauchen wir nur im Endlichen nach allen Seiten zu gehen: das Geschöpf ist nichts anderes, als die Selbstdarstellung und Selbstoffenbarung des Schöpfers[2]). Damit aber ist ein neuer Weg gewiesen und eine neue Aufgabe gestellt. Die wissenschaftliche Vertiefung in die empirische Besonderung der Dinge ist zugleich der Weg zur rechten Erkenntnis des Göttlichen. Mit der deutschen M y s t i k berührt sich Cusa in dem Gedanken, daß Endliches und Unendliches gleich notwendige Momente sind, daß sie sich wechselseitig bedingen und fordern. Aber wenn die Mystik den Prozeß der Offenbarung Gottes in das Innere des Individuums verlegt, so ist Cusas Blick auf die äußere Natur und ihre Gesetzlichkeit gerichtet: die Begriffe und Probleme der S t a t i k werden ihm — in der Schrift „de staticis experimentis" — zum Anknüpfungspunkt und Vorbild seiner Metaphysik. „Aus der engen, düsteren Zelle des mystischen Dunkels, der mystischen Finsternis — so faßt U e b i n g e r das Ergebnis seiner Untersuchung über den Cusanischen Gottesbegriff treffend zusammen — führt die e x a k t e Denkrichtung die Gotteslehre wiederum in die

---

[1]) S. „De apice theoriae" (1463/64) fol. 219b, 220a: „Cum igitur annis multis viderim i p s a m u l t r a o m n e m p o t e n t i a m c o g n i t i v a m, a n t e o m n e m v a r i e t a t e m e t o p p o s i t i o n e m q u a e r i o p o r t e r e, non attendi, quidditatem in se subsistentem esse omnium substantiarum invariabilem subsistentiam ... Veritas quanto clarior, tanto facilior. P u t a b a m e g o a l i q u a n d o i p s a m i n o b s c u r o m e l i u s r e p e r i r i. Magnae potentiae veritas est . . .: clamitat enim in plateis, sicut in libello ‚De idiota' l egisti."

[2]) „Creatura igitur est ipsius creatoris sese definientis seu lucis, quae deus est, se ipsam manifestantis ostensio." De non aliud (1462) S. 195. — Die Schrift „De non aliud", die in den Gesamtausgaben der Werke fehlt, ist nach der Ausgabe zitiert, die U e b i n g e r — im Anhang seiner Schrift: Die Gotteslehre des Nikolaus Cusanus, Paderborn 1888 — veranstaltet hat.

weiten, lichten Räume der Welt zurück. Jetzt gilt es, ... den unsichtbaren Schöpfer aus der sichtbaren Welt zu erkennen. Nicht der Unsichtbare selbst wird hier geschaut, aber sein Bild, die Wirkung der höchsten Ursache, .. die Offenbarung des unsichtbaren Gottes. Nach dem Bilde gilt es jetzt das Urbild, nach der Wirkung ihre Ursache, nach dem Geschöpfe den Schöpfer, nach der sichtbaren Offenbarung den unsichtbaren Gott zu bestimmen[1])."

Wir verfolgen diese Wandlung der Gotteslehre nur insoweit, als sie sich im Grundbegriff von Cusas E r k e n n t n i s l e h r e, im B e g r i f f d e r „d o c t a i g n o r a n t i a", darstellt und widerspiegelt. Die Wissenschaft des Nichtwissens bedeutet zunächst in der Tat nichts anderes, als die Aufhebung des absoluten Anspruchs der Erkenntnis, als eine Schranke, die der menschlichen Erfahrung und dem menschlichen Begriff gesetzt ist. Das Wissen, wie es auf die Welt der Veränderung und der Mannigfaltigkeit bezogen ist, vermag auch in sich selber nirgends zu einem sicheren Halt und Stillstand zu gelangen. Wie der Stoff, der ihm von außen zufließt, so bewegt sich auch der Charakter seiner Gewißheit in einem beständigen Mehr und Weniger; wie jede höhere Stufe nur durch einen quantitativen Fortschritt und Zuwachs des Erkennens erreicht wird, so kann sie, durch einen analogen Prozeß, in ihrem Werte herabgesetzt und vernichtet werden. Die eine, unbedingte Wahrheit ist nur ganz und unteilbar zu erfassen; — wo die Möglichkeit der Gradabstufung gegeben ist, da kommt auch jeder einzelnen Stufe nur eine relative und jederzeit aufhebbare Sicherheit zu[2]).

Der ideelle Maßstab der höchsten Gewißheit, den wir in uns tragen, verwandelt somit alles wirklich erreichte Wissen in eine bloße „Annahme", die durch andere und genauere Hypothesen wiederum verdrängt werden kann: „die E i n h e i t der unerreichbaren Wahrheit wird von uns in der A n d e r s h e i t der Annahme erkannt"[3]). Der beherrschende

---
[1]) U e b i n g e r, a. a. O. S. 134.
[2]) S. De docta ignorantia I, 3.
[3]) De conjecturis I, 2: „Cognoscitur igitur inattingibilis veritatis unitas alteritate conjecturali."

Gegensatz von Cusas Metaphysik ist damit auf die Methodenlehre übertragen. Aber auch in ihr beginnt nunmehr die innere Wandlung, die das Wertverhältnis der beiden gegensätzlichen Momente umgestaltet. Wenn die Schrift „de docta ignorantia" die Beziehung zwischen dem Absoluten und den Begriffen unserer Erkenntnis mit dem Verhältnis vergleicht, das zwischen K r e i s und P o l y g o n besteht, so soll damit freilich zunächst der qualitative Wesensunterschied beider zum Ausdruck gebracht werden. Dennoch trägt eben dieses Bild bereits den Keim der gedanklichen Vermittlung in sich: denn wie der Fortschritt der Philosophie der Mathematik lehrt, sind die unendlichen Polygone nicht sowohl der Gegensatz, wie das notwendige und unentbehrliche E r k e n n t n i s m i t t e l, um die Größe des Kreises zu bestimmen. Nikolaus Cusanus wagt zuerst den Satz, der auch der antiken Exhaustionsmethode fern lag: daß der Kreis seinem begrifflichen Gehalt und Sein nach nichts anderes, als ein Vieleck von unendlich vielen Seiten ist. Der Begriff der „Grenze" ist hier zu p o s i t i v e r Bedeutung erhoben: der Grenzwert selbst kann nicht anders, als vermöge des unbeschränkten Prozesses der Annäherung erfaßt und in seiner Bestimmtheit ergriffen werden. Die Unabschließbarkeit dieses Prozesses gilt jetzt nicht mehr als Beweis eines inneren, begrifflichen Mangels, sondern als Zeugnis seiner Kraft und Eigenart: die Vernunft kann nur in einem unendlichen Objekt, einem schrankenlosen Fortgang zum Bewußtsein ihres eigenen Vermögens gelangen. Gerade die fortschreitende B e w e g u n g des Geistes, die von dem bloßen Faktum zur Entdeckung der Gründe, vom „quia est" zum „quid est" vordringt, enthält zugleich das Prinzip seiner Gewißheit und seiner Ruhe in sich: in ihr erst ist der Geist seines eigenen unerschöpflichen Seins und Lebens versichert[1]). Das Bewußtsein des Nichtwissens birgt daher einen tieferen und fruchtbareren Gehalt der Erkenntnis,

---

[1]) „Complementum theologicum" (1453), Cap. II (fol. 93b): „Et est speculatio motus mentis de „quia est" versus „quid est". Sed quoniam „quid est" a „quia est" distat per infinitum: hinc motus ille nunquam cessabit. Et est motus summe delectabilis, quia est ad vitam mentis. Et hinc in se habet hic motus quietem, movendo enim non fatigatur, sed admodum inflammatur."

als jede scheinbar noch so gewisse positive Einzelbehauptung: denn wenn in dieser der weitere Fortschritt gleichsam gehemmt und zum Stehen gebracht ist, so ist in ihm der Ausblick ins Unbegrenzte erhalten und Ziel und Richtung des Weges erleuchtet[1]). Jetzt ist die Unendlichkeit nicht mehr die Schranke, sondern die Selbstbejahung der Vernunft. „Von größerer Freude wird erfüllt, wer einen unermeßlichen und unzählbaren Schatz, als wer einen zählbaren und endlichen findet: so ist auch das heilige Nichtwissen die erwünschteste Nahrung meines Geistes, zumal ich diesen Schatz i n m e i n e m e i g e n e n A c k e r finde und er mir somit als Eigentum zugehört"[2]).

Immer von neuem und in mannigfachen Formen wiederholt Cusanus diesen Gedanken, der in der Tat eine innere geschichtliche Wandlung bezeichnet[3]). Dem Mittelalter gilt das Objekt des höchsten Wissens als transscendent: nur eine unmittelbare äußere Gnadenwirkung vermag den Geist zu seiner Anschauung zu erheben, zu der er aus eigenen Mitteln unzureichend bleibt. Auf der anderen Seite indes ist das System der göttlichen Wahrheit ein festes, in sich abgeschlossenes Ganze, das uns, unabhängig von aller Arbeit der Vernunft und der Forschung, fertig und gestaltet dargereicht und gegeben wird. Das ist der Widerspruch, in dem die scholastische Philosophie besteht: daß sie einen unendlichen und transscendenten Gegenstand durch einen fest begrenzten und fixierten Inbegriff dogmatischer Einzelsätze zu erfassen und zu erschöpfen trachtet. Die neuere Zeit beginnt nach beiden Richtungen, nach der subjektiven wie der objektiven Seite hin, mit einer Umkehr der bisherigen Anschauung. Der

---

[1]) „Et hoc posse videre mentis supra omnem comprehensibilem virtutem et potentiam est posse supremum mentis . . Nam est posse videre ad posse ipsum tantum ac ordinatum, ut m e n s p r a e v i d e r e p o s s i t q u o r s u m t e n d i t. Sicut viator praevidet terminum motus, ut ad desideratum terminum gressus dirigere possit." — De apice theoriae, fol. 220b.

[2]) De visione Dei (1453/54) Cap. XVI.; fol. 108a.

[3]) S. z. B. Idiotae, Lib. I: De sapientia (1450), fol. 76b; de beryllo (1454) Cap. XXX, fol. 190b; De venatione sapientiae (1463) Cap. XII, fol. 205b u. s.

Gegenstand, auf den sie hinblickt, ist dem Geiste immanent: das B e w u ß t s e i n selbst und seine Gesetzlichkeit bedingt und umgrenzt das Objekt der Erkenntnis. Und dennoch muß der Prozeß, in dem wir dieses neue Sein zur wissenschaftlichen Bestimmung zu bringen suchen, prinzipiell als unabschließbar gedacht werden. Die endliche empirische Existenz ist niemals völlig erkannt, sondern liegt als Aufgabe der Forschung beständig vor uns. Der Charakter der Unendlichkeit ist von dem G e g e n s t a n d der Erkenntnis auf die F u n k t i o n der Erkenntnis übergegangen. Das Objekt des Wissens, obwohl es von demselben Stoffe wie der Geist ist, obwohl es diesem also völlig durchsichtig und innerlich b e g r e i f l i c h ist, bleibt doch auf jeder einzelnen Stufe des Wissens u n b e g r i f f e n. In dieser skeptischen Einsicht stellt sich der neue Glaube der Vernunft an sich selber dar. Beide Grundmomente des neuen Verhältnisses sind in Cusas Philosophie im Keime enthalten: denn wie er auf der einen Seite die Grenzenlosigkeit des Erkenntnisganges betont, so steht ihm andererseits fest, daß alle empirische Erkenntnis nur eine Auseinanderfaltung und Entwicklung des eigenen Besitzes ist, der dem Geiste in seinen Prinzipien implicit bereits gegeben ist. —

So beleuchtet der Begriff der „docta ignorantia" einen Zusammenhang, der uns bis zu Descartes und Galilei hin in immer neuen Wendungen entgegentreten wird. Nikolaus Cusanus hat diesen Begriff nicht erfunden, sondern ihn, in fertiger terminologischer Bestimmtheit, von Augustin und den christlichen Mystikern übernommen. Das Charakteristische und Neue aber besteht in der Umprägung seiner Bedeutung und seines inneren Gehalts, die hier vollzogen wird. Das Prinzip bezog sich bisher auf das Gebiet des ü b e r s i n n l i c h e n Seins und blieb — in der Negation, wie in seinen positiven fruchtbaren Konsequenzen — völlig innerhalb dieser Sphäre beschlossen[1]). Der „niedere" Bezirk der

---

[1]) Vgl. hrz.: U e b i n g e r , Der Begriff „docta ignorantia" in seiner geschichtlichen Entwicklung. Arch. f. Gesch. d. Philos. VIII (1895) S. 1 ff.

e m p i r i s c h e n Forschung war von Anfang an dem Blick und dem Interesse der metaphysischen Erkenntnislehre entrückt. Jetzt ist es eben dieser p o l e m i s c h e Begriff des Nichtwissens, der jenes verachtete Gebiet dem Erkennen neu erobern soll. Die Wirksamkeit, die er in dieser Richtung entfaltet, tritt uns alsbald in einem Fundamentalproblem der neuen Wissenschaft und Philosophie entgegen: der Gedanke der „docta ignorantia" ist es, der Cusanus zuerst über die R e l a t i v i t ä t aller Ortsbestimmung aufklärt und der ihn damit zum Vorläufer des C o p e r n i k a n i s c h e n W e l t s y s t e m s macht[1]). Die doppelte Richtung des Prinzips wird an dieser Frage besonders deutlich: indem es, kraft seines skeptischen Gehalts, die Existenz des a b s o l u t e n Raumes und eines absoluten Weltmittelpunkts aufhebt, erschließt es zugleich die Mittel, die Mannigfaltigkeit der R e l a t i o n e n, in denen der Kosmos fortan besteht, zur gedanklichen Einheit zusammenzuschließen.

Auch der Begriff der „conjectura" gewinnt hier eine neue und positive Bedeutung. Wie die reale Welt aus der unendlichen göttlichen Vernunft, so gehen alle unsere Annahmen aus unserem Geiste, als ihrem Grunde, hervor. Die Einheit des menschlichen Geistes ist die Wesenheit seiner Konjekturen: mentis humanae unitas est conjecturarum suarum entitas[2]). So wird alles einzelne Wissen bedingt und getragen von der Einheit des Geistes und seiner Grundsätze und erhält erst in ihr festen Bestand. Die „conjectura" bedeutet nicht lediglich die Aufhebung des absoluten Wissens, sondern eben darin den Gehalt und die relative Wahrheit der veränderlichen Erscheinungswelt[3]). „Das höchste Wissen ist nicht in dem Sinne als unerreichbar anzusehen, als wäre uns jeder Zuweg zu ihm versperrt, noch dürfen wir es jemals erreicht und wirklich erfaßt wähnen, vielmehr ist es derart zu denken, daß wir uns ihm b e s t ä n d i g   a n n ä h e r n

---

[1]) Vgl. „de docta ignorantia" II, 11.
[2]) De conjecturis I, 3.
[3]) De conjecturis I, 13: „conjectura igitur est positiva assertio in alteritate veritatem uti est participans."

können, während es dennoch in seiner absoluten Wesenheit dauernd unzugänglich bleibt[1]). Ein Symbol des göttlichen Seins darf uns der Geist nicht in dem Sinne heißen, als wäre er ein toter Abdruck, eine noch so vollkommene Kopie des Unbedingten: einzig in seinem Werden, in seiner Selbstentfaltung und Selbstgestaltung bewährt sich die Kraft seines Ursprungs. Der Erwerb, nicht der Besitz des Wissens gibt der menschlichen Vernunft den Charakter der Göttlichkeit[2]). Die empirischen Einzelerkenntnisse selbst gilt es nach dem Maße, in dem sich der reine Begriff in ihnen darstellt und ausprägt, zu unterscheiden und in ihrem Werte zu ordnen: innerhalb des Sinnlichen selbst müssen wir ein Moment entdecken, das es dem M a t h e m a t i s c h e n und damit dem Inbegriff der „Praecision" verwandt und zugänglich macht.

Bevor wir uns diese Entwicklung im Einzelnen vergegenwärtigen, müssen wir indes auf die Folgerungen hinblicken, zu denen der Begriff der „docta ignorantia" im ethischen und religiösen Gebiet fortgeführt wird. Hier erst zeigt sich das Prinzip in seiner vollendeten Gestalt und Bedeutung. Der Dialog „de pace et concordantia fidei" spricht es aus, wie die mannigfachen Formen und Bräuche, in denen die Völker das Göttliche verehren, nur verschiedene Versuche sind, das Unbegreifliche dogmatisch zu begreifen, das Unnennbare in feste Namen zu fassen. Jeder Name bleibt gleich unzureichend gegenüber der Wesenheit des Einen absoluten Seins. Der Grenzgedanke des Unendlichen bildet den einheitlichen und wesentlichen Kern aller Religionen, gleichviel wie sie ihn im Einzelnen bestimmen und einschränken mögen: „una est religio et cultus omnium intellectu vigentium, quae in omni diversitate rituum praesupponitur"[3]). Die Wissenschaft des Nichtwissens ist hier zum Prinzip der religiösen Duldung und Aufklärung geworden. So sehr Cusanus selbst die christlichen Grunddogmen festzuhalten und dem Ideal jener Einheitsreligion, der Religion des λόγος, anzunähern strebt, so ist

---

[1]) A. a. O. fol. 48b.
[2]) S. Idiotae, Lib. III: De mente, Cap. 13. fol. 93a.
[3]) De pace seu concordantia fidei (1453). Cap. VI, fol. 116b.

doch in dieser symbolischen Umdeutung das Dogma nicht mehr der unbedingte Maßstab, sondern das Objekt, das gemessen wird.

II.

Die Einigung, die sich im Gebiete der Metaphysik zwischen dem Unendlichen und dem Endlichen, zwischen Gott und Welt vollzog, reflektiert sich innerhalb der Erkenntnislehre in einem neuen Verhältnis, das sich jetzt zwischen S i n n l i c h k e i t u n d D e n k e n herausbildet. Zwar ihrem eigentümlichen Gehalt und Ursprung nach bleiben beide Vermögen streng von einander getrennt: es ist das Charakteristikum des r e i n e n Verstandes, daß er aus eigener Kraft all seine Inhalte entwickelt und begründet, daß er zu ihrer logischen Rechtfertigung nicht über die Grenzen seines eigenen Machtbereichs hinauszugehen braucht. Die ganze Fülle der Erkenntnis ist sachlich in den ersten, rein intellektuellen Prinzipien bereits enthalten und vorgezeichnet. Nicht als der materiale Urgrund und Beweisgrund des Wissens ist somit die Sinnlichkeit anzusehen; wohl aber bildet sie den psychologischen Anstoß und Antrieb, der die „schlummernden" Verstandeskräfte zuerst erweckt und zur Selbstentfaltung und Selbstrechtfertigung auffordert. Erst in ihrer Hinwendung zum Sinnlichen gelangen die reinen „Potenzen" des Geistes zu ihrer aktuellen Wirksamkeit[1]). Schon in den frühesten Schriften wird dieser „Zug" und Trieb des Intellekts zum Gebiet der körperlichen Erscheinung geschildert, wiewohl zugleich betont wird, daß es sich hierin nicht darum handelt, dem Stofflichen selbst Wesenheit und Bestand zu verleihen, sondern sich von ihm, vermöge des Staunens über seine Mannigfaltigkeit, zur Erkenntnis der eigenen Einheit

---

[1]) Sic vis mentis quae est vis compraehensiva rerum et notionalis non potest in suas operationes, nisi excitetur a sensibilibus et non potest excitari nisi mediantibus phantasmatibus sensibilibus. Opus ergo habet corpore organico scilicet sine quo excitatio fieri non posset ... Unde mens est viva descriptio aeternae et infinitae sapientiae; sed in nostris mentibus ab initio vita illa similis est dormienti, quousque admiratione, quae ex sensibilibus oritur, excitetur, ut moveatur." (Idiot. Lib. III, cap. 4 u. 5.)

anregen zu lassen. Die höheren Kräfte steigen in die niederen herab: nicht um sich an sie zu verlieren, sondern um an dem Gegenhalt, den sie in ihnen finden, zum Bewußtsein ihres Eigenwertes und ihrer Selbständigkeit zu gelangen. Aufstieg und Abstieg gilt es in einem einzigen geistigen Blick zu umfassen und zu begreifen. „Der Intellekt will nicht zum Sinn werden, sondern zum vollkommenen und vollständig wirksamen Intellekt; da er aber auf keine andere Weise zu dieser Selbstverwirklichung zu gelangen vermag, so wird er zum Sinn, um durch dieses Medium hindurch aus der leeren Möglichkeit zum Akt und zur Energie zu gelangen. So kehrt der Geist, nachdem sein Kreislauf vollendet, in sich selber zurück; sein Herabsteigen zu den sinnlichen Bildern bedeutet in Wahrheit ein Hinaufheben des Mannigfaltigen selbst zur Einheit und Einfachheit des Gedankens[1]." In diesem tiefen Worte hat Cusanus eine Forderung vorweggenommen, die erst in der modernen Wissenschaft und ihrem Erkenntnisideal zur Ausbildung und Erfüllung gelangt ist. Nur in der Hingebung an den Stoff der Wahrnehmung kann wahres Wissen erreicht und gegründet werden; aber je tiefer wir uns in diese Aufgabe versenken, um so deutlicher hebt sich uns auf dem Hintergrunde der Erfahrung das Bild des eigenen Geistes und seiner gedanklichen Schöpfungen heraus. Cusanus bezeichnet hier die g e s c h i c h t l i c h e W e n d u n g d e s P l a t o n i s m u s , die zu K e p l e r und G a l i l e i hinüberführt. Es

---

[1] De conjecturis II, 11 und II,, 16; vgl. bes. fol. 62b: „Complica ascensum cum descensu intellectualiter, ut apprehendas. Non enim est intentio intellectus, ut fiat sensus, sed ut fiat intellectus perfectus et in actu: sed quoniam in actu aliter constitui nequit, fit sensus, ut sic hoc medio de potentia in actum pergere queat. Ita quidem supra seipsum intellectus redit circulari completa reditione ... N a m i n t e l l e c t u m i n s p e c i e s s e n s i b i l e s d e s c e n d e r e e s t a s c e n d e r e e a s d e c o n d i t i o n i b u s c o n t r a h e n t i b u s a d a b s o l u t i o r e s s i m p l i c i t a t e s , q u a n t o i g i t u r p r o f u n d i u s i n i p s i s s e i m m i t t i t , t a n t o i p s a e s p e c i e s m a g i s a b s o r b e n t u r i n e j u s l u c e , ut finaliter ipsa alteritas intelligibilis resoluta in unitatem intellectus in fine quiescat ... Non igitur attingitur unitas, nisi mediante alteritate." — Zu vergleichen ist hiermit die m e t a p h y s i s c h e Wendung desselben Gedankens: De genesi (1447) fol. 71a.

wäre irrig, die philosophische Renaissance des Quattrocento schlechthin als eine E n t d e c k u n g der Platonischen Philosophie zu bezeichnen: war doch die Beziehung zu dieser auch im christlichen Mittelalter nirgends abgebrochen. Insbesondere blieben in der Lehre A u g u s t i n s, wenngleich sie rein aus den Bedürfnissen und Forderungen des Glaubens erwuchs, die Grundmotive der Platonischen Erkenntnislehre nichtsdestoweniger klar und durchsichtig erhalten. Bezeichnend aber ist der veränderte G e s i c h t s p u n k t, unter dem die Ideenlehre jetzt erscheint. Sofern die Ideen als absolutes Sein jenseits der Erscheinungswelt gedacht und gedeutet werden, werden sie von Cusanus ausdrücklich zurückgewiesen; hier tritt er der Aristotelischen Kritik in ihrem ganzen Umfang und in allen ihren Folgerungen bei. Und nicht minder bestreitet er den falschen Apriorismus der "angeborenen Begriffe": nicht einzelne Erkenntnisinhalte, sondern nur die K r a f t, sie zu erwerben, ist der Seele eingeboren[1]). So knüpft er nicht an die metaphysische Weiterbildung der "Idee" an, sondern geht unmittelbar auf die tiefen methodischen Erörterungen der "Republik" über das Verhältnis von Sinnlichkeit und Denken zurück. Die Wahrnehmung ist nicht der unbedingte Widerstreit, sondern sie ist der Wecker und "Paraklet" des reinen Begriffs, den sie herbeiruft, um die in ihr liegende Unbestimmtheit zu überwinden und zu schlichten[2]). Das ist der tiefere Grund und Zweck jener

---

[1]) "In hoc igitur Aristoteles videtur bene opinatus: animae non esse notiones ab initio concreatas, quas incorporando perdiderit. Verum quoniam non potest proficere, si omni caret judicio, sicut surdus nunquam proficeret ut fieret citharoedus, postquam nullum de harmonia apud se judicium haberet, per quod judicare possit an profecerit: eapropter mens nostra habet sibi concreatum judicium, sine quo proficere nequiret. H a e c v i s j u d i c i a r i a e s t m e n t i n a t u r a l i t e r c o n c r e a t a . . quam vim si Plato notionem nominavit c o n c r e a - t a m, n o n p e n i t u s e r r a v i t." Idiota III, 4 fol. 84 b.

[2]) A. a. O.: Orator: "Ajebat Plato tunc ab intellectu judicium requiri, quando sensus contraria simul ministrat. I d i o t a: Subtiliter dixit, nam cum tactus simul durum et molle seu grave et leve confuse offendat, contrarium in contrario: recurritur ad intellectum, ut de quidditate utriusque sic confuse sentitum, quod plura discreta sint, judicet."

Gegensätzlichkeit, die uns überall in der Sinnenwelt entgegentritt: daß sie die Fähigkeit der Unterscheidung in uns anregt und unterstützt und damit das D e n k e n zum Bewußtsein seiner eigentümlichen Grundkraft erhebt[1]). Denn dem Sinn als solchen wohnt keine Kraft der Bestimmung und Unterscheidung bei; vielmehr ist es die V e r n u n f t s e l b s t, die in dem sinnlichen Material erst die festen Abgrenzungen und Sonderungen vollzieht: ratio sensu ut instrumento ad discernenda sensibilia utitur, s e d i p s a e s t q u a e i n s e n s u s e n s i b i l e d i s c e r n i t[2]). So sehen wir, daß das e m p i r i s c h e Weltbild, in dem uns die Gegenstände bereits als einzelne gesondert entgegentreten, schon ein Produkt aus dem Zusammenwirken von Wahrnehmung und Begriff ist. Die Leistung der Idee wird i n n e r h a l b d e s G e - b i e t s d e r E r f a h r u n g s e l b s t aufgesucht und hervorgehoben.

Durch diesen Gegensatz gegen den mittelalterlichen R e a l i s m u s aber, dem die Idee an und für sich etwas Existierendes und Absolutes ist, werden wir zu Folgerungen hingeführt, die den Erkenntniswert des Denkens zunächst herabzusetzen scheinen. Wenn unser diskursives Denken die Sichtung und Deutung der sinnlichen Eindrücke zur Aufgabe hat, so ist es klar, daß es nicht auf die Wesenheit der Dinge, sondern nur auf deren „Abbilder" sich richtet und über diese an keinem Punkte hinauszugelangen vermag. Das System der Erkenntnis löst sich in einen Inbegriff und eine Ordnung von Z e i c h e n auf; die absolute Welt der Objekte bleibt ihm unzugänglich. Wenn die Gegenstände im g ö t t l i c h e n Geiste nach ihrer präzisen und eigentümlichen Wahrheit enthalten sind, so faßt der unsrige nicht ihr Sein, sondern nur mittelbar ihre „Ähnlichkeit"[3]); wenn das Denken Gottes

---

[1]) „Puta cur in sensibili mundo tanta contrarietas: dices ideo quia opposita juxta se posita magis elucescunt et una est utriusque scientia . . Quare omnis sensus vult objecta contraria, ut melius discernat . . . Sic enim . . reperies omnia objecta in mundo sensibili et ad servitium cognoscitivae ordinata." De beryllo, Cap. 36, fol. 192b.

[2]) De conjecturis I, 10 fol. 45 b; cf. Idiota III, 5.

[3]) „Si omnia sunt in mente divina, ut in sua praecisa et propria veritate, omnia sunt in mente nostra ut in imagine seu similitudine

zugleich ein Erschaffen ist, so geschieht unsere Begriffsbildung dadurch, daß wir uns selber den vorhandenen Objekten anpassen und uns nach ihnen umgestalten. Der Begriff der Seele selbst wird unter diesem Gesichtspunkt bestimmt: sie ist die Kraft, die sich allen Dingen anzugliedern vermag (quae se omnibus rebus potest conformare[1]). Wie dem göttlichen Geiste die „vis entificativa", so kommt unserem Intellekt die „vis assimilitiva" als Merkmal und Grundzug zu[2]); wie jenem die ursprüngliche seinsspendende Kraft innewohnt, so besitzt dieser die lichtspendende Kraft, die uns das Ganze der Sinnenbilder erst erhellt. Dennoch ist es ein bloßer Abglanz des Wirklichen, der uns durch alle menschliche Forschung zuletzt gegeben werden kann. Durch die Erschaffung der gedanklichen Zeichensprache, in die wir das Sein zu fassen versuchen, hüllt sich das Wesen der Dinge für uns nur in immer dichtere Schleier. Wenn also die W a h r h e i t des Denkens in nichts anderem besteht als darin, die Verhältnisse des Wirklichen passiv widerzuspiegeln, so sehen wir uns, je weiter die Arbeit des Begriffs fortschreitet, um so mehr von diesem letzten Ziel entfernt und in unsere eigene Vorstellungswelt eingeschlossen.

An diesem Punkte indes, an dem die Gegensätze zu voller Schärfe gelangen, erweist sich nunmehr von neuem Cusas dialektische Kraft. Die Norm der Wahrheit selbst erfährt nunmehr eine innere Umbildung. Der Begriff der Ä h n - l i c h k e i t, den Cusanus als Rüstzeug aus der scholastischen Erkenntnislehre herübernimmt, wird ihm, in schrittweiser Umdeutung und Vertiefung, zur gedanklichen Handhabe und zum Vehikel für die eigene Grundauffassung. Von der „similitudo" schreitet er zur „assi-

---

propriae veritatis, hoc est notionaliter. Similitudine enim fit cognitio. Omnia in deo sunt, sed ibi rerum exemplaria, omnia in nostra mente, sed hic rerum similitudines". Idiota III, 3 fol. 83 b, 84 a.

[1]) De ludo globi (1464) Lib. I; fol. 156 a.

[2]) „Inter divinam mentem et nostram id interest, quod inter facere et videre. Divina mens concipiendo creat, nostra concipiendo assimilat notiones seu intellectuales faciendo visiones. Divina mens est vis entificativa; nostra mens est vis assimilativa". Idiota III, 7; fol. 87 a.

milatio" fort: von der Behauptung einer in den D i n g e n
vorhandenen Ähnlichkeit, die die Grundlage ihrer Zusammenfassung und gattungsmäßigen Bezeichnung abgibt, geht er
zur Darlegung des Prozesses über, vermöge dessen der G e i s t
einen harmonischen Zusammenhang zwischen den Objekten
und sich selber erst herstellen und erschaffen muß. Jetzt
erkennt das Ich die Gegenstände nicht mehr, indem es sich
ihnen anpaßt und sie nachbildet, sondern indem es sie umgekehrt nach der Ähnlichkeit des eigenen Wesens auffaßt und
begreift. Wir verstehen die Außendinge nur insoweit, als wir
in ihnen die Kategorien des eigenen Denkens wieder zu entdecken vermögen. Alles „Messen" der Objekte entspringt
im Grunde nur dem einen Triebe des Geistes, zum Maße seiner
selbst und seiner Kräfte zu gelangen[1]). Weil er den Punkt, die
Einheit, das Jetzt in sich trägt, weil er somit das wahre F u n -
d a m e n t besitzt, aus dem die Linie, die Zahl, die Zeit sich
aufbauen, kann der Intellekt sich all diesen Inhalten assimilieren und sie in dieser Verähnlichung erkennen[2]). Ein Bild
und Analogon der Welt heißt er somit in dem Sinne, daß in
ihm als konzentrierter Einheit der Gehalt von alle dem liegt,
was uns in sinnlicher Erscheinung in der Welt der Dinge
entgegentritt. Wenn die erste Epoche von Cusas Philosophie
vor allem auf das Grundproblem des Verhältnisses zwischen
G o t t u n d W e l t gerichtet war, so ergibt sich jetzt eine
veränderte Fassung der Frage: an die Stelle der Welt tritt,
um sie für die spekulative Betrachtung zu ersetzen und zu
repräsentieren, der Begriff des G e i s t e s. Die Seele ist,

---

[1]) Ibid. III, 9; fol. 90 a: P h i l o s o p h u s : „Admiror cum
mens, ut ais, a mensura dicatur: cur ad rerum mensuram tam avide
feratur? I d i o t a : Ut sui ipsius mensuram attingat. Nam mens est
viva mensura, quae mensurando alia sui capacitatem attingit."
[2]) Ibid. III, 4; fol. 84 a: „Ex hoc elice admirandam mentis nostrae
virtutem. Nam in vi ejus complicatur vis assimilativa complicationis
puncti: per quam in se reperit potentiam, in qua se omni magnitudini
assimilat. Sic etiam ob vim assimilativam complicationis unitatis,
habet potentiam, qua se potest omni multitudini assimilare et ita per
vim assimilativam complicationis nunc seu praesentiae omni tempori,
et quietis omni motui, et simplicitatis omni compositioni, et identitatis
omni diversitati, et aequalitatis omni inaequalitati, et nexus omni
disjunctioni."

wie in engem Anschluß an Augustin dargetan wird, im prägnanten und höchsten Sinne das Symbol des Schöpfers: alle anderen Dinge haben an Gottes Wesenheit nur insoweit Teil als sie sich in ihr darstellen und reflektieren. So ist der menschliche Intellekt zwar ein Abbild des absoluten, aber ein Modell und Musterbild alles empirischen Seins: mens per se est dei imago et omnia post mentem, non nisi per mentem[1]).

Zwei verschiedene Motive und Weisen der Behandlung sind es somit, die sich im Begriff der „assimilatio" durchdringen. Den Anfang bildet eine Analyse und Deutung des Prozesses der Wahrnehmung, in welchem der Geist, nach Cusa, zwar ursprünglich passiv bestimmt wird, in dem er aber nichtsdestoweniger alsbald spezifische Energien und Kräfte entwickelt. Die Seele selbst entsendet durch Vermittlung der peripherischen Organe bestimmt unterschiedene „Spezies", die sich gemäß den Einwirkungen von den Objekten mannigfach umbilden und damit die wechselnde Vielheit der Eindrücke zustande bringen. Überall ist hierbei nicht nur die Natur des äußeren Gegenstandes, sondern zugleich die Beschaffenheit des aufnehmenden Mediums für die Art der Sinnesempfindung bestimmend: wie denn der feine „Arteriengeist", der sich im Auge befindet, nur für die Eindrücke der Gestalten und Farben, nicht für die des Tones empfänglich ist. Daher müssen wir weitergehend einen „Geist" (spiritus) annehmen, der an die Unterschiede der Einzelsinne nicht mehr gebunden, sich gleichmäßig allen Inhalten der verschiedenen Gebiete anzupassen vermag und der sie damit unter einander vergleichbar und auf einander beziehbar macht. Diese Beziehung, die im Organ der „Einbildungskraft", noch unbestimmt und verworren ist, wird schließlich im Organ der „Vernunft" zu distinkter Bestimmtheit erhoben[2]). Dennoch bleibt in diesem gesamten fortschreitenden Prozeß die Abhängigkeit von dem ersten Material, das uns die Sinne darbieten, durchgehend erhalten und bewahrt: die Begriffe der

---

[1]) Idiota III, 3 fol. 84 a — Vgl. bes.: über den Menschen als „parvus mundus" De ludo globi, Lib. I, fol. 157 b.
[2]) Idiota III, 7; fol. 87 a.

Vernunft stellen d e n s e l b e n I n h a l t , wie die unmittelbare Wahrnehmung, nur in klarerer und deutlicherer Scheidung und Abgrenzung dar. Sie bleiben daher mit allem Mangel des anfänglichen Sinneneindruckes behaftet. Dem diskursiven Denken, das im Grunde nichts anderes als ein Ordnen und Klassifizieren der Empfindungsdaten ist, ist die echte „Präzision" versagt: was es zu erreichen vermag, bleibt immer nur relative und angenäherte Gewißheit. In allem Wissen um einen e m p i r i s c h e n Inhalt treten uns daher die „reinen Formen", auf die unser Erkennen im letzten Sinne abzielt, nur schattenhaft entgegen: die Kraft der fremden, von außen gegebenen M a t e r i e beschränkt und verdunkelt die Selbstsicherheit des geistigen Schauens und Erfassens[1]).

Eine andere Richtlinie und ein neuer Orientierungspunkt muß daher gefunden werden, wenn das Wissen über den Bereich der „Mutmaßung" erhoben werden soll. Der Geist darf sein Ziel nicht mehr jenseits seiner eigenen Grenzen suchen, sondern er muß in sich selbst den Mittelpunkt der Gewißheit finden. Die e c h t e n Vernunftbegriffe dürfen nicht das Produkt und das Ende des Erkenntnisprozesses, sondern sie müssen seinen A n f a n g und seine Voraussetzung bilden. Es ist die entscheidende logische Bedeutung der M a t h e m a t i k , daß in ihr diese Umkehr vollzogen und beglaubigt ist. Wenn der Geist den Begriff des Zirkels entwirft, wenn er eine Linie erdenkt, deren Punkte von einem gemeinsamen Mittelpunkte aus gleich weite Entfernungen haben, so hat die Gestalt, die damit entsteht, nirgends ein gesondertes, stoffliches Sein außerhalb des Denkens. Denn in der Materie ist eine exakte G l e i c h h e i t zwischen zwei Strecken, geschweige zwischen einer unendlichen Mannigfaltigkeit von Linien, unauffindbar und unmöglich. Der „Zirkel im Geiste" ist das

---

[1]) „Unde cum per has assimilationes non attingat nisi sensibilium notiones, ubi formae rerum non sunt verae, sed obumbratae variabilitate materiae: tunc omnes notiones tales sunt potius conjecturae, quam veritates. Sic itaque dico, quod notiones, quae per rationales assimilationes attinguntur, sunt incertae, quia sunt secundum imagines potius formarum, quam veritates" (fol. 87 b).

alleinige Musterbild und **Maß** des Zirkels, den wir im Sande hinzeichnen. Analog können wir bei jedem Inhalt, der uns entgegentritt, eine **doppelte Weise des Seins** unterscheiden: sofern wir ihn das eine Mal in aller Zufälligkeit seines konkreten Daseins, das andere Mal in der Reinheit und Notwendigkeit seines exakten Begriffs betrachten[1]) Die **Wahrheit** der Dinge ergibt sich erst in dieser zweiten Art der Auffassung. Auch auf sie wendet Cusanus den Gesichtspunkt der **Assimilation** an: aber jetzt handelt es sich nicht mehr darum, daß der Geist sich den sinnlichen Einzeldingen, sondern daß er sich ihrer reinen mathematischen **Definition**, die all ihren wissenschaftlichen Gehalt darstellt, zuwendet und anpaßt. Indem das Denken sich den „abstrakten Formen", die es in sich selber findet, fortschreitend verähnlicht, entwickelt und erschafft es damit die sicheren **mathematischen** Wissenschaften[2]). Und während zuvor nur ein beschränktes, jederzeit aufhebbares Wissen zustande kam, wird auf diesem zweiten Wege absolute Gewißheit erreicht. Das Denken, das mit den Gegenständen beginnt, um sie, sei es in sinnlichen Eindrücken, sei es in allgemeinen, von ihnen abstrahierten Gattungsbegriffen **abzubilden**, erreicht nirgends das wahre Sein: notwendige Erkenntnis entsteht nur dort, wo der Geist von seiner eigenen

---

[1]) Ibid.; — vgl. „Complementum theologicum" Cap. II: fol. 93 a. „Non enim curat geometer de lineis aut figuris aeneis aut aureis aut ligneis, sed de ipsis, ut in se sunt, licet extra materiam non reperiantur. **Intuetur igitur sensibili oculo sensibiles figuras, ut mentali possit intueri mentales**. Neque minus vere mens mentales conspicit, quam oculus sensibiles, sed tanto verius, quanto mens ipsa figuras in se intuetur a materiali alteritate absolutas". Vgl. bes. **Augustin**, De vera religione, cap. 32 (ed. **Migne**, XXXIV, 149) und Confessiones X, 12 (Migne XXXII, 787).

[2]) „Anima rationalis est vis complicativa omnium notionalium complicationum ... Sic puncto assimilat qui complicat magnitudinem, ut de se notionales lineas superficies et corpora explicet. Et ex complicatione illorum ... scilicet unitate et puncto mathematicales explicat figuras circulares et polygonias .. Sic se assimilat quieti, ut motum discernat, et praesentiae seu ipsi nunc, ut tempus discernat .. Et invenit disciplinas, scilicet arithmeticam, geometricam, musicam et astronomicam et illas in sua virtute complicari experitur." De ludo globi, Lib. II, fol. 165a.

Einheit und „Einfachheit" ausgeht, um sie zu einer Mannigfaltigkeit von Definitionen und Grundsätzen auszubilden[1]). Die Ansicht, daß alle unsere Erkenntnis sich in einen Inbegriff und eine Ordnung von „Zeichen" auflösen lasse, bildet somit bei Cusanus nicht einen Widerspruch, sondern eine Bestätigung der idealistischen Grundlegung. Sein „Nominalismus" ist nicht — wie F a l c k e n b e r g annimmt[2]) — ein fremder Bestandteil des Systems, sondern wird zu einer wichtigen Bestimmung und Ergänzung des Hauptgedankens. Das unbedingte einfache Sein ist uns nicht direkt zugänglich, sondern verbirgt und verhüllt sich uns unter den mannigfachen Namen und Symbolen, deren wir uns notwendig zu seiner Erfassung bedienen: aber eben diese „Namen" selber sind nicht willkürlich und gesetzlos, sondern entstammen dem Grunde und Gesetz unseres eigenen Geistes. Dasselbe Medium, das uns von der Existenz des Absoluten trennt, erschließt uns somit die Erkenntnis des eigenen Wesens und der idealen Objekte der Wissenschaft. Für den positiven Wert, den Cusanus dem Begriffe des Zeichens beimißt, ist es besonders charakteristisch, daß er das allgemeine Verhältnis zwischen dem Zeichen und dem bezeichneten Inhalt durch das Beispiel der Beziehung zwischen Punkt und Linie verdeutlicht. Der Punkt kann als Symbol der Linie betrachtet werden, sofern er die Grundlage und die Voraussetzung ist, aus der die Linie durch stetige Wiederholung sich aufbaut, — sofern er also zugleich ihren ganzen begrifflichen Gehalt in sich faßt und zur Darstellung bringt[3]).

---

[1]) „Et quia mens ut in se et a materia abstracta has facit assimilationes, tunc se assimilat formis abstractis. Et secundum hanc vim exerit scientias certas mathematicales et comperit virtutem suam esse rebus prout in necessitate complexionis sunt, assimilandi et notiones faciendi . . . Unde mens respiciendo ad suam simplicitatem . . hac simplicitate utitur instrumento, ut non solum abstracte extra materiam, sed in simplicitate materiae incommunicabili se omnibus assimilet" (Idiota III, 1; fol. 87 b.)

[2]) F a l c k e n b e r g, Grundzüge der Philosophie des Nicolaus Cusanus mit besonderer Berücksichtigung der Lehre vom Erkennen. Breslau 1880. Vgl. bes. S. 134 f.

[3]) „Sic mens ante compositam lineam incompositum punctum contemplatur. Punctus enim s i g n u m est, linea vero s i g n a t u m.

Damit nähern wir uns einer neuen Bezeichnung und Formel für das metaphysische Grundverhältnis des Einen und Vielen. Wir sahen, wie zuletzt die Forderung gestellt war, die „Einfachheit" des denkenden Geistes in die Vielheit der Begriffe und Dinge aufgehen zu lassen, nicht um sie in sie zu zerteilen und aufzulösen, sondern vielmehr, um sie auf eine höhere Stufe der Selbsterkenntnis und des Selbstbewußtseins zu erheben. Wenn somit die Reihe der Zahlen als Symbol des sinnlichen, die Einheit als Symbol des reinen intellektuellen Seins gedacht werden kann, so handelt es sich jetzt darum, das Eine nicht in abstrakter Isolierung, sondern in seiner Entfaltung, also innerhalb der Welt der Mehrheit selbst, aufzusuchen und festzuhalten. Wo immer sich uns also in einer Gruppe bestimmt abgestufter Inhalte ein Größer und Kleiner, ein Mehr oder Weniger darstellt, da gilt es zunächst in ihr begrifflich ein Moment herauszusondern, das an dieser Wandlung keinen Anteil hat, ihr vorausgeht und sie ermöglicht. Die Eigenart der Linie und des Winkels: dasjenige, was sie von allen anderen geometrischen Gebilden unterscheidet und sie erst zur Linie und zum Winkel macht, ist offenbar in jedem Exemplar der Gattung, wie groß oder wie klein es immer sei, vollständig und gleichmäßig enthalten. Die einzelne b e - g r e n z t e Strecke faßt daher nicht das „W e s e n" der Linie, das vielmehr als unendlich, genauer als außerendlich — weil der Betrachtungsweise und den Gegensätzen der bloßen Quantität entrückt — gedacht werden muß[1]). Der

---

Q u i d a u t e m v i d e t u r i n s i g n a t o, nisi s i g n u m, quippe signum est signati signum? I d e o p r i n c i p i u m, m e - d i u m e t f i n i s s i g n a t i e s t s i g n u m, seu lineae est punctus, seu motus est quies, sive temporis est momentum et universaliter divisibilis indivisibile." De non aliud. S. 192.

[1]) „O m n i s d a b i l i s a n g u l u s d e s e i p s o d i c i t, q u o d n o n s i t v e r i t a s a n g u l a r i s. Veritas enim non capit nec majus, nec minus. Si enim posset esse major aut minor veritas: non esset veritas . . . Omnis igitur angulus dicit se non esse veritatem angularem, quia potest esse aliter quam est. Sed dicit angulum maximum pariter et minimum, cum non posset esse aliter, quam est, esse ipsam simplicissimam et necessariam veritatem angularem." De beryllo Cap. XIII, fol. 186a. — Vgl. bes. Complementum theologicum Cap. V, fol. 95 b: „Vide admirabile: dum mathematicus figurat poly-

Fortgang ins Unendliche, bei dem die bloß zufälligen Differenzen der Größe verschwinden, enthüllt uns erst den rationalen G r u n d der endlichen Gebilde[1]). Hier erblicken wir das „Was" des Kreises oder Dreiecks, das der sinnlichen Anschauung, die an dem Einzelbeispiel und seinen willkürlich angenommenen Dimensionen haftet, unzugänglich bleibt. Die extensive Ausdehnung und Begrenzung, die eine Bedingung der sinnlichen Vorstellbarkeit einer bestimmten geometrischen Gestalt ist, muß aufgehoben werden, um zu ihrer ursprünglichen rationalen Erkenntnis und Definition zu gelangen; die jeweilig wechselnden Maße einer Figur gehen in ihren B e - g r i f f nicht ein. Mit dieser allgemeinen Weisung hat Cusanus, so sehr er noch mit dem Gedanken und dem Ausdruck ringt, die erste logische Grundlage für den Begriff des „Unendlich-Kleinen" geschaffen. Wir dürfen nicht bei der endlichen und teilbaren Form der Größe stehen bleiben, sondern müssen sie, um ihren reinen Begriff zu erfassen und ihre gesetzlichen Zusammenhänge zu verstehen, aus einem unteilbaren Moment zur Entstehung und Ableitung bringen. So ist der Punkt die „Totalität und Vollendung" der Linie, so ruht die extensive zeitliche Dauer auf dem „Jetzt" und müßte mit seiner Aufhebung in sich selber zusammenfallen[2]). Und wie der Augen-

---

goniam, quomodo respicit in exemplar infinitum. Nam dum trigonum depingit quantum, non ad trigonum respicit quantum, s e d a d t r i - g o n u m s i m p l i c i t e r a b s o l u t u m ab omni quantitate et qualitate, magnitudine et multitudine. Unde quod quantum depingit: non recipit ab exemplari, nec intendit quantum efficere. Sed quia depingere eum nequit, u t s e n s i b i l i s f i a t t r i a n g u l u s , q u e m m e n t e c o n c i p i t , a c c i d i t e i q u a n t i t a s , s i n e q u a s e n s i b i l i s f i e r i n e q u i t."

[1]) „Manifestum autem est in infinita linea non esse aliam bipedalem et tripedalem: et illa est ratio finitae. Unde ratio est una ambarum linearum. Et diversitas rerum sive linearum non est ex diversitate rationis, quae est una, sed ex accidenti, quia non aeque rationi participant. Unde non est nisi una omnium ratio ,quae diversimode participatur." De docta ignorantia. Cap. XVII, fol. 7 b.

[2]) „Linea est puncti evolutio, et superficies lineae, et soliditas superficiei. Unde ši tollis punctum: deficit omnis magnitudo. Si tollis unitatem, deficit omnis magnitudo." Idiota III, 9 fol. 89 b. — „Momentum est temporis substantia. Nam eo sublato nihil temporis manet . . Clare jam video, quoniam praesentia est cognoscendi principium, et

blick die „Substanz" der Zeit, so ist die R u h e die Substanz der B e w e g u n g. Die räumliche Ortsveränderung eines Punktes ist nicht anderes, als die gesetzliche Folge und Ordnung seiner unendlich mannigfaltigen Ruhelagen: motus est o r d i n a t a q u i e s seu q u i e t e s s e r i a t i m o r d i n a t a e[1]). In diesen Sätzen hat Cusanus nicht nur den Gedanken, sondern selbst die S p r a c h e der neuen Mathematik, wie sie sich künftig bei Descartes und Leibniz entfaltet, vorweggenommen. Die Bezeichnung der Coọrdinaten, der lineae ordinatim applicatae, bereitet sich vor, während andererseits bereits die allgemeine Auffassung herrschend ist, die zur Grundlegung der I n t e g r a l r e c h n u n g hinführt. —

Und in dem neuen Begriff der G r ö ß e, der jetzt entsteht, spricht sich zugleich eine veränderte Ansicht und eine neue logische Definition des S e i n s aus. Jetzt wird es deutlich, daß die W a h r n e h m u n g, die im Bereiche des Ausgedehnten und Zusammengesetzten verharrt, das Sein nicht zu umspannen und auszumessen vermag. Die wahre Realität jedes Inhalts erschließt sich erst dem Auge des Intellekts, indem er das sinnlich ausgebreitete Dasein auf eine unteilbare E i n h e i t zurückführt. Wir können das „Wesen" eines jeglichen Seins ohne extensive Größe, die „quidditas" ohne „quantitas", nicht aber umgekehrt diese ohne jene denken[2]). Wie die Kraft des Karfunkelsteins, vermöge deren

---

essendi, omnes temporum differentias et varietates; p e r p r a e s e n t i a m e n i m p r a e t e r i t a c o g n o s c o e t f u t u r a, et q u i c q u i d s u n t p e r i p s a m s u n t, quippe praesentia in praeterito est praeterita, in futuro autem est futura, in mense mensis, in die dies et ita de omnibus." De non aliud S. 180.

[1]) „Cum movere sit de uno statu in alium cadere . ... sic n i h i l r e p e r i t u r i n m o t u n i s i q u i e s. Motus enim est discessio ab uno, unde moveri est ab uno et hoc est ad aliud unum. S i c d e q u i e t e i n q u i e t e m t r a n s i r e e s t m o v e r i, ut non sit aliud moveri, n i s i o r d i n a t a q u i e s s e u q u i e t e s s e r i a t i m o r d i n a t a e." Idiota III, 9; fol. 89 b, vgl. bes. Docta ignorantia II, 3; Fol. 15a.

[2]) „Quidditas quam m e n t e a n t e q u a n t i t a t e m v i d e o, cum sine quanto i m a g i n a r i non possit, in imaginatione varias recipit imagines, quae sine varia quantitate esse non queunt et l i c e t d e q u i d d i t a t i s e s s e n t i a q u a n t i t a s n o n s i t, quam

er das Licht zurückstrahlt, in dem kleinen Stein ebenso wie
in dem großen enthalten ist, wie sie sich somit von der Ausdehnung unabhängig erweist, so geht allgemein die Substanz
des Körpers nicht in seiner Masse auf. Sie wurzelt allein
in der bestimmten eigentümlichen W i r k s a m k e i t des
Körpers, die sich bald unter dieser, bald unter jener Gestalt
und Form darstellt, sich mit diesem oder jenem „Accidens"
bekleidet, um der sinnlichen Anschauung sichtbar zu werden.
Wenn die Wahrnehmung die Dinge in ihrer fertigen räumlichen
Ausbreitung betrachtet, so ergreift der Intellekt das Prinzip
und den Urgrund ihrer T ä t i g k e i t [1]). Der Grund zur
Leibnizischen Kritik des S u b s t a n z b e g r i f f s ist hier
gelegt. Es muß freilich zunächst auffallend erscheinen, daß
das gesamte Gebiet der Ausdehnung schlechthin der „Imagination" zugewiesen wird: denn unterliegt damit nicht die
gesamte bisherige M a t h e m a t i k d e r e n d l i c h e n
G r ö ß e n demselben logischen Werturteil? Indes auch
diese Wendung läßt sich verstehen: die reinen intellektuellen
„Einheiten" werden nicht unmittelbar dem sinnlich Mannigfaltigen selbst, sondern dem Begriff, auf den sich jene Mannigfaltigkeiten reduzieren, verglichen und gegenübergestellt. Die

---

mens quidem supra imaginationem contemplatur . .: quantitas tamen
sic est consequenter ad i m a g i n i s quidditatem, quod sine ipsa
esse nequit i m a g o." De non aliud S. 161.

[1]) „N o n e r g o m o l i s q u a n t i t a t e m d e c a r b u n c u l i
e s s e n t i a v i d e o, quia et parvus lapillus carbunculus est, sicut
et magnus. A n t e m a g n u m i g i t u r c o r p u s e t p a r v u m
c a r b u n c u l i s u b s t a n t i a m c e r n o: ita de colore, figura et
ceteris ejus accidentiis. U n d e o m n i a, q u a e v i s u, t a c t u,
i m a g i n a t i o n e d e c a r b u n c u l o a t t i n g o, c a r b u n-
c u l i n o n s u n t e s s e n t i a, sed quae ei accidunt cetera, i n
q u i b u s, u t s e n s i b i l i s s i t, i p s a e n i t e s c i t, q u i a
s i n e i l l i s n e q u i t e s s e s e n s i b i l i s . . . . Lux igitur substantialis, quae praecedit colorem et omne accidens, quod quidem sensu
et imaginatione potest apprehendi, intimior et penitior carbunculo est
e t s e n s u i i p s i i n v i s i b i l i s, p e r i n t e l l e c t u m a u t e m,
q u i i p s u m a n t e r i o r i t e r s e p a r a t, c e r n i t u r. Ipse
sane illam carbunculi substantiam . . . ab omni substantia non carbunculi
aliam videt et hoc i n a l i i s a t q u e a l i i s o p e r a t i o n i b u s
e x p e r i t u r, quae substantiae carbunculi virtutem sequuntur et non alterius rei cujuscunque." De non aliud S. 167.

Sinnendinge werden nicht an sich selbst, in ihrer konkreten Einzelheit, zum Gegenstand der Betrachtung gemacht, sondern sie werden zusammengefaßt und vertreten durch die Kategorie der Quantität, ohne die sie für den Begriff nicht faßbar sind: magnitudine et multitudine sublata nulla res cognoscitur[1]). Vergegenwärtigen wir uns von diesem Punkte aus noch einmal den Gang der Gesamtuntersuchung, so drängt sich eine allgemeine Bemerkung auf. Der Begriffsgegensatz des „einfachen" Seins und seiner „Entfaltung", der complicatio und explicatio war geschaffen, um das Verhältnis und den Widerstreit zwischen G o t t u n d W e l t zum Ausdruck zu bringen. In dieser m e t a p h y s i s c h e n Aufgabe wurzelt sein Ursprung und seine prinzipielle Bedeutung. Im Fortgang der Untersuchung aber sehen wir, wie dieser anfängliche Sinn sich stetig weitet, wie immer neue Problemgruppen ergriffen und der systematischen Grundunterscheidung unterworfen werden. Nacheinander werden nunmehr das Verhältnis Gottes zum menschlichen Geiste, wie die Beziehung, die i n n e r h a l b des Geistes zwischen seinen Grundprinzipien und dem entwickelten Gehalt seiner Begriffe besteht, unter dem gegensätzlichen Gesichtspunkt des „Einen" und „Vielen" betrachtet. Die Größe selbst, die ein Grundinhalt unseres D e n k e n s ist, gibt dieser doppelten Betrachtung und Beurteilung Raum. So gelangt ein Gedanke, der dazu bestimmt schien, die endgültige T r e n n u n g des Diesseits und Jenseits, des konkreten und absoluten Seins zu bezeichnen, innerhalb des endlichen Seins selbst zur Bestimmung und zu fruchtbarer Anwendung. Und diese Entwicklung, die sich hier an einem einzelnen Hauptproblem darstellt, findet ihre Bestätigung und Ergänzung in der allgemeinen Umwandlung, die sich in dem Verhältnis der Transscendenz zur Immanenz, des Seins zum Denken vollzieht.

III.

An diesem Punkte, an dem sich die mathematischen und theologischen Gedanken aufs engste zusammenschließen, aber

---

[1]) Compendium; Cap. 5. fol. 170b.

tritt freilich noch einmal die ganze Paradoxie, die in dieser Vereinigung liegt, aufs schärfste hervor. Es ist ein schwieriges und befremdliches Verhältnis, das sich nunmehr ergibt. Die Verflechtung mathematischer und metaphysischer Spekulationen ist freilich als solche keineswegs neu: ist sie es doch, die die gesamte Neuplatonische Lehre beherrscht und die insbesondere bei P r o k l u s ihren charakteristischen Ausdruck gefunden hat. Dem mittelalterlichen Denken wird diese Tendenz sodann insbesondere durch A u g u s t i n vermittelt. Mathematische Gleichnisse und Bilder sind es, in welche nunmehr der Gehalt der Seelenlehre wie der Gotteslehre zu fassen gesucht wird. Weil sie den Begriff des Punktes, also einer schlechthin unteilbaren Einheit, weil sie die rein geometrischen Gedanken der Linie ohne Breite, der Fläche ohne körperliche Dimensionen in sich trägt, darum ist die Seele selbst ein unkörperliches Sein und dem geistigen Ursprung aller Wesenheiten verwandt[1]). Immer weiter spinnen sich diese Vergleiche fort; immer mehr wird hinter der unmittelbaren wissenschaftlichen Bedeutung der Zahl- und Formbegriffe ein tieferer symbolischer Gehalt gesucht, der erst als der eigentliche Kern ihrer Wahrheit erscheint. Die Mathematik fügt sich als dienendes Glied dem Umkreis der m a g i s c h e n Wissenschaften ein. In dieser Funktion fesselt sie zunächst, bei Pico von Mirandola, wie bei Agrippa von Nettesheim, das philosophische Interesse der Renaissance. Aber eine derartig äußerliche Übertragung mathematischer Gedankenreihen auf ein Gebiet, das ihnen innerlich fremd ist und fremd bleiben muß, ist es nicht, was für die Philosophie des Cusanus bezeichnend ist. Hier begibt sich vielmehr in der Tat das Unerwartete und Merkwürdige, daß eine Denkrichtung, die vom Gottesbegriff ihren Ausgang nimmt und zu ihm immer von neuem zurückstrebt, sich unmittelbar für die Entdeckung und Gestaltung mathematischer Einzelerkenntnisse fruchtbar erweist. Welche begriffliche Vermittlung ist es, die diesen Fortgang ermöglicht, — welche eigenartige logische Kategorie, die die zwei getrennten Enden des Wissens mit einander

---

[1]) Cf. A u g u s t i n , De quantitate animae, cap. 12 u. 13.

verknüpft und die damit im methodischen Sinne eine wahrhafte „Coincidenz der Gegensätze" schafft? Schärfer noch und dringender gestaltet sich diese Frage, wenn man bemerkt, daß die Vereinigung von Mathematik und Philosophie, die hier vorliegt, keineswegs von den ersten Anfängen der literarischen Wirksamkeit Cusas her feststeht, sondern erst allmählich gewonnen und befestigt werden muß. Die ersten Schriften, insbesondere die Schrift „De docta ignorantia", bewegen sich noch durchaus in dem herkömmlichen Schema der Vergleichung. Die Sicherheit, die der mathematischen Erkenntnis zukommt, wird zu keinem anderen Zwecke benutzt, als um mit ihrer Hilfe treffendere Sinnbilder für das Verhältnis des absolut Einen zur Mannigfaltigkeit der Welt zu erdenken. Heilige und weise Männer — so erklärt Cusanus selbst — seien ihm hierin vorangegangen, so daß er ihren Spuren nur zu folgen habe[1]). In der Richtung derartiger Betrachtungen, die dem Mittelalter keineswegs fremd geblieben waren, liegen die weitaus meisten Beispiele, in denen das Denken Cusas sich hier bewegt. Wenn er ausführt, daß die unendliche Linie in derselben Weise alle Einzelgestalten in sich schließe, wie Gott alle Geschöpfe in sich enthält — wenn er das Mysterium der Trinität durch das Bild eines Dreiecks von drei gleichen rechten Winkeln darstellt, so liegt in derartigen Gedankenspielen ersichtlich keinerlei mathematischer Gehalt. Hier sind wir mit dem ersten Schritt bereits über die Grenzen der Geometrie und über alle wissenschaftlichen Möglichkeiten, mit denen sie rechnen kann, hinausgelangt. In dem Maße indessen, als die eigene Spekulation Cusas sich reicher und selbständiger entfaltet, gewinnt sein Denken auch der Mathematik gegenüber eine neue Stellung. Schon äußerlich bekundet sich die veränderte Richtung des Interesses darin, daß es nicht sowohl

---

[1]) Consensere omnes sapientissimi nostri et divinissimi sanctissimique doctores visibilia veraciter invisibilium imagines esse atque creatorem nostrum ita cognoscibiliter a creaturis videri posse quasi in speculo et enigmate ... Hac veterum via incedentes cum ipsis concurrentes dicimus, cum ad divina non nisi per symbola accedendi nobis via pateat, quod tunc mathematicalibus signis propter ipsorum incorruptibilem certitudinem convenientius uti poterimus." De docta ignorantia I, 11; fol. 5.

die Verhältnisse des Unendlich-Großen, als vielmehr die des Unendlich-Kleinen sind, denen er sich nunmehr zuwendet. Nicht dadurch, daß die Grenzen der Dinge sich ins Unbestimmte erweitern, um schließlich in einander zu fließen, wird ihre Einheit hergestellt, sondern dadurch, daß wir auf die Elemente zurückgehen, aus welchen sie sich in ihrer charakteristischen Eigenart aufbauen. Der Zusammenhang, der dort nur als unerreichbares Ziel vor uns stand, rückt jetzt ins Gebiet des Endlichen selbst, das in der Besonderheit seiner konkreten Verhältnisse aus einem neuen Gesichtspunkte beurteilt und überschaut wird[1]. Was dem Menschen nur immer im Bereich der Mathematik zu w i s s e n vergönnt ist, das erreicht er auf diese Weise[2]. Wenn zuvor versucht wurde, auf dem Wege der Mathematik die Vollendung der Theologie zu erreichen, so soll jetzt umgekehrt, vermöge des Durchgangs durch die Gotteslehre, die Mathematik selbst erst zur höchsten Stufe ihrer Vollkommenheit emporgehoben werden. Die „mathematica perfectio" wird zum Selbstzweck der Betrachtung.

Dieses Ziel aber wird nur dadurch erreichbar, daß die Gesamtheit des mathematischen Wissens nunmehr einer neuen E r k e n n t n i s k r a f t zugewiesen und unterstellt wird. In der ersten Phase des Systems ist es der Verstand, die „ratio", die gemäß ihrem Grundprinzip vom ausgeschlossenen Dritten den Aufbau der mathematischen Erkenntnisse vollzieht und beherrscht[3]. Aber dieser Zusammenhang kann nicht dauernd aufrecht erhalten bleiben: denn der „Verstand" bedeutet im System des Cusanus das abstraktive Vermögen der D i n g - e r k e n n t n i s. Die Vergleichung der g e g e b e n e n Wahrnehmungen und ihre Zusammenordnung nach verschie-

---

[1] S. ob. S. 24; vgl. Ü b i n g e r , Die mathematischen Schriften des Nicolaus Cusanus, Philosoph. Jahrbuch, Bd. VIII—X.

[2] De mathematica perfectione, fol. 101 ff.

[3] „Haec est radix omnium rationalum assertionum scilicet non esse oppositorum coincidentiam attingibilem . . Et ut brevissime multa dicam: nihil in mathematicis sciri poterit alia radice. Omne quod demonstratur verum esse ex eo est, quia, nisi ita esset, oppositorum coincidentia subinferretur et hoc esset rationem exire." De conject. II, 1; fol. 51b.

denen Ähnlichkeitsklassen bildet seine eigentümliche Leistung. Damit entgeht ihm aber eben dasjenige Moment, das, wie sich immer bestimmter zeigt, den wesentlichen logischen Vorzug des mathematischen Denkens ausmacht. Hier handelt es sich nicht lediglich darum, das vorhandene Wahrnehmungsmaterial zu sichten und gemäß den Übereinstimmungen zwischen seinen einzelnen Gliedern in Gruppen zusammenzufassen, sondern in eigenen und freien Schöpfungen geht nunmehr der Gedanke über alle Grenzen des Wahrnehmbaren zu exakten und „praecisen" Gebilden hinaus. (S. S. 38 ff..) Diese Grundfunktion weist auf ein eigenes P r i n z i p hin, das durch den bloßen Satz des Widerspruchs nicht befaßt und erschöpft wird. Und so geht allmählich die Mathematik von der Seite des „Verstandes" auf die Seite der „Vernunft" über, — so ist es nicht wie bisher die „ratio", sondern der „Intellekt" in spezifischer Bedeutung, der für sie einzustehen hat. Nicht der Verstand, sondern das „intellektuelle Schauen" (visus intellectualis) ist es, was uns jenen Zusammenhang des Krummen und Geraden kennen lehrt, auf welchem alle Quadratur, alle Maßbestimmung von Kurven beruht[1]). Nur in ihm versichern wir uns der Identität der kleinsten Sehne mit dem kleinsten Bogen, die dem gewöhnlichen „diskursiven" Denken dauernd verborgen bleibt. In dieser Entscheidung aber droht wiederum die bloße Symbolik den eigentlichen Gehalt der mathematischen Begriffe zu überwuchern. Von neuem entsteht die Gefahr, daß die mathematischen Kon-

---

[1]) „Intentio est ex oppositorum coincidentia mathematicam venari perfectionem. Et quia perfectio illa plerumque consistit in rectae curvaeque quantitatis adaequatione propono habitudinem duarum rectarum linearum se ut chordam ad suum arcum habentium investigare. Sed quomodo est possibile me cujusque datae chordae ad arcum habitudinem scire: cum inter illas quantitates adeo contrarias forte non cadat numerabilis habitudo? Necesse erit igitur me recurrere ad visum intellectualem qui videt minimam sed non assignabilem chordam cum minimo arcu coincidere . . . Hoc probe videt intellectus necessarium licet sciat nec arcum nec chordam (cum sint quantitates) esse simpliciter minimas in actu et posse, cum continuum sit semper divisibile. Ad hauriendam autem scientiam habitudines respicio ad intellectualem visionem: et dico me videre ubi est chordae et arcus aequalitas." De mathematica perfectione fol. 101b, 102a.

ceptionen, die der Kritik durch den Satz des Widerspruchs nun nicht mehr unterstehen, in mystische Visionen des Übersinnlichen übergehen und mit ihnen unterschiedslos verschmelzen. An diesem Punkte gilt es indessen, vor allem das M o t i v des Vergleichs in aller Schärfe zu fassen. Das „Tertium comparationis" zwischen den verschiedenen Gebieten, die gleichmäßig der intellektuellen Erkenntnis zugerechnet werden, muß sich bestimmt aufzeigen lassen — wenn anders wir hier eine wahrhaft philosophische Einteilung, nicht ein bloßes Spiel mit Gedanken sehen sollen. In der Tat tritt, wenn man den mannigfachen B e i s p i e l e n nachgeht, durch die Cusanus seine neue Grundansicht zu verdeutlichen strebt, der eigentliche Vergleichspunkt immer klarer hervor. Das Grundgesetz alles a b s t r a k t i v e n Denkens ist — wie sich nunmehr zeigt — die strenge S o n d e r u n g der Elemente, auf die es gerichtet ist. Erkennen heißt hier Vereinzeln: die Erfassung des Besonderen a l s eines Besonderen verlangt vor allem, daß seine Unterscheidung von allen sonstigen möglichen Inhalten gesichert ist, denen es gegenübersteht. Die Gegensätze, zu denen das Denken in dieser seiner ersten Leistung hingeführt wird, sind somit von seinem eigenen Standpunkt aus unausgleichbar, weil die F o r m d e s E r k e n n e n s s e l b s t in einem Akt der Entgegensetzung besteht[1]). Ist aber diese erste Phase einmal erreicht, so erhebt sich notwendig bereits im Gebiete der Wissenschaft selbst eine andere Forderung. Der Abschluß des Wissens ist erst vollzogen, wenn es ihm gelingt, ein Prinzip zu finden, aus welchem in lückenloser Folge der I n b e g r i f f der möglichen Einzelsetzungen sich vollständig entwickeln und in der Notwendigkeit seiner V e r k n ü p f u n g durchschauen läßt. Dieses Prinzip liegt allen besonderen Gegensätzen voran, da diese sich, durch bestimmte hinzutretende Bedingungen, erst a u s ihm entfalten sollen. Hier treten uns die Abgrenzungen des Einzelnen nicht als ursprünglich gegebene Schranken starr und unveränderlich gegenüber, sondern wir versuchen, sie vor uns ent-

---

[1]) Vgl. bes. De conjecturis II, 1.

stehen zu sehen. Wir verfolgen die allgemeine Regel, nach welcher jede neue Gestaltung aus einer früheren hervorgeht, und erst in diesem Überblick über die A l l h e i t der Glieder und ihre wechselseitige Abhängigkeit begreifen wir nunmehr, von einer anderen Seite her, die Individualität des Einzelnen. So haben wir etwa — wie Cusanus ausführt —, was den Winkel zum Winkel macht, was ihn von allen übrigen geometrischen Formen unterscheidet, noch nicht verstanden, solange wir bei irgendeinem spitzen oder stumpfen Winkel von bestimmter Größe stehen bleiben. Wir erfassen den vollen Sinn dieses Begriffs erst, wenn wir in einer einheitlichen Konstruktion eine gegebene Gerade in der Ebene aus ihrer Anfangslage herausbewegen, um sie, nachdem sie alle verschiedenen Richtungen angenommen, wiederum in diese zurückkehren zu lassen. Die Gerade selbst bezeichnet hierbei, je nach dem Gesichtspunkt, unter dem sie betrachtet wird, sowohl den Anfang wie das Ende des Prozesses: sie ist die Grenze im doppelten Sinne des ,,terminus a quo" und des ,,terminus ad quem". Daß in ihr der größte und der kleinste Winkel ,,zusammenfallen", bedeutet demnach nicht, daß hier zwei besondere, fest umgrenzte Einzelformen des Winkels in eine einzige verschmelzen, sondern vielmehr, daß sie durch eine stetige Folge von Setzungen, deren jede ihre Eigenart bewahrt, verknüpft und in einander übergeführt werden. ,,Der" Winkel in seiner eigentlichen Bedeutung besagt jetzt nicht mehr dieses oder jenes k o n s t a n t e Gebilde, sondern umfaßt alle nur denkbaren Gestaltungen, die gemäß der angegebenen Regel aus der V a r i a t i o n der anfänglichen Form hervorgehen können[1]). Die Totalität dieser Gestaltungen entzieht sich, als unendlich, jeder direkten Anschauung; sie ist somit auch nicht durch den abstraktiven Begriff zu fassen, der ja lediglich anschaulich

---

[1]) S. ob. S. 41. Vgl. bes. De beryllo Cap. 7. fol. 185a: ,,Quando igitur tu vides per Beryllum maximum pariter et minimum formabilem angulum: visus non terminabitur in angulo a l i q u o , sed in simplici linea quae est p r i n c i p i u m a n g u l o r u m , quae est indivisibile principium superficialium angulorum omni modo divisionis quo anguli sunt divisibiles. Sicuti igitur hoc vides, ita per speculum in aenigmate videas absolute primum principium."

gegebene Unterschiede aufnimmt und festhält. Der Intellekt erst umschließt in einem einzigen Blick die Einheit des Prinzips, wie die unbegrenzte Mannigfaltigkeit der Folgerungen, die in ihm eingeschlossen liegen: denn sein auszeichnendes Merkmal ist es, nicht schrittweise von Glied zu Glied in einfacher Aufzählung fortzugehen, sondern ihre Gesamtheit von Anfang an im Bewußtsein ihres erzeugenden G r u n d e s zu besitzen und zu beherrschen.

Und hier schließt sich endlich der Ring, der für Cusanus metaphysische und mathematische Spekulation aneinander kettet. Was in der Mathematik gemäß ihrer neuen Grundform bereits erreicht ist, das kann für die Gotteslehre nicht schlechthin unerreichbar heißen. Wie hier die scheinbar unaufheblichen Trennungen zwischen dem Endlichen und dem Unendlichen, dem Geraden und Krummen durch stetige Vermittlungen ausgeglichen wurden, so gilt es nunmehr, kraft einer analogen gedanklichen Bewegung, die Kluft zwischen dem Notwendigen und Zufälligen, zwischen Gott und Mensch zu schließen. Das war die Aufgabe, an der die gesamte religiöse Mystik des Mittelalters sich gemüht hatte: zu zeigen, wie im menschlichen Geiste selbst die Erhebung von der Endlichkeit zur Unendlichkeit sich vollzieht. Das Ich selbst wird zur Wiege und zum „Kindbett der Gottheit": der Prozeß der „Erlösung" bezeichnet keinen einmaligen historischen Akt außerhalb des Individuums mehr, sondern wird rein in sein eigenes Innere zurückverlegt[1]). Was für die rationale Betrachtung, die in den Differenzen der endlichen Einzeldinge verharrt, schlechthin als G e g e n s a t z erscheint, das wird hier zur S t u f e n f o l g e in ein und derselben geistigen Entwicklung. Nun erst verstehen wir das absolute E i n e , nicht als ein Einzelnes und somit Totes, sondern als den ewig lebendigen Keim, der sich in eine Fülle von Gestalten auseinanderzulegen strebt[2]). Die vermittelnde Kategorie, die die

---

[1]) Vgl. hrz. F i o r e n t i n o , Il risorgimento filosofico nel Quattrocento, Napoli 1885. Cap. II.

[2]) „Non enim unitas quae de Deo dicitur est mathematica, sed est vera et viva omnia complicans. Nec trinitas est mathematica: sed vivaciter correlativa ... Unde de essentia perfectissimae vitae est quod

beiden Gebiete von Cusas philosophischer Betrachtung eint, tritt jetzt deutlich hervor. Im Gedanken der E m a n a t i o n , der seit den Zeiten des Neuplatonismus die gesamte Metaphysik beherrscht hatte, entdeckt er wiederum das methodische Grundprinzip der reinen D e d u k t i o n. Denn die „Emanation" bedeutet wenngleich in dinglicher Wendung die allgemeine Forderung, sich über die I s o l i e r u n g des Besondern zu erheben, indem man es aus einem gedanklichen Urgrund entstehen läßt. Indem Cusanus auf diese ursprüngliche Bedeutung des Begriffs zurückgeht, wandeln sich ihm unvermerkt wieder Bestimmungen, die bisher einzig und allein der Theologie anzugehören schienen, in Ausdrücke für logische Beziehungen. Die allgemeine Anschauung des d y n a m i s c h e n P a n t h e i s m u s, daß ein Verständnis der Welt nur zu erreichen ist, wenn man vom Ganzen zu den Teilen, nicht von den Teilen zum Ganzen geht, setzt sich jetzt unmittelbar in eine wichtige und fruchtbare Charakteristik des mathematischen C o n t i n u u m s um[1]). In dieser Umbildung kündigt sich in der Tat eine neue Zeit an. Die Mathematik sollte der Theologie dienstbar gemacht werden, um ihr passende und treffende S i n n b i l d e r zu liefern; aber ihr eigener Ideengehalt ist nunmehr lebendig geworden, und er ist es, der jetzt vielmehr der Lehre vom Sein ein neues Gepräge gibt.

An die griechische Philosophie, an ihre Entwicklung des Gegensatzes des „Einen und Vielen" knüpft Cusanus an. Den Gehalt der antiken Spekulation über dieses Problem hat Platon im Philebus in klassischer Weise zusammengefaßt. Das ist ihm die Grundfrage, ob man solche Einheiten wie den Menschen selbst, das Rind selbst, das Schöne selbst, das Gute selbst als wahrhaft seiend anzunehmen hat: sodann aber, wie es möglich ist, daß sie, während sie doch stets mit sich selbst identisch bleiben und weder Entstehen noch Vergehen zulassen, sich dennoch in das Werdende und Unendliche auflösen und gleichsam zerteilen. „Denn das ist doch wohl das Unmöglichste, daß sie, als ein und dasselbe, zugleich in dem

---

sit perfectissime unitrina, ut posse vivere sit adeo omnipotens quod de se sui ipsius generet vitam." Dialog. de Possest. fol. 181a.
[1]) Vgl. z. B. Idiotae Lib. III, cap. 10, fol. 90a u. b.

Einen und in dem Vielen sind." Diese Einheit und Vielheit, nicht jene in den Sinnendingen, ist es, die zum Grund aller Schwierigkeiten wird, wenn man sie nicht zutreffend erklärt, dagegen zur Lösung jedes Zweifels, wenn sie richtig bestimmt wird". Das Auseinandergehen in den Gegensatz und die Rückkehr zur Einheit also ist kein willkürlich aufgegriffenes Problem, sondern es stellt sich in ihm die grundlegende Eigentümlichkeit des l o g i s c h e n P r o z e s s e s selbst dar: „es wird niemals aufhören, noch stammt es etwa erst von heute, sondern es ist das unsterbliche, nie alternde Begegnis d e r B e g r i f f e s e l b s t i n u n s." *(τῶν λόγων αὐτῶν ἀθανατόν τι καὶ ἀγήρων πάθος ἐν ἡμῖν.)* Wirklich ist auch innerhalb der scholastischen Philosophie das Interesse an dieser dialektischen Grundfrage nirgends erstorben, wenngleich ihr eigentlicher logischer Kern unter mannigfachen dogmatischen Hüllen sich verbirgt. Auch Cusanus erfaßt das Problem in dieser Begrenzung; die Schwierigkeit im Begriffe der T r i n i t ä t, die Einheit der drei göttlichen Personen ist es, auf der sein Blick zunächst verweilt. Hier liegt sein innerer Zusammenhang mit dem Mittelalter; insbesondere mit A n s e l m und S c o t u s E r i g e n a. Aber je tiefer er sich in das Dogma der Dreieinigkeit versenkt, umsomehr sieht er sich, zu seinem Verständnis und seiner Deutung, auf das Verhältnis hingewiesen, das i n u n s e r e m B e w u ß t s e i n zwischen dem Intellekt, dem intelligiblen Gegenstand und ihrer Einheit im Akte der Erkenntnis besteht. So wird der Gehalt, der von der griechischen Philosophie her in die Glaubenslehre übergegangen war, wieder selbständig und flüssig gemacht. Aus der Begrenzung durch die theologischen Fragen ringt sich Cusanus wiederum zu dem allgemeingültigen Problem des „Logos in uns selbst" und zur Betrachtung seiner eigentümlichen und „ewigen Beschaffenheit" hindurch.

IV.

Es ist ein weiter Weg von der „negativen Theologie", wie sie sich in Cusanus' ersten Schriften ausspricht, zu der Erkenntnislehre der späteren Periode. Wenn dort das Absolute nur in der Verneinung unseres endlichen Wissens erreicht werden konnte, so ist hier die Erkenntnis das vollendete Abbild und die prägnante Wiederholung des Göttlichen; wenn dort alle Kategorien des Denkens ausgelöscht und überschritten werden mußten, so finden wir jetzt in ihnen den festen Halt, der es uns ermöglicht, die höchste Wesenheit analogisch zu verstehen und uns deutlich zu machen. Die „Subjektivität" bedeutet nicht mehr den Gegenpol des absoluten Seins, sondern die Grundkraft, die uns zu seiner Betrachtung und Deutung befähigt. Das Gebiet des Denkens und das des Seins bleiben zwar ihrem U m f a n g e nach verschieden, so daß sie niemals zu vollkommener D e c k u n g zu bringen sind; dennoch besteht zwischen ihnen inhaltlich eine durchgängige H a r m o n i e , derzufolge alle Verhältnisse des Seins sich im menschlichen Geiste nach dessen eigenem Maßstabe projizieren und darstellen. —

Dennoch besteht auch zwischen diesen gegensätzlichen Aspekten des Gesamtsystems ein innerer Zusammenhang Denn die Entsprechung des Geistes und der Wirklichkeit wird auch jetzt nicht in dem Sinne genommen, daß es sich hier um ein Abbilden, um eine K o p i e des transscendenten Seins in irgendeinem O b j e k t des Bewußtseins handelt. Kein einzelner Begriff, kein festes D a t u m der Vorstellung oder des Denkens, sondern lediglich die O p e r a t i o n e n u n d T ä t i g k e i t e n des Intellekts, aus denen jene Einzelgebilde sich entwickeln, bilden den zutreffenden Vergleichspunkt. Von jedem bestimmten Inhalt des Bewußtseins streng gesondert und geschieden, spiegelt sich die höchste, schöpferische Ursache dennoch i n d e r a l l g e m e i n e n F u n k t i o n d e s B e w u ß t s e i n s wieder: durch keine B e s t i m m t h e i t des Denkens zu erfassen, erweist sie dennoch ihren Zusammenhang mit der aktiven Einheit des B e s t i m m e n s. Wieder tritt hier als Beispiel das m a t h e m a t i s c h - U n e n d l i c h e ein, das nur darum durch keine gegebene Einheit m e ß b a r ist, weil es selbst das P r i n z i p a l l e s M e s s e n s in sich darstellt[1]). So dürfen wir denn auch, wenn wir nach einem Bilde für das göttliche

---

[1]) Complementum theologicum, Cap. XI, fol. 98 b.

Sein Verlangen, dieses nicht im Bereich des S i c h t b a r e n, sondern lediglich im A k t d e s S e h e n s s e l b s t suchen[1]. Gott ist die reine, unumschränkte Tätigkeit des Sehens, die sich in keinem Einzelobjekt bindet; die G r u n d k r a f t des Erkennens, die sich in keinem ihrer E r z e u g n i s s e begrenzt. In ihm ist der G e g e n s a t z zwischen Subjekt und Objekt, zwischen dem P r o z e ß des Erkennens und seinem G e g e n s t a n d aufgehoben: „purissimus intellectus omne intelligibile intellectum esse facit: cum omne intelligibile in ipso intellectu sit intellectus ipse[2]". So verhält er sich zur Welt, wie das Eine Licht zu den mannigfaltigen Farben, in deren jeder es als Voraussetzung enthalten ist, ohne doch jemals in irgendeiner von ihnen rein und ungebrochen aufzugehen[3]. Unter den vielfachen und wechselnden Namen, die Cusanus in immer erneuter Fort- und Umbildung für das absolute Sein prägt, ist die Bezeichnung des „Nicht-Anderen", die er in einer eigenen Schrift „De non aliud" entwickelt und begründet, besonders charakteristisch. Der sprachliche Doppelsinn dient hier dazu, die zwiefache metaphysische Tendenz des Gottesbegriffs in einer einzigen Formel festzuhalten und auszusprechen. „Non aliud": das bedeutet einmal, daß das Absolute von den empirischen Inhalten n i c h t g e - s c h i e d e n und getrennt, sondern eben dasjenige ist, was ihr inneres, immanentes Sein ausmacht; auf der anderen Seite aber soll darin zum Ausdruck kommen, daß die höchste Einheit nicht als „Dieses" oder „Jenes", nicht in der Art eines Einzeldinges zu verstehen und zu bestimmen ist. „Gott ist in Allem Alles und doch Nichts von Allem" —: in dieser Antinomie endet Cusanus' Metaphysik[4]. Aber der Widerstreit dieser beiden Thesen läßt sich lösen und verstehen, wenn wir — wozu Cusanus selber den Weg weist[5]) — den Satz wiederum

---

[1] S. De quaerendo Deum (1445) fol. 198 a.
[2] De filiatione Dei; fol. 67 b.
[3] S. De apice theoriae; fol. 220 a.
[4] De non aliud S. 156 ff.; vgl. bes. S. 159.
[5] „Sicut i n t e l l e c t u s per intellectuale frigus omnia sensibiliter frigida intelligit sine mutatione sui sive frigefactione, ita ipsum non aliud per se ipsum sive non aliud omnia intellectualiter existentia

ins Gebiet des Bewußtseins wenden. Jeder Inhalt des Bewußtseins setzt die ursprüngliche Form und Einheit des Bewußtseins voraus und kann ohne sie nicht entstehen oder gedacht werden; dennoch stellt sich diese Form niemals vollständig und erschöpfend in irgendeinem Inhalt dar und alle Bilder und Begriffe, die wir von der Welt der Dinge her auf sie übertragen, bedeuten ihr gegenüber eine falsche und unzulässige Objektivierung. Nur weil er selbst der bestimmten, gegenständlichen Prägung, der besonderen „forma notionalis" entbehrt, hat der Intellekt die Kraft, sich allen verschiedenen Gestalten zu assimilieren[1]). Der „absolute Begriff" (conceptus absolutus) ist die ideale Form alles dessen, was überhaupt zum Begriff gelangen kann[2]): aber es wäre in der Metaphysik wie in der Logik, ein Grundfehler, diese ideelle Einheit in eine empirisch-dingliche zu verwandeln.

Auch an diesem Punkt hat somit eine Scheidung, die in der Richtung und ausgesprochenen Tendenz auf das Absolute durchgeführt wurde, mittelbar auf die Charakteristik des Geistes zurückgewirkt. Die vielseitige Berührung der beiden verschiedenen Problemstellungen, die dennoch niemals zu einer vollständigen Ausgleichung zwischen ihnen führt, zeigt sich am deutlichsten an der tiefen und originalen Untersuchung, die Cusanus über den Begriff und Ursprung des W e r t e s anstellt. Es ist eine Grundfrage der neueren Zeit, die er hier herausarbeitet und in den Mittelpunkt stellt. Wenn jedes Ding, sofern es i s t , eben damit in sich selber ruht und vollendet ist, wenn sein Dasein somit zugleich einen bestimmten Grad der Vollkommenheit bezeichnet, welchen Wert hat alsdann das Auge des Geistes, das vermöge seiner Kraft den Wert aller Gegenstände erkennt und abgrenzt? Der Intellekt ist es, der den Wert alles Seins, des unendlichen und des endlichen, kraft seines Begriffs- und Unterscheidungsvermögens

---

facit non alia quam id esse, quod sunt, sine sui vel mutatione vel alteritate." A. a. O. S. 171.
[1]) Idiota III, 4; fol. 84 b.
[2]) „Absolutus conceptus aliud esse nequit, quam idealis forma omnium, quae concipi possunt: quae est omnium formabilium aequalitas." Idiota Lib. II, fol. 79 b.

bestimmt und festsetzt, der daher, nächst Gott, selber den höchsten Wert darstellt. Wenn wir von ihm absehen, wenn wir die messende Kraft der Vernunft aufgehoben denken, so ist jeder S c h ä t z u n g und damit jedem Bestand des Wertes die Grundlage entzogen. Das ist der Vorzug und der Adel des Geistes, daß an ihm zugleich alle Schönheit und Vollendung des Universums hängt. Nur indem er die geistige Natur erschuf, vermochte Gott selber seinem Werke Wert zu verleihen[1]). Wenn indes der Intellekt der Quell und Ursprung jedes U r t e i l s über die Dinge und ihre Vollkommenheit ist, so ist er dennoch — und hier wendet sich die Tendenz der Untersuchung — nicht der Grund ihrer W e s e n h e i t. Er erschafft nicht das Material und den Grundstoff, aus dem die Werte sich bilden, sondern setzt es bei all seiner vergleichenden Schätzung als gegeben voraus. Wenn Gott der „Münzmeister" ist, der das Gold prägt und ihm das Zeichen seiner Geltung aufdrückt, so ist der menschliche Verstand nur der Wechsler, der die verschiedenen Geldsorten betrachtet, gegeneinander umsetzt und abwägt.[2]) Nicht die Kraft der Erzeugung, sondern lediglich die der Unterscheidung ist es, die er hierin betätigt. So ist es zuletzt dennoch nur geprägte Münze, die die menschliche Vernunft empfängt, die sie aber allerdings selbständig auf ihre Echtheit zu prüfen und zu beglaubigen hat.

Dieses Doppelverhältnis erhält eine neue Beleuchtung von einem andersartigen Problemzusammenhang. Die höchste

---

[1]) De ludo globi Lib. II, fol. 167 b, 168. — „Dum profunde consideras, intellectualis naturae valor post valorem Dei supremus est. N a m i n e j u s v i r t u t e e s t D e i e t o m n i u m v a l o r n o t i o n a l i t e r e t d i s c r e t i v e. Et quamvis intellectus non det esse valori, tamen sine intellectu valor discerni etiam, quia est, non potest. Semoto enim intellectu: non potest sciri, an sit valor. Non existente virtute rationali et proportionativa, cessat aestimatio, qua non existente utique valor cessaret. In hoc apparet preciositas mentis, q u o n i a m s i n e i p s a o m n i a c r e a t a v a l o r e c a r u i s s e n t. Si igitur Deus voluit opus suum debere aestimari aliquid valere: oportebat inter illa intellectualem creare naturam."

[2]) A. a. O. fol. 168. — Vgl. bes. 168 b: „Est ergo intellectus ille nummus, qui et nummularius, sicut deus illa moneta, quae et monetarius."

unbedingte Einheit bildet, wie Cusanus ausführt, die Grundlage jeder **Frage**, die unsere Erkenntnis stellen kann. Wir können bestimmte **Verhältnisse** des Seins bestreiten, wir können zweifeln, ob ihm diese oder jene **Beschaffenheit** zukomme: das Dasein als solches aber bildet die schlechthin notwendige Voraussetzung, von der alle Forschung ausgehen muß. Der Prozeß des Zweifelns und Untersuchens, das „posse quaerere" ist ohne die absolute Existenz, das „posse ipsum", nicht möglich; jede Frage über Gott trägt somit die Gewißheit der Existenz Gottes und damit den Keim ihrer Lösung in sich selbst[1]). Als Beispiel für diesen grundlegenden Zusammenhang aber weist Cusanus auf die Wissenschaft und ihr Verfahren zurück. Wer die Quadratur des Zirkels sucht, der muß notwendig, noch ehe er sie durch die Tat und das Ergebnis der Forschung belegen kann, eine Gleichheit zwischen geradlinigen und krummlinigen Figuren als möglich voraussetzen: der muß somit einen reinen allgemeinen Begriff der Größe und der Gleichheit in sich tragen, die er, entgegen allen widerstreitenden Indizien der Sinnlichkeit festhält und zugrunde legt. „Und hier eröffnet sich uns die Lösung des Geheimnisses, daß nämlich der Forschende das, was er sucht, voraussetzt und zugleich, sofern er es sucht, nicht voraussetzt. Denn wer immer zu wissen begehrt, setzt voraus, daß es eine Wissenschaft gibt, vermöge deren der Wissende zum Wissenden wird. Wer zweifelt, der wird dazu bestimmt und angestachelt von dem Gedanken einer unendlichen Erkenntnis, die alle mögliche Wahrheit enthält und in sich faßt[2])." Von neuem bewährt sich der Begriff der „docta ignorantia": im Bewußtsein des Nichtwissens enthüllt sich uns der unbedingte Maßstab und das positive Ideal des Wissens. „Was in jeder Frage **vorausgesetzt** wird,

---

[1]) De apice theoriae fol. 220/21: „Nam cum posse ipsum omnis quaestio de potest praesupponat: nulla dubitatio moveri de ipso potest, nulla enim ad ipsum pertingit. Qui enim quaerieret, an posse ipsum sit, statim dum advertit, videt quaestionem impertinentem, quando sine posse de ipso posse quaeri non posset. . . . Nihil igitur certius eo, quando dubium non potest nisi praesupponere ipsum." — Vgl. bes. De conjecturis I, 7 fol. 44a; Idiota Lib. II, fol. 79a.
[2]) Complementum theologicum Cap. IV, fol. 95 a.

das ist zugleich das Licht, das uns zu dem Gefragten hinleitet¹)." Aber dieses Licht strahlt jetzt nicht mehr schlechthin von dem unendlichen S e i n , sondern von dem Begriff der unendlichen Erkenntnis, von der „scientia infinita" als der supponierten Einheit alles Wissens aus. Und wir können bei Cusanus selbst die genaue Vermittlung aufzeigen, durch die sich dieser gedankliche Übergang vollzieht. Das Sein Gottes — so argumentieren die „Predigten" — läßt sich niemals leugnen, noch durch irgendein Schlußverfahren erschüttern. Denn wer behauptet, daß Gott nicht existiert, der stellt doch eben diese Behauptung als einen wahren Satz hin; er gibt somit jedenfalls zu, d a ß e s e i n e W a h r h e i t g i b t , daß es also auch eine unbedingte N o t w e n d i g k e i t d e s S e i n s geben muß, die nichts weiter als eben jene Wahrheit selbst ist und von der alles, was existiert, sein Dasein hat²). Es ist leicht zu sehen, daß diese Form des Gottesbeweises, die in ihren Grundzügen bereits auf A u g u s t i n zurückgeht³), nicht zwingend ist; aber es enthüllt sich in ihr ein charakteristisches Motiv der inneren Entwicklungsgeschichte des Systems. Cusanus glaubt die Existenz Gottes erwiesen zu haben und hat doch nur den Begriff der Wahrheit erhärtet; er glaubt eine unerschütterliche absolute Existenz gegründet zu haben und hat in Wirklichkeit bewiesen, daß jede Frage der Erkenntnis eine innere G e w i ß h e i t in sich birgt.

In der Schrift „de visione Dei", in der Cusanus die Grundanschauung seiner „mystischen Theologie" entwickelt, wird wiederum das göttliche Sein als der a b s o l u t e A k t d e s

---

¹) „Id quod in omni inquisitione praesupponitur est ipsum lumen, quod etiam ducit ad inquisitum." (Ibid.)

²) Excitationes VII; fol. 121 a.

³) „Omnis qui se dubitantem intelligit, verum intelligit et de hac re quam intelligit certus est: de vero igitur certus est. Omnis igitur qui utrum sit veritas dubitat, in se ipso habet verum unde non dubitet nec ullum verum nisi veritate verum est. Non itaque oportet eum de veritate dubitare qui potuit undecumque dubitare. — A u g u s t i n u s, De vera religione, Cap. 39 (Migne XXXIV, 154 f.). Zur Gleichsetzung des Wahrheitsbegriffs mit dem Gottesbegriff bei Augustin s. De libero arbitrio II, 12 ff. (Migne XXXII, 1259 ff.)

S e h e n s bestimmt und beschrieben. Die Art aber, in der diese unbedingte Tätigkeit sich in konkreter Form offenbart, hängt von dem Blick ab, den das einzelne endliche Subjekt auf sie richtet. Das Auge sieht, indem es sich dem Göttlichen zuwendet, in ihm nichts anderes, als sich selbst und seine eigene Wahrheit. So stellt sich dem Zornigen Gottes Bild zornig, dem Frohen freudig dar; so blickt Gott den Jüngling mit der Art und Miene des Jünglings, den Greis mit dem Antlitz des Greises an[1]. Das unbedingte Sein strahlt uns das eigene Wesen, das wir in den endlichen Objekten nur geteilt und beschränkt wiedererblicken, rein und vollständig zurück: das Absolute ist in der Art, wie es sich uns darstellt, zugleich das Subjektivste. Kein Wesen kann über die Schranken seiner Gattung hinausgehen; aller geschichtliche Fortschritt der Menschheit ist nur die immer bestimmtere und klarere Entfaltung dessen, was im menschlichen Geiste implicit enthalten und vorgezeichnet ist[2]. Wenn das Mittelalter das Ziel alles Wissens in ein jenseitiges Sein verlegte, so reift hier die Erkenntnis, daß es nur der immanente Gehalt des Bewußtseins der Menschheit ist, der im Fortgang der Geistesgeschichte zur Klarheit aufstrebt. Die neuere Philosophie beginnt damit, daß sie diesen allgemeinen Gedanken, der für die Spekulation des Nikolaus Cusanus einen Grenzpunkt bildet, an die Spitze stellt und ihn in mannigfachen Richtungen und Tendenzen zur Ausführung bringt.

*　*　*

Die nächste geschichtliche Wirkung, die die Erkenntnislehre des Nikolaus Cusanus ausübte, und die Art, in der sie sich im Bewußtsein der Zeitgenossen spiegelte, stellt sich uns am deutlichsten in den Schriften eines Mannes dar, der nach den ersten Voraussetzungen seiner Philosophie noch völlig in der Scholastik wurzelt, der aber zugleich als Mathematiker und Physiker eine Erneuerung des empirischen Weltbildes anstrebt und damit die N a t u r a n s c h a u u n g d e r
R e n a i s s a n c e in wichtigen Hauptzügen vorbereitet.

---

[1] De visione Dei, Cap. VI, fol. 101 b.
[2] Über den Geschichtsbegriff des Cusanus s. F a l c k e n b e r g, a. a. O. S. 59 ff.

Carolus Bovillus hat die erste Anregung zu seinem logischen und naturphilosophischen System durch die persönliche Lehre des Faber Stapulensis erhalten, der ein eifriger Anhänger des Aristoteles, zugleich aber einer der ersten Schüler Cusas und der Herausgeber seiner Schriften war. Die Doppelrichtung, die seinem Denken damit gegeben war, ist hierdurch bereits bezeichnet; denn während er auf der einen Seite an der Aristotelischen Auffassung des Intellekts festhält und sie seiner Erkenntnislehre zugrunde legt, sucht er andrerseits die herkömmliche Logik durch das tiefere Prinzip der „Coincidenz der Gegensätze" zu ergänzen und zu befruchten. Als das Ziel der wahren Denklehre gilt ihm eine „Ars oppositorum", die die Beziehung der gegensätzlichen Momente, ihr Verhältnis und ihr schließliches Zusammenfallen zur Darstellung bringen soll. Alle Widersprüche, die die Natur der Dinge uns darzubieten scheint, müssen zuletzt aus einem ursprünglichen und einheitlichen Akt der Entgegensetzung abgeleitet werden, den es in unserem Geiste zu entdecken und festzustellen gilt. Nicht die an sich bestehenden Gegenstände, sondern die Bilder in unserem Verstande sind es, bei denen von wahrhafter Gegensätzlichkeit gesprochen werden kann. Hier aber erweist sich der Widerstreit alsbald als ein nicht lediglich verneinendes und aufhebendes Prinzip, sondern als ein selbstständiger Keim und unentbehrlicher Anfang. Der Begriff des Nichts, der seinem Seinsgehalt nach das Unfruchtbarste ist, wird zum fruchtbarsten Ursprung, wenn man ihn seinem Erkenntnisgehalt nach betrachtet. Denn da das Denken bei ihm, als einem schlechthin Einzelnen nicht stehen zu bleiben vermag, da es das „Nichts" stets nur in der Absonderung und Unterscheidung von „Etwas" aufzufassen vermag, so wird es von hier aus zu immer neuen Setzungen gedrängt und in eine fortdauernde Bewegung hineingezogen, die erst im Gedanken des allumfassenden, absoluten Seins ihr Ziel und ihren Ruhepunkt findet[1]). So sehen wir,

---

[1]) S. die Schriften: „Ars oppositorum" Cap. 12 und „De nihilo", Cap. 8 und 10.

wie das neue Motiv, das wir im Begriff der „docta ignorantia" erkannten, hier weiterwirkt: das Sein des echten Begriffes wird in seinem W e r d e n , in den intellektuellen Betätigungen und Operationen, die er voraussetzt, gegründet. Und wie hier Merkmale und Verhältnisse, die wir der äußeren Wirklichkeit zuzusprechen gewohnt sind, auf Bestimmungen des Denkens zurückgeleitet werden, so ruht allgemein die Naturauffassung und -erklärung auf der durchgehenden Übereinstimmung, die zwischen Ich und Welt angenommen wird. Der Satz der Identität von Mikrokosmos und Makrokosmos, der von Cusanus nur gestreift wird, erhält hier zuerst die bestimmtere Gestalt und Prägung, in der er uns später vor allem bei Paracelsus begegnen wird. Das Ich ist der „S p i e g e l d e s A l l s", der alle Strahlen, die von diesem ausgehen, in sich versammelt. Alle Kräfte, die sich im Universum zerstreut finden, durchdringen sich in ihm zur lebendigen Einheit und finden in ihm ihren gemeinsamen Mittelpunkt. Die harmonische Entsprechung zwischen den Fähigkeiten und Vermögen der Seele und denen der äußeren Natur wird bis ins Einzelne durchgeführt: in den psychologischen Grundkräften des Lebens, der Sinnesempfindung, der Einbildungskraft und der Vernunft findet Bovillus die Nachahmung der verschiedenen Teile des Kosmos und ihrer gesetzlichen Struktur wieder. Die Stellung des Menschen im Zentrum der Welt, die für Bovillus noch als zweifellose Grundtatsache feststeht, wird damit begründet, daß er das Herz und die Seele des Alls ist, in der das allgemeine Lebensprinzip zu deutlichster Zusammenfassung und Erscheinung gelangt. In phantastischen Analogien wird der Vergleich des Universums mit einem Lebewesen entwickelt und ausgedeutet. Was im Tiere die äußere Substanz, das ist in der Welt die Sonne; die Bilder der Einbildungskraft entsprechen den Gestirnen, wie der innere Sinn dem Firmament entspricht. In dem periodischen Wechsel von Tag und Nacht stellt sich uns der Schlaf und das Wachen des Alls dar[1]). Wir berühren diese seltsamen

---

[1]) Näheres hierüber bei D i p p e l , Versuch einer system. Darstellung der Philosophie des Carolus Bovillus. Würzburg 1865, S. 172ff., 177 ff. —

Gedankenspiele nur wegen des geschichtlichen Interesses, das sie darbieten: es ist die Grundanschauung der N a t u r p h i l o s o p h i e der Renaissance, die sich hier ankündigt und vorbereitet. Die E r k e n n t n i s l e h r e des Bovillus ruht auf den Voraussetzungen der Aristotelischen Psychologie, die für das gesamte Denken des Mittelalters, in so mannigfachen Richtungen es sich entwickelt hatte, maßgebend und herrschend geblieben waren. Die Dinge besitzen ein äußeres selbstgenügsames Dasein: für die Erkenntnis kann es sich nur noch darum handeln, sich diese Existenz in allen ihren Teilen nachbildend anzueignen. Alle denkende Tätigkeit bedeutet nur eine Aufnahme und eine Wiedergabe von Bestimmungen, die an und für sich in ursprünglicherer Weise in der Welt der Wirklichkeit vorhanden sind. Gestalt und Bewegung, Farbe und Ton, die räumliche Ordnung des Beisammen, wie die zeitliche des Nacheinander: all dies sind feste und fertige Eigentümlichkeiten der Objekte selbst; die Aufgabe besteht lediglich darin, den Weg zu weisen, auf dem die V e r w a n d l u n g d i e s e r d i n g l i c h e n B e s c h a f f e n h e i t e n i n g e i s t i g e vor sich geht. Ein Problem, das freilich zunächst unlösbar scheint; denn von der Materie zum Denken, von der absoluten Existenz zum Bewußtsein scheint es keinen begrifflichen Übergang zu geben. An diesem Punkte tritt indes die metaphysische Grundunterscheidung, die das Aristotelische System beherrscht, die Entgegensetzung von Potenz und Akt, von neuem in Kraft. Wie die Gegenstände in den Geist hinübergeschafft werden, das begreifen wir, indem wir erwägen, daß es nicht ihre volle Wirklichkeit, sondern lediglich ihre „Form" ist, die die Seele in sich aufnimmt. Die Dinge selbst vereinen in sich, sofern sie aus Materie und Form zusammengesetzt sind, einen stofflichen und einen intelligiblen Faktor: dem Denken bleibt keine andere Leistung und keine andere Schwierigkeit, als diese Zusammensetzung aufzulösen und den einen Bestandteil aus ihr rein zurückzugewinnen. „Dies muß also von jeder Sinneswahrnehmung gesagt werden, daß sie die sinnlichen Formen (εἴδη) ohne den Stoff aufnimmt, wie das Wachs das Zeichen des Siegelringes ohne das Gold oder Eisen in sich aufnimmt. Denn es empfängt es als goldenes oder eisernes Z e i c h e n , nicht aber sofern es Gold oder Eisen ist. Auf ähnliche Weise leidet auch die Wahrnehmung durch den Eindruck alles dessen, was Farbe oder Ton oder Geschmack besitzt, aber sie erfaßt all dies nicht in seiner konkreten unmittelbaren Beschaffenheit, sondern sofern es eine bestimmte, allgemeine Gestalt in sich verkörpert *(ἀλλ' οὐχ ᾗ ἕκαστον ἐκείνων λέγεται, ἀλλ' ᾗ τοιονδὶ καὶ κατὰ τὸν λόγον).* Somit sind es, wie die Scholastik diesen Aristotelischen Gedanken ausspricht, nicht die Dinge, sondern ihre stofflosen ,,Spezies", die in das Denken aufgenommen werden. Der Begriff der Spezies selbst aber wird hierbei in einer doppelten Bedeutung gefaßt — und eben dies ist es, was ihn befähigt, der Mittler zwischen der äußeren und inneren Welt zu werden —: denn er bezeichnet ebensowohl den formellen Sachgehalt des Dinges, wie das sinnliche oder gedankliche Bild, das wir von ihm gewinnen und an das alle weitere logische Bearbeitung anknüpfen muß. Näher bestimmt wird diese allgemeine Grundanschauung bei Bovillus dadurch, daß er sie vom Standpunkt des scholastischen R e a l i s m u s aus betrachtet und weiterführt. Seine Lehre vollzieht von Anfang an eine strenge Trennung zwischen dem Sein, das dem Begriff ,,an sich" zukommt und zwischen der besonderen Fassung, die dieses Sein in unserem begrenzten und abhängigen Verstande besitzt. Wenn es dem ,,Intellekt der Engel" gegeben ist, die Begriffe und Wesenheiten in ihrem reinen unbeweglichen Sein zu erfassen, so ist der menschliche dazu verurteilt, sie durch ein fremdes Medium und vermöge eines stetigen W e r d e n s zu erblicken. Wie er seiner Natur nach mit der Materie verbunden ist, so vermag auch sein Denken nur von sinnlichen Empfindungen seinen Ausgang zu nehmen und bleibt bis in seine höchsten Leistungen von dieser Vermittlung abhängig. Diese Bedingtheit ist der Ausdruck seiner angeborenen Unwissenheit und der natürlichen Untätigkeit, in der er ohne fremde Beihilfe verharren müßte. Daß der menschliche Verstand die Erkenntnis aus sich selbst und seinem eigenen Gehalt schöpfen könnte, ist unmöglich; er ist nichts anderes als eine bloße P o t e n z , die erst durch einen von außen kommenden Akt vollendet und erfüllt werden kann¹). Wenn für den „intellectus angelicus" Sein und Wissen zusammenfallen und eine unmittelbare Einheit bilden, so bleiben sie für den „intellectus humanus" dauernd getrennt, wenn jener die Begriffe als die ewigen Urbilder erfaßt, die vor dem Sein der Dinge vorausgehen, so vermag dieser nur ein Nachbild des gegebenen Seins zu gewinnen. Die Stufenfolge der S c h ö p f u n g geht daher vom „englischen Verstande" zu den konkreten Naturdingen und von diesen zum menschlichen Geiste fort: „in angelico intellectu sunt omnia ante esse, in seipso in esse, in humano post esse." Und zwar besitzen die Gegenstände im Verstande der Engel ein reines intellektuelles Sein, in ihrer eigenen Existenz ein sinnliches und natürliches Sein, während sie im menschlichen Denken ein abgeleitetes, r a t i o n a l e s Sein gewinnen²). „Jedes Objekt ist der Zeit nach früher, als die Erkenntniskraft, die ihm entspricht: die Welt aber, die der Ort aller Dinge ist, ist das natürliche Objekt des menschlichen Verstandes. So wird die Gesamtheit aller Dinge, die sich in ihr befinden, dem Verstand von Natur durch die Sinne bekannt gemacht, dargestellt und entgegengebracht, damit er von ihnen lerne und selbst zu ihnen werde³)." Der Satz, daß Nichts im Verstande ist, was nicht zuvor in den Sinnen ge-

---

¹) B o v i l l u s , De intellectu Cap. II, § 3: „Humanus intellectus, ut conjunctus est materiei, ita et per species intelligit . . . . Impossibile enim est humanum intellectum e continenti et ex semet ipso nosse universa, sed per omnium species omnia fit. Est enim omnium potentia, potentia autem perfici et adimpleri nequit, nisi ab adventante actu." (Die Schrift: „de intellectu" ist zuerst gemeinsam mit anderen Werken des Bovillus in Paris im Jahre 1510 erschienen. Der vollständige Titel der Ausgabe, die wir benutzen, lautet: ,, Quae hoc volumine continentur: Liber de intellectu. Liber de sensu. Liber de nichilo. Ars oppositorum. Liber de generatione. Liber de sapiente. Liber de duodecim numeris. Epistolae complures. Et insuper mathematicum opus quadripartitum: De Numeris Perfectis. De Mathematicis Rosis. De Geometricis Corporibus. De Geometricis Supplementis.")
²) De intellectu Cap. II, § 9 — vgl. bes. Cap. VI, § 7: „Deus, antequam fierent omnia, ea concepit in angelico intellectu, deinde omnia protulit et fecit, postremo ea in humano intellectu descripsit".
³) De intellectu Cap. 7; § 4.

wesen wäre, gilt somit zweifellos und unbeschränkt unter den Bedingungen u n s e r e r Erkenntnis, wenngleich er sich, wie wir sahen, in sein Gegenteil verkehrt, wenn man die absolute Erkenntnisweise der höheren geistigen Substanzen zugrunde legt[1]). Die Aufgabe der Erkenntnislehre ist es, den Wandel, den das unmittelbare Sein des Gegenstandes durch seine Aufnahme in den Intellekt erfährt, in seinen Einzelphasen zu verfolgen, die Umformung der sinnlichen in die „intelligiblen Spezies" zu beschreiben. „Die Bilder der Dinge, wie sie in der Welt von den Gegenständen entstehen, sind noch nicht intellektuell, sondern sinnlich und werden zunächst nur in die Sinne aufgenommen. Denn alles, was in der Welt existiert, ist eine sinnliche Substanz; wie aber die Substanz, so ist auch ihre Spezies und ihr natürliches Bild beschaffen. Von den sinnlichen Substanzen der Welt gehen somit keine anderen als sinnliche Spezies aus und bewegen sich zu uns hin. Hier werden sie zunächst in die Sinne aufgenommen, bis der Verstand, der sich hinter den menschlichen Eindrücken versteckt, sie zu intellektuellen Spezies umbildet, die er durch Läuterung der Wahrnehmung oder durch rationale Vermutungen hervorlockt, gewinnt und abstrahiert[2])." Die „Formen" der Dinge verändern also ihre Natur, wenn sie aus der „großen Welt" in die kleine eintreten. Das tatsächliche stoffliche Dasein, das ihnen dort eignet, müssen sie aufgeben, um in den Bereich des Verstandes Einlaß zu gewinnen; die sinnliche Bestimmtheit und Konkretion, durch die sie ausgezeichnet sind, vermögen sie nur „bis an die Tore des Geistes" zu bewahren. Haben sie den Eingang der Seele einmal überschritten, so werden sie vom Intellekt alsbald dem G e - d ä c h t n i s überliefert, das sie, als einen festen Besitz, jedoch in einer neuen Daseinsweise, bewahrt[3]). Diese Um-

---

[1]) Cap. 9, § 3: Nihil est in sensu, quin prius fuerit in intellectu. Et nihil est in intellectu, quin prius fuerit in sensu. P r i m a v e r a est propter angelicum intellectum, secunda propter humanum."
[3]) De intellectu Cap. 8, § 6.
[2]) Cap. VIII, § 8: Mutat . . ipsa species suam originem p r i - m a m q u e n a t u r a m e x u i t: cum ex majore mundo minorem mundum subit. In utroque enim mundo ejusdem

bildung geht indes streng genommen weder im Sinn, noch im Intellekt als solchen vor sich, sondern ist ein Werk der **Einbildungskraft**, die als eines Mittleres zwischen beiden Vermögen, an ihrer beiderseitigen Natur Anteil hat[1]). Die weitere Untersuchung ist vor allem darauf gerichtet, diese verschiedenen seelischen Grundkräfte zu unterscheiden und ihre Wirksamkeit gegeneinander abzugrenzen. Der „Verstand" erscheint hierbei immer mehr als ein bloßer Durchgangspunkt, als eine lediglich vermittelnde Potenz, vermöge deren die äußere Wirklichkeit in den „inneren Sinn" übergeführt wird: „intellectuales species, per quas homo omnia fit, **ortum habent in mundo, transitum per humanum intellectum, finem et statum in memoria**[2])." Das **Gedächtnis** ist in Wahrheit der echte Mikrokosmos, der das gesamte Sein der Außendinge in sich aufnimmt und wiederspiegelt: eine Auffassung, für die sich Bovillus auf — Platons ἀνάμνησις berufen zu dürfen glaubt. Jede Spezies wird, sobald sie einmal vom Intellekt erfaßt worden ist, alsbald dieser allgemeinen Vorratskammer zugeführt und muß, um wiederum zu Bewußtsein zu gelangen, aus ihm hervorgeholt und dem Verstande dargeboten werden[3]). Alle „Kontemplation" und alle Selbstbetätigung des Geistes muß aus dem Schatze schöpfen, der hier ein für allemal aufgespeichert ist. Die **Passivität** des menschlichen Verstandes stammt nicht sowohl aus seiner eigenen Natur, als von diesem seinem notwendigen Zusammenhange mit dem Gedächtnis her. Wie das Auge das Bild, das es erblickt, nicht in sich selbst, sondern im Spiegel sieht, so bedarf der Intellekt, in allen Erwägungen und Schlußfol-

---

naturae esse nequit. In majore enim mundo ipsa species sensibilem sortita est naturam; in minore autem mundo in naturam se intelligibilem convertit. Toto enim spatio, quo ab suo ipsius fonte et majore mundo fertur adusque hominis sensum, naturam servat **sensibilem**. Toto vero reliquo intervallo, quo lares subiens animi ab intellectu fertur ad memoriam et stat manetque in memoria, **intelligibilis** vocatur."

[1]) A. a. O. Cap. VIII, § 9.
[2]) Cap. VIII, § 4.
[3]) Cap. VII, § 9 und 10.

gerungen, gleichsam ein von ihm selbst verschiedenes, wenngleich ebenfalls seelisches S u b s t r a t, in dem die intelligiblen Formen der Dinge aufbehalten und dargereicht werden[1]). Was an dieser Lehre zunächst auffällt, das ist das eigentümliche und friedliche Nebeneinander eines strengen logischen R e a l i s m u s und einer rein sensualistischen Psychologie des Erkennens. In beiden Punkten steht Bovillus in einem lehrreichen Gegensatz zu Nikolaus Cusanus: während dieser vom reinen Intellekt und seiner Eigenart ausgeht, die selbständige E x i s t e n z des Allgemeinen aber bestreitet, muß er, dem die Wahrnehmung der letzte und einzige Ursprung alles Wissens ist, den Begriff zu einer losgelösten W e s e n h e i t umdeuten. Die Paradoxie, die hierin liegt, löst sich, wenn man tiefer in die geschichtlichen Vorbedingungen seiner Lehre eindringt. Die beiden Momente, die zunächst als gegensätzlich erscheinen, erweisen sich sodann als korrelative und zusammengehörige Teilausdrücke derselben philosophischen Grundansicht. Es ist der Widerspruch im Aristotelischen S u b s t a n z b e g r i f f, der hier in besonders deutlicher Weise zutage tritt. Wenn auf der einen Seite das E i n z e l d i n g die wahre Substanz bedeutet, wenn somit der S i n n, der das Wirkliche in seiner durchgängigen Bestimmtheit erfaßt, uns zugleich sein vollständiges letztes Sein zu enthüllen scheint, so wird auf der anderen Seite der Erkenntnis die Aufgabe gestellt, von den mannigfachen zufälligen Bestimmungen und Accidentien, mit denen die Wahrnehmung behaftet bleibt, abzusehen, um zu den „reinen allgemeinen Formen" als der inneren substantiellen Wesenheit der Dinge vorzudringen. Der Speciesbegriff, der aus dem Aristotelischen Formbegriff fließt, ist daher von Anfang an mit einer inneren Zweideutigkeit behaftet, die die endlosen und verwickelten logischen Kämpfe der Scholastik erklärt. Die Ontologie kann den Begriff des Allgemeinen nicht entbehren, während die Psychologie des Erkennens ihm keine vollkommene Rechtfertigung zu bieten vermag, die daher zuletzt, wie

---

[1]) Cap. VI, § 4.

im System des Bovillus, im — „Verstande der Engel" gesucht werden muß. Wenn indes die allgemeine G r u n d l e g u n g der Erkenntnis hier noch überall auf mittelalterliche Vorbilder zurückgeht, so zeigt doch die D u r c h f ü h r u n g an einzelnen Stellen charakteristische neue Züge, die das herkömmliche Schema durchbrechen und die Nachwirkung der Cusanischen Gedanken bekunden. Während es zunächst als der ursprüngliche innere Mangel des menschlichen Intellekts erscheint, daß er sich den Wesenheiten, die den höheren geistigen Naturen als fertiger und unbeweglicher Besitz gegeben sind, nur allmählich und vermöge einer fortschreitenden B e w e g u n g d e s D e n k e n s anzunähern vermag, so wandelt sich allmählich die Schätzung und Wertbetrachtung. Das W e r d e n des Geistes, die Tätigkeit, durch welche er die „Formen", die er potentiell in sich trägt, in die Wirklichkeit des Gedankens überführt, gilt jetzt als die auszeichnende Eigentümlichkeit, die ihn — über alle anderen Mittel- und Zwischenstufen hinweg — unmittelbar der göttlichen Natur nähert. Wie der göttliche Geist der S c h ö p f e r aller substantiellen Formen, so ist der menschliche der B i l d n e r u n d W e r k m e i s t e r aller seiner Begriffe und Gedanken[1]). So gewinnt er, der sich zunächst dem äußeren Eindruck gegenüber rein aufnehmend verhalten sollte, das Bewußtsein und die Kraft der S e l b s t t ä t i g k e i t zurück. Nicht seine eigene Natur, sondern die Bedingtheit, in die ihn das G e d ä c h t n i s verstrickt, ist, wie wir sahen, der Grund seines passiven Verhaltens im menschlichen Erkenntnisprozeß. An sich dagegen bleibt er von dieser Einschränkung unberührt: „omnis intellectus, ut hujusmodi, ἀπαθής i. e. impassibilis

---

[1]) De intellectu Cap. V, § 7. „Unde iterum manifestum est humanae menti nullam a natura i n e s s e speciem, sed eam a d d i v i n a e m e n t i s s i m i l i t u d i n e m u n i v e r s a r u m s u a r u m n o t i o n u m e s s e o p i f i c e m. Sicut enim divina illa substantialis mens cunctarum opifex est substantialium notionum et conceptionum universae naturae, quos angelos nuncupamus, ita et humana mens opifex est universarum, quae ipsi insunt notionum et antea subsistit, quam ut ulla ipsius notio et conceptio." Vgl. Nicolaus Cusanus: ob. S. 35 Anm. 2.

est[1]).'' Dieser allgemeine Grundsatz wird auch hier, wie bei Cusanus, allmählich für die Erkenntnis innerhalb der Erfahrung und der Sinnenwelt fruchtbar gemacht. Wie der ,,äußere Sinn'' den inneren bewegt und anreizt, so muß andererseits, damit Erkenntnis zustande kommt, eine Bewegung in entgegengesetzter Richtung dem Eindruck der Objekte entgegenkommen. Der Intellekt selbst ist es, der, um zu seiner Vollendung und Reife zu gelangen, die Sinne h e r b e i r u f t, erregt und antreibt und der sie damit zuerst befähigt, das Bild des äußeren Seins in sich aufzunehmen. So beweist er sich zugleich als Triebkraft und als Endziel alles Erkennens[2]) (s. ob. S. 31 ff.). ,,Da die große Welt in ihrer Gesamtheit nur um der kleinen willen besteht, so ist sie ihr beständig gegenwärtig, geht in sie ein und schließt sich mit ihr, wie das Mittel mit dem Zweck, zusammen. Denn alles Streben der großen Welt zielt darauf ab, geraden Weges in die kleine einzuströmen und sie kraft der Bilder, die sie in ihr erzeugt, mit ihrer ganzen Substanz zu erfüllen. D e n n d e r g r o ß e n W e l t w o h n t k e i n e K r a f t i n n e , v e r m ö g e d e r e n s i e s i c h z u r ü c k w e n d e n , i n s i c h s e l b e r u m k e h r e n , s i c h g e g e n w ä r t i g s e i n u n d s i c h a n s c h a u e n könnte, da sie nicht als Selbstzweck, sondern um eines anderen willen besteht, dem sie sich ganz hingibt und einpflanzt. Die kleinere Welt dagegen ist vermöge einer Art von äußerem Sinn der größeren stets gegenwärtig und vermag sie, indem sie aus sich selbst heraustritt, zu erhellen und zu durchleuchten. Indem sie sodann aber kraft des inneren Sinnes wieder auf sich zurückgeht, ist sie, unbekümmert um die Welt draußen, sich selbst gegenwärtig und spiegelt das Universum, vermöge der Bilder, die sie von ihm bewahrt hat, in ihrem eigenen Sein zurück[3]).'' Die beiden Wege, die Cusanus scharf unterschieden hatte: der Weg von den Dingen zu den Vernunftbegriffen, die indes bloße ,,Konjekturen'' bleiben müssen, und der andere von den ursprünglichen und notwendigen Prinzipien der Erkenntnis zu den komplexen

---

[1]) De intellectu, Cap. VI, § 4.
[2]) S. Liber de sensu, Cap. II, § 5.
[3]) De sensu, Cap. I, § 5.

Folgerungen treten uns somit auch hier entgegen; während indes bei Cusanus zwischen ihnen ein festes logisches Verhältnis und eine feste Wertordnung stattfand, bleibt es jetzt bei einem bloßen Nebeneinander. Die beiden Zweige und Richtungen des Denkens, die damit entstehen, lassen sich fortan auch geschichtlich gesondert verfolgen: während der erste Ansatz vor allem in der Erkenntnislehre des T e l e s i o und der italienischen Naturphilosophie weitergeführt wird, hat erst die moderne M a t h e m a t i k und N a t u r w i s s e n s c h a f t die zweite, tiefere Grundtendenz begriffen und wiedergewonnen.

Zweites Kapitel.

Der Humanismus und der Kampf der Platonischen und Aristotelischen Philosophie.

Der unvergleichliche Reiz, den die kulturgeschichtliche Betrachtung der italienischen Renaissance immer von neuem darbietet, beruht auf der Einheit und durchgehenden Übereinstimmung, die hier zwischen der innerlichen gedanklichen Entwicklung und zwischen den mannigfachen Formen und Gestaltungen des äußeren Lebens besteht. Der neue Inhalt erschafft sich alsbald die eigene, ihm angemessene Form und stellt sich in sichtbaren, festen Umrissen nach außen hin dar. Die geistigen Bewegungen bleiben nicht abstrakt und losgelöst, sie greifen überall unmittelbar in die Wirklichkeit über und durchdringen sie bis in ihre letzten und scheinbar entlegensten Betätigungen. Im Mittelalter sind die verschiedenen Richtungen des geistigen Schaffens, sind Wissenschaft und Kunst, Metaphysik und Geschichte zwar geeint, zugleich aber durch die gemeinsame und ausschließliche Beziehung auf das religiöse Interesse gebunden. Jetzt treten sie gesondert und selbständig hervor und gewinnen ihr eigenes Fundament und ihren eigenen Mittelpunkt. Das Eigentümliche aber besteht darin, daß all diese Gebilde, so unabhängig sie ihrem Ursprung nach sind, sich dennoch von neuem zur Einheit eines gemeinsamen Zieles zusammenschließen. Die Ergebnisse der Gedankenentwicklung gehen nicht in eine allgemeine theoretische Formel, wohl aber in eine einheitliche konkrete Lebensordnung ein. Die Überwindung des alten Lehrsystems bezeugt sich unmittelbar in einem neuen Ideal individueller und gemeinschaftlicher Lebensführung. Der Humanismus bleibt keine vereinzelte Erscheinung, keine bloße Phase in der Geschichte der Gelehrsamkeit: die Behauptung der Selbstgenügsamkeit der weltlichen Bildung erschafft zugleich einen neuen Stand und hebt damit die gesamte soziale Gliederung des Mittelalters auf. Bis in die Gestaltung des politischen Lebens, bis in die äußeren Formen der Geselligkeit hinein wirken nunmehr die neuen Tendenzen der Zeit. Es gibt keine andere Kulturepoche, in der die t h e o r e t i s c h e Bildung die gleiche, unumschränkte Herrschaft ausübte, in der sie alle anderen Faktoren und Mächte im gleichen Sinne bestimmte, wie hier.

In dieser geistigen Gesamtbewegung scheint indes die P h i l o s o p h i e nur eine untergeordnete und beschränkte Wirksamkeit zu entfalten. Die ersten Jahrhunderte der Renaissance gehen fast völlig in der Aneignung der antiken Systeme auf, die nicht einmal sogleich nach ihrem vollen Gehalt ergriffen und verstanden werden. Bis in das siebzehnte Jahrhundert, bis zu den Zeiten Descartes' hin, fehlt es hier an einer selbständigen Grundlegung. In J a c o b B u r c k h a r d t s Darstellung, die das Gesamtbild der Renaissance in seinen einzelnen Zügen erst wieder lebendig gemacht hat, treten daher in der Tat die philosophischen Bestrebungen und Leistungen gänzlich in den Hintergrund. Während sie überall sonst die Zusammenfassung und den eigentlichen Maßstab des gedanklichen Fortschritts einer Epoche darstellen, stehen sie hier wie außerhalb des gemeinsamen Zusammenhangs. Nirgends erscheint auf den ersten Blick eine erkennbare Einheit, nirgends ein fester Mittelpunkt, um den sich die verschiedenen Bewegungen ordnen. Die gewöhnlichen Merkmale und Formeln, mit denen man den Charakter der Renaissance zu bezeichnen pflegt, versagen, wenn man sich unbefangen der Betrachtung der einzelnen philosophischen Strömungen und ihrer Mannigfaltigkeit überläßt. Wenn überall sonst das Streben der Zeit auf eine reine und unabhängige Erfassung der i m m a n e n t e n Wirklichkeit geht, wenn sie die Politik wie die Moral, die Geschichte wie die Wissenschaft der äußeren Welt auf „natürliche" Prinzipien zu gründen und jede Berufung auf transscendente Kräfte und Autoritäten fernzuhalten sucht, so gelangt dieser Zug in ihrer Philosophie keineswegs sogleich zum eindeutigen Ausdruck. Die Vorherrschaft des Neuplatonismus allein genügt, um zu zeigen, wie sehr das Denken hier zugleich dahin drängt, alles empirische und bedingte Sein zu verlassen und zu überfliegen: und bis weit in das Cinquecento, bis in die Lehre G i o r d a n o B r u n o s hinein, wirkt dieser Widerstreit der gedanklichen Motive nach. Wenn auf der einen Seite der Anspruch der E r f a h r u n g immer deutlicher empfunden und befriedigt wird, wenn Reisen und Entdeckungen den Blick immer mehr auf das neue empirische M a t e r i a l lenken, das der Sichtung und Bearbeitung harrt, so regt sich anderseits der losgelöste ästhetisch-spekulative Grundtrieb niemals kräftiger als jetzt. Das Bild der Wirklichkeit, das die italienische Naturphilosophie entwirft, die in ihrer Erkenntnislehre von der W a h r n e h m u n g als dem einzig gültigen Zeugen ausgeht, ist noch ganz durchsetzt mit den Gestalten der Phantasie und des Aberglaubens. Und die philosophische Grundlegung der Geisteswissenschaften vollzieht sich unter demselben Gegensatz: während man einerseits gelernt hat, die G e s c h i c h t e als Methode zur Entdeckung der geistigen Wirklichkeit zu brauchen, während man die historische Kritik auf die Berichte der römischen Geschichtsschreiber, wie auf die Entstehung des kirchlichen Dogmas anwendet, findet sich auf der anderen Seite eine historische Naivität, die in einem untergeschobenen Schriftwerk das Zeugnis uralter Weisheit sieht und die alle Religion und alle Sittlichkeit aus einer fortgesetzten und lückenlosen T r a d i t i o n offenbarter Wahrheiten abzuleiten sucht. Wie die eindringende und exakte Beobachtung der Naturerscheinungen für die M a g i e , so wird die philologische Forschung für die C a b b a l i s t i k dienstbar gemacht.

Man ist vor dieser bunten und widersprechenden Fülle der Meinungen an der philosophischen Grundbedeutung der Renaissance selbst irre geworden: R e n a n z. B. hat ausgesprochen, daß sie eine lediglich l i t e r a r i s c h e , nicht eine p h i l o s o p h i s c h e Bewegung bilde[1]). Der philo-

---

[1]) R e n a n , Averroës et l'Averroisme, 3 e édit., Paris 1866. S. 322 f.

sophische Charakter einer Epoche läßt sich indessen nicht lediglich daran messen, was sie an festen Lehrsätzen erreicht; sondern er bekundet sich nicht minder in der Energie, mit der ein neues gedankliches Z i e l aufgefaßt und festgehalten wird. Die Einheit der verschiedenen Richtungen, die im Denken der Renaissance einander gegenüberstehen, liegt in der neuen Stellung, die sie gegenüber dem Problem der Erkenntnis allmählich gewinnen. Alle Gegensätze der Zeit — mag man sie nun unter dem Widerstreit von Erfahrung und Denken, von Immanenz und Transscendenz, von Platonismus und Aristotelismus begreifen — streben an diesem einen Punkte einem gemeinschaftlichen Ergebnis zu. Dieser Satz erscheint freilich paradox: denn von einer systematischen Zergliederung und Kritik der Erkenntnis kann auf dieser Stufe noch nirgends die Rede sein. Wo immer die Forschung sich auf die Natur und die Bedingungen des Erkennens richtet, da geschieht es noch durchweg im Zusammenhang und in der Verquickung mit metaphysisch-psychologischen Fragen. Der Begriff der Seele und das Problem ihrer individuellen Fortdauer bildet überall die Voraussetzung der Fragestellung. Wenn indes die Reflexion über die Prinzipien der Erkenntnis hier noch nicht, wie in den selbständigen Anfängen der neueren Philosophie, zum eigentlichen und bewußten Motiv geworden ist, so spiegelt sich doch jede einzelne Phase des Fortschritts m i t t e l b a r in dieser Grundfrage wieder. Sie bildet noch nicht die reale Triebkraft, die die verschiedenen systematischen Bildungen erzeugt, wohl aber den gedanklichen Orientierungspunkt, von dem aus wir ihr Verhältnis und ihre Zusammengehörigkeit überschauen können.

Versuchen wir diesen Zusammenhang, bevor wir ihm im Einzelnen nachgehen, in vorläufigen und allgemeinen Umrissen festzuhalten, so tritt uns zunächst ein n e g a t i v e s Moment entgegen. Es ist der K a m p f g e g e n d i e „s u b s t a n t i e l l e F o r m", der für die Renaissance vor allem charakteristisch ist. Der Humanismus, wie die neue Naturwissenschaft, die Rhetorik und Grammatik, wie die Logik und Psychologie vereinigen sich in diesem Grundbestreben.

Nicht auf allen Gebieten vermag die neue Anschauung, die jetzt entsteht, sich gleichmäßig durchzusetzen; nicht überall hält der Fortgang gleichen Schritt. Es ist die moderne P h y s i k , die zuerst den Schritt vom Sein zur Tätigkeit, vom S u b s t a n z b e g r i f f z u m F u n k t i o n s b e g r i f f vollzieht, während der entsprechende Übergang in der Behandlung der Phänomene des Seelenlebens weit langsamer vor sich geht. Trotz der mannigfachen Schranken und Hemmnisse indes, die dieser Entwicklung gesetzt sind, ist es zuletzt dennoch ein neuer Begriff des B e w u ß t s e i n s , der sich als positiver Ertrag der verschiedenartigen kritischen Bestrebungen ergibt und befestigt. Freilich verlangt dieser Begriff selbst, um in seiner unterscheidenden Leistung und Bedeutung verstanden zu werden, eine nähere Bestimmung. Man pflegt in der Auffassung des I n d i v i d u u m s und in der neuen Stellung und Wertschätzung, die es gewinnt, die eigentliche Grenzscheide zu sehen, die die Renaissance vom Mittelalter trennt. ,,Nichts durchdringt und bezeichnet das christliche Mittelalter — so urteilt ein hervorragender Historiker des Humanismus — so entschieden, als der korporative Zug. Nach dem Chaos der Völkerwanderung krystallisierte sich gleichsam die erneuerte Menschheit in Gruppen, Ordnungen, Systeme. Hierarchie und Feudalismus waren nur die größten Formationen. Selbst das wissenschaftliche Leben . . . fügte sich dem allgemeinen Hange: es schoß, wie gefrierendes Wasser, nach gewissen Mittelpunkten zusammen, und von diesen gingen dann die Strahlen wieder nach allen Seiten aus. Zu keiner Zeit haben solche Massen so gleich gelebt und gehandelt, ja gedacht und empfunden. Wenn großartige Menschen hervorragen, so erscheinen sie nur als Repräsentanten des Systems, in dessen Mitte sie stehen, nur als die ersten unter ihresgleichen, ganz so wie die Häupter des Lehensstaates und der Kirche. Ihre Größe und Macht hängt nicht von den Zufälligkeiten und Eigenheiten ihrer Person, sondern davon ab, daß sie mit Energie den ideellen Kern ihres Systems vertreten und sich selber dabei aufopfernd verleugnen . . . Die Vorkämpfer der Menschheit sind nicht Individuen, welche die Masse geistig beherrschen, sondern Stände und Körperschaften, die dem Individuum nur wie einer Standarte folgen¹)." So zutreffend hier der allgemeine Durchschnittscharakter mittelalterlichen Lebens bezeichnet wird, so werden doch damit die tieferen geistigen Strömungen, die in ihm wirksam bleiben und die insbesondere in der M y s t i k zum Ausdruck drängen, nicht getroffen. Die Konzentration auf das religiöse Problem erzeugt hier eine Innerlichkeit und eine Vertiefung in individuelle psychische Zustände und Stimmungen, die der Renaissance kaum nachsteht. Es sind vor allem die Bekenntnisse A u g u s t i n s , die nach dieser Richtung hin auch für die neuere Zeit das Vorbild bilden und an die P e t r a r c a in seiner lebendigsten und wirksamsten Schrift, in dem Dialog „von dem geheimen Kampf seiner Herzenssorgen", mit bewußter Nachbildung anknüpft. Ja auch der P l a t o n i s m u s der neueren Zeit, wie er in der Florentinischen Akademie hervortritt, bleibt in seinen Anfängen noch durchweg an den Augustinismus geknüpft und in ihn gleichsam eingeschmolzen. Im Vertrauen auf die Autorität des Augustin — so bekennt F i c i n selbst — habe er zuerst die Verschmelzung von Christentum und Platonismus gewagt²). So ist es denn auch nicht die E n t d e c k u n g des „Ich", die für die Renaissance kennzeichnend ist, sondern vielmehr der Umstand, daß sie einen Tatbestand und Gehalt, der dem Mittelalter nur innerhalb seiner religiösen Psychologie gegeben war, von diesem Zusammenhang ablöst und selbständig herausstellt³). In einer solchen Übertragung und Übersetzung eines fertigen Inhalts in eine andere Sphäre aber würde freilich für sich allein keine entscheidende und

---

¹) G e o r g V o i g t , Die Wiederbelebung des klassischen Altertums, 2. Aufl., Berlin 1880, I, 131.
²) Marsilius Ficinus, Opera, Paris. 1641, fol., I, 74. „Ego vero cum jampridem A u r e l i a n a a u c t o r i t a t e f r e t u s . . Platonis ipsius simulacrum quoddam Christianae veritati simillimum exprimere statuissem . . . etc. Vgl. bes. Epistolae Lib. VII. (Op. I, 824): Augustini primum autoritate adductus . . operae pretium fore censui, quandoquidem mihi philosophandum esset, ut in Academia praecipue philosopharer".
³) Vgl. hrz. D i l t h e y , Auffassung und Analyse des Menschen im 15. und 16. Jahrhundert. Archiv f. Gesch. d. Philos. IV, 627.

schöpferische Leistung liegen. Zu positiver Erfüllung und Gestaltung gelangt dies neue Selbstbewußtsein erst an dem empirischen Naturbewußtsein. Wenn Augustin den Begriff des Ich als einziges und sicheres Fundament alles Wissens entdeckt, wenn ihm das Objekt zur „Erscheinung" des Bewußtseins wird, so wird in diesem Gedanken bei ihm nur der Vorrang der W i l l e n s - u n d G e f ü h l s s p h ä r e über alle Daten der Wahrnehmung und alle Tatsachen der gegenständlichen E r k e n n t n i s festgehalten. Die räumliche und zeitliche Ordnung der D i n g e muß dahinschwinden, damit wir die Eigenart und den Eigenwert der S e e l e verstehen und fassen lernen. In der neueren Zeit dagegen sind es vielmehr die o b j e k t i v e n P h ä n o m e n e , die zuerst den Blick auf sich ziehen und die die Betrachtung an sich fesseln. Die Natur mußte erst als fester, unabhängiger B e s t a n d , als selbständige Ordnung und Gesetzlichkeit begriffen und aller Abhängigkeit vom seelischen Innenleben entrückt sein, ehe der Gedanke des Ich in seiner neuen Bedeutung sich durchsetzen konnte. Der P l a t o n i s m u s enthält in seiner echten und legitimen Gestalt, die der Renaissance allmählich zugänglich wird, bereits beide Momente in untrennbarer Wechselbeziehung: bei K e p l e r vor allem läßt sich verfolgen, wie sich ihm erst in der reinen Anschauung der Harmonie des K o s m o s die Harmonie der „S e e l e" erschließt. Auch die ästhetische Auffassung und Erhöhung der Wirklichkeit führt zum selben Ziel: die B e s e e l u n g der Natur durch die Kunst bleibt doch von allen sentimentalen und romantischen Zügen, von aller direkten Hineindeutung individueller Stimmungen und Empfindungen in das unmittelbare Weltbild frei. Es ist im Gegenteil die reine objektive Erfassung und Betrachtung der Wirklichkeit, die dadurch ermöglicht und gefördert wird. L e o n a r d o d a V i n c i ist das Vorbild und der Meister dieses reinen gegenständlichen Denkens und Anschauens, das alle Gebiete des Geistes gleichmäßig umfaßt und durchdringt. Daß aus dieser Hinwendung auf das Objektive, aus diesem Aufgehen im Naturgegenstand, auch philosophische Fragen und Schwierigkeiten entstehen, läßt sich begreifen. In der N a t u r p h i l o s o -

phie der Renaissance gelangt der Begriff des **Bewußt seins** noch nicht zu reiner Entdeckung und Heraushebung. Das Ich und seine Funktion kann auf dieser Stufe nur wie ein besonderer **Gegenstand** gedacht und beschrieben werden: es ist in das objektive Dasein aufgelöst und in ihm gleichsam erloschen. Dennoch bezeichnet eben diese vorläufige Schranke die Richtung, die der Gedanke von nun ab einzuhalten hat. Was Cusanus systematisch gefordert hatte: die Zurückziehung und Rückgewinnung des „reinen Intellekts" aus dem Stoffe der sinnlichen Eindrücke selbst, — das bildet nunmehr auch die historische Aufgabe. Aus diesem Zusammenhang mit den Zielen der empirischen Forschung gewinnt der neue Ichbegriff seinen Halt und das Korrelat, das ihn vom Mittelalter und von der Mystik scheidet. —

I.
Die Erneuerung der Platonischen Philosophie.

Den Kampf zwischen Platon und Aristoteles nach seinem ganzen Umfang und nach der ganzen Tiefe der begrifflichen Gegensätze schildern, heißt die Geschichte des modernen Denkens schreiben. Bis weit in die originalsten Leistungen der neueren Philosophie hinein bleibt dieser Widerstreit bestimmend und herrschend. Und nicht nur die großen philosophischen Systeme werden unter diesem Gesichtspunkt erschaffen; auch die exakte wissenschaftliche Forschung kann sich nicht herausbilden und konstituieren, ohne mit jedem einzelnen Schritte mittelbar zugleich in die Fragen, die hier verborgen liegen, einzugreifen. Der Aufbau von Galileis und Keplers Wissenschaft wird im Einzelnen erst verständlich, wenn man ihn innerhalb dieser geschichtlichen Gesamtbewegung betrachtet. Blickt man auf diese großen Zusammenhänge voraus, so muß die erste **Einführung** der Platonischen Philosophie im Abendlande, so muß ihr Beginn dürftig und kümmerlich erscheinen. Die eigentliche Grundfrage des Platonismus ist hier noch nicht lebendig geworden: die Betrachtung verweilt bei dem Außenwerk und bei den schimmernden Hüllen, mit denen Neuplatonismus und Mittelalter den Kern und Gehalt der Ideenlehre umwoben hatten. Selbst im Streit gegen das mittelalterliche System bleibt somit die Abhängigkeit von ihm noch deutlich erkennbar. In der Tat handelt es sich jetzt noch nicht darum, sich Platon in seiner ursprünglichen und wahrhaften Gestalt anzueignen: bevor dies geschehen konnte, mußte erst ein vorbereitender Schritt getan und diejenigen Elemente des Platonismus, die in die christliche Lehre eingegangen und mit ihr verschmolzen waren, herausgelöst und in ihrem Eigenwert begriffen werden. Unter diesem Gesichtspunkte lassen sich die philosophischen Ziele und Bewegungen des Quattrocento einheitlich verstehen und zusammenfassen. Wenn Marsilius Ficinus, in voller subjektiver Aufrichtigkeit, seine Aufgabe darin sieht, die Lehre Platons mit der geoffenbarten Religion zu einigen und zu versöhnen, so geschieht es, weil er die Religion selbst nur noch im Lichte des Platonismus zu erblicken, weil er in ihr nichts anderes als die Logos-Lehre zu sehen vermag. Das Christentum vermochte sich, in den ersten Jahrhunderten seiner Entwicklung, nur dadurch zum theoretischen System zu gestalten und zu verdichten, daß es diese Grundlehre der griechischen Spekulation in sich aufnahm. Damit aber waren die antike Philosophie und Wissenschaft in ihm selbst mittelbar anerkannt, wenngleich sie nur als Mittel zur Deutung der Offenbarungslehre gebraucht und geduldet wurden. Der erste Schritt der neueren Zeit besteht darin, diese Schranke aufzuheben; die Lehre vom „Logos" nicht nur als Instrument der Theologie zu verwenden, sondern sie ihrem vollen Sinn und Gehalt nach wiederherzustellen. Bei Nikolaus Cusanus bereits haben wir dieses Streben und diese Wendung verfolgen können (s. ob. S. 53 ff.). In diesem Zusammenhange erklärt sich uns die Stellung der Denker dieser Epoche zur Kirche, die sonst so zweideutig und schillernd erscheint. Während man sich äußerlich noch in voller inhaltlicher Übereinstimmung mit der Glaubenslehre zu befinden scheint, ergreift man in ihr in Wahrheit doch nur dasjenige Moment, das aus der Philosophie und aus dem Hellenentum stammt. Der Begriff des Logos bildet nunmehr sowohl die Verknüpfung, wie die Grenzscheide der Zeitalter.

Bei Georgios Plethon, dem ersten entschiedenen Verkünder der Platonischen Lehre, ist es dies letztere Moment, ist es der Gegensatz gegen das überlieferte theologische System, der deutlich in den Vordergrund tritt. Wenn er Aristoteles bekämpft, so nimmt er seine Naturlehre ausdrücklich aus. Nur seine Metaphysik und Theologie ist es, die er treffen will, — in der er vielmehr die kirchliche Scholastik seiner Zeit zu treffen gedenkt. Nicht um einen Kampf abstrakter philosophischer Lehren handelt es sich hier, sondern um den Kulturgegensatz zwischen Hellenismus und christlichem Mittelalter. Wie Aristoteles die griechische Sprache nicht mehr in ihrer ganzen Reinheit und Fülle widerspiegelt, so erscheint bei ihm — wie ihm von Plethon vorgeworfen wird — auch das antike Lebensideal bereits verkümmert und gebrochen. Die sittliche Erneuerung, die Plethon für den Staat und die Kirche seiner Zeit verlangt, und die im Mittelpunkt all seiner philosophischen Bestrebungen steht, muß sich von der Aristotelischen Autorität befreien, um zu den echten Quellen der selbständigen und humanen Ethik zurückzukehren. Den asketisch-mönchischen Geboten tritt jetzt eine weltliche „Tugendlehre", dem Dualismus des Jenseitsglaubens tritt der antike Glaube an eine fortdauernde Wanderung und Umgestaltung der Seele entgegen. Es sind die Götter Griechenlands, die zum Kampf gegen das mittelalterliche Ideal aufgerufen werden und die vor allem der politischen Regeneration, für die Plethon in seiner Schrift über die Gesetze eintritt, dienen sollen. Eine neue Religion, die weder christlich noch muhamedanisch sein, sondern alle bisherigen geschichtlichen Formen in einer höheren Einheit aufheben will, soll jetzt entstehen. Die Ideenlehre wandelt sich in eine polytheistische Götterlehre. Die mannigfachen Kräfte, die Plethon zum Aufbau seiner Naturansicht braucht, werden zu persönlichen Einzelwesen hypostasiert und mit besonderen Götternamen belegt[1]). In

---

[1]) Über Plethons Lehre s. Gaß, Gennadius und Pletho. Aristotelismus und Platonismus in der griech. Kirche. Breslau 1844, u.

der Spekulation über die hierarchische Stellung und Rangordnung dieser Kräfte, die vor allem auf P r o k l u s zurückgeht, werden sodann Philosophie und M y t h o s so unlöslich mit einander verknüpft und vermischt, daß jede Trennung zwischen beiden, jede Heraushebung eines gesonderten, abstrakten Gedankengehalts vergeblich wäre. So interessant daher Plethons Lehre vom Standpunkt der allgemeinen K u l t u r g e s c h i c h t e ist, so wenig bedeutet sie für das innerliche, l o g i s c h e Verständnis des Platonismus. Die Frage des F a t u m s; das Problem, ob die Natur nach bewußter Absicht handle, wird zwischen Plethon und seinem nächsten Schüler B e s s a r i o n eingehend in Briefen und Schriften behandelt; der eigentliche Gehalt der Ideenlehre aber tritt hinter Untersuchungen dieser Art alsbald zurück[1]). Nur gelegentlich noch wird dieses „höchste dunkle und schwierige Problem" berührt, nicht um seiner dialektischen Begründung, sondern um seinen metaphysischen Folgerungen nachzugehen[2]). Auch die herkömmliche Vergleichung zwischen Platon und Aristoteles bleibt unter diesen Umständen ohne prinzipiellen Ertrag: sie lenkt insbesondere bei Humanisten, wie Georg von Trapezunt, völlig in das Gebiet persönlicher Anschuldigungen ab. Und selbst dort wo eine genauere Kenntnis der beiden Systeme besteht, wird sie nicht dazu verwandt, sie ihrem eigenen sachlichen Gehalt nach zu prüfen: vielmehr bleibt die Übereinstimmung beider Lehren mit der kirchlichen Doktrin, die je nach der Parteistellung des Beurteilers bald behauptet, bald bestritten wird, das eigentlich maßgebende Kriterium. —

Auch die tiefere und eindringende Kenntnis der Platonischen Schriften, die innerhalb der F l o r e n t i n i s c h e n A k a d e m i e gewonnen wird, führt hier nicht sogleich zu

---

F r i t z S c h u l t z e, Georgios Gemistos Plethon u. seine reformatorischen Bestrebungen. Jena 1874.
[1]) Vgl. B e s s a r i o n s Schrift: In calumniatorem Platonis, Lib. VI, sowie seinen Briefwechsel mit Plethon; cf. R o c h o l l, Bessarion, Studie zur Gesch. der Renaissance, Lpz. 1904, S. 31, 161.
[2]) „Difficilis illa et perobscura de ideis quaestio" B e s s a r i o n In calumniatorem, Venet. 1516, S. 110.

einer entscheidenden inneren Umgestaltung. Zwar besteht zwischen Plethon und Marsilius Ficinus, der Persönlichkeit wie der Grundabsicht ihrer Lehre nach, ein durchgreifender und charakteristischer Unterschied. Wenn bei Ficin der Blick weiter und freier geworden ist, wenn die geschichtlichen Quellen nunmehr ihrem ganzen Umfang nach übersehen und durchforscht werden, so hat sich doch auch die reformatorische Schärfe, die den Anfängen des Platonismus eignete, hier bereits merklich abgestumpft. Die Platonische Lehre soll zum Mittel- und Einheitspunkt werden, in dem alle widerstreitenden Tendenzen der Zeit sich zusammenfinden. Religion und Philosophie, Metaphysik und Wissenschaft, die überall sonst ein einseitiges und losgelöstes Sonderdasein führen, sind in ihr unmittelbar verschmolzen und versöhnt. Die christliche Lehre ist hier ihrem allgemeinen Gehalt und Sinne nach vorgebildet und zum reinen Ausdruck gebracht; der Inhalt der vorangegangenen großen Systeme des Altertums ist bewahrt und zu begrifflicher Klarheit erhöht. Die Verschiedenheit der Lehrmeinungen entstammt nur der mannigfachen Auslegung der Einen göttlichen Grundoffenbarung, die aller Geschichte der Philosophie und Religion vorausgeht und zugrunde liegt. So werden denn auch die Wandlungen und inneren Umbildungen, die die Platonische Lehre selbst erfahren hat, gleichmäßig hingenommen und als Stufen einer stetigen und gleichartigen Gedankenentwicklung ausgedeutet. In der Werkstatt des Plotin, des Porphyrius, Jamblichus und Proklus erst wurde das Gold der Platonischen Philosophie — wie Ficin in einem Briefe an Bessarion ausspricht — im Feuer der schärfsten Kritik geläutert und von allen Schlacken befreit, so daß sein Glanz nunmehr den Erdkreis erfüllte[1]). In einem für die Schreibweise Ficins bezeichnenden Ausdruck wird das Verhältnis Platons zu Plotin demjenigen Gottvaters zu Christus verglichen[2]). Mit dieser

---

[1]) Brief an Bessarion, Epistol. Lib. I. — (Opera, Parisiis 1641, I, 602.)

[2]) Opera II, 503: „Et vos Platonem ipsum exclamare sic erga Plotinum existimetis: Hic est filius meus dilectus in quo mihi undique placeo: ipsum audite."

Auffassung wird für all die verschiedenen mystischen Neben- und Unterströmungen des Platonismus freier Raum geschaffen. Die Platonische Dialektik wird nunmehr nur wie durch ein fremdes Medium hindurch erblickt und verstanden. L e i b n i z hat den innersten Mangel der Lehre Ficins bezeichnet, wenn er ihr vorwirft, daß sie sich vor allem auf die „hyperbolischen" und transscendenten Fragen geworfen habe, statt die echten m e t h o d i s c h e n Fundamente: die exakten D e f i n i - t i o n e n , die Platon von den Grundbegriffen gibt, weiter zu verfolgen[1]). Wir sahen bereits bei Plethon, daß die Reform der M e t a p h y s i k , auf die er ausging, die Aristotelischen Grundlagen der W i s s e n s c h a f t und der e m p i r i - s c h e n F o r s c h u n g unberührt ließ. Diese Schranke ist auch hier noch nicht gefallen: als der charakteristische Vorzug Platons gilt es, daß er sich von Anfang an lediglich der Erforschung des Göttlichen hingegeben habe, während alle übrigen Philosophen sich an die Betrachtung der N a t u r verloren hätten, von der nur eine unvollkommene und „träumende" Erkenntnis möglich sei[2]). In dieser Zuordnung der Körperwelt zu einer niederen Sphäre des Seins und des W i s s e n s unterscheidet sich Ficin scharf von der eigentlich m o d e r n e n Form des Platonismus, die auf dem Boden der exakten Naturwissenschaft erwachsen ist. —

Allgemein vollzieht sich die Gliederung des Alls in fünf verschiedenen Graden und Stufen, die gegenseitig auf einander hinweisen, um zuletzt in ihrer stetigen Folge zum Einen, unbedingten Sein wieder zurückzuführen. Je nach der Teilhabe an den beiden entgegengerichteten Prinzipien der M a n n i g f a l t i g k e i t und der E i n h e i t gestaltet und gliedert sich die Ordnung der empirischen Wirklichkeit. Von dem K ö r p e r und den körperlichen Q u a l i t ä t e n führt der Weg zur menschlichen S e e l e , von dieser wiederum zu den reinen himmlischen „I n t e l l i g e n z e n " und zum g ö t t l i c h e n Sein empor. Während der Körper als solcher, vermöge der

---

[1]) L e i b n i z , Philosophische Schriften, hg. von Gerhardt, I, 380; vgl. bes. VII, 147 ff.
[2]) F i c i n u s , Brief an Giovanni Cavalcanti; Epist. Lib. I, Opera I, 613.

Teilbarkeit ins Unendliche, schlechthin in eine Vielheit von Elementen auseinanderfällt, ohne in sich ein Prinzip der Begrenzung und Bestimmung zu besitzen, stehen bereits die Q u a l i t ä t e n, wie Licht und Farbe, um eine Stufe höher. Denn wenngleich auch sie verhaftet am Stoffe zu kleben scheinen und nur an den ausgedehnten Massen in die Erscheinung treten, so ist doch der eigentliche Ursprung ihrer W i r k s a m k e i t nicht in dem Gebiet des bloß e x t e n s i v e n Mehr und Weniger zu suchen. Sie bedürfen nicht der Erstreckung in Länge, Breite und Tiefe, sondern sind ganz und ungeteilt bereits in jedem kleinsten Bezirk des Körpers, in jedem Massen p u n k t e enthalten. So sind sie in Wahrheit i n d i v i d u e l l e Naturen und Bestimmtheiten, die durch die Teilung des körperlichen ,,Subjektes", an dem sie sich uns zunächst darstellen, nicht berührt werden. Die Weiße, die in irgendeinem Teil eines weißen Körpers enthalten ist, läßt sich im strengen Sinne nicht als ein T e i l d e r Q u a l i t ä t, sondern nur als die Q u a l i t ä t e i n e s T e i l e s denken: die Zerfällung geht lediglich das stoffliche Substrat an, nicht die Farbe selbst, die überall die gleiche ,,indivisible" Natur und Beschaffenheit aufweist. Die ,,ratio albedinis" ist dieselbe im ganzen Körper und in jedem seiner einzelnen Bestandstücke[1]). So ergibt sich hier bereits ein n e u e s V e r h ä l t n i s v o n E i n h e i t u n d V i e l h e i t: die unterscheidende Eigentümlichkeit der Qualität wird nicht durch Z u s a m m e n s e t z u n g gewonnen, sondern als eine wesentliche Einheit erfaßt, die erst mittelbar, indem sie sich gleichsam successiv über die verschiedenen Teile eines Körpers ausbreitet, an den Bestimmungen der Quantität teilhat. In den Qualitäten der Körper aber wurzeln alle ihre K r ä f t e und Wirkungsfähigkeiten, da die bloße ununterschiedene Masse als solche völlig passiv und träge ist; so zeigt es sich, daß jedes Vermögen und jede Tätigkeit, die wir einem Körper beilegen, nicht in dem materiellen Stoffe, sondern in einer ,,unkörperlichen Natur" ihren Ursprung hat und ihre

---

[1]) Vgl. hrz. Nikolaus C u s a n u s , Complem. theolog. fol. 98 b: ,,Albedo non est mensurabilis per quodcunque album, sed illa omne album mensurat: cum omne album ab albedine habet quod est album."

letzte Begründung suchen muß[1]). So sehr diese ganze Erörterung Ficins auf m e t a p h y s i s c h e Folgerungen abzweckt, so enthält sie doch in der durchgeführten begrifflichen Scheidung zwischen Quantität und Qualität zugleich einen reinen l o g i s c h e n Kern: einen Gehalt, der uns deutlich und durchsichtig wird, wenn wir sie nach rückwärts mit der Lehre des Nikolaus Cusanus nach vorwärts mit der von Leibniz vergleichen. (Vgl. ob. S. 43 f.)

Über der zweiten Stufe, die durch die Qualität bezeichnet wird, erheben sich nun die weiteren g e i s t i g e n Kräfte des Universums. Während der Körper — nach Pythagoreischer Bestimmung — die Vielheit schlechthin, die Qualität die Vielheit darstellt, sofern sie sich mit der Einheit verbindet und an ihr Anteil gewinnt, ist die S e e l e ursprüngliche Einheit, die sich indes der Mannigfaltigkeit gegenüberstellen muß, um an ihr zum Bewußtsein ihrer selbst zu gelangen. Während die weiße Farbe von dem Körper, dem sie eignet, zwar begrifflich unterschieden ist, ihrer empirischen Wirklichkeit nach aber gleichsam in ihn gebannt und verstrickt bleibt, bewahrt die Seele in der Gemeinschaft, die sie mit dem Leibe eingeht, ihr eigenes selbständiges Sein und die Unabhängigkeit ihrer Natur. Sie ist in ihm weder wie ein Teil im Ganzen, noch auch wie der Punkt in der Linie enthalten. Denn der Punkt bezeichnet, wenngleich er eine in sich vollendete und unteilbare Einheit darstellt, dennoch eine v e r e i n z e l t e Lage im Raume und drückt insofern eine b e s c h r ä n k t e örtliche Bestimmtheit aus. Die Seele dagegen ist als diejenige Einheit zu fassen, die eine u n e n d l i c h e A l l h e i t von Bestimmungen in sich birgt und aus sich hervorgehen läßt; sie ist insofern nicht jedem beliebigen Punkte, sondern etwa dem Zentrum eines Kreises zu vergleichen, das gleichmäßig auf a l l e Punkte der Peripherie bezogen werden muß, damit der Begriff des Kreises sich erfülle. So ist sie gleichsam „ein in sich selbst lebendiger Punkt", der durch keinerlei Quantität und keine bestimmte Lage gebunden ist, sondern sich von innen

---

[1]) F i c i n u s , Theologia Platonica de immortalitate animorum (1482) Lib. I, cap. 2. Opera I, 77 f. — Vgl. bes. Lib. III, cap. 1; I, 112.

heraus frei und unumschränkt in die Mannigfaltigkeit zu entwickeln vermag, ohne sich an sie zu verlieren. Sie ist zugleich teilbar und unteilbar, der höchsten absoluten Einheit wesensgleich, wie der Vielheit und Veränderung der Körperwelt beständig zugewandt. Sie ist das eigentliche und tiefste Wunder, sofern alle andern Dinge, wie vollkommen wir sie uns denken mögen, immer ein b e s o n d e r e s Sein besitzen und verkörpern, während sie das All in seiner Gesamtheit darstellt und enthält. „Sie trägt in sich die Bilder der göttlichen Wesenheiten, von denen sie abhängt, wie die Gründe und Musterbilder der niederen Dinge, die sie auf gewisse Weise selbsttätig erschafft. Sie ist die Mitte von Allem und besitzt die Kräfte von Allem. Sie geht in Alles ein, ohne doch, da sie die wahre Verknüpfung der Dinge ist, den einen Teil zu verlassen, wenn sie sich einem andern zuwendet. So darf sie mit Recht das Z e n t r u m d e r N a t u r , die Mitte des Universums, die Kette der Welt, das Antlitz des Alls und das Band und die Fessel aller Dinge heißen[1]." Wenn jedes sinnliche Ding kraft seiner Natur zu seinem höheren geistigen Ursprung zurückstrebt, so kann sich diese innere U m k e h r nicht in den Dingen selbst, noch in den geistigen Substanzen über oder unter uns, sondern nur in der Seele des M e n s c h e n vollziehen. Denn sie allein vermag sich völlig mit der Betrachtung des E i n z e l n e n und Stofflichen zu durchdringen, ohne sich ihm gefangen zu geben; sie allein vermag die Sinneswahrnehmung selbst zum Allgemeinen und Geistigen zu erheben. „So kehrt der göttliche Strahl, der zu der niederen Welt herabgeflossen war, durch sie wieder in die höheren Regionen zurück . . . Der Menschengeist ist es, der das erschütterte Universum wiederherstellt, da dank seiner Tätigkeit die Körperwelt beständig geläutert und der geistigen Welt, von der sie ehemals ausgegangen, täglich näher geführt wird[2]."

---

[1] Theologia Platonica, Lib. III, cap. 2; I, 117 f.
[2] „Ita radius ille coelestis, qui ad ima defluxerat, refluit ad sublimia, dum similitudines idearum, quae fuerant in materia dissipatae, colliguntur in phantasia et impurae purgantur in ratione et singulares tandem in mente evadunt universales. Sic hominis anima jam labefactatum restituit mundum, quoniam ejus munere spiritalis olim

In dieser Behauptung der einzigartigen, kosmischen Stellung und Bedeutung der m e n s c h l i c h e n Seele liegt der tiefste Grund der Wirkung, die die Platonische Akademie auf die allgemeine philosophische und künstlerische Kultur der Zeit geübt hat; die Gedanken, die Ficin hier ausspricht, klingen in Pico della Mirandolas Rede über die Würde des Menschen und, in höchster Kraft und Eindringlichkeit, in M i c h e l - a n g e l o s Sonetten nach.

So sehr wir uns indes hier noch im Bannkreis P l o t i n s und seiner a e s t h e t i s c h e n Grundlehren befinden, so leuchtet doch schon an dieser Stelle ein neues Interesse hindurch, das auf eine veränderte Fragestellung hinausweist. Der Neuplatonismus bezeichnet den allgemeinen Charakter der Lehre Ficins, aber er erschöpft nicht ihren gesamten Gehalt und ihre geschichtliche Bedeutung. Wenn man bisher in der Darstellung von Ficins Platonismus einzig bei diesem Zuge verweilte, so hat man darüber gerade die kräftigsten und fruchtbarsten Keime, die er für die Philosophie und Wissenschaft der Zukunft enthielt, übersehen. Ficins Hauptwerk: die „Theologia Platonica de immortalitate animorum" ist, äußerlich betrachtet, freilich nichts anderes als ein Kompendium der m e t a p h y s i s c h e n U n s t e r b l i c h k e i t s b e - w e i s e , die hier so ausführlich und vollständig wie an keiner anderen Stelle der Geschichte der Philosophie, dargestellt und erörtert werden. Schon die geschichtlichen Anfänge des Unsterblichkeitsproblems aber müssen uns darüber belehren, daß die Wege und Schicksale dieser Frage mit den Grundfragen der Theorie des E r k e n n e n s aufs engste verknüpft und verschwistert sind. Der Phaedon enthält zugleich die eingehendste und umfassendste l o g i s c h e Grundlegung der Ideenlehre, die Platon gegeben hat. Hier zuerst wird das „reine Denken" in seiner Selbständigkeit und Kraft erkannt und von allen anderen psychologischen Instanzen geschieden. Der Gedanke der Unsterblichkeit wird zum Vehikel für die Entdeckung der Ursprünglichkeit der Denkfunktion und für

---

mundus, qui jam corporalis est factus, purgatur assidue, atque evadit quotidie spiritalis." A. a. O. Lib. XVI, cap. 3, S. 364.

ihre scharfe Abgrenzung gegen die unmittelbare sinnliche Empfindung und Wahrnehmung. Die moderne Auffassung ist, wie wir sehen werden, schon von den Zeiten der Renaissance an darauf gerichtet, diesen geschichtlichen Zusammenhang zwischen metaphysischer und erkenntnistheoretischer Fragestellung zu lockern. Dennoch behauptet er sich bis weit über die Anfänge der neueren Philosophie hinaus und noch bei Descartes läßt sich seine Kraft und Wirksamkeit beobachten. Es begreift sich hieraus, daß Ficins Lehre auch dort, wo sie einzig ihr metaphysisches Hauptziel zu verfolgen scheint, indirekt dennoch in die Geschichte des Erkenntnisproblems eingreift. Vor allem bleibt es ihr Verdienst, daß sie zuerst die Platonische Lehre von der „W i e d e r e r i n n e r u n g" der Folgezeit rein und vollständig überliefert und daß sie damit der modernen Entwicklung des B e w u ß t s e i n s b e g r i f f s einen festen historischen Mittelpunkt geschaffen hat. Um die Unsterblichkeit des Geistes zu erweisen, nimmt Ficin seinen Ausgang vor allem von der U n e n d l i c h k e i t seiner Funktion. Jeder echte Begriff, den wir bilden, enthält eine unbegrenzte Anzahl einzelner Exemplare unter sich; jeder Akt des Denkens besitzt und betätigt die Wunderkraft, eine unendliche Mannigfaltigkeit ins Eins zu fassen und eine einfachste Einheit wiederum in die Unendlichkeit aufgehen zu lassen. Und wie sollte der Geist nicht seiner Kraft und Wesenheit nach unumschränkt sein, da er es ist, der die Unendlichkeit selbst entdeckt und sie nach ihrer Art und Beschaffenheit d e f i n i e r t ? Alle Erkenntnis bedeutet eine Ausgleichung und Anpassung des erkennenden Subjekts an die O b j e k t e , die sich ihm gegenüberstellen (cognitio per quandam mentis cum rebus a e q u a t i o n e m perficitur); das Unendliche könnte somit von uns nicht als Inhalt gedacht und erfaßt werden, wenn es nicht in der eigenen Natur des Geistes enthalten und angelegt wäre. Das M a ß darf, sofern es adaequat und erschöpfend sein soll, an Kraft und Umfang nirgends hinter dem Gemessenen zurückbleiben: so muß der Geist selbst schrankenlos sein, um den stetigen Wandel der Zeit und der Bewegung seinen unwandelbaren Begriffen zu unterwerfen und die Unendlichkeit umfassen und messen zu können[1]). Allgemein wird jetzt die Forderung der durchgängigen Entsprechung und „Proportion", die zwischen dem G e g e n - s t a n d und der F u n k t i o n der Erkenntnis herrschen muß, der Leitgedanke von Ficins Lehre. Der Intellekt und das „intelligible" Objekt stehen sich nicht fremd und äußerlich gegenüber; sie sind von gleichem Ursprung und fallen in ihrer höchsten Vollendung in Eins zusammen. „Ipsum intelligibile propria est intellectus perfectio unde intellectus in actu et intelligibile in actu sunt unum[2])" (Vgl. ob. S. 38 u. 56.) Es ist somit keine Erklärung des Erkenntnisprozesses, wenn man ein äußeres jenseitiges Sein in den Geist hinüberwandern läßt: denn das Denken begreift in Wahrheit nur das, was mit ihm von derselben Natur ist und was es aus seinem eigenen Grunde hervorbringt. Dies gilt nicht nur von den höheren geistigen Tätigkeiten, sondern bereits von der einfachen S i n n e s w a h r n e h m u n g: schon in ihr wird das Bewußtsein nicht einzig von den Körpern draußen bestimmt, sondern gibt sich selbst seine Form. „Wie ein lebendiger Körper durch in ihm selbst gelegene Samen sich wandelt, sich fortpflanzt, sich ernährt und aufwächst, so urteilt der Geist und der innere Sinn kraft eingeborener Formen, die von außen zur Tätigkeit angeregt werden, über alle Dinge". Der Inhalt des Bewußtseins ist daher nicht sowohl ein Abbild des äußeren Objekts, wie eine Ausprägung unseres eigenen geistigen Vermögens: wie denn ein und dasselbe Objekt uns verschieden erscheint, je nachdem diese oder jene seelische Kraft, je nach-

---

[1] Theologia Platonica, Lib. VIII, cap. 16, S. 196 f. Vgl. hrz. besonders C u s a n u s , Idiotae Lib. III, cap. 15: „Neque aliquis numerus potest mentis numerandi virtutem evacuare. Unde cum motus caeli per mentem numeretur et tempus sit mensura motus mentis virtutem non evacuabit, sed manebit ut omnium mensurabilium terminus mensura et determinatio. Ostendunt instrumenta motuum caelestium quae a mente humana procedunt, motum non tam mensuram mentis esse quam mens mensurat motum." — Die Darstellung Ficins weist an diesem Punkte, außer auf Augustin, unverkennbar auf Nikolaus Cusanus zurück: ein Beweis für die geschichtliche Wirkung, die Cusas Schriften geübt, selbst bevor sie zu einer Gesamtausgabe vereinigt waren. Vgl. a. ob. S. 86.
[2] A. a. O. Lib. XI, Cap. I, S. 234.

dem der Sinn, die Phantasie oder die Vernunft es betrachtet und gestaltet. „Das Urteil folgt der Form und Natur des Urteilenden, nicht des beurteilten Gegenstandes". Schon die „Bilder" der E i n z e l d i n g e, die die Phantasie entwirft, sind nicht unmittelbar von diesen selbst dem Geiste aufgedrückt und „eingebrannt": — so müssen wir um so mehr in den reinen, intellektuellen Begriffen nicht die Kopien einer äußeren Wirklichkeit, sondern die Erzeugnisse der Kraft des Verstandes erkennen. Es ist vergeblich, den Gehalt dieser Begriffe von den sinnlichen Wahrnehmungen und Bildern ableiten zu wollen: denn wie könnte das sinnliche „Phantasma" etwas hervorbringen, das freier und umfassender wäre, als es selbst? Die Körperwelt bildet eine beziehungslose Mehrheit besonderer und eingeschränkter Einzelobjekte: diese aber können für sich betrachtet niemals einen reinen geistigen Inhalt erschaffen, der die ihnen allen g e m e i n s a m e Natur wiedergäbe und r e p r ä s e n t i e r t e. Und was den Elementen in ihrer Besonderung versagt ist, das vermag auch ihre S u m m e niemals zu leisten. Denn auch die Zusammenfassung zu einem A g g r e g a t ergibt uns immer nur wieder verstreute Glieder ohne bestimmte gesetzliche Ordnung und Verknüpfung. „Wie aus einer Ansammlung von Steinen nichts wahrhaft Einfaches, sondern ein bloßer Haufen entsteht, so kann die Menge der Einzeldinge wohl ein verworrenes Beisammen von Bildern, nicht aber den einen und einfachen Begriff erzeugen." Mit Klarheit und Entschiedenheit wird die s e n s u a l i s t i s c h e Theorie der „Abstraktion" von Ficin widerlegt. Wären wir darauf angewiesen, das Allgemeine aus dem Durchlaufen der Einzelfälle zu gewinnen, so müßten wir in ihm von Anfang an eine falsche und illusorische Forderung erkennen. Denn die Gesamtheit des Einzelnen ist schlechthin unerschöpflich; wollten wir aber aus einem begrenzten Kreis die Regel abstrahieren, die wir alsdann auf die Allheit der Fälle anwenden und übertragen, so wären wir niemals sicher, gerade die wesentlichen und allgemeingültigen Bestimmungen, die nicht in der zufälligen Natur des Einzelnen wurzeln, ergriffen zu haben. Die Bildung der allgemeinen Begriffe und Gesetze ist also nur zu verstehen, wenn wir sie nicht als eine bloße Wiederholung des gegebenen Stoffes, sondern als eine spontane Schöpfung des Intellekts erkennen. Diese Schöpfung bedarf keiner fremden Vermittlung; der Geist gibt sich selbst den Stoff, aus dem er sich bildet und formt. Ein Prozeß, der freilich unverständlich bliebe, wenn er in sich selbst von Anfang an völlig passiv und bestimmungslos wäre: während wir in Wahrheit in seinem „innerlichen" Sein bereits den Gehalt aller derjenigen Formen voraussetzen müssen, die sich äußerlich in der Welt der Objekte vorfinden[1]).

So unterscheidet Ficinus scharf zwischen der üblichen Beschränkung des Denkens auf die „Abstraktion" und zwischen seiner wahrhaften konstruktiven Betätigung: „veras definitiones essentiarum non potest mens per accidentalia rerum simulacra f a b r i c a r e, sed eas c o n s t r u i t per infusas ab origine rerum omnium rationes". Alles Denken ist ein Aus- und Aufbauen aus jenen ersten eingeborenen Voraussetzungen und Gründen. In ihnen besitzen wir — wie am Beispiel der M a t h e m a t i k deutlich wird — die idealen Regeln, an denen wir die Wahrnehmung und ihre Exaktheit prüfen, die somit selbst ihre Grenze und ihr Maß nicht an den sinnlichen Empfindungen und Objekten haben können. Die reinen gedanklichen „Spezies" werden durch die Berührung mit der Außenwelt nicht erzeugt, sondern nur ans Licht gefördert und zur Blüte gebracht; was Aristoteles ihre E r s c h a f f u n g nennt, das ist mit Plato vielmehr als ihr „Aufleuchten" zu deuten[2]). Die Tatsache allein, daß wir nach irgendeinem Inhalt f o r s c h e n und f r a g e n, beweist bereits, daß er nicht völlig außerhalb unserer Sphäre liegt: denn das schlechthin und in jedem Sinne U n b e - k a n n t e vermöchten wir nicht zu begehren. Es ist der Grundgedanke des Platonischen Menon, an den Ficinus, wie vor ihm Cusa, hier anknüpft und der uns fortan in mannigfachen geschichtlichen Abwandlungen begleiten wird. (Vgl. ob. S. 59 f.) Kein Wissen kann dem Individuum von außen aufgedrängt und eingesetzt werden; es muß aus seiner eigenen

---

[1]) Zum Ganzen s. Lib. XI, Cap. 3, S. 236 ff.
[2]) Lib. XI, cap. 3 u. 4; I, 241 u. 248.

Natur erweckt und erworben werden: „qui docet m i n i s t e r est potius quam magister". Da die menschliche Gattung in allen ein und dieselbe und das Wesen des Geistes überall gleich ist, so ist die Zustimmung zu bestimmten Wahrheiten notwendig und allgemein. Die Prüfung und die Annahme jeglicher wissenschaftlicher Einsicht aber kann nur erfolgen, wenn die R e g e l d e r W a h r h e i t von innen her vorausleuchtet und den Weg weist. Für den Gedankenkreis und die Stimmung, aus der die Florentinische Akademie erwachsen ist, ist es hierbei bezeichnend, daß Ficinus die Bürgschaft für den universalen und objektiven Wert der „Ideen" vor allem im Gebiete der Kunst findet. Hier offenbart sich am reinsten die unverbrüchliche geistige Einheit der Menschennatur. „Jeglicher Geist lobt die runde Gestalt, sobald er sie zum ersten Male erblickt und ohne den Grund dieses Urteils zu kennen. Jeder schätzt eine bestimmte Angemessenheit und Proportion im Bau des menschlichen Leibes, oder den Einklang in den Zahlen und Tönen. Er nennt eine bestimmte Gebärde und Haltung schön und würdig, er preist das Licht der Weisheit und die Anschauung der Wahrheit. Wenn nun jeder Geist dies alles immer und überall sogleich annimmt und gutheißt, ohne zu wissen, warum —, so bleibt nur übrig, daß er hierin kraft eines notwendigen und durchaus natürlichen I n s t i n k t e s handelt [1]." Diese Sätze Ficins enthalten den Keim für eine Form des Platonismus, die uns in reiferer und tieferer Begründung bei K e p l e r entgegentreten wird.

Werden indes bis hierher die Grundgedanken der Ideenlehre zwar vorzugsweise unter p s y c h o l o g i s c h e n Gesichtspunkten entwickelt, aber doch rein und unvermischt wiedergegeben, so vermag Ficin diese Scheidung nicht bis zu Ende durchzuführen. Wieder sind es Neuplatonische Motive — in der Fassung, die sie durch A u g u s t i n s Erkenntnislehre und Metaphysik erhalten haben —, die zuletzt die Vorherrschaft erlangen. Der Geist wurde nur deshalb auf sich selbst gestellt und aus der Abhängigkeit vom sinnlichen Stoffe gelöst, um ihn völlig und rein in das jenseitige, göttliche Ur-

---

[1] Lib. XI, cap. 5; S. 249 ff.

wesen ein- und aufgehen zu lassen. Jede wahrhafte Erkenntnis bedeutet eine Berührung und eine Gemeinschaft, die wir mit der unendlichen und vollkommenen geistigen Substanz eingehen. Die eingeborenen „Formen" des Denkens wären kraft- und haltlos, wenn sie lediglich in unserem Bewußtsein Bestand hätten und nicht in einem Reiche für sich bestehender geistiger Wesenheiten ihre genaue Entsprechung fänden. So ist das gesamte zwölfte Buch der „Platonischen Theologie" dem Nachweis gewidmet, daß die menschliche Seele in ihrer reinen intellektuellen Erkenntnis vom g ö t t l i c h e n B e w u ß t s e i n bestimmt und geformt wird: „nihil revera disci potest, nisi docente Deo"[1]). Nicht wir sind es mehr, die das Unendliche begreifen und in feste gedankliche Schranken bannen; wir müssen uns von ihm ergreifen lassen und uns darein auflösen, damit Erkenntnis möglich wird [2]). Ausdrücklich wird für diese Anschauung auf die Logoslehre des Johannes-Evangeliums verwiesen. Vom geschichtlichen Standpunkt ist auch dieser Teil von Ficins Werk bedeutsam und wichtig, da hier die A u g u s t i n i s c h e Auffassung der Ideenlehre von neuem in helles Licht gerückt und damit die Wirkung ermöglicht und vorbereitet wurde, die sie späterhin in der modernen Philosophie noch üben sollte. Insbesondere besteht an diesem Punkte zwischen Ficinus und M a l e b r a n c h e ein innerer gedanklicher Zusammenhang: die Beweisgründe des Satzes, „daß wir alle Dinge in Gott schauen", finden sich fast vollständig bereits in der „Theologia Platonica" vereint [3]). Bei allem Zusammenhang mit Augustin aber erweist sich auch hier der originale Charakter der Renaissance, indem wiederum diejenigen Züge herausgehoben und betont werden, die der a e s t h e t i s c h e n Grundanschauung verwandt sind. Wir könnten uns — so hatte schon Augustin argumentiert — an

---

[1]) Lib. XII: Rationes multae et signa, quod mens humana intelligendo mente divina formatur. — Die angeführten Worte: Cap. 1, S. 261.
[2]) Epistolae, Lib. II, Op. I, 673.
[3]) S. bes. Theologia Platonica, Lib. XII, cap. 7, S. 274 ff. — Zu Malebranches Lehre u. ihr Verhältnis zu Augustin s. Buch III, Cap. 2.

der sinnlichen Schönheit, wir könnten uns an der Konsonanz und der rhythmischen Folge der Töne nicht erfreuen, wenn nicht unsere Seele in sich selbst ein Mittel besäße, die reinen Z a h l e n v e r h ä l t n i s s e durch alle konkreten Hüllen und Umkleidungen hindurch zu erkennen und herauszuschälen. Die „numeri judiciales", die auf dem Grunde unseres Bewußtseins ruhen, ermöglichen es erst, die Harmonie innerhalb der Sinnendinge zu erfassen und zu beurteilen. Die Gleichheit der Töne und Intervalle, die uns durch die E m p f i n d u n g nirgends exakt und beständig gegeben ist, sondern in ihr nur schattenhaft und flüchtig auftritt, vermöchten wir nicht zu erkennen und seelisch zu ergänzen, wäre sie uns nicht von andersher bekannt. Wahrhafte Gleichheit findet sich nicht in den Abständen des Raumes oder der Zeit, noch in den Formen der empirischen Körper; sie ist eine gedankliche Norm, die wir an den Stoff der Wahrnehmung heranbringen. Da aber diese Norm unveränderlich und ewig ist, so kann ihr Ursprung nirgends anders als in dem ewigen und unvergänglichen Wesen der Gottheit gesucht werden; die begriffliche Reflexion und Selbstbesinnung, die der Lösung jedes Problems vorangehen muß, ist daher eine innerliche Hinwendung zu Gott, in dem wir das Eine, wandellose Wahre erschauen und begreifen.[1])

Zwei Grundmotive sind es somit, die in Ficins Lehre einander entgegenwirken. Der Ausblick auf das Intelligible bedeutet ihm, wie der gesamten Renaissance, zugleich die Erhöhung und Wertschätzung des e m p i r i s c h e n Seins. Die Stimmung des Florentiner Platonischen Kreises, wie sie sich in den Hymnen des Lorenzo Magnifico ausspricht, ist auch ihm nicht fremd. „Während die Menschen des Mittelalters die Welt ansehen als ein Jammertal, welches Papst und Kaiser hüten müssen bis zum Auftreten des Antichrist, während die Fatalisten der Renaissance abwechseln zwischen Zeiten der Energie und Zeiten der dumpfen Resignation oder des Aberglaubens, erhebt sich hier im Kreise auserwählter Geister die Idee, daß die sichtbare Welt von Gott aus Liebe geschaffen, daß sie ein Abbild des in ihm

---

[1]) Lib. XII, cap. 6, S. 273 f. Vgl. bes. A u g u s t i n , De libero arbitrio II, 16, De vera religione, cap. 30, De civitate Dei VIII, 6.

praeexistierenden Vorbildes sei, und daß er ihr dauernder Beweger und Fortschöpfer bleiben werde. Die Seele des Einzelnen kann zunächst durch das Erkennen Gottes i h n in ihre engen Schranken zusammenziehen, aber auch durch Liebe zu ihm s i c h ins Unendliche ausdehnen, und dies ist dann die Seligkeit auf Erden" (B u r c k h a r d t). So bedeutet denn auch für Ficin die Verbindung der Seele mit dem Körper und der Sinnenwelt nicht schlechthin einen Abfall von ihrer ursprünglichen und höheren Natur, sondern er sucht sie in ihrem Wert und in ihrer Notwendigkeit zu begreifen. Verharrte der Geist in seiner eigenen unberührbaren Wesenheit, so wäre ihm damit die Anschauung und die Erkenntnis des E i n z e l n e n versagt. Der abstrakte Allgemeinbegriff allein würde ihn ausfüllen, während die Schönheit und Mannigfaltigkeit der b e s o n d e r e n Gestalten und Formen sich ihm für immer entzöge. Hier aber liegt für den Menschen der Sinn und die Bedeutung seines empirischen Daseins: ,,am farbigen Abglanz haben wir das Leben." Ein modernes Grundgefühl spricht sich hier in Begriffen und Formen der überlieferten astronomischen Weltansicht aus. Die Erde ist kein niederer und verächtlicher Wohnsitz; sie ist der mittlere Chor des göttlichen Tempels und das feste Fundament, um das alle himmlischen Sphären wie um ihren Angelpunkt kreisen. Die Bewegtheit und Wandelbarkeit des irdischen Seins ist kein innerer Mangel, sondern wir besitzen in ihr das notwendige Gegenbild, an dem wir die Ruhe und den Frieden in Gott erst empfinden und genießen lernen. ,,Vielleicht hat Gott selbst bestimmt, daß die göttlichen Freuden den Geistern von höherem Range von selbst zufallen, während die niederen sie mit Mühe zu erringen haben; daß die einen von Geburt an der Seligkeit teilhaft werden, während die anderen sie erst im Leben erwerben müssen. So hat er verhütet, daß die höheren Geister sich überheben und daß die niederen sich verachten, da jene die Glückseligkeit von außen empfangen, diese dagegen die Schöpfer ihrer Glückseligkeit sind[1].'' Die

---

[1] Lib. XVI, cap. IV, S. 365; cap. VI, S. 368. Vgl. wiederum C u s a n u s, Idiota Lib. III, cap. 13, fol. 93a (ob. S. 30).

Unvollkommenheit des Individuums selbst wird somit zum Zeugnis seiner ewigen Bestimmung. Trotz allen diesen charakteristischen und wichtigen Ansätzen aber ist es Ficin nicht gelungen, den Gedanken der Transscendenz zu bewältigen und aufzulösen. Im Ganzen des Systems bleibt dieser Gedanke zuletzt dennoch das vorherrschende Ideal. Dionysius Areopagita wird der Verkünder und Gewährsmann der echten Platonischen Philosophie, weil er uns gelehrt hat, das göttliche Licht nicht durch verstandesmäßige Tätigkeit, sondern kraft des Affekts und Willens, als über jegliches Sein und Wissen erhaben, zu suchen. „Überfliege nicht nur die Sinnendinge, sondern auch die intelligiblen Objekte, verlasse das Gebiet des Verstandes und erhebe dich — vermöge der Liebe zu dem einzigen und höchsten Gut — zum Guten selbst, das über alles Sein, über alles Leben und allen Verstand hinausliegt[1]." Die Relativität, die noch eben als eine Notwendigkeit des menschlichen Erkennens begriffen schien, erscheint somit hier wiederum als seine Schranke. In diesem Zwiespalt offenbart sich ein tieferer gedanklicher Widerstreit, der die gesamte Philosophie der Renaissance durchzieht und der uns noch in mancherlei Formen begegnen wird.

II.
Die Reform der Aristotelischen Psychologie.

Es wäre geschichtlich einseitig und ungerecht, wenn man das entscheidende und positive Ergebnis der Renaissancephilosophie lediglich in der Bekämpfung des Aristotelismus erblickte. Das neue Verständnis der antiken Kultur, das jetzt gewonnen wird, kommt auch der Erfassung der echten Peripatetischen Lehre zugute. Der Scholastik werden nun die Grundgedanken ihres eigenen Meisters in der genaueren und reineren Fassung, in der die philologische Kritik sie wiederhergestellt hat, entgegengehalten: auf den

---

[1] Marsilii Ficini in Orationem Dionysii de Trinitate Argumentum. Opera II, S. 2 ff.

originalen Denker Aristoteles beruft man sich, um Aristoteles als Schulhaupt zu stürzen. L e o n a r d o B r u n i , der erste Übersetzer der wichtigsten Platonischen Dialoge, überträgt auch die Aristotelische Politik und die Nikomachische Ethik und in dem Maße, als er sich in diese Werke vertieft, glaubt er mehr und mehr zu erkennen, daß die F o r m , in welcher man sie bisher allein kannte, die Schuld trägt, wenn sie nicht ihre volle geschichtliche Wirkung auszuüben vermochten. Könnte Aristoteles wieder unter uns erscheinen: er würde erzürnt seine eigenen Schriften in der barbarischen Gestalt, die ihnen das scholastische Latein gegeben, verleugnen und von sich weisen. Und doch schließen diese Schriften in ihrer ursprünglichen Fassung alle Vorbedingungen für die wahrhafte humanistische Erziehung und für die Bildung zum Redner in sich[1]). Auch B e s s a r i o n — nach dem Worte Ficins einer der Ersten in der großen „Platonischen Familie" —, fertigt nichtsdestoweniger mit Eifer und Sorgfalt eine neue Übersetzung der Aristotelischen Metaphysik an, deren Manuskript er Nikolaus Cusanus zum Geschenk überläßt[2]). In den Kreisen der Florentinischen Akademie ist es sodann G i o v a n n i P i c o d e l l a M i r a n d o l a , der die Versöhnung von Platon und Aristoteles als das eigentliche Endziel der Philosophie betrachtet und verkündet[3]). Nicht die Befangenheit in der geschichtlichen Überlieferung spricht sich in solchen Versuchen aus, sondern die freiere, dogmatisch nicht beengte Auffassung, die man von der Peripatetischen Lehre selbst, ihrem Gehalt und ihren Entstehungsbedingungen gewonnen hat. Von den Einzelsätzen des Systems, die zuvor als unveräußerlicher und unverrückbarer Bestand galten, wird auf die gedanklichen Motive zurückgegangen; der feste geschlossene Bau des Ganzen beginnt sich zu lockern, und an seine Stelle

---

[1]) S. Brunis Vorrede zur Übersetzung der Nikomachischen Ethik; vgl. d e l l a T o r r e , Storia dell'Academia Platonica di Firenze, Firenze 1902, S. 447 ff.
[2]) Vgl. R o c h o l l , Bessarion S. 113, 163.
[3]) P i c o d e l l a M i r a n d o l a , Opera (Basil. 1601) I, 83: „Nullum est quaesitum naturale aut divinum, in quo Aristoteles et Plato sensu et re non conveniant, quamvis verbis dissentire videantur."

tritt die dialektische Bewegung und die Wiederherstellung des D e n k p r o z e s s e s , in dem die einzelnen Grundsätze erreicht wurden. Schon der Gegensatz der Auslegungen, der Streit zwischen „Alexandristen" und „Averroisten", dient dieser selbständigen und freieren Form der Aneignung. Für die neue Richtung, die damit eingeschlagen wird. aber ist es vor allem bezeichnend, daß die Grundfragen der Aristotelischen P s y c h o l o g i e u n d E r k e n n t n i s l e h r e es sind, die jetzt in den Mittelpunkt der Betrachtung rücken. Das Mittelalter wird, abgesehen von den logischen Streitigkeiten, vor allem durch die Aristotelische Metaphysik und Physik beherrscht und bestimmt: der Aufbau des Kosmos und sein Zusammenhang mit dem „unbewegten Beweger" ist es, der sein Interesse fesselt. Alle diese Fragen treten jetzt völlig zurück: einzig und allein der Begriff und das Problem d e r S e e l e entscheidet nun über die Parteistellung innerhalb der Peripatetischen Philosophie. Eine Erzählung aus dieser Zeit berichtet, wie P o r t i u s , als er seine Lehrtätigkeit in Pisa mit einer Vorlesung über die „Meteorologica" des Aristoteles zu beginnen gedachte, durch stürmische Zurufe seiner Zuhörer, „Sprich uns von der Seele" unterbrochen wurde[1]). In diesem allgemeinen Interesse aber bekundet sich, wenngleich zunächst noch nicht bewußt und bestimmt, zugleich die gedankliche Richtung auf ein neues Ziel: d i e d i a l e k t i s c h e Z e r g l i e d e r u n g d e s A r i s t o t e l i s c h e n S e e l e n b e g r i f f s w i r d z u e i n e m F a k t o r i n d e r E n t s t e h u n g· d e s m o d e r n e n B e w u ß t s e i n s b e g r i f f s.

Die Psychologie des Aristoteles wird ihren wesentlichen Hauptzügen nach durch die Voraussetzungen seiner Metaphysik und Erkenntnislehre bestimmt. Wie das wahrhafte Sein im E i n z e l d i n g e gesucht wird, so gilt die Wahrnehmung, die dieses konkrete Dasein unmittelbar erschließt, als der ursprüngliche Zeuge jeglicher Gewißheit. Die Entwicklung zu den höheren Formen des Denkens vollzieht sich

---

[1]) Cf. M a b i l l e a u , Etude historique sur la philosophie de la Renaissance en Italie: Cesare Cremonini. Paris 1881, S. 275.

nur in der fortschreitenden Umbildung des Stoffes, der hier gegeben ist. Auch die höchsten Betätigungen und Leistungen des Denkens bleiben an diesen Anfang, der in der Empfindung und „Vorstellung" liegt, gebunden und auf ihn eingeschränkt. Von der αἴσθησις zur δόξα, von ihr zur φαντασία, und zum νοῦς führt ein stetiger, nirgends unterbrochener Stufengang, in dem jedes höhere Element nur erfüllt und vollendet, was im niederen bereits der Möglichkeit nach enthalten und angelegt war. Was der Begriff an selbständigem Inhalt und an selbständiger logischer Bedeutung in sich birgt, das kann sich daher nicht anders, als in der ständigen Berührung mit dem Wahrnehmungsinhalt entfalten. In diesem Verhältnis stellt sich das allgemeine Prinzip, das alles organische Werden beherrscht, nur von einer neuen Seite dar: die reine „Form"· bleibt notwendig auf die „Materie" bezogen und erhält nur in ihr ihren Halt und ihre Ergänzung. Die Seele ist demnach nichts anderes, als die Einheit, in der alle L e b e n s v o r g ä n g e des Körpers sich zusammenschließen: eine Einheit, die gemäß den Grundvoraussetzungen des Systems zugleich als der allgemeine Z w e c k gedacht wird, dem alle einzelnen Bewegungen zustreben, wie als die w i r k e n d e U r s a c h e , die sie aus sich hervorgehen läßt. Die Erklärung, nach der sie „die erste Entelechie eines natürlichen Körpers ist, dem dank seiner Organisation die Fähigkeit zu leben zukommt" (ἐντελέχεια ἡ πρώτη σώματος φυσικοῦ δυνάμει ζωὴν ἔχοντος) bringt dieses Wechselverhältnis zum scharfen und eindeutigen Ausdruck. Die Seele bedeutet nur das Prinzip, das die mannigfachen b i o l o g i s c h e n Prozesse r e g u l i e r t und sie einer gemeinsamen individuellen Bestimmung zuführt und einordnet. Ohne den physischen Körper würde sie daher des notwendigen Materials ermangeln, an dem allein sie ihre Funktion betätigen kann. Eine losgelöste Wirkung wie ein abgesondertes Sein des Seelischen bleibt innerhalb dieses Zusammenhangs unverständlich.

Mit diesem Gesichtspunkt aber, der aus der Aristotelischen E n t w i c k e l u n g s l e h r e stammt, tritt das schließliche Ergebnis seiner E r k e n n t n i s t h e o r i e in einen eigentümlichen Widerstreit. Dem „wahrhaften Sein" der Platonischen I d e e hatte Aristoteles das Dasein und die individuelle Bestimmtheit der besonderen O b j e k t e entgegengesetzt. In seiner Definition des W i s s e n s aber, im Begriff der ἐπιστήμη, bleibt er vom Grundgedanken der Ideenlehre, den er freilich nicht in reiner, unvermischter Gestalt festhält, dennoch mittelbar abhängig. Die Prinzipien des Wissens, sein Gegenstand und seine Aufgabe liegen lediglich in a l l g e m e i n e n Begriffen und Sätzen. So entsteht der Grundwiderspruch, der das System in zwei Hälften spaltet und der in allen seinen Phasen und Teilen in irgendeiner Form zum Ausdruck kommt: die volle W i r k l i c h k e i t , wie sie die Metaphysik definiert, das besondere, aus Form und Materie zusammengesetzte Einzelding widerstreitet den Bedingungen, die die E r k e n n t n i s für ihr Objekt aufstellen muß. Innerhalb der Aristotelischen Psychologie spiegelt sich der Gegensatz in der Doppelstellung, die der „Verstand", dem die Erkenntnis der allgemeinen Prinzipien zugewiesen wird, gegenüber den übrigen seelischen Vermögen behält. Während er als „leidender Verstand" als νοῦς παθητικός nur den Stoff, den Sinne und Einbildungskraft ihm bieten, aufzunehmen und zusammenzufassen hat, soll er als tätiger Verstand von dieser Bedingtheit frei sein: während nach der stetigen Stufenfolge der psychologischen Kräfte das Denken nur am „Phantasma", am Vorstellungsbild geübt werden kann, tritt jetzt eine „andere Art" seelischer Betätigung auf, die die intelligiblen und allgemeinen Objekte rein und unvermischt erfaßt. Vom Sinnlichen unabhängig soll die aktive Denkkraft ein eigenes und selbstgenügsames Sein besitzen. Die Naturbedingungen, die die Entstehung und den Verlauf des organischen Lebens regeln, verlieren diesem Teil der Seele gegenüber ihre Kraft. Wie der Geist „von außen her" (θύραθεν) in fertiger und abgeschlossener Gestalt in den individuellen Körper eintritt: so soll er auch die Existenz des Körpers überdauern und außerhalb seiner Grenzen fortbestehen können. Er ist das ewige und „göttliche" Prinzip, das sich mit der Materie zwar zu gemeinschaftlichem Dasein verbindet, das aber durch sie in seiner W e s e n h e i t nicht berührt und bestimmt wird. Wir erkennen hier die tieferen, sachlichen Motive, aus denen die Peripatetische Lehre vom tätigen Verstande hervorgegangen ist. Die metaphysische Psychologie soll dem Denken wiederum jene s p o n - t a n e Wirksamkeit zurückgeben und sichern, die ihm kraft des genetischen Gesichtspunkts der Erkenntnislehre versagt scheint. Jetzt aber vermag die Verhältnisbestimmung von Sinnlichkeit und Verstand nicht mehr im m e t h o d i s c h e n Sinne zu erfolgen: sie fordert, innerhalb der Seele selbst, eine substantielle Sonderung. Die „Abtrennung" der Idee von den Einzeldingen, wie er sie bei Platon annimmt, hat Aristoteles verspottet und bekämpft: aber an Stelle des l o g i - s c h e n Unterschiedes, der hier doch immer bestimmend blieb, tritt bei ihm die Behauptung des aktiven Intellekts als eines gesonderten und losgelösten O r g a n s der Seele (χωριστὸς καὶ ἀπαθὴς καὶ ἀμιγής). Und während insbesondere die späteren Platonischen Dialoge sich bemühen, Idee und Erscheinung, Intellekt und Sinnlichkeit in durchgängiger K o r r e l a t i o n zueinander zu fassen, endet das System der E n t w i c k e l u n g mit einem dualistischen Gegensatz: mit einem Sein, das durch die vorangehenden Stufen nicht stetig vermittelt und bedingt ist, sondern sie prinzipiell überragt und ihnen abgeschlossen und unabhängig vorangeht.

Zu weiterer Bestimmung gelangt dieser Gegensatz bei den arabischen Kommentatoren des Aristoteles, deren Lehre A v e r r o ë s im 12. Jahrhundert zusammenfaßt und endgültig fixiert[1]). Passiver und aktiver Intellekt verhalten sich wie Materie und Form, wie Potenz und Akt; während der erstere die Fähigkeit besitzt, alles zu w e r d e n und alle Formen der Dinge nacheinander in sich aufzunehmen, kommt dem letzteren das Vermögen eigener und schöpferischer Wirksamkeit, damit aber zugleich die Möglichkeit einer selbständigen Existenzweise zu. Indem indes der tätige Geist allen Bedingungen des sinnlichen Daseins entrückt wird, fällt damit auch seine i n d i v i d u e l l e Begrenzung hinweg. Er ist eine ursprüngliche identische Einheit, an der die ver-

---

[1]) Zum Folgenden vgl. R e n a n , Averroës et l'Averroïsme, 3e édit. Paris 1866; F i o r e n t i n o , Pietro Pomponazzi: Studi storici su la scuola Bolognese e Padovana del secolo XVI, Firenze 1868.

schiedenen Individuen in mannigfacher Weise t e i l h a b e n, die aber selbst über jede Vielheit und Verschiedenheit erhaben ist und getrennt von ihr existiert. Ein und dieselbe Denkkraft ist es, die sich bald auf dieses, bald auf jenes Individuum herabsenkt und die sich in ihm, je nach den besonderen Bedingungen seiner Organisation, betätigt.[1]) Sie selbst bleibt hierbei als reine Form von allen Einschränkungen der materiellen Einzelwesen frei. Sie vermag diese Einschränkungen, die ihr eigenes höheres Sein nicht berühren, eine Zeitlang zu dulden, ohne sich jemals gänzlich an sie zu verlieren. Nur ein loser Zusammenhang ist es somit, der gemäß dieser Grundanschauung den Prozeß des Erkennens mit der Gesamtheit der übrigen physischen und psychischen Vorgänge verknüpft. Gerade dies ist der charakteristische Wert und Vorzug des Erkennens, daß in ihm das einzelne Subjekt über sich selbst hinauswächst, um rein in die Eine unpersönliche Denkkraft aufzugehen. Sie ist es, die in uns denkt und will; die allein an der Anschauung der obersten Prinzipien teilnimmt, weil sie mit ihnen den Grundzug der Allgemeinheit und Unveränderlichkeit gemein hat. Man hat diese Lehre, um sie verständlich zu machen, mit modernen i d e a l i s t i s c h e n Systemen, vor allem mit M a l e b r a n c h e s Gedanken der Einen göttlichen Vernunft, die alle Menschen gleichmäßig erleuchtet, verglichen[2]). Die eigentümliche geschichtliche Gestalt des Averroismus aber wird durch derartige Analogien nicht getroffen. Malebranches Lehre entsteht im vollen Lichte der n e u e r e n Philosophie und ruht auf ihrer Grundüberzeugung, daß der echte Anfang der Forschung nicht im S e i n, sondern im W i s s e n zu suchen ist. Die Schwierigkeit der Averroistischen Anschauung dagegen liegt für jeden modernen Beurteiler in der völligen Umkehrung dieses Grund-

---

[1]) Zur Averroistischen Lehre vom „intellectus agens" vgl. bes. Augustinus N i p h u s , De immortalitate animae, Venet. 1518, fol., Cap. XVIII ff. S. auch Aug. N i p h i in Librum de Anima Aristotelis et Averrois Commentatio. Venet. 1505, Lib. III, commentat. 20—22. — S. ferner die Diskussion des Averroistischen Standpunkts bei A c h i l l i n i , De intelligentiis, Op. omnia, Venet. 1545, fol. 10 ff.
[2]) R e n a n a. a. O., p. 125.

verhältnisses. Von einem fertigen und bestimmten Bilde der Welt wird ausgegangen, um von ihm aus dem Intellekt seine Sonderstellung zuzuweisen. Die kosmologische Anschauung der verschiedenen himmlischen Sphären, deren jede durch einen stofflosen und ewigen Beweger im Kreise herumgeführt wird, liegt überall zu Grunde. Noch ehe irgendeine Untersuchung über die Erkenntnis, ihre Eigenart und ihre Bedingungen vorangegangen ist, ist bereits diese physische Leistung der „reinen Intelligenzen", ihre Fähigkeit, den Lauf der Gestirne zu regeln, ohne selbst durch die Gemeinschaft mit ihnen einen Einfluß und eine Rückwirkung zu erfahren, festgestellt. Der aktive Intellekt, die Eine Denkkraft, die in allen Individuen gleichmäßig wirkt, ist nur die letzte und niedrigste dieser seelischen Kräfte, die den Umschwung des Himmels beherrschen. Der menschliche Verstand wird zur vereinzelten kosmischen Potenz, die sich der hierarchischen Gliederung des Alls und seiner Kräfte einfügt. So wird hier der Intellekt, um ihn über die empirische Bedingtheit hinauszuheben, zu einer überpersönlichen Wesenheit jenseit alles besonderen Bewußtseins gemacht; auf der anderen Seite aber ist er dennoch mit der Gesamtnatur verschmolzen und in sie als Bestandteil ein- und untergegangen.

Aus diesem Hauptmangel der Averroistischen Ansicht erklärt sich die Bedeutung, die die gegnerische Auffassung, die an den Kommentar des Alexander von Aphrodisias anknüpft, mit Beginn der neueren Zeit überall gewinnt.[1]) Während der Streit, von außen gesehen, sich auf das Problem der Unsterblichkeit beschränkt, die von den Alexandristen geleugnet, von den Averroisten nicht den Individuen, wohl aber dem allumfassenden tätigen Verstand zugestanden wird, liegt das tiefere Motiv des Gegensatzes in der verschiedenen Grundauffassung der Erkenntnis. Es ist das Verdienst von Pietro Pomponazzis Werk über die Unsterblichkeit, daß es das Problem wiederum auf

---

[1]) Daß eine scharfe und bewußte Trennung der „Alexandristen" und „Averroisten" bestand, wird, gegen H. Ritter und Renan, von Fiorentino erwiesen (a. a. O. S. 302 u. 306).

dieses ihm eigene Gebiet zurückversetzt. Zwar beginnt auch Pomponazzis Schrift zunächst mit rein metaphysischen Erörterungen, in welchen die Stellung des Menschen im Ganzen der Wirklichkeit bestimmt werden soll. Mit den ersten Anfängen der Selbsterkenntnis fühlen wir zugleich den Zwiespalt unserer Natur und unseres Ursprungs. Wie unser seelisches Leben sich als ein Ganzes vegetativer, sensitiver und intellektueller Funktionen darstellt, deren keine auf die andere zurückzuführen ist, so scheinen es auch drei verschiedene S u b j e k t e zu sein, an die wir diese mannigfachen Betätigungsweisen verteilen müssen. Die Frage nach der Unsterblichkeit läßt somit keine feste und eindeutige Antwort mehr zu, sondern hängt von der sachlichen Verknüpfung ab, die wir zwischen diesen begrifflich getrennten Grundnaturen in uns annehmen. Sollen wir, mit Averroes, die sinnlichen Kräfte in den einelnen Individuen als verschieden, die denkende Kraft in ihnen dagegen als numerisch Eine setzen und somit die Seele in zwei heterogene Hälften spalten, deren einer jede Besonderung, deren anderer jede Allgemeinheit fremd ist? Aber das eigentliche P r o b l e m der Individualität wäre mit einer derartigen Auskunft nicht gelöst; denn es wird hier von Anfang an an eine falsche Stelle verlegt. Was den Menschen zu diesem besonderen Einzelwesen macht, was Sokrates von Platon der eigentlichen Wesenheit nach unterscheidet: das ist kein äußerer, sinnlich faßbarer und greifbarer Unterschied, sondern die Differenz im Intellektuellen selbst. Nicht als ein allgemeines, verschwimmendes Gattungswesen, sondern umgekehrt als das Grundprinzip der S p e z i f i k a t i o n tritt uns somit der „Verstand" entgegen[1]). Die numerische Trennung der „Intelligenzen" steht als ein Datum der Erfahrung fest: sie leugnen hieße

---

[1]) „Socrates enim distinguitur a Platone ut hic homo ab illo homine, non est autem hic homo nisi per intellectum, ut etiam ipse Averroes fatetur . . Quare alter est intellectus Socratis ab intellectu Platonis. Etenim si unus amborum esset intellectus, amborum esset idem esse et operari, sed quid stultius excogitari potest?" P e t r i P o m p o n a t i i Mantuani Tractatus de immortalitate animi, 1516, Ausg. v. 1534, Cap. V, S. 27.

eine metaphysische Phantasie, wie sie willkürlicher und absonderlicher kein Künstler jemals ersonnen hat, an die Stelle der Vernunft und der unbefangenen Beobachtung setzen[1]). Die Anerkennung der Besonderheit der Denkkraft aber schließt zugleich in sich, daß auch ihr Verhältnis zu dem Körper, dem sie zugehört, nicht mehr als eine rein äußerliche Verbundenheit aufgefaßt werden kann. Jede Einzelseele ist zugleich die Seele i h r e s Leibes und drückt ihn in aller Bestimmtheit seiner organischen Natur und seiner organischen Veränderungen aus. Sie ist an ihn nicht nur durch ein äußeres Band wie das Ochsengespann an die Pflugschar gekettet, sondern in all ihren wesentlichen Betätigungen dauernd und notwendig auf ihn bezogen. „Beseelt" heißt uns ein Körper nur insofern, als alle Vorgänge, die sich in ihm abspielen, sich wechselweise bedingen, indem sie sich dem Einen Ziel der Selbsterhaltung und Selbstvervollkommnung des Lebewesens unterordnen: dieses Ziel aber kann nirgend anders, als im Körper und durch ihn erreicht werden. So steht schon der bloße Gedanke einer möglichen A b t r e n n u n g der Seele im Widerspruch zu ihrem ursprünglichen Begriff und zu der Leistung, die ihr nach der Grundanschauung des Aristotelischen Systems zufällt. Die Tatsache einer solchen Abtrennung zwar soll — wie Pomponazzi versichert — nicht bestritten werden: denn sie steht durch die Autorität der Schrift und der gesamten Kirchenlehre unzweideutig fest[2]). Die reinen Vernunftgründe aber führen, sobald wir uns ihnen überlassen, überall zwingend auf das entgegengesetzte Ergebnis. Die Lehre, daß die Seele sich vom Körper lösen und in eine völlig neue Daseinsform übergehen könne, daß sie in der Zeit zwar entstanden sei, aber nicht in ihr vergehen werde, daß sie den Leib wie ein bloßes Gewand anziehen und abstreifen könne, steht, vom Standpunkt der rein natürlichen Erkenntniskräfte beurteilt, auf einer Stufe mit den Gespenstererzählungen, an

---

[1]) A. a. O. Cap. IX (S. 65 f.): „Quod si quis dicat neutram opinionem esse veram, sed illam Averrois, profecto apud me, quicunque eam opinionem imaginatur, ipse est fortissimae imaginationis, credoque pictores nunquam pulchrius monstrum hoc monstro finxisse."
[2]) A. a. O. Cap. VIII, S. 35.

die die Menge glaubt[1]). Jeder Beweis, der für sie versucht wird, verkennt den eigentümlichen Charakter ihrer „Wahrheit": er sucht dem Begriff nahe zu bringen, was sich dem Wesen und der Aufgabe des Begriffs selbst widersetzt. — So bedeutsam diese Folgerung und die Schrift, in der sie ausgeführt wird, vom Standpunkt der allgemeinen Kulturgeschichte ist: ihr eigentlich **philosophisches** Interesse erhält sie erst dadurch, daß es eine eingreifende **Analyse der Erkenntnis** ist, auf die sie sich stützt und die sie allenthalben voraussetzt. Die **Einheit des Bewußtseins** wird als die Grundtatsache festgestellt, hinter die keine Theorie zurückzugehen vermag. Es ist **ein und dasselbe** Ich, das jetzt diesen oder jenen Sinneseindruck empfängt und das ein anderes Mal über ihn reflektiert und sich damit zu den reinen und abstrakten Begriffen erhebt. Nichts berechtigt uns, diesen Unterschied zweier Leistungen zu einem realen Gegensatz zweier **Substanzen** umzudeuten, die im denkenden Indivuduum nur wie in einer zufälligen Verbindung zusammenträfen. Das Vermögen der Wahrnehmung ist in der reinen Intelligenz, wie das Dreieck im Viereck enthalten: nicht um getrennte **Dinge**, sondern um die Zerlegung in begriffliche Momente und Gesichtspunkte handelt es sich.[2]) Die Erfahrung zeigt uns überall, daß der Gedanke nur auf dem Grunde des „Phantasma" entstehen kann und daß er, wie abstrakt auch sein Inhalt sein mag, als psychologischer **Akt** doch niemals der sinnlichen Unter-

---

[1]) A. a. O., Cap. IX, S. 59 ff.
[2]) „Primo quidem hoc videtur experimento contradicere. Ego enim, qui haec scribo, multis cruciatibus corporis angustor, quod opus est sensitivae, idemque ego, qui crucior discurro per causas medicinales, ut refellam hos cruciatus, quod nisi per intellectum fieri non potest. Si igitur altera esset essentia, qua sentio, et qua intelligo: quo igitur modo fieri posset, ut idem, qui sentio sim ille, qui intelligo? Sic etenim dicere possemus, quod duo homines, simul conjuncti, sic mutuas habent cognitiones, quod ridiculum est. Quod autem hujusmodi opinio sit ab Aristotele remota, non difficile est videre. Etenim, 2 de anima, ponit vegetativum in sensitivo, veluti trigonum in tretragono, sed manifestum est trigonum in tetragono non esse tanquam rem realiter ab eo distinctam: scilicet quod est trigonum in potentia est actu tetragonum." A. a. O. Cap. VI, S. 29.

lage zu entraten vermag. Jede andere Tätigkeitsweise, die wir uns etwa ausdenken mögen, bleibt das Gebilde müßiger Spekulation. Wer eine doppelte Wirksamkeit des Intellekts, wer neben seiner empirisch bekannten Funktion eine andere annimmt, die losgelöst von den Schranken unserer sinnlichen Erfahrung ausgeübt wird, der hat, d a d a s S e i n d u r c h d i e T ä t i g k e i t b e s t i m m t w i r d, in Wahrheit ein doppeltes Sein gesetzt, und neben den natürlichen Menschen, der uns allein gegeben ist, einen zweiten, jenseitigen Menschen gestellt[1]). In diesem Gedanken, auf den Pomponazzi immer von neuem zurückkommt, spricht sich eine Auffassung aus, die der Renaissance gemeinsam ist. D a n t e, wie P e t r a r c a wenden sich beide energisch vom Averroismus ab, den sie als herrschende Lehre an den italienischen Universitäten vorfinden). Auch sie mögen hierbei von einem Motiv mitbestimmt sein, das gelegentlich in der philosophischen Literatur der Epoche zum klaren Ausdruck kommt: der Seele die E i n h e i t absprechen, hieße ihren W e r t verleugnen und herabsetzen[3]). Es ist vergeblich, das Ich aus heterogenen Bestandteilen und Wesenheiten z u s a m m e n s e t z e n zu wollen, da in ihm vielmehr jener erste Quell- und Ursprungspunkt liegt, aus dem alle Verschiedenheit erst nachträglich

---

[1] ,,Modus humanus intelligendi non videtur posse transmutari in modum intelligentiae (separatae), quod esset, si intelligeret absque indigentia corporis. Hoc etiam firmatur quia sic natura transmutaretur in aliam naturam, cum operationes essentiales transmutarentur. Amplius per nullum naturale signum cognosci potest, intellectum humanum habere alium modum intelligendi, ut experimento comprehendimus, quoniam semper indigemus phantasmate." Cap. IX, S. 56.

[2] S. D a n t e, Purgatorio XXV, 61 ff.; vgl. P e t r a r c a s Schrift: De sui ipsius et multorum ignorantia.

[3] ,,Quocirca non sunt ponendae tres animae in homine, una vegetativa, altera sensitiva re ipsa a prima differens et tertia intellectiva, diversis temporibus (ut plerique arbitrantur) homini adventantes. Esset enim homo, rerum naturalium dignissimum et consummatissimum, minus unus terra, quam concedat unam tantum formam habere. Sed una tantum homini et cuique viventi est anima quae ab operationum quas efficit diversitate diversa sibi nomina vendicat." (F a b e r S t a p u l e n s i s, Brevis introductio in Aristot. libros de Anima. (Totius Philosophiae naturalis Paraphrasis, Parisiis 1533, fol. 185 b.)

sich entfaltet. Zwar hat sich auch Pomponazzi dem allgemeinen Glauben der Zeit an die Existenz gesonderter und reiner Intelligenzen, wie sie den himmlischen Sphären als Beweger beigesellt sind, nicht entziehen können; ja er hat, unter dieser Voraussetzung, den gesamten astrologischen Aberglauben seiner Zeit noch einmal zu einem vollständigen System zusammengefaßt[1]). Für die Begriffsbestimmung der m e n s c h l i c h e n Seele aber bleiben ihm alle diese Spekulationen außer Betracht; — hier spricht er es vielmehr in aller Entschiedenheit aus, daß es lediglich die sicheren Daten des B e w u ß t s e i n s sind, von denen wir ausgehen und auf die wir uns stützen können[2]).

Ist somit der Satz des Aristoteles, daß unsere Erkenntnis sich in sinnlichen Vorstellungen bewegt oder doch nicht ohne sie zu bestehen vermag, seinem ganzen Umfange nach gültig, so muß, um die Grenzscheide zwischen Stoff und Form, zwischen dem „Materiellen" und „Intelligiblen" zu wahren, ein anderer Gesichtspunkt eintreten. Die sinnliche Wahrnehmung vollzieht sich mit Hilfe eines materiellen Organs, das von den Objekten eine stoffliche Einwirkung erfährt. Die Gegenstände werden hier gleichsam in das physische Sein des Ich aufgenommen; der Wandel ihrer Bestimmungen wird in körperliche Veränderungen umgesetzt. Von dieser u n m i t t e l b a r e n Entsprechung und Bindung ist die Leistung des reinen Verstandes frei. Der Intellekt ist auf die Materie b e z o g e n , aber er besitzt selbst kein stoffliches S e i n , kein Organ, in dem sich die Dinge abdrücken und abbilden könnten. Er bedarf des Körpers — wie Pomponazzi dies Verhältnis in der Sprache der Schule ausdrückt — als O b j e k t, nicht als S u b j e k t: er fordert die sinnliche Vorstellung als den Gegenstand, auf den seine Tätigkeit sich richtet, als den Vorwurf, der ihm zur Bestimmung und Auflösung gegeben ist, aber er braucht kein sinnlich-dingliches Substrat, das seine Wirksamkeit erst ermöglichte. So hat

---
[1]) S. De naturalium effectuum admirandorum causis seu de incantationibus, Basil. 1567.
[2]) Vgl. De immortalitate animae, Cap. IV, S. 14; Cap. IX, S. 52 ff., Cap. X, S. 82 ff.

der menschliche Verstand seinen Platz zwischen den „abstrakten" Intelligenzen und den Tieren, deren Erkenntnis in den sinnlichen Fähigkeiten aufgeht. Die bloß sensitive Seele ist an sich nichts anderes als die Form des physischen und organischen Körpers, da sie ihre Funktion nur in einem körperlichen Organ auszuüben vermag und somit den Körper sowohl als S u b j e k t , als substantielle Grundlage, wie als O b j e k t braucht: die reinen Formen dagegen, wie wir sie als Beweger der Sternenwelt denken, sind jeglicher Abhängigkeit von der Materie entrückt, da sie zwar ihrerseits auf die Körper einwirken, von diesen aber keinerlei Einfluß und keine Einschränkung ihrer Tätigkeit erfahren. Erst der menschliche Intellekt, als der Mittler zwischen diesen beiden Arten und Reichen der Wirklichkeit, gestaltet das All zu einem kontinuierlichen, in sich einhelligen Ganzen. Er bildet den Übergang vom abstrakten zum sinnlichen Sein, sofern er dauernd dem Stoff der Wahrnehmungen z u g e w e n d e t bleibt, ohne doch in ihm unterzutauchen und sich völlig in ihm zu verlieren[1]). Die Materie bildet für ihn zwar die negative B e d i n g u n g , ohne welche er seine Wirksamkeit nicht entfalten könnte, aber sie ist nicht der eigentliche, positive und reale G r u n d , aus dem seine Leistung stammt[2]). Besäße der Intellekt kein Vermögen, das aus ihm selbst und seiner unabhängigen Wesenheit hervorginge, so müßten sich alle Akte des Verstandes rein auf quantitative und körperliche Weise (modo quantitativo et corporali) vollziehen: d. h.

---

[1]) A. a. O. Cap. IX, p. 53 ff.: „Anima autem sensitiva simpliciter est actus corporis physici organici, quia et indiget corpore, tanquam subjecto, cum non fungatur suo officio, nisi in organo et indiget corpore, tanquam objecto; media vero, quae est intellectus humanus, in nullo suo opere totaliter absolvitur a corpore neque totaliter immergitur, quare non indigebit corpore tanquam subjecto, sed tanquam objecto et sic medio modo inter abstracta et non abstracta erit actus corporis organici."

[2]) „Revera intellectus humanus non potest intelligere, nisi in materia sint quale et quantum sensibile, cum non possit operari, nisi ipse sit, ipseque esse non potest, nisi cum dispositione convenienti; non tamen sequitur, quod p e r tales dispositiones intelligat. (Intellectus enim) etsi est in quantitate, tamen quantitas non est principium illius operationis, neque in eo opere ea per se utitur." Cap. X, S. 77 f.

es müßte alsdann jegliches Sein in seiner bestimmten, k o n -
k r e t e n Natur, in seiner stofflichen, e x t e n s i v e n Größe
in die Seele übergehen und in ihr einen gleichartigen, proportionalen Eindruck hinterlassen. Damit aber wäre die Erkenntnis auf die Aufnahme und registrierende Wiedergabe
der b e s o n d e r e n Gegenstände und der b e s o n d e r e n
Fälle eingeschränkt, ohne sich jemals zu echten allgemeinen
Begriffen und zum reflexiven B e w u ß t s e i n ihrer selbst
erheben zu können[1]). Somit dürfen wir den menschlichen
Verstand zugleich als s t o f f l i c h und u n s t o f f l i c h
bezeichnen: als stofflich, sofern wir nur seine E x i s t e n z
ins Auge fassen, die immer nur in Verbindung mit dem Körper
möglich ist, als unstofflich dagegen, sofern wir damit den
Wert und die Eigenart seiner F u n k t i o n gegenüber der
Sinnlichkeit zum Ausdruck bringen wollen. Wir können den
ganzen philosophischen Sinn der Behauptung der „Immaterialität" der Seele festhalten, ohne daß wir darum ein
jenseitiges D a s e i n , eine reale Ablösung der Seele vom
Körper setzen und zugeben müßten. —
Das k o r r e l a t i v e Verhältnis von Seele und Körper,
das damit festgestellt ist, spiegelt sich innerhalb der Logik
vor allem in der Beziehung zwischen Begriff und Empfindung,
zwischen dem „Allgemeinen" und „Besonderen" wieder. Es
entspricht der Doppelnatur und der Mittelstellung des
Menschen, daß er das Allgemeine weder schlechthin und rein
zu erfassen imstande ist, noch auch von seiner Erkenntnis

---

[1]) „Indigere itaque organo, ut subjecto, est in corpore recipi et
modo quantitativo et corporali, sic, quod cum extensione recipiatur,
quomodo dicimus omnes virtutes organicas recipere et suis officiis
fungi, sicut oculus videndo, et auris audiendo . . . Unde dicimus intellectum non indigere corpore, ut subjecto in sui intellectione, non
quia intellectio nullo modo fit in corpore, cum fieri nequit, si intellectus
est in corpore, ut sua immanens operatio quoquo modo non sit in eo.
Ubi enim subjectum est, et accidens subjecti necesse est esse, sed pro
tanto intellectio dicitur non esse in organo et in corpore, quoniam modo
quantitativo et corporali non est in eo. Quapropter potest intellectus
reflectere supra seipsum, discurrere et universaliter comprehendere,
quod virtutes organicae et extensae minime facere queunt." Cap. IX,
S. 58 f.

gänzlich ausgeschlossen ist. Wir müssen es, um uns seiner zu versichern, im E i n z e l n e n s e l b s t aufsuchen und betrachten; wir können das echte unvermischte Wesen des Begriffs nur in den begrenzten und besonderen Erscheinungen erschauen. Selbst der abstrakteste Gedanke muß an irgendein bestimmtes, körperliches B i l d anknüpfen. So existiert der Intellekt weder einzig im „Hier" und „Jetzt", noch ist er vom Hier und Jetzt völlig gelöst; so ist seine Wirksamkeit weder gänzlich allgemein, noch geht sie im Besonderen auf. Sie ist dem Zeitverlauf eingeordnet und dennoch zugleich über ihn erhaben, sofern das einzelne D e n k g e s c h e h e n zwar nur im Zusammenhang des psychischen Vorstellungsablaufs von Statten gehen kann, andererseits aber der D e n k - i n h a l t seiner Geltung nach als zeitlos und unveränderlich erfaßt wird[1]). Diese Ewigkeit des G e d a n k e n s, nicht die des D e n k e n d e n aber ist es, die allein zu suchen ist und die den berechtigten Kern in der Forderung der „Unsterblichkeit" ausmacht. Der Geist hat an der Unsterblichkeit teil, sofern es ihm gegeben ist, das Allgemeine, wenngleich nur im Abbild der sinnlichen Erscheinung, zu erkennen und sich zu Eigen zu machen[2]). Denn wenngleich er vom I n d i v i d u u m ausgehen muß, so ist es doch nicht dieses oder jenes bestimmte Individuum, durch das er bedingt und eingeschränkt wäre; vielmehr vermag er in j e d e m b e - l i e b i g e n Einzelnen, das er als Beispiel zu Grunde legt, sich den universalen Gehalt des Begriffs zum Bewußtsein zu bringen. Das Allgemeine ist daher zwar der Zeit nach mit dem Einzelnen unlöslich verknüpft, geht ihm jedoch der „Natur", d. h. dem logischen Abhängigkeitsverhältnis nach,

---

[1]) „Ipse igitur intellectus, sic medius existens inter immaterialia et materialia, neque ex toto est hic et nunc, neque ex toto ab hic et nunc absolvitur, quapropter neque sua operatio ex toto est universalis, neque ex toto est particularis, neque ex toto subjicitur tempori, neque ex toto a tempore removetur." Ibid. S. 60.
[2]) „Animus humanus, etsi improprie dicatur immortalis, quia vere mortalis est, participat tamen de proprietatibus immortalitatis, cum universale cognoscat, tametsi ejusmodi cognitio valde tenuis et obscura sit." Cap. XII, S. 90.

voran¹). Der Weg der Erkenntnis vollzieht sich nicht in einfachem, geradlinigem Fortschritt, sondern besteht in einer Rückkehr und Umwendung. Wir müssen, nachdem wir vom besonderen Fall zum Begriff aufgestiegen sind, den Begriff selbst wiederum im Einzelfall anschauen²). In dieser Auffassung der Universalien liegt der Keim zu einem wichtigen Fortschritt der logischen Methodenlehre, der sich bei Pomponazzis Nachfolger, bei G i a c o m o Z a b a r e l l a, vollzogen hat. (S. unt. No. III.)

Zu voller Schärfe und Deutlichkeit aber gelangt der Grundgedanke von Pomponazzis Werk erst in den e t h i s c h e n Schlußfolgerungen, zu denen es hinleitet. Die s i t t l i c h e Vernunft erst bildet das eigentliche Vorrecht und die auszeichnende Eigentümlichkeit des M e n s c h e n, während der spekulative Verstand, wie der Trieb zu technisch-praktischer Tätigkeit einen Zug ausmachen, den wir mit den anderen Intelligenzen höherer oder niederer Art teilen. Mit der Aufhebung der Unsterblichkeit nun scheint das sittliche Leben selbst seinen Halt und Mittelpunkt zu verlieren; mit der Beseitigung des j e n s e i t i g e n Zieles scheint alle Zweckbestimmung überhaupt entwurzelt zu sein. Noch die philosophische Renaissance des Platonismus stand in der Tat unter dem Banne dieses Gedankens. Wäre die Seele sterblich — so hatte die Platonische Theologie Ficins

---

¹) A. a. O. S. 94. — Zu Pomponazzis Stellung im U n i v e r s a l i e n s t r e i t vgl. bes. die eingehenden Darlegungen in seinem Aristoteles-Kommentar (s. F e r r i, La Psicologia di P. P. secondo un manoscritto della Bibl. Angelica di Roma, Rom 1877, S. 99 ff.) Für die Darstellung der Psychologie Pomponazzis ist dieser Kommentar hier nicht benutzt, da er — wie R a g n i s c o gezeigt hat — nicht in allen seinen Teilen authentisch ist: er scheint die Nachschrift einer Vorlesung Pomponazzis zu sein, in die der Hörer jedoch hie und da eigene abweichende Meinungen eingefügt hat. (Cf. Atti del Reale Istituto Veneto di Science, Serie VI, Bd. V, 952 ff.)

²) „Verum, cum anima humana per cogitativam comprehendat singulare primo, deinde eadem per intellectum universale comprehendat, quod tamen in eodem singulari speculatur, quod per phantasiam cognitum est, vere reditum facit et per consequens conversionem, quoniam ex singulari per phantasiam cognito eadem anima per intellectum ad idem redit." (S. 95.)

gleich von Anfang an argumentiert —, so gäbe es kein unglücklicheres Geschöpf als den Menschen, so wäre der Wert unseres empirischen Daseins vernichtet. Für Pomponazzis sittliche Grundanschauung dagegen steht es fest, daß sich die echte Ethik darin bewähren muß, daß sie den Zweck des Lebens in diesem selbst zu finden lehrt. Die Idee der unbegrenzten Fortdauer des Individuums wird durch die Idee des stetigen Fortschritts und der Höherbildung der M e n s c h - h e i t abgelöst. In diesem Sinne ist Pomponazzis Lehre die echte Frucht der humanistischen Welt und Geschichtsansicht. Das gesamte Menschengeschlecht ist einem einzigen Individuum zu vergleichen, in dem alle Bestandteile und Organe sich dem Einen Zwecke der Erhaltung und des Fortschritts des Ganzen unterordnen. Wie hier das gemeinsame Ziel dem Wachstum der einzelnen Glieder bestimmte festumschriebene Grenzen setzt, so ist es die sittliche Bestimmung der Menschheit, die das Streben und die Forderungen der Individuen bemessen und begrenzen muss[1]). In dieser Bescheidung auf die empirischen Schranken unseres Daseins gewinnen wir eine höhere Idealität und einen neuen Ausblick auf die Unendlichkeit, die uns im wirklichen Leben der Geschichte selbst gegeben ist. Die moralischen Gesetze finden erst jetzt ihren festen Halt, indem sie nicht als fremde und äußere Gebote, die durch Hoffnung und Furcht erzwungen werden müssen, sondern als selbständige Satzungen und Forderungen, die aus unserem eigenen Wesen stammen, erkannt werden. Zum ersten Male in der modernen Ethik

---

[1]) „Secundo accipiendum est et maxime memoriae mandandum, quod totum genus humanum uni singulari homini comparari potest, in uno autem individuo humano sunt multiplicia et diversa membra, quae et ad diversa officia, sive diversos fines proximos sunt ordinata, cum hoc tamen, quod omnia ad unum finem deputata sunt . . Universum namque humanum genus est sicut unum corpus, ex diversis membris constitutum quae et diversa habent officia, in communem tamen utilitatem generis humani ordinata. Ita non quilibet habet ultimum finem, qui convenit parti, nisi, ut pars generis humani, sufficit autem habere communem finem humanum, quapropter ad rationem dicitur, quod si homo mortalis est, quilibet homo potest habere finem qui universaliter competit homini . ." Cap. XIV, S. 104 ff.

tritt hier in voller Bestimmtheit der Gedanke der A u t o -
n o m i e des Sittlichen hervor. Nur auf der niedrigsten Stufe
sind Lohn und Strafe als Triebfedern des Handelns unentbehrlich, während für die gereifte sittliche Einsicht jegliche
Handlung rein aus sich selbst ihren Wert zugewiesen erhält
und somit ihren Lohn und ihre Strafe mit sich führt: poena
namque accidentalis est poena damni, essentialis vero poena
culpae, at poena culpae longe deterior est poena damni[1]).
So zeigt sich die negative Auflösung eines metaphysischen
Satzes in Wahrheit überall als eine neue Schöpfung und als
Begründung einer v e r ä n d e r t e n W e r t s c h ä t z u n g
d e s e m p i r i s c h e n S e i n s. Bezeichnend in dieser
Rücksicht ist das Wort des C a r d a n o , daß diejenigen, die
die Sterblichkeit der Seelen verfechten, das Sein des Menschen
erhöhen und vergöttlichen, indem sie es zum Selbstzweck
machen[2]). Von hier aus fällt daher auch auf die l o g i s c h e
Grundabsicht von Pomponazzis Lehre neues Licht. Wie das
Christentum, so verlegt auch der Platonismus F i c i n s das
echte Leben des Geistes zuletzt in eine jenseitige Wirklichkeit, die von den Bedingungen der Körperwelt befreit ist.
(Vgl. ob. S. 98.) Die „Reinheit" des Begriffs bedeutet.
hier seine Abwendung und Loslösung von der E r f a h r u n g.
Die nächste Aufgabe, die der modernen Erkenntnislehre gesetzt war, bestand darin, die Selbständigkeit und Universalität
des Denkens festzuhalten, sie aber in der Beziehung auf den
empirischen Stoff selbst zu begründen. Pomponazzis Werk
über die Unsterblichkeit ist ein Schritt auf diesem Wege;
die notwendige Znsammengehörigkeit von Seele und Leib,
die er verteidigt, beruht auf der tieferen Einsicht der wechselseitigen Beziehung zwischen der Sphäre des Intelligiblen
und des Sinnlichen. Nunmehr bewährt sich uns der Satz,
daß die verschiedenen philosophischen Richtungen der Renaissance sich am Erkenntnisproblem zu einem einheitlichen
Ziele zusammenfinden. (Vgl. ob. S. 76.) In der neueren
Philosophie finden sich die Gesichtspunkte Ficins und Pompo-

---

[1]) Cap. XIV, S. 120.
[2]) C a r d a n o , Opera, Lugduni 1663, II, 500. — S. F i o r e n -
t i n o , a. a. O. S. 188.

nazzis vereint: Leibniz, der in der Charakteristik der reinen Denkfunktion und in ihrer Unterscheidung von der Wahrnehmung an die Platonische Lehre anknüpft, stimmt auf der anderen Seite mit Pomponazzis psychologischem Hauptsatz, daß auch der abstrakteste Gedanke von sinnlichen Vorstellungen und Bildern begleitet sein muß, überein. Die beiden Ansichten, die sich in der Philosophie der Renaissance noch wie zwei feindliche Pole gegenüberzustehen scheinen, konnten ihre logische Ausgleichung erst finden, nachdem die moderne mathematische Physik ein neues Verhältnis und eine neue Korrelation von Erfahrung und Denken geschaffen hatte. —

Innerhalb der Schule von Padua, die im ganzen gleichfalls an die Aristotelische Überlieferung gebunden bleibt, läßt sich eine analoge Wendung vor allem bei Giacomo Zabarella verfolgen. Sie tritt, wie wir sehen werden, besonders in seinen logischen Schriften hervor, aber auch die Grundlegung der Psychologie, die er in seinem Kommentar zu Aristoteles' Schrift über die Seele vollzieht, zeigt den gleichen charakteristischen Kampf der verschiedenen Denkmotive. Wieder beginnt Zabarella mit der Frage, die im Mittelpunkt des Streites zwischen Averroisten und Alexandristen steht. Ist die Seele des Menschen, als „forma informans" oder als „forma assistens" zu denken, d. h. ist sie es, die das Dasein und Leben des Körpers erst erschafft und konstituiert, oder aber bedeutet sie eine losgelöste und selbständige Natur, die zu dem fertigen Stoffe von außen her hinzutritt? Ist sie, wenn wir den Leib einem Schiffe vergleichen, ihm derart beigegeben und verknüpft, wie die Gestalt des Schiffes, ohne welche wir seine Existenz nicht zu denken vermögen, oder herrscht sie in ihm nur wie der Steuermann, der das Fahrzeug, das seiner Beschaffenheit und seinem Dasein nach von ihm ebenso unabhängig ist wie er von ihm, nach seinem Willen lenkt und bewegt[1])?

---

[1]) „Forma duplex est, una materiam informans et dans esse specificum et rem constituens tanquam differentia adjecta generi ... Altera est forma quae non dat esse, sed ipsi rei jam constitutae et habenti esse specificum supervenit tanquam praestantius quoddam . . Figura

Besteht, mit anderen Worten, der Mensch aus einer Zusammensetzung für sich bestehender, ungleichartiger Naturen, oder handelt es sich, wenn wir in ihm zwei Wesenheiten unterscheiden, nur um verschiedene G e s i c h t s p u n k t e, unter denen unser Gedanke die einheitliche Grundtatsache des Bewußtseins erfaßt? In der Auflösung dieser Fragen hält Zabarella in allen wesentlichen Punkten die Richtung ein, die Pomponazzi gewiesen hatte. Schärfer und strenger noch als dieser, sucht er die Selbständigkeit und Freiheit des Denkens so zu bestimmen, daß darüber die Einheit des Ich und des Menschen nicht verloren geht: deutlicher noch spricht er aus, daß der Intellekt hinsichtlich seiner begrifflichen Leistung, nicht hinsichtlich seines konkreten Seins als „rein und unvermischt" zu bezeichnen ist[1]). Dem Dasein nach läßt sich die Seele auch in ihrer reinsten und höchsten Gestaltung vom Körper nicht loslösen: denn sie bedeutet nichts anderes als die Vollendung des Körpers selbst. Im Stoff selbst ist der Anlage nach bereits all das enthalten, was in der Form nur zur vollendeten Ausprägung gelangt. Er besitzt in sich die Fähigkeiten des Empfindens, des Lebens und Erkennens, die also nicht erst durch äußere Kräfte, die seinem eigentlichen Wesen fremd sind, auf ihn übertragen zu werden brauchen[2]). Und wie hier Stoff und Form nicht

---

navis dicitur actus informans, nauta vero dicitur actus assistens, sed non materiam informans nec dans esse specificum, advenit enim navi jam habenti esse completum." Jacobi Z a b a r e l l a e Commentarii in III libros de Anima, Francof. 1619, Lib. II, S. 178 ff.

[1]) „Neque etiam ex eo quod intellectus in recipiendo non utitur organo inferre aliquis potest ipsum esse formam a corpore abjunctam nec dantem esse corpori, quoniam aliud est considerare intellectum secundum suum esse, aliud secundum operationem: nam secundum suum esse est forma corporis et vere materiam informat, secundum operationem vero est elevatior a materia quam caeterae partes animae et in specierum receptione non utitur aliqua corporis parte recipiente." Ibid., Lib. II, cap. 13, S. 236.

[2]) „Corpus non est actus animae, sed anima est actus corporis, unde sequitur quod non sit corpus, sed aliquid corporis, nempe actus et perfectio quo fit, ut anima non possit esse sine corpore, quia perfectio non potest esse sine illo cujus est perfectio... (Itaque) qui non videt Aristotelem aperte dicere omnem animam esse formam informantem, caecus

mehr als Glieder eines metaphysischen Gegensatzes, sondern als streng korrelative Momente gefaßt werden, so lösen sich auch alle Differenzen innerhalb des Seelischen selbst in eine bloße Unterschiedenheit von Entwicklungsstufen auf, deren jede die andere bedingt und fordert. Die Ausnahmestellung der aktiven Denkkraft und ihr Anspruch auf eine überempirische Herkunft wird nunmehr endgültig beseitigt. Denn alle Gründe, die für den rein „geistigen" Ursprung des Intellekts angeführt zu werden pflegen, gelten in Wahrheit bereits für die Sinnlichkeit selbst und ihre Betätigung. Wenn der Sinn der Materie darin verwandt scheint, daß er in dem Maße, als er von den äußeren Objekten berührt wird, entsprechende Eindrücke von ihnen erzeugt, kraft deren er die Verhältnisse der Dinge nachbildet: so liegt doch andererseits in jedem Sinneseindruck als solchem bereits ein U r t e i l eingeschlossen, das selbst nur als rein geistiger Akt zu verstehen ist. So werden hier in derselben Tendenz, wie bei Nicolaus Cusanus, Sinnlichkeit und Denken wiederum einander genähert und aufeinander bezogen. (Vgl. ob. S. 31 ff.) Beide schließen einen aktiven Zug, eine eigentümliche Richtung der Tätigkeit in sich. Diese Tätigkeit findet freilich erst in den höheren Verstandesleistungen ihren deutlichsten Ausdruck, aber sie kann prinzipiell auf keiner Stufe seelischen Lebens gänzlich fehlen, weil sie es ist, die das Seelische als solches konstituiert und kennzeichnet[1]). —

Und dennoch ist, trotz aller dieser wichtigen Ansätze, der Gedanke der Transscendenz nicht endgültig ausgeschaltet: denn auch bei Zabarella ist es zuletzt der absolute „göttliche Geist", der die „Phantasmen", der unsere sinnlichen Vor-

---

est, dixit enim animam esse formam, qua et vivens et sentiens et intelligens est ejusmodi et esse actum propriae materiae habentis potentiam ad eam, tanquam potentiam ad esse." Ibid. lib. II, S. 342 ff.

[1]) „Ideo est in hac parte notandum, quod id quod hic de intellectu Aristoteles dixit, verum est aliquo modo etiam de sensu. . Modo quodam etiam visus in actu est sine materia, multo tamen minus et aliter quam intellectus . . Nam potentia sensitiva est organica, ideo in sua operatione est materialis quodam modo, quia in recipiendo utitur corpore; e s t t a m e n a l i q u o m o d o i m m a t e r i a l i s r a t i o n e j u d i c i i, q u i a s o l a i p s a a n i m a j u d i c a t." Ibid., p. 870.

stellungsbilder durchleuchten und erhellen muß, damit sie sich zu den reinen wahrhaften Begriffen entwickeln. Die Vorstellung würde, sich selbst und ihrer eigenen Natur überlassen, stets beim Einzelnen verharren: es bedarf einer äußeren jenseitigen Mitwirkung, um den Geist zur Erfassung des Allgemeinen zu befähigen und zu erheben. Nur soll das „Absolute" nicht mehr, wie bisher, als unmittelbare Triebkraft in den Mechanismus des seelischen Geschehens eingreifen, sondern als ein ideeller Zielpunkt gedacht werden, den sich das Denken vorhält und der der Entwicklung seiner eigenen Kräfte die Richtung gibt. Nicht als tatsächliche bewegende Ursache, sondern als vorgestecktes und vorgesetztes Ziel, nicht durch sein „substantielles", sondern durch sein „vorgestelltes" Sein wirkt der reine aktive Intellekt auf die Entfaltung und Klärung des Bewußtseins ein: „intellectus activus est agens ut intelligibilis et agit ad modum objecti". Es ist der „passive", der menschliche Intellekt, der, indem er die sinnlichen Eindrücke und Spezies beurteilt, den Akt der Erkenntnis hervorbringt; aber er vermöchte diese Leistung nicht zu vollziehen, wenn er in ihr nicht über seine eigenen Grenzen hinausblickte[1]). So zeigt sich auch hier das charakteristische Doppelmotiv, das der gesamten gedanklichen Bewegung, die wir verfolgt haben, zu Grunde liegt: das „Absolute" kann nicht völlig entbehrt werden, aber es wird als eine Forderung verstanden, die der Geist selbst sich vorhält, so daß es nunmehr gleichsam in die Snbstanz des Bewußtseins verschmolzen und umgewandelt wird. —

* * *

III.
Die Auflösung der scholastischen Logik.

Wenn man die Fülle der mittelalterlichen logischen Literatur überblickt, wenn man sieht, wie noch im 15ten und 16ten Jahrhundert — nach der Darstellung und dem Urteil

---

[1]) Vgl. hierzu: L a b a n c a , Sopra Giacoma Zabarella, Napoli 1874, S. 38 f. u. F i o r e n t i n o, a. a. O. S. 316 ff.

Prantls — eine erschreckend ausgedehnte und umfangreiche Nachblüte der s c h o l a s t i s c h e n Logik sich entwickelte, so könnte, was die neue Gedankenrichtung, was insbesondere der Humanismus an logischen Leistungen hervorgebracht hat, dagegen als kümmerlich und geringfügig erscheinen. In der Tat handelt es sich in dem Kampfe gegen das Mittelalter, wie er hier zunächst geführt wird, nicht sowohl um eine tiefere sachliche Neugestaltung der Prinzipienlehre, als um eine Kritik des Schulbetriebes, die von äußerlichen Umständen ausgeht und sich insbesondere gegen die herrschende sprachliche Verwilderung kehrt. Nachdem P e - t r a r c a auch in diesem Punkte vorangegangen war und die Waffen geschmiedet hatte, wird der Kampf des modernen Grammatikers gegen die Barbareien der schulmäßigen Dialektik zu einer beständigen und integrierenden Aufgabe der humanistischen Erneuerung der Wissenschaft. In besonders eindringlicher Weise tritt das neue Interesse, das damit entstand, in einem Dialog L e o n a r d o B r u n i s hervor. Die Möglichkeit des Philosophierens selbst wird hier von dem Stand der literarischen Bildung und der literarischen Überlieferung abhängig gemacht; die Tatsache, daß unsere Kenntnis der Ciceronischen Schriften lückenhaft ist, dient unmittelbar als Beweisgrund dafür, daß die philosophische Kultur der neueren Zeit niemals zu wahrhafter Vollendung zu gelangen vermag[1]). So gilt denn auch der Stil, in dem eine Lehre sich verkündet, jetzt nicht mehr als äußeres Beiwerk, sondern wird zum entscheidenden Kriterium für ihren sachlichen Gehalt. Ihn verleugnen heißt den ästhetischen und sittlichen Wert der Individualität, heißt den Wert des Lebens selbst herabsetzen. Weil sie den Reiz der klassischen Latinität nicht gekannt hätten — so urteilt E r m o l a o B a r b a r o in einem Brief an Pico della Mirandola —, hätten die Scholastiker schon während ihres Lebens nicht eigentlich gelebt oder wenn sie noch lebten, so trügen sie ihr Dasein nur zur Schmach und zur Strafe. Der Versuch, den Pico in seinem

---

[1]) Leonardi B r u n i Aretini ad Petrum Paulum Istrum dialogus. Ed. Th. K l e t t e, Beiträge zur Gesch. u. Literatur der italien. Gelehrtenrenaissance, Heft II, Greifswald 1889, bes. S. 49 ff.

Antwortschreiben unternimmt, gegenüber dieser Art der Rhetorik für die Sache der reinen Philosophie einzutreten, scheint zunächst in den Kreisen des Humanismus selbst wirkungslos geblieben zu sein[1]). Immerhin ist es kein bloß literarisches Interesse, das sich in all diesen Kämpfen betätigt. Die Sprache und die Terminologie des Mittelalters ist in der Tat keine bloß zufällige und äußere Hülle des Gedankens, sondern sie birgt in ihrer Entwicklung dieselben Motive in sich, durch die auch die Ausbildung der logischen Lehren beherrscht wurde. Die Scholastik bewährte, trotz aller Barbarismen, doch darin echte sprachbildende Kraft, daß bei ihr, in allen wesentlichen Hauptzügen, Ausdruck und Gedanke in Einklang gesetzt und erhalten sind. Wortbildungen wie entitas, quidditas, haecceitas, über die die humanistische Gelehrsamkeit so witzig und treffend zu spotten weiß, bezeichnen dennoch deutlich die D e n k a r t, aus der sie hervorgegangen sind; die Vorherrschaft der a b s t r a k t e n S u b s t a n t i v a ist charakteristisch für eine Auffassung der Natur und des Geistes, der alle Eigenschaften und T ä t i g k e i t e n sich in dingliche S u b s t a n z e n verwandeln. Aus diesem Wechselverhältnis zwischen Begriff und Wort, auf das schon L e i b n i z in der Abhandlung über den philosophischen Stil des Nizolius hingedeutet hat, erklärt es sich, daß die Kritik des Stils in der Renaissance zu einer philosophischen Aufgabe erhoben werden kann und daß ihre Ergebnisse wenigstens m i t t e l b a r zur Kritik der E r k e n n t n i s mitwirken. —

Das Werk, bei dem dieser Zusammenhang sich zuerst darstellt, sind L o r e n z o V a l l a s ,,Dialektische Disputationen". Um dieser Schrift gerecht zu werden, muß man sie nicht nach den Neuerungen beurteilen, die sie am I n h a l t der Logik vollzieht. Was an dem Werke wahrhaft original ist, ist vielmehr die Stimmung, aus der es entsprungen ist und das persönliche Pathos, das in ihm zum Ausdruck kommt. Vallas Angriff auf die Logik seiner Zeit ist nur aus dem Ganzen seiner Leistungen und seiner Persönlichkeit zu begreifen.

---

[1]) Vgl. P i c o d e l l a M i r a n d o l a, Opera, Basil. 1601, I, 238ff.

Ihm ist die Philologie nicht Selbstzweck, nicht in sich abgeschlossene und selbstgenügsame Gelehrtenkultur, sondern sie bedeutet ihm überall das Grundmittel zur Entdeckung der lebendigen, geistigen Wirklichkeit. Sie wird ihm zum Fundament und Instrument der K r i t i k , die er nach allen Richtungen und auf allen Gebieten betätigt. Ob er die Fehler der Vulgata oder die Widersprüche der geschichtlichen Überlieferung in Livius' Römischer Geschichte aufdeckt, ob er der Entstehung der Constantinischen Schenkungsurkunde oder des kirchlichen Symbols nachgeht: stets ist es nicht sowohl die Sache selbst, als die Freude an der kritischen Betätigung und Befreiung, die er genießt und die ihm das treibende Motiv ist. Hierin ist Valla der echte und typische Vertreter des humanistischen Lebens- und Selbstgefühls, das sich in gleicher Intensität wie bei ihm nur noch bei E r a s m u s findet, bei dem es zwar im Ausdruck reifer und gemäßigter geworden ist, bei dem es indes auch weniger naiv und ungebunden hervortritt. So liegt auch dem Kampf gegen die Dialektik zunächst ein subjektiver Affekt zugrunde, den man in der Behandlungsweise des Stoffes noch überall deutlich hindurchfühlt. Es ist die Überlegenheit des neuen p e r - s ö n l i c h e n Bildungsideals über die abstrakte Schulgelehrsamkeit, die hier zum Ausdruck drängt. Die R h e t o r i k , die den Einsatz der gesamten Persönlichkeit des Redners fordert, die stets auf den konkreten Menschen wirken will und daher die genaue psychologische Kenntnis der T o t a l i t ä t aller seiner Lebensäußerungen voraussetzt, steht höher als die trockene, schematische Zergliederung des Wissensstoffes, die die Dialektik vollzieht. Diese begriffliche Zerlegung kann immer nur als Vorbereitung und als Hilfsmittel der echten „Überzeugungskunst" gelten, die allein der Redner entfaltet. Daher denn auch die Logik so e i n f a c h ist, daß man sie in ebensoviel Monaten erlernen kann, als man zur Sprachwissenschaft und Beredtsamkeit Jahre braucht[1]). Wenn Valla Quintilian über Cicero stellt

---

[1]) L a u r e n t i u s V a l l a, Dialecticarum disputationum Lib. II. Prooemium. O p e r a , Basil. 1543, fol. 693 f.

und aus ihm fast seine gesamte Lehre von der Beweisführung entlehnt, so geschieht dies mit der paradoxen Begründung, daß Cicero den Wert der Rhetorik gegenüber der Philosophie — unterschätzt habe. Die Philosophie ist der gemeine Soldat oder Tribun, der unter der Herrschaft und dem Oberbefehl der Rede steht. „Ich wünschte daher, daß M. Tullius sich nicht als Philosophen, sondern als Redner gegeben hätte; er hätte alsdann alles rhetorische Handwerkszeug kühn zurückgefordert — denn alles, was die Philosophie sich in dieser Hinsicht anmaßt, gehört in Wahrheit uns — und hätte, wäre es ihm verweigert worden, das Schwert, das er als Befehlshaber von der Königin Rede erhalten, gegen die philosophischen Freibeuter gezückt, um sie nach Gebühr zu züchtigen. Denn wieviel klarer, gewichtiger und erhabener werden doch alle Gegenstände von den Rednern, als von verworrenen, blutlosen und trockenen Dialektikern behandelt[1]!" Diese Worte, die Antonio Panormita in Vallas Dialogen „über die Lust" spricht, decken die innerste Gesinnung der humanistischen Kritiker auf und legen den Grund dafür bloß, daß von hier aus eine positive wissenschaftliche Erneuerung der Prinzipienlehre der Erkenntnis nicht zu leisten war. —

Immerhin wird auch hier im Fortschritt der Entwicklung die einseitige Schätzung des sprachlichen Moments allmählich zurückgedrängt: und von den Worten strebt man wieder zu den „Sachen" zurück. Betrachtet man die Gestaltung, die der Humanismus, ein Jahrhundert nach Valla, bei L o d o - v i c o V i v e s erhalten hat, so tritt diese Wandlung deutlich hervor. Das polyhistorische Wissen ist jetzt bereits von einer echten philosophischen Grundabsicht, von der Tendenz auf eine durchgehende R e f o r m d e s E r z i e h u n g s w e s e n s belebt und zusammengehalten. In Vives' Schrift „gegen die Pseudodialektiker" wird daher nicht mehr einzig vom Standpunkt der Grammatik, sondern zugleich von dem der P ä d - a g o g i k das Gericht am scholastischen Ideal des Erkennens vollzogen. Die Ausbildung in der Dialektik spiegelt dem Geiste einen scheinbaren Besitz vor, durch den er von der

---

[1] V a l l a , De voluptate, Lib. I, cap. 10, Opera fol. 907.

Erwerbung gründlicher Kenntnisse zurückgehalten und gegen die Kriterien und Forderungen der Gewißheit und Notwendigkeit abgestumpft wird. In dem Bilde, das Vives von dem Zustand des gelehrten Unterrichtes seiner Zeit entwirft, spürt man, durch allen rhetorischen Schmuck hindurch, die Kraft und Wahrheit eines persönlichen Bekenntnisses. „Du selbst und meine Mitschüler — so schreibt er an Johannes Fortis — bist Zeuge, daß ich diesen Wahnwitz nicht nur oberflächlich gekostet, sondern bis in sein Innerstes eingedrungen bin. Nicht um mich zu rühmen sage ich es, denn wahrlich, ich erblicke darin keinen Grund zum Ruhme. Hätte ich es doch in diesen Dingen weniger weit gebracht; denn was ich so mit noch unberührtem und empfänglichem Geiste in mich aufgenommen habe, haftet nun so fest in mir, daß ich mich durch keine Kunst davon zu lösen vermag und daß es mir wider Willen immer wieder entgegentritt und mich in meiner gegenwärtigen Betrachtung hemmt. So habe ich nur den Wunsch, das zu verlernen, was andere eifrig zu lernen sich mühen; — so möchte ich nur, daß man dieses Wissen wie ein Kleid vertauschen oder wie Geld und Waren verschenken könnte. Wenn es so Manchen gibt, der diese Kostbarkeiten um hohen Preis zu kaufen wünscht, so gäbe ich viel darum, mich dieser unwissenden Gelehrsamkeit entledigen zu können." In der weiteren Ausführung, aus der man ein anschauliches Bild des allgemeinen Schulbetriebs der Zeit gewinnt, ist es zunächst wiederum die Reinheit der S p r a c h e , die als Prüfstein hingestellt wird. Schon aus dem Namen der Dialektik geht hervor, daß sie „Wissenschaft der Rede" (scientia de sermone) sein will. Von welcher Art der Rede aber handelt die schulmäßige Logik und Disputierkunst? Bezieht sie sich auf die französische oder spanische, auf die gotische oder vandalische Sprache? „In der Tat eine wunderbare Dialektik, deren Sprache, die sich selbst für L a t e i n ausgibt, Cicero, wenn er jetzt auferstehen könnte, nicht verstehen würde." Die Erfindung willkürlicher Worte und Wendungen, die im Gegensatz zum herrschenden Gebrauch stehen, ist ein nicht geringerer Fehler in der Logik, als in der Grammatik und Rhetorik. Denn alle diese drei Wissenschaften der Rede haben ihre Schranken und ihren gültigen Maßstab an der lebendigen Sprache, die sie nicht selbständig erfinden und nach ihrem Belieben meistern können. „Denn zuerst bestand die lateinische oder griechische Sprache; dann erst wurden in ihr grammatische, rhetorische, dialektische Formen beobachtet, nach denen indes die Sprache nicht willkürlich umgemodelt wurde, sondern die vielmehr der Sprache folgen und sich ihr anpassen mußten." So sucht Vives das Korrektiv gegen die unfruchtbaren Subtilitäten der Scholastik in dem Rückgang auf das natürliche p s y c h o l o g i s c h e D e n k e n des Menschen. Die Dialektik, als eine Wissenschaft der Zeichen, darf nicht zum Selbstzweck entarten; sie kann ihren Wert und ihr relatives Recht nur zurückgewinnen, wenn sie sich bescheidet, als Mittel und Vorbereitung der G e g e n s t a n d s e r k e n n t n i s zu dienen. Töricht aber wäre es, seine Zeit mit der Bereitung und Verbesserung des Instruments zu vergeuden, statt alsbald an das Werk selbst heranzutreten, zu dessen Gebrauch es geschaffen ist. „Was würde man wohl zu einem Maler sagen, der sein Leben damit hinbrächte, den Pinsel zurecht zu machen und die Farben zu reiben; was zu einem Schuster, der nichts anderes täte, als die Nägel und Pfriemen und sein sonstiges Handwerkszeug zu schärfen [1]."

Somit gilt es unmittelbar an die E r f a h r u n g heranzutreten, um von ihr das echte Bild der Natur zurückzugewinnen. Wer in das wahre Sein der Einzeldinge einzudringen strebt, der tut besser, den Bauern oder Handwerker zu befragen, als alle jenen scharfsinnigen Systeme, in denen an die Stelle der konkreten Wirklichkeit ein gedankliches Gespinst von „Formalitäten" und „Haecceitäten" getreten ist[2].

---

[1] L o d o v i c o V i v e s, In Pseudo-Dialecticos (Opera in duos distincta tomos. Basil. 1555. I, 272 ff.)

[2] „Sunt enim (dialectici) earum rerum inexperti prorsus et hujus naturae quam melius agricolae et fabri norunt quam ipsi tanti philosophi: qui naturae huic quam ignorarent irati aliam sibi confinxerunt, nempe . . formalitates ecceitates, realitates, relationes, Platonis ideas et monstra, quae nec illi quidem capiant ipsi qui pepererunt, quae quando aliud non possunt certe dignitate conhonestant nominis, Metaphysicam appellantes et si quis ingenium habeat naturae hujus imperitum, aut

Die Begriffsfunktion als solche soll freilich damit keineswegs in ihrer Eigentümlichkeit verleugnet werden: aber sie kann nur dort ihren wahren Wert entfalten, wo sie als Mittel zur Gewinnung und Sicherung der empirischen Kenntnisse selbst gebraucht wird. Die Theorie wird als unentbehrliches Moment in der Feststellung und Sichtung der Beobachtungen anerkannt[1]), aber sie besitzt, losgelöst von ihnen, keine selbständige Bedeutung. In Vives' systematischem Hauptwerk ,,de disciplinis" wird daher jede allgemeine Theorie, die den besonderen positiven Lehren vorausginge, ausdrücklich abgewiesen. Als der Grundfehler des Aristoteles gilt es hier, daß er in der Dialektik das s a c h l i c h e Fundament, den Maßstab der Wahrheit oder Falschheit aller wissenschaftlichen Urteile sieht: ein Irrtum, der allerdings verzeihlich gefunden wird, weil er durch keinen Geringeren als durch P l a t o n verschuldet sei. Die Aufgabe, die von beiden der Logik gestellt wird, aber vermag in Wahrheit nur die G e - s a m t h e i t d e r E i n z e l w i s s e n s c h a f t e n zu erfüllen und zu lösen. Die Wissenschaften müssen sich i h r e G r u n d l a g e n s e l b s t g e b e n; denn welche andere Disziplin z. B. versichert mich der Wahrheit des Gesetzes, daß sich aus zwei spitzen Winkeln ein rechter bilden läßt, als die Geometrie? Aristoteles selbst hat die Hauptkategorien, die er an die Spitze stellt, in Wahrheit nicht der Logik als solcher, sondern seiner M e t a p h y s i k und ersten Philosophie entlehnt. Die Einteilung in die zehn Klassen ist bei ihm völlig willkürlich und erklärt sich nur aus einer Nachwirkung, die die Philosophie der Pythagoreer und Megariker auf ihn geübt. So beruht überall der scheinbar allgemeine und f o r m a l e Gehalt, den die Dialektik entwickelt, in Wahrheit auf versteckten sachlichen Voraussetzungen, die

---

ab eo abhorrens, ad commenta, ad somnia quaedam insanissima propensum hunc dicunt ingenium habere Metaphysicum." De causis corruptarum artium, Lib. V, Op. I, 410.

[1]) ,,Fieri enim convenit, quod in Gorgia dicit Plato, ut experientia artem pariat, ars experientiam regat. Et quemadmodum vis quaedam indita est terrae ad producendas herbas omnius generis: ita animae nostrae velut potestate quadam omnium artium ac disciplinarum sunt indita semina." De tradendis disciplinis, Lib. I, Op. I, 439.

sie den realen Wissenschaften entnimmt. Weil er diesen Zusammenhang verkannte, mußte Aristoteles das wahre Einteilungsprinzip der Logik verfehlen; die Kategorien sind bei ihm nicht nach der Ordnung der sinnlichen Erfahrung und der Erkenntnis, sondern nach der angeblichen Ordnung der absoluten Dinge gegliedert. Wie aber kann diese Wesenheit der Dinge den Maßstab bilden, wie läßt sich behaupten, daß die Begriffe unseres Verstandes ihr entsprechen müssen, da sie uns doch niemals an und für sich bekannt und gegeben ist? Hätte Aristoteles die Rangordnung des Wissens streng eingehalten, so hätte er nicht mit der Substanz, sondern mit den „Inhaerenzen", mit den Beschaffenheiten und Eigenschaften beginnen müssen[1]); denn nicht das unbedingte Sein des Gegenstandes, sondern nur die verschiedenen empirischen Bestimmungen, die uns in der Erscheinung gegeben sind, bilden den eigentlichen Anfang der Erkenntnis.

Ein zweiter fundamentaler Einwand betrifft die Begründung, die Aristoteles von den „letzten Prinzipien", die aller Beweisführung zu Grunde liegen sollen, gegeben hatte. Die Behauptung solcher unbedingten und unmittelbaren Begriffe und Urteile wird bei ihm rein dogmatisch und ohne den Versuch einer näheren Rechtfertigung eingeführt: weil es ein Ende des Beweises geben muß, darum müssen bestimmte axiomatische Grundlagen (ἄμεσα) angenommen und geglaubt werden. Was aber versichert uns, daß der psychologische Schein der „Evidenz" uns auch über die sachlich letzten und ursprünglichsten Beziehungen aufklärt; was verschafft diesem individuellen Kennzeichen der Gewißheit allgemeine und notwendige Geltung für alle Subjekte? Will man sich hier auf die Übereinstimmung aller Denkenden, auf den „gesunden Menschenverstand" als

---

[1]) De disciplinis. Pars I, Lib. III: De dialectica corrupta. Opera I, 373 ff. — Vgl. bes. fol. 375: „Neque enim ordinem essentiae ipsarum rerum (secutus est), quem nemo percipere et tenere potest, quum sint rerum essentiae vel ipso Aristotele teste obscurissimae et procul a cognitione mentis humanae remotae .. Sensuum vero et cognitionis nostrae ordinem non est secutus, alioqui primas obtinuissent partes inhaerentia."

Richtschnur berufen, so kann die tägliche Erfahrung uns über die Veränderlichkeit und Relativität dieses Maßes belehren: denn jedes Individuum und jedes Zeitalter besitzt andere Grundsätze, die ihm die ersten und unableitbaren heißen. So wird alle Beweisführung, wenn sie sich auf diesem Boden erheben soll, zur variablen Norm, die sich dem Gebäude, das mit ihrer Hilfe errichtet werden soll, anbequemen muß, statt daß sie dieses der eigenen Regel unterwürfe und anpaßte[1]). Wenn Aristoteles ferner, um die Art zu erklären, in der wir zu den letzten Prinzipien gelangen, auf die I n d u k t i o n verwiesen hat, so liegt auch hier der Zirkelschluß deutlich zu Tage: denn welche Induktion vermöchte uns der A l l h e i t der Fälle und damit der N o t w e n d i g k e i t des Schlußsatzes zu vergewissern? In der empirischen Betrachtung des Einzelnen, das als eine u n e n d l i c h e Mannigfaltigkeit vor uns ausgebreitet ist, gibt es nirgends einen festen endgültigen Abschluß, gibt es somit keine unaufhebliche Gewißheit, wie die wahrhaft unbedingten Grundsätze sie fordern. Scheinbare und relative Allgemeinheiten aber vermögen hier nicht zu genügen: hat doch die Entwickelung der neueren Wissenschaft so manche unserer Anschauungen vom Kosmos und den Elementen, die durch die Erfahrung der Jahrhunderte gesichert schien, als irrig erwiesen und dadurch gezeigt, daß eine Ansammlung besonderer räumlicher und zeitlicher Wahrnehmungen uns niemals zu wahrhaft universellen Urteilen führen kann[2]).

In diesen Sätzen bereitet Vives bereits deutlich die Kritik vor, die von den Klassikern der exakten Naturwissen-

---

[1]) A. a. O. fol. 377: „Qui scio ego, quae sint prima, quae sine medio, quae tu vocas ἄμεσα , quae necessaria naturae? Quae sint m i h i talia, vix scio, nedum ut illa norim n a t u r a e i n t i m a, ad cujus manifestissima, ut tu ipse fateris, caligamus ... Sed nec omnino videris oculos in naturam conjecisse, nam immediatas propositiones ad nos refers, in quibus nihil sit opus quenquam edoceri. Quod si homines doces, n o n e r i t t i b i u n a e t p e r p e t u a d e m o n s t r a t i o: a l i i s e n i m s u n t a l i a i m m e d i a t a e t p r i m a ... Erit igitur demonstratio quasi Lesbia norma quae se aedificio accomodat, non sibi aedificium."
[2]) A. a. O. fol. 377 u. 78.

schaft, vor allem von Galilei an Aristoteles geübt werden sollte. Im Ganzen seiner Polemik aber liegen fruchtbare und positive Anregungen und ungeklärte Einwände und Forderungen noch ungesondert nebeneinander. Was er mit Recht bekämpft, ist die **Vermischung der Logik mit der Ontologie**, die die Signatur des mittelalterlichen Philosophierens ausmacht. Das „absolute Sein" der Dinge, wie sie unabhängig vom Bewußtsein bestehen, kann nicht unmittelbar durch unsere Begriffe verbürgt und abgeleitet werden; was uns allein gegönnt ist, ist, auf Grund der empirischen Beobachtung zu einer Kenntnis und Voraussage der Erscheinungen zu gelangen. In diesem Sinne hat Vives — in seiner Schrift „de anima et vita" — auch die Umgestaltung der Psychologie vollzogen, deren Aufgabe er darein setzt, nicht das unerkennbare „Wesen" der Seele zu erschließen und definitorisch zu bestimmen, sondern die psychischen **Phänomene** und ihre Zusammenhänge kennen zu lehren[1]). Überall bildet somit die Loslösung der Erfahrungswissenschaften von der **Metaphysik** sein eigentliches Ziel. Aber er vermag diese Befreiung nur dadurch zu vollziehen, daß er den **besonderen** Disziplinen die Aufgabe zuweist, sich selbst ihren Grund zu legen, und daß er den Gedanken einer einheitlichen **philosophischen** Begründung der Voraussetzungen und Bedingungen der Erkenntnis verwirft. Mit der Logik der „substantiellen Formen" wird auch die Logik der Erfahrung und ihrer immanenten Inhalte abgewiesen. Hier blieb eine ungelöste Aufgabe zurück, die um so schärfer und dringender hervortreten mußte, je klarer das Ideal der empirischen Erkenntnis sich allmählich herausarbeitete.

* * *

In den Werken von **Petrus Ramus**, der Vives' Grundgedanken aufnimmt und weiterführt, ist freilich dieses Ergebnis noch nicht erreicht. Was er der herrschenden Lehre an neuen logischen Leistungen entgegensetzt, bleibt dürftig und fragwürdig. Nicht auf den eigenen, originalen Gedanken,

---

[1]) De anima et vita Libri tres., Lugd. 1555, S. 39 ff.

sondern auf der Lebhaftigkeit, mit der er bestimmte, allgemein verbreitete Tendenzen der Zeit aufgreift und zu Worte kommen läßt, beruht seine geschichtliche Wirkung. Dennoch löst sich aus all dem deklamatorischen Beiwerk, von dem seine logische „Reform" umgeben und überwuchert ist, wenigstens e i n wichtiger sachlicher Gesichtspunkt heraus, indem nunmehr die M a t h e m a t i k als das Vorbild und Muster bezeichnet wird, nach dem d er Aufbau der Dialektik sich vollziehen muß. Ramus selbst berichtet, wie die tiefere Kenntnis der P l a t o n i s c h e n Dialoge es war, die ihm zuerst über die Unfruchtbarkeit des scholastischen Wissens die Augen geöffnet und ihm den Weg zu den wahren Zielen der Erkenntnis gewiesen habe. Diese Einwirkung läßt sich in seinen Werken überall deutlich verfolgen, wenngleich sie nicht so rein und ungetrübt, wie bei den eigentlichen Schöpfern der neueren Wissenschaft, hervortritt. Das Ideal der Dialektik, das er zeichnet, ist fast völlig dem sechsten Buche der Platonischen Republik entlehnt: wie hier, so bilden bei ihm Grammatik und Rhetorik, Arithmetik und Geometrie, Musik und Astronomie die verschiedenen Stufen und Staffeln, vermöge deren die „Rückwendung" von den Schattenbildern der Sinnlichkeit zur Anschauung des wahrhaft Seienden sich vollzieht[1]). So ist ihm denn auch — im Gegensatz zu Vives — die echte Dialektik wieder die „Königin und Göttin", die über alle einzelnen Wissenschaften und Fertigkeiten herrscht. Aber diese ihre Bedeutung und dieser ihr eigentümliche Wert kann nur dann hervortreten, wenn wir sie nicht in dem entstellten Bilde betrachten, das uns Aristoteles von ihr überliefert hat, sondern sie bis zu ihren echten Quellen im menschlichen Geiste selbst zurückverfolgen. Das Ziel der N e u e r u n g ist in Wahrheit die W i e d e r h e r s t e l l u n g der ursprünglichsten und „ältesten" Prinzipien des Denkens: es gilt, zu der edlen Selbständigkeit und Unabhängigkeit der

---

[1]) P e t r i R a m i Veromandui D i a l e c t i c a e I n s t i t u t i o n e s, ad celeberrimam et illustrissimam Lutetiae Parisiorum Academiam. Item A r i s t o t e l i c a e A n i m a d v e r s i o n e s... Editae opera Joan. Thomae Freigii. Basileae. s. a. (Zuerst erschienen: 1543) p. 61 ff.

Alten zurückzukehren, um mit ihnen gegen die Widersacher und Feinde des eigensten Besitzes der Menschheit zu streiten[1]). So bildet auch hier die psychologische Erkenntnis des menschlichen Geistes und die Beobachtung des natürlichen Denkverlaufs den Ausgangspunkt. Jede Wissenschaft muß, bevor sie beginnen kann, ein ideales V o r b i l d vor sich aufstellen, muß ein Muster bezeichnen und bestimmen, dem sie nachstrebt und das sie zu erreichen trachtet. So besitzt die Physik einen derartigen Maßstab und eine derartige B e - g r e n z u n g in der Beschaffenheit der Naturobjekte; so muß der Mathematiker alle seine Sätze zuletzt auf reine anschauliche Grundformen und Gestalten zurückbeziehen, wie der Sprachgelehrte und Redner den natürlichen Sprachgebrauch befragen muß. Alle Kunst findet somit ihre Stütze und ihre feste Regel in irgendeiner dauernden und unveränderlichen N a t u r: ,,artium veritas prius in natura viguit, quam ulla praecepta cogitarentur". Nur die Dialektik hat sich bisher, in einem falschen Unabhängigkeitsbestreben, diesem gemeinsamen Gesetz und dieser gemeinsamen Kontrolle entzogen; damit aber hat sie sich zugleich jeder willkürlichen Erdichtung wehrlos überliefert. Wie ein Maler die menschliche Gestalt und die Züge des menschlichen Gesichtes im einzelnen nachzubilden strebt, so muß es das höchste Ziel der logischen Wissenschaft werden, die ,,natürliche Dialektik" wiederzugeben und sie in ihren eigenen und echten Farben zum Ausdruck zu bringen[2]). Erst wenn die Kunst diesen ihren wahren Ursprung begreift und anerkennt,

---

[1]) Aristotelicae Animadversiones p. 107.
[2]) ,,Ita ars dialectica diligenter exposita (ad) naturalis dialecticae (cujus observatio est) similitudinem se referre et propriis germanisque coloribus exprimere, vim universam amplecti, membra partesque legitimis locis partiri, habitum denique totum imitari praedicabit. Hoc fundamentum est nostrae contentionis, hoc firmamentum quaestionis, haec summae et totam disputationem complectentis ratiocinationis intentio est: a r s d i a l e c t i c a e s t i m a g o n a t u r a l i s d i a - l e c t i c a e; in commentariis autem Aristotelis nihil est ad naturae monitionem propositum: nihil (si naturae veritatem spectes) non confusum, non perturbatum, non contaminatum, non foedatum . . ." (Aristotelicae animadv., p. 109 f.)

vermag sie, in ihrer höchsten Entwicklung, rückgewandt wiederum zur Führerin und Meisterin der Natur zu werden. „Denn keine Natur ist so fest und beständig, daß sie nicht durch die Erkenntnis ihrer selbst und durch die Beschreibung ihrer Kräfte an Festigkeit und Sicherheit gewönne: keine ist so kraftlos und gebrechlich, daß sie nicht durch Hilfe der Kunst zu größerer Energie und Klarheit zu gelangen vermöchte. Die Natur enthält die lebendigen Kräfte, die dank dem Rat und der Leitung der Kunst zu reiner und unverdorbener Entfaltung kommen[1]." Die Aristotelische Logik und Syllogistik ist es, die bisher den Geist in spanische Stiefeln eingeschnürt hat: sollen wir dulden, daß die Natur vergewaltigt und der Fuß zerbrochen wird, statt diese willkürliche Fessel abzustreifen[2])?

In der „natürlichen" Entwicklung des Geistes nun steht auch für Ramus die S p r a c h e an erster Stelle. Sobald in uns das Bewußtsein der Notwendigkeit erwacht ist, von der fließenden Erscheinung zum einheitlichen und dauernden Sein zurückzugehen, finden wir in ihr die erste und sichere Leitung. Hier zuerst tritt uns ein Beispiel dafür entgegen, wie die unendliche M a n n i g f a l t i g k e i t der Dinge sich im D e n k e n genau und harmonisch abbilden und wiedergeben läßt; hier zuerst erfassen wir daher auch das Wesen des eigenen Geistes und die unverbrüchlichen G e s e t z e d e s U r t e i l e n s. Erst nachdem dieser Schritt getan, werden wir auch in den p h y s i s c h e n O b j e k t e n die Spuren einer höheren und geistigen Wahrheit zu entdecken und ihren inneren Zweckzusammenhang zu verstehen vermögen. Psychologie und Physik bereiten uns sodann, in ihrer Gesamtheit, zum tieferen Verständnis des M a t h e m a t i s c h e n vor, durch das wir die P r i n z i p i e n der Naturdinge erst im helleren Lichte erblicken und von den Schattenbildern selbst zu ihren U r s a c h e n fortschreiten. So dient insbesondere die A r i t h m e t i k nicht nur, die Fülle der Gegenstände zu gliedern und zu beherrschen, sondern ist vor allem das Werk-

---

[1] Dialecticae Institutiones p. 6.
[2] Aristotelicae animadvers. p. 116 f.

zeug, den Geist zu schärfen und ihn der Erkenntnis seiner göttlichen Wesenheit näher zu bringen. ,,Auf welchem anderen Wege gelangen wir mitten in der Illusion des sterblichen Daseins, die uns umfängt, zu tieferer Einsicht in die Beschaffenheit und Lage unserer unsterblichen Natur? Beklagen wir es, daß der Blick des Menschen durch das Dunkel, mit dem ihn der Körper umschließt, getrübt ist: die Mathematik schafft ihm Klarheit und Licht, so daß er die unabsehbare Vielheit der Dinge nach Zahl und Beschaffenheit zu unterscheiden vermag. Jammern wir darüber, daß der Mensch in die engen Schranken des Körpers, wie in ein Gefängnis gebannt sei: die Mathematik befreit ihn und macht den Menschen größer als das ganze Weltall, so daß er, der nicht den millionsten Teil eines Punktes von ihm ausmacht, es in seiner Gesamtheit mit Augen, die weiter reichen als es selbst, anschaut ... Sie ist es, die ihn in sein ursprüngliches, väterliches Erbe einsetzt und die ihm die Urkunden dieses köstlichen Besitzes nicht nur deutet, sondern die sie beglaubigt und auf ihren göttlichen Ursprung zurückleitet. Beklagen wir den Menschen, daß er durch die Gewalt und den Sturm der Leidenschaften ziellos hin und her geworfen werde: die Mathematik schafft ihm die Ruhe des Gemüts, sie löst die widerstrebenden Bewegungen der Seele harmonisch auf und führt sie, unter der Herrschaft der Vernunft, zur Eintracht und zum Zusammenklang. ,,Quam coeleste, quamque deorum proprium est, cum in tenebris caecus erres, in amplissimo lumine omnia numerare? cum in uno loco vinctus tenearis, omnes regiones celerrime liberrimeque peragrare? cum exules, in media patriae luce versari? cum agiteris, statum tenere[1])?"

So viel auch in dieser Darstellung auf Rechnung rhetorischen Schmuckes zu setzen ist: es ruht auf ihr dennoch ein Glanz Platonischen Stils und Platonischer Denkart. Ramus selbst ist kein produktiver Mathematiker, aber er hat durch die Klarheit und Faßlichkeit seiner Lehrbücher den didaktischen Bedürfnissen der Zeit und der allgemeinen Ausbreitung mathematischer Bildung gedient. Hier wie im Kampf gegen

---

[1]) Dialectic. Instit. p. 67 ff.

Aristoteles ist er nicht der Schöpfer, wohl aber der Wortführer der modernen Gedanken. Die mannigfachen Strömungen, die auf eine Erneuerung der Wissenschaft hindrängen, finden bei ihm ihren Ausdruck und ihren pathetischen Widerhall. Die Schriften von Valla, Vives und Ramus stellen drei verschiedene Stufen dar, in denen die allmähliche Rezeption des Humanismus durch drei große Kulturvölker sich vollzieht: zugleich aber gehören sie ein und derselben inneren und sachlichen Entwicklung an. Selbst hier, im Mittelpunkte der humanistischen Denkweise, mehren sich die Anzeichen für den Übergang von der philologischen zur mathematisch-naturwissenschaftlichen Renaissance. So soll bei Ramus die alte Logik, die ihre Orientierung und ihr Rüstzeug der Grammatik entlehnt[1]), durch eine neue Denklehre ersetzt werden, die ihr Vorbild im Inhalt der Geometrie sucht. Die Geometrie allein ist es, die im Sinne des Aristoteles selbst Wissenschaft genannt werden kann, weil nur in ihr ein strenger und notwendiger Fortschritt des Beweises sich findet: aber keine Lehre entspricht weniger als sie dem herkömmlichen Schema und dem herkömmlichen Ideal, das der Dialektiker entwirft. Nicht in der Syllogistik, sondern in den Definitionen und Postulaten, die sie selbst an die Spitze stellt, in ihren eigenen inhaltlichen Grundlegungen ist der Quell ihrer Wahrheit zu suchen. Wenn Ramus jetzt, wie Vives, ausspricht, daß die Prinzipien, von denen die Aristoteliker träumen, nirgend anderswo, als in den Wissenschaften selbst zu finden sind: so hat dieser Satz bei ihm, der den Platonischen Begriff der Dialektik anerkennt, eine veränderte Bedeutung gewonnen; er bereitet den Gedanken einer philosophischen Einheitswissenschaft vor, die an den „realen" Einzelwissenschaften selbst ihren Halt und ihren Grundstoff besitzt[2]).

---

[1]) Über die Entlehnung der logischen Kategorien aus der Grammatik s. Aristot. Animadvers. p. 112 f.
[2]) Vgl. a. a. O. S. 196 f.

Wie gebieterisch diese neue Forderung sich allenthalben durchsetzt, das beweist, deutlicher als alle Angriffe auf die Scholastik, die Richtung, die nunmehr die Aristotelische Logik bei ihren eigenen getreuen Anhängern nimmt. Hier erst vollzieht sich die wahrhafte, immanente Kritik. In den logischen Schriften Z a b a r e l l a s, die im 16. Jahrhundert als anerkannte und maßgebende Lehrbücher weit verbreitet waren, begegnen und mischen sich die überlieferten und die modernen Elemente. An dem S y l l o g i s m u s, als einzigem und grundlegendem methodischen Mittel, wird hier noch in aller Strenge festgehalten: „definitio methodi a definitione syllogismi non differt". Wenngleich er indes als Gattungsbegriff für alle gedanklichen Verfahrungsweisen (commune genus omnium methodorum et instrumentorum logicorum), als das logische Instrument schlechthin anerkannt bleibt[1]), so wird doch in die Beschreibung und Darstellung d e s s y l l o g i s t i s c h e n V e r f a h r e n s s e l b s t ein Gesichtspunkt eingeführt, der der mittelalterlichen Logik fremd geblieben war. Zwei verschiedene Arten des Schlusses, zwei Richtungen des Fortgangs vom Bekannten zum Unbekannten werden von Anfang an auseinandergehalten. Neben die „kompositive" Methode des Beweises, die die einzelnen gegebenen Prämissen und Bausteine synthetisch aneinanderreiht und zu einem bestimmten Ergebnis und Schlußsatz zusammenfügt, steht die Z e r l e g u n g eines Begriffsinhalts in die Mannigfaltigkeit seiner Momente und B e d i n g u n g e n. Die Aufgabe der Logik wird erst durch die Vereinigung und Durchdringung dieser beiden Methoden erschöpft. Die Natur der Erkenntnis o b j e k t e , wie die Zergliederung des Erkenntnis p r o c e s s e s führt mit Notwendigkeit auf diese Unterscheidung und Gliederung: denn immer handelt es sich darum, die Wirkung aus der Ursache zu erschließen und kennen zu lernen, oder aber die bekannte Wirkung resolutiv in ihre Ursachen und Teilbedingungen aufzulösen. Eine andere Beziehung zwischen Begriffen kann es nicht geben:

---

[1]) Z a b a r e l l a , De methodis libri quattuor. Lib. III, cap. 3 S. 226 u. 229. (Jacobi Zabarellae Patavini Opera logica. Basil. 1594.)

denn wo zwei Elemente a und b nicht, wenigstens mittelbar, im Verhältnis von Ursache und Wirkung stehen, da besteht zwischen ihnen kein „notwendiger und wesentlicher Zusammenhang", wie er allein den Gegenstand l o g i s c h e r Untersuchung ausmachen kann[1]). Der Beweis ist somit erst dann in sich vollendet und abgeschlossen, wenn er einen Kreislauf beschrieben hat und zu seinem Ausgangspunkt zurückgekehrt ist, der ihm indes jetzt in neuem begrifflichen Lichte erscheint. Nachdem das analytische Verfahren uns zu den Bedingungen hingeleitet hat, die notwendig und hinreichend sind, die gegebene Erscheinung zu erklären, müssen wir umgekehrt streben, aus der Setzung und Herstellung dieser Bedingungen das Phänomen, um das es sich handelt, wiederum hervorgehen und entstehen zu lassen. Erst in dieser Umwendung liegt die Probe und Rechtfertigung für die vorangegangene begriffliche Zerlegung. Was vom Standpunkt der Analysis als letztes Ziel und Ende erscheint, das darf daher in Wahrheit nur als der erste fruchtbare A n f a n g der theoretischen Betrachtung und Beweisführung gelten. Die Bedeutung dieser Ausführungen Zabarellas ergibt sich uns sofort, sobald wir sie in moderne Sprache übersetzen. In der Unterscheidung von kompositiver und resolutiver Methode handelt es sich um den Gegensatz von D e d u k t i o n u n d I n d u k t i o n. Es ist das Verdienst von Zabarellas Logik, diese beiden Grundmethoden bestimmt gegen einander abgegrenzt, zugleich aber sie in ihrer notwendigen Wechselbedingtheit erfaßt und dargestellt zu haben. Es genügt nicht, die Induktion als eine zufällige und planlose Anhäufung beliebiger Einzelfälle zu denken: wir müssen ihr

---

[1]) De m e t h o d i s , Lib. II, cap. 6, S. 180 f.; Lib. III, cap. 17. S. 265 f.: „Idem ex ipso methodi progressu ostenditur . . .; omnis enim a noto ad ignotum scientificus progressus vel a causa est ad effectum, vel ab effectu ad causam, illa quidem est methodus demonstrativa, haec autem resolutiva; alius processus, qui certam rei notitiam pariat, non datur: nam si ab aliquo ad aliquod progrediamur, quorum neutrum alterius causa sit, non potest inter illa esse connexus essentialis ac necessarius, quare nulla certa cognitio illum progressum consequi potest; patet igitur nullam dari scientificam methodum praeter demonstrativam et resolutivam."

innerhalb der Logik selbst ihren Ort anweisen und ihre Rechtfertigung geben. Diese Begründung vollzieht sich in dem gedanklichen Verfahren der Analysis, das der Induktion als ihr Korrelat und ihr logischer Ausdruck zur Seite zu stellen ist[1]). Ausdrücklich wird daher die „resolutive" Methode den empirischen Wissenschaften vorbehalten und von dem „analytischen" Verfahren, das in der Mathematik zur Anwendung gelangt, unterschieden. Denn innerhalb der Mathematik besitzen die ursprünglichen und die abgeleiteten Erkenntnisse, besitzen Prinzip und Folgerung denselben Grad und dieselbe Stufe der Gewißheit. Die Elemente sind hier, was ihren logischen Charakter und Wert betrifft, einander völlig koordiniert und bedingen sich wechselseitig, so daß es im Grunde nur ein technischer Unterschied ist, ob wir synthetisch von den Voraussetzungen zu den Folgerungen fortschreiten oder umgekehrt auf analytischem Wege zu Prinzipien gelangen, die uns schon anderweit bekannt und gesichert waren. Bei der echten resolutiven Methode dagegen, die im besonderen und auszeichnenden Sinne das Verfahren der Naturwissenschaft ist, handelt es sich nicht um eine derartige Auflösung in gegebene Prinzipien: sondern hier muß der Fortschritt der Zerlegung selbst die verborgenen Ursachen erst ans Licht fördern. „Da uns nämlich infolge der Schwäche unseres Geistes die Prinzipien, aus denen der Beweis zu führen wäre, unbekannt sind, wir aber vom Unbekannten nicht unseren Ausgang nehmen können, so müssen wir notgedrungen einen anderen Weg einschlagen, auf welchem wir kraft der resolutiven Methode zur Entdeckung der Prinzipien geführt werden, um sodann, nachdem sie einmal gefunden, die natürlichen Phänomene und Wirkungen aus ihnen beweisen zu können." Die resolutive Methode ist daher vom logischen Standpunkt sekundär und die Dienerin des demonstrativen Verfahrens: ihr Ziel ist die „inventio", nicht die „scientia"[2]). Zu wahrer theoretischer Ein-

---

[1]) S. bes. De methodis III, 19 u. III, 3.
[2]) De methodis III, 18; S. 266 f.

Die Logik der Induktion. 139

sicht und zu vollendetem Wissen gelangen wir erst, wenn wir, nachdem wir von den Tatsachen zu den Gründen zurückgegangen, aus diesen die Tatsachen wiederum d e d u k t i v ableiten und zurückgewinnen können: wenn wir sie somit aus ihrer empirischen Isolierung befreien und einem allgemeinen g e d a n k l i c h e n Zusammenhang einordnen. In diesem Fortschritt vom „Was" des Phänomens zu seinem „Warum" besteht die Aufgabe und die Entwicklung alles Wissens. Mit dieser Begriffsbestimmung der Erkenntnis aber weist Zabarella bereits deutlich auf G a l i l e i voraus. Auf ihn deutet nicht nur die Scheidung von „kompositiver" und „resolutiver" Methode, sondern vor allem die tiefere und reinere Abgrenzung von populärer Beobachtung und w i s s e n s c h a f t - l i c h e r E r f a h r u n g. Neben die bloße Sammlung einzelner Tatsachen, die niemals wirkliche Gewißheit verschafft, tritt die „beweisende Induktion", die an einer „notwendigen Materie" und an Inhalten, die eine w e s e n t l i c h e V e r - k n ü p f u n g untereinander aufweisen, geübt wird. Während die bloß empirische Betrachtung, um überhaupt zu irgendeinem Schlusse zu berechtigen, das Durchlaufen a l l e r Fälle verlangen würde, ist das Verfahren der Wissenschaft dadurch ausgezeichnet, daß in ihm unser Geist an einzelnen besonderen Beispielen sogleich das a l l g e m e i n e Gesetz ihres Wesenszusammenhangs entdeckt und durchschaut: ein Gesetz, das er alsdann wieder auf die besonderen Tatsachen anwendet und an ihnen bewährt[1]). Alle diese Ausführungeu sind von G a l i l e i s Methodenlehre, in der wir sie völlig gleichlautend wiederfinden werden, nur durch einen einzigen Zug getrennt, der allerdings entscheidend ist. Die Rolle, die der M a t h e m a t i k in der „beweisenden Induktion" zukommt, wird von Zabarella nirgends begriffen: die Beispiele, auf die er sich für seine neue Grundanschauung beruft, sind

---

[1]) De regressu Cap. IV; (Op. logica p. 485 f.): „Inductio autem demonstrativa fit in materia necessaria et in rebus, quae essentialem inter se connexionem habent. Ideo in ea non omnia sumuntur particularia, quoniam mens nostra quibusdam inspectis statim essentialem connexum animadvertit ideoque spretis reliquis particularibus statim colligit universale."

nicht der exakten Wissenschaft, die erst in vereinzelten Ansätzen vorlag, sondern der Metaphysik und Naturlehre des Aristoteles entnommen[1]). Gerade in dieser Beschränkung liegt die wesentliche g e s c h i c h t l i c h e Eigentümlichkeit seiner Leistung, die man als eine Umbildung und Umdeutung des Aristotelischen Erfahrungsbegriffs in den modernen Begriff der analytischen Induktion bezeichnen kann.

Besonders deutlich tritt dieser Grundzug in der Monographie hervor, die Zabarella seinem neuen methodischen Hauptgedanken gewidmet hat. In der Schrift „de regressu" ist die positive Darstellung und Entwicklung der resolutiven Methode überall durch die Rücksicht auf den Aristotelischen Text und auf die logische Schulüberlieferung beengt. Vor allem ist Zabarella hier bemüht, den analytischen Gang der Entdeckung und Begründung von dem Z i r k e l b e w e i s zu scheiden, mit dem er nach seiner äußerlichen schematischen Form zusammenzufallen droht. Die charakteristische Eigentümlichkeit des logischen Zirkels liegt darin, daß bei ihm Anfangspunkt und Endpunkt zusammenfallen, daß zuvor B aus A und sodann wiederum A aus B bewiesen wird. Hierin aber scheint er dem logischen Doppelverfahren, das wir bisher betrachtet, unmittelbar verwandt: denn auch bei diesem findet die Untersuchung ihre Grenze und ihren Abschluß bei demselben Objekt und bei derselben Tatsache, von der sie ausgegangen war. Wir bleiben nicht bei dem abstrakten Inbegriff von Bedingungen stehen, den wir durch Zerlegung einer bestimmten Naturerscheinung gewinnen, sondern suchen die Erscheinung selbst aus ihm wiederum zu rekonstruieren und aufzubauen. Das Faktum, mit dem wir beginnen, wird also zugleich als b e k a n n t und als u n b e k a n n t angesehen: als bekannt, sofern es der Mittelpunkt ist, auf den die gesamte gedankliche Bewegung sich zurückbezieht; als unbekannt, sofern seine Erläuterung und Aufhellung den eigentlichen Vorwurf und die eigentliche Frage bildet. Um der Schwierigkeit, die hierin liegt, zu entgehen, genügt es nicht, sich auf die übliche Aristotelische Unterscheidung des πρότερον

---
[1]) Vgl. De regressu Cap. VI, S. 489 ff., De methodis I, 6; S. 142 u. ö.

τῇ φύσει vom πρότερον πρὸς ἡμᾶς zu berufen: also etwa zu erwidern, daß die Ursache zwar "an sich" früher, als die Wirkung sei, "für uns" und unsere begriffliche Einsicht dagegen das Unbekannte und Abzuleitende bedeute. Denn mit dieser Antwort würde ein m e t a p h y s i s c h e r Gesichtspunkt in eine Frage eingeführt, die, wenn irgendeine, mit den Hilfsmitteln und den Bedingungen der reinen L o g i k zu lösen und zu entscheiden ist. In dieser aber haben wir es niemals mit der "Natur" als solcher, mit der absoluten Wesenheit der D i n g e , sondern nur mit unserer Art, die Dinge zu b e g r e i f e n, zu tun. Jedes Beweisverfahren geht somit von "uns selbst" aus und zielt wiederum auf "uns selbst", nicht auf die "Natur" ab —: "utraque demonstratio a nobis et propter nos ipsos fit, non propter naturam"[1]). Die Betrachtung und Gliederung der Wissenschaften darf sich — wie Zabarella in seiner Schrift über die Methode ausgeführt hatte — niemals auf die Ordnung der O b j e k t e , sondern lediglich auf die der E r k e n n t n i s s e stützen. Die Frage ist nicht, wie die Gegenstände sich im Universum verbinden und zusammenfügen, sondern wie die Begriffe unseres Geistes sich, im stetigen Stufengang vom Leichteren zum Schwereren, aneinanderreihen und aufbauen[2]). In der Tat könnte es, wenn wir nur den Gang der N a t u r wiederzugeben und auszudrücken hätten, nur eine einzige s y n t h e t i s c h e Art des Beweises geben: denn die Natur schreitet überall vom Einfachen zum Zusammengesetzten, von den Elementen zu den Verbindungen fort. Die Gedankenwelt indes ist an die bloße Verfolgung und Nachahmung dieser realen Zusammenhänge nicht gebunden, sondern stiftet sich selbst, nach eigenem Gesetze, ihre Verbindungen und Rangordnungen. So ist es

---

[1]) De regressu, Cap. 2, S. 481.
[2]) De methodis Lib. I, cap. 6. „Revera enim non ex ipsa rerum considerandarum natura sumitur ratio ordinandi scientias et disciplinas omnes, sed ex meliore ac faciliore nostra cognitione; non enim scientiam aliquam hoc potius, quam illo modo disponimus, q u o d h i c s i t r e r u m c o n s i d e r a n d a r u m n a t u r a l i s o r d o, p r o u t e x t r a a n i m u m s u n t: sed quia ita melius et facilius ab omnibus e a s c i e n t i a d i s c e t u r." (S. 142.)

denn auch für das methodische Verfahren, das hier in Frage steht, relativ gleichgültig, daß der o b j e k t i v e Inhalt, bei dem es endet, derselbe ist, mit dem es begonnen: da doch die E r k e n n t n i s a r t mannigfache Wandlungen erfahren und streng von einander abgegrenzte Stufen durchlaufen hat. Noch einmal stellt Zabarella alle diese Einzelphasen in genauer Abgrenzung einander gegenüber. Was uns zunächst gegeben ist, ist nur die Kenntnis des einzelnen Effekts, die nackte Tatsachenwahrheit, die uns nichts über den Zusammenhang und den Ursprung des besonderen Faktums verrät. Der nächste Schritt besteht darin, das komplexe Faktum in seine einzelnen Bestandteile und Merkmale zu zerlegen und die einzelnen Begleitumstände festzustellen, unter denen es auftritt. Wenn wir indes auf diese Weise die „Bedingungen" einer bestimmten Erscheinung erfahrungsmäßig festgestellt haben, so wäre es dennoch irrig zu glauben, daß wir in ihnen schon die wahrhafte „Ursache" erfaßt und bestimmt haben. Was uns bis hierher bekannt ist, ist das empirische Beisammen und die zeitliche Abfolge der Elemente, nicht die Art und die begriffliche Notwendigkeit ihres Zusammenhangs. Um hierein Einsicht zu erhalten, müssen wir vorerst und noch ehe wir den Rückweg zur Ableitung der Wirkung antreten, bei der h y p o t h e t i s c h angenommenen Ursache verweilen, um sie einer gedanklichen Zerlegung und Prüfung zu unterziehen. Erst in solcher reflexiven Besinnung (mentale ipsius causae examen) wird die Ursache, die uns zuvor nur als ungegliedertes „verworrenes" Ganze gegeben war, zu einem d i s t i n k t e n begrifflichen Inhalt[1]). Haben wir etwa zuvor das Feuer als eine Bedingung erkannt, die dem Rauch beständig vorangeht, so suchen wir jetzt, gleichsam vermöge eines gedank-

---

[1]) De regressu, Cap. 5, p. 486: Facto itaque primo processu, qui est ab effectu ad causam, antequam ab ea ad effectum retrocedamus, tertium quendam medium laborem intercedere necesse est, quo ducamur in cognitionem distinctam illius causae, quae confuse tantum cognita est. Hunc .... mentale ipsius causae examen appellare possumus, seu mentalem considerationem: postquam enim causam illam invenimus, considerare eam inćipimus, ut etiam, quid ea sit cognoscamus: qualis autem sit haec mentalis consideratio et quomodo fiat, a nemine vidi esse declaratum."

lichen Experiments, seine einzelnen Merkmale zu isolieren und uns den Zusammenhang, den sie etwa mit der Erscheinung des Rauches haben können, begrifflich vorzustellen. Nachdem wir auf diese Weise die wesentlichen Merkmale von den unwesentlichen getrennt und den Ursachenkomplex A in eine Reihe von Teilbedingungen αβγ . . . aufgelöst haben, können wir daran gehen, die einzelnen Komponenten gedanklich zusammenzufügen, um den Erfolg deduktiv aus ihnen hervorgehen zu lassen. Drei verschiedene Schritte treten also deutlich auseinander: während der erste uns von der Wirkung, die wir unbestimmt und verworren erfassen, zu einer vagen und verworrenen Vorstellung der Ursache führt, besteht der zweite in einer „geistigen Betrachtung", durch die wir zu ihrer d i s t i n k t e n Erkenntnis gelangen, die uns endlich zu einer vertieften, distinkten Einsicht in die Wirkung selbst befähigt[1]). Jetzt aber ist jeder Verdacht eines Zirkelbeweises geschwunden; denn da, vom Standpunkt der Logik, das Objekt durch die E r k e n n t n i s w e i s e bestimmt und charakterisiert wird, so ist es in Wahrheit ein neuer Inhalt und ein neuer Gegenstand, den wir bei dieser Rückkehr zum ursprünglichen Anfang vorfinden.

Und noch ein zweiter begrifflicher Gesichtspunkt ist es, unter dem dieses Endergebnis zu betrachten ist. Bei dem Beweisgang der Syllogistik, der synthetisch, also stets in ein und derselben Richtung fortschreitet, bleibt die Frage nach der Beweisbarkeit der obersten Prinzipien selbst ein schwieriges und drohendes Problem. Wir sahen bereits, daß die Aristotelische Antwort, die in der Setzung erster „unmittelbarer" Grundbegriffe bestand, der modernen Kritik nirgends mehr Stand zu halten vermochte. Jetzt ist die A u f g a b e der Begründung selbst eine andere geworden. Die Forderung

---

[1]) Ibid. p. 489: „Ex tribus igitur partibus necessario constat regressus: prima quidem est demonstratio quod, qua ex effectus cognitione confusa ducimur in confusam cognitionem causae: secunda est consideratio illa mentalis, qua ex confusa notitia causae distinctam ejusdem cognitionem acquirimus: tertia vero est demonstratio potissima, qua ex causa distincte cognita ad distinctam effectus cognitionem tandem perducimur."

unbedingt letzter Voraussetzungen, die keiner Rechtfertigung mehr fähig oder bedürftig wären, ist verlassen: die „einfachen" Grundbedingungen, bei denen die Analyse endet, sind so wenig unmittelbar gewiß, daß ihre mittelbare B e wä h r u n g in der L e i s t u n g , die sie am empirischen Stoffe vollziehen, zur eigentlichen logischen Aufgabe wird. Die ersten „Gründe" sind somit h y p o t h e t i s c h e Setzungen, die ihren Halt und ihren „Beweis" an den Phänomenen und Tatsachen finden, deren begriffliches Verständnis und deren Erforschung sie selbst erst möglich machen. So wird hier der Rückgang ins Unendliche, zugleich aber die Annahme a b s o l u t e r Elemente vermieden: das Prinzip der Gewißheit liegt in einer reinen R e l a t i o n zwischen Grund und Folge, Voraussetzung und Ergebnis. Der Wechselbeweis und der „Zirkel", der hierin liegt, wird, so anstößig er der f o r m a l e n Logik scheinen mag, von der Logik der empirischen F o r s c h u n g gefordert. Und damit erhellt sich uns nochmals der Weg und die Richtung, in der die Untersuchungen Zabarellas liegen. Innerhalb der Schule von Padua selbst, die sich als die Hüterin der echten Aristotelischen Überlieferung betrachtet, gelangt die gleiche Tendenz wie bei den humanistischen Gegnern zum Durchbruch: hier wie dort tritt immer mehr das Bemühen hervor, die Logik von den ontologischen Beimischungen zu befreien und in eine M e t h o d e n l e h r e des Denkens und der Wissenschaft überzuführen.

* * *

Die m e t a p h y s i s c h e n Elemente, die in die Erkenntnislehre des Aristoteles eingegangen und mit ihr verschmolzen waren, sind uns bereits früher entgegengetreten. Wie dem Denken die Aufgabe gestellt war, ein vollendetes Abbild des S e i n s zu liefern, so blieb die Beschreibung seiner Funktion und Tätigkeit in die Schwierigkeiten des S u b s t a n z b e g r i f f s verstrickt. Was an den Objekten e r k e n n b a r ist, ist lediglich ihre „Form", die von der Beimischung mit der Materie befreit werden muß, damit das betrachtete Objekt seiner reinen geistigen Wesenheit nach in das Denken aufgenommen werden kann. Die Materie, die als die notwendige Bedingung der konkreten E x i s t e n z des Dinges gilt, bedeutet für die Erkenntnis eine negative und unübersteigliche Schranke. Schon die sinnliche Wahrnehmung muß die stoffliche Bestimmtheit, die dem Einzeldinge anhaftet, abstreifen, um ihm den Eingang ins B e w u ß t s e i n zu verstatten. Aber sie enthält die Wesenheit des Objekts, die sie auf diese Weise herauslöst, noch in mannigfacher Vermischung mit zufälligen und äußerlichen Beschaffenheiten, und erst der Tätigkeit des V e r s t a n d e s gelingt es, die Substanz nach ihrer wahrhaft allgemeinen Natur und frei von allen „Accidentien" zu erfassen. So blieb die Deutung des Erkenntnisprozesses abhängig von der realistischen Voraussetzung, die dem System zugrunde lag: die allgemeinen Begriffe, die die letzten und höchsten Ergebnisse des W i s s e n s sind, haben Geltung, weil sie ihre Entsprechung in den allgemeinen Formen und Zwecken finden, die die empirische Wirklichkeit gestalten und beherrschen.

Es ist ein neuer, wichtiger Schritt in der Entwicklung der R e n a i s s a n c e p h i l o s o p h i e, daß sie — über die gelegentliche Opposition gegen Einzellehren des Peripatetischen Systems hinaus — zu einer Kritik dieser fundamentalen logischen Grundannahme weiterschreitet. Jetzt erst zeigt es sich, daß wir es in ihr nicht mit verstreuten und beziehungslosen Reaktionen gegen die Scholastik zu tun haben, sondern mit einer philosophischen Gesamtbewegung, die allmählich immer sicherer zur Klarheit über ihre letzten gemeinsamen Ziele durchdringt. Zum ersten Male tritt dieser Fortschritt in der philosophischen Hauptschrift des jüngeren P i c o d e l l a M i r a n d o l a deutlich hervor. Diese Schrift ist zu Unrecht vergessen: denn wenngleich sie an Wirksamkeit hinter den Werken des älteren und berühmteren G i o v a n n i Pico zurücksteht, so ist sie doch eine der frühesten kritischen Zergliederungen der Aristotelischen Lehre, die auf vollständiger und eingehender Kenntnis des G e s a m t s y s t e m s ruht, und die diesem selbst die Mittel zu seiner Bestreitung zu entnehmen sucht. In der Gegenüberstellung der einzelnen Peripatetischen Lehren bekundet sich hier eine dialektische Schärfe und Sicherheit, wie sie innerhalb des Humanismus und seines rhetorischen Kampfes gegen die Scholastik nirgends erreicht wurde. Der Gesamttendenz nach lenkt freilich Francesco Pico wieder zum Mittelalter zurück; bei ihm, der unter dem entscheidenden Eindruck der Persönlichkeit S a v o n a r o l a s steht, bildet das religiöse Interesse den letzten Maßstab, dem alle Vernunftbetätigung sich unterwerfen muß. Auch die Kritik des Aristoteles wird diesem Ziel und Gedanken eingeordnet: sie soll zum Mittel werden, um die Offenbarung gegenüber der „heidnischen Philosophie" triumphieren zu lassen. So behält hier freilich die S k e p s i s gegen die unabhängige Kraft des Wissens das letzte Wort: eine Skepsis indes, die sich mit dem gesamten Bildungsstoff und mit den Bildungsinteressen der Zeit durchdrungen hat und die sich mit Vorliebe auf Nikolaus Cusanus beruft[1]).

Die Kritik an Aristoteles beginnt bei Pico mit der Bestreitung seiner sensualistischen Psychologie. Die Wahrnehmung bildet, wie er ausführt, den Grund und Halt des logischen Gebäudes, das hier errichtet wird: denn auch die allgemeinen Prinzipien, die in jede syllogistische Beweisführung als Prämissen eingehen, sollen aus der I n d u k t i o n, aus der Betrachtung und Zusammenlesung des Einzelnen gewonnen werden. Dieser Satz steht bei Aristoteles so klar und unverbrüchlich fest, daß keine Deutung ihn abzuschwächen oder umzubiegen vermag. So bleibt das „Phantasma" nicht nur als unumgänglich notwendige Begleitung, sondern als der eigentliche Urgrund des abstrakten Denkens anerkannt. Die Einwände, die Pico gegen diese Voraussetzung selbst erhebt, bieten zunächst keine neuen sachlichen Gesichtspunkte dar. Sie beschränken sich darauf, auf die allgemeine Unsicherheit

---

[1]) S. G i o v a n n i F r a n c e s c o P i c o d e l l a M i r o n d o l a, Examen vanitatis doctrinae gentium et veritatis Christianae disciplinae. — S. Lib. I, Cap. 4; Lib. II, cap. 24; Lib. IV, cap. 2 und 10; Lib. V, cap. 10 u. s. — Die Werke Giov. F r a n c e s c o Picos sind, vereint mit denen seines Oheims, G i o v a n n i Pico, in zwei starken Foliobänden zu Basel 1573 und 1601 erschienen; sie sind im folgenden nach der letzteren Ausgabe zitiert.

der Sinnesempfindung hinzuweisen, die durch kein K r i t e r i u m bewährt und unterschieden werden kann. Die Auskunft, daß die Daten der v e r s c h i e d e n e n Sinne sich gegenseitig erhellen oder korrigieren, ist hinfällig, denn welche R e g e l lehrt uns, unter entgegengesetzten Aussagen der Empfindung eine Wahl und eine Entscheidung zu treffen? Die Wahrnehmung vermag an keiner Stelle den Gegenstand nach seiner vollen und wahrhaften Natur zu erfassen, da sich in ihr nicht sowohl die Sache, wie die wandelbare Bestimmt heit des Subjekts ausdrückt und widerspiegelt: ,,varia est sensus ipsa natura, non ex rei solum quae objicitur varietate, sed e x v a r i e t a t e h u m a n i t e m p e r a m e n t i, quod etiam suapte natura mutatur"[1]). Damit aber entdeckt sich uns alsbald der Widerstreit, der im Aristotelischen System zwischen dem Z i e l e besteht, das der Erkenntnis zuletzt gewiesen wird und dem G r u n d m i t t e l, mit dem es er reicht werden soll. Jegliche Einsicht in die ,,substantiellen Formen" der Dinge erweist sich nach den eigenen Voraus setzungen der Lehre zuletzt als unmöglich. In der Tat hatten sich an diesem schwierigen Punkte die verschiedenen Aristoteli schen Schulen immer wieder getrennt: und noch in der Re naissance wird lebhafter Streit darum geführt, ob die Sub stanzen der Dinge uns unmittelbar in der sinnlichen Wahr nehmung m i t g e g e b e n seien oder aber erst durch einen diskursiven Akt des V e r s t a n d e s erfaßbar seien. Der Aristoteles-Kommentar des Pomponazzi lehrt uns alle Einzel phasen dieser Diskussion kennen: während Averroes und seine Anhänger dem Sinn selbst die Fähigkeit zusprachen, uns nicht nur die einzelnen Qualitäten der Dinge, sondern ihren substantiellen Kern zu vermitteln, wird von anderen ein besonderer Akt der i n t u i t i v e n Erkenntnis gefordert, der diese Leistung vollziehen soll. Eine dritte Ansicht, die einen Ausgleich zwischen diesen beiden Extremen anstrebt, nimmt an, daß die ,,Spezies" der Substanz zwar im einzelnen Empfindungsinhalt bereits enthalten ist, aber erst kraft der

---

[1]) Examen vanitatis doctrinae gentium Lib. IV, cap. 12, S. 687 ff.; Lib. V, cap. 2 S. 695 ff.

Tätigkeit der „Phantasie", die sich über die bloße Sinnlichkeit erhebt, zu g e s o n d e r t e m Bewußtsein gelangt[1]). Keine dieser mannigfachen Lösungen aber kann, wie Pico nunmehr zu zeigen unternimmt, dem Problem wahrhaft genügen. Wenn das Bild der Substanz in uns auf irgendein Z u s a m m e n w i r k e n intellektueller und sinnlicher Faktoren zurückgeführt wird: so ist damit bereits die feste und eindeutige Ordnung der Erkenntnis verlassen, die Aristoteles durch den Grundsatz festgestellt hat, das Nichts im Intellekt sich findet, was nicht zuvor in den Sinnen gewesen wäre. Gestehen wir aber der Empfindung wiederum die leitende und entscheidende Rolle zu, so bleiben wir damit — abermals nach dem eigenen Zeugnis und Zugeständnis des Aristoteles — dauernd in das Reich der veränderlichen und zufälligen „Accidentien" gebannt. Denn die Umwandlung von der sinnlichen zur „intelligiblen" Spezies, die „Auswicklung" des a l l g e m e i n e n geistigen Gehalts aus den Besonderheiten der Wahrnehmung, bleibt selbst ein Rätsel. Die Wirksamkeit des „tätigen Intellekts", auf die man sich hier zu berufen pflegt, kann nur von den Daten der Wahrnehmung selbst ausgehen und sich an ihnen vollziehen; wie vermöchte aber eine solche formende Tätigkeit den Gehalt des Grundstoffs selbst zu ändern und die E r s c h e i n u n g in ein a b s o l u t e s Sein zu verwandeln? So zeigt sich von den feststehenden Voraussetzungen der Aristotelischen Psychologie aus kein Weg, auf dem auch nur der Gedanke und das Scheinbild der absoluten Substanz in die Seele hineingelangen könnte. „Ja selbst wenn man zugibt, daß der Sinn uns eine Vorstellung der Substanz zu liefern vermag, die der Verstand alsdann seiner spekulativen Betrachtung zugrunde legt, so bleibt hier noch ein Problem, verwickelter als der Gordische Knoten, zurück. Denn die unmittelbare V o r s t e l l u n g selbst und das, was der Intellekt unter ihr b e g r e i f t, fallen alsdann völlig auseinander und sind nicht nur subjektiv, nach der Art und Auffassung der Erkenntnis, sondern

---

[2]) Näheres hierüber bei P o m p o n a z z i, a. a. O. (Vergl. S. 114, Anm. 1) S. 180 ff.

innerlich und sachlich verschieden. Sagt man hingegen, daß die sinnliche Vorstellung des Accidens, wenn sie vom Licht der tätigen Vernunft erleuchtet werde, dem Geist die intelligible Substanz symbolisch darstelle, wie die Wirkung ihre Ursache r e p r ä s e n t i e r t: so folgt hieraus der Widersinn, daß eine mangelhafte und i n a d a e q u a t e Wirkung das volle und eigentliche Sein der Ursache zum Ausdruck bringen und vertreten soll. Denn weder ein einzelnes sinnliches Accidens, noch eine Mehrheit solcher Accidentien können doch, selbst wenn wir sie unter einem einzigen Begriffe zusammendenken, mit der Substanz gleichbedeutend und gleichwertig sein und für ihr spezifisches Sein und ihre ursprüngliche, eigentümliche Beschaffenheit einstehen[1])." So scheiden sich scharf und unzweideutig das sensualistische und das realistische Motiv des Aristotelischen Systems, die in der Erkenntnislehre der Scholastik unbefangen neben einander geduldet und miteinander verschmolzen waren. (Vgl. ob. S. 69 ff.) Fortan muß alle Vernunftbetätigung, die an dem Stoff der Empfindung geübt wird, sich bescheiden, die E r s c h e i n u n g selbst zu immer reinerem geistigen Ausdruck und Verständnis zu bringen. —

So bereitet Francesco Pico die e m p i r i s t i s c h e Kritik des Aristotelismus vor, die sich kurz nachher bei M a r i u s N i z o l i u s vollzieht. Wiederum ist hier die Grundabsicht darauf gerichtet, die Voraussetzungen und Notwendigkeiten des Wissens rein und unabhängig von den

---

[1]) Ibid. Lib. V, cap. 10. — Vgl. bes. S. 738: „U n d e i g i t u r i n i n t e l l e c t u s u b s t a n t i a e i p s i u s i m a g o, s p e c t r u m s i m u l a c r u m, s p e c i e s i n c i d e r i t? Inquinet fortasse repraesentari id animo ex lumine intellectus agentis. Quaeram, an una cum phantasmate? Si negaverint, dabitur ad Aristotelem provocatio, qui nihil habet in libris de Anima firmius atque constantius, quam ut anima intelligens phantasmata speculetur, nec aliter fieri posse decernit . . . Verum si etiam concederetur substantiae speciem posse sensui cognitam esse adeo, ut inde queat ipsam sibi intellectus assumere ad speculandum, restat adhuc nodus Gordiano illo forte perplexior et hoc astrictus loco, quod si ita sit, necesse etiam sit, ut diversum quiddam capiat intellectus ab eo, quod sibi praesentavit, non inquam diversum quoad pertinet ad modum capiendi recipiendive, sed quantum pertinet ad rem objectam" etc. . .

ontologischen Nebengedanken über das unbedingte Sein zu gewinnen und zu begründen. Die Realität der Gattungsbegriffe bedeutet eine für die Erkenntnis selbst völlig willkürliche und unfruchtbare Annahme. Sie bildet ein Hemmnis für den Aufbau und die Behandlung der Tatsachenwissenschaft, wie für die Begründung der syllogistischen Regeln und Vorschriften. Was hier wahrhaft erfordert wird, ist nicht eine abgelöste allgemeine Wirklichkeit, sondern nur die allgemeine Bedeutung, die wir bestimmten Gebilden des Denkens im Unterschiede von anderen zusprechen. Den Quell und Ursprung dieses eigentümlichen Wertes bloßzulegen, ist die wesentliche Aufgabe, die Nizolius der Logik stellt[1]). Die herkömmliche Theorie der „Abstraktion", die aus der Voraussetzung einer sachlichen Über- und Unterordnung der Gattungsbegriffe und „Formen" geflossen ist, ist unvermögend, die echte methodische Funktion des Begriffs zu erschließen. An ihre Stelle tritt ein neues gedankliches Verfahren, das als „Comprehension" bezeichnet wird. Der Gattungsbegriff „Mensch" kommt nicht derart zustande, daß wir an allen Einzelexemplaren die besonderen Bestimmtheiten weglassen, um auf diese Weise eine letzte gemeinsame „Natur", die über und außer den individuellen Merkmalen stände, zurückzubehalten; er ergibt sich, wenn wir alle Erfahrungen, die sich an den Individuen bewahrheitet haben, mit einem einzigen Blicke überschauen und in einen abgekürzten sprachlichen Ausdruck zusammenziehen. Alle Urteile, in welche ein Allgemeinbegriff als Subjekt eingeht, sind daher nichts anderes, als eine Summierung von Aussagen über Einzeldinge: in diesen allein liegt ihre Gewähr und ihr letztes Fundament. Gehen wir umgekehrt vom Allgemeinen zum Besonderen fort, so handelt es sich niemals darum, das Prädikat mit logischer Notwendigkeit aus dem Inhalt des Subjektbegriffs abzuleiten: sondern nur darum,

---

[1]) M. Nizolii Antibarbarus Philosophicus sive Philosophia Scholasticorum impugnata Libris IV. De veris principiis et vera ratione philosophandi contra Pseudo-Philosophos inscriptis . . . Ab editore G. G. L. L(eibnitio). Francof. 1671. — (Zuerst erschienen: 1553.) — Vgl. bes. Lib. I, cap. 7, S. 47 ff.

von einem größeren **Umfang** auf einen kleineren zu schließen, von einem **Komplex** von Aussagen einen **Teil**, der in ihm enthalten ist, herauszugreifen und abzusondern. Nicht ein sachlicher, deduktiver **Übergang** vom Allgemeinen zu Einzelnen, sondern nur eine übersichtliche Auseinanderlegung und Einteilung des Einzelnen selbst (multorum singularium in partes diductio) findet hier statt[1]). Die Vorzüge wie die Mängel dieser Begriffstheorie hat **Leibniz**, in der Vorrede zu seiner Ausgabe des Nizolius, scharf und eindringlich bezeichnet. Was er an Nizolius schätzt und hervorhebt, das ist die Klarheit, mit der er jeden Versuch, die „allgemeinen" Gegenstände des **Denkens** unmittelbar in eine Form der **Existenz** zu übersetzen, beseitigt hat. Aber dieses Ergebnis vermag hier nur auf Grund einer Voraussetzung gewonnen zu werden, die das Denken selbst in seiner Reinheit verdächtigt und in seiner echten Universalität bedroht. Wenn der Begriff sich in ein **Aggregat**, in ein „totum discretum" einzelner Erfahrungsurteile auflöst, wenn somit dem Gedanken keine andere Leistung übrig bleibt, als Resultate, die auf anderer Grundlage gewonnen worden, zusammenzustellen und durch die Einheit eines **Namens** äußerlich zu verbinden: so verliert damit gerade die **Einzelbeobachtung**, die man sichern wollte, ihren festen Halt und ihre Bedeutung. Denn was sich aus ihr ergibt, bleibt nunmehr ein in sich beziehungsloses Ganze, das durch jede neue Tatsache aufgehoben und entwertet werden kann. Auch die echte **Induktion**, aus der die relative Allgemeinheit der Erfahrungsbegriffe gewonnen wird, beschränkt sich nicht auf die Sammlung und das Nebeneinander sinnlicher Eindrücke, sondern muß ihre letzten Stützpunkte und Maximen **in der Vernunft selbst** suchen. Diese „adminicula rationis" — wie Leibniz sie nennt — sind es, die in der Theorie des Nizolius übersehen und ausgeschaltet werden: das Verständnis und die Anerkennung des **immanenten** Vernunftgebrauchs wird auch bei ihm durch den Kampf gegen

---

[1]) Vgl. bes. Lib. III, cap. 7, S. 255 ff.: „De comprehensione universorum singularium vere philosophica et oratoria, et simul de abstractione universalium pseudophilosophica et barbara etc."

die **Hypostasierungen** des Begriffs gehemmt. (Vgl. ob. S. 130.) — Daß er indes bis zu diesem Punkte fortschreiten muß, erklärt sich wiederum aus der inneren sachlichen Struktur der Lehre, die er bekämpft. So rückhaltlos die Kritik des Aristotelismus sich hier zu vollziehen scheint: in Wahrheit haben wir es dennoch mit einer Krisis **innerhalb des Systems selbst** zu tun. Der Begriff der **Erkenntnis** soll mit dem Peripatetischen Begriffe des Seins in Einklang gesetzt und ihm gemäß gestaltet werden. Deshalb muß alles Wissen auf die Einzeldinge, als die echten und ursprünglichen Realitäten gerichtet und eingeschränkt werden. Sinn und Intellekt haben kein verschiedenes Objekt: es ist ein und derselbe Gegenstand, der sich ihnen beiden, wenngleich in verschiedener Beleuchtung und Klarheit darstellt. Der dualistische Gegensatz, den die Scholastik zwischen der „intelligiblen" und der „sinnlichen" Materie aufrichtet, muß schwinden: derselbe, mit allen wahrnehmbaren Bestimmtheiten bekleidete Stoff, der in die Sinne fällt, bildet auch das alleinige Objekt des „reinen" Denkens. Der Vorrang, den wir dem Intellekt zuzusprechen pflegen, findet somit in den **Dingen** keine Entsprechung. Der Unterschied besteht nur darin, daß der Verstand außer den vereinzelten Daten, die uns die unmittelbare Empfindung übermittelt, auch die **Beziehungen** des Gegenstandes zu anderen Objekten und seine mannigfachen — Namen erfaßt[1]). Statt die Natur, wie die Scholastik es tut, künstlich in eine **intelligible** Materie und eine **intelligible** Form zu zerlegen, um sie aus beiden nachträglich wieder aufzubauen und zurückzugewinnen, muß alle unsere Forschung das **konkrete** Sein des Stoffes und die **empirischen** Gegensätze seiner Qualitäten zugrunde legen. Mit dieser Forderung bereitet Nizolius die Wendung der Physik und Erkenntnislehre vor, die sich — ein Jahrzehnt nach dem Erscheinen seines Werkes — in den Anfängen der **italienischen Naturphilosophie** bei **Telesio** vollzieht.

* * *

---

[1]) S. Lib. III, cap. 7, S. 258 f. —

IV.
Die Erneuerung der Natur- und Geschichtsansicht.

Bevor wir indes diese innere **Umformung des Naturbegriffs** betrachten, die sich unmittelbar aus der Beobachtung und dem wissenschaftlichen Experiment entwickelt, müssen wir uns dem mittelbaren Einfluß zuwenden, den die neue Auffassung der **geistigen Wirklichkeit** auf die Anschauung der objektiven Welt geübt hat. Es ist einer der bezeichnendsten Züge der Renaissance, daß diese beiden Momente sich wechselseitig durchdringen und fördern. Dieselbe gedankliche Entwicklung, in der die Menschheit zu einem neuen **geschichtlichen** Bewußtsein ihrer selbst gelangt, führt auch das neue Bild der **Natur** herauf. Auch in den persönlichen Beziehungen und Verhältnissen spiegelt sich dieser allgemeine Zusammenhang wider: und hier ist es insbesondere der **deutsche** Humanismus, in dem sich das Interesse an der Wiedererweckung der gelehrten Kultur mit den selbständigen Anfängen exakter Forschung und Beobachtung aufs engste verbindet. **Georg Peurbach**, der bedeutendste deutsche Astronom des 15ten Jahrhunderts ist der Erste, der, an der Universität Wien, Vorlesungen über Virgils Aeneis, sowie über Juvenal und Horaz hält. Sein Schüler **Regiomontan** geht auf Veranlassung Bessarions nach Rom und empfängt hier die entscheidende Anregung, das Grundwerk der antiken Astronomie, den Ptolemaeischen Almagest, aus dem Original wiederherzustellen und kritisch zu erneuern. Nach seiner Rückkehr ist er der wissenschaftliche Führer des Nürnberger Humanistenkreises, in dessen Mittelpunkt **Willibald Pirkheimer** steht und aus dem später die ersten Herausgeber des Grundwerks des **Copernicus** hervorgehen.

Diese Gemeinschaft und Verschwisterung der beiden verschiedenen großen Gedankenkreise ist freilich nicht von Anfang an gegeben, sondern muß sich erst allmählich im Kampf der beiden Richtungen herstellen und durchsetzen. In der Tat bieten die ersten Anfänge des Humanismus mit ihrem ausschließlichen Interesse für die Echtheit der philologischen Überlieferung nicht sowohl die Ergänzung, wie das Widerspiel zum Geiste der empirischen Forschung dar. Nichtsdestoweniger läßt sich beobachten, wie die neue Betrachtungsweise allmählich auch dort Eingang gewinnt, wo man ihr zunächst fremd und feindlich gegenüberzustehen scheint. Ein besonders markantes Beispiel hierfür bietet die Streitschrift G i o - v a n n i P i c o s gegen die Astrologie dar, die im Ganzen seiner Werke eine merkwürdige Anomalie bildet[1]). Denn in diesen Werken ist es der s y m b o l i s c h e Zusammenhang zwischen den Gliedern des Alls, ist es die mystische Verknüpfung zwischen allen seinen Teilen, die in immer neuen Wendungen darzustellen gesucht wird. Wie die Worte der Offenbarung im „Heptaplus" einer siebenfachen Deutung und Auslegung unterworfen werden, die uns erst allmählich in ihren verborgenen Sinn eindringen lassen soll, so stehen auch die einzelnen Dinge und Erscheinungen der Wirklichkeit für Pico nicht für sich selbst, sondern bilden nur den Ausdruck geheimnisvoller Beziehungen. So weist jedes Element des irdischen Seins auf sein Urbild im himmlischen Sein und dieses wiederum auf die überhimmlische Welt zurück. Alles, was oben ist, hat sein verzerrtes und verdorbenes Analogon auf Erden. „Bei uns auf Erden ist das Feuer ein Element. Ihm entspricht im Himmel die Sonne und in der überweltlichen Region das seraphische Feuer des Intellekts ... Auf der Erde ist das Wasser ein Element, im Himmel aber die Kraft der Bewegung für das irdisch-elementare Wasser und als solches heißt es der Mond. Das Wasser über dem Himmel dagegen ist die Menge der cherubinischen Geister. So ist in allen drei Welten Wasser vorhanden. Wie groß aber ist der Unterschied seines Wesens in ihnen! Die irdische Feuchtigkeit erstickt die Wärme des Lebens, die himmlische nährt diese und die überhimmlische übt die Funktion reiner Erkenntnis[2])." Wenn in die Gedankenwelt, die sich durch diese Sätze kennzeichnet,

---

[1]) Vgl. hrz. Giov. P i c o d e l l a M i r a n d o l a, Ausgewählte Schriften, hrsg. von Arthur L i e b e r t, Einl. S. 88.
[2]) Vorrede zum H e p t a p l u s (Opera I, S. 4 f.); vgl. die angef. Übersetzung S. 146 ff.

nunmehr Motive eindringen, die auf rein empirische Auffassung und Beurteilungsweise des Naturgeschehens hinzielen, so liegt gerade in diesem eigentümlichen G e g e n s a t z ein überzeugender Beweis für die Kraft, die diese Motive allmählich mehr und mehr im Denken der Renaissance gewinnen. Wiederholt und eingehend ist von den Geschichtschreibern der Renaissance die allgemeine K u l t u r b e d e u t u n g geschildert worden, die Picos Schrift gegen die Astrologie für eine Zeit besaß, in der der Glaube an die Einwirkung der Sterne noch allenthalben das theoretische Bewußtsein, wie das menschliche Tun beherrschte. Wenn die Geschichte der Philosophie nicht lediglich bei den großen und deutlich kenntlichen Wendepunkten des Gedankens verweilen darf, wenn sie, darüber hinaus, die ersten Keime und S y m p t o m e einer neuen Denkweise im allgemeinen Bewußtsein aufsuchen muß, so bildet dieses Werk für sie ein wichtiges und reizvolles Objekt. Wir müssen uns, um die Umbildung, die sich in Picos Schrift darstellt, zu begreifen, die Rolle gegenwärtig halten, die die Astrologie im geistigen Haushalt des Mittelalters gespielt hatte und die ihr bis weit in die neue Zeit hinein verblieb. Die N a t u r ist für das mittelalterliche Denken kein losgelöstes und selbständiges Problemgebiet, das auf eigenen Gesetzen und Grundlagen ruht. Sie empfängt ihre Bedeutung erst von dem Zusammenhang mit den letzten g e i s t i g e n Zielen, auf die alles Geschehen angelegt ist; sie kommt nur als Hemmnis oder als Instrument des „Reiches der Gnade" in Betracht. Alles Licht, das auf sie fällt, wie aller Schatten stammt aus dem jenseitigen Sein, das sich uns in der Subjektivität des religiösen Erlebnisses erschließt. Man begreift gegenüber dieser Vorherrschaft des Subjekts die Bedeutung, die der Astrologie zukam. Sie bildet gleichsam einen Rückschlag gegen die allgemeine Grundanschauung, aus der sie sich abhebt, und bezeichnet deren notwendige Grenze. Die Natur wird in ihr wieder als ein für sich bestehendes und festgefügtes Ganze begriffen, das das Individuum umfaßt und zwingt. Die unverrückbare N o t w e n d i g k e i t d e s G e s c h e h e n s, die durch keinen äußern Eingriff beeinflußt oder abgelenkt werden kann, kommt in einem geschlossenen, sinnlichen Bilde zum sichtbaren Ausdruck. Daß damit ein neues und gegensätzliches Motiv sich ankündet, wird am deutlichsten, wenn die Astrologie es zuletzt unternimmt, die R e l i g i o n selbst, ihre Entstehung und ihre Schicksale, aus Gründen und Gesetzen der N a t u r verstehen und ableiten zu wollen. Die geschichtlichen Ereignisse, auf die der Glaube sich stützt und denen er einen schlechthin einzigartigen und absoluten Wert verleihen muß, erscheinen nunmehr dem Strome des Gesamtgeschehens eingeordnet und durch ihn bedingt. Der Fortschritt und die Entwicklung des „Geistes" ordnet sich den p h y s i s c h e n U r s a c h e n und Konstellationen unter. In der Renaissance gelangt diese Form des astrologischen Glaubens zur allseitigen Verbreitung und Herrschaft: der Gedanke einer stetigen Entwicklung der einzelnen Glaubensformen stellt sich hier noch überall in der Verhüllung dar, daß man ihre Blüte und ihren Verfall vom wechselnden Stand der Gestirne abhängig macht[1]).

Aber freilich: dem Kreise der S u b j e k t i v i t ä t , über den sie hinausstrebt, ist die Astrologie damit nicht entronnen. Die N o t w e n d i g k e i t , die sie verkündet, ist nicht die des k a u s a l e n G e s e t z e s . Es ist ein innerer, allgemeiner Z w e c k z u s a m m e n h a n g , der ihr vorschwebt und der ihr die Richtung weist. Das Universum erscheint als ein lebendiger Organismus, in dem jedes Glied dem gemeinsamen Zwecke dient, in dem daher jeder Teil das Ganze in sich enthält und erkennbar macht. Ohne dem verwickelten Gange der Mittelursachen zu folgen, vermögen wir somit zwei Punkte des Alls unmittelbar mit einander zu ver-

---

[1]) Vgl. z. B. P o m p o n a z z i : De naturalium effectuum admirandorum causis; Basil. 1567, S. 280 ff. — S. ferner: P e t r u s A b a n u s , Conciliator differentiarum quae inter philosophos et medicos versantur, Ausg. Venet. 1565, fol. 15 a: Secundum locum conjunctionis (planetarum) ex domibus aut secundum fortunas vel infortunas locum ascendentis et conjunctionis aspicientes variatur non solum natura humana fortitudine et debilitate, longaevitate aut econtrario: immo et totus mundus inferior commutatur: ita quod non solum regna, sed et leges et prophetae consurgunt in mundo ... sicut apparuit in adventu Nabuchodonosor, Moysi, Alexandri Magni, Nazarei, Mahometi.

knüpfen und in Beziehung zu setzen. Jedes besondere Geschehen ist ein Z e i c h e n und eine Repräsentation des Gesamtgesetzes; alle Glieder des Alls stehen somit in ursprünglichem harmonischen Einklang und deuten aufeinander hin. Die volle Entfaltung dieser Grundanschauung ist in der M a g i e gegeben, mit der die Astrologie überall eng verschwistert ist. Hier gilt das Symbol, gilt vor allem das W o r t als der Quell einer natürlichen Wirkung, die unmittelbar in die D i n g e eingreift und sie nach sich bestimmt. Die N a m e n sind nichts Willkürliches und Äußerliches, sondern sie sind — wie insbesondere Agrippa von Nettesheim ausspricht — von allem Anfang an mit der Wesenheit der Dinge verwoben. Der „Logos", der die „Samen" aller Dinge in sich birgt und aus sich entfaltet, wird wiederum völlig im Sinne des „wundertätigen Wortes" gedacht, das wir uns nur anzueignen haben, um die Natur zu verstehen und zu beherrschen. Nicht minder sind die Zahlen und die geometrischen Figuren, in denen sich die Maße und Harmonien des Weltalls abspiegeln, zugleich mit inneren Kräften begabt, dank denen wir die Objekte nicht nur zu erkennen, sondern sie zugleich unserem Willen zu unterwerfen vermögen. In dieser Verschmelzung und Indifferenz der U r s a c h e n und S y m b o l e liegt der eigentliche Charakter der magischen wie der astrologischen Grundanschauung. Und hier vor allem greift nunmehr die Schrift Picos entscheidend ein. Der Himmel kann — wie sie ausspricht — nur dasjenige b e z e i c h n e n und v o r a u s d e u t e n, was er selbsttätig h e r v o r b r i n g t. Scharf und klar wird zwischen den „Zeichen" geschieden, die die Natur selbst uns darbietet, und denen, die nur der menschlichen Willkür entstammen. Die echten, natürlichen Zeichen gehören der K ö r p e r w e l t an und unterliegen ihren Gesetzen: sie sind entweder selbst die U r s a c h e n des Ereignisses, auf das sie hinweisen oder seine Wirkungen. Und überall, wo dieser unmittelbare Zusammenhang ausgeschlossen ist, besteht doch wenigstens eine m i t t e l b a r e kausale Verknüpfung, sofern alsdann das Zeichen wie das Bezeichnete von ein und derselben gemeinschaftlichen Ursache herrühren und durch die Rückbeziehung auf diese wechselseitig in ihrem Verhältnis bestimmt werden. Glaubt jemand hier den Fall hinzufügen zu müssen, daß der betreffende Erfolg zwar nicht von dem Ereignis, das wir betrachten, hervorgebracht ist, aber doch mit ihm notwendig und unlöslich **v e r - b u n d e n** ist, so ist dies eine schwere Täuschung: denn diese Verknüpfung und Übereinstimmung kann auf keine andere Weise hergestellt werden, als dadurch, daß der eine Vorgang auf den anderen einwirkt, oder von ihm eine Einwirkung erfährt, oder endlich dadurch, daß beide in einer gemeinsamen Ursache wurzeln, die sie gleichzeitig und miteinander ins Dasein ruft[1]). An Stelle des willkürlichen **A n a l o g i e - s c h l u s s e s**, der ein Verhältnis, das er in irgend einem Teile der Wirklichkeit vorfindet, unvermittelt auf andere, entlegene Elemente des Seins überträgt, tritt somit jetzt die strenge Forderung, die Folge des Geschehens nach ihrem **e i n - d e u t i g e n u n d s t e t i g e n** kausalen Zusammenhang zu begreifen. Mit diesem Gedanken aber wächst Pico weit über die Naturanschauung des Quattrocento, die sich in allen seinen übrigen Schriften ausspricht, hinaus. Hier wird er wahrhaft zum Führer und Lehrer der Folgezeit, wie denn kein Geringerer als **K e p l e r** sich in seiner Kritik der Astrologie auf ihn als Vorgänger beruft[2]). Die Himmelskörper besitzen keine „dunklen Qualitäten", vermöge deren sie geheime Wirkungen in der Welt des Irdischen hervorzubringen imstande wären: vielmehr fließen alle diese Gaben und Fähigkeiten aus den inneren Prinzipien und Formen der Körper selbst. Nicht in übersinnlichen Einwirkungen, sondern in den natürlichen Kräften des Lichtes und der Wärme äußert sich aller Einfluß, den die oberen Sphären auf uns ausüben[3]). Die Astrologie hingegen bemißt die Wirksamkeit der Planeten nicht nach den realen Verhältnissen ihrer räumlichen Entfernung, sondern nach ihrer Stellung in den ver-

---

[1]) **I o a n n i s P i c i M i r a n d u l a e** in Astrologiam Libri XII — S. Lib. IV, Cap. 12: Non posse coelum ejus **r e i s i g n u m** esse, cujus causa non sit. — (Opera, Basil. 1601, S. 366 f.)
[2]) Zum Verhältnis Picos u. Keplers s. **K e p l e r**, Opera, ed. Frisch, II, 578 f.; II, 635; III, 29.
[3]) In Astrologiam, Lib. III, cap. 24, S. 344 f.

schiedenen „Zeichen" und „Häusern" des Himmels; sie macht damit eine willkürliche F i k t i o n , die nur zum Zweck übersichtlicher Einteilung geschaffen ist, zur Bedingung und zum Maßstab des tatsächlichen Naturgeschehens. Die B e g r i f f e , die von den Mathematikern als notwendige Mittel und M e t h o d e n der Messung eingeführt sind, werden zur Voraussage des Künftigen mißbraucht, als wären sie selber O b j e k t e der Natur und mit wirklichen Kräften begabt[1]).
Auch die Auffassung der s i t t l i c h e n Natur des Menschen gewinnt jetzt eine neue Freiheit. Nicht ein jenseitiges Sein und eine jenseitige Vorherbestimmung, sondern der e m p i r i s c h e C h a r a k t e r des Menschen und die sittlichen Einflüsse, die auf ihn einwirken, sind es, die sein Wollen und sein Tun bedingen. Nicht am Himmel, sondern in sich selbst muß der Einzelne den Grund seines Geschickes lesen: die S e e l e ist des Menschen Dämon. So verdankt ein großer Denker, wie Aristoteles, seine Leistungen und sein Talent nicht dem Stern, unter dem er geboren, sondern dem eigenen G e n i u s , den er unmittelbar von Gott empfangen, „sortitus erat non astrum melius, sed ingenium melius; nec ingenium ab astro, si quidem incorporale, sed a Deo sicut corpus a patre, non a coelo". Je strenger indes der Gedanke an einen Zwang durch fremde und äußere Mächte abgewiesen wird, um so helleres Licht fällt nunmehr auf die p s y c h o l o g i s c h e n , ja auf die k ö r p e r l i c h e n Ursachen, die unser Handeln einschränken[2]). Der Freiheitsgedanke, wie er hier verstanden wird, ist daher nicht der Gegensatz, sondern das Korrelat zum Gedanken der e m p i r i s c h e n Verursachung. Bestimmter tritt sein Sinn und seine Tendenz in Picos Rede über die „Würde des Menschen" hervor. Hier

---

[1]) Ibid. Lib. VI, cap. 4 und 11, S. 398 und 407.
[2]) „At ingeniorum morumque varietas et a corporis habitu pendet, et ab educatione, assuetudinis fundamento, quae naturae viribus proximat. Accedunt leges, quibus in ea re plurimum est momenti . . . . unde arbitrii libertas contra omnem naturae necessitatem evidentissime declaratur." Lib. III, cap. 13, S. 327; vgl. bes. Lib. III, cap. 27; S. 349 f.

besitzen wir die positive Ergänzung und Erfüllung der Gedanken, die uns bisher in polemischer Gestalt und Wendung entgegengetreten sind. Um den eigentlichen Vorrang des Menschen zu bezeichnen, ist es, wie hier ausgesprochen wird, nicht genug, in ihm das Verbindungsglied zu sehen, das Hohes und Niederes, das die sinnliche und die intelligible Welt verknüpft und sich somit zum Mittler und Dolmetsch des Alls macht. Denn welche ausgezeichnete und zentrale Bedeutung ihm hier auch zugesprochen zu werden scheint: sie bleibt hinter seinem eigentlichen Werte zurück, solange man sie nur als von außen g e g e b e n , nicht als durch ihn selbst e r - w ä h l t u n d e r w o r b e n ansieht. Der einzigartige Wert des Individuums wurzelt darin, daß es nicht, wie die anderen Dinge, an einen einzelnen festen Platz im All gebunden ist, sondern sich selbst seine Stellung im Universum bestimmt und den Standort seiner Betrachtung anweist. In seine eigene Hand ist es gegeben, welcher Art des Daseins und des Lebens es angehören will. „Mitten in die Welt" — so spricht der Schöpfer zu Adam — „habe ich Dich gestellt, damit Du um so leichter um Dich schauest und sehest alles, was darinnen ist. Ich schuf Dich als ein Wesen, weder himmlisch noch irdisch, weder sterblich noch unsterblich, damit Du selbst als Dein eigener freier Bildner und Überwinder Dir Deine Form gebest und aufprägst. Du kannst zum Tier entarten oder in selbsttätiger Entschließung zum Göttlichen Dich wiedergebären. Die Tiere bringen aus dem Mutterleibe mit, was sie haben sollen; die höheren Geister sind von Anfang an oder doch bald danach, was sie in Ewigkeit bleiben werden. Du allein hast eine Entwicklung, ein Wachsen nach freiem Willen, Du hast Keime eines allartigen Lebens in Dir[1]."

So sehen wir, wie die strengere Auffassung der Naturkausalität sich zugleich mit dem Bewußtsein des eigentümlichen W e r t e s der sittlichen Persönlichkeit verbindet. Und diese Verschmelzung tritt uns von nun an in den Werken der Renaissance immer deutlicher entgegen: die

---

[1] Io. Pici Mirandulae De hominis dignitate oratio. — Op. I, 207 ff. — (Die Übersetzung der Stelle zumeist nach B u r c k h a r d t , Kultur der Renaissance, 1. Aufl. (1860), S. 354.)

tiefere Erforschung der objektiven Natur führt den Menschen zur Einsicht in das wahre Wesen seines Ich zurück, wie andererseits die tiefere Erkenntnis des Ich ihm neue Gebiete der objektiven Wirklichkeit erschließt. In typischer Weise sind die beiden Phasen und Richtungen dieses gedanklichen Prozesses in dem Werke des C a r o l u s B o v i l l u s „über die Weisheit" beschrieben und zusammengefaßt. Die wahre Weisheit ist, wie hier ausgesprochen wird, ihrer echten und allumfassenden Bedeutung nach, nichts anderes, als die Ausprägung des Modells und des Ideals der M e n s c h h e i t, das wir in uns tragen. Unser eigenes, unverfälschtes Wesen ist es, das wir in ihrem Bilde festhalten. Die ganze Aufgabe der Erkenntnis ist darin beschlossen, von der ersten und unfertigen Empfindung der Menschheit, die in jedem von uns angelegt ist, zum bewußten Verständnis ihres B e g r i f f s durchzudringen: den „primus homo" zum „secundus homo" umzugestalten. An die Naturobjekte geben wir uns nur deshalb hin, um an ihnen alle die Züge zu entdecken und herauszuschälen, die unserem eigenen Sein wesensverwandt sind; die Erforschung der „großen Welt" soll nur dazu dienen, uns das Bild des Mikrokosmos immer reiner zurückzustrahlen. So ist der Mensch Anfang und Ende alles Wissens und gleichsam die „Palinodie" der Welt. Die ursprüngliche, n a t ü r l i c h e E i n h e i t seines Seins muß verlassen und durchbrochen werden, sie muß durch freie Betätigung des Denkens in eine Doppelheit verwandelt werden, damit aus dieser wiederum die b e w u ß t e E r k e n n t n i s der Einheit seines Wesens erwachsen kann. Diese Erhebung unserer eigenen Natur zur r e f l e x i v e n S e l b s t e r k e n n t n i s bildet das höchste und endgültige Ziel aller begrifflichen Arbeit. „So besteht denn alle Weisheit in einer Mehrung und Unterscheidung, einer Fruchtbarkeit und Ausstrahlung des Ich: in einer Zweiheit des Menschen, die aus einer ursprünglichen Einheit geboren wird. Denn der erste, sinnliche Mensch, der alles, was er besitzt von der Natur zu Lehen trägt, ist eine Einheit, zugleich aber aller menschlichen Fruchtbarkeit Quell und Anfang". Mit bewußter Kunst muß er sich zur Zweiheit umbilden und formen, muß er das Bild der menschlichen G a t t u n g, das die Frucht und das Ende aller Weisheit ist, aus sich herausarbeiten. „So gewinnt er die Gaben, die er von der Natur empfangen, durch den überreichen Ertrag der Kunst und der Arbeit an sich selbst zwiefach zurück und wird zum Doppelmenschen: „qui a natura homo tantum erat, artis fenore et uberrimo proventu reduplicatus homo vocatur et homohomo"[1]). Diese Worte, die man als Motto wählen könnte, um den Gesamtcharakter der Epoche zu bezeichnen, enthalten, gleichsam verdichtet, den G r u n d g e d a n k e n d e s H u m a n i s m u s in sich: Geschichte und Naturbetrachtung sind diesem nur Mittel, um durch selbstbewußte geistige Energie zur P o t e n z i e r u n g des Menschenwesens und Menschenwertes fortzuschreiten.

* * *

Die G e s c h i c h t s p h i l o s o p h i e der Renaissance stellt sich uns zunächst in fast mythischem Gewande, unter dem Bilde einer U r o f f e n b a r u n g dar, die dem Menschengeschlecht von Anfang an mitgegeben ist und die ihm fortan als dauernder Besitz im Wechsel aller Lebens- und

---

[1]) B o v i l l u s , De sapiente Cap. XXII. (S. die angeführte Ausgabe der Werke des Bovillus (ob. S. 66) (S. 131 b.) „Unde manifestum est sapientiam esse quandam humanitatem et primi nostri indefecati naturalis ve hominis imaginem veramque speciem, seu artis hominem ex primo naturali homine et ipso mundo felici congressu progenitum. Est enim hic secundus homo velut propriae humanae cognitionis objectum; velut item mundi exordium exitusque ac palinodia ... Est et hic homo quaedam progenita primi hominis minerva, primi intra se receptio, revocatio mansio ac sedes. Manifestum item est: sapientiam esse quandam hominis numerum, discrimen, fecunditatem, emanationem, eamque consistere in hominis dyade genita ex priore monade. Primus enim nativus noster et sensibilis homo ipsiusque naturae mutuum monas est, et totius humanae fecunditatis fons atque initium. Artis vero homo humanave species arte progenita dyas est et prima quaedam hominis emanatio, sapientiae fructus et finis. Cujus habitu qui a natura homo tantum erat, artis fenore et uberrimo proventu reduplicatus homo vocatur et homohomo." — Vgl. zum Ganzen bes. De sapiente Cap. XXIV, und ob. S. 71.

Lehrformen verbleibt. Schon Georgios Gemistos Plethon beruft sich auf jene stetige Kette der Überlieferung, deren einzelne Glieder durch die Namen des Zoroaster und des Merkurios Trismegistos, durch Pythagoras und Platon bezeichnet werden. Die echten Grundlagen der Philosophie sind von allem Anfang an vorhanden gewesen; sie können nur vorübergehend verdunkelt, niemals aber aus der Geschichte der Menschheit ausgetilgt werden. In naiver Form spricht sich der gleiche Gedanke bei Plethons Schüler Bessarion aus, bei dem er mit christlich-theologischen Vorstellungsweisen verschmilzt. Hier wird geradezu ein innerlicher, sachlicher Zusammenhang zwischen der Mosaischen Schöpfungsgeschichte und der Theologie H o m e r s angenommen, der durch direkten Einfluß oder durch natürliche Eingebung zu erklären sei[1]). Festere Fügung nimmt die Grundidee sodann, nachdem sie innerhalb der Platonischen Akademie, bei Ficin und Pico, in mannigfacher Weise abgewandelt worden, bei R e u c h l i n an, bei dem sie zum höchsten Leitgedanken aller Philosophie überhaupt erhoben wird. Alle Forschung kann nunmehr nur noch das eine Ziel haben, in den gemeinsamen Strom der einheitlichen Überlieferung, die durch den Namen der C a b - b a l a bezeichnet wird, einzumünden. Der historische Gesichtskreis weitet sich, indem neben der antiken Literatur die hebräischen Quellen herbeigezogen und mit ihr zu einem universalgeschichtlichen Gesamtbild vereint werden. Bei all ihrem Scharfsinn und ihrer allumfassenden geistigen Begabung hätten die Griechen nicht das Höchste zu erreichen vermocht, wenn nicht P y t h a g o r a s die ersten Keime der wahren Philosophie vom Orient empfangen hätte. „So darf auch er, der diese Keime zuerst aufnahm, mit vollem Rechte ein Cabbalist heißen, wenngleich er zuerst den unbekannten Namen der C a b b a l a mit dem griechischen Namen der ,,P h i l o s o p h i e" vertauscht hat"[2]). Alle Geistesgeschichte wird demnach wie eine einzige fortlaufende

---

[1]) B e s s a r i o n , Adversus calumniatorem Platonis Lib. III, Cap. 7.
[2]) R e u c h l i n , De arte cabbalistica Lib. II; p. XXIIIA; — vgl. De verbo mirifico, Basil. 1561, Cap. 4, S. 562.

Tradition, wie die Erklärung und Ausdeutung eines stehenden und gegebenen Grundtextes gedacht. In diesem Grundtext soll zugleich das Christentum seine eigentliche festeste Stütze besitzen: nulla est scientia quae nos magis certificat de divinitate Christi quam Magia et Cabala[1]). Gegenüber dieser Auffassung aber erhebt sich alsbald eine andere Betrachtungsweise, die anfangs noch ohne feste Sonderung neben ihr einhergeht, die aber allmählich immer deutlicher zu selbständigem Bewußtsein erwacht. Der Inhalt und das Thema der Menschengeschichte besteht danach nicht in einer fest umschränkten, von außen stammenden Offenbarung: sondern in der einheitlichen menschlichen Vernunft, die sich successiv in mannigfachen Formen und Stufen entfaltet. Bei Plethon bereits wird ausgesprochen, daß das Kriterium, das darüber entscheidet, welche Lehren wir dem Ganzen der echten Überlieferung angehörig zu denken haben, allein in uns selbst zu suchen sei. Und immer mehr kommt nun die Doppelbedeutung zur Geltung, die die Geschichte im Ganzen der Renaissance gewinnt, indem sie nicht lediglich als die Schilderung eines einmaligen Tatbestandes, sondern zugleich als die Hülle und Darstellung eines dauernden Gehalts gedacht wird. Schon die politische Geschichtsschreibung läßt diesen Grundzug deutlich hervortreten: für die Größten, wie Macchiavell, sind die mannigfachen historischen Schicksale der Nationen nur gleichsam eine wandelbare und flüchtige Einkleidung, hinter der, klar erkennbar, das immer gleiche, empirische Grundwesen des Menschen hindurchleuchtet. „Geschichte" in ihrem eigentlichen wissenschaftlichen Wortsinne, nach welchem sie auf das kausale Verständnis des Geschehens ausgeht, ist daher nichts anderes, als angewandte Psychologie. Der gleiche Gedanke spricht sich sodann, innerhalb der pädagogischen Literatur, in der Schätzung des Bildungswertes aus, der nunmehr den historischen Disziplinen zugemessen wird. Es gibt — so heißt es bei Vives — Manche, die alles Wissen des Vergangenen für nutzlos er-

---

[1]) Pico della Mirandola, Opera I, 110.

klären, weil seither die ganze Art der Lebensführung, der Kultur, der politischen und sozialen Ordnung sich geändert habe. Eine Meinung, die höchst widervernünftig ist: denn wie sehr sich all das, was auf unserer willkürlichen Tätigkeit und Satzung beruht, auch wandeln mag: die Naturbedingungen des Geschehens, die Ursachen und Äußerungen der menschlichen Affekte und Leidenschaften bleiben unverrückbar bestehen. Auf diesen festen und konstanten Untergrund, nicht aber auf das Äußere der Lebensformen einer vergangenen Zeit, ist alle geschichtliche Betrachtung im letzten Grunde zu beziehen und zu richten[1]). Am deutlichsten tritt der Sinn und das Recht dieser Forderung an der inneren Entwicklung der W i s s e n s c h a f t und der rein theoretischen Weltbetrachtung hervor. Die Renaissance zuerst erfaßt die Aufgabe einer universellen G e s c h i c h t e d e r P h i l o s o p h i e, die die einzelne geistige Erscheinung nach ihrem objektiven Gehalt ergreift, sie jedoch zugleich dem Gedanken der „perennis philosophia" einordnet und unterstellt. Der erste Versuch einer Darstellung der Philosophiegeschichte, der von dem Humanisten Joh. Baptista B u o n o - s e g n i u s herrührt, trägt zunächst noch durchaus den Charakter eines Eklektizismus, der nach einer feststehenden, autoritativ bestimmten Norm die Leistungen der Vergangenheit einschätzt. Die religiöse Wahrheit bildet überall den höchsten Maßstab; der wahre Christ schreitet durch die Gefilde der heidnischen Philosophie, indem er das Gift, das in ihren Blüten allenthalben verborgen ist, sorgsam ausscheidet, um nur den Gehalt, der der echten Lehre gemäß ist, sich anzueignen[2]). Mit der fortschreitenden Kenntnis der antiken Welt aber setzt sich auch hier die freiere Auffassung

---

[1]) „Sed illa tamen nunquam mutantur, quae natura continentur, nempe c a u s a e a f f e c t u u m a n i m i e o r u m q u e a c t i o n e s e t e f f e c t a, quod est longe conducibilius cognoscere, quam quomodo olim vel aedificabant, vel vestiebant homines antiqui." V i v e s, De tradendis disciplinis, Lib. V. (Opera I, 505 f.)
[2]) Joh. Baptista B u o n o s e g n i u s, Epistola de nobilioribus Philosophorum sectis et de eorum differentia. (1458.) — Mitgeteilt von L. S t e i n, Handschriftenfunde zur Philosophie der Renaissance. Arch. f. Gesch. d. Philos. I, 534 ff.

und Beurteilung durch. Wenn das Mittelalter die großen antiken Systeme ausschließlich unter dem Gesichtspunkt der Aristotelischen Lehre betrachtet und nach deren Kategorien beurteilt hatte, so strebt man nun mit vollem kritischen Bewußtsein danach, zu ihrem selbständigen und eigentümlichen Gehalt vorzudringen. In seiner polemischen Hauptschrift wendet sich Francesco Pico, abgesehen von der Metaphysik, vor allem den historischen Urteilen zu, die Aristoteles über seine Vorgänger gefällt und sucht sie in eindringender Analyse zu widerlegen. Der Gewinn dieses Verfahrens fällt vor allem Demokrit zu, dessen Philosophie hier zum ersten Male nach ihrem wahren rationalen Grundcharakter erkannt und geschätzt wird. Unwahr, ja verleumderisch wird das Aristotelische Urteil über Demokrit genannt, daß er Sinn und Vernunft nicht gehörig geschieden habe: da doch seine Entgegensetzung der γνησίη und σκοτίη γνώμη, welch letzterer er das gesamte Gebiet der Sinnestätigkeit zurechnet, das Gegenteil klar beweise. Nicht minder verwunderlich sei es, wenn ihm wegen der Kritik, die er an der Wahrnehmung geübt, skeptische Ansichten untergeschoben werden, während er in Wahrheit die Verstandeserkenntnis stets als echt und rechtmäßig anerkannt und auch den Sinnen, die er als Zeugen für das unbedingte Sein verwarf, ihre relative Gewißheit nicht bestritten habe. „Wem aber, der die Schriften der Alten nicht selbst gelesen, sollte die Autorität des Aristoteles nicht Schweigen gebieten? Ich selbst habe, bevor ich eifriger an die Erforschung der geschichtlichen Wahrheit heranging und bevor ich mich entschlossen, den Durst des Wissens an der Quelle selbst zu löschen, über alle alten Philosophen in seinem Sinne geurteilt[1]." In solcher Erweiterung des geschichtlichen Horizontes gewinnt das Denken für sich selbst und seine systematischen Aufgaben neue Beweglichkeit und Sicherheit. Je mannigfaltiger sich alle Gebiete geistiger Betätigung dem Bewußtsein der neueren Zeit erschließen, um so mehr kräftigt

---

[1] Giov. Francesco Pico della Mirandola, Examen veritatis doctrinae gentium etc., Lib. VI, Cap. 14; Op. II, 792 ff.

sich ihr die Grundüberzeugung von der Einheit der menschlichen Vernunft. Wenn man zum Lobe und zur Verteidigung des Mittelalters gesagt hat, daß es zwar keine historische Bildung, wohl aber historische Gesinnung besessen habe[1]), so müßte man, um die Renaissance zu charakterisieren, diesen Satz umkehren. Je reicher ihr die geschichtlichen Quellen fließen, um so mehr entfernt sie sich damit vom Historismus, von der unbedingten Hingabe an die Tradition. Nur in ihren ersten Phasen erscheint ihr die Antike noch wie ein geistiger Urstand, den es einfach zu wiederholen und in seinen einzelnen Zügen nachzuahmen gilt, während sie ihr später zur Trägerin und Hüterin der allgemeinen geistigen Werte wird, die wir in uns selbst zu ergreifen und wiederherzustellen haben.

Diese Universalität der Anschauung bewährt sich vor allem gegenüber dem religiösen Problem, in dessen Gestaltung die verschiedenen gedanklichen Motive, die uns bisher gesondert entgegentraten, sich noch einmal zusammenfassen. Die Unabhängigkeit des geistigen Grundgehalts der Religion von den relativen und wechselnden Formen des Glaubens bildet auch hier von Anfang an den Leitgedanken. Selbst in solchen Werken, deren ausgesprochene Absicht die Verteidigung der kirchlichen Wahrheit ist, tritt dieser Gedanke nunmehr an die Spitze. Nikolaus Cusanus' Werk „De pace seu concordantia fidei" geht hier voran und gibt der gesamten literarischen. Gattung, die sich ihm anschließt, ihr eigentümliches Gepräge. Die Abgesandten aller Religionsparteien, die auf Erden einander bekämpfen, erscheinen hier vor der Versammlung der Himmlischen, um Klage über die Zwiespältigkeit der Glaubenslehren zu führen. „Laß geschehen — so spricht der Älteste zu Gott —, daß wie Du Einer bist, auch nur eine Religion und nur ein Gottesdienst auf Erden sei. Jeder strebt in allem, was er begehrt, nach dem höchsten Gut, jeder zielt in all seinem Forschen und Fragen auf Eine höchste und allumfassende Wahrheit hin. Was verlangt der Lebende als zu leben, was will der Seiende anders

---

[1]) Otto Willmann, a. a. O. III, S. 13.

als sein? Du aber bist der Spender alles Lebens und Seins: so bist Du es auch, der von allen wenngleich in verschiedener Weise gesucht und mit verschiedenen Namen genannt wird, während Du Deinem reinen Sein nach unbekannt bleibst und kein Name Dich faßt und ausspricht. Verbirg Dich also nicht länger: denn Niemand wendet sich von Dir, außer wer Dich nicht kennt. Würdige uns, Dich vor uns zu offenbaren, damit endlich das Schwert, damit Haß und Neid ruhen und alle bekennen, daß es nur Eine Religion in aller Mannigfaltigkeit der Gebräuche gebe[1]." Es ist vor allem F i c i n, der wie in seiner theoretischen Philosophie, so auch hier, die Grundgedanken Cusas aufnimmt und fortführt. Die Vielgestaltigkeit der religiösen Lehren und Kulte ist — wie er darlegt — selbst eine gottgegebene und gottgewollte Tatsache, da eben in dieser Mannigfaltigkeit geistiger und sittlicher Überzeugungen das Universum neuen Glanz und neue Schönheit gewinnt. Das höchste Wesen nimmt jegliche Art der Verehrung entgegen, in welchen Gebärden und Gesten sie ihm auch dargebracht werde. Der Anspruch eines schlechthin allgemeinen Dogmas ist damit aufgegeben, und eine neue Art der „Katholicität", die lediglich auf die Allgemeinheit der Gottes i d e e gegründet ist, kündigt sich an. In jeder Form des Glaubens wird, wenn nicht eine transcendente Wahrheit, so doch eine Betätigung und Ausprägung des M e n s c h e n t u m s anerkannt: „rex maximus coli mavult quoquo modo, v e l i n e p t e, m o d o h u m a n e, quam per superbiam nullo modo coli[2]." Die Vielheit der G ö t t e r - n a m e n darf uns die Einheit des religiösen B e w u ß t - s e i n s nicht verschleiern. Denn diese Einheit quillt unmittelbar aus der Natur des Menschen selbst: sie bildet, nach dem Worte C a m p a n e l l a s, jene „religio indita", die in jedem Wesen von Anfang an lebendig ist und die zwar durch fremde Züge entstellt, aber niemals völlig ausgelöscht werden kann[3]). Und wie sie am Anfang der religiösen Ent-

---

[1]) C u s a n u s, De pace fidei, fol. 114 b., 115 a.
[2]) F i c i n u s, De Christiana religione, Cap. IV; Op. I, S. 4.
[3]) „Non quidem homo errat circa notitiam inditam. Omnes enim intelligunt Deum esse potentissimum sapientissimum et optimum Ens,

wicklung steht, so weist sie zugleich das letzte Ziel, dem diese zustrebt. Die Geschichte der Religion ist vollendet, wenn sie sich, durch alle Verschiedenheit der besonderen Kulte hindurch, wiederum zur Idee des Einen Gottes zurückgefunden hat: und dieser Idee nähert sich die Menschheit in dem Maße, als sie die Forderungen der s o z i a l e n E i n h e i t in sich verwirklicht und herstellt. Dann erst ist die wahrhafte „Theokratie" erreicht, durch die jeder Einzelwille zugleich gebunden, wie in sich selbst über das Ziel seines Strebens geklärt wird. Wenn daher bei Ficin Platon, mit einem Worte des Numenius, der „attische Moses" genannt, wenn Christus und Sokrates zusammengestellt werden[1]), so werden Vergleichungen dieser Art bei den Späteren bereits zu einer stehenden Formel. Es ist — wie M u t i a n u s R u f u s schreibt — nur Ein Gott und Eine Göttin; aber es sind viele Gestalten und viele Namen: Jupiter, Sol, Apollo, Moses, Christus, Luna, Ceres, Proserpina, Tellus, Maria; — ein Zusammenhang, den man freilich, wie er hinzufügt, wie die Eleusinischen Mysterien in Schweigen hüllen und hinter Fabeln und Rätseln verstecken muß[2]). Wie dieser reine und universelle Theismus[3]) aus seiner Beschränkung auf das Gebiet der S p e k u l a t i o n heraustritt und unmittelbar in die sittlichen Grundfragen eingreift, das wird besonders am

---

quo magis non potest cogitari aut inveniri . . . errat vero circa additam, quae sopit inditam." Zur Religionsphilosophie Campanellas vgl. bes. G i o v. S a n t e F e l i c i , Le dottrine filosofico religiose di T. C., Lanciano 1895.

[1]) Opera I, 866.

[2]) „Est unus deus et una dea, sed sunt multi uti numina ita et nomina. Exempli gratia: Juppiter, Sol, Apollo, Moses, Christus, Luna, Ceres, Proserpina, Tellus, Maria. Sed haec cave enunties. Sunt enim occultanda silentio tanquam Eleusinarum dearum mysteria. Utendum est fabulis atque aenigmatum integumentis in re sacra. Tu Jove h. e. optimo maximo deo propitio contemne tacitus deos minutos; quum Jovem nomino, Christum intelligo et verum Deum." Mutian an Urban (1505), s. Mutians Briefwechsel hg. von Carl K r a u s e , Kassel 1885, S. 28.

[3]) Vgl. hrz. die umfassende und eindringende Darstellung bei D i l t h e y , Auffassung und Analyse des Menschen im 15. und 16. Jahrh., Arch. f. Gesch, d. Phil. IV—VI.

Beispiel des Erasmus deutlich. Der Augustinische Begriff des Gottesstaates, der die großen Heiden ausdrücklich ausschloß, wird nun gesprengt: auch sie gehören der echten und wahrhaften „Gemeinschaft der Heiligen" an, wenngleich sie in unsern „Verzeichnissen" fehlen mögen. Der Größe der antiken Denkart und Gesinnung wird die Lebensführung der Christen gegenübergestellt, die bei den Meisten in Zeremonien, in Beschwörungen und Zauberformeln, in dem Halten der Fasten und in äußeren kirchlichen Werken aufgeht[1]). In dieser Vergleichung, die dem „Convivium religiosum" angehört, geht die humanistische Tendenz direkt in die Grundgedanken der Reformation über. Diese bilden den Abschluß, freilich aber auch die Begrenzung der religiösen Bewegung der Renaissancezeit. Innerhalb des Protestantismus selbst ist es namentlich die Lehre Sebastian Francks, in der die religionsphilosophische Gesamtanschauung der Epoche noch einmal zur Aussprache gelangt. Die Gleichsetzung des göttlichen „Wortes" mit dem „natürlichen Licht" ist bei ihm vollendet: „was Plato, Seneca, Cicero und alle erleuchteten Heiden das Licht der Natur und der Vernunft genannt haben, das bezeichnet die Theologie als das Wort, als den Sohn Gottes und als den unsichtbaren Christus. Dieser ist so gut in Seneca und Cicero gewesen als in Paulus. Demnach versteht er unter Christus (Logos) die Immanenz der sittlich religiösen Ideen in Gott und deren Wirken und sich Mitteilen an die Menschen[2])."

So mündet die religiöse Gesamtentwickelung der Zeit, die wir hier nur in vereinzelten Andeutungen skizzieren konnten, wiederum in den Gedanken des Logos ein. In diesem vielgestaltigen und fruchtbaren Begriff läßt sich nunmehr das ganze Ergebnis der Gedankenarbeit der Renaissance zusammenfassen. Die Dialektik, wie die Psychologie, die Naturbetrachtung, wie die Geisteswissenschaft haben uns sämtlich zu ein und derselben zentralen Frage zurückgeführt, die in der Sprache der Theo-

---

[1]) Erasmus, Convivium religiosum (Opera omnia, ed. Clericus, Lugd. Batav. 1703, I, 681 ff.)
[2]) Dilthey, a. a. O. Archiv VI, 393.

logie und des Neuplatonismus durch den Begriff des Logos, in der Sprache der modernen Philosophie durch den Begriff des B e w u ß t s e i n s bezeichnet wird. B u r c k h a r d t hat allseitig dargetan und erwiesen, wie innerhalb der italienischen Renaissance zuerst ,,die Menschen und die Menschheit in ihrem tieferen Wesen vollständig erkannt" wurden. ,,Schon dieses eine Resultat der Renaissance darf uns mit ewigem Dankgefühl erfüllen. Den logischen Begriff der Menschheit hatte man von jeher gehabt, sie aber kannte die Sache". Für die Geschichte des Erkenntnisproblems ist es von höchstem Interesse, zu beobachten, wie die neuen s a c h l i c h e n Kulturelemente, die hier von allen Seiten einströmen, wie vor allem die Umbildung der ästhetischen und sittlichen Grundanschauung ihrerseits wieder zu einer Neuschöpfung des l o g i s c h e n und theoretischen Begriffs des S e l b s t b e w u ß t s e i n s hinführen. Lange bevor dieses Problem in selbständiger, abstrakter Formulierung heraustritt, wirkt es als latente Triebkraft in den einzelnen geistigen Bewegungen; — in neuer Gestalt und Wendung wird es uns alsbald in der französischen Renaissance des 16. Jahrhunderts begegnen.

Drittes Kapitel.
Der Skepticismus.

Der Sokratische Begriff des Nichtwissens, mit dem die Philosophie des Nikolaus Cusanus begann, bildet den dauernden Grund für ihre Fortentwicklung und bleibt bezeichnend für die methodische Eigentümlichkeit, durch die sie sich vom Mittelalter scheidet. Die „docta ignorantia" weist den Weg, auf dem wir in beständiger Annäherung zur Erkenntnis der reinen unbedingten Wahrheit fortschreiten. In diesem Gedanken spricht sich ein Zusammenhang aus, der für die gesamte neuere Zeit typisch bleibt. Das Prinzip des Z w e i f e l s erhält sich in all ihren positiven Resultaten und Leistungen; die Skepsis bedeutet kein Außenwerk und kein zufälliges Nebenergebnis der Gesamtentwicklung, sondern wirkt in ihr als innerer gedanklicher Antrieb. So vermag sie sich mit den mannigfachsten, einander entgegengesetzten Richtungen des neuen Geistes zu verschwistern. Wir begegnen ihr bei A g r i p p a v o n N e t t e s h e i m, wenn er sich von der scholastischen Wortwissenschaft zur unmittelbaren Erfassung der N a t u r zurückwendet; wir treffen sie bei C a m p a n e l l a wieder, wenn er, über die Grenzen der Naturphilosophie hinaus, nach einem neuen Prinzip des S e l b s t b e w u ß t s e i n s fragt. Wir sehen, wie die M y s t i k sie in ihren Kreis zieht und als Werkzeug benutzt, während sie andererseits für D e s c a r t e s der Anfang zur reinen rationalen Grundlegung der W i s s e n s c h a f t wird. So tritt sie uns, ihrem Begriffe getreu, nicht als festes, einheitliches System entgegen, sondern bildet nur den wechselnden Reflex des lebendigen und allseitigen Fortschritts der modernen Gedanken.

G o e t h e hat den K o n f l i k t d e s G l a u b e n s u n d U n g l a u b e n s als das eigentliche, einzige und tiefste Thema der Welt- und Menschengeschichte bezeichnet, dem alle übrigen untergeordnet sind. „Alle Epochen, in welchen der Glaube herrscht, unter welcher Gestalt er auch wolle, sind glänzend, herzerhebend und fruchtbar für Mit- und Nachwelt. Alle Epochen dagegen, in welchen der Unglaube, in welcher Form es sei, einen kümmerlichen Sieg behauptet, und wenn sie auch einen Augenblick mit einem Scheinglanze prahlen sollten, verschwinden vor der Nachwelt, weil sich Niemand gern mit Erkenntnis des Unfruchtbaren abquälen mag." Wenn es eine Epoche gibt, die als fruchtbar und gläubig im Goetheschen Sinne zu bezeichnen ist, so ist es das Zeitalter der Renaissance. Ihr Zweifel wird zum Vehikel der Selbsterkenntnis, ihr Unglaube selbst wird ihr zum Mittel, durch das die Vernunft ihre Unabhängigkeit und schöpferische Ursprünglichkeit entdeckt. Es ist, als erhielten alle Einzelzüge der neueren Zeit ihre Ergänzung und ihre volle Schärfe erst in dem negativen Gegenbilde des Skeptizismus. Diese Leistung und diesen mittelbaren Ertrag gilt es zu erkennen und festzuhalten, wenn man die Skepsis als notwendiges Moment der Gesamtentwicklung verstehen will. Der Vergleich mit der Antike ist hier besonders lehrreich. Der eigentliche objektive Gehalt und die doktrinale Begründung der allgemeinen Zweifellehre ist bei M o n t a i g n e derselbe wie bei Sextus Empiricus; selbst die Fassung und Anordnung der einzelnen Argumente hat sich unverändert erhalten. Aber was sich uns im Altertum als das Endergebnis einer inneren dialektischen A u f l ö s u n g darstellt, das trägt hier deutlich das Gepräge eines neuen Ansatzes. Die skeptischen Sätze, so sehr sie inhaltlich auf frühere Formen und Formeln zurückgehen, haben gleichsam ein entgegengesetztes Vorzeichen erhalten. Von neuem und in einem veränderten Sinne ist die griechische Philosophie zur Lehrmeisterin geworden: nicht zu ihren reifsten und höchsten Leistungen, sondern zu den letzten Problemen und Zweifeln, mit denen sie abschloß, wendet sich die neuere Zeit zurück, um sie sich innerlich anzueignen und damit die Grundbedingung ihrer künftigen Lösung zu schaffen.

*   *   *

I.

Die skeptische Lehre in der neuen Gestalt, in der sie nunmehr auftritt, findet ihre erste vollständige Verkörperung in M o n t a i g n e s „Apologie de Raimond de Sabonde". Dieses Kapitel — das ausführlichste der „Essais" — gibt zwar nicht, wie man gemeint hat, den Kern und Gehalt der gesamten Philosophie und Lebensanschauung Montaignes wieder, aber es verzeichnet den äußeren Umriß und vollzieht die formale Gliederung des Ganzen. Die logischen Einzelmotive treten hier der Reihe nach deutlich hervor; zugleich aber weisen sie, gegenüber der Antike, eine charakteristisch neue Beziehung auf, indem sie alle sich der gemeinsamen Frage nach dem V e r h ä l t n i s v o n W i s s e n u n d G l a u b e n ein- und unterordnen. So ist auch hier die Gesamtheit der theoretischen Hauptfragen noch gleichsam eingebettet in die Systematik der Theologie und Religionsphilosophie; um sie selbständig zu begreifen, gilt es vor allem diese Systematik selbst und ihren begrifflichen Untergrund zum Problem zu machen.

Schon die Form und literarische Einkleidung des Gedankens weist die Richtung auf diese Fragestellung. Die „Theologia naturalis" des Raimond de Sabonde, an die Montaigne anknüpft, gibt bei aller Eigenart der Begründung und Einzelausführung dennoch noch das Grundsystem der mittelalterlichen Lebensanschauung wieder. Vernunft und Offenbarung sind ihr eine unmittelbare und widerspruchslose Einheit: zwischen der Natur und der heiligen Schrift muß, da beide in gleicher Weise Symbole und Darstellungen der göttlichen Wesenheit enthalten, an jedem Punkt völlige Übereinstimmung herrschen. Die Aufgabe der Spekulation erschöpft sich darin, diese Harmonie, die uns im Buche der Natur vielfach getrübt und gebrochen erscheint, zur Klarheit und Eindeutigkeit des Begriffs und der Erkenntnis zu bringen. So endet das Ziel aller Forschung in der göttlichen Wahrheit: wir erkennen den Wert und die Würde des Menschen, sofern wir ihn als ein notwendiges Glied der stetigen S t u f e n f o l g e begreifen, die sich von den untersten Formen der natürlichen Welt zum höchsten unbedingten Sein erstreckt. Wie er, dem Reich der Freiheit angehörend, den Gehalt alles geistigen Seins in sich faßt, so gelangt andererseits das Reich der Natur in ihm zu seiner wahrhaften Bestimmung. Der Sinn jedes Teils der Wirklichkeit eröffnet sich erst in dieser teleologischen Deutung und Beziehung; das Sein des Kosmos, der Umschwung der Gestirne, wie das Werden der Organismen erschließt sich unserem Verständnis erst, wenn wir es aus dieser lebendigen und ursprünglichen Z w e c k e i n h e i t begreifen.

Von diesem Punkte aus ergibt sich sogleich die Grundabsicht und die ironische Nebenbedeutung von Montaignes „Apologie". Indem sie die einzelnen Beweise scheinbar zu stützen und zu verteidigen unternimmt, zerschneidet sie in Wahrheit den Lebensnerv, der alle Argumente des Werkes in sich zusammenhält. Sie löst die naive Einheit, die hier zwischen dem Naturbegriff des Menschen und seinem Offenbarungsbegriff besteht. „Wer hat ihn gelehrt, daß der bewunderungswürdige Umschwung des Himmelsgewölbes, daß das ewige Licht der Leuchten, die über seinem Haupte kreisen, für seine Bequemlichkeit und zu seinem Dienste eingesetzt ist und sich für ihn durch die Jahrhunderte erhält? Gibt es etwas Lächerlicheres, als daß dieses elende und ärmliche Geschöpf, das nicht einmal Herr seiner selbst ist, sich zum Herrn über das Universum berufen glaubt, von dem es nicht den winzigsten Teil zu erkennen, geschweige zu beherrschen vermag!" Durch alles Pathos des Zweifels klingt selbst hier eine neue positive Grundanschauung hindurch. Der Ausschluß der materialen Z w e c k m ä ß i g k e i t erschafft einen neuen Begriff des G e s e t z e s und damit der objektiven Natur. Deutlicher als in der „Apologie" tritt diese Wendung in der dialektischen Auflösung des Begriffs der „Zweckursachen" zutage, die die „Essais" in ihrer Gesamtheit vollziehen. „Wenn die Weinstöcke in meinem Dorfe erfrieren, so beweist mein Pfarrer daraus den Zorn Gottes über das menschliche Geschlecht. Wer ruft nicht beim Anblick unserer Bürgerkriege, die Maschine der Welt gehe aus den Fugen und der jüngste Gerichtstag fasse uns am Schopf, ohne zu bedenken, daß schlimmere Dinge geschehen sind und daß die tausend übrigen Teile der Welt bei alledem munter fortbestehen . . Wer sich das große Bild unserer Mutter Natur in seiner ganzen Erhabenheit vergegenwärtigt, wer in ihrem Antlitz eine allgemeine und beständige Mannigfaltigkeit sieht und in ihm nicht nur sich selber, sondern ein ganzes Reich nur wie einen winzig feinen Punkt erblickt, der allein bemißt die Dinge nach ihrer wahren Größe" (Essais I, 25). Wie hier der subjektive Anspruch des Individuums vor einer neuen Anschauung des Kosmos verschwindet, so wird auf der andern Seite das vermeintliche Privileg des Menschen in der Folge und Stufenreihe der Lebewesen beseitigt: in immer erneuten Beispielen verficht die Apologie die biologische und geistige Wesensgleichheit zwischen Mensch und Tier. Und dieser theoretischen Ansicht entspricht eine neues Einheitsgefühl: an die Stelle der Vereinzelung des Menschen in der theologischen Betrachtung tritt hier das Bewußtsein einer G e m e i n s c h a f t , die alles Lebendige, die Pflanze und Tier gleichmäßig umfaßt und wechselseitig verknüpft (II, 11).

Spricht sich hierin nur die allgemeine Grundstimmung aus, die wir überall in der Renaissance mit der neuen Ansicht der Natur verbunden finden, so nimmt dennoch von diesem Punkte aus der Gedanke eine andere Wendung. Der Naturphilosophie der Renaissance bedeutet die Einheit zwischen Mensch und Natur vor allem das Bewußtsein ihrer inneren, metaphysischen Wesensgemeinschaft: das Individuum ist zur Erkenntnis des Universums berufen und befähigt, weil es mit ihm von gleichem Stoffe, weil es das Erzeugnis derselben schöpferischen Grundkraft ist, die die äußere Welt hervorbringt und beherrscht. Und dennoch ist mit dieser Antwort das Problem erst in seinem ganzen Umfang und in seiner vollen Schärfe bezeichnet. Sofern das Subjekt dem Ganzen der Naturkausalität untergeordnet wird, sofern erscheint die Erkenntnis an die bestimmten und besonderen N a t u r b e d i n g u n g e n ihrer Entstehung geknüpft und bleibt in ihrer Ausdehnung und Geltung an sie gebunden. Das Erkennen wird zum T e i l p r o z e ß innerhalb des gesetzlichen Ablaufs des Gesamtgeschehens: wie aber ließe sich aus diesem Bruchstück, selbst wenn wir es in sich selber vollständig übersehen und bestimmen könnten, die Regel des Ganzen herleiten? So ergibt sich eine eigentümliche Umkehrung: was der ästhetischen Phantasie des P a n t h e i s m u s als die eigentliche Lösung gilt, das bedeutet für den logischen Analytiker erst den prägnanten Ausdruck des Rätsels. Die Kraft und Eigenart von Montaignes Skepsis bekundet sich darin, daß sie gerade die positiven Ergebnisse und Rechtstitel der neuen Forschung dialektisch in Waffen gegen den Wert und die Allgemeingültigkeit menschlichen Wissens umschmiedet. Der Gedanke der Unendlichkeit der Welten, der etwa für Giordano Bruno die sicherste Bürgschaft für die Selbstgewißheit des reinen Denkens bedeutet: hier dient er nur dazu, das Individuum zu vereinzeln und die Geltung seiner Erkenntnisgesetze zu relativieren. Die Prinzipien und Regeln, die wir innerhalb des engen Umkreises unserer Erfahrungswelt bestätigt finden, sind für die Gesamtverfassung des Alls unverbindlich: ,,c'est une loy municipale, que tu allegues, tu ne sçais pas, quelle est l'universelle". Die Skepsis berührt hier eine innere Schwierigkeit, die in der Tat mit der Grundanschauung, die uns bisher entgegentrat, eng verknüpft ist und die ihr notwendig anhaftet. Die Harmonie zwischen Denken und Sein herzustellen, den menschlichen Geist als A b b i l d und Symbol der höchsten absoluten Wirklichkeit zu erkennen: das ist die Aufgabe, an der die neuere Zeit überall in ihren Anfängen arbeitet. Nikolaus Cusanus knüpft hier an Raymund von Sabonde an, und trotz aller wichtigen und fruchtbaren Ansätze zu einer Neuschöpfung des Problems wächst auch bei ihm die Begriffsbestimmung der Erkenntnis nicht endgültig über diese Fragestellung hinaus. Diese Ansicht aber enthält in sich ein unbewiesenes und unbeweisbares Postulat. Denken und Sein können nicht zu wahrer innerer Übereinstimmung und Deckung gebracht werden, solange sie gleichsam verschiedenen logischen Dimensionen angehören, solange das absolute Sein als allgemeiner Oberbegriff dem Denken vorausgeht und es wie einen Sonderfall umfaßt. Diese Einsicht zu voller Deutlichkeit entwickelt zu haben, ist das mittelbare logische Verdienst der Skepsis. Hier liegt die einheitliche Tendenz, an der ihre verschiedenen, modernen Ausprägungen gleichmäßig teilhaben: wie Montaigne, so stellt

Sanchez, dessen Werk gleichzeitig mit den Essais erscheint, die Zweideutigkeit bloß, die in dem Wort von der Identität des Mikrokosmos und Makrokosmos sich verbirgt. Wenn sonst aus der durchgängigen Verknüpfung und Wechselwirkung zwischen dem Individuum und allen Teilen des Universums die Möglichkeit der Erkenntnis des Alls gefolgert wird, so kehrt er diesen Schluß um: das Einzelne selbst kann, sofern es durch das All bedingt ist, nur aus diesem, also nur unter Voraussetzung einer u n e n d l i c h e n Erkenntnis, die uns Menschen verschlossen ist, begriffen werden[1]).

In der Tat: wenn der Gegenstand als ein Äußeres und Transscendentes gesucht wird, so kann das B e w u ß t s e i n nicht mehr den Weg zu seiner Erkenntnis weisen; es bezeichnet alsdann nur noch die trügerische Hülle, mit der wir alle Inhalte bekleiden und die uns ihre echte Wesenheit verbirgt. Unser Wissen vermittelt uns nicht die Form und Beschaffenheit der Dinge, sondern lediglich die Eigentümlichkeit des O r g a n s , das von ihnen eine Einwirkung erfährt. Wie ein und derselbe stetige Luftstrom durch verschiedene Instrumente zu einer Mannigfaltigkeit von Tönen gebrochen und abgewandelt wird, so übertragen unsere Sinne die Qualität, die ihnen selbst eigen ist, auf das ursprünglich einheitliche Objekt. Den Umkreis des Seins vermögen wir somit nicht zu ziehen: denn töricht wäre die Annahme, daß die Schranken unserer Empfindungsfähigkeit zugleich die Grenzen der physischen Wirklichkeit sind. Wie der Verlust eines bestimmten Sinnes die Änderung unseres gesamten Weltbildes nach sich ziehen müßte, so müßte der Gewinn einer neuen sinnlichen Erkenntnisquelle uns Gebiete des Daseins eröffnen, die uns unter den gegebenen Bedingungen unserer Organisation dauernd verschlossen bleiben. Das Denken der Wissenschaft und der logischen Schlußfolgerung vermag diesen Mangel nicht zu ersetzen, da ihm nur die Verknüpfung g e g e b e n e r Wahrnehmungen, nicht die Entdeckung und Erschaffung neuer Tatsachenkreise zukommt; da es somit gleichfalls die irrationale Z u f ä l l i g k e i t unserer empirisch-physiolo-

---

[1]) S. F r a n z S a n c h e z , Tractatus de multum nobili et prima universali scientia quod nihil scitur. Lugduni 1581. S. 16 ff., 23 ff., 28.

gischen Bildung nirgends zu überwinden vermag. Und mit dem äußeren Gegenstand schwindet auch der Begriff des „Subjekts" als einer einheitlichen festen Norm dahin. Was wir als die Einheit eines Individuums betrachten, ist in Wahrheit nur eine Abfolge verschiedener, einander widerstreitender Zustände, zwischen denen keine Rangordnung und keine Wertunterscheidung zu vollziehen ist; kein Kriterium vermag zwischen den Wahrnehmungen, die wir als „gesunde" und „kranke", als Erfahrungen des Wachens und des Traumes einander gegenüberzustellen pflegen, eine wahrhaft gegründete Entscheidung zu treffen. Das Ich, wie es einerseits die Voraussetzung für die Wahrnehmung der Dinge bildet, wird auf der anderen Seite selbst wieder von ihnen und ihrer stetigen Veränderung bestimmt. Wenn wir es als N a t u r u r s a c h e der Erkenntnis ansehen konnten, so ist es eben damit auch N a t u r p r o d u k t und daher dem gleichen Wandel und der gleichen Unbestimmtheit, wie die äußere Welt unterworfen. Die beiden Gegenglieder, die durch den Prozeß der Erkenntnis miteinander verknüpft werden sollten, sind nunmehr in sich selber aufgelöst. Jede „Wahrheit" beansprucht, eine feste, unaufhebliche Beziehung zwischen dem „Innern" und „Äußeren" zu setzen: wie aber ließe sich eine derartige Setzung noch behaupten und rechtfertigen, da die beiden Elemente dieses Verhältnisses in beständiger Umbildung begriffen sind und niemals zu einem eindeutigen „Sein" gelangen?

Wir verfolgen nicht die weitere Argumentation und die Mannigfaltigkeit der Instanzen, die Montaigne zum Beweise seines Hauptsatzes häuft. Sie alle gehen auf antike Vorbilder, vor allem auf das allgemeine Schema zurück, das Sextus in der Aufstellung seiner zehn Tropen geschaffen hatte. Aber es ist, als gewönnen alle diese bekannten Beweisgründe erst in der Energie und in der subjektiven Lebendigkeit von Montaignes Stil ihre Schärfe und die eindringliche Bedeutung, mit der sie auf die Folgezeit wirken. Im Mittelpunkt steht auch hier das Problem des u n e n d l i c h e n R e g r e s s e s im Beweisverfahren: um zwischen den E r s c h e i n u n g e n eine Entscheidung zu treffen, bedürfen wir eines Instrumentes des Urteils; um dieses zu prüfen der logischen Schlußfolgerung, die indes selber erst durch dieses Instrument wieder beglaubigt und gesichert werden könnte (II, 12). Oder wäre es möglich, den Syllogismus und vor allem den Induktionsschluß aus diesem Zirkel zu befreien; ließe sich ein Weg finden, allgemeine Obersätze der Induktion zu gewinnen, die, wenngleich sie nur in der B e z i e h u n g auf die Erfahrung Sinn und Geltung haben, dennoch nicht als A g g r e g a t e von Einzelbeobachtungen zu denken sind? In dieser Frage grenzt sich die moderne Erfahrungstheorie, die mit G a l i l e i beginnt, ihr Gebiet und ihre Aufgabe ab. Montaigne hat keinen positiven Anteil an ihr; aber auch hier bleibt ihm das Verdienst, daß er dort, wo die gleichzeitige Philosophie, wo insbesondere T e l e s i o und seine Schule die eigentliche Lösung sah, das P r o b l e m aufzurichten wußte. —

Dieser Sinn und diese Kraft der Skepsis tritt schließlich, deutlicher als im Gebiet der theoretischen Erkenntnis, an den Prinzipien der S i t t l i c h k e i t hervor. Zunächst zwar scheint hier mit dem Schwinden des unbedingten Maßstabes die ethische Grundfrage selbst entwurzelt und zunichte gemacht. Wie die Empfindung uns nicht das Sein des äußeren Gegenstandes, sondern nur die Natur des eigenen Ich im äußeren Widerschein enthüllt, so ist der W e r t , der an den Dingen zu haften scheint, in Wahrheit keine objektive Beschaffenheit ihrer selbst, sondern der Reflex des urteilenden Subjekts. An sich ist Nichts weder gut noch böse: erst unsere „Vorstellung" verleiht ihm diese Beschaffenheit: „n o u s a p p e l l o n s v a l e u r e n l e s c h o s e s , n o n c e q u ' e l l e s a p p o r t e n t , m a i s c e q u e n o u s y a p p o r t o n s" (I, 40). Damit aber ist der Begriff des Guten der grenzenlosen Unbestimmtheit und Vieldeutigkeit preisgegeben: denn nirgends tritt der Widerspruch und die Unvereinbarkeit der Einzelnen und der Völkerindividuen schärfer zutage als hier. Kein noch so extremer und phantastischer Brauch, der nicht durch das Gesetz irgendeiner Nation geheiligt wäre, kein anerkannter sittlicher Inhalt, der sich nicht im Wechsel der Zeiten oder Räume in sein Gegenteil verwandelte. Örtliche und politische Schranken werden zu Grenzen für den Begriff der Moral: „was für eine Art Güte ist es, die, gestern in Ansehen und Geltung, es morgen nicht mehr ist und die beim Überschreiten eines Flusses zum Verbrechen wird? was für eine Art Wahrheit, die durch diese Berge begrenzt und jenseits ihrer zur Lüge wird" (II, 12). „Die ersten und allgemeinen Gründe der sittlichen Vorschriften sind schwer zu fassen und gehen unsern Lehrmeistern unter den Händen in Schaum auf; oder aber sie wagen nicht einmal, an sie zu rühren, sondern werfen sich von Anfang an in die Freistätte der Gewohnheit; hier blähen sie sich auf und feiern einen billigen Triumph" (I, 22). So sehen wir uns der äußeren Meinung und der jeweiligen Konvention als einzigen Führern überwiesen: „das Ansehen der Gesetze kommt nicht daher, daß sie gerecht, sondern daß sie G e s e t z e sind; dies allein ist der mystische Grund ihrer Autorität; sie haben keinen andern."

Und dennoch liegt in dieser Konsequenz, in der sich Montaignes skeptischer Lehrbegriff vollendet, zugleich die Peripetie seiner philosophischen Gesamtanschauung. Das Problem der Sittlichkeit ist es, an dem eine innere Umkehr des Gedankens sich vollzieht. Zunächst nämlich trägt die Skepsis — hier, wie im Altertum — von Anfang an einen bestimmten und positiven ethischen Leitgedanken in sich. Ihr Endzweck ist die „Ataraxie": durch die Abwendung von allen absoluten Zielen soll der Geist in sich selbst zu einem festen Gleichgewichts- und Ruhepunkt gelangen, der durch den Wandel der äußeren Dinge nicht mehr berührt wird. Was alles Streben nach Erkenntnis nicht vermochte, das leistet der selbstbewußte und freiwillige Verzicht. Indem der Zweifel alle besonderen, autoritativen Normen ihres mystischen Ursprungs entkleidet, schützt er den Einzelnen, der sich ihnen praktisch immerhin unterwerfen mag, davor, sich ihnen innerlich bedingungslos hinzugeben. Die Skepsis ist es, die das Individuum davor bewahrt, sich den sittlichen Maßstab von außen aufdrängen zu lassen, die es, allen willkürlichen moralischen K o n v e n t i o n e n gegenüber, der gedanklichen F r e i h e i t seines Urteils versichert. Die Kritik Montaignes ist somit, wie sich immer deutlicher zeigt, nicht so sehr auf das „Gute", wie auf die relativen und wandelbaren „Güter" gerichtet. So treten von Anfang an und unmittelbar neben den skeptischen Leit- und Hauptsätzen, die Grundmotive der s t o i s c h e n E t h i k in den Essais bestimmend hervor. Unter den klassischen Autoren, deren Zitate sich in bunter Fülle durch das Werk verstreut finden, steht S e n e c a an erster Stelle. Wie Montaigne sein Wesen und seinen Stil in einem charakteristischen literarischen Portrait darstellt, so bilden seine Schriften, zugleich mit denen des Plutarch, den unerschöpflichen Quell, aus dem er nach seinem eigenen Wort „wie die Danaiden unablässig schöpft." (I, 25; II, 10; II, 32.) H e g e l s allgemeine Bemerkung, daß Skeptizismus· und Stoizismus sich notwendig auf einander beziehen und sich wechselseitig bedingen, findet an Montaigne ihre charakteristische geschichtliche Bestätigung. „Das skeptische Selbstbewußtsein erfährt in dem Wandel alles dessen, was sich für es befestigen will, seine eigene Freiheit als durch sich selbst gegeben und erhalten; es ist sich diese Ataraxie des sich selbst Denkens, die unwandelbare und wahrhafte G e w i ß h e i t s e i n e r s e l b s t[1]." Wenn im Theoretischen die kritische Auflösung des absoluten Gegenstands nicht dazu führte, eine wissenschaftliche Theorie der E r s c h e i n u n g e n zu versuchen, wenn hier auch der Begriff des Ich keinen sicheren Halt bot, so enthält im Sittlichen die Vernichtung der äußeren Normen unmittelbar die Aufforderung in sich, das Gesetz, das damit zerstört scheint, aus dem eigenen Innern wieder aufzubauen. Daß der Wert nicht an den Dingen haftet, sondern daß w i r es sind, die ihn an sie heranbringen: dieser „Subjektivismus" ist nicht die Widerlegung, sondern der Anfang und die positive Voraussetzung der Möglichkeit der Ethik.

So treten denn jetzt den willkürlichen Gebräuchen und Satzungen die „Naturgesetze" des Sittlichen als Kriterium gegenüber. Wir haben die Natur, die uns so sicher und glücklich leitete, verlassen und wollen, daß sie von uns Lehre annimmt und doch muß unser Wissen beständig zu ihr und den Spuren ihres Unterrichts zurückkehren, um in ihr das Muster

---

[1] H e g e l, Phaenomenologie des Geistes, S. W. II, 151.

der Beständigkeit, der Unschuld und Ruhe zu finden. „Wir haben es mit ihr gemacht, wie der Parfumeur mit dem Öl; wir haben sie durch Klügeleien und Argumentationen so sehr sophistisch verfälscht, daß sie für jeden eine andere, wandelbare und besondere Gestalt angenommen und die ihr eigentümlichen allgemeinen und unveränderlichen Züge verloren hat." (III, 12.) Es gibt somit ein identisches gemeinsames Grundgesetz, das uns nur durch die Sophistikationen unserer Vernunft verdeckt und entstellt wird. Wenn unter dem Gesichtspunkt der theoretischen Erkenntnis die N a t u r sich uns in ein Chaos regelloser Eindrücke auflöste, so bezeichnet sie für das sittliche Problem den Quell und die Gewähr des G e s e t z e s. Die Skepsis wird zum Mittel, das zu dieser echten Grundlage zurückleitet. Indem sie die fälschenden Zutaten der „Vernunft" in sich selbst vernichtet und gegeneinander aufhebt, stellt sie damit die Regel der Natur wieder in ihrer Ursprünglichkeit und Reinheit her. Jede äußere und transscendente Begründung der Moral ist daher überflüssig und schädlich: wahrhaft wertvoll ist nur diejenige Handlung, die nicht durch äußere Vorschriften bestimmt ist, sondern aus der eigenen inneren Norm hervorgeht. So muß die Sittlichkeit vor allem die Stütze der R e l i g i o n, die ihre Gebote an Furcht und Hoffnung knüpft, entbehren lernen. „Je l'ayme telle que les loix et religions non facent, mais parfacent et auctorisent; qui se sente de quoy se soubstenir sans ayde; née e n n o u s d e s e s p r o p r e s r a c i n e s, p a r l a s e m e n c e d e l a r a i s o n u n i v e r s e l l e, e m p r e i n t e e n t o u t h o m m e n o n d e s n a t u r é" (III, 12). Noch einmal hat sich somit der bisherige Gegensatz umgestaltet: was wir Natur nennen, das ist in Wahrheit die Regel der universellen „Vernunft", die es gegenüber den kleinlichen und engen Geboten des Herkommens (ces petites regles, feinctes, usuelles, provinciales) zurückzugewinnen gilt. So wird dieser Begriff für Montaigne vielmehr zum Ausgangspunkt für eine Um- und Neugestaltung der G e i s t e s - w i s s e n s c h a f t e n. Ethik und Ästhetik, Geschichte und Psychologie werden unter einem neuen Gesichtspunkt beurteilt und gestaltet. Und wenngleich die Theorie der Wissenschaft an dieser Umbildung keinen Anteil nimmt, so wirkt doch das Ergebnis dieser Gesamtentwicklung, in welcher ein neuer K u l t u r b e g r i f f gewonnen wird, mittelbar auf die Fassung und die systematische Stellung des E r k e n n t n i s - p r o b l e m s zurück. Es ist zunächst die P ä d a g o g i k , die durch das neue Grundprinzip eine innere Wandlung und Bereicherung ihres Inhalts erfährt. Der Gehalt der ethischen Begriffe bewährt sich hier in einer originalen und schöpferischen Leistung, in der alle Hauptzüge der späteren Entwicklung, vor allem der Erziehungslehre R o u s s e a u s , vorweggenommen sind. Von dem dialektischen Gegensatz zwischen Vernunft und Natur wird die Fragestellung auch hier beherrscht; zugleich aber formuliert sie im Begriff des S e l b s t b e w u ß t s e i n s einen entscheidenden Gedanken, der die Lösung vermittelt und vorbereitet. In diesem Begriff liegt die Grenzscheide und die Schutzwehr gegen allen scholastischen ,,Pedantismus", der den Stoff des Wissens von außen her an das Subjekt heranbringt. Überall dort, wo die Selbständigkeit des Ich ausgeschaltet ist, ist damit auch der echte Inhalt der Erkenntnis vernichtet; einzig die leere Worthülle ist es, die zurückbleibt. Wir arbeiten nur daran, unser Gedächtnis zu füllen, und lassen V e r s t a n d und B e w u ß t s e i n leer. Das ganze Leben entartet zum Geschwätz: vier bis fünf Jahre bringen wir damit hin, die Worte verstehen zu lernen und sie in Perioden zu drechseln, die doppelte Zeit wenden wir daran, uns im rhetorischen Aufbau und in stilistischen Feinheiten zu üben. ,,Unsere Erziehung leitet uns nicht auf den Weg der Tugend und Wahrheit: sie lehrt uns die E t y m o l o g i e von beiden kennen". Echtes Wissen wird dagegen nur dort erzeugt, wo die unbedingte autoritative Einwirkung ferngehalten und der gesamte Gehalt der Erkenntnis aus der eigenen geistigen Tätigkeit gewonnen wird. ,,Les abeilles pilotent deçà delà des fleurs; mais elles en font aprez le miel, qui est tout leur: ce n'est plus thym ni mariolaine: ainsi les pieces empruntees d'aultruy, il les transformera et confondra pour en faire un ouvrage tout sien, à sçavoir son j u g e m e n t : son institution, son travail et estude se vise qu'à le former. Qu'il cele tout ce dequoy il a esté secouru, et ne produise que ce qu'il en a faict." Die Vernunft und die Wahrheit sind allen gemein: wer sie zuerst in Worte kleidet, besitzt sie nicht in höherem Maße als ein Späterer, der sie sich innerlich zu eigen gemacht hat. Eine Wahrheit gehört mir im selben Sinne, wie dem Platon, wenn er und ich sie übereinstimmend sehen und begreifen. So ist jede echte erzieherische Tätigkeit wiederum von dem Glauben an die I d e n t i t ä t d e r V e r n u n f t bedingt und getragen; von der Annahme einer ursprünglichen Gleichartigkeit zwischen dem geistigen Inhalt, der dargeboten wird, und der geistigen Kraft und Wesenheit des Subjekts, das ihn aufnimmt[1]). Wir erkennen hier in einem typischen Beispiel die tiefere Art des geschichtlichen Zusammenhangs, der die Renaissance an die Antike knüpft. Die Anlehnung an das klassische Altertum wird von Montaigne verworfen, sofern sie den Sinn hat, dem Einzelnen den Stoff des Wissens in fertiger, geschlossener Gliederung zu überliefern. Aber eben in dieser Abweisung fühlt er sich als Erbe des griechischen Geistes. Er beruft sich auf das P l a t o n i s c h e Ur- und Anfangswort aller Pädagogik: so wenig sich blinden Augen die Sehkraft einsetzen läßt, so wenig vermag die Erziehung der Seele einen geistigen Inhalt zu geben, der nicht latent in ihr enthalten wäre (II, 24). Und S o k r a t e s gilt ihm als der ewige Pädagoge des Menschengeschlechts, sofern er zuerst ihm gezeigt hat, wieviel es aus eigener Kraft vermag (III, 12). Hier erhebt sich Montaignes Skepsis in der Ergänzung, die sie durch den Gedanken der freien Selbsttätigkeit des Bewußtseins erhält, in der Tat zur echten Bedeutung des Sokratischen Nichtwissens. Das Griechentum bildet das Vorbild, nicht als Hüterin eines festen Wissensschatzes, sondern als Weckerin und als geschichtliche Bürgschaft der P r o d u k t i v i t ä t des menschlichen Geistes. Die Antike wird — im Gegensatz zur Scholastik — die Schule der „Naivität" und Natürlichkeit; auch die Überlegenheit des S t i l s der Alten gilt Montaigne nicht als ein zufälliger und äußerer Vorzug, sondern

---

[1]) S. den Essai „Du pedantisme" (I, 24); sowie den Brief an die Comtesse de Gurson: „De l'institution des enfants" (I, 25).

als gegründet auf die Klarheit ihres Denkens und auf die Kraft und Reinheit der objektiven Anschauung (III, 5). So fällt allgemein von hier aus neues Licht auf die **Geschichte**, die nicht mehr im Sinne philologischer Altertumskunde gefaßt, sondern als die allgemeine **Psychologie des Menschen** gedacht wird: als die „Anatomie der Philosophie", in der die dunkelsten Gebiete unserer Natur uns durchsichtig werden (I, 25). Montaigne vertritt die doppelte Tendenz, die sich im **modernen** Begriff der Geschichte vereinigt. (Vgl. ob. S. 164 f.) Indem er auf die Naturbedingungen alles historischen Geschehens, auf die Bestimmtheit der theoretischen und sittlichen Kultur durch das „Milieu", durch Ort und Klima zurückweist, begründet er die Geschichtsbetrachtung der französischen Aufklärungsphilosophie, wie sie sich vor allem in **Montesquieu** ausprägt (s. bes. II, 12). Und dennoch ist es, trotz aller Mannigfaltigkeit und allem scheinbaren Widerspruch, eine einheitliche „Natur" des Menschen, die sich nach ihm in allem Wandel des Geschehens enthüllt und offenbart. Von den wechselnden Formen des gesellschaftlichen Zusammenlebens, von aller Betrachtung der äußeren politischen Schicksale, in denen Laune und Zufall vorherrschen, werden wir daher zuletzt auf das **Individuum** als das eigentliche Objekt der Geschichtswissenschaft verwiesen. Plutarch und Tacitus gelten, weil sie zuerst den Blick auf das „Innere" des Menschen gelenkt haben, als die klassischen Vorbilder (II, 10; III, 8). In analoger Weise wandelt sich der **ästhetische** Maßstab, indem auch hier durchweg das Charakteristische vor dem Novellistischen, die Kunst und Feinheit der psychologischen Motivierung vor der Entwicklung der Fabel den Vorrang gewinnt. Das Grundgesetz des künstlerischen Stils — und hier kehren die beiden Lieblingsbegriffe Montaignes wieder — ist seine „Naivität" und „Natürlichkeit"; alles Beiwerk, das nicht unmittelbar und notwendig aus der Natur des darzustellenden Gegenstands fließt, aller rhetorische Zierrat verstößt gegen das erste ästhetische Erfordernis der Darstellung. Der „Ciceronianismus" und seine verschiedenen Abarten wird in den Essais mit einer Energie und einer treffenden Sicherheit bekämpft, die im Zeitalter des Humanismus überrascht. Man hat von der Einwirkung gesprochen, die Montaigne auf S h a k e s p e a r e geübt hat: und in der Tat hört man an manchen Stellen bei Shakespeare den unmittelbaren Nachklang der „Essais" noch deutlich heraus[1]). Wichtiger aber als diese Übereinstimmungen im Einzelnen, auf die man verwiesen hat, ist der allgemeine Zusammenhang, der hier besteht. H a m l e t s Worte über das Schauspiel sind der reinste Ausdruck und die Vollendung von Montaignes Auffassung der „Natur" als ästhetischem Normbegriff. Die Essais selbst haben diesen Begriff am Beispiel der mimischen Künste erläutert: an dem Gegensatz zwischen der schlichten und ungezwungenen Haltung des Künstlers und der Grimasse und der travestierenden Übertreibung des Nachahmers (II, 10). Unter dem neuen künstlerischen Ideal wendet sich der Blick wiederum auf die V o l k s d i c h t u n g zurück, deren naive Anmut Montaigne den vollkommensten Erzeugnissen der Kunstpoesie gleichstellt: das Kapitel über die Dichtung der Naturvölker bildet den originalen Anfang einer Entwicklung, die über R o u s s e a u zu H e r d e r hinführt. —

So hat auch hier die Skepsis ihre allgemeine Funktion erfüllt, durch Abstreifung der falschen konventionellen Hülle eine neue und ursprüngliche geistige Wirklichkeit zur Entdeckung zu bringen. Der Zweifel sinkt nicht ins Bodenlose: sondern er findet, im Gebiete der Wertbetrachtung, überall festen Halt und Ankergrund. Das S e l b s t b e w u ß t s e i n, das sich für den beobachtenden und reflektierenden Psychologen in eine heterogene Mannigfaltigkeit wechselnder Zustände auflöste, wird jetzt als ein I n b e g r i f f g e i s t i g e r W e r t e zurückgewonnen. Nicht in objektiven systematischen Formen prägt sich diese Umwandlung aus, aber sie stellt sich mittelbar in dem Maße dar, als die Persönlichkeit Montaignes in der Fülle ihrer subjektiven Betätigungen und Interessen sich vor uns entfaltet. In diesem Zusammenhang wurzelt die unvergleichliche Eigenart von Montaignes philosophischem Stil. Er selbst spricht es aus, daß die Schilderung

---

[1]) S. Georg B r a n d e s, William Shakespeare, 2. Aufl. (1898) S. 469 ff.

des eigenen Ich in seiner konkreten Wahrheit seine „Physik und Metaphysik" bilde (III, 13). Alle objektive Beobachtung und Erfahrung ordnet sich diesem einheitlichen Hauptzweck als Material und Mittel unter. Die Welt der Gegenstände bildet, an sich genommen, nur einen gleichgültigen und gleichförmigen Hintergrund; erst durch das Ich, das seine eigene Wesenheit auf sie projiziert, gewinnt sie Leben und Gestalt. Werk und Autor bilden daher hier eine untrennbare Einheit: „je n'ay pas plus faict mon livre, que mon livre m'a faict: livre consubstantiel à son auteur, d'une occupation propre, membre de ma vie, non d'une occupation et fin tierce et estrangiere, comme touts aultres livres" (II, 18). Dennoch bliebe die neue literarische Kunstform, die damit ins Leben tritt, ohne innere philosophische Bedeutung, wenn das Ich, das sich in den Essais darstellt, nicht zugleich einen allgemeinen und objektiven Gehalt zum Ausdruck brächte, wie wir ihn in den verschiedenen Phasen von Montaignes Naturbegriff entstehen sahen. Das Individuum, sofern es sich nur rein in sich selber erfaßt, sofern es sich von aller Beschränkung durch den Beruf und die besonderen gesellschaftlichen Verbände, denen es angehört, freimacht, entdeckt in sich die geistige Grundform der Menschheit überhaupt. „Les aucteurs se communiquent au peuple par quelque marque speciale et estrangiere; moy, le premier, par mon estre universel; comme Michel de Montaigne, non comme grammairien, ou poëte ou jurisconsulte" (III, 2).

In dem literarischen Bilde der Renaissance bezeichnet die Selbstbiographie in ihrer neuen Entwicklung einen wesentlichen und notwendigen Zug. Sie tritt uns in zwei Hauptformen entgegen, je nachdem sie, wie bei Cellini, den Menschen in der Bewegtheit des äußeren Lebens darstellt oder sich wie bei Petrarca, grüblerisch in den „geheimen Kampf seiner Herzenssorgen" vertieft. Montaignes Essais stehen außerhalb dieser beiden Grundtypen. Von Petrarca sind sie von Anfang an durch Tendenz und Stimmung geschieden: der Affekt der Reue, der bei ihm den Grundton bildet, wird von Montaigne bewußt verworfen und als sittliches

Prinzip entwertet. Allgemein ist es nicht der **Affekt**, der in der Selbstschilderung Montaignes zum Ausdruck drängt. Die Essais sind das Tagebuch seiner wechselnden „Phantasien" und Meinungen: denn im Denken allein liegt die Wesenheit und Wahrheit des Menschen. Noch einmal zeigt sich uns hier die allgemeine theoretische Bedeutung und zugleich die innerliche Grenze der Skepsis. Die neuen Wertbegriffe, die sie erarbeitet, bleiben auf das denkende Selbstbewußtsein beschränkt: sie bestimmen und leiten das **Urteil** des Individuums, ohne seinen Willen zu ergreifen. Jeder Versuch, die Schöpfung des Innern auf die äußere Welt zu übertragen, die äußeren Verhältnisse nach dem neuen Maßstab umzugestalten, wird abgewiesen. Die Bedeutung, die dem Zweifel als **Prinzip** zukommt, erweist sich hier von negativer Seite: denn gerade dort, wo die Skepsis sich bescheidet, um sich den gegebenen politischen und sozialen Mächten unterzuordnen, vermag auch der Begriff des sittlichen **Selbstbewußtseins** nicht zur Reife und Vollendung zu gelangen.

Noch einmal enthüllt sich uns schließlich das Doppelantlitz der Skepsis, wenn wir uns der Kritik des **religiösen** Problems zuwenden. Zwar scheint hier der Weg eindeutig vorgezeichnet: indem die Apologie des Raymond de Sabonde die rationale Theologie zerstörte, indem sie alle Beweise für das Dasein Gottes und für eine zwecktätige Leitung des Alls in ihrer Nichtigkeit erkennen ließ, hat sie damit zugleich den **Offenbarungsglauben** als den einzigen und echten Urgrund der Religion erwiesen. Vor ihm muß jede Frage der Vernunft verstummen: der Zweifel hat seine höchste Aufgabe erfüllt, wenn es ihm gelungen ist, die fundamentalen Glaubenssätze gegen die Anfechtungen des kritischen Verstandes zu sichern und zu schützen. Und dennoch bedeutet auch diese letzte und scheinbar endgültige Antwort für Montaigne nur den Beginn einer neuen dialektischen Entwicklung. Überall finden wir den Gehalt der Religion an bestimmte menschliche Formen und Formeln gebunden und in ihre Mannigfaltigkeit verstrickt. Der Glaube, den wir aus unmittelbarer göttlicher Eingebung empfangen sollten, wird in Wahrheit durch den

Zufall der Geburt, durch die Laune des Parteigeistes und den Vorteil des Augenblicks bestimmt. Nur die Ethik wäre imstande, ein K r i t e r i u m zu liefern, das zwischen dem echten Gehalt der Offenbarung und unseren willkürlichen Zutaten unterschiede; nur in der sittlichen Rückwirkung auf die Gesinnung und das Tun ihrer Bekenner kann die wahrhafte Wertdifferenz der Religionen liegen. ,,Alle übrigen Merkmale, Hoffnung und Vertrauen, Ceremonien und Busse, Wunderberichte und Märtyrer sind allen Religionen gemein: das besondere Zeugnis unserer Wahrheit müßte unsere Tugend sein, wie es zugleich das göttlichste und schwerste ist" (II, 12). Diese Forderung indes steht in unmittelbarem Widerstreit zu dem empirischen Bilde der Religion, das Geschichte und Kultur uns allenthalben darbieten. Nicht der Glaube ist es, der den Menschen nach sich gestaltet und bildet, sondern umgekehrt nimmt er alle Formen an, die unsere persönlichen Wünsche und Leidenschaften ihm aufdrücken. Die Einheit der verschiedenen Sekten, die im Theoretischen vermißt wird: — wir finden sie im praktischen sittlichen Verhalten, in dem gleichen Fanatismus und der gleichen Unduldsamkeit wieder, zu der jede einzelne von ihrer herrschenden Meinung getrieben wird. Überall spiegelt uns daher die Religion, in ihrer empirischen Erscheinung, nur die herrschende Richtung u n s e r e s W i l l e n s wider: die Menschennatur in all ihrer anthropologischen und ethnographischen Mannigfaltigkeit ist der ,,Naturgrund", auf den sie zurückgeht. Und wenn in der Ethik, aller Relativität der äußeren Satzung zum Trotz, ein allgemeiner innerlich gültiger Maßstab zurückgewonnen wurde, so ist uns hier dieser Ausweg verschlossen: denn welches Mittel des Selbstbewußtseins vermöchte ein seinem Begriffe nach t r a n s c e n d e n t e s Sein zu sichern und zu verbürgen? So werden bei Montaigne die positiven Dogmen selbst zwar nirgends in den Kreis der Untersuchung hineingezogen; aber eben in dieser Absonderung liegt ihre schärfste, ironische Kritik: denn jetzt gehören sie dem festen konventionellen Bestand der ,,G e b r ä u c h e" an, dem der Einzelne sich zu unterwerfen hat.

Diese Abwendung von den theologischen Motiven und der Gewinn eines neuen Mittelpunktes der Betrachtung tritt vor allem am Problem der **Unsterblichkeit** deutlich hervor. Das begriffliche Gewebe der **rationalen Psychologie** wird aufgelöst, indem sein Widerspruch zu den ersten Bedingungen unseres Wissens aufgedeckt wird: von den Grundlagen unseres empirischen Daseins abstrahieren zu wollen, um eine neue Form des Seins zu erdichten, heißt alle sicheren Grenz- und Haltpunkte der Erkenntnis verrücken. Unser Denken, das an irgendwelche sinnlichen Daten anknüpfen muß und auf sie verwiesen bleibt, vermag die Aufhebung der sinnlichen Erfahrungswelt nicht zu vollziehen, ohne damit sich selber und seine Funktion aufzuheben. Die **Identität** der Persönlichkeit, die wir als notwendigen Bestandteil der Unsterblichkeitslehre fordern müssen, verlangt zu ihrer Feststellung die Beziehung auf eben jene **materiellen** Bedingungen, die wir mit der Loslösung der „Seele" vom Körper vernichtet denken. Der tiefere philosophische Gewinn indes liegt hier nicht in der dialektischen Zergliederung des Dogmas, sondern wiederum in der neuen **Wertbetrachtung**, die ihr zu Grunde liegt. Das Problem des Todes steht im Mittelpunkt der ethischen Betrachtungen der Essais: „Philosophieren" heißt auch ihnen — wie in einem bekannten Kapitel ausgeführt wird — „Sterben ernen". Aber nicht um den Ausblick in ein jenseitiges Sein, in dem das empirische Leben erst seinen Sinn und seine Vollendung erhielte, handelt es sich. Unser Dasein hat in sich selber sein eigenes Gesetz und seinen eigenen Schwerpunkt gefunden. Jede Ansicht, die den Wert des Lebens herabsetzt, ist lächerlich: denn immer bleibt es unser Sein, unser Alles. „C'est contre nature que nous nous mesprisons et mettons nous mesmes à nonchaloir; c'est une maladie particuliere et qui ne se veoid en aulcune autre creature, de se haïr et desdaigner" (II, 3). Der Moment des Todes ist nicht als ein Übergang zu einer neuen metaphysischen Ordnung der Dinge zu denken, sondern als ein notwendiges Glied der immanenten Naturgesetzlichkeit, die zu verstehen und anzuerkennen die letzte Aufgabe aller Philosophie ist. „Verlasse diese Welt — so spricht **Allmutter Natur** zu uns — wie Du in sie eingetreten bist. Denselben Schritt, den Du vom Tode zum

Leben ohne Leiden und Furcht getan, tue ihn vom Leben zum Tode zurück. Dein Tod ist ein Glied des Universums, ein Glied im Leben des Alls. . Soll ich für Dich diese harmonische Verkettung der Dinge aufheben? Er ist eine Bedingung Deiner Erschaffung, eine Teil Deiner selbst, Du fliehst in ihm nur Dich selber" (I, 19). Erst wenn er in diesem Sinne erfaßt wird, ist der Gedanke des Todes keine Hemmung und Verkümmerung der Energie des Daseins mehr, sondern wird zur Anweisung, das Ziel und die Richtschnur des Lebens in diesem selber und in seiner Regelung und Ordnung zu suchen (II, 12). In der extensiven Begrenzung des Daseins ist uns zugleich eine intensive Erhöhung und Steigerung seines Gehalts gegeben. Denn die Art und der Wert des Lebens ist von seiner Dauer unabhängig. „Das Leben ist an sich selbst weder ein Gut, noch ein Übel: es ist der Sitz der Güter und Übel, je nachdem Du selber es dazu machst. Wenn Du einen Tag gelebt hast, so hast Du alles gesehen: ein Tag wiegt alle andern Tage auf. Es gibt kein anderes Licht und keine andere Nacht; dieselbe Sonne, derselbe Mond, dieselbe Ordnung der Gestirne ist es, an der Deine Voreltern sich erfreut haben und die Deine späten Enkel umfangen wird. Die wechselvolle Gliederung aller Akte des Schauspiels der Natur ist in einem einzigen Jahre völlig beschlossen. Wenn Du auf den Wechsel der Jahreszeiten geachtet hast, so hast Du in ihnen die Kindheit, die Jugend, das Mannes- und Greisenalter der Welt erlebt; sie hat ihr Spiel ausgespielt; alles, was sie vermag, ist, es von neuem zu beginnen" (I, 19). So weist denn auch hier die Skepsis, indem sie den Blick von den transscendenten Zielen hinweglenkt, den Weg zu neuen positiven Aufgaben. Um die geschichtliche Stellung Montaignes an diesem Punkte zu verstehen, muß man ihn etwa mit Agrippa von Nettesheim vergleichen, dessen Werk „De incertitudine et vanitate scientiarum" (1526) als das erste Kompendium der skeptischen Grundanschauung in der neueren Zeit gelten kann. Die Leidenschaft des Zweifels ist ohne Frage bei Agrippa stärker und tiefer, als sie es bei Montaigne ist. Ihm ist der Zweifel in der Tat der Ausdruck der intellektuellen und sittlichen Verzweiflung. Seine Schrift steht am Ende eines ruhelosen

Lebens, das ihn von Ort zu Ort, von Beruf zu Beruf, von Wissenschaft zu Wissenschaft treibt, ohne daß er an irgendeiner Stelle den Frieden und die Sicherheit findet, die er sucht. Von den dialektischen Spitzfindigkeiten des Mittelalters, von der Scholastik, die ihm als das Werk betrogener Betrüger erscheint, zieht es ihn zur Natur zurück, die die M a g i e ihm enträtseln soll. Aber auch in ihr findet er keinen Halt und Ruhepunkt: und so muß er in tiefer Verbitterung sein eigenes Werk ,,De occulta Philosophia" widerrufen und skeptisch zerstören[1]). So ist Agrippa schon durch seinen persönlichen Entwicklungsgang charakteristisch von Montaigne geschieden, der dem Wissensideal, dem jener trotz allem immer wieder nachstrebt, von Anfang an mit voller geistiger Freiheit und in einer Art heiterer Überlegenheit gegenübersteht. Für Agrippa ist die Skepsis lediglich das Widerspiel des mystischen Triebes, der ihn beherrscht: sie stellt die Sehnsucht nach dem verlorenen Paradies des absoluten Wissens noch einmal in voller Kraft und Eindringlichkeit dar. Der Zweifel wendet sich daher hier nicht allein gegen die Wissenschaft, sondern gegen unser gesamtes empirisches Dasein selbst: wie denn sein Werk keineswegs nur die theoretische Erkenntnis, sondern die gesamte geistige und sittliche Kultur der Zeit in seine Betrachtung und Verurteilung einbezieht. In bunter Folge wechseln hier Mathematik und Poesie, Dialektik und Medizin, Astrologie und Jagd- oder Kochkunst miteinander ab. Agrippas ,,declamatio invectiva" kennt keine inneren r e l a t i v e n Unterschiede der Geltung mehr: wie er selbst in seinen äußeren Lebensschicksalen, als Gelehrter und Krieger, als Mediziner und Astrolog, als Jurist und Hofmann die Nichtigkeit alles Wissens und Wollens in sich erfahren hat, so sucht er in einer einzigen leidenschaftlichen Anklage den Kern des L e b e n s selbst und alles was ihm Gehalt und Wert verleiht, zu vernichten. Montaigne dagegen spricht aus einer anderen Stimmung, und sie ist es, die seinen Argumenten, auch dort, wo sie äußerlich mit Agrippa übereinstimmen, alsbald einen anderen Klang

---

[1]) A g r i p p a v o n N e t t e s h e i m, De incertitudine et vanitate scientiarum declamatio invectiva (1526), bes. Cap. 48.

verleiht. Sein Zweifel soll nur den Weg von der abstrakten Betrachtung ins Leben selbst zurückweisen: in dieses Leben, das er liebt und in das er sich trotz aller Erkenntnis seiner Schwächen und Unvollkommenheiten unlöslich verstrickt fühlt. „Si j'avois a revivre je revivrais comme j'ai vescu.... C'est une des principales obligations que j'aye à ma fortune que le cours de mon estat corporel ayt esté conduict chasque chose en sa saison: j'en ay veu l'herbe, et les fleurs, et le fruict; et en veois la seicheresse: h e u r e u s e m e n t, p u i s q u e c' e s t n a t u r e l l e m e n t". Diese Hinwendung zur Natur schließt bereits ein neues Verhältnis zur E r k e n n t n i s ein, sofern diese sich damit begnügt, rein die immanenten Gesetze des Naturgeschehens zu entdecken und auszusprechen. Für Agrippa, dem alles Wissen sich zuletzt in die Eine Gottesanschauung auflöst, gibt es keine Duldung des Inhalts der Einzelwissenschaften. Natur und Geschichtswissen verfallen hier dem gleichen Verdikt: „nihil homini pestilentius contingere potest quam scientia". Sein ganzes Werk zeigt die Reaktion gegen das weltlich humanistische Bildungsideal, das er vor sich erstehen sieht[1]). Montaigne dagegen bleibt von diesem Ideal, auch dort, wo er ihm widerspricht, innerlich beherrscht; und so vermag er gerade dadurch, daß er alle voreiligen Lösungen abweist, die neuen P r o b l e m e, die sich hier entwickeln, in Schärfe und Klarheit aufrecht zu erhalten. Keines dieser Probleme hat er selber positiv in Angriff genommen: aber bei ihm werden die geistigen Grundkräfte frei, die die Zukunft gestalten helfen.

*   *
   *

Die philosophische Grundanschauung des Skepticismus ist in den Essais gedanklich vollendet und allseitig dargestellt. Was die Zeitgenossen und die Schüler Montaignes hinzubringen, betrifft nur die nähere Ausführung einzelner Züge, ohne an dem Aufbau des Ganzen eine wesentliche Änderung zu vollziehen. Es ist eine eigentümliche geschichtliche Abfolge, daß hierbei

---

[1]) Vgl. bes. De incertitudine est vanitate scientiarum, Cap. VI (gegen Ende).

dem T h e o l o g e n Charron die Aufgabe zufällt, die Kritik des positiven Dogmas, die sich bei Montaigne selbst nur in versteckten Andeutungen aussprach, zu voller Klarheit zu gestalten. Hatten schon die Essais den Gegensatz zwischen religiöser und autonomer Moral betont, so wird dieser Gedanke von C h a r r o n bis in seine letzten und schärfsten Folgerungen fortgeführt[1]). Solange unser Handeln noch in äußeren Satzungen und Vorschriften seinen Halt und sein Vorbild sucht, solange bleibt unsere Rechtlichkeit „schülerhaft und pedantisch": eine Sklavin der Gesetze unter dem Zwange von Hoffnung und Furcht. Es ist der Grundmangel aller theologischen Begründung der Sittlichkeit, daß sie mit dieser inneren Unfreiheit rechnet und auf sie ihre Gebote stützt. „Verabscheuenswert und furchtbar sind mir die Worte: wenn ich nicht Christ wäre, wenn ich nicht Gott und die ewige Verdammnis fürchtete, so würde ich Dies oder Jenes tun ... Ich will, daß Du rechtschaffen bist, weil N a t u r und V e r n u n f t : d a s h e i ß t G o t t es gebieten, weil die allgemeine Ordnung und Verfassung der Welt, von der Du ein Teil bist, es verlangt, gegen die Du Dich nicht auflehnen kannst, ohne gegen Dich selbst, Dein Wesen und Deinen Zweck zu streiten — es komme im übrigen, was kommen mag" (II, 5). Wenn somit die Skepsis damit begann, die menschliche Vernunft von der echten Gotteserkenntnis auszuschließen, so endet sie hier damit, Gott und Vernunft

---

[1]) Die entscheidenden Hauptstellen aus C h a r r o n s Werk „De la sagesse" sind der e r s t e n Ausgabe, die im Jahre 1601 in Bordeaux erschien, entnommen. Alle späteren Ausgaben zeigen bedeutende Einschränkungen und Abschwächungen, die indes lediglich in äußeren Rücksichten auf theologische Forderungen ihren Grund haben und somit die sachliche Bedeutung des Grundgedankens nicht berühren. In ihnen kennzeichnet sich nur jene Doppelrolle, zu der — nach Charrons allgemeinem Urteil — der „Weise" notwendig verurteilt bleibt. „Das Wort, daß alle Welt die Schauspielkunst übt, gilt im eigentlichen und wahren Sinne von dem Weisen, der immer innerlich ein anderer sein wird, als er sich nach außen zu zeigen vermag." (De la sagesse II, 2.) Aus diesem Satze begreift sich der Gegensatz, der auch Charrons literarische Wirksamkeit durchzieht und der Widerspruch, der zwischen seiner philosophischen Hauptschrift und seinem apologetisch-dogmatischen Werke: „Les trois vérités" (1594) bestehen bleibt.

unmittelbar in Eins zu setzen: eine Identität, die durch den Gedanken der sittlichen Selbstgesetzgebung vermittelt und verbürgt wird. Für die positiven Religionen und Rechtssatzungen ist jetzt ein fester unwandelbarer Maßstab gewonnen. Das Original, auf das alles geschriebene Recht, auf das der Dekalog sowohl wie alle positiven Gesetzessammlungen zurückgehen, ist in dem eigenen Selbst eines Jeden verborgen. Gleichviel, ob wir diesem Verhältnis einen ethischen oder religiösen Ausdruck geben, ob wir Gott oder die Natur als Urgrund des höchsten Gesetzes denken; — beides sind nur verschiedene Ausdrücke desselben Gedankens; „quid Natura, nisi Deus et divina ratio toti mundo et partibus ejus insita?" —

Der innere Wert des Individuums wird daher von seiner Zugehörigkeit zu einer bestimmten Glaubensform nicht bestimmt; ja wo immer von dieser ein entscheidender Einfluß auf die Sittlichkeit des Einzelnen geübt wird, da ist bereits der Grund jeder echten sittlichen Gemeinschaft erschüttert. Die Geschichte kennt kein stärkeres und unheilvolleres Motiv, als den Fanatismus des Glaubens. „Es ist noch die läßlichste und gelindeste Handlung dieser Leute, auf Jeden, der ihre Ansicht nicht teilt, mit schelem Blick zu sehen, ihn wie ein Monstrum zu betrachten und sich durch den Verkehr mit ihm befleckt zu glauben. Man traue Niemand, dessen Moralität allein auf religiösen Skrupeln beruht: Religion ohne Sittlichkeit ist, wo nicht schlimmer, so doch gefährlicher, als der gänzliche Mangel von allem beiden." Die innere Selbständigkeit also, die der einzelne hier gewinnt, wird ihm zugleich zum Ausdruck und zur Gewißheit einer geistigen G e m e i n s c h a f t, die sich über alle konventionellen Schranken der verschiedenen Sekten und Glaubenslehren erhebt: gerade das Vertrauen auf die E i n h e i t der menschlichen Vernunft lehrt uns, die Mannigfaltigkeit ihrer verschiedenen Äußerungen mit gleicher Unbefangenheit zu umfassen und zu beurteilen. So hat das „Nichtwissen" wieder jene sittliche Grundbedeutung angenommen, die ihm bei N i k o l a u s C u s a n u s zukam. (S. ob. S. 30 f.) Zugleich wird man hier an ein Werk erinnert, das wenige Jahre vor Charrons Schrift „De la sagesse' vollendet wurde und den gleichen äußeren und zeitlichen Bedingungen wie diese entstammt. Der Grundgedanke, auf welchem Nikolaus Cusanus' Dialog „De pace seu concordantia fidei" beruht, war inzwischen durch J e a n B o d i n s „Colloquium heptaplomeres" aufgenommen und fortentwickelt worden. Bodin gehört demselben Kreise, wie Montaigne und Charron an; auch bei ihm sind es die französischen Religionskriege, die den politischen Hintergrund bilden. Montaigne ist es, der als einer der Ersten sein literarisches Verdienst anerkennt und der ihn von der „Schar der Skribenten der Zeit" ausdrücklich und energisch unterscheidet (Essais II, 32). Was Charron betrifft, so finden sich ebenfalls bestimmte Spuren, daß er zum mindesten sein Werk „vom Staate" gekannt und benutzt hat. Tiefer und bedeutsamer aber ist der Zusammenhang in der religiösen Grundanschauung: was von Charron als allgemeine Forderung hingestellt wird, das war von B o d i n , indem er die einzelnen positiven Religionen in Vertretern von bestimmter persönlicher Charakteristik zu Worte kommen ließ, mit einer Fülle gelehrten Wissens und mit eindringender dialektischer Kunst im Einzelnen dargelegt und unmittelbar vor Augen gestellt worden. —

Auch hier sehen wir somit, wie die Skepsis sich der religiösen Gesamtbewegung der Zeit innerlich einordnet. G o e t h e hat in Montaignes Essais, in der ö f f e n t l i c h e n Beichte, die hier der Einzelne vor aller Welt ablegt, eine Hindeutung auf den P r o t e s t a n t i s m u s gesehen: ein Zusammenhang, der von Montaigne selbst unmittelbar bestätigt wird. „En faveur des huguenots, qui accusent nostre confession auriculaire et privee, ie me confesse en public, religieusement et purement" (III, 5). Enger noch knüpft sich diese Beziehung in dem bekannten Kapitel der Essais über das Gebet, wenn hier der religiöse Unwert jeder äußeren Zeremonie betont und die sittliche Geltung des Gebets einzig von der Wandlung und „Reformation" des Inneren, die sich in ihm darstellt, abhängig gemacht wird. Nicht auf der Macht der Heilsmittel, sondern einzig auf der Kraft und Reinheit der inneren Gesinnung muß das echte religiöse Vertrauen ruhen: wo immer es anders ist, da wird die Gottheit in einen Dämon verwandelt, den man durch magische Zaubermittel zu zwingen vermeint. —

Stehen hier die Probleme der Geisteswissenschaft im Mittelpunkt der Betrachtung, so ist bei S a n c h c z, dessen Werk „Quod nihil scitur" unabhängig von Montaigne entstanden ist, die Skepsis wiederum an den Problemen der Naturerkenntnis entstanden und auf sie bezogen. Der Zweifel, so unbedingt er auftritt, trifft hier dennoch in erster Linie die bestimmte Form der S c h u l w i s s e n s c h a f t, der Sanchez sich gegenüber sieht. Die S y l l o g i s t i k ist es, gegen die sich seine Angriffe in erster Linie richten, von ihren Quaestionen und Distinktionen, durch die uns nur Namen und Namen der Namen gegeben werden, will er zur Erforschung der D i n g e und ihrer Ursachen zurückleiten. Und wie hier der Dialektik gegenüber auf die Wahrnehmung und Beobachtung zurückgegangen wird, so wird allgemein daran festgehalten, daß die echte Gewißheit, sofern es eine solche gibt, dem „diskursiven" Denken entzogen und auf einen Akt des unmittelbaren, intuitiven Schauens gegründet sein muß. In solcher inneren Selbsterfassung erkennen wir zunächst das eigene Ich und seine Operationen. Aber freilich vermag auch diese Rückwendung auf das S e l b s t b e w u ß t s e i n uns keinen festen und dauernden Halt zu gewähren: denn wenn das Selbst alle anderen Inhalte an Gewißheit überragt, so ist es ihnen doch, was die B e s t i m m t h e i t der Anschauung betrifft, unterlegen. Wir bleiben auch hier in einem Dämmerlicht befangen: da keine Abbilder und Spezies der inneren Vorgänge uns gegeben sind, so vermögen wir zwar ihr Sein festzustellen, ihr Wesen und ihre Eigenart aber kaum zu bezeichnen, geschweige einzusehen[1]). So sehen wir, wie hier der Satz von der Selbstgewißheit des Ich durch die andere Auffassung gekreuzt wird, nach der alles Erkennen durch äußere Zeichen und Bilder, die sich von den Gegenständen loslösen, bedingt sein soll. Voller und bestimmter entwickelt wird uns dieser Widerstreit in der italienischen Naturphilosophie

---

[1]) S. S a n c h e z, „Quod nihil scitur", S. 57 f.

begegnen, von der Sanchez auch in seinen speziellen Versuchen der Naturerklärung abhängig ist. Die induktive Forschung, der er zustrebt und die — wie das Beispiel des antiken Skeptizismus zeigt — durch seine skeptischen Prinzipien als solche noch keineswegs ausgeschlossen war, bleibt bei ihm zuletzt dennoch eine bloße Forderung, die sich an keinem Punkte konkret erfüllt. Wenn er, um die Unsicherheit der empirischen Naturerkenntnis zu kennzeichnen, auf die Erscheinungen des Magneten und die mannigfachen widerstreitenden Erklärungen, die von ihnen gegeben werden, verweist[1]), so ist gerade dieses Beispiel geschichtlich lehrreich und bezeichnend: denn gerade der Magnetismus ist es, an dem kurz danach die moderne Forschung einsetzt und an dem zuerst durch das Grundwerk G i l b e r t s der Übergang von der Naturanschauung der „qualitates occultae" zur exakten mathematischen Methodik sich vollzieht. —

Von einer anderen Seite her stellt sich uns die innere Schranke des Skeptizismus in L a M o t h e l e V a y e r s „Dialogen" dar, die in der Mitte des siebzehnten Jahrhunderts, nachdem die neue wissenschaftliche Denkart bereits zum Siege und in der Lehre Descartes' zum philosophischen Ausdruck gelangt war, noch einmal alle Argumente gegen die Möglichkeit der Erkenntnis zusammenfassen[2]). Es ist indes nicht die Natur in ihrem mathematisch-physikalischen Begriff, sondern die Anthropologie und Geschichte, bei deren Betrachtung La Mothe le Vayer verweilt und der er seine Beweisgründe entlehnt. Das ethnographische und psychologische Material, auf das er sich stützt, um die Wandelbarkeit und Relativität aller logischen und sittlichen Maßstäbe darzutun, hat sich noch gehäuft; aber je mehr es in den Mittelpunkt tritt, um so deutlicher muß ein Grundmangel in seiner Bearbeitung hervortreten. Aus Reisebeschreibungen, wie aus historischen Berichten werden die Tatsachen wahllos zusammengelesen; es fehlt jedes Prinzip ihrer Sichtung und der kritischen Prüfung ihrer Glaubwürdigkeit. Nirgends ent-

---
[1]) „Quod nihil scitur." S. 96 f.
[2]) (La M o t h e l e V a y e r) Cinq dialogues faits à l'imitation des anciens par Orosius Tubero, Mons 1673.

deckt man hier den entscheidenden Charakterzug der modernen Zeit, nirgends einen Gegensatz zu der Art, in der Sextus Empiricus seine Belege auswählt und gruppiert. So zeigt sich eine merkwürdige Umkehrung: der Zweifel, so radikal er gegenüber den logischen Grundlagen des Denkens auftritt, versagt gegenüber dem einfachen „Faktum" und seiner Überlieferung. Die Skepsis ist nicht zum Begriff der historischen Kritik vorgedrungen. Bei Montaigne bereits besteht ein bezeichnender Gegensatz zwischen der theoretischen Zweifelslehre und dem naiven Zutrauen, mit dem er allenthalben abenteuerliche Erzählungen und Berichte aufnimmt und zu Beispielen und Schlußfolgerungen zusammenfügt. Über den skeptischen Gedankenreihen erhebt sich eine eigene und unabhängige Welt der Phantasie. Wenn indes diese Doppelheit hier in dem Stilcharakter des Ganzen wurzelt und mit zu dem eigentümlichen Reiz des Werkes gehört, so wird sie in der nüchternen und doktrinalen Form von La Mothe le Vayers Dialogen zum Widerspruch. Die nächste und notwendige Aufgabe innerhalb der Lehre mußte die Kritik der geschichtlichen Überlieferung bilden: man erkennt hier eines der inneren und sachlichen Motive, die zur Fortbildung des Skepticismus in Bayle hinüberführen.

Zweites Buch
Die Entdeckung des Naturbegriffs.

Erstes Kapitel.
Die Naturphilosophie.

Trotz seiner Verneinung der Wissenschaft und ihrer Prinzipien bot der Skepticismus dennoch den ersten Stützpunkt für die allgemeine philosophische F r a g e s t e l l u n g, die statt der Dinge das Subjekt und seine eigentümliche Funktion in den Mittelpunkt der Betrachtung rückt. Was verloren ging, war, wie sich zuletzt zeigte, im Grunde nur eine bestimmte Ansicht der äußeren dinglichen Welt: damit aber war zugleich eine Schranke beseitigt, die der reinen Erfassung des Ich bisher entgegenstand. Blicken wir von hier aus zu der Naturphilosophie der Renaissance hinüber, wie sie sich gleichzeitig und einstimmig in Deutschland und Italien entwickelte, so stellt sich uns eine bezeichnende U m - k e h r u n g in der Abfolge und Abhängigkeit der beiden Grundmomente dar. Völlig und ungeteilt ist die Forschung hier auf das Objektive gerichtet, dessen Sicherheit ihr von Anbeginn in der Wahrnehmung und anschaulichen Vorstellung verbürgt ist. Kein kritischer Zweifel stört diese erste unmittelbare Gewißheit: alle Kräfte des Geistes, die Empfindung sowohl wie die sinnliche Phantasie, werden gleich unbefangen befragt und als objektive Zeugen hingenommen. Und dennoch vollzieht sich auch hier, gleichsam ungewollt und unvermutet, eine neue Entwicklung. Indem das Denken der Zeit an einer Umgestaltung des Naturbegriffs arbeitet, wandelt sich ihm unvermerkt zugleich die Auffassung und die Definition der E r k e n n t n i s. War die Skepsis von der begrifflichen Auflösung der äußeren Wirklichkeit ausgegangen, um in der Gewißheit des „Innern" ihre Grenze und ihren Ruhepunkt zu finden, so steht hier die Sicherheit der Gegenstände am Anfang: als das Endziel aber erweist sic

allmählich immer deutlicher der Zweifel und die Kritik an der herkömmlichen Begriffsbestimmung des S e l b s t -
b e w u ß t s e i n s. Beide Richtungen der Betrachtung, so widerstreitend sie scheinen, bedingen und ergänzen einander in ihrem letzten Ergebnis: die doppelte Bewegung, die hier einsetzt, dient dazu, ,,Subjekt" und ,,Objekt" mit neuem Inhalt zu erfüllen und ihr bisheriges Verhältnis umzugestalten. —
In ihren Anfängen freilich ist die Naturphilosophie dadurch charakterisiert, daß sie die beiden Momente, an deren schärferer Scheidung und Klärung auch sie unbewußt mitarbeitet, noch völlig ungeordnet neben einander enthält. In das Bild der äußeren Natur sind die Gestalten der subjektiven Einbildungskraft unmittelbar verwoben: neben der exakten Beobachtung, die hier zum ersten Male getreu und umfassend geübt wird, bestimmen individuelle Wünsche und Willensregungen die Auffassung und Deutung des äußeren Seins. Ein lebendiges und persönliches Zeugnis von diesem Ineinander der gedanklichen Motive bietet uns die Selbstbiographie des C a r d a n o dar, in der sich die Kraft des Dämonen- und Wunderglaubens an einem Vertreter der neuen empirischen Denkweise und Forschungsart darstellt. Von der eigentlichen W i s s e n s·c h a f t der Natur bleibt daher diese Richtung ihrem ganzen Wesen und ihrer Grundanschauung nach getrennt. Es ist vergebens, wenn historische Darstellungen und Urteile versuchen, die scharfe Grenzlinie, die zwischen der Naturphilosophie und der exakten Forschung besteht, zu verwischen. K e p l e r selbst, der in seiner ä s t h e t i s c h e n Gesamtauffassung des Kosmos noch manchen Einzelzug, der hier erwachsen ist, aufnimmt, hat die m e t h o d i s c h e Schranke, die ihn von den Vorgängern trennt, in bewußter Strenge aufgerichtet. In seiner Polemik gegen Männer wie F r a c a s t o r o und P a t r i z z i reift seine eigene Grundüberzeugung, reift das Bewußtsein vom auszeichnenden und unterscheidenden logischen Werte der Mathematik heran. (Vgl. Buch II, Kap. 2). So unverrückbar indes dieser Gegensatz ist, so darf man dennoch, wenn es sich darum handelt, die philosophischen A n f ä n g e der neuen Naturan-

schauung bloßzulegen, an der Epoche der Naturphilosophie nicht vorbeigehen. Durch den dichten Schleier hindurch, mit dem Phantasie und Aberglauben sie umhüllen, treten hier dennoch die Umrisse und Formen eines neuen Bildes der äußeren Wirklichkeit heraus. Die intellektuelle Arbeit der Zeit führt nur selten zu sicheren und fruchtbaren Ergebnissen, an die die spätere Forschung direkt anzuknüpfen vermöchte: aber sie deutet gleichsam in symbolischer Form und Sprache auf allgemeine gedankliche Prozesse voraus, die sich im Aufbau der Wissenschaft wiederholen werden.

Es ist eine bunte Fülle individueller Gestalten, die uns in der Entwicklung der Naturphilosophie, die sich zeitlich über mehr als ein Jahrhundert erstreckt, entgegentritt. Und von all diesen Denkern gilt, was Goethe von Cardano gesagt hat, daß ihr Einfluß auf die Erneuerung der Wissenschaft nicht minder als in ihren positiven Beobachtungen, in ihrer persönlichen Denk- und Lehrart wurzelt. So reizvoll indes für den Kulturhistoriker diese lebendige und vielseitige Mannigfaltigkeit ist, so muß doch die p h i l o s o p h i s c h e Betrachtung von ihr zunächst absehen, um sich den festen sachlichen Kern zu vergegenwärtigen, der hier allenthalben zugrunde liegt. Die starren schulmäßigen Verbindungen sind gelöst: aber dennoch ist es ein und derselbe P r o b l e m - g e h a l t, der in aller Arbeit der Einzelnen immer von neuem heraustritt und immer mehr zu einheitlicher Gestaltung drängt.

*   *   *

A) D e r   B e g r i f f   d e s   W e l t o r g a n i s m u s.

Wie die mannigfachen Bestrebungen zur Erneuerung der geistigen Kultur ihren Halt und ihre Zusammenfassung zuletzt in der Florentinischen Akademie fanden, so ist auch die Naturbetrachtung des 15. und 16. Jahrhunderts mit gedanklichen Motiven des N e u p l a t o n i s m u s durchsetzt. In dieser gemeinsamen geschichtlichen Beziehung bekundet sich alsbald die sachliche Einheit, die die beiden Richtungen und Interessen zuletzt verbindet. In der Lehre der Neuplatoniker, in der alle Gegensätze, die das antike Denken bewegten, aufgehoben und ausgeglichen schienen, in der Platonische und Aristotelische Gedanken sich mischten und naivster Wunderglaube mit Elementen der stoischen Physik und des stoischen Materialismus verschmolz: in dieser Lehre glaubt auch das Denken der neueren Zeit zunächst die begriffliche Synthese für seine verschiedenartigen Tendenzen gefunden zu haben. Es ist vor allem der schillernde Begriff der E n t w i c k l u n g, der, wie er Natur- und Geistesgeschichte gleichmäßig umfaßt, die Fragen, die sich aus beiden ergeben, in einer gemeinsamen metaphysischen Formel zu enthalten und zu lösen scheint. Innerhalb der Neuplatonischen Lehre bildet die Entwicklung das Zauberwort, das die beiden äußersten Enden des Systems, das Idee und Erscheinung miteinander verknüpft. Wie sehr auf der einen Seite das Absolute als j e n s e i t alles Seins und alles Denkens betrachtet wird, so führt doch nunmehr eine stetige und notwendige Folge von der Welt der reinen Formen zum stofflichen Dasein der Dinge hinüber. Die logische Verbindung der Gegenpole wird im Begriff der K r a f t entdeckt: das Urwesen ist reine und absolute Tätigkeit, die, in einem System von Abstufungen und Abschwächungen, auf das abgeleitete Sein überfließt. Jetzt ist die Körperwelt und ihre Mannigfaltigkeit nicht mehr schlechthin ein Nicht-Seiendes; sie ist zugleich als ein S y m b o l gedacht, in dem die Einheit der „Idee" sich ausprägt. —

Diese d y n a m i s c h e Grundauffassung ist es vor allem, die für die neuere Zeit zur Vorbereitung und zum Hebel einer Umgestaltung des Naturbegriffs wird. Damit die Natur als selbständiges Problem gefaßt und herausgehoben wird, muß sie zunächst als geschlossenes G a n z e gedacht werden, das in sich selbst und dank der eigenen, in ihm liegenden Kräfte sich erhält und umgestaltet. Jede Veränderung in ihr muß im Zusammenhang mit einem zeitlich und räumlich benachbarten Ereignis aufgefaßt werden, das seinerseits wieder auf neue Bedingungen und schließlich, in letzter Analyse, auf die Totalität der Kräfte des Alls zurückweist. So ist die A b - s o n d e r u n g des Einzelnen im Grunde lediglich ein Werk der Abstraktion, während einzig das Ganze in lebendiger

Wirklichkeit besteht und seinen Teilen vorangeht. Die Natur ist — wenn wir diesen Gedanken aus der Sprache der Logik in die der unmittelbaren Anschauung übersetzen — ein einziger O r g a n i s m u s: eine Abfolge mannigfacher Erscheinungen, die sich von innen heraus und aus sich selbst einem gemeinsamen Ziele zubewegen und in ihm ihre Einheit finden. Der Gedanke der wechselseitigen B e d i n g t h e i t aller Glieder des Universums wandelt sich unmittelbar in die Anschauung der B e l e b t h e i t des Alls. Daß zwei getrennte Momente des Seins auf einander w i r k e n, daß somit die Änderung des einen in dem andern reflektiert wird und sich in ihm b e m e r k l i c h macht, erscheint nur dadurch möglich, daß beide Glieder ein und desselben übergeordneten Lebenszusammenhangs sind.

Bestimmt und anschaulich tritt diese Grundansicht vor allem in der deutschen Naturphilosophie des 16. Jahrhunderts hervor. Das Werk des Agrippa von Nettesheim über die geheime Philosophie erhält, so mittelalterlich es sich in seiner Physik der „dunklen Qualitäten" ausnimmt, von ihr sein individuelles Gepräge. Wir können dem All nicht anders W e r t verleihen, als indem wir es mit einer ursprünglichen Wesenheit und Kraft, mit einer selbständigen S e e l e begabt denken. Töricht und widersinnig ist es, zu glauben, daß beliebige unvollkommene Korpuskeln und Teilchen des Universums, daß die niedrigsten Tiere des Lebens gewürdigt sein sollten, während es dem Universum selbst, dem vollkommensten und edelsten Körper, versagt bliebe. Die fortschreitende Stufenreihe der stofflichen Struktur ist nur als das Sinnbild einer entsprechenden Gliederung und Abstufung des seelischen Daseins verständlich. „Absurd wäre es, wenn der Himmel, die Sterne und die Elemente, die für alle Einzelwesen der Quell des Lebens und der Beseelung sind, selbst ihrer ermangeln sollten; wenn jede Pflanze und jeder Baum an einer edleren Bestimmung Anteil hätte, als die Sterne und die Elemente, die seine natürlichen Erzeuger sind"[1]). So gewiß

---

[1]) A g r i p p a v o n N e t t e s h e i m, De occulta philosophia, Lib. II, Cap. 56. — (Henrici Cornelii Agrippae ab Nettesheym . . . Opera quaecumque hactenus vel in lucem prodierunt, vel inveniri potuerunt omnia. Lugduni s. a. I, 294 f.)

die Wirkung die Ursache nicht übertreffen kann, so gewiß vermag Lebendiges nicht aus Leblosem zu erstehen, noch aus ihm seine Nahrung zu ziehen. Und wie wir hier dazu gedrängt werden, den einzelnen Gliedern Sinn und Bewußtsein zuzusprechen, so führt der geregelte Verlauf und die Zusammenstimmung aller Teilprozesse dazu, sie einem umfassenden belebten Ganzen untergeordnet zu denken: „es gibt somit eine W e l t s e e l e , ein einiges Leben, das alles erfüllt und durchströmt, alles in sich zusammenhält und verknüpft, um die Maschine der gesamten Welt zu einer Einheit zu machen" (ut unam reddat totius mundi machinam)[1]). Der M e c h a n i s m u s selbst und seine allumfassende Geltung läßt sich somit nicht denken ohne den Gedanken der Allbeseelung. Dieser Gedanke bildet — auf der Stufe der Betrachtung, auf der wir uns hier befinden — keine spezielle metaphysische Annahme, die zu dem Stoff und Inhalt der Erfahrung von außen her ergänzend hinzuträte: er ist geradezu die V o r a u s s e t z u n g für die erste Aussprache und Formulierung des Naturproblems selbst. In dem Bilde des Kosmos, das sich jetzt vor uns darstellt, drückt sich in symbolischer Hülle zuerst die strenge und allgemeine Forderung der durchgehenden k a u s a l e n G e s e t z l i c h k e i t aus, vermöge deren jede Einwirkung, die auf einen einzelnen Punkt geübt wird, sich in ihren Folgerungen auf die Gesamtheit aller Erscheinungen weitererstreckt. „Wie im menschlichen Körper die Bewegung des einen Gliedes die des andern hervorruft und wie auf einer Laute bei Berührung einer Saite alle andern mitschwingen, so wird jede Bewegung eines Teils der Welt in allen anderen verspürt und nachgeahmt"[2]). Der Begriff des W e l t o r g a n i s m u s , der hier erreicht wird, ist die erste Form, in die der Gedanke der Selbstgenügsamkeit der Naturgesetze sich kleidet. Jetzt kann keine Veränderung mehr durch fremde Willkür — sie sei menschlicher oder „dämonischer" Art — gesetzt werden, wenn sie nicht zugleich durch die e i g e n e n Bedingungen, die in dem momentanen Zustand der Dinge und ihrem inneren

---

[1]) A g r i p p a v. N e t t e s h e i m , De occulta philosophia II, 57. — Opera I, 296.
[2]) A g r i p p a , De occulta philosophia II, 60. — Opera I, 303.

Entwicklungsgesetz liegen, bestimmt und vorgeschrieben ist. Selbst der Gedanke der Magie, der die gesamte Auffassung Agrippas durchdringt und beherrscht, erhält daher ein neues Ziel. Wir sahen, wie bereits im Mittelalter Magie und Astrologie dazu dienten, im Gegensatz zu dem religiösen Subjektivismus die Auffassung der Natur als einer objektiven Macht, die durch selbständige Gesetze geleitet wird, zu behaupten und zu bekräftigen. (Vgl. ob. S. 155 f.) Jetzt dringt diese Auffassung weiter, indem an Stelle der Magie der Symbole und Zeichen eine „natürliche Magie" sich entwickelt, die die Dinge nicht mehr durch die geheime Kraft des Wortes, sondern durch die Beherrschung ihrer regelmäßigen inneren Anlagen und Fähigkeiten zu meistern gedenkt. Diese Wandlung, die ihren Ausdruck und Abschluß im 16. Jahrhundert in dem bekannten Werk Giambatista Portas über die natürliche Magie findet[1]), ist im Keime schon bei Agrippa vorhanden, bei dem im ganzen freilich die ältere Vorstellungsart noch vorherrscht. „Die Erkenntnis der Abhängigkeit der Dinge in ihrer Aufeinanderfolge" ist, wie er im selben Zusammenhange ausspricht, „das Fundament jeder Wunderwirkung, und irrig ist es, zu glauben, daß ein Ereignis die Natur übersteigt und ihr entgegen ist, das nur von ihr aus und ihr gemäß erfolgen kann". Der geschichtliche Gang des Denkens geht nicht von einem mechanischen Bilde des Alls aus, dem die Phantasie nachträglich Leben und Beseelung verliehe; vielmehr ist die ursprüngliche konkrete Einheitsanschauung, die Bewegung und Leben in Eins setzt, die Vorbedingung, aus der durch wissenschaftliche Analyse und Sonderung der Begriff des Mechanismus gewonnen wird. —

Und wie hier der Gedanke der Weltseele dem neuen Naturbegriff vorangeht und ihn vorbereitet, so dient er auf der andern Seite dazu, die unableitbare Eigentümlichkeit des Bewußtseins festzuhalten und auszusprechen. Das Bewußtsein kann nicht von den Dingen und Elementen

---
[1]) Über Giambattista Porta und seine „Magia naturalis", die 1589 in Neapel erschien, s. das Urteil Goethes in der Geschichte der Farbenlehre (Hempel XXXVI, 144 ff.)

der Natur als sekundäres Ergebnis hergeleitet und aus ihnen erklärt werden: es muß als erste und notwendige Bestimmung bereits von Anfang an in sie hineingelegt werden. Der „Sinn" ist — wie es Campanella ausspricht, der als Letzter in der Reihe der Naturphilosophen das Ergebnis der Gesamtbewegung noch einmal zusammenfaßt — keine äußere Beschaffenheit, kein M o d u s, der an irgendeinem einzelnen Sein haftete und darauf beschränkt bliebe, sondern ein wesentliches Attribut und eine a k t i v e K r a f t „sensus non videtur esse modus quidem existentiae, sed res e s s e n t i a l i s v i s q u e a c t i v a"[1]). In diesem Ineinander von B e w u ß t - s e i n und K r a f t sehen wir ein metaphysisches Motiv vor uns, das bis weit in die neuere Philosophie hinein fortwirkt und das vor allem auf L e i b n i z vorausweist. Die Naturphilosophie der Renaissance hat das Material geschaffen, das Leibniz seiner Auffassung und Theorie des O r g a n i s m u s zugrunde legt. Die K r a f t ist auch hier nicht ein Produkt des Seins, sondern dessen notwendige Bedingung: keinem Wesen können wir ein bestimmtes Dasein zusprechen, ohne daß wir es zuvor mit bestimmten „Vermögen" und Fähigkeiten ausstatten. Die Existenz jedes Dinges ist dadurch bedingt, daß es die Tendenz besitzt, von dem Einzelpunkte des Daseins, in den es zunächst gesetzt scheint, fortzuwirken, sich auszubreiten und sich zu vervielfältigen[2]). Die Wirklichkeit des Naturkörpers enthält eine Vielheit räumlicher Gliederungen, sowie ein Nacheinander zeitlicher Entwicklungsphasen in sich: beides können wir nur verstehen, wenn wir die Mehrheit auf eine Einheit zurückbeziehen, die sich in ihr entfaltet und offenbart. Diese Einheit in der Mannigfaltigkeit, die wir in dem Begriff der unteilbaren qualitativ einfachen K r a f t im Gegensatz zu ihren successiven Äußerungen

---

[1]) Thomae C a m p a n e l l a e: De sensu rerum et magia libri IV, hg. von Tob. Adami. Francof. 1620. Lib. I, cap. 2.

[2]) „Ens nullum videtur esse nisi quia potest esse . . Entis quoque fundatio est potestas . . Dicitur enim potens, quod in aliud sese ipsum diffundere, amplificare et multiplicare aptum est." C a m p a n e l l a, Universalis philosophiae seu Metaphysicarum rerum juxta propria dogmata partes tres, libri 18. Parisiis 1638. Pars II, Lib. VI, Cap. V, Art. I. (Teil II, S. 20.)

denken, bezeichnet zugleich den Grundcharakter dessen, was wir Leben nennen: „vita dicitur a vi"[1]). Es gibt kein Sein ohne Wirken, kein Wirken ohne ein Analogon des Bewußtseins: alle Existenz ist somit ihrer selbst bewußtes Leben[2]). Innerhalb dieser Alleinheitslehre aber geht das Einzelne dennoch nicht restlos im Absoluten unter, sondern bedeutet ihm gegenüber ein eigenes Problem und einen neuen Anspruch. Es ist ein vergeblicher Versuch, alle Wirksamkeit der Natur auf das göttliche Urwesen zurückzuführen und in ihm erschöpfend begründen zu wollen: das konkrete Geschehen verlangt zu seiner Erklärung überall eigentümliche und individuelle Prinzipien. Nicht Gott ist es, der — wie eine bestimmte metaphysische Theorie es will — in der Flamme nach oben strebt und in der Sonne leuchtet: sondern die eigene spezifische Natur des Feuers und des Lichts. Die Vollkommenheit der Naturdinge beweist sich eben darin, daß sie in sich selbst den Keim und das Vermögen zur Selbsterhaltung besitzen. So ist insbesondere die menschliche Seele der Notwendigkeit eines übernatürlichen Beistands enthoben: sie selber, nicht eine jenseitige Macht ist es, die unsere Gedanken denkt und unser Wollen und Tun leitet. Die besonderen Akte des Geschehens verlangen zu ihrem Verständnis überall die Zurückführung auf besondere Kräfte und damit, im letzten Sinne, auf besondere Bewußtseinzentren und Einheiten[3]).

---

[1]) C a m p a n e l l a , Metaphysik P. III., Lib. XVIII, Cap. I, Art. 1 (III, S. 249). „Vita dicitur a vi, hoc est essendi virtute potestateque; ea igitur ratione, qua sunt Entia cuncta, vivunt."

[2]) C a m p a n e l l a , Metaphys. P. II, Lib. VI, Cap. VII, Art. 1 (II, S. 39). „Ecce videmus quidem ens esse, quia novit esse: et nullum ens reperiri sui inscium."

[3]) „Si enim omnia opera Dei perfecta sunt . . fateri oportet eas rebus vires ab eo largitas esse, quae ipsarum conservationi sufficiant. . . Ergo est negare igni propriam naturam atque formam, cum asserunt Deum ire sursum cum igne et lucere in sole . . . Sequitur etiam non sentire nec intelligere animam humanam, sed Deum in illa; ipsumque adpetere et operari nostras operationes tam malas, quam bonas . . Hae aliaeque alibi positae rationes ostendunt r e s a s e a g e r e . . (et) a d p a r t i c u l a r e s a c t u s p a r t i c u l a r e s c a u s a s a g e n t e s r e q u i r i , ut calor vere calefaciat et non Deus in illo, sed cum illo . . . Construxit sane Deus orbem et creavit res, v i r e s q u e s e

In diesen Ausführungen C a m p a n e l l a s ist genau das Problem bezeichnet, das sich später zu dem metaphysischen Gegensatz des Okkasionalismus und der praestabilierten Harmonie verdichtet hat[1]). Allgemein beginnt hier der Begriff der Kraft jene bestimmtere und schärfere Form anzunehmen, in welcher er später von Leibniz dem „nackten Vermögen" der Scholastiker entgegengesetzt wird. An dem Aristotelischen Begriff der „Potenz" haftet von seiner Entstehung an eine innere Zweideutigkeit. Indem Aristoteles den Begriff der a b s o l u t e n M a t e r i e, den Begriff einer Materie ohne jegliche Formbestimmtheit konzipiert, hat er damit einen reinen G r e n z b e g r i f f d e s D e n k e n s in eine metaphysische Wesensbestimmung verwandelt. Ein Gedanke, der lediglich einer logischen Verneinung entstammt, wird zu einem realen Faktor des Werdens und Naturgeschehens. Die Scholastik versucht vergeblich in diesem Widerstreit eine Ausgleichung zu finden: sie vermag nur zwischen den beiden Gesichtspunkten, die durch ihn bezeichnet sind, abzuwechseln. Die Potenz erscheint ihr daher bald als das Mögliche im Sinne eines bloß abstrakten Beziehungsbegriffs, bald als ein eigenes selbständiges Etwas, das von sich selbst der Verwirklichung entgegenstrebt. Der Streit der Alexandristen und Averroisten hatte sich wesentlich auf diese Frage bezogen: ist die Materie bloße „Possibilität", ist sie lediglich

---

conservandi ac mutandi se mutuo per tempora dedit; illae autem vires perseverant tanquam N a t u r a, donec tota rerum machina ad suum magnum mutetur finem." C a m p a n e l l a, De sensu rerum I, 6; S. 17 ff. Vgl. T e l e s i o: De rerum natura juxta propria principia Lib. IV, Cap. XXIV (Tractationum philosophicarum tomus unus 1588, S. 728): „At Dei sapientiam bonitatemque in reliquis contemplatus quivis illud etiam simul intueatur: posse quidem quaecunque velit facere Deum, qui mundum universum e nihilo condiderit, sed non eo illum pacto constituisse, ut entia ad proprias edendas operationes nova potentia operandi assidue indigeant, s e d s i n g u l a a D e o i p s o p r o p r i a natura propriasque operandi operationes facultate donata juxta propriam singula operari naturam . . ."

[1]) Vgl. bes. Leibniz' Abhandlung: „De ipsa natura sive de vi insita actionibusque creaturarum."

die passive Grundlage der Veränderung, die alle Gestaltung von den Formen erwartet, die an sie herantreten oder besitzt sie eine eigene und selbständige W i r k s a m k e i t ? J e a n d e J a n d u n , ein berühmter Aristoteliker des 15. Jahrhunderts, hatte sich in dieser Frage bereits, entgegen der Averroistischen Grundansicht, die er im allgemeinen vertritt, für das Letztere entschieden: die Potenz bedeutet, wie er ausdrücklich betont, keine bloße Beziehung, die unser Denken in die Materie hineinlegt, sondern sie ist als ein reales Etwas in ihr vorhanden und wirksam[1]). An diese Entwicklung, die sich innerhalb der Aristotelischen Schule selbst vollzogen hatte, knüpft nunmehr die Naturphilosophie der Renaissance überall an. Schon bei C a r d a n o wird hervorgehoben, daß die Materie nicht lediglich als ein Bestimmungsloses, sondern als eine eigene Weise der Bestimmtheit zu fassen sei, und daß ihr somit eine durchaus positive „Wirklichkeit" zukomme[2]). T e l e s i o und P a t r i z z i verschärfen diesen Gedanken, indem sie eine neue Darlegung der Beziehung von Form und Materie suchen, die sich außerhalb der traditionellen Begriffsgegensätze hält. Die Art, wie die Dinge in ihrem „Samen" enthalten sind, bildet — wie hier ausgeführt wird — ein fundamentales sachliches Grundverhältnis, das durch die herkömmliche Unterscheidung von Akt und Potenz eher verhüllt, als verdeutlicht wird. Denn der gegenwärtige Zustand besitzt,

---

[1]) „Fuit opinio aliquorum quod potentia passiva esset de genere materiae ita ut potentia nihil reale diceret, sed relationis tantum. Relatio nihil addit, potentia autem materiae esset relatio. Sed potentia addit aliquid reale supra materiam". J o h a n n e s d e G a n d a v o , Quaestiones singulares super libro Averrois „De substantia orbis" (1486) cf. M a b i l l e a u , Etude historique sur la philosophie de la Renaissance S. 151 ff.

[2]) C a r d a n u s , De subtilitate Lib. I, (Opera, Lugduni 1663, III, 359) „Manifestum est igitur aliquid esse in rerum natura sub forma latitans, quod nec per generationem fit, nec corruptione ipsa interit: atque hoc ipsum ut primum quoddam et quod multis subjicitur formis, materiam primam vocare solemus ingenitam, et nunquam interituram. Manet autem atque est: quod enim manet est. Materia igitur actu est talis qualem descripsimus: verum formis comparata, potentia est: illas enim suscipere potest. Ad formam igitur comparata materia potentia est, in se ipsa vero actu."

sofern er als Keim und schöpferische Bedingung künftiger Zustände und Veränderungen gedacht wird, zugleich das höchste „aktuelle" Sein; — er ist „wirklich", weil er ein eigentümlicher und notwendiger Faktor im Prozeß des Wirkens selbst ist. Eine andere Art des Seins aber kann es nicht geben: die Naturbetrachtung kennt nur solche „Wesenheiten", die sich in tatsächlichen Kräften und Tätigkeiten äußern. Die Annahme eines Vermögens, das nicht in sich selbst das Streben zu seiner Verwirklichung trägt, sondern als gleichgültiges Substrat alle Bestimmung von außen erwartet, ist ein haltloses logisches Zwitterding. Sie macht eine subjektive gedankliche Vergleichung, die wir zwischen dem gegenwärtigen und künftigen Zustand anstellen, zu einem eigenen und selbstständigen Sein. So beruht — wie jetzt im Einzelnen gezeigt wird — die Zweiteilung, die die gesamte Peripatetische Naturlehre beherrscht, auf einer ontologischen Verwechslung. Die empirische Betrachtung der Natur bietet zu einer derartigen Verdoppelung der Prinzipien keinerlei Anlaß. Sie sieht in den räumlich und zeitlich ausgebreiteten Dingen nur die extensive Gestalt und Erscheinungsform derselben Kräfte, die intensiv bereits im „Samen" eingeschlossen sind und seine eigentliche Realität ausmachen[1]).

---

[1]). „At quo modo res in semine existunt? Dicam (si liceat ita fari) seminaliter. Eo scilicet modo, quo semini convenit. Quo semen ea capit, actu ne an potentia? Peripatus rogabit. Respondebimus actu. Nihil enim e se producit quicquam quin et producens sit actu et productum itidem actu. Agit enim nihil, nisi quod est actu . . . Valeat ergo Peripati potentia, quae nil nisi respectum futurae rei significat . . Nihil agit, nisi quod agere potest. Posse hoc ab actu et essentia provenit. Essentia autem cujuscunque est existentia in actu, vires habens et a viribus actiones. Et vis ab essentia quasi stante provenit et est in ea et ejus quadeam extensio et actionis interna quaedam praeparatio, prout actio est virium ipsarum ad extra protensio et proprii operis adimpletio . . ." Francisci Patritii Panarchia: de rerum principiis primis. Lib. IV. (Nova de universis philosophia, Ferrariae 1591, Teil II, S. 8.) Vgl. bes. Patrizzis Discussiones Peripateticae, Basil. 1581, T. IV, Lib. III, p. 396 f: „Falso ergo dictum materiam omnino sui natura esse omni forma nudam, potentiam habere ad omnes formas, nihil aliud esse quam puram potentiam. Actu enim est id quod est. Formas primas semper possidet, nunquam deponit. Nihil enim absurdius quam materiam istam quae

Damit aber sind wir zu einer eingreifenden Kritik des Substanzbegriffs überhaupt gelangt, die nunmehr von P a t r i z z i im Einzelnen durchgeführt wird. „Man eröffne uns endlich jenes Allerheiligste, jenes Geheimnis aller Geheimnisse, von dem beständig die Rede ist, ohne daß es uns jemals vor Augen gestellt wird. Was ist die Substanz? Nach der Sache, nicht nach dem Namen frage ich: um zu erfahren, ob die Form in Wirklichkeit, nicht nur dem Namen nach, die Substanz bildet. Man antwortet mir zunächst, Substanz sei das, was dem Dinge das Sein gibt. Gibt aber — so frage ich weiter — nur die Form dem Dinge das Sein oder auch die Materie? Beides, entgegnet man, nur gibt die Materie lediglich ein potentielles, die Form dagegen das aktuelle Sein". Aber hier entsteht ein neuer Zweifel: genügen nicht die bestimmten Q u a l i t ä t e n des Warmen und Kalten, des Feuchten und Trocknen, des Schweren und Leichten, um die besonderen Gestaltungen der Materie zu erklären? Sind es also nicht diese Qualitäten, die den besonderen Körpern ihre spezifische Seinsart geben? „Man zaudert lange: endlich aber erwidert man, die Form sei das, was das Wesentliche in einer Sache bilde und woraus ihre eigentümlichen Betätigungsweisen entsprängen." Aber ist dasjenige, was z. B. dem Feuer w e s e n t l i c h ist nicht gerade die Wärme und die sonstigen, mit ihr zusammenhängenden Eigenschaften, da doch alle Tätigkeiten des Feuers, das Wärmen, das Dörren, das Verdünnen u. s. f. lediglich von ihr herstammen? So bildet also die Wärme die „Form" des Feuers, die sich damit in eine Summe von „Accidentien" auflöst. „Wenn die Aristoteliker uns alle diese Schwierigkeiten lösen, so wollen wir uns gern vor der Subtilität ihrer Philosophie beugen; lösen sie sie nicht, so mögen sie die Richtigkeit unseres Schlusses zugestehen. Man gebe uns endlich nach so viel Jahrhunderten eine allgemeingültige Definition der Substanz, oder man höre auf in der Philosophie jene einförmige alte Weise zu wiederholen: die Form ist Substanz, weil sie das Wesentliche in der Sache bildet, weil sie Tätigkeiten, die der

---

ex Peripati dogmate nihil prope est, non ens est, pura potentia est sui natura informis: omnes omnium rerum formas habere quae entia sunt, actus sunt, pulcherrimae sunt."

Sache eigentümlich sind, hervorbringt, weil sie dem Dinge das Sein gibt, weil sie das τὸ τί ἦν εἶναι, das „Was", den Vernunftbegriff, die Definition des Gegenstandes enthält." Denn alle diese Erklärungen lassen sich ebensowohl auf die empirisch-phänomenalen Eigenschaften der Objekte beziehen, die sonach dasjenige ausmachen würden, was wir als ihr wahrhaftes Sein zu bezeichnen haben[1]).

Einen neuen Ausdruck findet diese Grundanschauung in der Erörterung und Kritik des Aristotelischen Z w e c k - b e g r i f f s. So sehr die N a t u r a n s i c h t des Aristoteles verlangt, daß die „Formen" der Dinge als die i m m a n e n t e n Zwecke gefaßt werden, denen sie zustreben, so wird doch diese Einsicht durch den Abschluß, den seine M e t a p h y s i k erhält, wiederum in Frage gestellt. Denn als der letzte Grund und als das Endziel alles Geschehens erscheint hier der „unbewegte Beweger", der außerhalb der Welt und von ihrem Sein und Werden unberührt, ein unabhängiges Dasein führt. Der Zweck der Entwicklung liegt somit nicht mehr in der Selbstverwirklichung der inneren Wesenheit der Dinge, sondern in einem jenseitigen Sein: der Weltbegriff hat seine Selbständigkeit an den Gottesbegriff verloren. Dieser innere Widerstreit des Systems ist es, an den die Polemik und die Reform des T e l e s i o anknüpft. Wenn alle Wandlung der Wesen in ihnen selbst nicht zum Abschluß kommt, wenn ein äußeres Ziel ihr Weg und Richtung weist, so schwindet unter diesem Gesichtspunkt der Wert und die Selbständigkeit der E i n z e l w e s e n dahin. Die Formen, sofern sie i n d i v i - d u e l l e Prinzipien des Wachstums und der Entwicklung bedeuten sollen, werden zu müssigen Erdichtungen: all ihre Wirksamkeit löst sich in die des Einen allumfassenden Urwesens auf. Wenn die Naturdinge in sich selbst zuletzt keine bewegende Kraft und keinen Antrieb zur Veränderung besitzen, wenn all ihre scheinbare Tätigkeit in Wahrheit somit nur ein L e i d e n ist, so fehlt uns jedes Mittel, sie von einander zu unterscheiden und als gesonderte S u b s t a n z e n

---

[1]) P a t r i z z i, Discussiones Peripateticae, T. IV, Lib. 3, p. 387. (Im Druck irrtümlich als p. 373 bezeichnet.)

zu behaupten¹). Nur die I m m a n e n z des Zweckes vermag dem Sein seine Unabhängigkeit, wie seine Fülle und gegliederte Mannigfaltigkeit zurückzugeben. Jede Gattung ist um ihrer selbst willen geschaffen und besitzt in sich den Mittelpunkt ihres Daseins und Wirkens; wenngleich alle in stetiger Stufenfolge miteinander verbunden sind und aufeinander hinweisen. Von den Metallen zu den Pflanzen, von diesen zu den niederen Tieren und den Fischen und Vögeln, höher hinauf zu den Säugetieren und Menschen führt eine beständig fortschreitende körperliche Organisation, der wir eine entsprechende, immer reichere Entfaltung in den Graden des Bewußtseins zugeordnet denken müssen²). Der Begriff des Weltorganismus verbietet, irgendeine einzelne Art schlechthin als M i t t e l für die Ziele einer höheren zu denken: er fordert, daß wir in jedem, noch so begrenzten Sein das Gesamtgesetz vollständig verkörpert finden. An Stelle der äußerlichen Betrachtung des Z w e c k s tritt die Erkenntnis der durchgehenden H a r m o n i e im Bau und in der Entwicklung aller Lebewesen. So können wir von der Verwandlung einzelner Pflanzenarten in einander auf den gleichen Prozeß im gesamten Bereich des Organischen schließen; so verstatten uns bestimmte ontogenetische Vorgänge, wie die Entwicklung der Raupe zum Schmetterling, einen Einblick in die prinzipielle Möglichkeit der Umbildung der tierischen Spezies. Solche Ge-

---

¹) ,,Quocirca summopere mirari Aristotelem licet, qui cum eorum, quae natura moventur ab alio ab ipsis separato distinctoque nullum prorsus in iis moveri declaraverit, sed fieri tantum ab alio: ex iis illa omnia ab alio moveri enunciare nihil veritus sit. Et propterea etiam mobilia, quae sunt entia, nequaquam efficiens motus sui nec faciendi omnino in seipsis principium habere, sed patiendi tantum. Desides igitur stertentesque proprias rerum naturas formasque faciat: hujusmodi enim videantur et sint formae, si entia non efficiens sui motus nec faciendi principium in se ipsis habeant, sed patiendi tantum." T e l e s i o , De rerum natura juxta propria principia. Lib. IV, Cap. 20. (A. a. O.: Tractationum philosoph. tomus unus, p. .721). — Zum Ganzen vgl.: F i o r e n t i n o , Bernardino Telesio, ossia Studi storici sull'idea della natura nel Risorgimento italiano, Firenze 1872 ff., I, 218 f.
²) S. C a r d a n o , De subtilitate Lib. X u. XI; De rerum varietate Cap. VII.

danken, die sich z. B. bei V a n i n i finden[1]), treten freilich noch zusammenhanglos und untermischt mit abenteuerlichen Analogien und Spekulationen auf; aber sie deuten dennoch auf eine umfassende geistige Bewegung zurück. Dem Naturbegriff erwächst, verglichen mit der mittelalterlichen Anschauung, ein tieferer Sinn. Nicht unmittelbar als Abbild der Gottheit, sondern nach dem Muster der W e l t , also als „Bild des Bildes" ist — wie Agrippa von Nettesheim ausspricht — der Mensch geschaffen: nicht direkt, sondern nur durch die Vermittlung der gesamten organischen Wirklichkeit vermag er sich somit zu erkennen und seine Beziehung zum „Absoluten" zu erfassen[2]). Schon die ausgehende Scholastik hatte in Raimund von Sabonde auf diesen Gedanken hingedeutet, der sodann in der Schule des Nikolaus Cusanus durchgebildet und weitergeführt wurde: jetzt wächst er im Natursystem des P a r a c e l s u s zu zentraler Bedeutung heran.

*　*　*

Die Grundansicht des Paracelsus von der wechselseitigen Entsprechung des M i k r o k o s m o s u n d M a k r o k o s m o s setzt ein neues Verhältnis des Geistigen und Natürlichen voraus. Die isolierte Betrachtung des Menschen muß notwendig ins Dunkel und in die Irre führen; alles Licht, das wir über sein Wesen zu gewinnen vermögen, strahlt lediglich von der Erkenntnis des einheitlichen Lebens der Gesamtnatur zurück. „Also ist der Mensch ein bildtnuss in eim spiegel gesetzt hinein durch die vier Element . . Darumb so ist die Philosophey nichts anders, allein das gantz wissen und erkanntnuß des dings, das den glantz im spiegel gibt. Und zu gleicher weiß wie der im Spiegel niemandts mag seins wesens verstand geben, niemandts zuerkennen geben, was er sey, dann allein es steht da, wie eine todte bildtnuss: Also ist der Mensch an ihm selbst auch und auss ime wird nichts genommen,

---
[1]) Julii Caesaris V a n i n i , De admirandis naturae reginae deaeque mortalium arcanis libri IV. Lutetiae 1616. S. bes. Dialog 30.
[2]) A g r i p p a v. N e t t e s h e i m , De occulta philosophia. Lib. III, cap. 36, S. 406.

allein was aus der eußern erkanntnuß kompt, des figur er im spiegel ist"[1]). Es gilt den Mikroskosmos durch die „Eltern des Mikroskosmos", die Art und das Individuum aus dem Gesamtgesetz, das sie in sich verkörpern und reflektieren, zu begreifen. Damit schwindet der dualistische Gegensatz, der bisher die „himmlische" und die „irdische" Welt getrennt hatte. Ein und dieselbe Regel ist es, die uns die „niedere" und die „höhere" Spähre, die uns den Leib des Menschen und das Firmament erkennen lehrt und die uns damit zur Einsicht bringt, „wie ein Firmament, ein Gestirn, ein natur und ein wesen da sey under getheilter gstalt und form"[2]). Wieder ist es der Gedanke des Weltorganismus, der zum Vehikel für den Einheitsbegriff der Natur und Erfahrung wird. Und es ist interessant und merkwürdig, wie dieser metaphysische Gedanke bei Paracelus sich allmählich mit e m p i r i s c h e m Gehalt erfüllt und wie er bis in die besondere Gestaltung seiner Arzneikunde hinein sich fruchtbar erweist. Die Medizin kann sich nur auf dem Grunde der allgemeinen t h e o r e t i s c h e n N a t u r b e t r a c h t u n g erheben; das „Umwenden" der großen Welt in die kleine gibt den Arzt. Was in dem einzelnen Teile unsichtbar und unbegreiflich liegt, das wird in dieser Rückbeziehung auf das Ganze sichtbar und greiflich: der äußere Himmel wird der Wegweiser des inneren[3]). Zugleich aber fordet die Grundanschauung, die wir von der Wirkungsweise der organischen Natur gewonnen haben, daß wir alle Vorgänge, die sich im Körper abspielen, nicht lediglich als

---

[1]) P a r a c e l s u s , Das Buch Paragranum, hg. von Franz S t r u n z , Lpz. 1903, S .27 f. — Ich zitiere das Paragranum nach dieser Neuausgabe; die übrigen Schriften nach der großen Baseler Quartausgabe, die J o h a n n e s H u s e r veranstaltet hat: „Bücher und Schrifften des . . Philippi Theophrasti Bombast von Hohenheim, Paracelsi genannt", 10 Teile, Basel 1589 ff. — Bei der Schwierigkeit, die echten Werke von den unechten zu scheiden, sind für die Darstellung im allgemeinen nur solche Stücke benutzt, die Huser nach seiner Angabe in Paracelsus' eigener Handschrift vor sich hatte. (Über den Wert dieser Angabe s.: S c h u b e r t und S u d h o f f , Paracelsus-Forschungen I, Frankfurt a. M. 1887, S. 73 ff.) Wo andere Schriften herangezogen werden, ist dies besonders bemerkt.
[2]) Das Buch Paragranum S. 47.
[3]) A. a. O. S. 53.

äußerlich in ihm gewirkt, sondern als durch ihn selbst und seine Eigenart bedingt denken. Jede Krankheit ist ein einheitlicher Prozeß, der in genauem und notwendigem Zusammenhang mit der gesamten inneren Beschaffenheit des individuellen Lebewesens zu betrachten und zu erforschen ist. Nur unter diesem Gesichtspunkt kann ihre Entstehung und ihr Verlauf begriffen und ihre Heilung versucht werden. „Dann da merckent den ursprung der kranckheiten, das der C e n t r u m die kranckheit macht, darumb ein jedlicher Morbus sich centriert unnd a u ß e r h a l b d e s C e n t r u m s w i r d k e i n k r a n c k h e i t. Darumb umbsonst vom faulen Lufft geredt wird, unnd Thu die Stuben zu, nicht gang an den Nebel: Allein die Constellatio sey in dir, sonst wirdt dirs nichts schaden. Nuhn hierauf wisset, das der grundt in solchen dingen muß nicht auss dem Laufft genommen werden eußerlich, als einer der vom Sonnenschein redet, unnd nicht von der Sonnen mit: . . . Auß demselbigen ursprung verstanden die geburten der kranckheiten, nicht vom eußerlichen anwehen"[1]). Und in gleichem Sinne ist denn auch die Wirksamkeit des Heilmittels zu verstehen: „die Natur ist der Arzt, du nicht: Aus ihr mußt Du, nicht auß dir: Sie setzt zusammen, nicht du: Schau du, das du lernest, wo ihre Apotecken seyen, wo ihr Virtutes geschrieben standen . . . . Darumb so muß der Artzt aus der Natur wachsen mit vollkommenem verstand. Das ist ein vollkömmlicher Verstand, das die Hend greiffen, das die Augen sehen dasjenige, das in der verborgen Hirnschalen fürgenommen wirdt. Dann was verborgen begriffen wirdt, gibt allein den Glauben: den außgang unnd das vollkommen geben die Werck; die Werck seind sichtlich. A l s o s i c h t i g s u n d u n s i c h t i g s i n e i n e m u n d n i c h t i n z w e i e n, die gantze vollkommene tröstliche erkanntnuß, darinn die Seeligkeit ist, und alle gute arbeit, lehr und underricht außgehet"[2]).

In diesen Worten hat Paracelsus in der Tat das moderne Ideal der e m p i r i s c h e n Naturbetrachtung und -be-

---

[1]) Paragranum S. 58.
[2]) Paragranum S. 26 f., S. 41. — Vgl. Das Buch Paramirum (Zweite Fassung), Huser I, 115 f.

schreibung in urwüchsiger Kraft verkündet und anschaulich vorgezeichnet. Die echte Philosophie hat kein anderes Ziel, als den Gehalt, der in der Natur verborgen ist, ans Licht zu ziehen und zum Bewußsein zu erheben: „was ist die Natur anders dann die Philosophey? Was ist die Philosophey anders dann die unsichtige Natur?" Schritt für Schritt läßt sich bei Paracelsus verfolgen, wie er die Gesamtheit der mittelalterlichen Lehrverfassung allmählich in das System der E r f a h r u n g s w i s s e n s c h a f t e n hinüberleitet. Noch sind es häufig die mittelalterlichen Ausdrücke und Bezeichnungen, die er braucht, aber es ist ein neuer Sinn, der jetzt aus ihnen spricht. Es ist vor allem die „Alchymie", die nunmehr aus dem Zusammenhang der magischen Künste gelöst und zum Begriff der theoretischen Chemie geläutert wird. Die Erforschung der natürlichen Ursachen aller stofflichen Veränderungen und die Synthese der natürlichen Kräfte und Keime zu neuen Wirkungen bildet ihre Aufgabe. Ein Alchymist ist der Bäcker, indem er Brot bäckt, der Winzer, indem er den Wein macht: „also was auss der Natur wachst dem Menschen zu nutz, derselbige, der es dahin bringt, dahin es verordnet wirdt von der Natur, der ist ein Alchimist"[1]).

Freilich ist das neue Bild der Wirklichkeit das jetzt bei Paracelsus heraustritt, mehr in naiver Sicherheit erschaut, als im Einzelnen begrifflich begründet. Es ist zweifellos zu viel gesagt, wenn der neueste Biograph des Paracelsus ihn in der Geschichte der Methode der Naturforschung zu den „Größten der Renaissance" zählen will[2]). Diese Wertschätzung muß den Männern vorbehalten bleiben, die in der M a t h e - m a t i k das theoretische Grundmittel der Naturerkenntnis entdeckt und bewährt haben. Dennoch haben die großen methodischen Gegensätze, die die Zeit bewegen und die auf eine neue p h i l o s o p h i s c h e Grundlegung der Erfahrungswissenschaft hinzielen, auch bei ihm ihren Ausdruck und ihren Reflex gefunden. Auch bei ihm wird gegen die Willkür der Überlieferung und der Spekulation der alleinige

---
[1]) Paragranum S. 70.
[2]) Fr. S t r u n z , Theophrastus Paracelsus, sein Leben und seine Persönlichkeit. Lpz. 1903, S. 115.

Schutz und Halt in der unmittelbaren s i n n l i c h e n E r f a h r u n g gesucht: das Wissen muß von der Art sein, „daß auch die Augen den verstand begreiffen: unnd daß es in den Ohren thöne, wie der fall des Rheins, und daß das gethön der Philosophey also hell in den Ohren lige, als die sausenden Winde auss dem Meer . . . Außerhalb dieser erkanntnuß ist widerwertig alles das, das der Natur zugeleget und geben wirt"[1]). Gilt es somit „Sichtiges" und „Unsichtiges" durchgehend in Eins zu fassen, jeden Begriff direkt in einer sinnlichen Anschauung zu beglaubigen, so bleibt trotzdem eine eigene Leistung des V e r s t a n d e s in der Sichtung und Ordnung des empirischen Stoffes anerkannt. Von der „Spekulation" wird die „Invention" geschieden[2]), die zwar in der Warhnehmung ihre feste Stütze hat, aber in ihrer V e r e i n z e l u n g nicht aufgeht. Wer sich bei der „Erfahrung" im landläufigen Sinn des Wortes beruhigt, wer sie der Theorie entgegensetzt: dessen Lehre reicht nicht weiter, als die Einzelfälle, die er beobachtet hat. Wie dürfen wir aber der besonderen Erscheinung als solcher irgendwelche bindende Schlußkraft zusprechen, da wir doch niemals sicher sind, daß die zufälligen Bedingungen, unter denen sie stand, sich jemals völlig gleichartig wiederholen werden?[3]) So ergibt sich notwendig ein d o p p e l t e r Begriff der Erfahrung: „die eine ist des Arztes Grund und Meister, die andere sein Irrsaal und Verführung." Jene ist die methodische Kunst der chemischen A n a l y s e, die zu der Erkenntnis der drei Paracelsischen Grundsubstanzen und damit zum theoretischen Grund seiner Heilkunde zurückführt, — diese ein bloßes Flickwerk zusammenhangloser Wahrnehmungen. Ein und dasselbe Phänomen der Natur wandelt sich je nach dem Auge, dem es sich darstellt: der Prozeß der Verbrennung etwa, der einen Körper der sinnlichen Wahrnehmung entrückt und ihn damit für das Auge des Bauern zu. Nichts macht, enthüllt dem Forscher vielmehr seine Wesenheit und Zusammensetzung und wird so zum Anfang der wahren „artzneyischen Augen".

---
[1]) Paragranum S. 25 f.
[2]) Paragrani alterius Tract. I.: De philosophia. Werke II, 106.
[3]) Vom Podagra. Buch I. Werke IV, 252 f.

Wie zuvor der spekulative Gedanke im Sinnlichen, so muß umgekehrt auch alles „Sichtige" am „Unsichtigen" geprüft und erprobt werden. „Das ist die recht Erfahrenheit nach Philosophischer und Astronomischer Art, alle ding in ihrer Unsichtigkeit zu erkennen . . . Das gestern erfahren ist, was nützt es dem heutigen Tag oder die heutige Erfahrenheit dem morgigen Tag"¹). Es genügt somit nicht mehr, wenn der S i n n der Natur nachspürt und sich mit ihrem Inhalt zu erfüllen sucht: vielmehr verlangt die echte Erfahrung das bewußt und methodisch geleitete E x p e r i m e n t. „Ein jegklich Experiment ist gleich einem Waffen, das nach art seiner Krafft muß gebraucht werden: Als ein Spieß zum Stich, ein Kolben zum Schlahen, also auch die Experimenten . . Darumb das höchst ist, ein jegklich Experiment in solchen Kräfften selbs zu erkennen, in was gestalt es gebraucht sol werden. Experimenten brauchen will ein Erfarnen Mann haben, der der Stich und Streich g e w i s s seye: das ist das ers brauchen und gewaltigen möge, darzu dann sein Art ist . . ."²).

Die Geschichte der Medizin und der Naturlehre hat darüber zu entscheiden, wie weit Paracelsus das Vorbild, das er hier gezeichnet, in seiner eigenen Forschung erreicht hat. Die beiden Haupt- und Grundmomente jeder Erfahrungswissenschaft hat er allgemein erkannt und bezeichnet. Eine ausgebildete T h e o r i e der Induktion wird man auf der Stufe philosophischer Betrachtung, auf der wir hier stehen, freilich nicht erwarten. Wie schwierig es für Paracelsus noch ist, das Ich und die Natur, die Welt der Objekte und die eigene Funktion des Geistes zu sondern und dennoch miteinander ins Einvernehmen und ins Gleichgewicht zu setzen, das läßt sich am deutlichsten aus der Doppelbedeutung ersehen, die der Grundbegriff des „natürlichen Lichts" bei ihm besitzt. Das „Licht der Natur" ist ihm einmal das Gesetz der objektiv realen Wirklichkeit im Gegensatz zur speku-

---

¹) Paramirum (I) Buch I; Werke I, 72—74. — Vgl. Vom Podagra, Werke IV, 293 ff. (Ex impresso exemplari.)
²) „Chirurgische Bücher und Schriften", hg. von Johann Huser, Basel 1618; S. 300 f. (Zitiert nach Strunz: a. a. O. S. 20 f.)

lativen Willkür: „wie eine große blindtheit ist es und eine große verfürung eigen Köpffen nachzufolgen, die doch nit meister sind, nit Doctor sind: das Licht der Natur ist Meister, nit unser Hirn, nit unser Fünff sinn"[1]). Aber die Natur selbst ist dennoch zugleich das Symbol und der Widerschein des göttlichen Geistes; und um sie nach dieser ihrer eigentlichen Wesenheit zu begreifen, muß zuvor das erkennende Subjekt sich selbst zur inneren Klarheit und Freiheit der Betrachtung läutern. Das natürliche Licht könnte nicht in uns aufgenommen werden, wenn es nicht zugleich in uns selbst seinen Quell und Ursprung hätte. Der gesamte Reichtum der äußeren Welt, die Gestirne und das Firmament liegen beschlossen im „Gemüt" des Menschen. „Dann es ist ein solch gross Ding umb des Menschen gemüth, also das es niemandt möglich ist auszusprechen: Und wie Gott selbs und Prima Materia und der Himmel, die Drey ewig und unzergengklich sindt; also ist auch das Gemüth des Menschen ·. . Und wann wir Menschen unser Gemüth recht erkennten, so were uns nichts unmöglich auff dieser Erden"[2]). So nahe grenzt der Begriff der Erfahrung in seiner Ausführung und Verfolgung hier noch an die M y s t i k an. Die angeführten Sätze gehören freilich einer Schrift an, deren Echtheit nicht sicher bezeugt ist: doch liegen sie durchaus in der Richtung von Paracelsus' Grundanschauung und werden durch Aussprüche, die sich in verwandten Gedankenkreisen, bei A g r i p p a v o n N e t t e s h e i m und F r a c a s t o r o finden, bestätigt und ergänzt. Wer sein eigenes Selbst wahrhaft begreift, der erfaßt in ihm zugleich das All der Dinge: „cognoscet in primis Deum, ad cujus imaginem factus est, cognoscet mundum, cujus simulacrum gerit, cognoscet creaturas omnes, cum quibus symbolum habet ... et quomodo singula singulis suo loco, tempore, ordine, mensura, proportione et harmonia aptare queat et a d s e t r a h e r e a t q u e d e d u c e r e, non secus atque magnes

---

[1]) „Vom Podagra" Buch I, W. IV, 263. — Vgl. Labyrinthus medicorum VIII; Werke II, 225 f.
[2]) Liber de imaginibus, Cap. XII; W. IX, 389. (Ex Manuscr. alterius.)

ferrum"[1]). Hier erfassen wir einen charakteristischen Grundzug, der den Denkern dieser Epoche und Richtung gemeinsam ist. Sie alle rufen nach der äußeren sinnlichen Wirklichkeit, in die sie sich zu versenken und an die sie sich völlig hinzugeben trachten, aber sie alle finden in dem Bilde, das sich ihnen hier offenbart, zuletzt wiederum den Reflex des eigenen „Gemütes" wieder. Eine Identität des „Subjektiven" und „Objektiven" wird gefordert und in dunkler Vorahnung ergriffen: aber da die Wissenschaft nicht reif ist, dieses Verlangen zu stützen oder zu leiten, so bleibt es zuletzt allein die Mystik, die den Einheitstrieb der Erkenntnis zu stillen vermag.

* * *

B) Die Psychologie des Erkennens.

Es ist eine höhere Stufe der Abstraktion, die uns in den Anfängen der italienischen Naturphilosophie entgegentritt. Auch hier ist — in Telesio und seiner Schule — der Trieb zur unmittelbaren Beobachtung und Einzelerfahrung herrschend; zugleich aber regt sich die erste Reflexion über den Prozeß und die Entstehungsbedingungen der Erfahrung selbst. Eine psychologische Theorie des Erkennens wird jetzt in allgemeinsten Umrissen entworfen. Freilich ist sie noch nicht das Fundament der Gesamtanschauung, sondern mit ihr verglichen nur ein Außenwerk; dennoch aber stellt sie ein geschichtliches Mittelglied dar, das uns allmählich zu einer neuen Fragestellung hinüberleitet. —

Die psychologischen Kämpfe des 15. Jahrhunderts waren, wie wir uns erinnern, durch den Dualismus innerhalb des Aristotelischen Seelenbegriffs bedingt und hervorgerufen.

---

[1]) Agrippa von Nettesheim, De occulta philosophia, Lib. III, Cap. 36, S. 408. — Vgl. Fracastoro, De intellectione Lib. I. (Opera omnia, Venet. 1555, S. 166): „Intellectus autem divina certe et sacra quaedam res est . . qua sola Diis ipsis similes videmur fieri ipsisque associari, qua homo denique universi hujus, quem mundum dicimus, speciem quandam et similitudinem prae se fert; quin unus quodam modo mundus est, in quo res omnes, quae ubique sunt, caelum, sydera, inane, maria, terrae, montes, silvae, animalia et reliqua omnia reposita sunt."

Auf der einen Seite war hier der **Sinn** als alleinige und unumgängliche Erkenntnisquelle anerkannt, während andererseits doch in der „tätigen Vernunft" eine Form des Bewußtseins anerkannt blieb, die losgelöst von der Empfindung und abgetrennt von der Existenz des Körpers für sich zu bestehen vermag. (S. ob. S. 100 ff.) Um diesem Zwiespalt zu entgehen, bleibt jetzt, nachdem der Ausgang des Streites alle Versuche einer Vermittlung als hinfällig erwiesen hat, nur **eine** radikale Lösung übrig. Es gilt, das Fundament, auf das Aristoteles selbst verwiesen hat, zu sichern und nach allen Seiten folgerecht auszubauen; es gilt die Erkenntnis somit durchweg in die Grenzen der unmittelbaren **Wahrnehmung** einzuschließen. Wo immer andersartige Instanzen, wie eine angeblich eigene Leistung der Begriffsbildung und des Schlußverfahrens angerufen werden, da muß der trügerische Anspruch, der hier verborgen liegt, aufgedeckt und aller Gehalt, den diese Faktoren zu bergen scheinen, wiederum in sinnlichen Eindrücken aufgezeigt werden. Die **Einheit** des Wissens ist nur durch seine völlige Reduktion auf den **Einzelgegenstand**, den die Empfindung uns vermittelt, zu gewinnen und aufrecht zu erhalten.

* * *

I.

Wenn wir uns dem ersten Vertreter der italienischen Naturphilosophie, dem Arzt und Naturforscher **Girolamo Fracastoro** zuwenden, so finden wir bei ihm diesen allgemeinen Grundgedanken zwar bereits betont, dennoch aber mit Bestandteilen der schulmäßigen Überlieferung noch deutlich untermischt. Fracastoros Dialog über die Erkenntnis („de intellectione") ist in der Geschichte der Philosophie, wie es scheint, völlig vergessen; dennoch bildet er ein wichtiges verbindendes Glied und eine Grenzscheide zwischen der Scholastik und der modernen Denkart. Die veränderte Auffassung tritt hier freilich nur allmählich heraus und kleidet sich zuächst noch in die Begriffssprache des Mittelalters. Insbesondere ist es die Theorie der „Species", die von

Fracastoro zur Erklärung des Wahrnehmungsprozesses ohne nähere Prüfung hingenommen wird. (S. hrz. ob. S. 64 ff.) Daß Gegenstände, die unsere Seele nicht unmittelbar berühren, uns bewußt werden können, — daß wir sie, nachdem ihr direkter Eindruck geschwunden, in der Erinnerung zurückzuerschaffen vermögen: diese Tatsache ist ihm nicht anders erklärbar, als durch die Einschaltung eines mittleren Seins, das von den Dingen in uns übergeht und als fester Bestand in uns zurückbleibt. Alle Erkenntnis ist daher nicht ein Ergreifen des Objekts in seiner eigenen Wesenheit, sondern seine mittelbare Darstellung durch ein sinnliches S y m b o l. Daß die Seele in dieser Repräsentation eine eigene, selbständige Tätigkeit ausübt, wird ausdrücklich bestritten: müßte sie sich doch alsdann demselben Inhalt gegenüber zugleich erschaffend und aufnehmend, aktiv und passiv verhalten[1]). Aus dieser Problemstellung indes ergibt sich sogleich eine innere Schwierigkeit. Wie die äußere Realität nunmehr durch eine Summe fester Einzeldinge und ihrer Zustände bestimmt ist, so ist die Seele zu einem Sammelplatz von V o r s t e l l u n g s b i l d e r n geworden, von denen jedes auf ein eigenes gegenständliches Original zurückweist. Daß indes damit der Begriff des B e w u ß t s e i n s nicht erschöpft ist, muß sogleich deutlich werden: denn alle seelischen

---

[1]) „In primis autem constare inter nos debet, c o g n i t i o n e m o m n e m p e r r e r u m s i m u l a c h r a f i e r i, quae aliqui spectra vocavere: nos in scholis nostris species rerum appellamus ... Intelligendo (enim) manifestum est mutari animam ab eo, quod prius erat, cum non intelligeret, hanc autem mutationem non potest res ipsa facere, quae extra est et solet objectum vocari, quoniam per se et proxime non attingit animam. Sed neque anima sese ipsa mutat. Necesse igitur est demitti aliquid ab objecto, quod proxime attingat animam, atque illam mutet: tale autem non aliud esse potest, quam simulachrum et species rerum, quae extra sunt . . Intellectio igitur . . non aliud certe videtur esse, q u a m r e p r a e s e n t a t i o o b j e c t i, q u a e a n i m a e i n t e r i o r i f i t p e r r e c e p t a m o b j e c t i s p e c i e m . . Habet autem dubitationem quandam, utrum quod dicimus intelligere, sit actio quaedam animae, an passio tantum . . . mihi autem videtur, nisi fallor, tantum pati anima intelligendo, et nihil praeterea agere." (F r a c a s t o r o , Turrius sive de intellectione Dialogus. Liber primus. Opera, Venetiis 1555, S. 166.)

Prozesse und Operationen, ferner alle abstrakten Verhältnisbegriffe und Beziehungen ermangeln nunmehr der zureichenden psychologischen Darstellung. Sie alle können weder durch ein Einzelbild, noch durch eine Summe von Einzelbildern zum vollständigen Ausdruck gebracht werden; es entsteht somit die Aufgabe, ihren Gehalt, sofern ein solcher zugestanden und anerkannt wird, wenigstens indirekt durch Einführung neuer „Organe" und Tätigkeiten der Seele verständlich zu machen. Die gesamte Psychologie des Erkennens, die Fracastoro entwickelt, ist auf diese Schwierigkeit gerichtet: wie ist es möglich, daß aus der Menge der sinnlichen Einzelinhalte, die unser Ich ausfüllen, der Gedanke des Allgemeinen, der universale Begriff sich heraushebt und selbständig macht? Um diese Frage schrittweise zu beantworten, wird eine Stufenfolge seelischer Vermögen und Tätigkeitsformen eingeführt. An den untersten Grad, der durch die bloße Aufnahme der Eindrücke und durch die Verknüpfung der Empfindungen verschiedener Sinne zu einer Einheit bezeichnet wird, schließt sich eine Tätigkeit, vermöge deren wir einen Inhalt, der uns zunächst als komplexes, noch ungeklärtes Ganze gegeben ist, nacheinander in seine Teilmomente zerlegen. Dem Ich wohnt eine eigene B e w e g u n g und gleichsam ein innerer Trieb inne, der es über die Schranke des ersten Eindrucks hinausdrängt, um das verworrene Gesamtbild, das ihm anfangs gegeben ist, zu entwickeln, zu gliedern und zu verdeutlichen. Von der sinnlichen Empfänglichkeit ist dieses zergliedernde und analytische Vermögen des Bewußtseins — für das Fracastoro im Begriff der „s u b n o t i o" einen eigenen neuen Terminus prägt — dadurch getrennt, daß es eine t ä t i g e Teilnahme des Ich voraussetzt; von den höheren gedanklichen Verknüpfungsweisen unterscheidet es sich dadurch, daß es sich in ihm nicht um Wahrheit und Falschheit, also nicht um logische B e u r t e i l u n g, sondern lediglich um einen einfachen und gleichsam instinktiven Ü b e r g a n g vom einen zum andern Inhalt handelt. In dieser Mittelstellung erweist sich die neue psychologische Funktion, die Fracastoro einführt, dem modernen Begriff der A s s o -

c i a t i o n verwandt: bemerkenswert ist es indes, daß ihr nicht die R e p r o d u k t i o n vorher gegebener Empfindungen zufällt, sondern ihre Mitwirkung bereits beim ersten Z u - s t a n d e k o m m e n des Wahrnehmungsinhalts vorausgesetzt wird. Ohne das Vermögen der S o n d e r u n g, ohne die successive Apperception und Herausarbeitung der Einzelmomente eines Komplexes, ist selbst der erste Rohstoff der „Vorstellung" nicht zu begreifen[1]). Allgemein bilden V e r k n ü p f u n g und T r e n n u n g die wesentlichen Hauptzüge des Denkens, die sich bis in seine höchsten Formen und Leistungen festhalten und nachweisen lassen. Hier muß somit auch die Entstehung der Allgemeinbegriffe ihre Erklärung finden. Indem wir einen bestimmten Einzelinhalt nacheinander in mehrfachen und wechselnden Verbindungen antreffen, lernen wir allmählich, ihn als selbstständiges Element herauszulösen und ihm eine gesonderte Wesenheit unabhängig von den zufälligen Nebenumständen, mit denen er überall vermischt erschien, zuzuordnen. Der Begriff ist somit nichts anderes, als die „Ähnlichkeit" zwischen verschiedenen verwandten Wahrnehmungskomplexen: eine Ähnlichkeit, die zwar vom betrachtenden Geiste isoliert, nicht aber als ein selbständiges dingliches Etwas vorgestellt werden darf. Sein Verhältnis zum einzelnen sinnlichen

---

[1]) „Voco autem subnotionem nunc eam cognitionem, qua sub uno quodam apprehenso multa alia simul confuso quodam ordine sese offerunt, ad quae consequenter movetur anima, unum post aliud ceu inspectura. Constat enim in animali esse m o t u m h u n c, q u i n o n e s t c o m p o s i t i o, a u t r a t i o c i n a t i o, i n q u a v e r i t a s a u t f a l s i t a s s i t, sed simplex et sola repraesentatio unius sensibilis post aliud. S e d n e q u e e t i a m m e m o r i a e s t h a e c o p e r a t i o, t a m e t s i m e m o r i a e a s s i m i l e t u r, sed natura et tempore et ratione prior memoria est . . Quapropter et de ipsa diligenter quaerendum est, q u o n i a m n i h i l a l i u d d e i l l a h a c t e n u s d e t e r m i n a t u m v i d e o, u t p a r e r a t e t o p o r t e b a t. Propter quod et novo uti vocabulo coacti fuimus, cum nullum aliud huic operationi impositum videremus nomen, unde subnotionem appellavimus.... Non fecit autem motionem hanc sensus ipse per se, sed interior anima, q u a e s i m u l c u m s e n s u a c t u f i t et potentiam majorem habet." A. a. O. 169 D, 170 A. Vgl. Lib. II. S. 179 A. u. B.

Eindruck ist damit geklärt: die einzelne „Species" vermag den Gehalt des Begriffs zwar nicht unmittelbar abzubilden, wohl aber symbolisch zu repräsentieren, sofern in ihr eine B e z i e h u n g zu allen anderen gleichartigen Wahrnehmungen mitgedacht wird. An sich und seiner eigentümlichen psychischen Qualität nach ist jeder Bewußtseinsinhalt singulär: „universal" kann er nur durch den subjektiven Gesichtspunkt der Betrachtung werden, sobald wir in ihm ein Zeichen der gesamten Klasse von Inhalten sehen, der er angehört[1]).

Diese Lösung, die in der neueren Zeit noch in B e r k e l e y s Begriffstheorie unverändert erhalten ist, mündet, rückwärts verfolgt, in den scholastischen „Terminismus" ein. Mit Wilhelm von O c c a m unterscheidet Fracastoro jetzt Begriffe e r s t e r und z w e i t e r Ordnung (intentiones primae et secundae), von denen jene sich direkt auf äußere Gegenstände, diese sich nur auf unsere A u s s a g e n über Gegenstände beziehen und somit in einer Reflexion des Verstandes auf sich selbst ihren Ursprung haben. Die Abtrennung in Arten und Gattungen gehört lediglich diesem zweiten Typus des Denkens an: die Klassen, die derart entstehen, haben einzig den Wert konventioneller Namen und Bezeichnungen, deren Behandlung eher ein Interesse der Grammatik und Rhetorik, als der Erkenntnislehre ausmacht. Indessen zeigt es sich alsbald, daß auch diese Unterscheidung verschiedener Arten der „Intention" nicht ausreicht, um das Ganze des Bewußtseins zu umspannen und auszumessen. Die e i g e n e n T ä t i g k e i t s w e i s e n des Geistes, die Phantasie und die logische Schlußfolgerung, das abstrakte Denken und die associative Verknüpfung lassen sich unter keines der beiden Glieder des Gegensatzes eindeutig einreihen. Wir können sie nicht ohne Einschränkung den Begriffen der ersten Art zugesellen, da sie nicht der äußeren Welt, sondern einzig dem Ich selber angehören; — hier aber besitzen sie wiederum eine eigene, unveränderliche Realität und Wahrheit, die sie von den wechselnden und willkürlichen B e n e n n u n g e n scheidet. Sie haben nicht nur, wie beliebige subjektive Ge-

---

[1]) A. a. O. S. 177 A—D.

bilde in der Seele ihren S i t z, sondern auch ihren Halt und ihren notwendigen, immer gleichen U r s p r u n g: nicht nur ein „esse in anima", sondern ein „esse ab anima" ist es, das ihnen eignet. Die Operationen des Geistes „sind in der Seele, als ob sie außerhalb wären": sie tragen den Charakter objektiver Bestimmtheit, sind also in diesem Sinne zu den Begriffen erster Ordnung zu rechnen, ohne doch dingliche Existenz zu besitzen[1]). So sehen wir — und diese Entwicklung wird sich später noch deutlicher verfolgen lassen — wie zuletzt gerade das zentrale Problem des S e l b s t b e w u ß t - s e i n s den Rahmen und das Schema, das eine sensualistische Psychologie des Erkennens entworfen hat, durchbricht. In der Tat sieht sich Fracastoro, um der Seele ihre eigentümliche „Realität" zu wahren, geradezu zur Averroistischen Doktrin des Einen allumfassenden Intellekts gedrängt, wodurch indes im Widerspruch zu seiner Erkenntnislehre wiederum ein „Allgemeines" hypostasiert wird. Und noch eine andere Frage ist es, die sich an dieser Stelle aufdrängt. Wenn Fracastoro es unternahm, die Entstehung des Allgemeinen aus dem Besondern nachzuweisen, so war sein Interesse hierbei lediglich auf die G a t t u n g s b e g r i f f e, nicht auf die universalen R e l a t i o n e n des Geistes und ihre Geltung gerichtet. Ist aber damit das Problem erschöpft, ist es zulässig, Begriffe, wie Raum und Figur, Größe und Zahl mit dem Begriff des „Weißen", den wir aus den Einzelwahrnehmungen des Schnees und der Milch abstrahieren, un-

---

[1]) „Dubitabitis autem fortasse de ipsismet operationibus animae, ut intelligere, abstrahere, imaginari, ratiocinari, subnoscere . . utrum primi vel secundi conceptus dici debeant, quando e s s e i n a n i m a omnia haec habent. Ad quod . . dicendum est operationes hasce animae d e b e r e d i c i p o t i u s e s s e a b a n i m a, q u a m i n a n i m a e s s e h a b e r e, sicut accipimus nunc esse in anima, ut distinguitur ab esse extra animam. Quae enim concipiuntur secundum esse, quod habent in anima, duplex esse habent, alterum extra animam, alterum in anima: a t o p e r a t i o n e s p r a e d i c t a e intelligere, abstrahere, et alia n o n h a b e n t h o c e s s e d u p l e x, sed solum ab anima et in anima sunt. S u n t a u t e m i n a n i m a, a c s i e x t r a e s s e n t, q u a r e p r i m i c o n c e p t u s s u n t, super quibus et secundi fieri possunt." A. a. O. Lib. II, S. 192.

mittelbar auf eine Stufe zu setzen?[1]) Noch innerhalb der Naturphilosophie wird sich diese Schwierigkeit erheben, die sich zur vollen Klarheit allerdings erst entwickeln kann, nachdem der Fortschritt der Wissenschaft selber die Forderung einer Logik der Relationen zum Bewußtsein und zur Anerkennung gebracht hat.

* * *

II.

Wie Fracastoro den scholastischen Begriff der „Spezies" aufnahm, den Gegensatz indes, der hier zwischen „sinnlicher" und „intelligibler" Spezies bestand, auszugleichen und aufzuheben trachtete, so verfolgt auch die Lehre des T e l e s i o den gleichen Weg. Die E i n h e i t d e r S e e l e ist es, die auch sie — gemäß einer Tendenz, von der die Philosophie der Renaissance sich überall beherrscht zeigt — vor allem zu wahren versucht: diese Einheit aller gilt ihr nur dann als erreichbar, wenn eine einzige Grundform der Erkenntnis aufzeigbar ist, aus der alle anderen sich ableiten lassen[2]). Hier indes handelt es sich nicht mehr um losgelöste psychologische Untersuchungen, vielmehr erhebt sich das Erkenntnisproblem nunmehr auf dem weiteren Unterbau, der durch das Ganze der neuen N a t u r l e h r e geschaffen ist. Der Prozeß des Erkennens ist dem allgemeinen Zusammenhang der b i o l o g i s c h e n Probleme eingeordnet und unterstellt: er bezieht sich auf die Frage, wie das L e b e n d e s A l l s, das in jedem Teile gleichmäßig vorhanden ist, sich unter besonderen Bedingungen in individuelle E m p f i n d u n g umsetzt und wandelt. „Erkennen" heißt „Leiden": heißt ein Aufgeben des eigenen Lebens, um ein fremdes in sich aufzunehmen und nachzubilden. Aber diese Umbildung gilt es nicht lediglich abstrakt auszusprechen, sondern

---

[1]) „Sicut autem e lacte et nive universale albedinis fit, ita et conjunctorum sua universalia et ideae extrahuntur; quare et universale loci, et figurae, et quantitatis, et numeri, et aliorum conficitur." A. a. O. Lib. I, S. 177 B.
[2]) T e l e s i o, De rerum natura VIII, 9; V, 12.

sie wird gemäß der Denk- und Darstellungsart der Naturphilosophie in einer unmittelbaren Anschauung verkörpert und dargestellt. Alles Leben vollzieht sich durch die Wirksamkeit zweier widerstreitender Potenzen, durch das Wechselspiel, das die beiden Grundkräfte der W ä r m e und K ä l t e an der für sich trägen Materie, die sich in konstanter Menge erhält, ausüben. Die Mannigfaltigkeit der Naturformen entsteht aus der wechselnden Teilnahme an diesen beiden Gegensätzen. So wird alle qualitative Verschiedenheit und mit ihr alle individuelle Besonderung des Seins auf eine einzige ursprüngliche Grundform des Wirkens zurückgedeutet. Alle sinnlich wahrnehmbaren Eigenschaften lösen sich in Arten der B e w e g u n g, alle Differenzen des einheitlichen Stoffes in Grade der Verdichtung und Verdünnung auf, wie sie durch die Wirkung des Warmen und Kalten in vielfältiger Abstufung erzeugt werden. So ist denn auch die E m p f i n - d u n g nur dadurch möglich, daß eine äußerlich existierende Bewegung von bestimmter Eigenart und Geschwindigkeit auf die seelische „Substanz" fortgeleitet und übertragen wird. Aristoteles hatte das Denken allgemein als eine „Berührung" des νοῦς mit dem Gedachten geschildert: jetzt wird diese Bestimmung weiter gefaßt und voller sinnlicher Ernst mit ihr gemacht. Alle Arten des Erkennens sind nur spezielle Weisen der T a s t w a h r n e h m u n g und durch räumliche Annäherung des Objekts an den „Geist" bedingt. Dieser ist somit, da er die körperlichen Bewegungen unmittelbar in sich aufnimmt, selbst durchaus körperlich zu denken: er wird als eine feine und dünne Substanz, als ein elastisches Medium beschrieben, das jede Schwingung, die von außen an es herantritt, nachahmt und fortpflanzt. Auf die nähere Ausgestaltung dieser Grundanschauung ist besonders die Stoa und ihre Lehre vom Pneuma von Einfluß gewesen. Die Dinge wirken auf uns, nach dem Grad ihrer Mischung von Wärme und Kälte, durch Ausdehnung und Zusammenziehung dieses subtilen Stoffes („spiritus"), der, wenngleich nicht sichtbar, dennoch durch das gesamte Nervensystem stetig verbreitet gedacht werden muß. Die Frage, wie die verschiedenartigen Bewegungen des seelischen Grundstoffes auch als solche zum B e w u ß t s e i n kommen, wie sie aufeinander bezogen und zur Einheit zusammengefaßt werden, wird hierbei nicht gestellt; durch die Annahme der allgemeinen Beseelung des Stoffes wird von Anfang an jede Reflexion, die sich hierauf richten könnte, abgeschnitten. Der einzige Vorrang, den dieser Grundanschauung gemäß die „geistige" Substanz vor den körperlichen Dingen besitzen kann, besteht nur darin, daß sie imstande ist, die Bewegungen, die einmal in ihr erzeugt werden, festzuhalten und willkürlich oder auf einen äußeren Anreiz hin von neuem in sich hervorzurufen. Auf diesem Vermögen der Reproduktion, das zu dem ursprünglichen Vermögen der Wahrnehmung hinzutritt, beruht alles vermittelnde Schließen und alle denkende Verknüpfung des Geistes. Der „Verstand" ist nichts anderes, als die allseitige Anwendung jener primitiven Tätigkeit, die wir als physiologisches „Gedächtnis" bezeichnen können. Alle Einsicht, die wir in das Wesen der Dinge gewinnen, beruht auf der Möglichkeit, ähnliche Eindrücke als solche zu erkennen und von einer Teilwahrnehmung, die uns unmittelbar gegeben ist, zu dem Gesamtkomplex überzugehen, in dem sie uns früher erfahrungsgemäß begegnet ist. So wird aus wenigen bekannten Eigenschaften eines gegebenen Körpers — etwa aus seiner Härte, seiner Dehnbarkeit und Farbe — unmittelbar zu der Vorstellung desjenigen empirischen Ganzen fortgeschritten, das wir durch den Namen und Begriff des Goldes bezeichnen. Alles Leben und aller Fortschritt der Erkenntnis führt sich auf dergleichen A n a l o g i e s c h l ü s s e, auf ein bloßes Vermuten aus associativer Erinnerung, zurück. Zwar kennt auch Telesios Lehre eine „höhere" seelische Substanz, die nicht an den Stoff gebunden sein, sondern, gleich der aktiven Denkkraft des Aristoteles, von außen her in ihn eintreten und in ihm ihre Selbständigkeit bewahren soll: aber diese „forma superaddita" bleibt, innerhalb des Systems, selbst ein fremder Bestandteil, der zwar mit Rücksicht auf die kirchliche Lehre geduldet wird, der aber im Ganzen der philosophischen Ableitung keine Funktion mehr besitzt[1]). Der „Intellekt" ist

---
[1]) S. De rerum natura V, 2; VIII, 15, u. s.

seiner Grundbedeutung nach nur gleichsam ein besonderes Sinnesorgan, vermittels dessen wir das Entfernte, das keine direkte Einwirkung auf uns ausübt, aufzufassen vermögen. Notwendigerweise freilich bleibt eine solche Auffassung, verglichen mit der Wahrnehmung des Gegenstandes selbst, lückenhaft und unvollkommen. Das Denken bietet keine Kritik und keine Kontrolle der Sinne, sondern nur einen Notbehelf, der sich einstellt, wo die direkte Empfindung fehlt. Es über die Sinne setzen, hieße das Mittel höher stellen als den Zweck, von dem es einzig seine Bedeutung empfängt; hieße das echte Ziel des Erkennens über dem zufälligen und äußerlichen Werkzeug vergessen[1]).

Man hat Telesio wegen dieser Sätze einen Vorläufer des S e n s u a l i s m u s genannt, damit aber, bei aller äußeren Übereinstimmung in den Hauptsätzen, das Zentrum und die geschichtliche Eigenart seiner Lehre nicht zutreffend be-

---

[1]) ,,At non modo res sensu perceptas motusque, quibus ab iis commotus est, absentes itidem cessantesque recolere et quodam sentire pacto et ab absentibus itidem quo expositum est modo pati commoverique, et vel praesentium, vel absentium illarum, passionumque et motuum, quas ab illis passus quibusque commotus est, similitudinem intueri spiritui datum videtur, sed rerum itidem, quarum conditio quaepiam manifesta, reliquae occultae sunt, has itidem iis intueri in rebus, quibus illa inesse conspecta sit et quae totae perceptae ei sunt: quod i n t e l l i g e r e vulgo dicitur, quodque . . existimari vel potius commemorari dicendum est . . Siquidem conclusio omnis alicui innitatur et ab aliquo pendeat et contineatur in aliquo necesse est, quod admiserit vel statim admittat spiritus, hujusmodi sensu perceptum sit, summe est necessarium. Itaque intellectionis cujusvis principium similitudo est sensu percepta, intellectio vero ipsa (quae vere intellectio non est, sed . . existimatio vel potius commemoratio quaedam) sensus quidam, imperfectus nimirum et per similitudinem, non scilicet a re, quae intelligitur . . sed a sensu factus, quem similibus a rebus fieri percepit spiritus . . Itaque hujusmodi intellectio longe est sensu imperfectior." T e l e s i o, De rerum natura VIII, 3; p.878 f.; vgl. bes. VIII, 12, p. 890ff. u. VIII, 20, p. 902 ,,Quoniam enim non alias res sentit anima, alias vero intelligit, sed easdem prorsus et sentit et intelligit idque modo a sensilibus intellectiles differe videntur quod praesentes illae propriaque innotescunt actione, hae vero remotae occultaeque et similitudine quadam intelliguntur et quae intelliguntur omnes, si praesentes fiant, sentiantur itidem omnes: nequaquam quae sentit anima intelligenti dissimilis . . ponenda fuit."

zeichnet. Im Sensualismus herrscht, wenngleich in unfertiger Weise, dennoch das Interesse der E r k e n n t n i s vor: es wird die Aufgabe gestellt, von den Empfindungen und Eindrücken den Weg zu den objektiven Gegenständen zu finden. Die Psychologie bildet den Ausgangspunkt und die oberste Instanz, die auch die Grundbegriffe der P h y s i k aufzuklären und verständlich zu machen hat. Telesios Lehre schreitet in entgegengesetztem Sinne fort; sie sucht von einem bestimmten Grunddogma der Physik den Übergang zur Physiologie, die ihr mit der Psychologie zusammenfällt. Die Dinge sind das Selbstverständliche und Gegebene, die Empfindung und das Bewußtsein nur ein Teilproblem innerhalb der Welt der Gegenstände. Wie es möglich ist, daß die starren und fertigen Objekte sich in den Fluß und Prozeß des Bewußtseins wandeln — diese Frage wird nicht aufgeworfen. Der Vorgang der Erkenntnis wird durchaus als ein Übergang v o n D i n g z u D i n g gefaßt und beschrieben. Deutlich tritt dies vor allem in der T h e o r i e d e s S e h e n s hervor, die man etwa mit B e r k e l e y s späterer Lehre vergleichen muß, um sich den Abstand vom philosophischen Sensualismus anschaulich zu machen. Daß die äußeren Dinge in ihrer mannigfachen Gestaltung und Färbung sich in uns abbilden, daß der Geist sie in entsprechenden zugehörigen Bewegungen enthält und wiedergibt, gilt nur dadurch als möglich, daß ein besonderes körperliches M e d i u m zwischen beiden besteht. Das L i c h t, das die Gegenstände umspielt und durchdringt, nimmt alle ihre Eigenschaften und Formen in sich auf, um sie der seelischen Substanz zu überliefern. Indem es von den verschiedenen Objekten eine Änderung seines B e w e g u n g s z u s t a n d e s erfährt, bekleidet es sich gleichsam mit all ihren Qualitäten und Beschaffenheiten und vermag danach weiterhin auch die Bewegung des Geistes mannigfach und wechselnd zu bestimmen. Hierbei sind es nicht nur die Dinge selbst, sondern zugleich ihre vielfältigen B e z i e h u n g e n, die sich auf diese Weise abbilden: wir ,,sehen" unmittelbar nicht nur Helligkeiten und Farben, sondern auch den Zwischenraum zwischen den Objekten und stellen danach ihre Lage und Ordnung vor.

Alle diese Bestimmungen gehen ohne weiteres in „Affektionen" des Lichtes über, um sich weiterhin in solche des Geistes zu verwandeln[1]). Die psychologische Ansicht, die hier entwickelt wird, hat ihre metaphysische Fortbildung in P a - t r i z z i s Philosophie gefunden: hier erscheint das Licht, da es notwendig an den Körpern haftet, anderseits aber seiner Wesenheit nach dem Körperlichen entrückt ist, als ein „Mittleres" zwischen Materie und Immateriellem, zwischen Stofflichem und Göttlichem[2]).

Man sieht, wie weit der Standpunkt, von dem diese Lehren ausgehen, von jeder Theorie des E r k e n n e n s abliegt, welche Richtung sie auch immer verfolgen mag. Wo von der Erkenntnis ausgegangen wird, da entsteht die Aufgabe, die verschiedenen möglichen Beziehungen zwischen den Dingen, vor allem also ihre Größe und Entfernung, als komplexe Verhältnisse nachzuweisen, die aus ursprünglicheren Elementen abzuleiten sind; diese Relationen somit nicht fertig vorauszusetzen, sondern in die Bedingungen ihrer Entstehung aufzulösen. Die C o o r d i n a t i o n zwischen den einfachen Empfindungen selbst, und den O r d n u n g e n, in denen sie sich darstellen, wird hier unbedingt aufgehoben — gleichviel welcher von beiden Faktoren als das sachliche Prius angesehen wird. Daß diese Scheidung bei Telesio nicht erfolgt ist, wird besonders aus seiner Auffassung und Beurteilung der M a t h e m a t i k deutlich. Nicht nur, daß er den anschaulichen Charakter ihrer Grundzüge hervorhebt: die geometrischen Axiome verschmelzen ihm auch unmittelbar mit den empirischen Aussagen über einzelne Wahrnehmungsgegenstände. Hier wie dort bildet das Associationsgesetz der „Ähnlichkeit", bilden I n d u k t i o n und A n a - l o g i e das leitende Prinzip. Wir „definieren" einen Kreis oder ein Dreieck, indem wir ihnen alle diejenigen Eigenschaften zuschreiben, die der „Sinn" an ihnen entdeckt[3]). Der Sinn indes war bisher nur auf p h y s i s c h e Objekte bezogen: nur was an den Kräften der Wärme und Kälte teil-

---

[1]) T e l e s i o , De rerum natura Lib. VII, Cap. 17 ff.; p. 853 ff.
[2]) S. P a t r i z z i , Nova de universis philosophia. Panaugia p. 2.
[3]) Vgl. bes. De rerum natura, VIII, 4, S. 879 ff.

hat, vermag ihn nach den Grundsätzen des Systems zu rühren und zu bewegen. Der neuen Klasse von Inhalten gegenüber muß daher, näher betrachtet, seine Funktion versagen. Auch die Auskunft, daß diese Inhalte durch A b s t r a k t i o n aus den Objekten der Wahrnehmung abgelesen und entlehnt sind, ist abgeschnitten; denn um aus dem bunten Stoffe der Empfindung die reinen mathematischen Gestalten herauszusondern, wäre stets ein eigener Gesichtspunkt des Denkens, also eine A k t i v i t ä t des Geistes erforderlich, die sich hier weder verstehen, noch begründen läßt. Der Widerspruch offenbart sich besonders deutlich am Begriff des „r e i n e n R a u m e s", den Telesio ausdrücklich festhält, ja den er als notwendige Voraussetzung seines K ö r p e r b e g r i f f s dulden und anerkennen muß. (S. unten Abschn. C.) Denn wie könnte der Inhalt dieses Begriffs uns jemals in dem Sinne „gegeben" und zugänglich sein, den die Erkenntnistheorie des Telesio erfordert? Allgemein läßt sich sagen, daß jede Auffassung, die von den Dingen als abgeschlossenen und fertigen Existenzen ausgeht, den reinen gedanklichen Beziehungen keine Stelle und Bedeutung mehr anzuweisen vermag: der Gedanke und der Geist selbst muß für sie zum Dinge, ja in letzter Instanz zum K ö r p e r werden. In späteren Lehren wird zumeist versucht, diese Konsequenz zu verhüllen und abzuschwächen: hier in diesen naiven Anfängen tritt sie uns in einem typischen Beispiel entgegen.

So bleibt Telesio schließlich von der neuen D e n k a r t, in der die moderne Naturwissenschaft wurzelt, auch dort getrennt, wo er ihren Resultaten am nächsten kommt. Der Widerspruch, der in seiner Lehre zurückbleibt, läßt sich vom Standpunkt geschichtlicher Betrachtung mit e i n e m Worte kennzeichnen: der Aristotelische F o r m b e g r i f f, der in der Physik überwunden ist, hat in der P s y c h o l o g i e noch seine Herrschaft bewahrt. Hier lebt er in dem scholastischen S p e z i e s b e g r i f f, sowie in der Gesamtanschauung nach, daß im Prozeß des Erkennens die Dinge selbst. mit einem Teil ihrer Wesenheit, in den Geist eingehen und sich in ihn verwandeln. Diese Auffassung aber läßt sich von dem Boden der Aristotelischen Metaphysik, aus dem sie

erwachsen ist, nicht loslösen. (Vgl. ob. S. 64.) Das substantielle „geistige" Sein, das diese Metaphysik den Naturdingen beilegte, ist geschwunden: wird jetzt dennoch der Prozeß der Erkenntnis unter dem überlieferten Gesichtspunkt gedeutet und beschrieben, so muß er sich notwendig in einen rein s t o f f l i c h e n Übergang zwischen den Objekten und dem Bewußtsein wandeln.
Auch bei den Nachfolgern Telesios wirken diese Probleme und Schwierigkeiten nach. Die Akademie von Cosenza, die er begründet, wird zum ersten, festen Mittelpunkt für die Sammlung und exakte Beschreibung physikalischer Einzeltatsachen; aber die Beobachtungsfülle, die sich damit erschließt, bleibt zunächst noch ungesichtet und ohne sichere methodische Gestaltung. Bei P a t r i z z i, dessen „Neue Philosophie" neben Telesios Hauptwerk der bedeutendste Versuch einer einheitlichen und selbständigen Naturerklärung ist, lenkt die Frage nach dem Ursprung der Erkenntnis wiederum gänzlich in die Bahnen des N e u p l a t o n i s m u s ein. Wenngleich der „Logos" sich vom göttlichen Urwesen scheidet, so kann er dennoch des Bewußtseins seines Ursprungs niemals gänzlich verlustig gehen. Das „Gewahrwerden" seines Zusammenhangs mit dem höchsten Sein und die Liebe, die aus dieser Erkenntnis entspringt, bilden die innere Wesenheit und den Grundtrieb des Intellekts, der sich zur Betrachtung seiner selbst und seiner Ursache zurückwenden muß, um hier mittelbar alle anderen Dinge wiederzufinden und zu begreifen. Alles Wissen will und erstrebt nichts anderes, als die Vereinigung mit seinem Gegenstande, zuletzt also die Auflösung in das absolute Sein: „cognitio" ist — wie etymologisch spielend ausgeführt wird — mit „coitio cum suo cognobili" gleichbedeutend[1]). Von neuem sehen wir hier,

---

[1]) P a t r i z z i, a. a. O. Panarchia Lib. XV, S. 31 f. „Dum a patre emanat verbum eam sui emanationem sentit ipsum; est enim et ipsum patris sapientia . . Persentit ergo se a primo emanare et in essentiam venire et vitam. Ea persentiscentia (ut ita vocem) in se vertitur et in patrem amore ardentissimo convertitur. Ea versione et conversione et se et patrem agnoscit et cognoscit . . Intellectio haec intuitus quidam est in patrem . . Haec est propia intellectus operatio in se et in causam suam conversio. Et per suam essentiam intueri alia."

wie nahe der „Empirismus" der Epoche an die spekulative Mystik angrenzt. Die Verbindung und Mischung dieser beiden Züge tritt uns sodann noch einmal in merkwürdiger individueller Ausprägung in dem Manne entgegen, der die Entwicklung der Naturphilosophie abschließt. Die Metaphysik C a m p a n e l l a s ist es, in der alle gedanklichen Motive der Zeit sich nochmals zusammendrängen und in der all ihre Gegensätze in Eins gefaßt sind. —

III.

Durch Campanellas E r k e n n t n i s l e h r e zieht sich derselbe Zwiespalt, der für seine gesamte Philosophie, wie für sein Wesen und seine Persönlichkeit charakteristisch ist. Die widerstreitenden Tendenzen, die das Zeitalter der Renaissance bewegen, treten sich bei ihm noch einmal in all ihrer Energie und Schroffheit entgegen. Wie er, im Gebiete der Politik, zum Verkünder und Märtyrer seiner sozialen Gedanken wird, zugleich aber in seiner Schrift über die Spanische Monarchie noch einmal das strenge mittelalterliche Ideal der Hierarchie verteidigen kann, so bleibt er, der in seiner Apologie für Galilei für die Freiheit der wissenschaftlichen Forschung eingetreten war, durch innere wie äußere Gründe an die kirchliche Entscheidung über das neue Weltsystem gebunden. Dieselbe Schrift, die die Umrisse seiner sensualistischen Psychologie entwirft, spürt zugleich den ersten Gründen der Magie und ihrer Wirkungen nach. Über einer Naturbetrachtung, die sich auf die Prinzipien des Telesio stützt und die sich durchgehend auf Erfahrung und Beobachtung beruft, erhebt sich eine Metaphysik, die in ihrem Bau und in ihrer inneren Gliederung noch völlig an Thomas von Aquino erinnert. Alle diese Widersprüche der Welt- und Lebensanschauung finden ihren Ausdruck und Reflex in seiner Theorie des Erkennens, in der auf der einen Seite das B e w u ß t s e i n den D i n g e n als ihr Ergebnis untergeordnet wird, während es andrerseits, in einem neuen Ansatz, als der A u s g a n g s p u n k t und das Fundament aller Gewißheit erwiesen wird. —

Gerade hierin besteht die eigentümliche Leistung Campanellas: daß er die Prinzipien, die die Naturphilosophie für die Auffassung der Erkenntnis geschaffen hatte, bis in ihre letzten und radikalsten Folgerungen weiterführt, daß er sie damit indes unvermerkt bis zu einem Punkte leitet, an dem sie sich in sich selber auflösen und aufheben müssen. Der Geist kann die äußere Welt nur dadurch gewahr werden, daß er sich in sie verwandelt und ihr Sein in sich selber wiederholt. Soll das Ich die Mannigfaltigkeit der Dinge begreifen, so muß es sich selber in ihre Verschiedenheit umsetzen: „c o g n o s c e r e e s t f i e r i r e m c o g n i t a m". Zwar kann die „Form" des erkannten Objekts — und dies ist eine Einschränkung, die Campanella, der hierin einen Gedanken Telesios weiter ausführt[1]), an der Aristotelischen Ansicht versucht — nicht unmittelbar in das Bewußtsein übergehen: denn hieraus würde folgen, daß das Objekt, wie das Subjekt im Prozeß des Erkennens seines eigenen Wesens verlustig ginge. Der Geist wäre unter dieser Voraussetzung unfähig, solange er mit einem Inhalt beschäftigt und in ihn gleichsam aufgegangen wäre, einen andersartigen Inhalt aufzunehmen und auf den ersten vergleichend zu beziehen. An die Stelle des gänzlichen Ü b e r g a n g s der Form tritt lediglich die B e s t i m m t h e i t durch sie, bei der das Ich eine Wandlung erfährt, die nur seinen äußeren Zustand, nicht seine Wesenheit berührt. Der Begriff der „informatio" wird auf diese Weise durch den der „immutatio" ergänzt und ersetzt, wobei jedoch als gemeinsames Moment festgehalten wird, daß alle Erkenntnis ein „Leiden" von dem eindringenden äußeren Gegenstande in sich schließt. Dieser braucht indes nur mit irgendeiner vereinzelten und besonderen Beschaffenheit auf uns einzuwirken, um vermöge des Schlusses der Ähnlichkeit sogleich in der Allheit seiner Merkmale rekonstruiert zu werden.[2]) Die Ausführung dieses Gedankens erfolgt in

---

[1]) Vgl. T e l e s i o, De rerum natura, VII, 7, S. 845.
[2]) S. C a m p a n e l l a, D e s e n s u r e r u m e t m a g i a I, 4, S. 12; II, 15, S. 101 ff. R e a l i s p h i l o s o p h i a e e p i l o g i s t i c a e p a r t e s q u a t t u o r edid. Tob. Adami., Francof. 1623. P a r s p r i m a: P h y s i o l o g i c a. Cap. XVI, Art. 2 ff., S. 176; vgl. M e t a p h y s i k, Pars II, Lib. VI, Cap. VIII. (Teil II, S. 58 ff.)

der bekannten physiologischen Bilder- und Gleichnissprache: von jedem Eindruck bleibt eine Spur und gleichsam eine „Narbe" im Geiste zurück, die es ermöglicht, den ursprünglichen Inhalt unter bestimmten Bedingungen zurückzurufen und ihn sich von neuem in dem Zusammenhang, in dem er zuvor erschien, zu vergegenwärtigen. Und da jede Wirkung sich zuletzt auf B e w e g u n g reduziert, Bewegung aber nur von Körpern aufgenommen und fortgeleitet werden kann, so folgt weiterhin, daß die empfindende Seele mit körperlichen Eigenschaften und Kräften behaftet ist, die denen der äußeren Materie gleichen und symbolisch entsprechen. Nur deshalb, weil er selbst beweglich, vermag der Geist die Schwingung der Töne, nur deshalb, weil er selbst leuchtend ist, vermag er das Licht und alle die wechselnden Bestimmtheiten, die sich in ihm widerspiegeln, zu erfassen. Wenn indes auf beiden Seiten a b s o l u t e Identität bestände, so wäre auch damit die sinnliche Wahrnehmung unerklärlich: denn jede Wirkung setzt eine Spannung zwischen u n g l e i c h a r t i g e n Zuständen und ein Gleichgewicht, das sich zwischen ihnen herstellt, voraus. Das „eingeborene" Licht der Seele ist somit von dem Lichte draußen zwar nicht dem Stoffe, wohl aber dem B e w e g u n g s z u s t a n d e nach verschieden: die Wechselwirkung zwischen beiden vollzieht sich in derselben Art, wie bewegtes Wasser, wenn es auf einen glatten Wasserspiegel trifft, diesen in Erregung versetzt[1]). Die empfindende Seele bewahrt die Eindrücke nicht in der Art wie sich Bilder auf einer Tafel, sondern wie Bewegungen sich in der Luft erhalten. Ein besonderes psychologisches Vermögen der R e p r o d u k t i o n anzunehmen, ist daher müßig, wie es auch keiner besonderen Funktion des Geistes bedarf, um die V e r b i n d u n g der Einzeleindrücke zu erklären. In beiden Fällen sind es die zugehörigen Bewegungen, die sich unmittelbar erneuen oder miteinander verschmelzen[2]). Wieder zeigt sich uns in dieser ganzen Ausführung die Tendenz, an der allgemeinen Peripatetischen Auffassung vom V e r -

---

[1]) M e t a p h y s i k , Pars I, Lib. I, Cap. V u. VI. (Teil I, S. 44 ff.)
[2]) M e t a p h y s i k , Pars I, Lib. I, Cap. VI, Art. VI. (T. I, 53 f.)

hältnis des Denkens zum Sein festzuhalten: zugleich indes die Ergebnisse, die Aristoteles vom Standpunkt der Metaphysik gewonnen hatte, in die Sprache der Physiologie und der empirischen Naturlehre zu übersetzen. (Vgl. ob. S. 238 f.) Zugleich aber muß an dieser Stelle deutlich werden, daß diese Umformung ein vergebliches Bemühen ist und daß, ehe der wirkliche Übergang von der Scholastik zur exakten Wissenschaft gefunden werden konnte, eine innere, logische Kritik der Gesamtstellung, die die Peripatetische Philosophie dem Erkennen einräumt, vorausgehen mußte. Bei Campanella dagegen erhalten wir nur eine neue Beschreibung des alten überlieferten Gehalts, die zudem in sich selber unzureichend und zwiespältig ist. Zwei Bewegungen können sich verbinden und zu einer neuen konkreten Bewegung von einheitlicher Richtung und Geschwindigkeit verschmelzen: aber die beiden Komponenten sind hier in dem Gesamtergebnis nicht mehr gesondert wiederzuerkennen, sie sind in ihm ausgelöscht und untergegangen. Das Eigentümliche der geistigen „Synthese" ist es dagegen, daß die Momente, die sich in ihr zur Einheit fügen, als solche in individueller Besonderung und Bestimmtheit erhalten bleiben. Nicht minder finden alle Analogien der Mechanik an dem Vermögen des Bewußtseins, Vergangenes durch Gegenwärtiges zu „repräsentieren", ihre feste Schranke: die empfindende Seele, wie Campanella sie schildert, vermöchte im günstigsten Falle lediglich ihren momentanen Bewegungszustand gewahr zu werden, nicht aber in ihm die „Spur" des Vergangenen von dem direkten Eindruck des Objekts zu trennen und zu unterscheiden.

Von der Gleichsetzung zwischen der Sinneswahrnehmung und der reproduktiven Vorstellung schreitet die Nivellierung weiter, indem sie, gestützt auf die physiologische Einheitsanschauung, nunmehr auch das Denken und den Begriff in den gleichen Kreis, der durch die Empfindung begrenzt und beschlossen wird, hineinzieht. Wir verfolgen diesen Fortgang nicht im Einzelnen, da sich in ihm nur die Entwicklungen des Telesio gleichlautend wiederholen. Der diskursive Schluß besitzt keine eigene Bedeutung neben und über der Wahrnehmung: er hat nur das Ziel, Lücken unserer Erfahrung, die nicht direkt durch die sinnliche Beobachtung ausgefüllt werden können, mittelbar gemäß dem Prinzip der Ähnlichkeit und der associativen Erwartung zu ergänzen. Auf einen derartigen Prozeß gehen alle Verhältnisse und Kategorien der reinen Wissenschaft, gehen die Begriffe des Raumes und der Zeit, der Tätigkeit und des Leidens, der Form und der Materie zurück. Wenn Aristoteles die Leistung des Sinnes darauf einschränkt, daß er uns das „Was", nicht das „Warum" eines Gegenstandes oder Vorganges zu erkennen gebe, so ist auch diese Begrenzung hinfällig. Denn einen Inhalt b e g r ü n d e n und ableiten heißt ihn, der an und für sich ungenügend und ungewiß ist, auf einen anderen sichereren Ursprung zurückleiten. Der sinnliche Eindruck dagegen ruht in sich und trägt seine Gewähr unmittelbar in sich selbst; gerade dieser Vorzug und dieses ihm eigentümliche Privileg ist es, das ihn jeder weiteren Nachforschung nach entfernteren „Gründen" überhebt. Wo das Bedürfnis „rationaler" Deduktion noch besteht, da ist eben dies der Beweis dafür, daß das höchste Ziel der Evidenz noch nicht erreicht ist, daß ein letzter Halt, der nur in einer unmittelbaren Wahrnehmung liegen kann, noch vermißt wird. Die Vernunft, die aus einer Gruppe von Objekten die gemeinsamen Merkmale heraushebt, vermag eben darum die Empfindung, in der sich uns die volle Konkretion des Gegenstandes erschließt, an Bestimmtheit nicht zu erreichen: sie ist ein „unvollkommener Sinn", der das Objekt nicht in seiner eigenen Natur, sondern nach seiner generischen Ähnlichkeit mit anderen gleichartigen Dingen erfaßt[1]).

Alle diese Ausführungen besitzen nun aber in Campanellas Metaphysik von Anfang an ein eigentümliches Gegenbild, das sie berichtigt und ergänzt. Das Werk beginnt mit

---

[1]) „Decipitur Aristoteles dicens sensum non reddere causam quaestionum, sicut ratio, unde ipsum hac incertiorem facit, vel insipientiorem. Reddere, inquam enim, causam est declarare, unde sit, quod incertum est; sensus autem certus est nec probationem quaerit, i p s e e n i m p r o b a t i o e s t. R a t i o a u t e m e s t i n c e r t a n o t i t i a i d e o q u e i n d i g e t p r o b a t i o n e et quidem,

einer ausgebildeten Theorie des Skepticismus, die zwar nirgends als eigene, endgültige Lehre behauptet wird, die sich jedoch in der Ausführlichkeit und Genauigkeit, mit der sie dargestellt wird, als ein wichtiges bedingendes Moment der logischen Gesamtentwicklung erweist. In der Tat ist, näher betrachtet, die Skepsis das natürliche Korrelat und die notwendige Kehrseite des Erkenntnisideals, das bisher gezeichnet wurde. Wir erfassen die Außendinge nur in den Eigenbewegungen unseres Geistes: welches Mittel aber vermöchte uns zu lehren, die zufällige und die wesentliche Bewegung, die fremde Zutat und das wahrhafte Sein des Gegenstandes zu scheiden? Dem Kreise der Subjektivität ist nirgends zu entrinnen, ,,jeder besitzt eine eigene Philosophie, je nachdem er in verschiedener Weise von den Dingen sinnlich bestimmt wird". Man glaube nicht, durch irgendein anderes, höheres Mittel des Bewußtseins sich über diese individuelle Beschränkung erheben zu können: sind sie doch alle, wie wir sahen, in die Bedingtheit des ,,Sinnes" einbezogen und verstrickt. Der abstrakte Allgemeinbegriff vor allem, dem man die Einsicht in das ,,Wesen" der Dinge zuzutrauen pflegt, ist hierzu seinem Ursprung und seiner Ableitung nach unvermögend. Wer nur die ,,Wesenheit" des Menschen, wer also nur die allgemeinen Züge und Merkmale kennt, die allen Individuen der Gattung gleichmäßig zukommen, dem ist damit der Einblick in die Varietäten und Besonderungen, die erst das wirkliche Sein von Diesem oder Jenem ausmachen, verschlossen. Hier enthüllt sich uns eine innere Antinomie, zu der alles menschliche Erkennen uns notwendig immer von neuem zurückführt. ,,Erkennen" heißt für uns eine unendliche Mannigfaltigkeit von Einzeleindrücken und Einzelfällen in eine abgekürzte Formel zu-

---

quando probatio adducitur ex causa, ex alia sensatione petitur certa . . . Ratio sensus quidem est imperfectus, extraneus et non proprius, sed in simili; nihilominus per illam fecit Deus, ut omnia indagare et scire possimus, licet non perfecte." De sensu rerum et magia II, 30; S. 174 ff., S. 183. ,,Intelligere est sentire confuse et a longe, sentire vero est intelligere prope seu cominus", ibid.; II, 22, S. 81. — Vgl. Realis philosophiae epilogisticae pars I: Physiologica Cap XVI, Art. V u. VI, S. 181 ff.

sammenfassen: wer aber versichert uns, daß bei dieser notwendigen Arbeit der „Abstraktion" nicht gerade die wesentlichen Momente des Falles übersehen und geopfert werden? Wir glauben, indem wir von den besonderen Merkmalen absehen, zu höherer Allgemeinheit emporzusteigen, während wir dadurch nur die scharfen und deutlichen Umrisse des Einzelnen immer mehr aus dem Auge verlieren, also statt der Weite nur Verschwommenheit des Bildes zurückbehalten[1]). In der Tat verbirgt der herkömmliche logische Gegensatz zwischen dem Inhalt und dem Umfang der Begriffe eine innere Schwierigkeit und ein Problem, das von Campanellas bisherigen Voraussetzungen aus nicht zu lösen ist. Wenn dem Erkennen ernstlich die Aufgabe gestellt wird, die konkret vorhandenen Dinge direkt und einzeln nachzubilden, so werden die Gattungsbegriffe selbst zu starren dingartigen Gebilden; zu Kopien der Objekte, die diese indes nicht in ihrer ursprünglichen Frische, sondern oberflächlich und abgeblaßt wiedergeben. Jeder neue Schritt und jede neue Leistung des Denkens wird so zu einer immer weiteren Abkehr vom ursprünglichen Wesen der Wirklichkeit. Erst die neue Form der L o g i k, die zugleich mit der modernen Wissenschaft entstanden ist, hat diesen Einwand und diese Schwierigkeit wahrhaft aufzuklären und zu beseitigen vermocht. Denn die echte A l l - g e m e i n h e i t, die sie fordert und verbürgt, eignet nicht den Gattungsdingen, sondern den fundamentalen U r t e i l e n und B e z i e h u n g e n, die den Prozeß der Erfahrung beherrschen und leiten. Von G e s e t z e n und R e l a t i o n e n wird ausgegangen, denen, wie den reinen mathematischen Gebilden, kein einzelnes empirisches Abbild unmittelbar entspricht. Wenn sodann die Forderung einer konkreteren Bestimmung sich einstellt, so kann ihr nicht anders genügt werden, als dadurch, daß wiederum eine neue Beziehung entdeckt wird, die die vorhergehende ergänzt und sich mit ihr durchdringt. Immer aber erscheint hier der besondere Fall, der betrachtet wird, nur als der Schnittpunkt, in dem die Linien mehrerer Gesetze sich treffen:

---

[1]) S. C a m p a n e l l a, Metaphysik, P. I, Lib. I, Cap. I, Art. 1 bis 14. S. bes. Teil I, S. 7 ff., S. 11.

immer erscheint hier das Allgemeine als das Mittel und das ewig fruchtbare Motiv, das uns das Einzelne e n t d e c k e n lehrt. Einzig auf diesem Wege begreifen wir das Erkennen in der Tat als fortschreitenden Akt der B e s t i m m u n g, während es unter dem Bilde der „Abstraktion" umgekehrt als wachsende U n b e s t i m m t h e i t erscheint[1]). Campanella hat sich diese Lösung verschlossen, weil er von einem anderen Begriff der E r f a h r u n g, als dem der neuen Wissenschaft, ausgeht. Ihm ist die I n d u k t i o n, die auch der Grund der universellen Axiome und Prinzipien sein will, nichts anderes als eine bloße Sammlung und Häufung der Einzelbeobachtungen: „experimentorum multorum coacervatio". Mit diesem einen Worte scheidet er sich von G a l i l e i s Ideal der Erfahrung. Wie dieser liebt er es zu wiederholen, daß die Philosophie einzig und allein im Buche der Natur, das vor unser aller Augen offen liegt, geschrieben sei: aber die Buchstaben, mit deren Hilfe wir es enträtseln sollen, sind ihm nicht die „Linien, Dreiecke und Kreise", sondern die subjektiven Qualitäten und Wahrnehmungen der einzelnen Sinne. Von diesem Standpunkte aus aber können die skeptischen Einwände, die er selbst sich entgegenhält, in der Tat nicht grundsätzlich gehoben werden: sie liegen auf dem Grunde seines Begriffes der Erkenntnis und sind in ihm bereits vorgebildet. Aber eben dadurch sind sie mehr als ein bloßes rhetorisches Beiwerk seiner Metaphysik, wofür man sie zunächst halten könnte; — sie enthalten zugleich eine Selbstbesinnung, die zu neuen Fragen hinüberleitet. —

Denn jetzt droht nicht nur der Gegenstand, sondern selbst das Subjekt der Erkenntnis seiner Wahrheit und Wesenheit verlustig zu gehen. Im Akt des Erkennens wird das Ich sich selber entfremdet; — es verliert sein eigenes Sein, um ein fremdes dafür einzutauschen. Die Dinge „begreifen" heißt von ihnen ergriffen werden und in sie untergehen. So gibt es keine Schranke mehr, die das Wissen vom — Wahnsinn scheidet: „scire est alienari, alienari est

---
[1]) Näheres hierüber jetzt in m. Schrift „Substanzbegriff und Funktionsbegriff. Untersuchungen über die Grundfragen der Erkenntniskritik", Berlin 1910, bes. Cap. I u. V.

insanire et perdere proprium esse et acquirere alienum: ergo non est sapere res, prout sunt, sed fieri res et alienatio. Sed alienatio est furor et insania, tunc enim insanit homo, cum in aliud esse convertitur"[1]). Vor dieser äußersten Paradoxie, die dennoch, wie man erkennen muß, aus der einmal eingeschlagenen Richtung des Gedankens notwendig folgt, macht die Betrachtung Halt. Zwei verschiedene Wege der Lösung sind es, auf die wir nunmehr verwiesen werden, indem das eine Mal der Begriff des S e i n s, das andere Mal der des S u b j e k t s, indem also auf der einen. Seite die M e t a p h y s i k, auf der andern die P s y c h o l o g i e eine neue Bestimmung erfährt. Das Ich und sein Gegenstand sind keine einander fremden Potenzen, sofern sie beide aus ein und demselben absoluten Urgrund der Dinge hervorgegangen sind und auf ihn zurückdeuten. Wir erinnern uns, wie gerade die Einordnung des Ich in den gesetzlichen Zusammenhang der Allnatur den Keim und Antrieb zur modernen Skepsis in sich barg: denn wie vermöchte der Teil das Ganze, dem er selbst ursächlich unterworfen ist, begrifflich zu beherrschen? (S. ob. S 176 f.) Campanella wiederholt diese Frage[2]), aber ihm ist in der metaphysischen Grundansicht, von der er ausgeht, die Antwort bereits implizit gegeben. Die Verwandlung des Ich in die Dinge ist nur scheinbar ein Abfall von seiner eigenen Natur: sofern alle Objekte Teile und Offenbarungen der G o t t h e i t sind, in letzter Instanz somit zu dem wahren Quell des Selbst zurückführen. So tritt die s p e k u l a t i v e T h e o l o g i e in die Lücke ein, die die L o g i k nicht zu schließen vermochte. Das Einzelwesen besitzt nur insofern Bestand und Halt, als es die ursprünglichen Bestimmungen des absoluten Seins, als es die drei ,,Primalitäten" der Macht, Weisheit und Liebe in sich enthält und je nach dem Maße seiner Vollkommenheit teilt. Die Ausführung, die Campanella diesem Gedanken gibt, verknüpft in eigentümlicher Mischung die neuen naturphilosophischen Prinzipien mit der metaphysischen Psychologie der L i e b e, wie T h o m a s

---

[1]) C a m p a n e l l a, Metaphysik, P. I, Lib. I, Cap. I, Art. IX. (Teil I, S. 20.)
[2]) A. a. O. Art. I. (Teil I, S. 6.)

von Aquino sie entwickelt hatte und wie sie uns in der neueren Zeit machtvoll und tiefsinnig noch einmal bei Dante begegnet. Die Liebe, mit der jedes Wesen sich selbst und die äußeren Objekte des Begehrens umfaßt, enthält die Hindeutung und Tendenz auf das göttliche Sein bereits unmittelbar in sich: denn in ihr strebt das Individuum von den engen Grenzen seines empirischen Daseins zur Totalität und zum Ursprung des Ganzen zurück[1]). Und wie alles Streben sich unbewußt auf diese höchste und letzte Einheit richtet, so ist auch der Akt des Erkennens nichts anderes als eine Verschmelzung mit der höchsten allumfassenden Vernunft: bei Campanella findet sich, wie bei Augustin und Ficin, der Satz, daß alles reine und „apriorische" Wissen, das nicht an den einzelnen sinnlichen Beispielen haftet, ein Schauen der Dinge in Gott ist[2]).

Tiefer in den eigentlichen Mittelpunkt der Frage hinein führt uns indes die zweite Richtung der Betrachtung, durch die wir in die unmittelbare Nähe der Anfänge der neueren Philosophie versetzt werden. Der Zweifel selbst schließt eine Gewißheit ein: wer zweifelt, der bekundet damit, daß er weiß, was „Wahrheit" und „Wissen" bedeutet, da er sonst beides nicht einmal negativ als Maßstab brauchen könnte. Die Behauptung des Nichtwissens hebt somit zwar einen bestimmten angeblichen Besitz der Erkenntnis, nicht aber diese selbst in ihrem Begriffe auf. Und über diesen abstrakten Begriff hinaus erschließt uns der Zweifel zugleich die fundamentale Tatsache, auf die fortan alle Evidenz zu gründen ist: „wir vermögen zwar zu denken, daß es dieses oder jenes Ding nicht gibt, nicht aber, daß wir selbst nicht existieren, denn wie vermöchten wir zu denken, ohne zu sein"[3])? Mit diesen Sätzen wird Campanella zum Vermittler zwischen Augustin, auf den er ausdrücklich zurück-

---

[1]) Vgl. Metaphysik: Pars III, Lib. XVII, Cap. II, Art. I. (Teil III, S. 244 f.) De sensu rerum et magia II, 30; S. 184 u. s. — Man vergleiche hiermit: Dante, Purgatorio, Ges. 17.
[2]) Metaphysik. Lib. I, Cap. IX, Teil I, S. 80.
[3]) Metaphysik, P. II, Lib. VI, Cap. III, Art. 5. (Teil II, S. 15.) Zum Ganzen s. P. I, Lib. I, Cap. II u. III. (T. I, S. 30 ff.)

weist, und Descartes. Schon innerhalb der Schule des Telesio zeigte sich das Problem der S e l b s t e r k e n n t n i s als die eigentliche innere Schranke, die der Entwicklung der naturphilosophischen Prinzipien gesetzt war. Denn alles Wissen setzt nach diesen Prinzipien eine E i n w i r k u n g des Gegenstandes auf unsere Organe, setzt also eine ursprüngliche V e r s c h i e d e n h e i t zweier Seinselemente und deren schließlichen Ausgleich voraus. (Vgl. S. 242 f.) Wo dagegen, wie im Selbstbewußtsein, eine vollkommene I d e n t i t ä t zwischen dem Akt des Erkennens und seinem Inhalt besteht, da müßte folgerichtig jede Möglichkeit der Erkenntnis aufgehoben sein. Die passive Aufnahmefähigkeit des Ich muß somit — wie schon bei den nächsten Nachfolgern Telesios erkannt war — durch die Annahme einer eigenen selbsttätigen Fom der ,,Bewegung" und eines ursprünglichen Impulses ergänzt und berichtigt werden[1]). Wie jedem Wesen der Trieb der Selbsterhaltung angeboren ist, so muß es ein latentes Vermögen in uns geben, kraft dessen wir uns innerlich erfassen und begreifen. Das ganze S e i n der Seele, sowie jedes erkennenden Subjekts geht in diesem Akt des W i s s e n s auf: ,,esse animae et cujuslibet cognoscentis est cognitio sui[2])." Die Schranke zwischen Begriff und Existenz ist an diesem Punkte durchbrochen: nur ,,formal" lassen sich hier Erkennen und Sein unterscheiden, während sie ,,real" und ,,fundamental" in eins zusammenfallen[3]). Alle Streitfragen über das ,,Wesen" der Seele entstehen nur daraus, daß eine falsche reflektierende Auffassung sich an die Stelle der ursprünglichen Gewißheit schiebt, daß wir ,,diskursiv" und syllogistisch zu begründen suchen, was sich nur anschaulich erfassen läßt[4]). Jede Zerlegung des Erkenntnisprozesses, jede Verdoppelung in ein ,,Subjekt" und ein ,,Objekt" wird

---

[1]) A g o s t i n o D o n i o, De natura hominis. — S. hierüber F i o r e n t i n o, a. a. O. I, 324 ff.; vgl. II, 143 f.
[2]) C a m p a n e l l a, Metaphysik P. II, Lib. VI, Cap. VIII, Art. V. (Teil II, S. 64.)
[3]) Ebenda. Art. II; T. II, S. 61: ,,Constat ergo seipsa omnia entia sentire, quoniam seipsa sunt absque eo quod fiant; realiter ergo et fundamentaliter cognoscere est esse: formaliter vero distinguitur."
[4]) S. De sensu rerum et magia II, 30. S. 178 f., S. 184.

hier hinfällig. Wenn bei der Erfassung der Außenwelt der Intellekt sich l e i d e n d verhält, wenn er eine innere U m f o r m u n g seiner Wesenheit erfährt, so ist er im Akte des Selbstbewußtseins dieser Bedingtheit enthoben. Dieser Akt ist uns zugleich „verborgen" und „gewiß": — das erstere, weil der Inhalt, den wir in ihm ergreifen, sich nicht unmittelbar nach Art der Sinnendinge vor Augen legen läßt, das zweite, weil er nichts anderes als der Ausdruck unseres eigenen Wesens ist, der vor jeder gegenständlichen Erkenntnis vorangehen muß[1]).

So führt die neue Fragestellung — und dies hebt sie über ihre lediglich metaphysische Bedeutung hinaus — zu einer inneren Umgestaltung in der R a n g o r d n u n g d e s E r k e n n e n s. Vereinzelte Motive dieser Umbildung finden sich bereits in den ersten Bestimmungen des Systems. Wenn alles abstrakte Denken auf die Wahrnehmung der Ä h n l i c h k e i t zwischen sinnlichen Inhalten zurückgeführt wird, so wird dies zunächst durchaus im nominalistischen Sinne verstanden: Bewegungen, die ihn gleichartig affizieren, werden vom Geist mit ein und demselben N a m e n belegt und damit äußerlich unter ein gemeinsames Schema zusammengefaßt. Die Thomistische Metaphysik Campanellas aber vermag bei dieser Auffassung nicht stehen zu bleiben, sondern sucht zugleich in dem Reich der „Ideen" eine höhere Gewähr und Rechtfertigung der Gattungsbegriffe. Die Gemeinsamkeiten, die wir in der Vergleichung der Empfindungen entdecken, weisen auf ursprüngliche Einheiten i m g ö t t l i c h e n V e r s t a n d e zurück und finden in ihnen ihr Korrelat und ihre Bestätigung[2]). Der Geist vermag das All zu begreifen, sofern er selbst an diesen schöpferischen Ur-

---

[1]) Metaphys. P. II, Lib. VI, Cap. VI, Art. 9 (Teil II, S. 36) „Unaquaeque res intelligit se ipsam intellectione abdita per suam essentiam: quoniam intelligere exteriora est pati ab illis et fieri illa: intelligens enim fit ipsum intelligibile: ut autem intelligat se intellectus, non indiget pati a se, nec fieri ipsemet; — est enim; quod autem est, non fit, ergo seipsum novit per essentiam et notio et intellectio est sua essentia."

[2]) „Nihilominus correspondet hujusmodi communitas uni Ideae divinae mentis, unde omnis rerum communitas emanat in gradu propriae participationis. Contemplari tamen Ideam, quae est diversae parti-

bildern, aus denen es erzeugt wurde, Teil hat[1]). Der Platonismus, den Campanella in diesen Sätzen bekennt, trägt freilich selbst noch durchaus die Züge der mittelalterlichen Auffassung: aber es ist interessant zu beobachten, wie er selbst in dieser Verkleidung wiederum zum l o g i s c h e n Sinn der Ideenlehre hinleitet. Die äußeren Dinge sind nur die G e l e g e n h e i t s u r s a c h e n des Wissens, dessen wahrer kausaler Grund jedoch in der eigenen Erkenntniskraft des Geistes zu suchen ist. Die Objekte machen den Menschen weder weise, noch bestimmen sie sein Wollen und Handeln; sie bezeichnen nur eine Richtung und eine „Spezifikation", die das Denk- und Willensvermögen in uns erfährt[2]). Die Wahrnehmung selber ist nicht lediglich als ein Leiden, sondern zugleich als ein Tun zu denken, da sie eine logische Operation und einen U r t e i l s a k t einschließt, der uns nur wegen der Schnelligkeit, mit der er vonstatten geht, nicht gesondert zum Bewußtsein kommt. Die rezeptive Erfassung eines Inhalts ist von seiner „diskursiven" Betrachtung nicht zu trennen[3]). Mit dieser Anerkennung des Urteils

---

cipibilitatis primae ideae proprium munus est Mentis a Deo homini inditae quae excitatur ad intelligentiam Idearum ob similitudinem quam in his Ideis invenit, quae in spiritu fiunt apprehendente communitates rerum." P h y s i o l o g i c a Cap. XVI, Art. VI, S. 186 f.
[1]) Vgl. Metaphysik P. I, Lib. I, Cap. VIII. (Teil I, S. 63.)
[2]) „Putamus enim objecta sciendi occasionem praebere, non scientiam, Potestativum suscipere ex parte motionem objecti, cognoscitivum ex illa passione judicare, quid sit objectum occasionaliter, ex se ipso vero causaliter." Metaphys. Pars. I, Lib. I, Cap. IV, Art. I. (T. I, S. 33.) — „Non enim lapis objectus sensui atque intellectui docet nos, quid sit lapis neque facit nos scire, neque scire hoc, cum sit ipse stupidus, nedum longe nobis in sua notitia ignorantior: sed occasionem offert, ut sciamus h o c , non autem ut sciamus, neque enim movit animam ad exercitium actus, sed ad specificationem actus." P. I, Lib. II, Cap. V, Art. VII. (T. I, S. 160.) — S. ferner P. I, Lib. I, Cap. IX, Art. IX, (I, S. 73) u. P. II, Lib. VI, Cap. XI, Art. VIII. (T. II, S. 82.)
[3]) „Sensus igitur non solum passio est, sed fit simul cum discursu tam celeri, quod non percipitur." De sensu rerum et magia I, 4; S. 12. Vgl. ebda. II, 21; S. 130. — „Nec enim sensus aut intellectus est passio, nec scire est pati: sed j u d i c a r e e x p a s s i o n e ipsum agens, quoniam per eam factum est ipsum aliquo pacto" Metaphys. P. II, Lib. VI, Cap. XII, Art. V. (T. II, S. 89.)

als Moment und Bestand der Wahrnehmung selbst, geht Campanella auf einen Gedanken zurück, der sich den Logikern der Renaissance, wie Z a b a r e l l a oder F r a c a s t o r o bereits von verschiedenen Seiten her aufgedrängt hatte[1]) und der im Fortschritt der Entwicklung immer größere Bedeutung gewinnt. Wenn er nichtsdestoweniger die Einheit der Grundlegung dadurch zu retten sucht, daß er diese Tätigkeit des Verstandes selbst unter den Gattungsnamen der „Empfindung" einbegreift, so liegt die Schwäche dieses Auswegs zu Tage: denn wie könnte der Intellekt noch als „u n v o l l k o m m e n e r Sinn" bezeichnet werden, wenn er doch als B e d i n g u n g jegliches bestimmten und in sich vollendeten Wahrnehmungsaktes anerkannt wird? Der Weg, den Campanella nunmehr zurückgelegt hat, läßt sich am einleuchtendsten an seiner Begriffsbestimmung der „Vernunft" verfolgen. Wenn der Nominalismus die allgemeinen Begriffe als Fiktionen, als „Entia rationis" verwirft, so trifft dieses Urteil, wie jetzt ausgesprochen wird, nicht die Vernunft selbst, deren Operationen und Vermögen vielmehr durchaus als R e a l i t ä t e n zu gelten haben. Die Grundakte des Erkennens sind keine bloßen Gebilde und Erdichtungen der Abstraktion, sondern echte wirkende Potenzen: „r a t i o n o n e s t E n s r a t i o n i s"[2]). In dieser epigrammatischen Zuspitzung wird scharf und treffend der Gegensatz zweier Denkarten bezeichnet, die in Campanellas eigener Lehre dicht nebeneinander liegen. Nirgends im Aufbau seiner Lehre vermag er der r a t i o n a l e n Bedingungen und Faktoren zu entraten, deren Anerkennung ihm doch durch die Anfänge seiner Erkenntnislehre versagt ist. Sein System müßte als bloße eklektische Mischung erscheinen, wenn wir in ihm nicht vielmehr die Gegenwirkung und den K a m p f zweier Motive sehen dürften, die ihre wahrhafte Versöhnung erst in der Grundlegung der exakten Wissenschaft, der Campanella fern steht, gefunden haben. —

---

[1]) Vgl. ob. S. 119 u. S. 228 f.
[2]) Metaphysik I, Lib. V, Cap. I, Art. IV. — T. I, S. 344. Vgl. hrz. die analogen Entwicklungen bei F r a c a s t o r o; ob. S. 230.

Die Grenze von Campanellas Philosophie erweist sich daher nirgends deutlicher als in seiner Beurteilung der M a t h e m a t i k, die auch hier der sicherste Reflex und Gradmesser der Erkenntnislehre ist. Der unbedingte Kriterienwert der W a h r n e h m u n g bleibt auch an diesem Punkte erhalten: er rühmt es als den entscheidenden Vorzug seiner Lehre, daß ihr die streng sensualistische Begründung der Mathematik gelungen sei, die Aristoteles verfehlt habe. Die höchste Leistung der Wissenschaft aber, die Wirklichkeit und ihre Verhältnisse wiederzugeben, bleibt der Mathematik wie der Logik versagt. Beide können nicht im eigentlichen Sinne als Erkenntnisse, sondern nur als Bruchstücke und Handhaben des Wissens gelten, da sie selbst kein ihnen eigentümliches „Subjekt" besitzen, sondern dieses nur mittelbar anderen Wissenszweigen entlehnen. Welcher Wert könnte einem System von Beziehungen zukommen, die sich zuletzt auf leere I d e n t i t ä t e n zurückführen: einer Lehre von bloßen Z e i c h e n und deren Verknüpfungen, die an die wahren physischen Ursachen nirgends heranreichen? So gewiß jede wahre Erkenntnis die Zurückführung auf Gründe verlangt und so gewiß die Gründe des wirklichen Geschehens in realen Wirkungen und Kräften liegen, so gewiß ist die physikalische Darstellungs- und Beweisart der geometrischen überlegen. Die Epicykeln, die excentrischen Bewegungen, die Drehung der Erde und ähnliche „Idealgebilde", die der Mathematiker entwirft, machen uns nicht mit den echten astronomischen Ursachen und mit der tatsächlichen Verfassung des Kosmos vertraut: hier und überall muß die Mathematik sich bescheiden, die „Magd der Physik" zu bleiben. Wenn der Geometer von den zufälligen und besonderen Eigenschaften des Körpers absieht, um sich nur ihren allgemeinsten quantitativen Grundbestimmungen zuzuwenden, so zeigt eben dies nicht seine methodische Kunst, sondern seine methodische Schwäche: „denn A l l e s betrachtet, wer weise ist"[1]). Wieder ist es jenes Ideal der absoluten Erschöpfung des Erkenntnis u m f a n g s, das den I n h a l t der Mathema-

---

[1]) Ebdas. Art. II u. III. — T. I, S. 347—49.

tik entwertet. K e p l e r, der scharf und klar das Gebiet der Physik von dem der Mathematik, die bloße Hülfsannahme der Messung und Rechnung von der „wahren Ursache" zu scheiden weiß, bleibt dennoch in seiner Grundansicht vom Verhältnis beider Wissenschaften Campanella in jedem Punkte entgegengesetzt. Man erkennt an diesem Punkte, daß es nicht nur eine äußerliche, sondern zugleich eine m e t h o d i s c h e Schranke war, die Campanella zuletzt bei dem astronomischen Weltbild des Mittelalters verharren ließ[1]). —

Immerhin setzt auch an diesem Problem dieselbe allgemeine Bewegung und Entwicklung ein, die wir im Ganzen von Campanellas Metaphysik verfolgen konnten. Mögen auch die Begriffe der Geometrie in der e m p i r i s c h e n Welt, die uns umgibt, nirgends verwirklicht sein: wir vermöchten sie nicht einmal geistig zu entwerfen, wenn ihnen nicht dennoch i r g e n d e i n e A r t d e s S e i n s entspräche. Unser gedankliches Konstruieren verlangt ein reales S u b s t r a t, auf das es sich stützt. Eine solche Grundlage aber ist der reine a b s o l u t e R a u m, der als ursprüngliche Existenz vor der gesamten Körperwelt die erst in ihm und unter seiner Voraussetzung entstehen kann, vorhanden ist. Der „Ort" ist als das unbewegliche und unkörperliche Behältnis, in das jedes materielle Dasein sich einfügen muß, die „erste Substanz" und die „Basis aller Existenz". Damit aber ist auch für die Sätze der Geometrie ein neuer Halt und eine neue Anknüpfung gewonnen: sie haben reale Gültigkeit, sofern sie sich auf dieses Sein beziehen, das allen empirischen Einzeldingen vorangeht[2]). Nunmehr entsteht eine neue eigenartige Entsprechung und Durchdringung des „Idealen" und „Realen". Wenn wir etwa davon reden, daß eine Linie

---

[1]) Über Campanellas Ablehnung des Copernicanischen Systems s. Metaphysik P. III, Lib. XI, Cap. VI, Art. 2 u. Cap. XV, Art. IV. (T. III S. 34 u. 66.)

[2]) „Locus ergo est substantia prima aut sedes aut capacitas immobilis et incorporea, apta ad receptandum omne corpus." Physiologica Cap. I, Art. 2, S. 4. — „At agnosco spatium esse basin omnis esse creati omniaque praecedere saltem origine et natura." De sensu rerum I, 12; S. 40.

durch die Bewegung eines Punktes, eine Fläche durch die Bewegung einer Linie entstehe, so nehmen wir alle diese Bezeichnungen nicht physisch, wohl aber, ideal und real zugleich, zum Ausdruck für physische Dinge (non physice, sed idealiter et realiter ad significanda Physica)[1]). Alle Wahrheit der reinen mathematischen Gestalten beruht darauf, daß ihnen in der Welt des reinen Raumes reale Gegenbilder zur Seite stehen. Die Forderung einer dinglichen Entsprechung wird also für alle unsere Ideen aufrecht erhalten: aber wenn früher die Begriffe der Mathematik in ihrem Werte verdächtigt wurden, weil sie diesem Postulat nicht genügten, so wird jetzt ein neues S e i n erdacht, das ihnen ihren Bestand und ihre Festigkeit zurückgeben soll[2]). Es ergibt sich eine Stufenfolge von Daseinsformen, unter denen die materielle und zeitliche Wirklichkeit den niedrigsten Rang einnimmt: über ihr erhebt sich der Raum als die ewige, mathematische Welt, die wiederum als Mittlerin auf die metaphysische Welt des Geistes hinweist.

Damit aber sind wir in einen neuen Gedankenkreis eingetreten, der auch geschichtlich auf eigene Vorbedingungen zurückweist. Es ist die Raumlehre des P a t r i z z i und ihre neuplatonischen Grundmotive, die jetzt von entscheidendem Einfluß werden. Die Frage nach der Gültigkeit der Mathematik sehen wir in das metaphysische Problem nach der Wesenheit des Raumes verstrickt. Zum ersten Male stellt sich uns hier ein Zusammenhang dar, der seither in der Geschichte der Philosophie, wie in der der mathematischen Naturwissenschaft beständig weitergewirkt hat und der noch bei N e w t o n uneingeschränkt erhalten ist. Um die Charakteristik, die

---

[1]) Metaphysik, P. III, Lib. XIII, Cap. II, Art. VI. — (Teil III, S. 125.)
[2]) Ebenda: „Facit autem haec intellectus in spatio, quoniam in luce ideali divina ipsa novit: abscondito quodam modo excitatus a sensibilium similitudine . . Etenim mundus Physicus et Mathematicus in mentali praeeunte fundatur. Ideae ergo sunt ut signum in nobis . . . Sic quae ponuntur ad significandum se habent in Mathematicis: p o s s u n t a u t e m p o n i , q u i a i d e a i n n o b i s e s t e t s p a t i u m i n n a t u r a , i n q u o i d e a n t u r etc."

nunmehr von der Geometrie und ihrer Evidenz gegeben wird, zu verstehen, müssen wir uns zunächst der Entwicklung jener metaphysischen Frage zuwenden.

* * *

C) Die Begriffe des Raumes und der Zeit. — Die Mathematik.

Nur allmählich und schrittweise hat sich innerhalb der italienischen Naturphilosophie die Auffassung des Raumes aus der Aristotelischen Tradition gelöst. Bei C a r d a n o, der die Reihe eröffnet, finden wir noch unverändert die scholastische Ansicht: der „Ort" jedes Körpers ist gleichbedeutend mit der Oberfläche, die ihn umgibt und gegen seine materielle Nachbarschaft abschließt. Der eine und bleibende Ort der W e l t ist daher der letzte äußerste Umkreis des Alls, der, als die Grenze der unbewegten Himmelssphäre, selbst unveränderlich und ewig ist[1]). Es ist ein Fortschritt der logischen Abstraktion, wenn Julius Caesar S c a - l i g e r in seiner Gegenschrift gegen Cardanos Werk besonders auch diese Begriffsbestimmung heraushebt, um sich ihr gegenüber auf die Raumlehre der antiken A t o m i s t i k zu berufen, die durch die Aristotelischen Beweisgründe nicht widerlegt sei. Der Raum wird für ihn wiederum mit dem „Leeren" identisch, das allerdings nicht als konkrete gesonderte Einzelexistenz außerhalb der Körper, wohl aber als das Behältnis zu denken ist, das überall mit den Körpern zugleich besteht und mit ihnen notwendig und unablösbar verbunden ist. Der Ort eines materiellen Gebildes ist daher nicht mehr durch dessen begrenzende Oberfläche bestimmt, sondern er ist gleichbedeutend mit dem dreidimensionalen geometrischen Inhalt, der durch jene Grenzen umschlossen wird. Raum und Körper werden somit auf der einen Seite

---

[1]) S. C a r d a n u s, De subtilitate, Lib. I. (Opera, Lugduni 1663. Tom. III, p. 367 f.) Vgl. hiermit die Darstellung und Begründung der Aristotelischen Raumlehre bei C a e s a l p i n, Quaestiones Peripateticae, Lib. III, Quaest. 2 u. 3. (Tractationum philos. tomus unus (s. ob. S. 212) p. 432 ff.)

einander genähert, da nunmehr in allen ihren Verhältnissen und Abmessungen eine genaue Entsprechung und Übereinstimmung stattfindet, andererseits indes ihrem begrifflichen Gehalte nach rein und grundsätzlich geschieden. Die logische W e r t o r d n u n g der Momente, die hierbei eintritt, geht allerdings noch nicht prinzipiell über die scholastische Auffassung hinaus. Auch hier noch bleibt die Kategorie der Substanz „der Natur nach" früher, als jede Art der Beziehung; der Einzelkörper ist somit ursprünglicher, als die räumliche O r d n u n g, die nur zwischen bereits vorhandenen und fertigen Einzeldingen sich einstellen und vollziehen kann. Der Raum steht daher an fundamentaler begrifflicher B e d e u t u n g hinter dem Stoffe zurück, wenngleich beide p h y s i s c h nur in- und miteinander zu bestehen vermögen. Besonders deutlich tritt diese Ansicht in der Auffassung und Abschätzung des Korrelatbegriffs der Z e i t hervor. Auch die Zeit bildet nach Scaliger keinen elementaren Erkenntnisinhalt, sondern stellt eine Abstraktion von der Bewegung dar, die zuvor in empirischer Wirklichkeit gegeben sein muß. Der Satz, daß sie das Maß und somit die Bedingung der Bewegung sei, wäre also im metaphysischen Sinne umzukehren: das Faktum der Ortsveränderung, der Umschwung der Himmelskugel mußte vorausgehen, wenn der Gedanke der Zeit sich bilden sollte[1].

Erst die Philosophie des Telesio beseitigt auch diese letzte Schranke. Nicht als eine Beschaffenheit der materiellen Inhalte ist nach ihr der Raum zu denken, sondern als ursprüngliche Existenz, die bei allem Wechsel in den Lagen und Bewegungen der Einzeldinge in unwandelbarer Identität ihnen gegenüber verharrt: bereit, die verschiedensten körperlichen Gestalten und Abmessungen in sich aufzunehmen, dennoch aber von jeder einzelnen unter ihnen durch seine Natur und seine Wesenheit dauernd unterschieden. Er bildet ein eigenes, für sich bestehendes Sein, das der körperlichen „Masse"

---

[1] J u l i u s C a e s a r S c a l i g e r, Exotericarum exercitationum Liber: ad Hieronymum Cardanum. Lutet. 1557: Exercit. 5 u. 352; S. 7 u. 459.

entgegengesetzt ist. Wie er aller Wirkungsfähigkeit bar ist, so bietet er auch nirgends die Möglichkeit einer inneren qualitativen Unterscheidung, sondern ist in allen seinen Teilen streng g l e i c h f ö r m i g zu denken. Die Aristotelische Ansicht, die das Naturgeschehen damit erklärt, daß sie den einzelnen Elementen ein Streben nach ihrem „natürlichen Ort" beilegt, ist daher — da jeder Teil des Raumes sich gegen jede Materie gleichgültig verhält — ohne Halt und Fundament: der neue Raumbegriff verlangt und bedingt eine neue Physik[1]). Insbesondere werden auch hier die Gründe, die in der peripatetischen Schule gegen die Existenz des Leeren vorgebracht werden, verworfen. Überall, wo wir sehen, daß Körper sich einander zu nähern suchen und nach gegenseitiger Berührung streben, haben wir dies lediglich bestimmten besonderen Kräften, die in ihnen wirksam sind, nicht einer allgemeinen Tendenz, die auf Vermeidung oder Aufhebung des leeren Raums gerichtet ist, zuzuschreiben. Und wie der Raum, so ist auch die Zeit eine unabhängige Existenz, zu deren E r k e n n t n i s wir zwar durch die Wahrnehmung der Bewegung zuerst veranlaßt werden, deren Wesen aber ohne Rücksicht auf sie gedacht und bestimmt werden muß. Der stetige Fluß der Zeit selbst wäre nicht aufgehoben, wenn wir auch alle I n h a l t e, die in ihr aufeinander folgen, vernichtet dächten; denn alle logischen Eigentümlichkeiten und Merkmale dieser Folge selbst lassen sich unabhängig von der Betrachtung dieser Inhalte und ihrer Veränderung festhalten und definieren. Die psychologische Tatsache, daß wir uns die Dauer nur mit Hülfe der Bewegung vorstellig machen können, raubt daher der Zeit nichts von der Eigenart und Selbständigkeit ihrer begrifflichen

---

[1]) T e l e s i o , De rerum natura, Lib. I Cap. XXV—XXVIII. Vgl. bes. Cap. XXV (S. 590): „Itaque locus entium quorumvis receptor fieri queat et inexistentibus entibus recedentibus expulsisve nihil ipse recedat expellaturve, sed idem perpetuo remaneat et succedentia entia promptissime suscipiat omnia, tantusque assidue ipse sit, quanta quae in ipso locantur sunt entia; perpetuo nimirum iis, quae in ea locata sunt, aequalis, at eorum nulli idem sit nec fiat unquam, sed penitus ab omnibus diversus sit." Zu den physikalischen Folgerungen aus dieser Lehre vgl. bes. Lib. II, Cap. 7, S. 607.

Wesenheit[1]). Wenn diese Sätze einen Fortschritt in der Unterscheidung der reinen Ordnungsprinzipien von dem Wahrnehmungsstoff, der sich in ihnen darstellt, enthalten, so sehen wir doch, daß die Erkenntnistheorie des Telesio selbst diese Sonderung nicht tiefer zu begründen vermag: der „Sinn", auf dessen unmittelbares Zeugnis wir auch hier verwiesen werden, bietet kein Mittel, uns des „r e i n e n Raumes" wie der reinen Zeit zu versichern. (Vgl. ob. S. 237 f.)

In eine neue Phase tritt das Problem im System des Patrizzi ein, in welchem es auf veränderte logische und metaphysische Vorbedingungen trifft. Zwar ist es auch hier zunächst die einfache Wahrnehmung, die die Wahrheit der räumlichen Beziehung und die Existenz des Leeren unmittelbar in sich enthalten und verbürgen soll: „denn wird nicht der Abstand zwischen Erde und Himmel ebenso direkt wie diese Objekte selbst vom Gesichtssinn erfaßt?" Wer diese Grundtatsache der Empfindung leugnet, für den ist alle dialektische Untersuchung verloren: „cernentibus enim et mente praeditis nostra scribimus". Und doch muß diese naive Sicherheit sogleich erschüttert werden, wenn es gilt, das Wesen des Raumes in feste Begriffe zu fassen und es einer der Klassen zuzuweisen, in die wir alles Sein zu gliedern pflegen. Alle üblichen Ordnungen und Einteilungen versagen für die Charakteristik dieses eigentümlichen sinnlichen Datums. Was ist jener Raum, der vor der Welt voranging, der sie umfaßt und jenseit ihrer eine eigene Erstreckung und Ausbreitung besitzt? Ist er die bloße Fähigkeit (aptitudo), körperliche Inhalte aufzunehmen? Oder kommt ihm eine Art dinglicher Wesenheit zu: ist er somit als Substanz oder als Accidens, als körperlich oder unkörperlich zu denken? Keine dieser

---

[1]) A. a. O. Cap. XXIX, S. 598: „Non recte propterea quod nec tempus seorsum a motu, nec motum seorsum a tempore unquam, sed perpetuo cum altero et alterum a p p r e h e n d i m u s , tempus conditionem affectionemve quampiam et m o t u s q u i d esse decernit... N i h i l e n i m a m o t u c u m p e n d e a t t e m p u s , s e d p e r s e (ut dictum est) e x i s t a t , quas habeat conditiones a se ipso habet omnes, a motu nullam prorsus." — Vgl. die Ausführung dieses Gedankens bei C a m p a n e l l a , Metaphysik P. II, Lib. VI, Cap. 12, Art. 3. (T. II S. 96) u. Physiologic. Cap. II, Art. 3, S. 16.

Bestimmungen trifft zu; denn sie alle sind nur Mittel, die D i n g e in der Welt zu bezeichnen, können daher nicht zur Charakteristik des Raumes dienen, der keinem Gegenstande, er sei materiell oder immateriell, als Merkmal oder Beschaffenheit anhängt. Ein neuer Gesichtspunkt der Betrachtung ist daher zu fordern: eine philosophische Beurteilung, die sich nicht auf die herkömmlichen logischen Kategorien beschränkt und einengt. Wir können etwa dem Raum „Größe" zusprechen: aber nur insofern, als wir ihn damit nicht der Kategorie der Quantität u n t e r o r d n e n, sondern als deren Q u e l l u n d U r s p r u n g bezeichnen wollen. Wir können ihn eine S u b s t a n z im wahrsten und tiefsten Sinne dieses Begriffes nennen, da er, ohne sich selbst auf ein anderes Sein zu stützen, der ganzen Körperwelt ihren Halt und ihre Unterlage gibt: — aber auch hier müssen wir uns gegenwärtig halten, daß die bekannten Unterscheidungen, die wir in der K a t e g o r i e der Substanz mitzudenken pflegen, für ihn ihre Gültigkeit verlieren. Denn er ist weder ein einzelnes Ding, das sich aus Materie und Form zusammensetzt, noch auch ein G a t t u n g s b e g r i f f, da er keine Unterarten in sich faßt, von denen er als allgemeine Bestimmung prädiziert werden könnte. Er ist weder materiell noch immateriell, da ihm auf der einen Seite die Fähigkeit des Widerstandes, also die Grundeigenschaft der körperlichen Naturen abgeht, auf der anderen Seite dagegen das Merkmal der A u s d e h n u n g zukommt, das ihn von allem geistigen Sein unterscheidet. So erkennen wir in ihm überall ein „Mittleres" zwischen Gegensätzen, die wir gewohnt sind, als ausschließend und contradiktorisch zu betrachten: „corpus incorporeum est et noncorpus corporeum"[1]). In diesem

---

[1]) „N u l l a e r g o c a t e g o r i a r u m s p a t i u m c o m - p l e c t i t u r; ante eas omnes est, extra eas omnes est ... Sunto categoriae in mundanis bene positae; spatium de mundanis non est, aliud quam mundus est; nulli mundanae rei accidit, sive ea corpus sit, sive non corpus, sive substantia, sive accidens, o m n i a h a e c a n t e - c e d i t .. I t a q u e a l i t e r d e e o p h i l o s o p h a n d u m, q u a m e x c a t e g o r i i s. Spatium ergo extensio est hypostatica per se substans, nulli inhaerens. Non est quantitas. Et si quantitas est, n o n e s t i l l a c a t e g o r i a r u m, s e d a n t e e a m e j u s q u e

Oxymoron vollendet sich die Charakteristik, in der zum erstenmal der Raumbegriff der N a t u r w i s s e n s c h a f t seine Selbständigkeit gegenüber dem scholastischen Begriffs- und Kategoriensystem gewinnt. Die Fragen, die hier gestellt werden, werden uns noch einmal auf einem Höhepunkt der mathematischen Naturwissenschaft, in den Werken Leonhard E u l e r s, völlig übereinstimmend begegnen. Man hat sie mit der Problemstellung Kants in der Inauguraldissertation verglichen, von der sie indes durch den metaphysischen Zusammenhang, dem sie angehören, prinzipiell getrennt sind. Wohl aber läßt sich auch hier zwischen den Extremen eine stetige geschichtliche Vermittlung aufweisen, sofern die Lehre des Patrizzi einerseits in G a s s e n d i s Grundlegung der Physik, anderseits in dem spekulativen Spiritualismus H e n r y M o r e s weiterwirkt, die beide wiederum das Vorbild der N e w t o n i s c h e n Raumlehre geworden sind. (S. Bd. II.)

Die logische Zergliederung hat die völlige Wesensverschiedenheit von Raum und Körper dargetan: nun gilt es, vom Standpunkt der M e t a p h y s i k aus einen Ausgleich dieses Gegensatzes und seine Aufhebung in einer übergeordneten Einheit zu suchen. Wiederum ist es der Begriff der E n t w i c k l u n g, dem diese Aufgabe zufällt: die beiden

---

f o n s e t o r i g o. Non ergo accidens dici potest, neque enim cuiquam accidit substantiae. Quid ergo substantia ne est? Si substantia est id quod per se substat spatium maxime omnium substantia est. Substat enim per se, nulli innititur ut sit; nullius eget quo sustineatur, sed ipsum substantiis sustentationem praebet easque ut sint sustentat. Si substantia est quod per se existit, spatium omnium maxime substantia est, quia maxime omnium per se existit. Si substantia est quae aliis substat, spatium maxime omnium substantia est, omnibus enim substat aliis naturae rebus ... Hisce ergo rationibus omnibus patuit clarissime spatium maxime omnium substantiam esse, sed n o n e s t c a t e- g o r i a e s u b s t a n t i a i l l a. Neque enim individua substantia est, quia non est ex materia et forma composita. N e q u e e s t g e n u s, n e q u e e n i m d e s p e c i e b u s n e q u e d e s i n g u- l a r i b u s p r a e d i c a t u r. Sed alia quaedam extra categoriam substantia est. Quid igitur, corpusne est an incorporea substantia? Neutrum, sed medium utriusque ... corpus incorporeum est et non corpus corporeum. Atque utrumque per se substans, per se existens, in se existens." P a t r i z z i, Pancosmia; De spatio physico, p. 65 f.

Momente sind als zwei entgegengesetzte Phasen ein und desselben Prozesses des W e r d e n s zu begreifen, in dem das Urwesen sich successiv entfaltet und zur konkreten Wirklichkeit bestimmt. Dem Raume kommt hierbei notwendig die erste Stelle zu: ist er es doch, dessen Setzung alle übrigen Inhalte erst ermöglicht, dessen Aufhebung auch alle anderen Elemente zunichte machen würde[1]). Und wie er die Voraussetzung aller materiellen Dinge ist, so sind auch weiterhin alle physischen Bestimmungen überhaupt, insbesondere alle Qualitäten, die — wie Wärme und Kälte, Licht und Dunkelheit — die Körper durchdringen oder an ihrer Oberfläche haften, von ihm abhängig zu denken. Alle jene qualitativen Merkmale sind zwar nicht an und für sich als räumliche Quanta zu betrachten, wohl aber nehmen sie mittelbar durch ihre Beziehung zu den Körpern an der Natur des Raumes und der Möglichkeit fester Größenbestimmung teil[2]). Zwischen den Grundqualitäten selber herrscht ferner eine feste, natürliche Rangordnung: die erste Stufe der physischen Erfüllung bildet das Licht, das den Raum allseitig durchdringt und aus dem sich weiterhin „Wärme" und „Flüssigkeit" als fortschreitende Grade der Verdichtung entwickeln. Jeder empirische Körper hat im bestimmten Maße an diesen vier Elementen (spatium, lumen, calor, fluor) teil[3]). Hier erkennt man bereits deutlich die Schranke der gesamten Auffassung: der Raum bildet kein Glied in der Reihe der logischen B e d i n g u n g e n mehr, die dem konkreten Sein vorangehen, sondern ist selbst zum einzelnen physischen Zustand und Grundstoff geworden. So erklärt es sich schließlich auch, daß gedankliche Grundbestimmungen der absoluten Ausdehnung

---

[1]) „Quid aut debuit aut expediit prius produci, quam id, quo omnia alia ut essent eguerunt et sine quo non esse potuerunt, ipsum autem sine aliis esse poterat et aliorum nullo eguit, ut esset. Id enim ante alia omnia necesse est esse, quo posito alia poni possunt omnia: quo ablato alia omnia tollantur. Id autem ipsum spatium est." Ibid. p. 61.
[2]) „Qualitates namque non sunt quantae aut magnae aut longae, aut latae, aut profundae per se et sui natura, sed sunt tales ex accidenti, quia nimirum per corpora quae et quanta sunt". Ibid. p. 62.
[3]) S. P a n c o s m i a , pag. 79 und 120.

— wie etwa ihre „Unbeweglichkeit", die aus ihrem Begriffe notwendig folgt — nur wie besondere physikalische Einzelbeschaffenheiten ausgesprochen und empirischen Zuständen bestimmter Körper direkt koordiniert werden: es gibt nichts schlechthin Ruhendes, außer dem Raum und — der Erde, die im Zentrum des Alls festliegt und verharrt[1]). Schärfer treten die eigentümlichen Vorzüge und die Grenzen dieser Lehre hervor, wenn wir sie wiederum an den Prüfstein der Mathematik und ihrer Prinzipien halten. Über die Grundanschauung der italienischen Naturphilosophie wächst Patrizzi als Einziger hinaus, indem er das logische Wertverhältnis zwischen der Mathematik und Physik, das hier allgemein angenommen war, umkehrt. Wie der Raum der Materie vorangeht, so ist die Wissenschaft des Raumes ursprünglicher und gewisser als die der Naturkörper. Der Begriff der Ausdehnung, den wir der Geometrie zugrunde legen, ist nicht durch Abstraktion von den materiellen Einzelobjekten entlehnt, sondern er bildet umgekehrt die Bedingung, unter der wir die besonderen, endlichen Objekte erst zu setzen und zu betrachten vermögen. Die Einzelgebilde entstehen uns, indem unser Geist in dem einheitlichen und stetigen Ganzen des Raumes bestimmte Grenzen setzt und feste Einteilungen vornimmt[2]). Zwei Faktoren: ein absolutes

---

[1]) Ibid. S. 66.
[2]) „Mentemque nostram finita sibi in opus sumere, quae spatiis mundanorum corporum possint accomodari. A quibus corporibus non per abstractionem mens ea separat, ut quidam contenderunt. Quoniam ea spatia non sunt primo et per se in mundanis corporibus, sed sunt ante corpora actu in primo spatio . . Sed mens e spatio illo primo vi sua eas partes desecat, quae sibi vel contemplationi vel operi usui futura." „Cumque spatium sit rerum naturae omnium primum, ejus Scientiam utramque et continui et discreti ante materiam esse est manifestum. Eandem hanc rationem consequitur, ut mathematica anterior sit, quam physiologia. Media quoque est inter incorporeum omnino et corporeum omnino, non qua ratione veteres dixere per abstractionem a rebus naturalibus incorpoream quasi fieri sed quia revera spatium sit corpus incorporeum et incorporeum corpus. . . (Est ergo) manifestum naturae rerum contem-

Sein und eine subjektive Leistung des Denkens und der „Imagination" sind es somit, die zur Entstehung der mathematischen Begriffe zusammenwirken. Wenn der Begriff des C o n t i n u u m s vorzugsweise auf das erste Moment zurückgeht, so ist es das zweite, das erst die Begriffe der Z a h l und der Mehrheit und damit die Möglichkeit des Maßes erschafft[1]). Jedes Messen und damit jede mathematische Fixierung eines Inhalts setzt eine feste Einheit voraus, deren Ermittlung und Ableitung die erste Aufgabe der Betrachtung bilden muß. Über den Charakter und die Besonderheit dieser Grundeinheit entscheidet jedesmal die Eigenart des bestimmten Problemgebiets: die Erkenntnislehre vermag nur die allgemeine Forderung zu vertreten, daß überall, wo von einem wahrhaften Begreifen die Rede sein soll, der Gedanke auf solche letzte Elemente zurückgehen muß. Die Lehre von der unendlichen Teilbarkeit der Ausdehnung ruht somit auf bloßem trügerischen Schein: logisch ist auch hier der Abschluß in einem absoluten räumlichen M i n i m u m zu verlangen. In der Begründung und Ausführung dieser Lehre tritt wie in der gleichzeitigen Schrift Giordano Brunos „de triplici minimo et mensura" der Einfluß des Nikolaus Cusanus unverkennbar hervor. Wie es ein „Größtes" des Raumes, nämlich seine unendliche Erstreckung, gibt, so muß es notwendig auch ein „Kleinstes" in ihm geben: die Gegensätze bedingen sich wechselweise und können nur miteinander gesetzt und gedacht werden. Wir gelangen somit zum Begriff des Punktes als dem logischen Widerspiel der reinen absoluten

---

plationem ingredienti s p a t i i s c i e n t i a m p r i u s e t h a b e n- d a m e t t r a d e n d a m e s s e, q u a m n a t u r a l e m . . Recteque foribus scholae divini Platonis fuit praefixum: Geometriae nescius ingrediatur nemo." Ibid. „De spatio mathematico" p. 68.

[1]) Ibid.: „Patuit quoque continuum sui natura omni divisione antiquius ac prius esse: cujus d i v i s i o a c d e s e c t i o h u m a n a e c o g i t a t i o n i s v i f a c t a numerum procreat. Patet quoque continuam quantitatem a n a t u r a e s s e, ad numerum vero humanae mentis esse opus. In mundanis autem corporibus inter se divisis esse etiam a natura. Clarum quoque evasit continuum antiquius esse discreto. Quoniam discretio nulla fieri posset a vi ulla, nisi continuum antecederet."

Ausdehnung: wie diese alle Dimensionen umfaßt, so muß hier von ihnen allen abgesehen werden; wie sie a l l e Teile in sich schließt, so ist in ihm jeder Gedanke einer weiteren Zerfällung fern zu halten. Einheit und Punkt sind Wechselbegriffe: sie drücken dasselbe Problem, nur unter verschiedenen Gesichtspunkten und verschiedenen Namen, aus. Zwar wird auch das Moment der Z e i t und der B e w e g u n g als unteilbar bezeichnet; beide aber stehen an Ursprünglichkeit hinter dem räumlichen Element zurück, da die Zeit nur in und mit der B e w e g u n g zu denken ist, diese aber die materiellen Körper und damit den Raum voraussetzt. Sie wird daher auch für die Ableitung der weiteren geometrischen Grundgebilde verworfen: wenn die Linie durch das „Fließen" des Punktes erklärt wird, so ist damit die wahre logische Rangordnung verkehrt. Die Linie ist eine eigene gedankliche Setzung, die daher die Rückführung auf eine neue Einheit, ein neues „Minimum" von bestimmter qualitativer Eigenart verlangt. Ihre endliche Größe muß in unteilbare L i n i e n e l e m e n t e aufgelöst und aus ihnen zusammengesetzt werden: daß das Teilbare und Ausgedehnte derart aus dem „Indivisiblen" hervorgeht, ist nicht wunderbarer, als daß etwa der einzelne Körper sich (nach Aristotelischer Lehre) aus Form und Materie zusammensetzt, die dennoch beide von ihm verschieden sind. Wie aus Elementen, die selbst weder schwer noch leicht sind, die leichte oder schwere Materie, so resultiert aus solchen, denen an sich weder Größe noch Kleinheit zukommt, der große oder kleine Körper[1]).

In dieser Behauptung von Elementen, die die charakteristische Natur und Wesenheit des Gesamtgebildes ohne seine extensive Form und Erstreckung besitzen, liegt ein fruchtbares und wichtiges Motiv des künftigen D i f f e r e n t i a l b e g r i f f s; zugleich aber zeigt sich, daß die dialektischen Schwierigkeiten, die diesem Begriff entgegenstehen, hier noch kaum bemerkt, geschweige gelöst werden. Das Verhältnis zwischen dem Stetigen und dem Diskreten ist nirgends geklärt. Die Frage, ob der Begriff des Continuums oder der

---

[1]) P a n c o s m i a , De spatio mathematico p. 66 f.

der Zahl sachlich früher ist, wird in ihrer Allgemeinheit von Patrizzi abgewiesen: sie ist müßig, da beide Momente aufeinander bezogen sind und nur miteinander bestehen können. Wo er ihr dennoch näher tritt, da erscheint bei ihm die stetige unendliche Größe als die Grundlage, aus der wir durch einen besonderen Akt des Geistes das Begrenzte erst heraussondern. Das Continuum ist somit der fundamentalere Begriff und die Bedingung der Diskretion: die Arithmetik ist der Geometrie untergeordnet. Die Setzung der arithmetischen Einheit wäre demnach so zu vollziehen, daß sie den Grundpostulaten der Continuität, vor allem also der unendlichen Teilbarkeit, nirgends widerstreitet. Statt dessen sehen wir, wie die entgegengesetzte Richtung eingeschlagen wird: der Begriff des „Minimums" ist der Versuch, die stetige Quantität nach den Forderungen der diskreten Auffassung zurechtzurücken und umzudeuten. Den echten „Königsweg der Geometrie", den Patrizzi nach seinem eigenen Ausspruch mit seiner Methode weisen will[1]), hat er daher verfehlt: denn dieser liegt in der Richtung auf den Begriff und die Analysis des Unendlichen. Und der tiefere Grund hierfür liegt darin, daß er zwar die Zahl als ein Gebilde des D e n k e n s erkennt und bestimmt, die stetige Ausdehnung aber nur als unabhängiges absolutes Sein behauptet, nicht aus einem eigenen Prinzip begründet hat. Bei Campanella, der Patrizzis Lehre fortführt, vollendet sich sodann die H y p o s t a s i e r u n g des Raumes zu einer eigenen geistigen Wesenheit, der nicht nur Selbstbewußtsein und Selbsterhaltungstrieb, sondern sogar U n s t e r b l i c h k e i t zugesprochen wird. Hier sehen wir unmittelbar den Zusammenhang zwischen der Raumlehre und der spekulativen Gotteslehre vor uns, der später von H e n r y M o r e weiter entwickelt werden wird: Gott ist zwar nicht im Raume, wohl aber der Raum in ihm als seinem belebenden und erhaltenden Prinzip zu denken[2]).

*　*　*

---

[1]) P a n c o s m i a , De physici ac mathematici spatii affectionibus, p. 73.
[2]) C a m p a n e l l a , De sensu rerum et magia I, 12, S. 40. II, 26, S. 157.

So mündet denn die Betrachtung, wie sehr sie danach strebt, die Natur nach „eigenen Prinzipien" zu begreifen, immer von neuem wieder in den Gottesbegriff ein. Es wäre indes irrig, in diesem Zusammenhang, der freilich gelöst werden mußte, ehe der w i s s e n s c h a f t l i c h e Begriff der Natur entstehen konnte, lediglich ein Hemmnis der Entwicklung zu sehen. Vor allem ist es das religiöse Problem selbst, das jetzt dank den neuen Fragen, mit denen es sich berührt, eine Wandlung und Vertiefung erfährt. Der Humanismus wie die Naturphilosophie wirken nunmehr zu dem gleichen einheitlichen Zeile der ethischen Universalreligion zusammen. Schon die Naturansicht des Paracelsus steht in engster Verbindung mit seiner religiösen Grundanschauung, in der er sich vor allem mit der freieren Gestaltung der protestantischen Gedanken in Sebastian F r a n c k berührt. (S. ob. S. 170.) Die Einzigkeit und Beständigkeit der Natur verbürgt uns die Einheit der echten Gottesidee, die von keinem besonderen Kult oder keinem besonderen Dogma ausgeschöpft oder erreicht wird. Wie die Erkenntnislehre Campanellas den „eingeborenen" Sinn, in dem wir das eigene Wesen ursprünglich erfassen, von den äußerlich hinzutretenden Wahrnehmungen und Kenntnissen unterschied, so scheidet seine Religionsphilosophie die eine natürliche Gottesverehrung von den fremden Zutaten, die sich im Verlauf der Geschichte und im Wechsel der Zeiten und Völker an sie herandrängen. Der ursprüngliche Kern bleibt durch alle verschiedenen Äußerungsformen hindurch ein und derselbe: „diversitas nulla est intus, nisi sicut in scientia et modo". (Vgl. ob. S. 168 f.) Die Welt erschließt sich uns als das Sein, „an dem wir die Breite der Gottheit lesen": sie ist das Standbild und der Tempel, in dem die göttlichen Gedanken niedergelegt und in lebendigen Symbolen verkörpert sind. „Selig, wer in diesem Buche liest und von ihm die Wesenheiten der Dinge erlernt, nicht aber sie nach eigenem oder fremdem Gutdünken ersinnt"[1]). Um sich die religiöse Grundanschauung Campanellas zu vergegenwärtigen, muß man sie freilich nicht lediglich in seiner M e t a-

---

[1]) De sensu rerum et magia. Epilogus. S. 370. — Metaphysik. P. III, Lib. XVI, Cap. V, Art. 1 und 2. (T. III, S. 207 f.)

physik aufsuchen, in der die Nachwirkung der Scholastik, wie die Rücksicht auf die kirchliche Autorität die Freiheit und Weite der Betrachtung einengen. Sie gelangt erst in seinen Dichtungen, in denen sie sich mit dem neuen sozialen Ideal, sowie mit der Aussprache der eigenen persönlichen Lebensschicksale Campanellas durchdringt, zum reinen und ergreifenden Ausdruck.[1])

Begrifflich wird der Übergang ins Gebiet der Religion durch die Idee des Unendlichen vermittelt, die hier, wie später für Descartes, zum Mittel wird, um aus dem Umkreis, der durch den Satz des Selbstbewußtseins gezogen wurde, in den Bereich des absoluten Seins hinauszuschreiten. Indem der menschliche Intellekt, kraft der Notwendigkeit seiner Natur, über jede konkrete Gegebenheit, über jedes „Hier" und „Jetzt" zu unendlichen Welten in Raum und Zeit hinausschreitet, beweist er damit unmittelbar seinen göttlichen Ursprung. Er vermöchte auch in Gedanken nicht über die sinnliche Wirklichkeit fortzugehen, wenn er aus ihr allein stammte und in ihr die zureichenden Gründe seines Daseins hätte. „Welch ein Wunder, daß die Einbildungskraft sich ohne Flügel zum Himmel aufzuschwingen und sich den gesamten Bau der Dinge zu unterwerfen vermag, daß sie, wenn die Bahnen der Gestirne sich ihren Bezeichnungen nicht fügen, neue Epizykeln und Kreise ersinnt, mittelst deren sie die Erscheinungen so genau bestimmt, daß es den Anschein hat, als passe sich der Himmel unserem Kalkül an, als würde er durch uns nicht nur begriffen, sondern hervorgebracht." Der Trieb ins Unbegrenzte ist jedem von uns an- und eingeboren: das Wort Alexanders des Großen, daß er den Erdball verlassen möchte, um die unendlichen

---

[1]) Vgl. Poesie filosofiche di Tommaso Campanella publ. da Giov. Gasp. Orelli. Lugano 1834. S. 11:
„Il mondo è il libro, dove il senno eterno
Scrisse i propri concetti: e vivo tempio
Dove pingendo i gesti e 'l proprio esempio
Di statue vive ornò l'imo e 'l superno.
Perch' ogni spirto qui l'arte e 'l governo
Leggere, e contemplar per non farsi empio,
Debba e dir possa: Io l'universo adempio
Dio contemplando a tutte cose interno."

Welten Demokrits zu erobern, ist der Ausdruck und das Sinnbild jeglichen menschlichen Strebens überhaupt[1]). Weder unser Wille, noch unsere Erkenntnis vermögen sich in irgendeinem Einzelobjekt, so vollkommen es immer gedacht werde, zu befriedigen: sondern beiden ist es wesentlich, die Grenzen des Erreichten und Erreichbaren immer wieder von neuem hinauszuschieben. Noch einmal tritt hier das D o p p e l -
m o t i v, von dem die Grundanschauung der Naturphilosophie durchgehend beherrscht wird, deutlich zutage. Die Natur ist für sie ein Gegenstand der unmittelbaren E r f a h -
r u n g, der also durch Sinne und Empfindung zu fassen sein muß. Dennoch wäre es ein vergebliches Bemühen, sie als ein bloßes A g g r e g a t von Einzelwahrnehmungen verstehen und aufbauen zu wollen: vielmehr ist es stets die Idee des Ganzen, ist es die Totalität und Unendlichkeit ihres Seins, kraft deren wir uns das Einzelne erst verständlich zu machen vermögen. So enthält der I n h a l t dieses Naturbegriffs bereits eine Korrektur des ersten sensualistischen Ansatzes der E r k e n n t n i s l e h r e in sich. Man hat mit Recht den Zwiespalt betont, der sich durch Campanellas Lehre von der g e i s t i g e n S u b s t a n z hindurchzieht. Auf der einen Seite bleibt diese Lehre der Weisung des Telesio treu: die „empfindende Seele" ist selbst nichts anderes als ein körperliches Sein, das die von außen kommenden körperlichen Bewegungen in sich aufnimmt und wiedergibt. (Vgl. ob. S. 232 ff.) Über dieser ersten Stufe aber erhebt sich nunmehr eine völlig andersartige Funktion des Geistes, kraft welcher er von den Ursachen der gegebenen gegenwärtigen Eindrücke zum Nicht-Gegebenen, von der einfachen Abbildung des Endlichen zur Anschauung des Unendlichen fortschreitet. Und hier erst enthüllt sich sein eigentlicher Begriff und das Spezifische und Auszeichnende seiner Leistung. Dieser D u a l i s m u s in der Begriffsbestimmung des Geistes[2])

---

[1]) De sensu rerum II, 25; S. 146 ff. — Metaphys. P. III, Lib. XIV, Cap. II, Art. 1. (T. III, S. 132.)
[2]) Zur Unterscheidung von „spiritus" und „mens" bei Campanella vgl. bes. S a n t e F e l i c i, Le dottrine filosofico-religiose di Tommaso Campanella, Cap. 1 u. 2.

läßt sich indes nicht lediglich daraus erklären, daß hier die reine Entfaltung der „naturalistischen" Grundansicht von religiösen Motiven gehemmt wird. Der Gegensatz, der im Begriff des Geistes zutage tritt, ist vielmehr nur der Ausdruck eines Widerstreits, der im Begriff der Natur selbst latent ist. Denn die Natur bedeutet auf der einen Seite ein Konkretes und Sinnfälliges, während sie auf der anderen Seite durch das Merkmal der Unendlichkeit bestimmt wird. Zwischen der Sinnlichkeit und dem Unendlichen aber besteht keine „Proportion": denn die Wahrnehmung vermag die Dinge immer nur in ihrer begrenzten Einzelgestaltung darzustellen. Je energischer und lebendiger sich die neue Anschauung der Natur entfaltet, um so schärfer macht sich daher auch die Forderung einer neuen Fassung der Erkenntnislehre geltend, die für das veränderte Bild der objektiven Wirklichkeit das zureichende logische Korrelat schafft.

D) Das Copernikanische Weltsystem und die Metaphysik. — Giordano Bruno.

I.

Die zentrale Stellung, die das Problem des Unendlichen allmählich in der geistigen Entwicklung der Renaissance gewinnt und die allseitige Wirkung, die es ausübt, erklärt sich vor allem daraus, daß dieses Problem nicht in abstrakter dialektischer Fassung vor das Denken der Zeit hintrat. Hier galt es nicht lediglich eine einzelne Frage der allgemeinen logischen und mathematischen Theorie auf ihre Bedingungen zu prüfen, sondern einen Gedanken zu fassen und verständlich zu machen, der in die neue Anschauung des Universums, die die Wissenschaft inzwischen erarbeitet hatte, als Bestandteil einging. Die logischen und die kosmologischen Probleme des Unendlichen schließen sich hier für den Gedanken unmittelbar in Eins zusammen. Und so wirkt denn auch die moderne astronomische Weltansicht überall auf die Auffassung vom Wesen und von den Mitteln der Erkenntnis zurück. Galilei zieht die Summe dieser Weltansicht, wenn er in ihr zugleich den Ausdruck eines neuen Verhältnisses von Verstand und Sinnlichkeit, von Begriff und Empfindung erblickt. „Man glaube nicht, daß es, um die tiefen Begriffe zu fassen, die in jenen Karten des Himmels geschrieben stehen, genügt, den Glanz der Sonne und der Sterne in sich aufzunehmen und ihren Auf- und Niedergang zu betrachten: denn dies alles liegt auch vor den Augen der Tiere und vor denen des ungebildeten Haufens offen zutage. Hinter dem allen aber verbergen sich so tiefe Geheimnisse und so erhabene G e-d a n k e n, daß die Mühen und Nachtwachen von Hunderten und Hunderten der schärfsten Geister in tausendjähriger Forscherarbeit sie noch nicht völlig zu durchdringen vermochten. So ist das, was der bloße Sinn des Sehens uns gibt, so gut wie Nichts im Vergleich zu den Wundern, die der Verstand der Verständigen am Himmel entdeckt."[1]) Die Funktion des Verstandes konnte nirgends eindringlicher zum Bewußtsein kommen, als an diesem Punkte, an dem die reine gedankliche Konstruktion der wissenschaftlichen E r-f a h r u n g den unmittelbaren S i n n e n s c h e i n aufhob und sich an seine Stelle setzte. Copernicus selbst hebt, so wenig sein Werk allgemeine philosophische Erwägungen in den Vordergrund treten läßt, diese Wendung des Gedankens energisch hervor. Wir müssen lernen, das Universum „mit beiden Augen" zu sehen, indem wir die gewöhnliche sinnliche Flächenansicht der Dinge gleichsam durch die Tiefenansicht der mathematischen Vernunft ergänzen. Was wir als notwendige Bedingung der mathematischen Ordnung und Harmonie des Ganzen erkennen, das besitzt damit eine Form der W a h r-h e i t, die der Sinnenempfindung selbst zum Kriterium und zur Regel dient[2]). Damit wird, für Copernicus selbst, die Frage

---

[1]) G a l i l e i , Lettere intorno il Sistema Copernicano. Opere, ed. Albèri, II, 45 f.

[2]) „Errantium quoque stationes, retrogradationes atque progressus non illorum, sed telluris esse motus videbitur, quem illa suis mutuant apparentiis. Ipse denique Sol medium mundi putabitur possidere, quae omnia ratio ordinis quo illa sibi invicem succedunt, et mundi totius harmonia nos docet, si modo rem ambobus (ut ajunt) oculis inspiciamus." C o p e r n i c u s , De revolutionibus orbium coelestium, Lib. I, cap. 9.

nach der wahren Weltordnung zugleich unwillkürlich zu einer allgemeinen Frage der M e t h o d e des Beweises und der Erkenntnis. Die Ptolemäische Weltansicht, die Theorie der Epizykeln, stellt keinen streng einheitlichen gedanklichen Entwurf dar, sondern sie sieht sich genötigt, für jeden besonderen Kreis von Erscheinungen, den sie betrachtet, je ein besonderes Bild zu entwerfen. So läßt sich diese Theorie einem Gemälde vergleichen, in welchem der Künstler zwar alle einzelnen Glieder vorzüglich ausgeführt hat, ohne sie indes einem einzigen Körper nachzubilden und sie dadurch miteinander in ein bestimmtes harmonisches V e r h ä l t n i s zu setzen, — so daß das Gesamtergebnis zuletzt einem Monstrum ähnlicher als einem Menschen sei. „Hieraus geht hervor, daß im Prozeß des Beweises, den man die Methode nennt, entweder etwas Notwendiges beiseite gelassen oder etwas Überflüssiges, nicht zur Sache Gehöriges, aufgenommen worden ist, — was nicht möglich gewesen wäre, wenn man sicheren Prinzipien gefolgt wäre"[1]). Der Reform dieser Prinzipien also ist das Grundwerk des Copernicus gewidmet, wie er denn seine Aufgabe ausdrücklich als eine rein mathematische faßt und von den Mathematikern die endgültige Entscheidung über ihre Lösung erwartet: Mathemata mathematicis scribuntur. Das Platonische Wort, das er als Motto wählt: Ἀγεωμέτρητος μηδεὶς εἰσίτω soll von Anfang an dem neuen Problem seine feste logische Stellung geben und ihm seine Grenzen anweisen.

Und dennoch tritt in Copernicus' eigener Darstellung alsbald ein zweiter Gesichtspunkt bestimmend hervor. Die Einheit des mathematischen Begriffs schließt zugleich die Einheit der ästhetischen Anschauung in sich. Beide Momente ergänzen sich wechselseitig und gelangen erst damit zur eigenen inneren Vollendung. Die Sonne ruht im Mittelpunkt der Welt: „denn wer möchte ihr in diesem herrlichen Tempel der Universums einen anderen und besseren Platz geben als diesen, von welchem aus sie das All in seiner Gesamtheit zu erhellen vermag? So hat man sie nicht mit Unrecht die

---

[1]) C o p e r n i c u s, a. a. O., Praefatio.

Leuchte der Welt, die Seele und den Lenker des Alls, den sichtbaren Gott genannt. Von ihrem Königssitz aus beherrscht sie die Schar der Gestirne, die sich um sie herumschwingen, so daß sich uns in dieser Ordnung eine wunderbare Symmetrie der Welt und eine feste harmonische Verknüpfung zwischen der Bewegung und Größe der einzelnen Himmelskreise zeigt, wie sie nirgends sonst gefunden werden kann"[1]). In dieser konkreten Gestaltung geht nunmehr der Copernikanische Gedanke in das allgemeine Bewußtsein der Zeit ein. Jetzt handelt es sich nicht mehr um eine bloße Wandlung im Inhalt des Naturbegriffs, sondern der Wechsel, der sich in dem Bilde der objektiven Wirklichkeit vollzogen hat, bestimmt zugleich unmittelbar den Inhalt und das Gepräge der Geisteswissenschaften.

Eine neue ethische Lebensansicht, eine neue Welt- und Wertbetrachtung gelangt überall zum Ausdruck. Nicht nur in der Philosophie, auch bei den Männern der exakten Wissenschaft zeigt sich die Durchdringung dieser beiden Grundmotive. An den Schicksalen der Lehre von der Erdbewegung, an ihren ersten antiken Anfängen, ihrer späteren Verdunkelung und ihrer modernen Neuerweckung, gewinnt Kepler die allgemeine Einsicht in das Wesen der Geschichte, faßt er zuerst den Gedanken einer stetigen „Erziehung des Menschengeschlechts" zur Natur- und Selbsterkenntnis[2]). Und selbst bei einem so exakten und nüchternen Beobachter wie Gilbert mischt sich in die Widerlegung der herkömmlichen Einwände gegen die neue Anschauung ein sittliches Pathos: kleinmütige und ängstliche

---

[1]) De revolutionibus, Lib. I, cap. 10.
[2]) Kepler, Dissertatio cum Nuntio Sidereo (1610): „Cogitet, an quidquam frustra permittat gentis humanae supremus et providus ille custos, et quonam ille consilio, veluti prudens promus, hoc potissimum tempore nobis isthaec operum suorum penetralia pandat, . . aut si . . Deus conditor universitatem hominum veluti quendam succrescentem et paulatim maturescentem puerulum successive ab aliis ad alia cognoscenda ducit . . .; perpendat igitur et quodammodo respiciat, quousque progressum sit in cognitione naturae, quantum restet et quid porro exspectandum sit hominibus." Opera omnia, ed. Ch. Frisch; Frankf. u. Erlangen 1857 ff. II, 502. — Vgl. a. Op. III, 462.

Gemüter heißen ihm alle die, die durch die Erdbewegung den festen Halt und die feste Stellung im Universum zu verlieren fürchten[1]). Goethes Urteil über das Copernikanische System bringt diese ethische Rückwirkung, die von ihm ausging, zum lebendigen Ausdruck. „Vielleicht ist noch nie eine größere Forderung an die Menschheit geschehen; denn was ging nicht alles durch diese Anerkennung in Dunst und Rauch auf: ein zweites Paradies, eine Welt der Unschuld, Dichtkunst und Frömmigkeit, das Zeugnis der Sinne, die Überzeugung eines poetisch-religiösen Glaubens; kein Wunder, daß man sich auf alle Weise einer solchen Lehre entgegensetzte, die denjenigen, der sie annahm, zu einer bisher unbekannten, ja ungeahnten Denkfreiheit und Großheit der Gesinnungen berechtigte und aufforderte." In der Tat wird in der neuen Lehre das Individuum, das zunächst durch die Anschauung und das Gegenbild des Alls beschränkt zu werden scheint, in Wahrheit in seinem sittlichen Selbstbewußtsein erhöht und befestigt. Wenn das erkennende Subjekt trotz der Begrenzung und Relativität seines Standortes die Ordnung des Alls einzusehen und festzustellen vermag, so ist eben darin die durchgängige Einheit der Natur und des Erkenntnisgesetzes verbürgt. Die scholastische Auffassung dagegen, so sehr in ihr die Natur überall auf das Individuum bezogen und erst in ihm ihren Mittelpunkt zu finden scheint, endet dennoch überall in der dualistischen Entgegensetzung von Natur und Geist. In ihrer Wertbetrachtung ergibt sich ein Widerspruch, den Galilei scharf und treffend bezeichnet: die Erde, die als das Zentrum des Alls und als der Zielpunkt gilt, auf den alles Geschehen abzweckt, bleibt dennoch, im Gegensatz zur unwandelbaren Vollkommenheit der himmlischen Sphären, gleichsam die „Hefe der Welt" und der Sitz alles Verworfenen und Niedrigen[2]).

---

[1]) Gilbert, De magnete VI, 3; S. 216 ff.
[2]) Galilei, Lettere sulle apparenze lunari Op. III, 130. Vgl. die charakteristischen Bemerkungen Antonio Roccos (Galilei Op. II, 221) und Galileis Erwiderung. (II, 293.) — S. ferner Dialog I, Op. I, 44: „Quanto alla terra, noi cerchiamo di nobilitarla e perfezionarla, mentre procuriamo di farla simile ai corpi celesti, e in certo modo

Es ist somit aus einem innerlichen sachlichen Zusammenhang zu erklären, daß sich der Kampf um das Weltsystem alsbald zu der allgemeinen Frage nach den Grenzen der Religion und Wissenschaft, des Glaubens und der Vernunft erweitert. Wenn man die Akten des Galileischen Prozesses studiert, so staunt man über die Klarheit und Schärfe, in der diese Fragestellung von beiden Seiten erfaßt und festgehalten wird. Der anfängliche Ausgangspunkt tritt immer mehr zurück gegenüber dem neuen, tieferen und umfassenden Problem[1]. Lange zuvor hatte Galilei selbst in seinem bekannten Brief an die Großherzogin Mutter Christine von Lothringen die scharfe Scheidelinie zwischen der theoretischen und praktischen Bedeutung der Religion gezogen, die er in seiner Verteidigung durchgehend einhält. Wenn hier die Natur und die heilige Schrift beide gleichmäßig als Zeugen der göttlichen Offenbarung anerkannt werden, so kann doch über das R a n g v e r h ä l t n i s, das zwischen diesen beiden Grundquellen besteht, kein Zweifel bestehen. Die sicheren Erfahrungen der Sinne und die demonstrativen Schlüsse, die wir auf ihnen aufbauen, müssen uns als die erste und unbezweifelbare Grundlage gelten, von der aus wir erst die Deutung der biblischen Bücher und die Ermittlung ihres wahren und widerspruchslosen Sinnes versuchen können. Der Gedanke einer „doppelten Wahrheit" ist klar und sicher beseitigt: unmöglich ist es, daß derselbe Gott, der uns mit Sinnen, mit Verstand und Einsicht begabt und uns in ihnen die Mittel zur klaren Erfassung der Wirklichkeit gegeben hat, uns über das Sein der Naturdinge zugleich auf eine andere Art durch unmittelbare Offenbarung in der Schrift belehren wollte. Alle Aussagen und Urteile über die E x i s t e n z von Objekten sind lediglich durch das Zeugnis der wissenschaftlichen E r f a h r u n g und in dem geregelten vorgeschriebenen Gang ihrer Methodik zu gewinnen. In der N o t w e n d i g k e i t, die sich uns hier erschließt, liegt ein festes

---

metterla quasi in Cielo, di dove i vostri filosofi l'hanno bandita." — S. a. Dialog I, Op. I, 68 u. Dial. II, Op. I, 291 f.
[1]) Vgl. hierzu die Akten und Belege bei B e r t i, Copernico e le vicende del sistema Copernicano in Italia. Roma 1876.

und unverrückbares Kriterium, das von keiner anderen Instanz beschränkt oder überboten werden kann. Wenn die Schrift den Willen und das Wesen der Gottheit in einer Form ausdrückt, die dem Verständnis und der Fassungskraft des Volkes angepaßt, die somit wechselnder und verschiedenartiger Auslegung fähig ist — so schwindet vor der Natur selbst als der einmaligen und unveränderlichen Selbstbezeugung der Gottheit jeder Zweifel und jede Zweideutigkeit. Die mathematischen Charaktere, in denen sie verfaßt ist, schließen jede willkürliche Auffassung, jede Umdeutung nach den zufälligen Wünschen und Zwecken des Individuums aus „Warum sollen wir in der Erkenntnis des Alls und seiner Teile eher mit der Erforschung der W o r t e Gottes, als mit der seiner Werke beginnen; — oder ist vielleicht das Werk weniger edel und vorzüglich als das Wort"?[1]) Alle Wahrheit von T a t s a c h e n fällt der Gerichtsbarkeit des wissenschaftlichen Begriffs anheim, während die Aufgabe der Religion und ihrer Urkunden einzig in die Vermittlung der sittlichen „Heilswahrheiten" gesetzt wird. Mit dieser Abgrenzung erst sind die verschiedenen Richtungen und Vermögen des Bewußtseins zur inneren Übereinstimmung gebracht, ist die unverbrüchliche Einheit und Notwendigkeit des Intellekts selbst verbürgt.[2]) Die Behauptung des Copernikanischen Weltsystems wird für Galilei gleichbedeutend mit der Selbstbehauptung der Vernunft.

Diese Rückwirkung der neuen Weltansicht auf das Selbstbewußtsein des Individuums stellt sich am deutlichsten in der Persönlichkeit und den Werken G i o r d a n o B r u n o s dar.

---

[1]) G a l i l e i an Diodati, 15. Januar 1633, Op. VII, 16 ff. — An Christine von Lothringen (1615) Op. II, 26 ff., bes. II, 34. — An Castelli (21 Dez. 1613) Op. II, 6 ff. — Vgl. hiermit bes. C a m p a n e l l a s Apologie für Galilei: Apologia pro Galilaeo mathematico florentino (1616), bes. S. 29 ff.

[2]) „Prima (che comandar agli professori di astronomia che procurino . . di cautelarsi contro alle proprie osservazioni e dimostrazioni) bisognerebbe che fusse lor mostrato il modo di far che le potenze dell' anima si comandassero l'una all'altra . . sicchè l'immaginativa e la volontà potessero e volessero credere il contrario di quel che l'intelletto intende." — Op. II, 42 f.

Es ist nicht, wie zumeist angenommen wird, der allgemeine Begriff der N a t u r, der Bruno zum Vorgänger Keplers und Galileis stempelt. So wichtig seine Gedanken für die Reform der Kosmologie sind, so handelt es sich doch in ihnen gegenüber dem Kreis der Naturphilosophie, aus dem er hervorgeht, noch keineswegs um eine völlig veränderte Richtung der Betrachtung und Forschung. Der moderne Begriff der mathematischen Kausalität bleibt Bruno gänzlich fremd. Alle Wirksamkeit zwischen den Einzelgliedern des Alls gilt ihm durch das Walten eines gemeinsamen seelischen Prinzips vermittelt, an dem sie gleichmäßig teilhaben. Der Begriff der W e l t s e e l e ist das notwendige Korrelat zum Gedanken der ursächlichen Verknüpfung. Wir vermögen die Abhängigkeit zwischen räumlich getrennten Elementen des Seins nur dadurch zu verstehen, daß wir einen ursprünglichen einheitlichen Gemeingeist zugrunde legen, der das Universum durchdringt, und der, je nach den besonderen Bedingungen der Organisation, bald deutlicher, bald verworrener in den verschiedenen Gattungen und Individuen zum Ausdruck kommt. Dieser „innere Sinn", vermöge dessen jedes beschränkte endliche Sein an dem unendlichen Leben des Ganzen teil nimmt, während es sich zugleich in seiner Individualität zu behaupten strebt, kommt nicht nur den höheren Organismen, sondern jedem Einzelwesen als solchen zu: „nicht ohne eine Form des Sinnes oder des Bewußtseins, die jedoch von der oberflächlichen Philosophie nicht bemerkt wird, ballen sich selbst die Wassertropfen zur kugelförmigen Gestalt, die ihrer Selbsterhaltung am gemäßesten ist"[1]). Sympathie und Antipathie, Streben und Gegenstreben bilden daher den Grundtypus alles natürlichen Geschehens. Kein Körper vermag als solcher, sofern er als bloße M a t e r i e betrachtet wird, auf einen andern Körper einzuwirken: vielmehr muß jede wahrhafte Tätigkeit in der Form, in der inneren „Qualität" der Elemente und somit schließlich in der S e e l e ihren

---

[1]) Giordano B r u n o, Summa Terminorum Metaphysicorum (Jordani Bruni Nolani Opera latine conscripta. Recens. F i o r e n - t i n o, I m b r i a n i, T a l l a r i g o, T o c c o, V i t e l l i. 3 vol. Napoli 1879—91. Vol. I, Pars 4, S. 103 f.)

Ursprung haben¹). Auch die Möglichkeit der E r k e n n t n i s beruht auf diesem Zusammenhang: auf der Kontinuität und Gemeinschaft, die das Einzelsubjekt als einen Teil des Universums mit dessen sämtlichen übrigen Gliedern verknüpft²). Das allgemeine Weltbild, das sich hier vor uns auftut, ist, wie man sieht, von dem eines Fracastoro, ja selbst eines Agrippa von Nettesheim nicht prinzipiell verschieden³). Auch innerhalb der Astronomie hält Bruno an der Peripatetischen Ansicht der Beseelung der Himmelskörper fest: die Lehre von den „seligen Bewegern" der Gestirne umkleidet er noch einmal mit dem ganzen Reize, den die künstlerische Phantasie diesem Bilde zu geben vermag⁴).

Trotz allen diesen gemeinsamen Zügen indes, die Bruno mit der älteren Naturphilosophie teilt, erscheint sein Standpunkt von dem ihren dennoch geschieden, sobald man die Art seiner Begründung und das e r k e n n t n i s t h e o r e t i s c h e Fundament, auf dem er ruht, ins Auge faßt. Hier ergibt sich alsbald ein charakteristischer Gegensatz. Die Naturphilosophie — die des Paracelsus sowohl, wie die des Telesio oder Campanella — ruht auf der Voraussetzung, daß der S i n n und die W a h r n e h m u n g es sind, denen sich das Sein der Dinge unmittelbar erschließt. Sie bilden den Punkt der Vereinigung, an dem sich das Ich und die äußere

---

¹) S. De Magia (ca. 1590); Opera lat. III, 413; vgl. bes. III, 416.
²) De Magia III, 409 f.
³) Dieser Zusammenhang tritt am deutlichsten in der Schrift „de Magia" hervor, wird aber durch die Betrachtung der italienisch geschriebenen Hauptwerke Brunos durchaus bestätigt. Vgl. bes. De la causa, principio et uno. (1584.) S. 234 ff. (Le opere italiane ristampate da Paolo d e L a g a r d e , Götting. 1888.) De l'infinito universo e mondi. S. 342. De immenso et innumerabilibus Lib. V, Cap. 12. (Opera lat. I, 2, 154.) — Einen Auszug aus Agrippa v. Nettesheims Schrift „De occulta philosophia" und anderen Werken der Magie hat Bruno selbst verfaßt: s. die Schrift „De magia mathematica" (1589/90). Zum Problem der „Weltseele" s. bes. Op. lat. III, 497. (Vgl. ob. S. 208 f.)
⁴) La cena de le ceneri (1584): „Credete . che sii sensitiva questa anima? Non solo sensitiva rispose il Nolano ma ancho intellettiva; non solo intellettiva come la nostra, ma forse ancho piu." (Op. ital. p. 163.) — Vgl. De l'infinito universo e mondi p. 319 f.; 342, 344; De immenso Lib. IV, Cap. XV. Op. lat. I, 280 ff. u. ö.

Wirklichkeit treffen und zusammenschließen, die direkte Verwirklichung der harmonischen Verschmelzung von „Subjekt" und „Objekt". Das Einzelding in seiner vollen Bestimmtheit bildet die höchste Aufgabe des Wissens: die bloße W i e d e r h o l u n g des Prozesses, der uns die Kenntnis des Einzelnen vermittelt, muß uns auch zur Einsicht in die Regel des Ganzen hinführen. (S. ob. S. 232 ff.) Erst in dem Maße, als der Begriff des Unendlichen mehr und mehr in den Mittelpunkt der Betrachtung rückte, begann, wie sich zeigte, auch diese Grundansicht sich zu verschieben. Bei Bruno ist der Prozeß, der hier seinen Anfang nahm, vollendet; bei ihm ist, was zuvor als latentes gedankliches Motiv wirkte, zu klarem Bewußtsein erhoben. Der Gedanke der U n e n d l i c h k e i t d e r W e l t e n, von dem er ausgeht, weist ihn alsbald auf eine neue Auffassung der philosophischen und wissenschaftlichen Erkenntnis zurück. Es ist eine eigene grundlegende Konzeption der V e r n u n f t, die uns der Unendlichkeit des einen Seins versichert: ein Gedanke, der zwar durch die Beobachtung und Einzelerfahrung angeregt wird, in ihr allein indes niemals seinen Halt und seine volle Gewähr findet. „Wer das Unendliche vermittelst der Sinne zu erkennen verlangt, gleicht einem, der die Substanz und die Wesenheit mit den Augen erblicken will; wer alles das, was nicht sinnlich wahrnehmbar, leugnen wollte, der müßte notwendig dazu gelangen, auch sein e i g e n e s S e i n u n d W e s e n zu verneinen... Dem Verstand allein kommt das Urteil und die Entscheidung über alles zu, was nicht direkt und gegenwärtig gegeben, sondern räumlich und zeitlich von uns getrennt ist. Die Wahrheit nimmt zwar von den Sinnen als einem ersten schwachen Anfang ihren Ausgangspunkt, aber sie hat in ihnen nicht ihren Sitz: sie ist in dem sinnlichen Objekt wie in einem Spiegelbilde; in der Vernunft in der Form diskursiven Denkens; im Intellekt als Prinzip und Schlußfolgerung; im G e i s t e endlich in ihrer ureigenen und lebendigen Gestalt enthalten"[1]). So sehen wir den Begriff des Unendlichen mit

---

[1]) De l'infinito universo e mondi I; Op. ital. 307 f.; s. bes. 308: „La verità come da un debile principio è da gli sensi in picciola parte, ma non è n e l l i sensi ... (è) ne l'oggetto sensibile come in un specchio,

dem Problem des S e l b s t b e w u ß t s e i n s in Beziehung gesetzt. Copernicus ist für Bruno der geistige Befreier der Menschheit, weil er die kristallenen Sphären, in die der Zwang der Sinne und ein jahrhundertelanger Irrtum uns einengte, zerbrochen hat und damit das S e l b s t und seine Erkenntniskraft ins Ungemessene erweitert hat. An der Unbeschränktheit der neuen objektiven Aufgaben erst gelangt das Denken zum Bewußtsein seiner Reinheit und Unabhängigkeit[1]). Wenn die Wahrnehmung zur Ausübung ihrer Funktion des äußeren Reizes und der Hinwendung auf ein äußeres Sein bedarf, so ist es dagegen der charakteristische Vorzug des Intellekts, daß er seinen objektiven Inhalt aus sich selbst schöpft; — daß er zugleich das Licht ist, das alle Gegenstände erleuchtet und das Auge, das sie sieht[2]). Dieses Licht ist uns innerlicher gegenwärtig und unserem Bewußtsein deutlicher und faßbarer, als aller Glanz der äußeren Gegenstände es für unser Gesicht sein kann; denn während dieser zugleich mit der Lichtquelle, der er entstammt, entsteht und vergeht, beharrt jenes in unwandelbarer Einheit und Identität[3]). Wahrhaftes

nella raggione per modo di argumentatione, et discorso, nell'intelletto per modo di principio, ò di conclusione, nella mente in propria e viva forma." — Vgl. bes. De triplici minimo et mensura (1591), I, 1. Op. lat. I, 3, 137.

[1]) Vgl. das Urteil über Copernicus: La cena de le ceneri. Op. ital. 124 f. u. 127; s. bes. den Eingang des Werkes „de Immenso et innumerabilibus" Op. lat. I, 1, 201 f. u. De Immenso Lib. III, Cap. IX (I, 1, 380 ff.)

[2]) De compositione imaginum (1591) Cap. XIII: „Animae potentia illa interior et quodammodo spiritualior ... individuum quiddam esse censenda est de genere lucis, ita ut eadem sit lux, illuminatum et actus rei sensibilis atque formae, differens ab externo visu, qui per alienam lucem informatur, quia ipsa lux est atque videns ... Tandem differt oculi visus a visu interni spiritus, quemadmodum speculum videns a speculo non vidente, sed tantum repraesentante speculum se ipso illuminatum et informatum, quodque simul lux est et speculum, e t i n q u o o b j e c t u m s e n s i b i l e c u m s u b j e c t o s e n s i b i l i s u n t u n u m." Op. lat. II, 3, 119.

[3]) „Haec tota lux magis est praesens, clara et exposita nostrae intelligentiae, quam externis lux solis exposita possit esse oculis; haec enim oritur et occidit, neque quoties ad eam convertimur adest, altera vero non minus nobis praesens est, quam ipsi nobis, tam praesens est nostrae menti, ut et ipsa sit mens." A. a. O., Praefat. Op. lat. II, 3, 90.

Begreifen ist daher stets ein i n n e r e s Lesen und Verstehen: die „intellectio" ist „interna lectio". Wir sind dieser Wendung, die aus der Augustinischen und Thomistischen Erkenntnislehre stammt, bereits bei C a m p a n e l l a begegenet: hier jedoch in einem Zusammenhang, der den Gegensatz der Denkart klar hervortreten läßt. Dem Intellekt blieb bei ihm keine andere Leistung, als die Aufnahme des von außen gegebenen Stoffes in das eigene Sein: „intellectus nil intus legit, nisi deforis acceperit per sensum"[1]). Es darf indes nicht übersehen werden, daß Brunos Begriffsbestimmung des Intellekts bereits eine Folgerung aus seiner Metaphysik, nicht ihren Anfang und ihr Fundament darstellt. Der Charakter und die Geltung des Denkens bestimmt sich für ihn nach der Art des absoluten Seins. Um die Erkenntnislehre Brunos richtig zu deuten und ihr ihren Platz im Gesamtsystem anzuweisen, müssen wir daher überall auf die Grundzüge seines P a n t h e i s m u s zurückgehen. Die eine unendliche Substanz kann nicht anders, als in einer Unendlichkeit von Wirkungen sich selber offenbar werden. Denn sie ist keine einzelne losgelöste E x i s t e n z, die außerhalb der Natur gesonderten Bestand hätte, sondern besitzt ihre Realität lediglich in ihrer immanenten B e t ä t i g u n g: Potenz und Akt, Vermögen und Dasein fallen in ihr in Eins zusammen. Wir können daher den Ä u ß e r u n g e n der einen Grundkraft keine Schranken setzen, ohne damit, da all ihr S e i n in ihrem W i r k e n aufgeht und beschlossen ist, sie selber zu begrenzen[2]). Geistiges und körperliches

---

[1]) C a m p a n e l l a, Metaphysik, P. I, S. 55, vgl. S. 8 u. s. — S. dagegen Giordano B r u n o: Summa terminorum metaphysicorum (Op. lat. I, 4, 32). „Subinde sequitur intellectus, qui ea, quae ratio discurrendo et argumentando et, ut proprie dicam, ratiocinando et decurrendo concipit, ipse s i m p l i c i q u o d a m i n t u i t u recipit et habet .. et dicitur intellectio quasi interna lectio, atque si speculum vivum quoddam sit, t u m v i d e n s, t u m i n s e i p s o h a b e n s v i s i b i l i a, quibus objicitur vel quae illi objiciuntur."
[2]) De la causa, principio, et uno, Op. ital. 229. „Questi magnifici astri, et lampeggianti corpori, che son tanti habitati mondi, et grandi animali, et eccellentissimi numi, che sembrano et sono innumerabili mondi .. essendo impossibile ch'habbiano l'essere da per se, atteso

Sein werden jetzt gleichmäßig zum Sinnbild der unbeschränkten, göttlichen Schöpfertätigkeit; sie enthalten zur Vielheit entfaltet, was in ihr in ursprünglicher Einheit gegeben ist. Der Intellekt selbst samt all seinen Bestimmungen ist eine Darstellung und gleichsam eine symbolische Nachahmung desselben ursprünglichen Prinzips, aus dessen Grunde die Natur hervorgeht. Die Art, in der er seine Inhalte erschafft, indem er die Vielheit des Wahrnehmungsstoffes unter begriffliche Einheiten festhält und bindet, das Verfahren, durch welches er rückschreitend diese Einheit wiederum in eine Mannigfaltigkeit von Momenten auflöst; dies alles ist nichts anderes, als eine W i e d e r h o l u n g des Prozesses, durch den die Natur vom „Kleinsten" zum „Größten", von einer Grundkraft, die bereits im ersten Keime ungeteilt vorhanden ist, zum entwickelten Gebilde fortschreitet[1]). Wie die höchste intelligible Einheit durch „K o n k r e t i o n" sich entfaltet und in unsere Welt herabsteigt, so müssen wir umgekehrt wiederum durch A b s t r a k t i o n zu ihr aufzusteigen suchen, indem wir die unendliche Menge der Individuen auf feste Arten und Begriffstypen einschränken und diese in stetiger Stufenfolge bis zur höchsten allumfassenden Gattung hinaufverfolgen[2]). Wie die Dinge sich zu ihren Urbildern im göttlichen Geiste verhalten, so verhält sich der m e n s c h l i c h e Verstand und sein Begriffsvermögen zu ihnen selbst: er ist nur ein mattes Nachbild ihrer ursprünglichen Wesenheit. Die Welt der Begriffe ist der bloße Schatten der dinglichen Welt, die ihrerseits wiederum das Reich der unge-

---

che sono composti e dissolubili, è necessario che conoscano principio e causa: et consequemente con la grandezza del suo essere vivere et oprare: mostrano, et predicano in un spacio infinito, con uoci innumerabili la infinita eccellenza, et maestà del suo primo principio et causa. Vgl. bes. De immenso Op. lat. I, 1, 241 f.; 307 u. s.
[1]) Vgl. De la causa, principio et uno: „L'intelletto universale è l'intima piu reale, et propria facultate et parte potentiale de l'anima del mondo. Questo è un medesmo, che empie il tutto, illumina l'universo e indrizza la natura a produre le sue specie come si conviene, et cossi ha rispetto alla produttione di cose naturali, come il nostro intelletto alla congrua produttione di specie rationali." Op. ital. 231.
[2]) „Sigillus sigillorum." Op. lat. II, 2, 213 f.; vgl. bes. II, 2, 164 f.

wordenen und ewigen Ideen widerspiegelt[1]). Auch die Schrankenlosigkeit des Verstandes im Fortschritt seiner Operationen ist nichts anderes, als eine Abart und ein Abglanz der unendlichen produktiven Tätigkeit des Alls[2]). Auch die Darlegung des Verhältnisses zwischen D e n k e n und S i n n l i c h k e i t bleibt daher für Bruno an die Voraussetzungen seiner Metaphysik gebunden. In der dialektischen Entwicklung, die an diesem Punkte einsetzt, wiederholt sich noch einmal der Grundgegensatz, der die Philosophie des N i k o l a u s C u s a n u s beherrschte; aber an die Stelle der M a t h e m a t i k, die hier den Gedanken leitete, ist ein anderes Motiv der Vermittlung getreten. Brunos Metaphysik verfolgt — vor allem in der frühesten systematischen Schrift: „De umbris idearum" — zunächst durchaus den Neuplatonischen Weg. Die T r a n s s c e n d e n z des „Einen" steht im Mittelpunkt der Betrachtung: wie immer der Intellekt vom Einzelnen zum Allgemeinen aufstreben mag, so bleibt doch zwischen seinen höchsten Einsichten und dem obersten Grunde alles Seins eine Kluft bestehen, die er niemals auszufüllen vermag. Das Urwesen selbst ist jenseits alles Seins und alles Erkennens: alle Prädikate, die wir von ihm aussagen, zeigen es uns nicht in seiner eigenen Gestalt und Wahrheit, sondern vermögen nur negativ den Abstand und den Unterschied von jeder Bestimmung des endlichen Wissens zum Ausdruck zu bringen[3]). Die Materie, als Grund

---

[1]) „Ideae sunt causa rerum ante res, idearum vestigia sunt ipsae res seu quae in rebus, idearum umbrae sunt ab ipsis rebus seu post res, quae tanto minori ratione esse dicuntur, quam res ipsae, quae a naturae gremio proficisuntur, quanto res ipsae quam mens, idea atque principium effectivum, supernaturale, substantificum, superessentiale." De compositione imaginum, Lib. I, Cap. 1; Op. lat. II, 3, 94 f., vgl. II, 3, S. 97, 98, 101.

[2]) „Camoeracensis Acrotismus seu rationes articulorum Physicorum adversus Peripateticos Parisiis propositorum" (1588): Artic. XXI: „Non enim plus debet habere imaginatio naturalis, vel naturaliter posse debet, quam natura: quinimo quid aliud crediderim esse imaginativam potentiam, praeterquam naturae umbram aemulatricem?" Op. lat. I, 1, 117.

[3]) S. z. B. Summa terminorum Metaphysicorum (Op. lat. I, 4, 85); Camoeracensis Acrotismus Art. XXI u. ö.

der Vielheit und der Erscheinungswelt, fällt dem Gebiete des Nichtseins anheim; sie ist lediglich der wesenlose Widerschein und der „Abfall" vom echten und höchsten Urgrunde. So muß denn auch die sinnliche Auffassung, die sich an die Vielheit und den Wechsel der Erscheinung verliert, lediglich als täuschender Schein gedeutet werden, den es zu vergessen und zu überwinden gilt. Das diskursive Denken, das die Mannigfaltigkeit der wahrnehmbaren Spezies als Stoff voraussetzt, das sich nur in der Bearbeitung und Verknüpfung der „Eindrücke" zu betätigen vermag, bleibt selbst nur ein „Schatten" des wahren Seins; nicht nur die Sinnlichkeit selbst, sondern auch die vermittelnde Vernunfttätigkeit, die an sie anknüpft, verharrt im notwendigen Gegensatz zur Welt der I d e e. —

Indessen erschöpft sich in dieser schroffen Sonderung schon bei P l o t i n selbst nicht das Ganze seiner Grundanschauung. Schon bei ihm kommt alsbald ein latentes Gegenmotiv zur Geltung: wenn die Materie den weitesten Abstand vom ursprünglich Einen bezeichnet, so trägt sie doch noch immer, wenngleich verblaßt, die Züge ihres Urbildes in sich, so ist doch wenigstens die Sehnsucht nach dem reinen Sein in ihr nicht erloschen. Je weiter Bruno in der eigenen originalen Ausbildung seiner Metaphysik fortschreitet, um so mehr gewinnt auch bei ihm diese zweite Richtung der Betrachtung die Vorherrschaft. Er selbst knüpft — in einem der späteren Werke — an diese Wendung des Gedankens an: die Materie ist, wenngleich sie in ihrem rastlosen Streben nach dem Schönen und Guten ihren inneren Mangel bezeugt, darum doch nicht an sich selber als schlecht und verwerflich zu bezeichnen — denn wäre sie dies, so müßte eben diese Tendenz ihrem eigenen Wesen widerstreiten. Die tiefere philosophische Betrachtung lehrt somit, im Stoffe selber den Anfang und den Keim zu seiner künftigen Gestaltung zu suchen, und eben in diesem inneren S t r e b e n z u r F o r m seine Verwandtschaft und Gemeinschaft mit den idealen Urbildern zu erkennen[1]). Wie bei Platon und Plotin wird das S c h ö n e

---

[1]) „De vinculis in genere" (1591) Op. lat. III, 693 ff.

zum Mittler zwischen der sinnlichen und intelligiblen Welt. Die sinnlich vollendete Gestalt ist es, an der der philosophische Eros sich zuerst entzündet, an der die Seele sich ihres Ursprungs und ihres höchsten Zieles bewußt wird. Für den K ü n s t l e r ist der Gegensatz des Sinnlichen und Intelligiblen ausgelöscht. „Sowie die wahre Philosophie zugleich Musik und Poesie und Malerei ist, so ist auch die echte Malerei zugleich Musik und Philosophie, die echte Poesie zugleich ein Ausdruck und Bildnis der göttlichen Weisheit"[1]). In Brunos Dialog „Degli eroici furori", der der Entwicklung dieses Gedankens gewidmet ist, zeigt sich die ganze Kraft der innerlichen Fortwirkung, die der Grundgedanke des S y m p o s i o n und des P h a e d r u s im wissenschaftlichen und künstlerischen Bewußtsein der Renaissance geübt hat. Im Symposion insbesondere war der Gedanke der I m m a n e n z d e r I d e e i n d e r E r s c h e i n u n g von Platon selbst bereits zu reiner Darstellung gebracht: in ihm konnte daher die Zeit ihre Anschauung des Geistigen mit der Anschauung der N a t u r, die sie neu zu gewinnen strebte, vereint und durchdrungen sehen. Die Sonette M i c h e l a n g e l o s sind das tiefste und vollendetste Zeugnis dieser inneren Neubelebung der Ideenlehre. Wie für Michelangelo, so entsteht für Bruno der Eindruck der Schönheit einer körperlichen Gestalt durch den Abglanz einer bestimmten „Geistigkeit" (spiritualità), der uns aus ihr entgegenleuchtet. Nicht die Formen oder Farben als solche sind es, die einen Gegenstand schön erscheinen lassen, sondern der Einklang und die „Harmonie", die alle seine einzelnen Glieder untereinander bewahren; diese aber wurzelt niemals in dem materiellen Objekt selbst, sondern ist eine Auszeichnung und ein Vorrang, der allein der Seele zukommt und von ihr auf das Sinnliche übertragen wird. Nicht der besondere, wahrnehmbare Umriß, sondern sein „intellektuelles" Urbild ist es, was wir in der Vollkommenheit der körperlichen Formen erschauen. (Vgl. bes. ob. S. 94ff.) So wird denn auch die echte Schönheit der Naturdinge nicht erkannt, wenn wir uns der Betrachtung ihrer Mannigfaltig-

---

[1]) De compositione imaginum. Op. lat. II, 3, 198.

keit und Vereinzelung überlassen, sondern erst dann, wenn wir uns von ihnen zu u n s s e l b s t zurückwenden und hier den wahrhaften Einheitspunkt finden. Nicht im Anschauen der Gestirne und der Himmelssphäre, sondern durch die Umkehr in die Tiefe des eigenen Ich wird der Aufstieg zur Welt der Idee vermittelt[1]). So bleibt zwar auch hier die Sinneswahrnehmung für sich allein unzureichend; dennoch aber wird in ihr selber ein Trieb und Anreiz anerkannt, der sie über ihre eigenen Schranken hinausführt. In lebendiger Wechselrede läßt der Dialog „Degli eroici furori" nunmehr beide Grundkräfte, Sinn und Intellekt, einander entgegentreten und ihr Recht und ihren Anspruch verfechten[2]).

Deutlicher tritt der Zusammenhang beider Vermögen sodann hervor, indem unter der Bezeichnung der „I m agi n a t i o n" ein wichtiger Mittelbegriff eingeführt wird. Die Imagination bezeichnet das Bindeglied zwischen der passiven Aufnahme des sinnlichen Stoffes und der reinen Vernunftbetätigung. Wenn die Empfindung lediglich auf den äußeren Eindruck bezogen ist und in ihm gleichsam sich selbst verliert, so gewinnt sie in der Fähigkeit der „Einbildungskraft" die Kenntnis ihrer selbst und wird damit zu einem selbstbewußten Akte erhoben. Auf der anderen Seite bleibt es das Charakteristikum der m e n s c h l i c h e n Erkenntnis, daß sie auch in ihren rationalen Entwicklungen und Folgerungen auf das Material hingewiesen bleibt, das ihr durch die Einbildung vermittelt wird[3]). Die Vernunft bleibt beständig von der zwiefachen Tendenz des reinen Denkens und der Einbildungskraft bestimmt und bewegt: ist ihr von der einen Seite her der Trieb auf unwandelbare Einheit und Identität eingeboren, so sieht sie sich von der andern immer von neuem in die Mannigfaltigkeit und den Wechsel der Er-

---

[1]) „De gl'heroici furori" (1585), Op. ital. 700 f. — Zum Ganzen s. „Heroici furori", Op. it. 643, 646, 655 ff., 672, 695 u. s.
[2]) A. a. O. p. 659 ff.
[3]) „Sigillus sigillorum", Op. lat. II, 2, 176: „Sensus in se sentit tantum, in imaginatione persentit etiam se sentire; sensus quoque, qui jam quaedam imaginatio est, imaginatur in se, in ratione imaginari se percipit, sensus, qui jam ratio est, in se argumentatur, in intellectu

scheinung verstrickt[1]). Ihre Mittel- und Doppelstellung bewährt die Imagination vor allem am Begriff des U n e n d l i c h e n als dem Grund und Ausdruck des metaphysischen Seins: denn wenn der Sinn überall auf feste Begrenzung, auf die Einschränkung des Weltbildes durch einen abgeschlossenen wahrnehmbaren Horizont hindrängt, so treibt die Einbildungskraft über jedes solche willkürlich angenommene Ende hinaus und erweist sich darin dem Intellekt verwandt, dessen Charakter und Wesenheit in der Unendlichkeit seiner Operationen besteht[2]). Ist somit hier ein Durchgangs- und Vermittlungspunkt gefunden, so drängt die weitere Ausbildung von Brunos Naturbegriff immer mehr darauf hin, die beiden Grundmomente in relativer Selbständigkeit zu erkennen und darzustellen. Die letzte metaphysische Hauptschrift „De triplici minimo et mensura" (1591) zeigt den Abschluß dieser Entwicklung. Der Versuch, die Daten der Wahrnehmung von begrifflichen Gesichtspunkten aus umzudeuten, wird hier schroff zurückgewiesen. Jedes der beiden Gebiete besitzt sein eigenes Recht und unterliegt eigenen, aus ihm selber geschöpften Kriterien der Beurteilung. Der Sinn wird nicht getäuscht, da er — richtig verstanden und gedeutet — nirgend mehr als relative Wahrheit für sich in Anspruch nimmt, da seine Aussagen also niemals für die Gegenstände als solche, sondern nur für deren Beziehung auf das empfindende Subjekt Geltung haben wollen. So wie nur das Gesicht über die Farben, nur das Gehör über Töne urteilen kann, so sind unsere empirischen Erkenntniskräfte trotz der Grenzen, die ihnen gesteckt sind, das einzige und vollgültige Mittel, um uns in der Welt unserer unmittelbaren Erfahrung heimisch zu machen. Töricht wäre es, die Sinnendinge mit einem Maße messen zu wollen, das nur für das ewige und

---

animadvertit se argumentari; sensus, qui est jam intellectus, in se intelligit, in divina autem mente intelligentiam suam intuetur . ."

[1]) S. Heroici furori; Op. ital. 650.
[2]) „Quod igitur imaginatio quidlibet infinitam ad molem persequitur, non fallitur: sed altius naturam imitatur et ad veritatem appellit, quam sensus, ad veritatem inquam primi intellectus, qui non potest intelligere, nisi unum, neque potest intelligere, nisi infinitum." Camoeracensis Acrotismus Art. XXI, Op. lat. I, 1, 119.

unveränderliche Sein geschaffen und angelegt ist. Es sind zwei gänzlich verschiedene Bedingungen des Erkennens, die in beiden Fällen obwalten: ,,stupidi est discursus velle sensibilia a d e a n d e m c o n d i t i o n e m c o g n i t i o n i s r e v o c a r e, in qua ratiocinabilia et intelligibilia cernuntur." ,,Die Objekte der Empfindung sind wahr, nicht nach irgendeinem abstrakten und allgemeinen Maßstab, sondern nach dem ihnen gleichartigen, besonderen und eigentümlichen Maße, das selbst als wandelbar und veränderlich anzunehmen ist. Von sinnlichen Inhalten eine allgemeine Bestimmung und Definition geben zu wollen, ist daher nicht anders, als wenn man das Intelligible vom Standpunkt der Sinnlichkeit beurteilen wollte"[1]). Die S c h e i d u n g der Vermögen schließt also jetzt zugleich die Anerkennung ihrer Eigenart und der ihnen eigentümlichen Funktion in sich. Fast scheint damit ein Standpunkt erreicht, wie er K a n t s Habilitationsschrift: ,,De mundi sensibilis atque intelligibilis forma et pricinpiis" kennzeichnet: das Sinnliche und Intelligible bilden zwei streng gesonderte Reiche des Seins, die nach verschiedenen Prinzipien der Erkenntnis aufzufassen und zu beurteilen sind. Nur daß sich für Giordano Bruno kein Weg und kein Mittel bietet, um innerhalb der Welt der Erscheinungen selbst allgemeingültige Sätze und Relationen herauszusondern, daß ihm hier somit die i n d i v i d u e l l e Beschaffenheit jedes Einzelsubjekts die einzige Richtschnur bleibt[2]). Die Möglichkeit einer exakten und notwendigen W i s s e n s c h a f t d e r P h ä n o m e n e, auf die Brunos Tendenz eigentlich abzielt, ist nicht gewährleistet: denn, wenngleich die beiden Potenzen der Erkenntnis für sich allein nunmehr nach ihrer charakteristischen Leistung gewürdigt sind, so ist doch ihr Z u s a m m e n w i r k e n a n e i n u n d

---

[1]) Zum Ganzen s. De minimo, Op. lat. I, 3, 191 ff. — bes. S. 194: ,,Sensibilia quippe vera sunt non juxta communem aliquam et universalem mensuram, sed juxta homogeneam, particularem, propriam, mutabilem atque variabilem mensuram. De sensibilibus ergo, qua sensibilia sunt, universaliter velle definire, in aequo est atque de intelligibilibus vice versa sensibiliter."

[2]) Vgl. die Ausführungen über die ,,Relativität" der sinnlichen Erkenntnis, a. a. O. p. 192 f.

d e m s e l b e n   I n h a l t des Bewußtseins nach den bisherigen Voraussetzungen nicht zu begreifen. Die K o r r e l a t i o n von Denken und Sinnlichkeit, von Vernunft und Erfahrung, die G a l i l e i zur wissenschaftlichen Darstellung bringt, vermag Bruno vom Standpunkt seiner Erkenntnislehre nicht endgültig zu begründen: was er erreicht, ist lediglich, sie in seiner ä s t h e t i s c h e n Einheitsanschauung vorwegzunehmen. Es ist das Charakteristische von Brunos Lehre und der Erklärungsgrund für alle Widersprüche, die man in seiner Verhältnisbestimmung von Immanenz und Transscendenz von jeher gefunden hat, daß er den Gedanken der Immanenz, den seine A n s c h a u u n g der Natur fordert, in seiner Lehre vom B e g r i f f nicht zur reinen Durchführung gebracht hat[1]). Seine Metaphysik verlangt die Einheit aller seelischen Vermögen, ja im letzten Grunde ihre absolute Indifferenz: ist es doch ein und dasselbe Bewußtsein, das alle Formen der Natur durchdringt und das sich auf den niederen Stufen als dumpfe und verworrene Empfindung, auf den höheren und höchsten als reine Vernunfttätigkeit äußert[2]). Aber das psychologische Postulat, das

---

[1]) Der Widerspruch, der besonders deutlich hervortritt, wenn man sich nicht auf die bekannten italienischen Hauptwerke Brunos beschränkt, sondern das G a n z e seiner Schriften überblickt, ist insbesondere von T o c c o in seiner eingehenden und gründlichen Untersuchung der lateinischen Schriften betont worden. (Le opere latine di G. B. esposte e confrontate con le italiane, Firenze 1889, bes, p. 337 ff., 352, 357 ff., 373 ff.) Tocco hat indes die vielfachen vermittelnden Züge, die hier trotzdem vorhanden sind, zu stark zurücktreten lassen: Vermittlungen, die schon im Neuplatonismus angelegt sind, bei Bruno und der Naturphilosophie aber durch die erneute Tendenz zu empirischer Forschung und Beobachtung verstärkte Kraft und Bedeutung gewinnen.

[2]) „Sicut enim nullus color est actu sine luce, licet alius magis, alius minus explicet sese, ita nihil sine intellectus participatione quoquo pacto cognoscit; illam enim pro rerum diversitate et multitudine specierum in omnia quadam analogica progressione descendere dicimus, sensum vero ascendere, imaginationem quoque hinc, rationem autem inde descendere pariter et ascendere, i t a   u t   e a d e m   v i r t u s   e t   c o g n o s c e n d i   p r i n c i p i u m   i d e m   a   d i v e r s i s   f u n c t i o n u m   e t   m e d i o r u m   d i f f e r e n t i i s   d i v e r s a s   r e c i p i a t   n o m e n c l a t u r a s . . . . Ex quibus demonstrative

hier gestellt wird, vermag Brunos Erkenntnislehre nicht zu rechtfertigen: wir werden im einzelnen verfolgen können, wie sie, durch ihren Verzicht auf das echte Mittelglied der M a t h e m a t i k, den Ausgleich zwischen Anschauung und Denken notwendig verfehlen muß. — Dennoch lassen sich auch hier wenigstens die Ansätze bezeichnen, die auf ein derartiges Endziel hindeuten. Wenn die Eigentümlichkeit der Sinnlichkeit in ihrer grenzenlosen R e l a t i v i t ä t gefunden wird, so erscheint nunmehr auch das Denken und wissenschaftliche Begreifen auf die Feststellung und Bewährung von B e z i e h u n g e n verwiesen. Nicht darum handelt es sich, durch Aufhebung bestimmter Merkmale zu immer höheren, aber auch inhaltsärmeren G a t t u n g e n aufzusteigen und auf diese Weise das Besondere zu allgemeinen logischen Abstraktionen zu verflüchtigen. Der Weg des Denkens ist vielmehr der der A n a l y s e: es gilt, ein zunächst verworren aufgefaßtes Ganze in seine inhaltlich bestimmenden Grundmomente zu zerlegen, um diese Einzelglieder sodann wiederum zu einer E i n h e i t zusammenzufassen, in der sie nach ihrem wechselseitigen V e r h ä l t n i s zueinander klar begriffen und dargestellt sind. Wie ein einzelnes Glied des Leibes, wenn wir es im Gesamtorganismus betrachten, größere Deutlichkeit und „Erkennbarkeit" besitzt, als wenn wir es losgelöst und für sich allein in Erwägung ziehen, so kann auch jeder Teil des Universums erst dann als völlig erkannt gelten, wenn wir seine Beziehung zu allen übrigen Elementen und zu der gesamten ursprünglichen und vollkommenen Ordnung des Alls verstanden haben[1]). Diese Funktion, die Mannigfaltigkeit der Bestim-

---

concludi potest, q u o d s i i n s e n s u s i t p a r t i c i p a t i o i n t e l l e c t u s, s e n s u s e r i t i n t e l l e c t u s i p s e." Sigillus sigillorum, Op. lat. II, 2, 175 f. Vgl. II, 2, 177 f.; 179 f.; vgl. bes. Summa terminorum metaphysicorum, Op. lat. I, 4, 106 ff.; Lampas triginta statuorum, Op. lat. III, 52 f. und 58 u. s.

[1]) De umbris idearum (1582), Op. lat. II, 1, 47: „Talem quidem progressum tunc te vere facere comperies et experieris, cum a c o n - f u s a p l u r a l i t a t e a d d i s t i n c t a m u n i t a t e m p e r t e f i a t a c c e s s i o: i d e n i m n o n e s t u n i v e r s a l i a l o g i c a c o n f l a r e, q u a e e x d i s t i n c t i s i n f i m i s s p e-

mungen in einer Einheit der Regel zu begreifen, erscheint jetzt im Gegensatz zur herkömmlichen logischen „Subsumption" als der eigentliche Charakter des Verstandes. So vermag z. B. die bloße Wahrnehmung den Begriff des wahrhaften, mathematischen Kreises nicht zu fassen, ja sie könnte nicht einmal eine exakte Kreisgestalt, wenn sie ihr empirisch dargeboten würde, als solche erkennen und von den übrigen Inhalten des Sinnes unterscheiden. Denn die Idee des Kreises setzt erstlich die Auffassung eines einzelnen Punktes, sodann aber das Durchlaufen einer unbeschränkten Vielheit von Punkten voraus, wobei zugleich das G e s e t z mitzudenken ist, das die Beziehung dieser einzelnen Lagen untereinander und auf das gemeinsame Zentrum beherrscht[1]). Diese Forderung kann aber nur vom Verstande erfüllt werden, dessen auszeichnende Eigentümlichkeit es ist, die unbestimmte Vielheit, die die Empfindung und selbst das gewöhnliche „diskursive" Denken darbieten, in einem einzigen Blicke zu überschauen[2]). Der Begriff der E i n h e i t bezeichnet sowohl die Funktion, wie den Gegenstand des Erkennens: wäre die Einheit aufgehoben, so wäre damit zugleich jedes Objekt des Denkens beseitigt[3]). Mit einem Neuplatonischen Bilde vergleicht Bruno daher den Sinn, der Eindruck an Eindruck gleichmäßig ins Unbestimmte aneinanderreiht, der geraden Linie, während der Intellekt, der alle Mannigfaltigkeit seines Inhalts zugleich reflexiv auf seinen eigenen Mittelpunkt zurückbezieht, dem Kreise gleichgesetzt wird. Die menschliche „Vernunft" dagegen, die die Spuren und Bedingungen beider Grundvermögen an sich trägt, kann insofern als ihre Resultante dargestellt und unter dem Bilde einer „schiefen

s i e b u s   c o n f u s a s   m e d i a s   e x q u e   i i s   c o n f u s i o r e s c u p r e m a s   c a p t a n t; sed quasi ex informibus partibus et pluribus, formatum totum et unum aptare sibi." — Zu vergleichen: Libri Physicorum Aristotelis explanati, Op. III, 269 f. (mit Beziehung auf A r i s t o t e l e s, Physik I, 1).
[1]) De minimo II, 2. Op. lat. 1, 3, 189 f.
[2]) S. „Summa terminorum metaphysicorum", Op. lat. I, 4, 32. ob. S. 282 Anm. 1).
[3]) Cf. Sigillus sigillorum, Op. II, 2, 216: „Qui intelligit, aut unum aut nihil intelligit." Vgl. De la causa, principio et uno, Op. ital. p. 284 f.

Linie" begriffen werden[1]). Indessen sind auch in dieser
symbolischen Bezeichnung die beiden Grundbestimmungen
noch nicht zu innerlicher Versöhnung gelangt. Noch immer
erscheint die Mannigfaltigkeit in der logischen Charakteristik
des Denkens als ein gleichsam fremdes und untergeordnetes
Moment, das im Idealbegriff der Erkenntnis ausgeschaltet
und überwunden ist. Wie die Vielheit der D i n g e nur für
den oberflächlichen Blick besteht, so ist auch in dem Charakter des B e w u ß t s e i n s die M e h r h e i t kein posi-
tives und w e s e n t l i c h e s Element. Sofern unser Geist
sich selbst in seiner reinen und ungeschiedenen Einheit nicht
zu erfassen vermag, sondern nur in der Beziehung auf die
Objekte und ihre Verschiedenheit sein eigenes Wesen begreift,
sofern ist er eben damit von der höchsten Vernunft getrennt.
Denn in dieser ist jeder Unterschied ausgelöscht; die Einheit
ist zur absoluten „Einfachheit" geworden. Die Beziehung
auf das Mannigfaltige erscheint somit nicht als eine Bedingung,
sondern als eine Schranke und ein Hemmnis des reinen Selbstbewußtseins[2]). Wir stehen hier an der Grenze von Brunos
E r k e n n t n i s l e h r e: die weitere Entwicklung und Umbildung des Gegensatzes gehört nicht mehr der Logik, sondern der N a t u r p h i l o s o p h i e an und wirkt erst von
dieser aus mittelbar auch auf die Gestaltung des Erkenntnisproblems zurück.

II.

Der Naturbegriff der neueren Zeit knüpft, wie wir im
einzelnen verfolgen konnten, an den Aristotelischen Gegen-

---

[1]) Sigillus sigillorum, Op. lat. II, 2, 172 f.
[2]) S. hierz. De compositione imaginum, Op. lat. II, 3, 90 f.: „Illi
sublimi ratione similes essemus, si nostrae speciei substantiam cernere
possemus; ut noster oculus se ipsum cerneret, mens nostra se com-
plecteretur ipsam... Atqui compositorum corporeorumque hoc non
patitur natura, ejus enim substantia in motu et quantitate versatur,
etiamsi per se neque mobilis neque quanta sit... Hoc est, quod non
in simplicitate quadam, statu et unitate, sed in compositione, collatione, terminorum pluralitate, mediante discursu atque reflexione
comprehendimus." Vgl. De la causa (Op. ital. 282): „Et quello che
fa la moltitudine nele cose, non è lo ente, non è la cosa: ma quel che
appare, che si rapresenta al senso ed è nella superficie della cosa."

satz der **Materie und Form** an. Aber diese **logische** Trennung erweist sich zuletzt als unfähig, den Gehalt und Stoff, den die neue **Physik** darbietet, begrifflich darzustellen und zu bewältigen. Der **Kraftbegriff**, der jetzt in den Mittelpunkt der Untersuchung tritt, enthält schon in seinen Anfängen die Kritik des Aristotelischen **Dualismus** in sich. Er ist bereits dem herkömmlichen gegensätzlichen Schema entrückt: denn wie er als Prinzip des **Wirkens** und der Umgestaltung mit der „Form" verwandt ist, so erscheint er andererseits, da er als eine Energie gefaßt wird, die in dem Stoffe selbst begründet liegt, nicht von außen an ihn herangebracht werden muß, der „Materie" zugehörig. Nicht mehr die bloß unbestimmte und indifferente „Möglichkeit", sondern die Tendenz und gleichsam die innere Spannung, die zur Umbildung hindrängt, will jetzt der Begriff der „Potenz" bedeuten. (S. ob. S. 212 ff.)

Indem Bruno diesen dynamischen Begriff des Seins aufnimmt, gewinnt er an ihm erst die Vorbedingung, unter der er das Grundproblem seiner Metaphysik, das **Verhältnis des Endlichen zum Unendlichen**, zur Klarheit zu entwickeln vermag. Solange er hierfür auf die räumlichen Analogien verwies, konnte die „Teilhabe" des Individuums am All, die „Durchdringung" des Besonderen und Allgemeinen nur in unbestimmten Metaphern ausgesprochen werden. Wie ein und dieselbe Stimme von unbeschränkt vielen empfindenden Subjekten vernommen und aufgefaßt werden kann, ohne darum in ihrer Wesenheit zerteilt und geschwächt zu werden, so soll das Leben der Gesamtnatur völlig und ungeteilt in jedem ihrer Glieder gegenwärtig sein; — wie das Licht, das von einem Punkte ausstrahlt, sich nach allen Richtungen hin gleichmäßig verbreitet, so vermag die schöpferische Tätigkeit des Universums die Vielheit der Einzeldinge, ohne in sie verstrickt und aufgelöst zu werden, zu erleuchten[1]). Zu schärferer begrifflicher Bestimmung gelangt der Gedanke, der solchen symbolischen Wendungen zugrunde liegt, erst dort, wo an Stelle des bloßen

---
[1]) De la causa, Op. ital. 242; Lampas triginta statuarum, Op. lat. III, 57; De magia, Op. lat. III, 410 f. u. ö.

Daseins das W e r d e n , an Stelle des Raumes die Z e i t in den Mittelpunkt der Betrachtung tritt. Niemals kann im sinnlich-konkreten D a s e i n das Einzelne mit dem All wirklich zusammenfallen: nur in dem S t r e b e n des Endlichen nach dem Unendlichen, in dem Fortschritt und der T e n d e n z zu immer neuen Bildungen, enthüllt sich der Zusammenhang beider Grundmomente. Ihre Einheit ist niemals in einem einzelnen, gegebenen Zeitpunkte vorhanden und aufzeigbar, sondern sie stellt sich innerhalb des Naturprozesses beständig von neuem her, ohne jemals zu einem völligen Abschluß zu gelangen. Kein begrenztes Wesen ist jemals z u g l e i c h alles das, was es seiner Natur und seiner Wesenheit nach zu sein vermag: aber es enthält auf jeder Einzelstufe seines Seins die Kraft und den Keim zu allen künftigen Formen in sich und ist durch sie seiner Unendlichkeit versichert[1]).

Es ist somit der Begriff der E n t w i c k l u n g , der dem Begriff der M a t e r i e neuen Sinn und Inhalt verleiht. Die Materie erhält ihre Abmessung und Gestalt nicht von außen, sondern entfaltet sie aus dem eigenen Innern. Es ist ihr eigener, ewig fruchtbarer Schoß, aus dem sich die mannigfachen Bildungen fortschreitend hervorringen. Nicht die Form ergreift und zwingt den Stoff, sondern der Stoff selber ist es, der zur Gestaltung aufstrebt und sich nacheinander mit den wechselnden Formen bekleidet. So wächst er über die nackte „Potenz" hinaus, der jedes tätige Vermögen und jede Vollendung abgeht, zum lebendigen „Samen" aller Dinge. Nur die sinnliche Auffassung verlangt, daß der Gegenstand ihr in fertiger Ausbreitung vor Augen liege: das Auge der Vernunft dagegen vermag die Wesenheit der Dinge bereits in ihrer impliziten Grundform zu erkennen, vermag die „Substanz", die die Bedingung aller künftigen Veränderungen in sich trägt, noch vor ihrer Entfaltung und Auseinanderlegung in die Vielheit der Einzelgestalten zu erfassen[2]). Die wahre und

---

[1]) S. bes. De la causa, Op. ital. 257 f.
[2]) „Volete inferire che la materia non è quel prope nihil, quella potenza pura, nuda, senza atto, senza virtù et perfettione. — Cossi è, la dico privata de le forme et senza quelle, non come il ghiaccio è senza

echte Realität kann keinem Sonderdinge, sondern nur derjenigen Wesenheit zukommen, die die unbeschränkte Vielheit aller Maße, aller Figuren und Dimensionen in sich vereinigt[1]). Mit dieser Kritik des Seinsbegriffs ist dem Aristotelischen Begriff der „individuellen Substanz" die Grundlage entzogen. Denn alle Individualität ist an räumliche und zeitliche Begrenzung, ist an ein „Hier" und „Jetzt" gebunden: sie kann somit nicht die wahrhafte Einheit darstellen, die über alle Einzelschranken hinaus die Allheit ihrer möglichen Folgen in sich enthält und darstellt[2]).

An diesem Punkte tritt zugleich neben dem metaphysischen Motiv von Brunos Kritik des Aristotelismus ein logisches Motiv hervor, das sich im weiteren Fortgang immer bestimmter ausprägt. Wenn nur das Beharrliche als das „wahrhaft Seiende" gesetzt werden kann, weil es allein dem Verlangen des Denkens nach unverbrüchlicher Identität seines Gegenstandes genügt: so kann nur der eine und wandellose Grundstoff, nicht irgendeine seiner bestimmten und beson-

---

calore, il profondo è privato di luce: ma come la pregnante e senza la sua prole, la quale la manda e la riscuote da se... — Di sorte che dal vostro dire inferisco che quantumque non lasciamo montar la materia sopra le cose naturali: et fermiamo il piede su la sua comune definitione che apporta la piu volgare philosofia, trovaremo pure che la ritegna meglior prerogativa che quella riconosca, la quale al fine non li dona altro che la raggione de l'esser soggetto di forme, et di potenza receptiva di forme naturali, senza nome, senza definitione, senza termino alchuno, perche senza ogni attualità... Ma voi dimandereste raggione ad Aristotele, perche vuoi tu, o principe di Peripatetici piu tosto che la materia sia nulla per haver nullo atto, che sia tutto per haver tutti gli atti?... All'hora mi par che convegna dire che l'habbia tutte quando si dice cacciarle tutte dal suo seno... — Et io dico che l'essere espresso, sensibile, et esplicato, non è principal raggione de l'attualità, ma è una cosa consequente, et effetto di quella, si come il principal essere del legno et raggione di sua attualità non consiste ne l'essere letto: ma ne l'essere di tal sustanza et consistenza, che può esser letto, scanno, trabe, idolo, et ogni cosa di legno formata". De la causa, p. 271 ff.
  [1]) A. a. O. p. 269.
  [2]) Gegen die bloß „logische" Trennung von Materie und Form bei Aristoteles, s. bes. „Acrotismus Camoeracensis" Op. lat. I, 1, 102 u. 105; De immenso Lib. VIII, Cap, 9. Op. lat. I, 2, 311 u. s.

deren Gestaltungen als wirklich gelten. Es ist bezeichnend, daß Bruno in seinem Kampf für das Recht und die Würde der Materie nicht unmittelbar an die antike Atomistik, sondern weiter zurückgreifend, an ihre d i a l e k t i s c h e n Vorgänger, an Xenophanes und Parmenides anknüpft[1]). Die Entelechien kommen und gehen in buntem Wechsel; einzig dem Substrat, das ihrer Wirksamkeit unterliegt, kommt das auszeichnende Merkmal der E r h a l t u n g zu. Ihm allein gebührt daher der Vorrang „u n t e r d e m G e s i c h t s - p u n k t d e r S u b s t a n z, als das, was ist und verharrt, b e g r i f f e n z u w e r d e n"[2]). Daß wir diese „substantielle" Einheit und Unvergänglichkeit der Materie s i n n - l i c h nicht zu erfassen und zu erweisen vermögen, daß sie nur dem Auge des I n t e l l e k t s evident zu Tage liegt, wird hierbei ausdrücklich betont[3]). Klar und unverkennbar tritt dieser rationale Gesichtspunkt, der in Brunos Umgestaltung des Seinsbegriffs mitwirkt, in den Thesen hervor, die er gegen die Pariser Peripatetiker gerichtet hat. Hier geht er zunächst darauf aus, den Widerspruch aufzudecken, der zwischen dem Aristotelischen Ideal der Erkenntnis, das nur dem „Allgemeinen" wahrhafte wissenschaftliche Geltung zuspricht und zwischen dem Grundbegriff der Entelechie besteht, in dem ein Sonderdasein zum Range der höchsten Realität erhöht wird. Wir sahen, daß auch Telesio und seine Schule ihre Kritik vor allem auf diese Antinomie richteten, die in der Tat für das gesamte System verhängnisvoll ist.

---

[1]) Ueber Parmenides u. Xenophanes s. De la causa p. 207, 261, 281; Acrotismus Op. lat. I, 1, 96 f.; Sigillus sigillorum Op. lat. II, 2, 180 u. ö.

[2]) „La materia la qual sempre rimane medesima e feconda, d e v e h a v e r l a p r i n c i p a l p r e r o g a t i v a d ' e s s e r e c o n o s c i u t a s o l p r i n c i p i o s u b s t a n t i a l e et quello che è, et che sempre rimane." De la causa, p. 253. — Zum Ganzen s. 238, 251, 274 u. ö.

[3]) A. a. O. p. 250 f.: „Come alchune cose non possono essere evidenti se non con le mani e il toccare, altre se non con l'udito, altre non, eccetto che con il gusto, altre non eccetto che con gli occhi: cosi questa materia di cose naturali non puo essere evidente se non con l'intelletto." Vgl. bes. 249, Z. 16 f. u. 250, Z. 15—17.

Die Lösung, die sie selbst dem Problem gaben, verläuft jedoch in entgegengesetzter Richtung, wie bei Bruno: um die Besonderheit des Erkenntnis o b j e k t s zu retten, wurde die Allgemeinheit der Erkenntnis f u n k t i o n bestritten und aufgehoben. Die Rolle des Verstandes beschränkte sich auf die Zusammenfassung und abgekürzte Wiedergabe von Urteilen, die ihre letzte und endgültige Gewähr einzig in der Einzelwahrnehmung fanden. (Vgl. ob. S. 234 f.) Im Gegensatz hierzu hält Bruno an dem Platonischen Grundgedanken fest, der sich bei Aristoteles fortwirkend erwiesen hatte: wahre W i s s e n s c h a f t ist nur von einem unwandelbaren und ewigen Objekt möglich. Das räumlich eingeschränkte und zeitlich begrenzte Dasein ist ein Gegenstand der Empfindung, nicht des Wissens. Soll daher die Natur zum Inhalt der Erkenntnis werden, so dürfen wir unter ihr nicht eine bloße Sammlung besonderer und vergänglicher Substanzen verstehen, sondern müssen sie als das Eine beständige und überall sich selber gleiche Urwesen denken. Verbleiben wir innerhalb der Schranken der Einzelwesen, so gelangen wir über das Gebiet der trügerischen Meinung und des Sinnenscheins nirgends hinaus. Nicht von den Menschen als einer Summe von Individuen, nicht von Sokrates oder Platon, sondern nur von dem gemeinsamen und umfassenden Wesen des Menschen, als von einem Allgemeinen und Dauernden, kann es rationale Erkenntnis geben: das Einzelne dagegen gibt lediglich der h i s t o r i s c h e n Kenntnisnahme, nicht der echten, wissenschaftlichen Einsicht Raum. Kein sophistischer Versuch der Versöhnung kann diesen Grundgegensatz zur Aufhebung bringen: was als sinnliches und veränderliches Ding gegeben ist, das kann weder mittelbar noch unmittelbar, weder an und für sich, noch ,,per accidens" zum Gegenstand für den reinen Intellekt werden. Erkennbar im strengen Sinne ist daher niemals das Naturd i n g, sondern die N a t u r als der einheitliche Grund und die universale Regel, auf der alle besonderen Erscheinungen beruhen[1]). So sehen wir, wie Bruno

---

[1]) Acrotismus Camoeracensis, Ariticulus I: De subjecto scientiae naturalis Op. lat. I, 1, 83 ff. — vgl. bes. 88: ,,Intelligibile nimirum non est naturale ullum, imo naturale intelligibile nihil aliud esse con-

hier den wichtigen und bezeichnenden Versuch unternimmt, seinem P a n t h e i s m u s, der freilich von anderen Voraussetzungen und Motiven her erwachsen ist, nachträglich ein e r k e n n t n i s t h e o r e t i s c h e s Fundament zu geben. Sein Verhältnis zur modernen Wissenschaft, mit der er die Bekämpfung des Aristotelischen Seinsbegriffes teilt, tritt an dieser Stelle in positiver wie negativer Richtung besonders deutlich hervor. Daß nur das „Allgemeine" der wahrhafte Gegenstand exakter Erkenntnis sein könne, ist ein Satz, den auch G a l i l e i zugeben dürfte: betont er doch unablässig, daß das Einzelne in seiner vollen Konkretion niemals durch den reinen Begriff zu erfassen und auszuschöpfen ist. Die Allgemeinheit aber, auf die Bruno hinzielt, ist die der alldurchdringenden, einheitlichen S u b s t a n z, während sie für Galilei diejenige der obersten mathematischen G e s e t z e ist. (Vgl. unten Buch II, Kap. 2.) Immerhin ist gegenüber dem Aristotelischen System die Anwendung und die metaphysische Funktion des Substanzbegriffs eine andere geworden. Indem Bruno die Wissenschaft von dem Einzelobjekt hinweg auf die Allnatur zurückweist, schafft er damit den Übergang zu der neuen Ansicht, für die die „Natur" mit dem allgemeinen G e s e t z gleichbedeutend wird. Er selbst hat hie und da seinen Grundbegriff genau in diesem Sinne bezeichnet: „die Natur ist nichts anderes als die K r a f t, die den Dingen eingepflanzt ist und das G e s e t z, nach dem sie ihren eigenen Lauf vollenden"[1]). So kann man sagen, daß er dasjenige, was Galilei in der Logik der Wissenschaften geleistet hat, in der O n t o l o g i e vorbereitet: die neue Definition des Seins führt allmählich zu einer veränderten Schätzung der Erkenntnismittel, mit denen dieses Sein sich ergreifen und bestimmen läßt.

---

stat, quam ipsam naturam, ipsaque est quod tandem ex naturalibus intelligibile resultat."
[1]) „Natura estque nihil, nisi virtus insita rebus.
Et lex, qua peragunt proprium cuncta entia cursum."
De Immenso Lib. VIII, Cap. IX, Op. lat. I, 2, 310.

III.

Bei aller Konsequenz indes, mit der die Erkenntnislehre Brunos sich aus den Grundsätzen seiner Naturphilosophie entwickelt, enthält sie dennoch, schärfer betrachtet und zergliedert, eine innere A n t i n o m i e. Die Dinge, die uns in der Wahrnehmung gegeben sind und an die daher jede wissenschaftliche Betrachtung und Forschung anknüpfen zu müssen scheint, haben sich für die tiefere logische Analyse als u n - e r k e n n b a r erwiesen. Das zusammengesetzte, veränderliche Wesen des Einzelkörpers ist dem reinen Begriff und seiner unwandelbaren Einheit dauernd fremd und unfaßbar. Sobald wir die Untersuchung auf d i e s e n b e s t i m m t e n Himmel und d i e s e b e s t i m m t e n Gestirne richten, die uns vor Augen liegen, haben wir damit das Feld der echten, deduktiven Erkenntnis bereits verlassen[1]). Die Einzelobjekte, so sehr sie uns den Schein einer eigenen selbständigen Natur vortäuschen, haben weder S e i n noch W a h r h e i t[2]). Mit dieser letzten Folgerung ist die Physik in die Metaphysik aufgelöst und aufgehoben. Wie zuvor zwischen Sinnlichkeit und Denken, so tut sich jetzt zwischen dem Allgemeinen und Besonderen eine Kluft auf: es zeigt sich kein Weg, der das Sinnliche mit dem „Intelligiblen" in Beziehung setzt und es zu ihm hinanführen könnte[3]). Zwar mag das Besondere noch immer den Anlaß und Antrieb der reinen idealen Erkenntnis bilden: die Hoffnung aber, es i n s i c h s e l b e r zu begreifen, es bei Erhaltung seiner Eigenart unter universellen Beziehungen und Regeln zu verstehen, ist geschwunden. Alles Wissen von Tatsachen bleibt bedingt und zufällig: es gibt lediglich eine G e s c h i c h t e, nicht eine exakte Wissen-

---

[1]) „Certe ipsa universa natura, seu substantia scientificae, (si qua est) objicitur contemplationi.. n o n h o c c o e l u m, n o n h a e c a s t r a, n o n a l i q u i d c e r t e t a l e, quod haud quidem scibilis, sed sensibilis opinabilisve sibi vindicat rationem." Acrotismus, I, 1, 84.
[2]) A. a. O. p. 88.
[3]) „Quod est per se sensibile, ne per accidens quidem potest esse intelligibile, quod est per se particulare et mobile, nec per accidens potest esse universale et immobile." A. a. O. p. 86.

schaft der empirischen Natur¹). Und dennoch war es die moderne, astronomische Erfahrung, von der Bruno ausgegangen war, dennoch ist es dieser Himmel und dieses Sonnensystem, das für ihn das Vorbild ist, an dem er seine Gesamtanschauung des Alls entwickelt. So stehen sich hier zwei Grundmotive, an deren jedem die Eigenart und das Schicksal des Systems zu hängen scheint, widerstreitend gegenüber. Es ist eine innere Dialektik, die über die bisherigen Festsetzungen weiter treibt, die zu einer neuen Würdigung und logischen Wiederherstellung des Einzelwesens hindrängt.

Von diesen Erwägungen aus läßt sich die Wandlung begreifen, die Brunos Philosophie in ihrer letzten Phase: in der Schrift „de triplici minimo et mensura" erfährt.

In der Tat bedeutet der Begriff des Minimums zunächst nichts anderes als einen neuen Halt- und Stützpunkt, den Bruno in der Frage nach dem Verhältnis des Allgemeinen und Besonderen gewinnt. Es gilt zu zeigen, wie das All-Eine sich in bestimmte Arten und Gattungen differenziert und auseinanderlegt; es gilt, diesen Arten selbst ein festes Sein und eine unveränderliche Eigenart zu sichern. Wir verlangen eine Einheit, die die Verschiedenheit nicht auslöscht und vernichtet, sondern die sie erhält und erklärt. Wo immer uns die Empfindung sinnliche Besonderung zeigt, da muß auch ein Begriff gefunden werden, der sie verständlich macht. Die Welt der Wahrnehmung kann in ihrem Aufbau nur verstanden werden, wenn wir sie auf ein System qualitativ bestimmter und unterschiedener Einheiten zurückführen. Jedes Sondergebiet fordert hierbei, wenn es wirklich in seiner Eigentümlichkeit erfaßt werden soll, ein eigenes Grundelement, ein eigenes „Minimum". Es ist eine allgemeine logische Forderung, die hier gestellt wird: jede Mehrheit, wie sie sich uns in der Anschauung darstellt, ist als ein Vermitteltes zu denken, das zu seiner exakten Erkenntnis aus einem „einfachen" Ursprung abzuleiten ist.

---

¹) A. a. O. p. 84.

Nicht lediglich die Operation des Zählens und Messens, sondern die des Denkens überhaupt ist es also, auf die Bruno sich stützt. Alles Denken muß von ursprünglichen primären Setzungen seinen Ausgang nehmen und von ihnen aus versuchen, den zusammengesetzten Inhalt synthetisch zu erschaffen. Nicht in der Zerfällung und Auflösung eines gegebenen Vielfältigen wird der echte Begriff der Einheit gewonnen, sondern er bildet den ersten unentbehrlichen Anfang und die erste schöpferische Grundlegung, die der Gedanke vollzieht. Weil unsere Begriffe sich aus ursprünglichen De finitionen aufbauen, darum müssen die Dinge, um von uns erkannt zu werden, überall auf fundamentale Einheiten zurückgeführt werden. Die sprachliche Doppelbedeutung des „Prinzips" macht sich geltend: was der Grund eines Inhalts ist, das müssen wir auch als den ersten Anfang seiner Entstehung setzen.

Solcher Anfänge gibt es daher so viele, als es verschiedene Klassen von Gegenständen, ja, genauer gefaßt, als es verschiedene Gruppen von Problemen gibt. Wie für den Physiker das Atom, so stellt für den Geometer der Punkt, für den Grammatiker der Buchstabe das letzte, unteilbare Minimum dar. Wo immer dagegen eine Teilung ins Unendliche behauptet wird, da hat der oberflächliche Sinnenschein die echte und wahrhafte Forderung der Vernunft überwunden. Die Geometrie insbesondere bedarf zu ihrem Aufbau und zum Erweis ihrer Sätze nirgends der Annahme eines räumlichen Continuums. So wahr sie es mit Gebilden von fester Gestalt und Begrenzung zu tun hat, so wahr verlangt sie feste, in sich gegliederte Maße, die sie nur in letzten diskreten Einheiten gewinnen kann. So stellt sich z. B. die Linie als ein Aggregat von Punkten dar, die, wenngleich nicht weiter teilbar, dennoch eine bestimmte Ausdehnung besitzen, durch die sie imstande sind, eine endliche Größe zu konstituieren. Allgemein ist es der Gesichtspunkt der Zusammensetzung, der den Begriff der Größe erst erschafft und ermöglicht. Nur dort, wo wir Einheit für Einheit gesondert aufzeigen und aufreihen können, haben wir das Ganze erkannt und gleichsam in seiner inneren Struktur durchschaut. Das „Irrationale" ist daher so wenig ein Gegenstand der Geometrie, wie des Denkens überhaupt, dessen erstem Grundgesetz es vielmehr widersteitet. An ihm, am Begriff des „Inkommensurablen" zeigt sich nur die Ohnmacht der bisherigen Geometer, die in Wahrheit, zugleich mit dem Begriff des Minimums, jegliches echte M a ß entbehrten: „ametrae sunt vulgares geometrae, quod minimo carent"[1]). Wenn das Wort λόγος zugleich für Vernunft und für Verhältnis gebraucht werden darf, so ist jede Größe, die zu einer anderen keine bestimmt angebbare, zahlenmäßige Proportion besitzt, eben darum auch in sich selbst unfaßbar und undenklich. So schwindet freilich die Mathematik in ihrer bisherigen Gestalt dahin: aber statt über den Untergang des Unmeßbaren und Irrationalen zu klagen, sollten wir uns vielmehr der W i e d e r g e b u r t d e s M a ß e s u n d d e r V e r n u n f t freuen[2]). —

Wir müssen an diesem Punkte innehalten, um uns, bevor wir zu den paradoxen und widerspruchsvollen F o l g e r u n g e n Brunos weiterschreiten, des Grundmotivs bewußt zu werden, aus dem seine Lehre hervorgegangen ist. Es bedarf keines Wortes darüber, daß Bruno sich mit diesen ersten Anfängssätzen bereits die Einsicht in den wissenschaftlichen Charakter der Mathematik verschlossen hat. Für die moderne Analysis insbesondere ist der Begriff des Irrationalen, in seiner schärferen und reineren Fassung, zum Ausgangspunkt und Hebel ihres wichtigsten Erkenntnisfortschritts geworden: er ist es, an dem sich zuerst der Begriff der G r e n z e und mit ihm das Grundprinzip der Infinitesimalrechnung zur logischen Klarheit durchrang. Bruno steht mit seinem Widerspruch gegen das „Unmeßbare" in der Geschichte der neueren Philosophie nicht allein: auch H o b b e s und B e r k e l e y

---

[1]) „Articuli centum et sexaginta adversus hujus tempestatis Mathematicos atque Philosophos." (1588.) Articul. 125; Op. lat. I, 3, 66. — Cf. I, 3, 21: „Ignorantia minimi facit geometras huius saeculi esse geametras et philosophos esse philasophos." S. 22: „Geometra et physicus ille, qui minimum dari non intelligit... cum sine mensura metiatur semper, necessario mentitur ubique."
[2]) De triplici minimo et mensura III, 2. — Op. lat. I, 3, 240.

haben diesen Begriff und mit ihm Theoreme, wie den Pythagoreischen Lehrsatz, bestritten. Das Eigentümliche und Charakteristische von Brunos Kampf aber ist es, daß es Motive und Gedanken des R a t i o n a l i s m u s sind, die er ins Feld führt: daß es die Vernunft der Logik und Ontologie ist, mit der er der Vernunft der Mathematik entgegentritt. Nicht der Sinn soll über die Wahrheit und Gesetzlichkeit der Größe entscheiden, sondern die reinen Postulate des Verstandes. Wenn in der Praxis jede Gestalt in jede beliebige andere überführbar ist, wenn also aus demselben Klumpen Blei das eine Mal ein Würfel, ein andermal eine Pyramide oder Kugel geformt werden kann, so haben dergleichen Umformungen für das U r t e i l und das exakte Beweisverfahren keinerlei bindende Kraft. Ja selbst, wenn der Geometer lehrt, ein Dreieck in ein Rechteck, dieses wiederum in ein Parallelogramm und ein Quadrat zu verwandeln, so sind auch diese Operationen durchweg nur bequeme Hilfsmittel und Anpassungen an die s i n n l i c h - m a t h e m a t i s c h e Auffassung; nicht reine V e r n u n f t s ä t z e, die allein über das Wesen und den Zusammenhang der realen physischen Gestalten etwas entscheiden könnten[1]). Die Kritik Giordano Brunos stimmt mit derjenigen B e r k e l e y s in einer wichtigen Forderung überein: beide verlangen die Auflösung alles Gegebenen in letzte, diskrete Teileelemente, aus denen es verständlich werden soll. Aber während für Berkeley das „Einfache" in den „Impressionen" gegeben ist, wird es bei Bruno durch einen Akt des Denkens gesetzt: wenn dort das psychologische, so ist es hier das metaphysische Atom, das gegen die Rechte der mathematischen Anschauung behauptet wird. Das „Inkommensurable" muß als Trugbild verworfen werden, nicht weil es sich der Möglichkeit der Wahrnehmung, sondern weil es sich dem D e n k m i t t e l d e r d i s k r e t e n Z a h l entzieht, nach welchem allein Brunos Logik gestaltet ist[2]). —

---

[1]) De minimo II, 8; p. 219 f. „Ea omnia m a t h e m a t i c e a t q u e p e r c o m m o d e a d s e n s u m fieri concedimus, ad rationem vero naturae minime unquam."

[2]) Danach ist die Darstellung T o c c o s (a. a. O. S. 377), nach der die Schrift „De minimo" die Grundzüge einer s e n s u a l i s t i-

Den Irrwegen von Brunos Mathematik brauchen wir hier nicht im einzelnen zu folgen[1]): nur an die Hauptzüge, in denen sich der allgemeine B e g r i f f des Minimums näher bestimmt und kennzeichnet, sei kurz erinnert. Da der Gedanke die Hervorbringungen und Synthesen der N a t u r lediglich nachahmend wiederholen kann, werden die Gebilde der Mathematik durchweg wie physische Körper gedacht, deren Eigentümlichkeit sich aus der Summierung und relativen Anordnung ihrer Grundatome ableitet. Die Grundgestalt, die dem einfachen Minimum zukommt, ist innerhalb der Ebene der Kreis; aus ihm gehen sodann das Dreieck, das Quadrat und die übrigen Figuren dadurch hervor, daß verschiedene kreisförmige Minima nach einer bestimmten Regel sich aneinanderlagern und zu einem Ganzen verschmelzen. So bedarf es, damit ein Dreieck zustande kommt, mindestens drei, damit ein Quadrat sich bilde, mindestens vier Minima. Um sodann zu einem zusammengesetzten Kreis zu gelangen, der aus mehr als einem Minimum besteht, müssen wir uns das Element im Zentrum rings herum von anderen Elementen umgeben und berührt denken; da aber eine derartige Berührung nur in sechs verschiedenen Punkten möglich ist, so werden im ganzen sieben Minima zur Darstellung des verlangten Gebildes erforderlich sein. Auch das W a c h s t u m der einzelnen Gestalten ist an ganz bestimmte arithmetische Regeln gebunden: so kann ein Dreieck nur nacheinander durch den Zuwachs von 3, 4, 5 Minima in ein anderes, größeres sich verwandeln; ein Quadrat kann, da die Differenzreihe der Quadratzahlen durch die Reihe der ungeraden Zahlen gebildet wird, nur durch die Hinzufügung von 5, 7, 9 . . Elementen vergrößert werden usw. Und wie die einzelnen Gattungen in dem Gesetz ihres Aufbaues verschieden sind, so bleiben sie auch in ihrem Sein streng voneinander getrennt;

---

s c h e n Erkenntnislehre enthalten soll, zu berichtigen.. Auch die Scheidung zwischen Intellekt und Sinnlichkeit, die hier vollzogen wird, läßt den Satz, daß das a b s o l u t e Sein sich allein dem reinen Gedanken erschließt, unberührt. (S. ob. S. 289.)

[1]) Ich verweise hierfür auf die vortreffliche und eingehende Darstellung von L a s s w i t z, Atomistik I, 359 ff.

da die verschiedenen Arten der Figuren stets aus einer ungleichen Anzahl von Elementen bestehen, so ist es unmöglich, in voller Exaktheit die eine in die andere überzuführen. Ja auch innerhalb der einzelnen, bestimmten Gattung bleibt jedes Individuum eine schlechthin einmalige, unvergleichliche Wesenheit, da die Natur sich in ihren Schöpfungen niemals wiederholt, da sie also niemals d i e s e l b e n Minima in identischer Weise zu ein und derselben Gestalt zusammenfügt. Nur die Stumpfheit der Sinne ist es, die uns das Vorhandensein durchaus gleicher Formen vortäuscht; die gesamte Mathematik, soweit sie auf der Voraussetzung e x - a k t e r Gleichheit beruht, entstammt daher nicht Festsetzungen des Denkens, sondern einer verworrenen und ungenauen Auffassung der äußeren Objekte[1]).

E i n Gesichtspunkt ist es, der in dieser Kritik bestimmend hervortritt: die Inhalte der geometrischen Anschauung werden als D i n g e gedacht, die in einem physischen Prozeß aus einem bestimmten Grundstoff hervorgehen und sich in ihn im Wechselspiel der Atome wiederum zurückverwandeln. Daß es, noch ehe wir von derartigen Naturobjekten und deren Verwandlung sprechen können, reine ideale Gesetze und Beziehungen geben könne, deren Geltung von der Beschaffenheit des Existierenden und Körperlichen unabhängig ist: dieser Gesichtspunkt kommt nirgends in Frage. Und dennoch läßt sich innerhalb Brunos Lehre selber genau der Punkt aufzeigen, an dem dieses Problem mit innerer sachlicher Notwendigkeit entstehen muß. Brunos Auffassung der Mathematik ruht auf der scharfen Trennung, die er zwischen dem Begriff des „M i n i m u m s" und dem Begriff der „G r e n z e", (terminus) vollzieht. Aller logische Irrtum in der gewöhnlichen mathematischen Prinzipienlehre gilt ihm dadurch verschuldet, daß man sich dieser fundamentalen Unterscheidung nicht bemächtigt hat oder sie nicht in eindeutiger Klarheit festzuhalten vermochte[2]). Wendet man etwa ein, daß unteil-

---

[1]) De minimo II, 5, S. 205; III, 12, S. 267. — Cf. De immenso III, 7. Op. lat. I, 1, 371; Articuli adversos Mathematicos Op. lat. I, 3, 60 u. ö.
[2]) De minimo I, 7; S. 160.

bare Elemente, wie die Minima, keine endliche Größe hervorzubringen imstande seien, weil sie, aus einem einzigen Punkte bestehend, sich auch nur in diesem berühren könnten, also notwendig ineinander zusammenfallen müßten, so hat man die Bedeutung verwechselt, die dem Punkt als G r e n z e und als T e i l der Ausdehnung zukommt. Das Minimum, obwohl selbst nicht weiter zerlegbar, bildet doch einen selbständigen Grundbestand des Ganzen, das sich aus ihm zusammensetzt; die Grenze dagegen besitzt weder Teile, noch ist sie selber ein Teil; sie bezeichnet nur das Gebilde, vermöge dessen zwei Teile oder zwei Ganze sich wechselseitig berühren[1]). Ihr daher kommt in der Tat keine Ausdehnung zu, kann somit auch die wahre Erzeugung der Größe nicht zugeschrieben werden: eine Mehrheit von Grenzpunkten oder Linien kann niemals zu einer realen kleinsten Linie oder Fläche zusammenfließen[2]). Mit diesen Sätzen aber, so notwendig sie für Bruno sind, um die Eigenart seiner Mathematik zu verdeutlichen, ist zugleich der innere Mangel der gesamten Denkweise mittelbar zugestanden. Denn jetzt sehen wir, daß sich jedenfalls noch hinter den Begriff des Minimums zurückgehen läßt, daß es Beziehungen und Bestimmungen gibt, die durch den Gesichtspunkt der Z u s a m m e n s e t z u n g nicht erschöpft und nicht in ihrer Bedeutung erfaßt werden. Indem die Minima sich gegenseitig berühren, erschaffen sie dadurch ein neues Gebilde, das mit ihnen nicht von gleicher Art ist, sondern einem eigenen Begriff und einer eigenen Gesetzlichkeit untersteht. Eben diese Gesetzlichkeit aber ist es, auf die die wissenschaftliche Geometrie sich in Wahrheit richtet und die sie für sich in Anspruch nimmt. Brunos kritische Angriffe ließen sich daher mit der einzigen Erklärung entkräften, daß, im Sinne seiner Unterscheidung, die Mathematik lediglich die Lehre von den Termini, von

---

[1]) A. a. O., S. 161: „Itaque definias minimum, quod ita est pafs, ut ejus nulla sit pars vel simpliciter, vel secundum genus. Definias terminum, cujus ita non est aliqua pars, ut neque sit ipse aliqua pars, sed est, quo extremum ab extremo attingitur, vel quo pars partem, vel totum attingit totum."
[2]) De min. I, 10; p.173.

ihrer Eigenart und ihren Verhältnissen, sein könne und sein wolle, daß sie daher nicht nach dem Maßstab und Gesichtspunkt des „Minimums" zu beurteilen sei. Wenn Minimum und Grenze, wie Bruno selbst ausspricht, „nicht in derselben Art als Quanta" zu bezeichnen sind[1]), so muß es doch wohl einen O b e r b e g r i f f d e r G r ö ß e ü b e r h a u p t, eine allgemeine und reine Kategorie der Quantität geben, aus der sich weiterhin die Begriffsgegensätze: Teil und Ganzes, Element und Aggregat ableiten lassen; nicht aber können umgekehrt diese speziellen Gegensätze zum Prüfstein für die allgemeinen Definitionen und Beziehungen gemacht werden, die das reine mathematische Denken entwirft.

So drängt denn die weitere Entwicklung und Bestimmung, die der Begriff der „G r e n z e" erfährt, immer deutlicher zu einer Einschränkung und Berichtigung des ersten logischen Ansatzes. Die Grenze zwischen zwei Minima gehört weder dem einen noch dem andern als Bestandteil an, sondern konstituiert ein eigenes Sein: Minimum und Terminus stehen einander wie das „V o l l e" und das „L e e r e" der antiken Atomistik gegenüber[2]). Es gibt keine u n m i t t e l b a r e Berührung realer Gebilde, sondern immer ist zwsichen beiden ein leerer Zwischenraum anzunehmen[3]). Die Atome bilden untereinander niemals einen stetigen Zusammenhang, sondern sind durch bestimmte A b s t ä n d e voneinander getrennt, die z. B. zwischen den einzelnen Elementen der Diagonale des Quadrats als g r ö ß e r anzusehen sind, als diejenigen zwischen den Teilen der Quadratseite[4]). Um somit die Größenverschiedenheit der einzelnen Gebilde zu verstehen und zu bestimmen, werden wir auf den Begriff des „Intervalls", damit aber mittelbar auf den reinen Raum, sofern er noch nicht als gegliedertes Aggregat von Einheiten gedacht ist, zurück-

---

[1]) „Minimum et terminus non sunt in eodem genere quanta." Dè min. I, 13, S. 180.
[2]) De min. I, 11, S. 176.
[3]) De min. II, 10, S. 223; vgl. Articuli adversus Mathematicos Op. lat. I, 3, 23: „Minima invicem penetrare cum nequeant v a c u u m esse tum physice, tum geometrice indicabunt."
[4]) De min. II, 13, S. 227.

verwiesen. Vergleichen wir Bruno an dieser Stelle mit der antiken Atomistik, so treten die Grundmomente und die Schranken seiner Denkart deutlich hervor. Auch Demokrit unterscheidet Volles und Leeres, den Gegenstand der Physik und der Geometrie, wie ,,Seiendes" und ,,Nicht-Seiendes"; aber er wagt den kühnen und entscheidenden Satz, daß das gleiche Recht und der gleiche l o g i s c h e Anspruch, der dem Sein eignet, auch dem N i c h t - S e i n zukommt, daß beide somit für die Erkenntnis gleich unabhängige und gleich unentbehrliche Faktoren sind. Dem substantiellen Dasein tritt der stetige geometrische Raum, als Quell möglicher Beziehungen, ebenbürtig zur Seite. Für Bruno dagegen ist das Minimum die Substanz der D i n g e nicht nur, sondern jedes Denkinhalts überhaupt. So muß er, weil es keine gleichen O b j e k t e gibt, den exakten B e g r i f f d e r G l e i c hh e i t verleugnen und aufheben, so muß er die höheren begrifflichen Gebilde, statt auf dem Wege der Definition und der gedanklichen Synthesis, durch sachliche Zusammensetzung und Verschmelzung aus den einfachen hervorgehen lassen.

Daß hierbei aber das eigentliche logische Ziel, das die Lehre vom Minimum sich steckt, nicht erreicht wird, läßt sich wiederum an den eigenen Grundbestimmungen Brunos deutlich machen. Dieses war, wie wir sahen, darauf gerichtet, den komplexen Inhalt aus seinen einfachen Begriffskomponenten aufzubauen und entstehen zu lassen. Jetzt aber zeigt sich, daß die Elemente selbst, nicht minder als die physischen Dinge, die aus ihnen resultieren, eine unübersehbare Mannigfaltigkeit darstellen: es gibt e b e n s o v i e l q u a l i t a t i v v e r s c h i e d e n e M i n i m a, als es verschiedene Spezies, ja verschiedene I n d i v i d u e n gibt[1]). In strenger Sonderung und ohne die Möglichkeit einer gegenseitigen Überführung stehen die G e s t a l t e n der einzelnen Elemente einander gegenüber. Damit aber ist eine notwendige und u n a u f h e b l i c h e V i e l h e i t gesetzt, von der nicht ersichtlich ist, wie sie aus dem ursprünglich Einen hervorgehen soll. Auch die Auskunft, daß nach dem Prinzip der ,,Coïn-

---

[1]) De min. I, 11, S. 176; II, 5, S. 205.

cidenz der Gegensätze" im **Absoluten** selbst alle diese Unterschiede verschwinden und zur Auflösung gelangen, reicht nicht aus: denn was hier zu fordern wäre, wäre ein Mittel, sie **innerhalb unserer endlichen Erkenntnis selbst** zum Begriff und zur Ableitung zu bringen. Wenn Bruno die Grundgebilde, wie Dreieck und Quadrat, dadurch abzuleiten unternimmt, daß er das einzelne, kreisförmige Minimum gleichsam als chemisches Atom betrachtet, das durch die Verschiedenheit seiner Lagerung unterschiedliche Gestalten hervorbringt, so hat er hierin den Begriff bestimmter geometrischer Ordnungen und **Konfigurationen** bereits vorausgesetzt. Das Minimum soll das universale Maß der Dinge bilden: aber um es hierzu tauglich zu machen, sieht er sich genötigt, es in fester Gestaltung und **Konkretion** zu denken, damit aber die Beziehungen der reinen Mathematik implizit bereits anzuwenden und vorwegzunehmen.

So kann denn die Frage nach dem Verhältnis des Abstrakten und Konkreten, die, wie wir sahen, das treibende Motiv aller bisherigen Untersuchungen war, auch an dieser Stelle nicht zum Abschluß kommen. Die Einheit des **Elements**, wie Bruno sie ursprünglich dachte, erhielt von der **Einheit des Intellekts** ihren Sinn und ihre Bedeutung: „mensura" und „mens" sind für ihn, wie für Nikolaus Cusanus, Wechselbegriffe. Das Denken bietet das vollgültige Beispiel einer Einheit, die nicht aus der Zerlegung der Mehrheit gewonnen ist, sondern ihr als Anfang und bestimmender Grund vorangeht. Hier fügt sich der Begriff des Minimums in der Tat dem Zusammenhange ein, aus dem die Grundlegung der Infinitesimalrechnung hervorgewachsen ist; wir können ein bestimmtes Gebilde selbst dann, wenn wir von seiner extensiven Ausbreitung absehen, noch begrifflich und in seinen qualitativen Eigentümlichkeiten und Verhältnissen erhalten denken. (Vgl. a. ob. S. 265 ff.) Die neue Auffassung aber bleibt dadurch beschränkt, daß Bruno sich zu ihrer Durchführung lediglich auf das Mittel und die Analogie der **diskreten Zahl** hingewiesen sieht, daß alles Denken ihm also im letzten und höchsten Sinne ein „Zusammensetzen" bleibt¹). Gerade vom Standpunkte der diskreten Quantität aber bleibt dasjenige, was Bruno gemäß seinem metaphysischen Grundprinzip dauernd behaupten muß, ein Rätsel und ein Widerspruch: denn hier ist nicht einzusehen, wie der Teil jemals das Ganze ohne Einschränkung in sich „enthalten" und darstellen kann. Deutlich zeigt sich an diesem Punkte der prinzipielle G e g e n s a t z, der zwischen dem Minimum und dem Leibnizischen Begriff der Monade besteht. Das „Minimum" bleibt, wenngleich der Wahrnehmung entzogen, dennoch zuletzt mit den sinnlichen Grundbestimmungen der Ausdehnung behaftet, da es sich mit anderen gleichartigen Elementen b e r ü h r e n und mit ihnen zu einem Ganzen zusammenschmelzen kann. Die Ausdehnung, die sich für Leibniz in einen Inbegriff idealer Beziehungen und Wahrheiten auflöst, bildet somit hier ein a b s o l u t e s Prädikat, das die metaphysische Wesenheit der Dinge zum Ausdruck bringt²). In dieser Gesamtauffassung aber wird zugleich der Begriff des I n t e l l e k t s selbst und sein Verhältnis zur Natur innerlich zwiespältig. Am Problem des Unendlich-Großen erfaßte Bruno seinen Grundgedanken der durchgängigen Übereinstimmung und Harmonie zwischen der Kraft des Denkens und der der Natur. Die Lehre von der Unendlichkeit der Welten stützte sich auf die Unendlichkeit der Einbildungskraft, hinter welcher die absolute Wirklichkeit nicht zurückbleiben könne: ist doch das Vermögen der Phantasie nur ein Teilprodukt eben dieser Wirklichkeit selbst. (S. ob. S. 283 f.) Hier dagegen, in der Zerlegung und Auflösung des Continuums, ist dieser Zusammenhang gebrochen: die N a t u r verlangt und setzt feste Grenzen, während die geometrische Phantasie über jede derartige Schranke hinauszugehen trachtet. Die Operationen des mathematischen

---

¹) „Nunc ergo indiscrete dicunt magnitudinem non componi ex minimis... quod tum n a t u r a e c o m p o n e n t i praejudicat, tanquam non illi sit aliquod primum, ex quo magnitudines c o a l e s c a n t, tum arti, quam nihil possimus vel imaginari nisi quadam prima parte supposita mensurantem." De min. I, 7, S. 158 f.

²) Näheres hierüber in meiner Schrift „Leibniz' System in seinen wissenschaftlichen Grundlagen", S. 345 ff.

Denkens erscheinen jetzt wie eine subjektive, täuschende Zutat. Der Gegensatz zwischen den Bedingungen des G e i s t e s und denen des S e i n s tritt unverkennbar hervor: „a l i a s e c u n d u m n a t u r a e, a l i a s e c u n d u m n o s t r a e m e n t i s c o n d i t i o n e m p r i n c i p i a"[1]). Zwar der allgemeine Wert der Mathematik und die Bedeutung, die sie als Vorbild jeder wissenschaftlichen Erkenntnis hat, steht für Bruno fest. Von ihm geht er aus: seine Lehre vom Minimum will einen neuen „Königsweg zur Geometrie" weisen[2]). So tritt er für Plato und Pythagoras ein; so betont er, daß Aristoteles selbst, wie sehr er als Logiker und Dialektiker der Mathematik feind sei, sich zu der Verschmähten zurückwenden müsse, sobald er versuche, in die tieferen Probleme der Natur einzudringen[3]). Das „Mathematische" ist auch für ihn das „Mittlere" zwischen den Gegenständen der Wahrnehmung und den reinen Ideen. Charakteristisch aber ist es,

---

[1]) De minimo II, 8, S. 221. — Vgl. Articuli adv. Math. Op. lat. I, 3, 22 f.: „Errat ratio cum in infinitum resolvendo abit. Certe enim naturam non persequitur, nec ideo credat naturam attingere, exaequare vel praetergredi dividendo, sed, si falli nolit, sciat se extra naturam phantastice evagari." (Man halte hiergegen die früher angeführten Sätze: S. 284, Anm. 2 und 288, Anm. 2.)

[2]) De minimo (Ende des ersten Buches), S. 186. — Vgl. besonders die Äußerungen Patrizzis (ob. S. 267). — Die Übereinstimmung mit Patrizzi, dessen „Nova philosophia" im selben Jahre wie die Schrift „De minimo" erscheint, könnte man darauf zurückzuführen suchen, daß Patrizzi Brunos „Articuli adversus Mathematicos" gekannt und benutzt habe: doch weist seine Darstellung bei aller Ähnlichkeit der logischen Grundtendenz in der speziellen mathematischen Ausführung so viele eigenartige Züge auf, daß diese Erklärung nicht ausreicht. Man wird daher annehmen müssen, daß es sich bei beiden Denkern um eine relativ selbständige Fort- und Umbildung C u s a n i s c h e r Gedanken handelt. Das Verhältnis Brunos zu Patrizzi ist übrigens eigentümlich verwickelt und würde eine besondere geschichtliche Untersuchung verdienen: so hat F i o r e n t i n o nachgewiesen, daß Bruno, so verächtlich er über Patrizzis „Discussiones peripateticae" urteilt, in wichtigen Hauptsätzen dennoch mit diesem Werke übereinkommt. Auch hier braucht man indes keine Entlehnung anzunehmen, sondern kann Brunos wie Patrizzis Sätze als notwendige sachliche Folgerungen aus Prämissen, die der gesamten Naturphilosophie gemeinsam sind, verstehen. (Vgl. ob. S. 212 ff. u. 295 ff.)

[3]) Sigillus sigillorum, Op. lat. II, 2, 197.

daß er im selben Zusammenhang, in dem er diesen Gedanken ausführt, die gleiche Zwischenstellung alsbald für die — Magie in Anspruch nimmt. Beide Gebiete gehen bei ihm noch unmerklich ineinander über: wie Agrippa von Nettesheim kennt er eine besondere Form der „mathematischen Magie", die er in eigenen Abhandlungen darlegt und begründet[1]). Dieser *eine* Zug ist für das historische Gesamtbild Brunos bezeichnend. Wie kein anderer ist er von dem Verlangen, die *empirische* Wahrheit und Wirklichkeit der Dinge zu ergreifen, erfüllt: das „verificare con la natura" steht jeder rationalen Theorie als einschränkende Bedingung gegenüber[2]). Auf der anderen Seite bildet der Kampf für das Recht und die Selbständigkeit des Denkens das Grundmotiv seiner Lehre. Aber indem er diese beiden Momente, deren jedes eine unentbehrliche Vorbedingung der modernen Wissenschaft enthält, nicht in ihrer wechselseitigen Bestimmung durch einander erfaßt, kann er sie auch gesondert nicht durchweg in gleicher Klarheit festhalten. So sehr er danach ringt, der Natur selbständig und ohne fremde Vermittlung gegenüberzustehen, so wenig gelingt es ihm, wie der gesamten Naturphilosophie, die Magie von seinem Pfade zu entfernen. Weil ihr der freie Ausblick in eine **mathematische Theorie der Erfahrung** verwehrt ist, muß sich die **Methodenlehre** Brunos in die dürren und unfruchtbaren Wege der Lullischen Gedächtniskunst verlieren und damit dem modernen Ideal der Erkenntnis, das sie selbst in allgemeinen Zügen vorgezeichnet hatte, entsagen.

---

[1]) S. die Schriften „De magia", „Theses de magia" und „De magia mathematica" im dritten Bande der lateinischen Schriften. Vgl. bes. III, 400 f., 455 f.
[2]) Vgl. La cena delle ceneri, Op. ital. 184.

Zweites Kapitel.
Die Entstehung der exakten Wissenschaft.

In der Schilderung, die S o k r a t e s im Phaedon von dem Wege seiner philosophischen Entwicklung entwirft, treten zwei Grundarten der Naturbetrachtung und -beurteilung scharf und prägnant einander gegenüber. Die eine wendet sich unmittelbar den D i n g e n zu, die sie in ihrer vollen sinnlichen Bestimmtheit zu erfassen und in ihrem ganzen Gehalt an tatsächlichen Merkmalen und Eigenschaften auszuschöpfen sucht: „mit den Augen nach den Gegenständen blickend und mit jeglichem Sinn versuchend, sie zu ergreifen." Das Ziel des Wissens aber wird mit diesem Verfahren nicht erreicht: die Seele muß gegenüber der bunten und vielgestaltigen Welt erblinden, wenn sie sich ihr unvermittelt zu nähern trachtet. So gilt es denn vor allem, das Werkzeug zu schmieden, das den Geist tüchtig und ausdauernd macht, den Anblick dieser Fülle und Vielheit der Dinge zu ertragen: von den Gegenständen lenkt der Weg zu den B e g r i f f e n zurück, in denen zuerst wir die W a h r h e i t des Seienden erschauen müssen, ehe wir versuchen können, seine empirische Form und Einzelheit zu verstehen. Zu den ersten und ursprünglichen Setzungen des Denkens müssen wir flüchten, um gemäß der Übereinstimmung mit ihnen über Wert und Unwert, über Wahrheit und Wirklichkeit der Objekte entscheiden zu lernen.

In dieser Fixierung des Grundverhältnisses zwischen den λόγοι und den πράγματα hat P l a t o n — denn er selbst ist es, den wir hier, deutlicher als sonst, im Bilde des Sokrates wiedererkennen — nicht nur die Gedankenentwicklung bloßgelegt, die ihn selber zur Entdeckung der I d e e n l e h r e geleitet hat, sondern zugleich den Weg vorgezeichnet, auf dem die geistige Kultur der Menschheit künftig zur Entdeckung der deduktiven Wissenschaft fortschreiten sollte. Für die innere Kraft und die sachliche Tiefe der Grundgedanken des Idealismus bildet dieses geschichtliche Verhältnis den überzeugenden mittelbaren Beweis. Der Gegensatz, der hier gezeichnet ist, charakterisiert in geschichtlicher Treue und Wahrheit den Widerstreit, in dem die Anfänge der modernen e x a k t e n F o r s c h u n g sich gegenüber der Naturphilosophie der Renaissance fanden. Wieder war es hier der ,,Sinn" — der äußere, wie der innere — der sich mühte, mit dem Wesen der Dinge zu verschmelzen, um auf diese Weise ihr Geheimnis zu enträtseln. Und wiederum wurde auf diesem Wege nicht die E r f a h r u n g, nicht die gesetzliche Ordnung und Gliederung des Seins, sondern nur ein phantastisches Schattenbild der Wirklichkeit ergriffen; nicht die exakte Beobachtung, sondern die vage sinnliche A n a l o g i e entschied über den Zusammenhang der Erscheinungen. Der Zweckbegriff sollte durch den K r a f t b e g r i f f verdrängt werden, aber der sachliche Gehalt dieses Begriffs selbst blieb gänzlich innerhalb der Grenzen der anthropomorphistischen Auffassung. Ein Beispiel, das für dieses Verhältnis und für die Schranken der Denkart typisch ist, bildet die Erklärung, die T e l e s i o für das Anwachsen der Fallgeschwindigkeit gibt: wie der Mensch sich einer unwillkommenen Notwendigkeit rasch zu entledigen trachtet, so streben auch die Körper danach, ihre Bewegung gegen das Erdzentrum, die sie wie einen lästigen Zwang empfinden, zu beschleunigen[1]). So sehr man sich daher hier vom Mittelalter entfernt und einer neuen methodischen Betrachtungsweise der Natur zugewandt glaubt, so ist doch das Bild der Mechanik in Wahrheit nicht prinzipiell verändert. Es steht innerhalb der allgemeinen Auffassung, wie sie etwa von A u g u s t i n charakterisiert wird: ,,velut amores corporum momenta sunt ponderum, sive deorsum gravitate, sive sursum levitate nitantur"[2]). Die Empfindung geht unmittelbar auf den Gegenstand über; nur wenn wir uns mit

---

[1]) T e l e s i o , De rerum natura II, 12, S. 611.
[2]) A u g u s t i n u s , De civitate Dei, Lib. XI, cap. 28.

dem eigenen Triebe und der eigenen Begehrung in das Wesen der Dinge hinein versetzen, können wir hoffen, es zu verstehen. Die Wissenschaft beginnt mit der Aufhebung dieses Problems: die Beschleunigung wird für sie zum Gegenstand, sofern unter ihr nicht ein innerer Zustand der Körper, sondern eine rein numerische Beziehung und Gesetzlichkeit gedacht ist, die sich unabhängig von den „Substanzen", an denen sie sich darstellt, begreifen und zur Darstellung bringen läßt. Der Weg zur Natur führt durch die λόγοι in dem doppelten Sinne, in dem sie sowohl die Vernunftgründe, wie die mathematischen Verhältnisse bedeuten. Das Gewirr der Empfindungen kann nicht unmittelbar zum Objekt der Forschung werden: erst in seiner gedanklichen Verarbeitung, in einer Auflösung der festen Dinge in mathematische Funktionen und Prozesse entsteht die Frage, mit der die Wissenschaft beginnt.

So klar und eindeutig allerdings, wie dieses Ergebnis sich uns darstellt, wenn wir uns die mathematische Naturwissenschaft in ihrer vollendeten Gestalt vergegenwärtigen, vermag es in ihren Anfängen nicht sogleich hervorzutreten. Mannigfache andersartige Einflüsse, die ihren Ursprung in der besonderen geschichtlichen Problemlage der Zeit und im Verhältnis zur wissenschaftlichen Tradition haben, wirken mit, um die einfachen Züge des Bildes zu komplizieren und umzugestalten. Zunächst findet sich das Denken nicht mehr, wie bei Platon, der Natur selber gegenüber: was es vorfindet, ist ein festes und fertiges B e g r i f f s s y s t e m , das den Anspruch erhebt, in seinen Grenzen jede künftige Beobachtung im voraus zu enthalten und zu umschließen. Gegen diese Herrschaft des scholastischen Begriffs wird der Sinn und die Wahrnehmung angerufen. An der E r f a h r u n g erst vermag das Denken zum Bewußtsein und Verständnis seiner selbst zu gelangen; an ihr erst vermag es sich seiner prinzipiellen A u f g a b e und ihrer Unerschöpflichkeit zu versichern. An dieser echten, sich selber stetig erneuernden Wirklichkeit gemessen, sinken die ontologischen Begriffe zu bloßen „Namen" herab. Von allen Seiten her, von der Skepsis, wie der Naturphilosophie, vom Humanismus, wie der mathematischen Physik, ertönt dieselbe Forderung: von den Worten zu den Sachen, von der Verknüpfung der Syllogismen zu den Zusammenhängen der Natur zurückzukehren. Aller Wert und alle Verantwortung des Wissens wird somit auf die **Empfindung** als den ursprünglichsten und untrüglichsten Zeugen übertragen. Aber eben in der Feststellung des Empfindungsinhaltes selbst, in der Sicherung und Abgrenzung der Beobachtungen, entdeckt das Denken nunmehr seine neue methodische Kraft und Leistung. Und so wird es, nachdem der Kampf entschieden ist, klar, daß das Losungswort der Parteien die wahre Bedeutung des Problems nicht völlig ausmißt und erschöpft. Für das Recht der **Wahrnehmung** wurde gestritten: aber das Ergebnis ist zugleich eine neue Auffassung und eine neue Systematik des **Begriffs**. Die neue Ansicht der Wirklichkeit hat — nach einem notwendigen Zusammenhang, der uns auf verschiedenen geschichtlichen Stufen bereits entgegentrat — zu einer Reform der Logik geführt.

Wir können uns diesen Zusammenhang zugleich an dem konkreten Hauptproblem vergegenwärtigen, das überall, wo es sich um die Entstehung und Herausarbeitung der neuen Naturanschauung handelt, im Mittelpunkt steht. Der Kampf um die neuen Prinzipien der Forschung fällt zeitlich und inhaltlich zusammen mit dem Kampf um die moderne astronomische Weltansicht. Beide Fragen bedingen einander notwendig und innerlich: bei Galilei insbesondere kann man verfolgen, wie das Eintreten für das Copernikanische System für ihn zum Zentrum und zum Hebel für alle abstrakten Einsichten wird, die er in der Mechanik und Philosophie gewinnt[1]). Und der erste, der die methodischen Grundlagen der Erfahrungswissenschaft bestimmt ausgesprochen hat, hat zugleich die neue Anschauung des Weltbaues vorweggenommen: bei **Leonardo da Vinci** ist die Erde zum Stern unter Sternen relativiert, die Sonne zum unbewegten

---

[1]) Vgl. jetzt hierüber besonders das Werk E. **Wohlwills**, Galilei und sein Kampf für die kopernikanische Lehre, I, Hamburg 1910.

Mittelpunkt geworden[1]). Der Zusammenhang beider Probleme wurzelt in ihrer gemeinsamen l o g i s c h e n Grundlage. Galilei bereits sieht den eigentlichen Ruhm der Copernikanischen Entdeckung nicht im Ergebnis, sondern in der Denkweise, die sich in ihr bekundet: in der Kraft und Lebendigkeit, mit der der Geist hier allem unmittelbaren Sinnenschein zum Trotz die Gründe der V e r n u n f t behauptet und aufrecht erhält[2]). In dem modernen Bilde der Welt ist der Vernunft ein neuer Platz und ein neues Anrecht erobert. Die lebendige A n s c h a u u n g des Naturganzen, seine Zusammenfassung in einen einheitlichen „Kosmos" bleibt das Grundziel der Betrachtung. Zugleich aber wird klar, daß diese Einheitsanschauung nicht unmittelbar der sinnlichen Betrachtung gegeben, sondern durch die rationalen und mathematischen Mittel der Erkenntnis erst zu erarbeiten ist: die Erfassung der Wirklichkeit führt durch Mittelglieder, die nur der Gedanke, nicht die direkte Wahrnehmung zu beglaubigen vermag. Die astronomische Theorie begegnet sich somit mit der allgemeinen Methodenlehre der neueren Wissenschaft in demselben charakteristischen Merkmal: sie richtet sich auf eine tiefere Durchdringung des Begrifflichen und Sinnlichen, die aber nicht zur Verquickung, sondern zur Wahrung und Sonderung des Rechtes beider Momente wird.

* * *

1. Leonardo da Vinci.

Um die wissenschaftliche Geistesart Leonardo da Vincis zu bezeichnen, genügt es nicht, sich nacheinander die Fülle der neuen theoretischen Grundanschauungen zu vergegenwärtigen, die sich bei ihm in der Mathematik, wie in der be-

---

[1]) Scritti letterari di Leonardo da Vinci cavati dagli Autografi e pubblicati da J e a n P a u l R i c h t e r. Due parti, London 1883. Parte II, No. 866. „Tu nel tuo discorso ai a concludere la terra essere una stella quasi simile alla luna e la nobiltà del nostro mondo." Vgl. a. a. O. No. 858, 865, 886: „Il sole non si move."

[2]) G a l i l e i , Dialogo intorno ai due massimi sistemi del mondo. Giornata terza. — Opere di Galilei, ediz. Alberi, Firenze 1842 ff., I, 357. Vgl. hrz. oben S. 272.

schreibenden Naturwissenschaft, in der Astronomie, wie in der Entwicklungsgeschichte, in der allgemeinen Wissenschaftslehre, wie in den besonderen technischen Anwendungen zeigen. So unbegreiflich und unerschöpflich sich dieser Reichtum immer von neuem erweist: die Eigenart von Leonardos Genius wird durch ihn nicht bestimmt. Das Quattrocento kennt Männer, die sich in der Allseitigkeit des Interesses und der Betätigung, wenngleich nicht in der Tiefe und Freiheit des Denkens mit Leonardo vergleichen lassen; ja darin, daß er noch einmal den ganzen sachlichen U m f a n g des Wissens in sich vereinigt, scheint er eher ein vergangenes, als ein modernes Ideal zu erfüllen. Was aber in die Zukunft der Philosophie wie der Wissenschaft weist, ist dies: daß diese Mannigfaltigkeit in der Einheit eines m e t h o d i s c h e n Grundgedankens zusammenhängt und durch sie umgrenzt und gebändigt ist. Die Aufzeichnungen und Fragmente Leonardos gehören in gleichem Sinne, wie der Geschichte der Wissenschaft, der Geschichte des Erkenntnisproblems an, sofern in ihnen mit den neuen Ergebnissen zugleich ein neues Bewußtsein von der Form und dem Grunde des Wissens sich ausprägt.

Die Naturbetrachtung Leonardos hängt in ihren Anfängen mit der naturphilosophischen Spekulation der Zeit noch unverkennbar zusammen. Erst wenn man sich diesen Zusammenhang vergegenwärtigt, kann man ganz den Weg ermessen, den das Denken hier zurückgelegt hat, ehe es zu seinen letzten und höchsten Ergebnissen gelangte. Es ist der Künstler in Leonardo, der die Ansicht der Natur als eines lebendigen Gesamtorganismus erfaßt und in Bildern von anschaulicher Klarheit entwickelt. So wird ihm die Erde zum beseelten Wesen, dessen Herzschlag und Atem wir im Wechsel von Ebbe und Flut verspüren, dessen Lebenswärme uns in den vulkanischen Erscheinungen fühlbar wird[1]. Und der Lebens- und Liebestrieb des Menschen wird zum Schlüssel und zur Quintessenz der Allnatur: wie der Mensch sich beständig nach dem neuen Frühling sehnt, wie

---

[1] Leonardo da Vinci, ediz. J. P. Richter, No. 1000; Vol. II, 220 f.

er in ungeduldiger Erwartung der Zukunft lebt, die ihn doch der eigenen Auflösung entgegenführt, so streben alle Elemente aus der Bindung und Vereinzelung, in der sie begriffen, zur Wiederkehr in das All zurück[1]). Das Wirken der Natur erschließt sich nur in dem „Modell", das unser Geist uns darbietet. Jede Kraft ist ihrem Begriffe und ihrem Ursprung nach eine geistige Wesenheit, „die Tochter der materiellen, aber die Enkeltochter der spirituellen Bewegung"[2]).

An diesem Punkte aber läßt sich sogleich die g e s c h i c h t l i c h e Stellung von Leonardos Lehre genauer bestimmen und umgrenzen. Denn es sind b e s t i m m t e naturphilosophische Voraussetzungen, an die er in seiner Dynamik anknüpft: Voraussetzungen, die vor allem bei N i k o l a u s C u s a n u s ihren Ausdruck gefunden hatten. Leonardos Lehre von der Bewegung und der Kraft geht deutlich auf gedankliche Anregungen zurück, die hier gegeben waren, um sie freilich über ihre anfängliche Bedeutung hinauszuführen[3]). Allgemein schwindet, je tiefer man in Leonardos Grundlehren eindringt, um so mehr der Schein ihrer völligen historischen Isoliertheit. Sie besitzen — wie insbesondere die Forschungen D u h e m s überzeugend dargetan haben — nach vorwärts, wie nach rückwärts eine reiche Geschichte. Abschriften und Auszüge von Leonardos Manuskripten sind bereits im 16. Jahrhundert weit verbreitet und werden eifrig benutzt: wie z. B. C a r d a n u s viele seiner Lehren direkt diesen Aufzeichnungen entlehnt. Mit der philosophischen Vergangenheit aber hängt Leonardo vor allem durch Cusanus zusammen, den seine Schriften zwar nirgends nennen, dessen Einwirkung indessen nichtsdestoweniger an vielen Punkten unverkennbar hervortritt[4]). Mit sicherer Hand ergreift er die eigentümlich neuen Motive, die in Cusas Lehre enthalten sind. Er knüpft

---

[1]) A. a. O. No. 1142 u. 1162; II, 287 u. 291.
[2]) No. 859; II, 137.
[3]) Näheres hierüber bei P. D u h e m , Etudes sur Léonard de Vinci: ceux qu'il a lus et ceux qui l'ont lu, Paris 1909, II, 222 ff.
[4]) Vgl. hier das Beweismaterial und die erschöpfenden Darlegungen D u h e m s (a. a. O. II, 99 ff.); über Cardans Verhältnis zu Leonardo s. Bd. I, 223ff.

an seine Analyse des Kontinuums, an die Lehre vom Zusammenfallen des Größten und Kleinsten an. Die metaphysischen Momente dieser Lehre aber werden nunmehr abgestreift und nur ihr mathematischer Gehalt ist es, der zurückbleibt. Hier wirkt jener intellektuelle Prozeß weiter, der sich schon bei Cusanus selbst verfolgen ließ. (S. ob. S. 45 ff.) Und so ist es denn auch die reine Mathematik, unter deren Herrschaft und Leitung der Naturbegriff gestellt wird. Das ist das Entscheidende in Leonardos Auffassung der Mathematik, daß sie nicht nur um ihrer inneren, immanenten Gewißheit, ihrer subjektiven „certezza" willen an die Spitze tritt, sondern daß sie als notwendige Vorstufe gilt, um den Begriff einer Regel und eines Gesetzes der N a t u r zu fixieren. Solange wir die Natur für sich allein denken, bleibt sie uns ein Wirrsal verborgener Kräfte und Wunderwirkungen. Das Kriterium des Mathematischen erst scheidet die Eine unverbrüchliche Gesetzesordnung, die keine chimärische Ausnahme zuläßt, von beliebigen Gebilden der Einbildungskraft, bildet somit die Grenzlinie zwischen S o p h i s t i k und W i s s e n s c h a f t. „Wer die höchste Gewißheit der Mathematik schmäht, nährt seinen Geist von Verwirrung und wird den sophistischen Lehren, die nur auf ewige Wortstreitigkeiten hinauslaufen, niemals Schweigen gebieten können"[1]). Es ist eine strenge und eindeutige Alternative, die hier gestellt wird und die in den Schriften Leonardos immer aufs neue wiederkehrt[2]). Die Mathematik ist es, die allen phantastischen Erdichtungen, allen Erklärungen, die auf das willkürliche Eingreifen geistiger Ursachen zurückgehen, mit ihrer schlichten und strengen Forderung entgegentritt. Denn sie wurzelt im Gedanken der N o t w e n d i g k e i t und überträgt diesen Gedanken auf alles, was sie ergreift. „Die Not-

---

[1]) No. 1157; II, 289.
[2]) Vgl. z. B. Nr. 1210 (II, 302): „O stultitia umana non t'avedi tu che tu sei stato con teco tutta la tua età e non ài ancora notitia di quella cosa che tu più possiedi, cioè della tua pazzia? e vuoi poi colla moltitudine de' soffistichi ingannare te e altri, sprezzando le matematiche scienzie, nelle qual si contiene la verità, notitia delle cose che in lor si contengono . ."

wendigkeit ist die Meisterin und Schützerin, das Thema der Natur und ihre Entdeckerin, ihr Band und ihre ewige Regel"[1]). Mit wenigen Sätzen vernichtet Leonardo das Fundament der magischen Künste und Lehren, auf dem das Naturwissen des Quattrocento und Cinquecento ruhte. Alle physischen Erscheinungen bestehen in einem Inbegriff körperlicher Veränderungen, die sich somit in der Anschauung nachweisen und im einzelnen verfolgen lassen müssen. Jeder übernatürliche Eingriff in das materielle Geschehen, jede direkte Einwirkung geistiger Mächte auf die Materie fällt somit dahin; — Kräfte sind, soweit sie Gegenstand für die mathematische Betrachtung bilden sollen, an materielle Organe und materielle Bedingungen gebunden. „O Mathematiker, schafft Licht in diesem Irrtum! Ein Geist hat keine Stimme; denn Stimme kann es nur dort geben, wo eine Bewegung und eine Erschütterung der Luft vorhanden ist; Erschütterung der Luft kann es nur geben, wo ein Instrument vorhanden ist, und ein Instrument kann nicht unkörperlich sein. Demgemäß kann ein Geist weder Stimme, noch Form, noch Kraft haben. . . . Wo es keine Nerven und Knochen gibt, da gibt es auch keine Kraft, die sich in irgend einer Art der Bewegung, wie man sie jenen angeblichen Geistern zuschreibt, zu betätigen vermöchte"[2]). In der Materie kann keine Bewegung aus Nichts erzeugt werden: alle diejenigen, die nach einem Perpetuum mobile suchen, gesellt Leonardo ausdrücklich den Alchymisten und Goldmachern bei[3]). So erweist sich der Einfluß der m a t h e m a t i s c h e n Methodik in erster Linie darin, daß sie zu einer schärferen Bestimmung und Analyse des K a u - s a l b e g r i f f s hinführt. Auch in diesem rein logischen Sinne gilt das Urteil, das Leonardo über die Mechanik fällt: daß sie das Paradies der mathematischen Wissenschaften sei, weil man in ihr zur „Frucht der Mathematik" gelange[4]). Die einzelnen mechanischen Leistungen Leonardos: die Formulierung des Fallgesetzes auf der schiefen Ebene, sowie die

---

[1]) Nr. 1135 (II, 285).
[2]) Nr. 1211, 1215 (II, 303 f.); vgl. bes. No. 1215 (II, 307).
[3]) No. 1206; II, 301.
[4]) No. 1155; II, 289.

Vorwegnahme des Prinzips der virtuellen Geschwindigkeiten sind bekannt und wiederholt dargestellt[1]); darüber hinaus aber werden auch die wichtigsten der reinen G r u n d - b e g r i f f e der Mechanik von ihm in den Kreis der Betrachtung gezogen. So wird vor allen Dingen der B e g r i f f d e r Z e i t diskutiert, der zwar ein Beispiel und eine Unterart der stetigen Größe sei, dennoch aber nicht völlig in das Gebiet der Geometrie (sotto la geometrica potentia) falle. Es ist freilich ein und dieselbe Art der Beziehung, die zwischen Punkt und Linie auf der einen Seite, und dem unteilbaren Moment und der endlichen Zeitstrecke andererseits, obwaltet; es ist ein und dasselbe Grundgesetz der unendlichen Teilbarkeit, das Raum und Zeit, wie alle kontinuierlichen Quantitäten, gleichmäßig beherrscht. Aber dieser Zusammenhang in einer höheren Gattung darf nicht dazu führen, die spezifischen Besonderheiten zu verwischen: ausdrücklich wird die Forderung formuliert, die Eigentümlichkeit der Zeit, losgelöst von den Bestimmungen der Geometrie, zu beschreiben[2]). So sehen wir, wie der Begriff der Mathematik selber sich weitet und sich neue Problemgebiete unterwirft. Zugleich ist der Maßstab des Erkenntniswertes überhaupt ein anderer geworden: die Schätzung des Wissens hängt nicht von seinem G e g e n s t a n d , sondern von dem Grad und der Stufe objektiver G e w i ß h e i t ab, die es in sich trägt. Wie wesentlich und entscheidend diese Wandlung ist, lehrt ein Blick auf die gleichzeitige Literatur: so bestreitet z. B. F r a - c a s t o r o , ein jüngerer Zeitgenosse Leonardos, den Wert der Mathematik, weil diese, wenngleich sie eine ,,gewisse Sicherheit'' der Beweisführung enthalte, doch von niedrigen und wenig schätzbaren Objekten handele[3]). Auch die Schul-

---

[1]) S. G r o t h e , Leon. da V. als Ingenieur u. Philosoph, Berlin 1874; D ü h r i n g , Krit. Gesch. d. allg. Prinz. d. Mechanik 3. Aufl. S. 12 ff. Über die geschichtlichen Vorbedingungen von Leonardos Lehren s. bes. D u h e m , Les sources des Théories physiques. Les origines de la Statique, Paris 1905.
[2]) No. 916 u. 917. — II, 171 f: ,,Scrivi la qualità del tempo, separato della geometrica.''
[3]) F r a c a s t o r o , Turrius sive de intellectione dialogus. Lib. I (Opera, Venet. 1555, S. 165).

philosophie der Zeit steht durchaus innerhalb dieser Grundansicht, die sie mit der Autorität des Aristoteles stützt und verteidigt. So wird die Frage z. B. von Pomponazzi in seinem Kommentar zu Aristoteles' Schrift über die Seele wiederholt und eingehend behandelt, um schließlich dahin entschieden zu werden, daß der Wert des Wissens nach seinem Gegenstand, nicht aber nach unserer Art der Auffassung zu bemessen ist. Denn der Gegenstand gibt den Gehalt und die Wesenheit der Sache selbst, während der „modus declarandi" eine bloß äußerliche und zufällige Beschaffenheit ausmacht[1]). Wie eine Antwort auf solche Anschauungen lesen sich Leonardos Sätze: „Von solcher Verächtlichkeit ist die Lüge, daß, wenngleich sie Gutes von göttlichen Dingen sagte, sie ihrer Göttlichkeit den Wert nähme; von solcher Trefflichkeit die Wahrheit, daß sie den geringsten Dingen, die sie lobt, Adel verleiht. So übertrifft die Wahrheit, wenn sie auch von Geringem und Niedrigem handelt, noch unendlich alle schwankenden und unwahren Meinungen über die erhabensten und höchsten Verstandesprobleme (discorsi). . . . Du aber, der Du von Träumen lebst, findest Dein Gefallen mehr an sophistischen Gründen und Trugschlüssen in großen und ungewissen Dingen, als an den sicheren natürlichen Schlußfolgerungen, die sich nicht zu dieser Höhe erheben"[2]).

So gründet Leonardo seinen Idealbegriff der Wahrheit und der Vernunft in dem fruchtbaren „Bathos der Erfahrung", während umgekehrt der Erfahrungsbegriff selbst seinen Wert aus dem notwendigen Zusammenhang erhält, in dem er mit

---

[1]) „Quaestio est a quo sumatur magis nobilitas scientiae, an a nobilitate subjecti an a certitudine demonstrationis . . . Sed est dicendum quod magis sumitur a nobilitate subjecti, et ratio est, quia subjectum est essentia rei: modus autem declarandi est instrumentum adventitium superadditum rei, sicut qualitas quaedam; ergo magis sumitur a nobilitate subjecti". Pomponatii in Libros de Anima Commentarius, ed. Ferri (s. ob. S. 114); p. 95, cf. p. 205 ff. — Vgl. die analoge Erklärung und Lösung des Problems bei Faber Stapulensis, In sex primos Metaphysicos libros Aristotelis introductio. (Totius philosophiae naturalis Paraphrasis, Paris 1533, fol. 279 b.)

[2]) No. 1168; II, 292. Vgl. No. 1184 (II, 296): „Meglio è la piccola certezza che la gran bugia."

der Mathematik steht. Die Berufung auf die Erfahrung ist zunächst der lebendige Ausdruck des Gegensatzes gegen die Autorität und die Überlieferung. Die Erfahrung ist die große und ewige Lehrerin: die Meisterin jener Meister der Schule, zu der man immer von neuem sich zurückwenden muß. Nicht in dem verblaßten und entstellten Abzug, den die Bücher und die Autoren uns bieten, sondern in ihrer originalen Kraft und Lebendigkeit soll die Natur erfaßt und begriffen werden[1]). Aber je weiter wir uns in diese ursprüngliche Wirklichkeit versenken, um so mehr schwindet aus ihr jeder Schein der Willkür und Zufälligkeit: um so tiefer blicken wir in ein Gewebe notwendiger Zusammenhänge und Gründe hinein. Die Erfahrung selbst ist nichts anderes als die äußere Erscheinungsform der Vernunftbeziehungen und Vernunftgesetze. „Sie lehrt uns, als Dolmetsch zwischen der schaffenden Natur und dem menschlichen Geschlecht, die Art, in der die Natur sich unter uns Sterblichen tätig erweist; sie zeigt uns zugleich, daß diese Wirksamkeit, von der Notwendigkeit gebunden, nicht anders erfolgen kann, als die V e r n u n f t, ihr Steuer, sie vorschreibt"[2]). Das Experiment muß den Anfang machen; aber es steht zunächst nur als ein Problem da, das uns auffordert, die notwendigen Gründe der Erscheinung zur Entdeckung zu bringen. Das Verhältnis, das in der Natur zwischen Ursache und Wirkung besteht, muß der Gedanke umkehren: wenn jene vom Einfachen zum Zusammengesetzten, von den Bedingungen zum Effekt fortschreitet, so muß dieser mit der komplexen Erscheinung beginnen, um sie analytisch auf ihre Grundelemente zurückzuführen[3]). In diesen Bestimmungen hat Leonardo vorgreifend die „resolutive Methode" Galileis und der neueren Naturwissenschaft beschrieben. Und auch dies wird klar, daß die Aufgabe, die damit gestellt ist, unabschließbar ist: die Zahl der „ragioni", die niemals in die Erfahrung getreten sind, ist unendlich und kann somit auch

---

[1]) No. 11, 12, 18; I, 15 u. 18; No. 1150, II, 288 u. s.
[2]) No. 1149; II, 288.
[3]) S. Leonardo da Vinci, der Denker, Forscher und Poet. Ausg. von M a r i e H e r z f e l d. Lpz. 1904. Teil I, No. XI.

auf keiner künftigen Einzelstufe des Wissens als völlig erschöpft gelten[1]). Es ist nach diesem Gesamtzusammenhange kein Widerspruch, wenn auf der einen Seite betont wird, daß alles Wissen mit der Empfindung beginnt, andererseits indes der Vernunft eine eigene Funktion über und außerhalb der Wahrnehmung zuerkannt wird. Beide Bestimmungen gelten zum mindesten Leonardo selbst als durchaus vereinbar: wie er sie denn in der Philosophie des Nikolaus Cusanus in der Tat in einer neuen Weise vereint findet[2]). Deutlich strebt die Betrachtung nach einem Mittelbegriff zwischen den beiden Grundfaktoren. Wir dürfen uns nicht in der Betrachtung des Einzelnen verlieren, sondern müssen das allgemeine G e s e t z zu verstehen trachten, das über ihm steht und es beherrscht. Die Gesetzeserkenntnis liefert uns den einzigen Kompaß im Meer der besonderen Tatsachen und der praktischen Einzeldaten, ohne welchen wir blind und steuerlos blieben[3]). Die Theorie ist es, die der Erfahrung selbst die Richtung gibt[4]). Aber es ist freilich nicht genug, das Gesetz der Natur bloß in einer abstrakten Formel auszusprechen, sondern wir müssen es in seiner lebendigen Wirksamkeit und in konkreter A n - s c h a u u n g erfassen. Die Geometrie weist uns den Weg, diese doppelte Aufgabe zu erfüllen: sie ist es, die uns das Walten der allgemeinen Vernunftregeln gleichsam verkörpert und in plastischer Gestaltung vor Augen stellt. In nicht geringerem Maße aber ist die bildende Kunst, die die geometrische Welt räumlicher Formen und Gestalten erst völlig

---

[1]) No. 1151 (II, 288): „La natura è piena d'infinite ragioni che non furon mai in isperientia."

[2]) Vgl. No. 1147 (II, 288): „Ogni nostra cognitione principia da sentimenti;" s. dag. No. 1145 (II, 287): „I sensi sono terrestri, la ragione sta fuor di quelli, quando contempla." Zum Verhältnis des letzteren Fragments zu Nikolaus Cusanus s. D u h e m , a. a. O., II, 165 ff., vgl. hrz. bes. ob. S. 31 ff.

[3]) „Quelli che s'inamorano di pratica senza scientia sono come 'l nocchiere che entra navilio senza timone e bussola che mai ha certezza dove si vada." No. 1161 (II, 290); vgl. No. 1149.

[4]) Vgl. No. 1160 (II, 290): „La scientia è il capitano, e la pratica i soldati."

durchdringt und bis ins einzelne beherrscht, ein Mittel und ein Analogon der echten „Philosophie". „Wer die Malerei mißachtet, der ist auch der Philosophie und der Natur feind"[1]). So schließen sich die mannigfachen Züge in Leonardos geistiger Natur zu einem einzigen, einheitlichen Ziele zusammen. Die produktive Kraft der Phantasie ist ihm zugleich ein Grundmittel und eine Bedingung der theoretischen Forschung: nur dasjenige dürfen wir uns zu b e g r e i f e n rühmen, was uns die Natur nicht wahllos, wie von selbst darbietet, sondern was wir in eigenen Geiste entwerfen und vorzeichnen[2]). Der ästhetische I d e a l i s m u s Leonardos bewährt sich auch in der Entdeckung des Naturbegriffs. Aber das innere Vorbilden, mit dem wir der tatsächlichen Beobachtung vorauseilen, hat zugleich durch das Musterbild der Mathematik in sich selbst seine Regel und Begrenzung gefunden. Das echte Schauen und Spekulieren des Forschers scheidet sich für immer von der schweifenden Phantasie der „Schwarmgeister"[3]).

Es ist ein allgemeines Streben der Renaissance, die besondere Leistung und den besonderen Wert, der der „Einbildungskraft" im Ganzen des menschlichen Erkennens zukommt, auszuzeichnen und zu umgrenzen. In einer Einteilung der „Seelenvermögen", die C a m p a n e l l a vornimmt, wird an letzter Stelle, neben dem diskursiven Verstand und über die sinnliche Reproduktion erhaben, eine eigene Tätigkeit der „Imagination" anerkannt. Ihr Ziel ist nicht nur, gegebene Vorstellungselemente zu neuen, bisher unbekannten Verbindungen zusammenzufügen, sondern zugleich Wissenschaften durch Festsetzung von Prinzipien und Entwicklung von Schlußfolgerungen von Grund aus hervorzubringen und zu gestalten. Diese Bedeutung der „g e i s t i g e n Einbildungskraft", die von der sinnlichen Phantasie ausdrücklich geschieden wird, bewährt sich nicht nur im Gebiet des Denkens, sondern zu-

---

[1]) No. 652; I, 326.
[2]) „O speculatore delle cose, non ti laudare di conosciere le cose che ordinariamente per se medesima la natura conduce; ma rallegrati di conosciere il fine di quelle cose che son disegniate dalla mente tua." No. 1205; II. 301.
[3]) „Vagabondi ingegni": No. 1168; II, 293.

gleich in dem des Wollens und Handelns: es ist bezeichnend für Campanella, daß er sie vor allem für das Gebiet der P o l i t i k in Anspruch nimmt, in dem sich seine eigene ideelle Gestaltungskraft am reinsten betätigt hat[1]). Für das Problem der Naturerkenntnis dagegen vermochte ihm die neue geistige Funktion, die er allgemein zu begründen versuchte, nicht fruchtbar zu werden. Erst K e p l e r ist es, bei dem aus der Vereinigung der beiden Grundeigenschaften, die auch Leonardo kennzeichnen: aus der Freiheit und Lebendigkeit der ästhetischen Phantasie und der Reinheit und Tiefe der mathematischen Spekulation der neue Begriff der Erfahrung erwächst.

*
* *

2. Kepler.
a) D e r B e g r i f f d e r H a r m o n i e.

Wenn das wesentliche Interesse, das die Philosophie an der Entstehungsgeschichte der Wissenschaft nimmt, darauf gerichtet ist, die „subjektiven" und „objektiven" Motive, den Anteil des Gegenstandes und des Intellekts zu bestimmen und gesondert zu verfolgen: so bildet die Persönlichkeit K e p l e r s unmittelbar ein anziehendes und prägnantes philosophisches Problem. In ihr sind beide Momente noch direkt zur Einheit verbunden, ohne jedoch wahllos in einander überzugehen und in ihrem sachlichen Gehalt vermischt zu werden. Die Hingebung an die äußere Wirklichkeit, die Forderung ihrer reinen und voraussetzungslosen gegenständlichen Erfassung bildet den ersten Ausgangspunkt. Jeder Schritt der Deduktion wird an den Tatsachen geprüft; jeder Baustein des neuen gedanklichen Gebäudes ist in

---

[1]) „Septima est imaginatio... et hujus est s c i e n t i a s i d e a r e p r o p o n e n d o p r i n c i p i a, educendo conclusiones, formando syllogismos, et artes invenire... Quapropter i m a g i n a t i o m e n t a l i s, n o n s e n s u a l i s est i n v e n t r i x s c i e n t i a r u m p e r i d e a t i o n e m..; ideatio autem ex P o l i t i c i s ut Physicis rerum ordinibus oritur et usui accomodatur." C a m p a n e l l a, Metaphysik Pars I, Lib. V, Cap. I, Art. 3. vgl. a. „Physiologica" Cap. 16, Art. 8, bes. S. 194 f.

exakter Beobachtung bewährt und gegründet. Die „Erfahrung", die bisher ein dialektisches Schlagwort war, das der Skeptiker, wie der Mystiker, die Wissenschaft und die spekulative Naturphilosophie gleichmäßig für sich in Anspruch nahm, erfüllt sich zum ersten Male mit realem Gehalt. In Keplers Beobachtungen über die Marsbewegungen ist das neue Ideal der Induktion bereits mit einer logischen Schärfe und Reinheit, die später kaum zu überbieten war, verwirklicht. Kepler selbst berichtet in der Darlegung seines Forschungsganges, wie er zunächst zu einer Hypothese gelangt sei, die alle Beobachtungen bis auf acht Minuten genau darstellte, und wie der einzige Umstand, daß er diese, nach dem Maßstab und Urteil seiner Zeit geringfügige Differenz nicht übersah und vernachlässigte, ihn zur Reform der gesamten Astronomie geführt habe. Diese strenge Bezogenheit des Denkens auf die Wahrnehmung, in der es seine notwendige und unerläßliche Kontrolle findet, ist die Grundforderung seiner Wissenschaft. An die Stelle der Epizykeln und Kreise der Ptolemäischen Astronomie, die nur als willkürliche Erdichtungen und als Hilfsmittel der Rechnung eingeführt und behauptet werden, tritt der Anspruch, die wahren, gegenständlichen Ursachen der Himmelsbewegungen bloßzulegen. Die unverbrüchliche objektive Ordnung der Dinge, die in notwendigen mathematischen Beziehungen durch den Gedanken wiederzugeben ist, bildet das Ziel und Vorbild der Betrachtung.

Dennoch aber — und damit setzt das neue Motiv ein — handelt es sich in dieser Wiedergabe nicht um stumpfe Aufnahme des Gegebenen. Das reine unvermischte Bild der Wirklichkeit erschließt sich nur der selbständigen T ä t i g - k e i t des Geistes. Aus dem eigenen Innern quellen die tiefsten Entdeckungen, in denen das Geheimnis der Natur sich offenbart. „Nicht der Einfluß des Himmels ist es, der jene Erkenntnisse in mir gewirkt hat, sondern sie ruhten gemäß der Platonischen Lehre in der verborgenen Tiefe meiner Seele und wurden nur geweckt durch den Anblick der Wirklichkeit. Das Feuer des eigenen Geistes und Urteils haben die Sterne geschürt und zu rastloser Arbeit und Wißbegier entfacht: nicht die Inspiration, sondern nur die erste

Anregung der geistigen Kräfte stammt von ihnen"[1]). Bei Kepler, wie später bei Galilei, steht somit der Platonische Gedanke der „Wiedererinnerung" im Mittelpunkt der Lehre vom Ursprung und Erwerb der Erkenntnis; bei beiden können wir verfolgen, wie er allmählich immer mehr seine mythischen Bestandteile abstreift und zu reiner logischer Bedeutung heranreift. Wie Sokrates, der den ethischen „Begriff" und damit gegenüber der sophistischen „Satzung" die Objektivität des Sittlichen entdeckt, sich dennoch auf die Lenkung seines sittlichen Daimonions beruft: so spricht Kepler, der das Gesetz der Natur allen schwankenden Hypothesen und Meinungen entgegenhält, von dem eigenen G e n i u s , der ihn bei aller Betrachtung und Untersuchung leite. Und damit ist nicht nur seine persönliche Geistesart bezeichnet — obwohl auch diese im Aufbau und der Gestaltung seiner Erkenntnisse bestimmend mitwirkt — sondern zugleich auf allgemeine Gesichtspunkte und Interessen verwiesen, die als Maximen und richtunggebende Kräfte der objektiven Forschung wirksam sind.

In diesem Zusammenhange eröffnet sich zugleich das Verständnis des philosophischen Grundbegriffs, der alle Teile von Keplers wissenschaftlichem System durchdringt und zur Einheit fügt: des Begriffs der H a r m o n i e . Die Harmonie erscheint zunächst in objektiver Wendung und Bedeutung: sie bezeichnet die Anschauung der Welt als eines geordneten und nach geometrischer Gesetzlichkeit gegliederten Kosmos. So bleibt sie nicht auf den Bau der Gestirne beschränkt, sondern umfaßt und beherrscht gleichmäßig alle Gegenstände und Wirksamkeiten der Natur: wir können sie in der Bildung der Krystalle, wie in der Struktur der organischen Körper, in den Formen, die die Natur, wie in denen, die der Instinkt beseelter Wesen erschafft, verfolgen. Die festen Verhältnisse, die zwischen den Weltkörpern, zwischen ihren Abständen und ihren Umlaufszeiten bestehen, bilden nur das markanteste Beispiel des allgemeinen Grundgesetzes. Und was sich hier

---

[1]) K e p l e r , Harmonices mundi Lib. IV, Cap. VII. — Opera ed. Frisch. V, 262 f.

der Anschauung als ein Ganzes im Beisammen des Raumes darstellt, das findet seine genaue Entsprechung in den Verhältnissen der Zeit und des Nacheinander. Die harmonischen Zusammenklänge der Töne enthüllen uns den Bauplan und das Modell der gesamten Wirklichkeit: die geometrische Bedingtheit, die darin besteht, daß die E n t f e r n u n g e n der Planeten nach dem Schema der fünf regulären Körper bestimmt sind, verschwistert sich mit dem musikalischen Gesetz, das ihre B e w e g u n g e n regelt und einstimmig macht. Zwischen den veränderlichen Geschwindigkeiten eines einzelnen Weltkörpers sowohl, wie zwischen den mittleren Werten der Geschwindigkeit der verschiedenen Planeten muß eine Beziehung herrschen, die derjenigen zwischen den Schwingungszahlen harmonischer Töne analog ist. In der spekulativen Verfolgung dieser Analogien, in dem Versuch, sie in eine feste zahlenmäßige Formel zu fassen, ist Kepler zur Entdeckung seines d r i t t e n G e s e t z e s gelangt, das die Umlaufszeit eines Planeten als Funktion seines Abstandes von der Sonne bestimmt[1]).

Aber selbst abgesehen von diesem fundamentalen empirischen Ergebnis, läßt sich ein rein l o g i s c h e r Kern aus dem Begriff der Harmonie herausschälen. Die Betrachtung nimmt zunächst eine neue Richtung, indem sie sich von den Beziehungen, die unter den Objekten herrschen, zu ihrem Ursprung zurückwendet: indem sie somit die Harmonie nicht als ein Attribut der D i n g e, sondern des G e i s t e s zu verstehen und zu entwickeln sucht. Die harmonischen Verhältnisse der Objekte bilden das Korrelat, dessen der Geist zu seiner eigenen Ergänzung und Vervollkommnung notwendig bedarf: die zahlenmäßigen Beziehungen am Himmel sind die Erquickung und Nahrung der Seele, ohne die sie verkümmern müßte. Die Welt ist nach dem Muster der

---

[1]) Im Folgenden wird auf die Geschichte der einzelnen Entdeckungen Keplers nicht eingegangen; hierfür sei ein für allemal auf die mustergültigen Darstellungen A p e l t s verwiesen: Die Epochen der Geschichte der Menschheit, 2 B. Jena 1845 f.; — Johann Keplers astronomische Weltansicht. Lpz. 1849. — Die Reformation der Sternkunde, Jena 1852.

geometrischen Proportion geschaffen, damit das Ich in ihr beständig neue Aufgaben und neues Material seiner rastlosen Selbstbetätigung finde[1]). Zwischen dem menschlichen Intellekt und den menschlichen Sinnen einerseits, und der Gliederung der Himmelskörper und ihren Bewegungen, besteht, wie der Kommentar über die Marsbewegungen näher ausführt, eine innere Verknüpfung und „Angemessenheit": beide sind auf einander angelegt und durch einander meßbar[2]). Das Wesen und den Ursprung dieses Zusammenhangs zu ergründen und im einzelnen darzulegen, ist die Aufgabe, die das Werk über die Weltharmonie sich stellt. Hier sind es nicht mehr bloße Beispiele harmonischer Verhältnisse, die in reicher Fülle vor uns ausgebreitet werden, sondern die Frage richtet sich nunmehr bewußt und klar auf den allgemeinen Begriff, der in ihnen allen zur Erscheinung gelangt. Insbesondere sind es die Erörterungen des vierten Buches über das Wesen der sinnlichen und intellektuellen Harmonien, die in dieser Hinsicht charakteristisch sind. Nicht mehr der Mathematiker oder Physiker, sondern der Philosoph ist es, der jetzt zu uns spricht und der in tiefdringenden logischen Unterscheidungen die Natur seines Grundbegriffs darzulegen sucht. Zunächst wird die reine Harmonie selbst von ihrem sinnlichen Ausdruck geschieden: denn ein und dasselbe Zahlverhältnis kann sich an sehr verschiedenem Material, bald im Gebiet der Töne, bald in dem der Gestalten und Bewegungen darstellen. Die sinnliche Harmonie baut sich aus vier Momenten auf, die sämtlich für ihren Bestand notwendig sind. Sie bedarf zunächst irgendwelcher wahrnehmbarer G e g e n s t ä n d e , die derselben Gattung angehören und in irgendeiner Weise als Größen bestimmt sind, sie bedarf ferner der A u f n a h m e d e r O b j e k t e i n d a s B e w u ß t s e i n und eine v e r g l e i c h e n d e T ä t i g k e i t d e r S e e l e , die ihrerseits wiederum, um zum Ziele zu führen, ein g e e i g n e t e s V e r h ä l t n i s zwischen den ver-

---

[1] Mysterium Cosmographicum de admirabili proportione orbium coelestium, (1596) Dedicatio. — Opera I, 98.
[2] Astronomia nova ἀιτιολόγητος seu Physica Coelestis tradita commentariis de motibus Stellae Martis. (1609.) Cap. VII. Op. III, 209.

glichenen Elementen voraussetzt. Erst die Verknüpfung dieser Bestimmungen ergibt das einheitliche Grundwesen der Harmonie. Daß die Sinnendinge für sich allein nicht genügen, um dieses Wesen zu fassen, ist leicht ersichtlich. Ein bloßes Aggregat einzelner Töne bildet an und für sich keine Melodie, sondern diese entsteht erst, wenn wir den Tönen eine bestimmte O r d n u n g aufgeprägt denken, die in ihren wechselseitigen Verhältnissen gegründet ist. Die Harmonie ist somit nicht der Ausdruck für den Bestand eines Dinges, sondern für den Bestand einer reinen Relation. Sie ist kein neuer konkreter Gegenstand, der neben die Einzelelemente tritt, sondern sie verdankt ihr Sein lediglich den g e i s t i g e n A k t e n , kraft deren wir ein Mannigfaltiges in durchgängiger Beziehung seiner Teile zur Einheit gestalten. In diesem Sinne ist und bleibt sie ein reines „Gedankending": denkt man die Einheitsfunktion der Seele und des Denkens aufgehoben, so bleibt für sie kein Raum zurück. Immer entschiedener wird diese notwendige K o r r e l a t i o n von Kepler bezeichnet und hervorgehoben[1]). Was eine geometrische Proportion ist und welche Bedeutung ihr zukommt, läßt sich nicht einsehen, ohne eine Tätigkeit des Geistes als ihre notwendige Bedingung anzunehmen[2]). Der Begriff des B e w u ß t s e i n s selbst ist freilich hierbei noch nicht völlig eindeutig bestimmt: denn neben seinem rein logischen und

---

[1]) „Facile enim est intelligere naturam harmoniae non esse definiendam per solas res sensiles, ut per sonum vel radium stellae. Aliud nempe est sonus, aliud ordo certus inter diversos sonos . . . Amplius, quia harmonia musica non est sonus, sed plurium sonorum ordo, hinc sequitur illam esse in praedicamento relationis. Ordo enim, de quo hic loquimur, relatio est et ordinata sunt ad invicem relata . . . Relatio (autem) omnis sine mente nihil est praeterquam sua relata, quia relata non sunt id quod dicuntur, nisi mens aliqua supponatur, quae referat unum ad alterum. Quod igitur in genere de ordine deque relatione verum est, id multo maxime subsumendum de harmonia . . . scilicet ut subsistat et ut *esse* possit aliqua sensilis harmonia, praeter duos sensiles terminos oportere et animam esse comparantem; hac enim sublata, termini quidem erunt duo sensilia, sed non erunt una harmonia, ens rationis." Harmonice mundi, (1619), Lib. IV, cap. 1, Op. V, 214.

[2]) „Proportio vero quid sit sine mentis actione, id vero intelligi nullatenus potest." Harmonice mundi, Lib. I. Op. V, 81.

psychologischen Sinn besitzt er, in den Anfängen von Keplers Spekulation, noch eine mythisch-poetische Nebenbedeutung. Die Ordnung des Alls dient hier zugleich als Zeugnis für seine durchgängige B e s e e l u n g: das einheitliche Leben, das den Kosmos durchdringt, stellt erst den Zusammenhang und die Abhängigkeit zwischen seinen Teilen her. Wir erinnern uns indes, daß schon innerhalb der Naturphilosophie der Begriff der Weltseele eine Vorbereitung für den Gedanken der durchgängigen und i m m a n e n t e n k a u s a l e n We c h s e l w i r k u n g der Dinge bildet. Jetzt wird dieser logische Charakter des Begriffs gefestigt und vertieft: denn nicht mehr als eine wirkende K r a f t, die nach der Analogie des Triebes und der Muskelbewegung gedacht wäre, sondern als reine funktionale B e z i e h u n g zwischen den Gliedern des Universums wird die Seele beschrieben. Nicht die Kräfte der Gottheit, nicht die S c h ö p f u n g des Alls gilt es zu enträtseln: dies hieße, wie Kepler gegenüber der theologischen Betrachtungsweise ausdrücklich betont, ein unlösbares Problem stellen. Was wir zu begreifen vermögen, ist allein die gedankliche V e r f a s s u n g des Ganzen, deren Grundzüge wir in uns selber im Begriff der G r ö ß e vorgezeichnet finden[1]). Mit diesem mathematischen Motiv aber ist das ästhetische Motiv unlöslich verknüpft. Wie bei Platon die Idee des Schönen es ist, die den Aufstieg vom Sinnlichen zum Gedanklichen vermittelt und leitet, so ist für Kepler die Lust, die durch die musikalische Konsonanz in uns erregt wird, ein ,,Mittleres" zwischen dem bloßen Sinnengenuß und der höheren intellektuellen Befriedigung, die der Geist im Be-

---

[1]) Mysterium Cosmographicum (1596) Cap. XI (Op. I, 135): ,,Quodsi .. ad imperscrutabiles Conditricis Sapientiae vires confugiunt: habeant sibi sane hanc inquirendi temperantiam, .. nos vero patiantur causas ex quantitatibus verisimiles reddere." In der zweiten Ausgabe, die Kepler im Jahre 1621 veranstaltete, hat er zu dieser Stelle bemerkt: ,,Ecce ut foeneraverit mihi per hos 25 annos principium jam tunc firmissime persuasum: ideo scil. mathematica causas fieri naturalium, quod dogma Aristoteles tot locis vellicavit, quia Creator Deus mathematica ut archetypos secum ab aeterno habuit in abstractione simplicissima et divina ab ipsis etiam quantitatibus materialiter consideratis." (Op. I, 136.)

wußtsein des eigenen Schaffens empfindet. Dieselbe Ordnung, die wir in den Tönen durch eine dunkle angeborene Anlage ergreifen, gelangt im Fortschritt der Forschung zu vollendeter Gestalt und Klarheit: ein und derselbe Grundtrieb des Bewußtseins ist es, der sich im künstlerischen Genießen und in der astronomischen Forschung regt[1]). Denn in der Freude am Rhythmus und Zusammenklang ist der Geist nur scheinbar passiv: in Wahrheit entfaltet er auch hier eine selbständige Bewegung und Tätigkeit. Die Erhöhung und Anregung seines Wesens, die er empfindet, ist im Grunde sein eigenes Werk, zu dem er indes nicht durch bewußte Absicht, sondern durch einen natürlichen „Instinkt" geführt wird[2]).

Diese Auffassung des ä s t h e t i s c h e n Eindrucks ist für die philosophische Gesamtanschauung Keplers von grundlegender Bedeutung geworden: denn hier liegen bereits die allgemeinen Motive und Keime für die T h e o r i e d e r s i n n l i c h e n W a h r n e h m u n g überhaupt. Äußerlich zwar erscheint Keplers Lehre an diesem Punkte noch als getreues Abbild der traditionellen Ansicht: die Kenntnis der Dinge wird durch sinnliche „Spezies" vermittelt, die in den Geist eindringen. Immer handelt es sich hierbei um einen direkten physischen Einfluß, um eine kausale Wechselwirkung zwischen dem „Inneren" und „Äußeren", wobei sich die einzelnen Sinne nur nach der Rolle und Mitwirkung des M e - d i u m s voneinander unterscheiden. Aus G o e t h e s Geschichte der Farbenlehre sind „die kühnen, seltsamen Ausdrücke" bekannt, in denen Kepler das Wesen der Farbe zu beschreiben sucht: „Color est lux in potentia, lux sepulta in pellucidi materia, si jam extra visionem consideretur; et diversi gradus in dispositione materiae, causa raritatis et densitatis, seu pellucidi et tenebrarum efficiunt discrimina colorum". Diese Erklärung ist noch völlig in der Aristo-

---

[1]) Harmonice mundi, Lib. III; Op. V, 128, V, 136 ff. u. s.
[2]) Harmonice mundi, Lib. IV, Cap. 2. Op. V, 226: „Quod enim delectamur harmoniis sonorum speciem passionis habet . . est tamen re vera operatio animae naturali motu agentis in se ipsam seseque exsuscitantis, ad quod illa non consilio nec voluntate, sed instinctu naturali fertur."

telischen Definition des Lichtes als der „Energie des Durchsichtigen" und in der scholastischen Auffassung vom Gegensatz des Lichtes zur absoluten Dunkelheit der Materie befangen. Eine exakte physikalische Vorstellungsart ist nicht erreicht: das Licht bleibt eine immaterielle Wesenheit, der wir nur im übertragenen Sinne örtliche Bewegung zusprechen können, da sie sich in Wahrheit zeitlos ausbreitet und fortsetzt[1]). Analog gilt jede Sinneswahrnehmung überhaupt durch „Ausflüsse" von den Objekten her bedingt und bezeichnet daher lediglich einen empfangenden und leidenden Zustand des empfindenden Organs[2]). Wenn indes der S t o f f der Wahrnehmung und somit die erste Grundlage für jede Vergleichung sinnlicher Vorstellungen von außen gegeben werden muß, so ist doch die Verhältnissetzung selbst, die wir zwischen verschiedenen Inhalten empfinden, aus diesen materialen Voraussetzungen nicht verständlich zu machen. Was die Sinne uns darbieten, bleibt eine wirre chaotische Masse beziehungsloser Eindrücke: Einheit und Zusammenhang entstehen erst in der Auffassung und Beurteilung durch den Intellekt, der diese Prädikate von sich aus auf die Gegenstände überträgt. Man wende nicht ein, daß die Seele im Akte der Vergleichung die P r o p o r t i o n zwischen den Inhalten nur v o r f i n d e, nicht erschaffe. Der Geist vermöchte die harmonischen Verhältnisse nicht als solche aufzufassen und anzuerkennen, wenn er nicht die gegebenen Inhalte mit dem „Urbild" der Ordnung und Einstimmigkeit zusammenhielte, das er in sich selbst trägt. Die „Proportion" mag allenfalls mit den Inhalten, die von außen stammen, bereits mitgegeben sein, obwohl auch dies nur in uneigentlichem Sinne gilt: daß sie dagegen als h a r m o n i s c h bezeichnet und von anderen disharmonischen geschieden wird, schließt stets einen Akt der Beurteilung und Wertschätzung ein, der nur dadurch möglich ist, daß wir den tatsächlichen

---

[1]) „Ad Vitellionem Paralipomena", Op. II, 130 ff. Vgl. bes. II. 134.
[2]) A. a. O. II, 146 ff., II, 166, 232 ff. u. s. — Vgl. Harmonice mundi V, 215.

Eindruck auf konstante ideale Maße in uns selbst beziehen[1]). Es ist F i c i n s Fassung und Begründung des Platonismus, die hier ersichtlich weiter wirkt. (S. ob. S. 95 ff.) Da die „Archetypen" des Schönen und Wahren von Kepler von Anfang an in der Form von Relationen, nicht in der Form von Dingen gedacht sind, so fehlt indes hier jede Versuchung, sie zu absoluten Obekten außerhalb jeglicher Erkenntnis zu hypostaseren. Sie „existieren" nur für einen Geist, der sie denkt; sie sind Gegenstände eines göttlichen oder menschlichen Bewußtseins, wenngleich sie nicht von diesem oder jenem b e s o n d e r e n Subjekt und seinen zufälligen Eigentümlichkeiten abhängig sind. Sie jeder Beziehung zum Denken überhaupt entkleiden, hieße ihnen alle Bedeutung und allen Gehalt rauben, dessen sie logisch fähig sind[2]). Die Aristotelische Kritik der Platonischen Ideenlehre vermag daher Kepler nicht zu beirren: wie er sie denn, in engem Anschluß an Proklus, eingehend zergliedert und zu widerlegen sucht. Diese Kritik verfehlt, wie er treffend darlegt, das eigentliche Ziel, sofern sie an der Eigenart der reinen B e z i e h u n g s b e g r i f f e achtlos vorübergeht[3]). Bezeich-

---

[1]) „Objiciat hic aliquis, animam comparando non facere, sed invenire idoneam proportionem . . .: ergo videri animam abesse posse salva essentia harmoniae. Respondeo per inversionem: idoneam invenire in sensilibus proportionem est detegere et agnoscere et in lucem proferre similitudinem illius proportionis in sensilibus cum certo aliquo verissimae harmoniae archetypo, qui intus est in anima . . Sic anima ordinem et proportionem in sonis inque radiis invenit... at ut haec proportio sit harmonica ipsa sui archetypi collatione facit." Harmonia mundi, IV,1, Op. V, 216 f.

[2]) „Jam enim transeundum nobis est ad puras et secretas harmonias . . illas nempe, quas jam modo statuimus archetypos seu paradigmata sensilium harmoniarum. Nam si archetypi suam haberent subsistentiam extra animam, fateor equidem, magno nos argumento privari pro asserenda necessitate animae ad essentiam harmoniae constituendam. A t q u i e x t r a a n i m a m i l l o s c o n s t i t u e r e e s t o p p o s i t u m i n a d j e c t o." . a. a. O., Op. V, 217.

[3]) „Quantitatum . . in quantum sunt figurae et in quarta specie qualitatis (ubi aliud est ipsarum materiale: quantitas, aliud formale: figura) per has quidem disputationes fit mentio rarissima, i n q u a n t u m r e l a t i o n e s p l a n e n u l l a. De intervallis . . linearum, quae sunt proportio (relatio nimirum et ea quidem qualitativa et figurata) ne somniat quidem unquam Aristoteles." ibid. V, 218.

nend für die Richtung seines mathematischen Interesses und seines mathematischen Genies ist es hierbei, daß er nicht von der Zahl, sondern vom Raume, nicht von der Größe überhaupt, sondern von der geometrischen Gestalt ausgeht. Den abstrakten Allgemeinbegriff der Zahl gibt er der nominalistischen Kritik ausdrücklich preis: die Beziehungen zwischen den bloßen Zahlen haben für sich selbst und losgelöst keinen Erkenntniswert, sondern erhalten ihre Bedeutung erst von den gezählten Dingen, von den astronomischen Konfigurationen und Bewegungen, zu deren Darstellung sie verwendet werden. Was dagegen die stetige Größe der Geometrie betrifft, so wird stets aufs neue betont, daß wir sie in den physischen Gegenständen nur deshalb erkennen und wiederfinden, weil wir das ideale Vorbild für sie im eigenen Denken besitzen. Nicht die Wahrnehmung des Auges bringt die Erkenntnis der geometrischen Gebilde in uns hervor: vielmehr läßt sich umgekehrt das Auge selbst und seine eigentümliche Funktion nur auf Grund eben dieser Gebilde b e g r e i f e n und zum Gegenstand des W i s s e n s machen Selbst wenn ihm niemals ein sinnliches Auge beigegeben ge wesen wäre, würde daher der Geist aus sich selbst heraus, nach reinen geometrischen Gesetzen, das Auge ersinnen und als Werkzeug zur Erkenntnis der äußeren Wirklichkeit postulieren. ,,Denn die Erkenntnis der Quantitäten, die der Seele eingeboren ist, bestimmt, von welcher Art das Auge sein muß: der Bau des Auges richtet sich somit nach der Natur des Geistes, nicht umgekehrt"[1]).

An dieser Stelle aber wird zugleich deutlich, wie eng der Idealismus Keplers mit seinem Begriff der wissenschaftlichen E r f a h r u n g verknüpft ist, — ja, wie er es ist, aus welchem die Erfahrung selbst fortschreitend immer neue Aufgaben für sich gewinnt. Denn hier stehen wir vor dem allgemeinen Grundmotiv, aus dem sich Keplers O p t i k entwickelt hat. Die philosophische Absicht der Optik ist auf den Nachweis gerichtet, daß die Wahrnehmung der räumlichen Wirklichkeit, die Auffassung der Größen und Entfernungen der Ob-

---

[1]) A. a. O., Op. V, 221.

jekte, nichts ist, was uns von Anfang an gegeben wäre, sondern daß sie erst auf Grund bestimmter intellektueller Prozesse zu gewinnen ist. Die endgültige räumliche Gliederung und Stellenordnung ist ein Werk des Verstandes, das freilich von den Anzeigen der Empfindung seinen Ausgang nimmt[1]. Hier gewinnt, wie man sieht, die neue Korrelation zwischen Sinnlichkeit und Denken, die vor Kepler bereits von Nikolaus Cusanus und von Leonardo da Vinci gesucht worden war, eine schärfere Bestimmung. (Vgl. ob. S. 31 ff. u. S. 326 ff.)[2] Wir dürfen die sinnlichen Inhalte als echte Anfänge des Wissens anerkennen, weil auch in ihnen der Hinweis auf das Mathematische bereits gegeben ist und somit bestimmte gedankliche Verhältnisse in ihnen vorgebildet sind. Schon die Empfindung enthält, wenngleich verborgen und ungeklärt, die reinen intellektuellen Harmonien. Die reine Erkenntnis unterscheidet sich freilich von der empirischen dadurch, daß in ihr auch die Materie des Wissens nicht von außen stammt, sondern konstruktiv nach Gesetzen des Denkens erschaffen ist. Nicht nur die geometrischen Relationen, auch die Inhalte, die in diesen Relationen stehen, auch der Punkt, die Gerade, der Kreis gehören dem Gesetze des „Geistes selbst" an und sind dadurch völlig beherrschbar[3]. Aber auch dort, wo dies nicht der Fall ist; — auch dort, wo die besonderen Gegenstände, von denen das Urteil gilt, nicht anders als durch die Empfindung bekannt sind, wird hierdurch der logische Charakter der Ver-

---

[1] „Omnis vero locatio imaginis est mentis seu mavis sensus communis opus" Op. II, 55. — Vgl. II, 491: „Distantiam enim oculus non videt, sed conjicit, ut docent optici."

[2] Die geometrischen und philosophischen Spekulationen des „göttlichen Cusanus" (divinus mihi Cusanus) werden von Kepler wiederholt erwähnt, vgl. Op. I, 122, II, 490, 509, 595.

[3] „Commune enim habent harmoniae sensiles cum archetypalibus, quod terminos requirant eorumque comparationem, ipsius animae energiam; in hac comparatione utrarumque essentia consistit. Sed sensilium termini sensiles sunt extraque animam praesentes adesse debent; archetypalium termini sunt antea intus in anima praesentes . . Ita simplex tantum comparatio, quam instituit anima, suarum ipsius veluti partium inter se, absolvit archetypicae harmoniae essentiam omnem." Op. V, 223 f.

hältnisse als solcher nicht beeinträchtigt. Das Wissen von Beziehungen stellt stets ein reines intellektuelles Wissen dar; — gleichviel, woher uns die „Termini" der Beziehung stammen mögen. Eben dies erscheint jetzt als die Aufgabe der empirischen Erkenntnis überhaupt, daß sie am Gegebenen selbst die reinen, mathematisch faßbaren Grundverhältnisse gleichsam herausstellt. Nicht unmittelbar kann das Denken jeden beliebigen Inhalt ergreifen; es muß sich zuvor die Handhabe schaffen die den Stoff für den Verstand faßbar und zugänglich macht. Wir verstehen das Sein erst, nachdem wir es zuvor in eine Form gegossen, die derjenigen unseres eigenen Geistes wesensverwandt ist. Die Natur des menschlichen Intellekts bedingt es, daß alles, was er vollkommen begreifen soll, entweder selbst Größe sein oder ihm durch Größen vermittelt werden muß[1]). Erst in diesem allgemeinen Zusammenhang läßt sich die ganze Bedeutung ermessen, die die m a t h e m a t i s c h e H y p o t h e s e für Kepler besitzt. Sie ist für ihn kein technisches Hilfsmittel, das sich im Laufe der Forschung gelegentlich einstellt, sondern der Anfang und Ansatz, kraft dessen wir uns erst den Weg zur richtigen Stellung des wissenschaftlichen P r o b l e m s bahnen. Wenn P a t r i z z i Zweifel darüber geäußert hatte, ob die tatsächlichen Bahnen der Planeten in mannigfachen ungeordneten Krümmungen verlaufen, oder aber durchaus bestimmte und einförmige Linien sind, die nur der unvollkommenen sinnlichen Auffassung verworren und regellos erscheinen: so erblickt Kepler schon in dieser F r a g e ein fundamentales Mißverständnis der Aufgaben der „philosophischen" Astronomie. Daß die Himmelserscheinungen einer strengen mathematischen Gesetzlichkeit gehorchen, dürfen wir nicht von der Beobachtung zu lernen verlangen; vielmehr ist dies die V o r a u s s e t z u n g , unter der unsere Forschung überhaupt erst einsetzen kann. Wer diese erste Vernunftforderung anzweifelt und verfehlt, bei dem muß, wie bei Patrizzi, der Weg durch lauter Wunder führen. Indem er scheinbar der reinen Wahrnehmung folgt und alle gedanklichen Antizipationen von ihr

---

[1]) Opera VIII, 148.

fernzuhalten sucht, verstrickt er sich in Wahrheit nur um so fester in willkürliche Fiktionen und mystische Annahmen[1]). — Um Keplers Theorie der „Hypothese" im einzelnen zu verstehen und zu würdigen, muß man sich den Stand der astronomischen Methodenlehre, den er vorfand, vergegenwärtigen. Von Platon stammt die Forderung an die Astronomen, diejenigen streng geordneten und gleichförmigen Bewegungen festzustellen, unter deren Voraussetzung die Erscheinungen am Himmel wiedergegeben und „gerettet" werden könnten (διασώζειν τὰ περὶ τὰς κινήσεις τῶν πλανωμένων φαινόμενα).[2]). Die antike Himmelskunde suchte diese Aufgabe dadurch zu lösen, daß sie die komplizierten Bahnen der Gestirne als Resultanten einfacher Kreisbewegungen darstellte, wobei sie zunächst die Planeten noch an m a t e r i e l l e S p h ä r e n befestigt dachte, die durch ihren Umschwung den Körper, der an ihnen haftete, mit sich herumführen sollten. Diese letztere Annahme vermochte indes schon im Altertum der Mannigfaltigkeit der Erscheinungen nicht mehr gerecht zu werden. Die Anzahl der festen Sphären, die sich ineinanderschoben, häufte sich mehr und mehr — sie wird von E u - d o x o s und K a l i p p o s auf 25, von Aristoteles bereits auf 49 angegeben, — ohne daß damit doch eine e x a k t e Beschreibung der Phänomene geleistet wurde. Bereits die alexandrinischen Astronomen verzichteten daher auf jede nähere p h y s i k a l i s c h e Erklärung der Himmelserscheinungen und begnügten sich mit der geometrischen Ausbildung der Epizykelntheorie, wonach die Planeten eine Kreisbewegung um ein Zentrum ausführen, das selbst wiederum auf einem größeren „deferierenden" Kreise um die Erde herumgeführt wird. Nach der „Wahrheit" dieser Theorie, nach der Möglichkeit, die einzelnen Komponenten, in die sie die Bewegungen der Gestirne zerlegt, in empirischer Wirksamkeit und Wirklichkeit nachzuweisen, wurde hierbei nicht gefragt: genug, daß damit ein bequemer methodischer Kunstgriff und

---

[1]) Zum Ganzen s. Keplers „Apologia Tychonis contra Ursum". Op. I, 238 ff. — Über Patrizzi s. I, 247.
[2]) Vgl. S i m p l i c i u s zu Aristot. de coelo II, 12; ed. Heiberg, Berlin 1894, S. 488.

ein Hilfsmittel der Rechnung gefunden war, vermöge dessen sich der Ort eines Planeten zu einer bestimmten Zeit mit genügender Annäherung bestimmen ließ. Zu Beginn der neueren Zeit war sodann von P e u r b a c h und R e g i o m o n t a n eine Ausgleichung zwischen der geometrischen und physikalischen Betrachtungsweise versucht worden, die jedoch, wenngleich sie eine einheitliche anschauliche Vorstellungsweise darzubieten schien, die Mängel beider Ansichten nicht prinzipiell überwand[1]). Die Forderung der bloßen „Beschreibung" der Phänomene und die Frage nach ihrer kausalen „Erklärung" standen somit einander noch unvermittelt gegenüber: erst Kepler ist es, der beide Aufgaben, die er logisch scharf zu sondern weiß, durch seine wissenschaftliche Leistung in Eins faßt. Freilich könnte es zunächst als eine innere, sachliche Schwierigkeit erscheinen, wenn auch er der „astronomischen" Hypothese, die nur den Zwecken der Rechnung dient, die „physische" entgegenstellt. Denn — so darf man im Sinne seiner eigenen Grundgedanken fragen — ist in der F u n k t i o n s g l e i c h u n g, in der die Rechnung zu ihrem Abschluß und Ziel gelangt, nicht auch das volle Sein der Planetenbewegung im wissenschaftlichen Sinne erschöpft? Und scheint es nicht, als sollten neben und außerhalb der mathematischen G e s e t z l i c h k e i t der Bewegung wiederum verborgene Qualitäten und innere Kräfte in ihr anerkannt werden, die sich der Rechnung entziehen? Dieser Verdacht schwindet indes, sobald man die Grundtendenz der Keplerschen Unterscheidung näher erwägt und ihrer Ausführung im einzelnen nachgeht. Die E r g ä n z u n g , die für die Mathematik gefordert wird, verbleibt selbst durchaus im Bereich der Phänomene: das Ziel ist nicht, die Erscheinungen, statt sie bloß zu berechnen, in ihrer absoluten metaphysischen Wesenheit zu begreifen, sondern sie auf Gesetze zurückzuführen, in denen jedoch nicht bloß die geometrischen, sondern die p h y s i k a l i s c h e n Grundbeziehungen des empirischen Seins sich darstellen. Damit eine

---

[1]) S. K e p l e r , Astronomia nova, Pars I, Cap. II. Op. III, 176. — Vgl. A p e l t , Reformation der Sternkunde. S. 32 ff.

Hypothese „wahr" sei, genügt es nicht, daß sie einzig und allein die a s t r o n o m i s c h e n Erscheinungen, die doch nur einen begrenzten Ausschnitt aus unserer Gesamterfahrung bilden, in einer kurzen Formel zum Ausdruck bringt: sie muß sie zugleich in einer Weise wiedergeben, die unserer Einsicht in die Bedingungen alles konkreten N a t u r g e s c h e h e n s ü b e r h a u p t entspricht. Die Begründung der Astronomie kann nur im Zusammenhang mit der w i s s e n s c h a f t - l i c h e n G r u n d l e g u n g d e r P h y s i k geleistet werden. Die Wahrheit einer bestimmten Annahme wird also nicht einzig durch die unmittelbare Bestätigung, die sie in einzelnen sinnlichen Tatsachen findet, bezeugt, sondern bedarf der Prüfung und Kontrolle durch ein S y s t e m mathematisch-physikalischer Grundsätze. Erst durch die Einordnung in diesen universalen Zusammenhang wird eine Erscheinung wahrhaft beglaubigt und „gerettet". Die wissenschaftliche M e c h a n i k — dies ist der schlichte Gedanke, der hier überall deutlich vorschwebt — muß das Fundament des wahren Weltsystems abgeben. Wenn diese Forderung erst bei Galilei wahrhaft erfüllt ist, so ist sie bei Kepler bereits in prinzipieller Schärfe erfaßt: bei ihm erst ist die Kosmographie — im Gedanken der allgemeinen Gravitation, den er als erster erfaßt — zu einem Einzelglied der Kosmophysik geworden. (S. unt. S. 362 ff.)

Der geschichtliche Gegensatz, der von alters her zwischen der mathematischen und der physischen Hypothese bestand, erhält demnach bei Kepler eine neue Wendung. Ein Ausgleich zwischen beiden wird angestrebt: aber dieser Ausgleich wird nunmehr in einer anderen Richtung und mit neuen gedanklichen Mitteln durchzuführen gesucht. Durch das gesamte Mittelalter hindurch war der Streit zwischen den beiden methodischen Grundansichten, die sich in der Theorie des naturwissenschaftlichen Begriffs gegenüberstanden, auf ein und demselben Punkte verharrt. Auf der einen Seite stand die Forderung der „Physiker", nach welcher die Kräfte, die das Universum beherrschen, aus der Natur der Dinge selbst, also im Aristotelischen Sinne aus ihrer Z w e c k b e s t i m m u n g zu ermitteln sind. Der Gesichtspunkt des Vollkommenen und Unvollkommenen entscheidet über das physisch Mögliche und Wahre. Daß die Himmelskörper sich in vollkommenen Kreisen bewegen, daß sie ihrer Substanz nach unwandelbar und unvergänglich sind, das steht hier durch teleologische Erwägungen über die Ordnung des Kosmos und die Rangfolge seiner Elemente von Anfang an fest. Die Beobachtung und die mathematische Analyse sind an dieses Ergebnis gebunden: sie finden bereits eine allgemeine Konzeption der „Natur" vor, die ihnen von vornherein bestimmte Grenzen setzt. Dieser Ansicht, die im Mittelalter insbesondere im Averroismus ihren Ausdruck findet, steht indessen eine zweite methodische Auffassung gegenüber, die sich auf den Urheber des Ptolemäischen Systems selbst stützt. In der Ausbildung der Epizykelntheorie hatte Ptolemäus ausdrücklich darauf verzichtet, eine Entscheidung über die physische Wirklichkeit der Einzelbewegungen zu geben, auf welche er die astronomischen Erscheinungen zurückführt. Den rechnenden Astronomen gehen lediglich diese Phänomene selbst und ihre exakten Maßbestimmungen an, während er ihren Gründen nicht nachzuforschen hat und somit über sie keine Entscheidung fällt. Ja, diese Gründe sind, wie jetzt hinzugefügt wird, dem menschlichen Geist überhaupt unerforschlich: denn dieser vermag nur zu erkennen, was seiner eigenen Natur gemäß, was also unvollkommen und wandelbar ist, während die Einsicht in die innere und vollkommene Wesenheit der himmlischen Sphären ihm versagt bleibt. In diesen Streit greift nunmehr das Werk des Copernicus ein. So ist es verständlich, daß sein Sinn und seine Grundabsicht zunächst auf zwei verschiedene Weisen gefaßt und beurteilt wird. Der erste Herausgeber des Werkes, Andreas O s i a n d e r , will in ihm nicht mehr sehen als eine neue Hypothese, deren „Realität" völlig dahingestellt bleiben könne: „neque enim necesse est, hypotheses esse veras, imo ne verisimiles quidem, sed sufficit hoc unum, si calculum observationibus congruentem exhibeant". Er folgt hierin nur der herrschenden Tradition, wie sie von P t o l e m ä u s und S i m p l i c i u s , von T h o m a s v o n A q u i n o und B o n a v e n t u r a bis zu den „Terminalisten" der Pariser Universität reicht[1]). Dieser Deutung aber tritt nunmehr das Urteil der Männer gegenüber, die in der Lehre des Copernicus mehr sehen als eine bloße Erleichterung der Rechnung, — die aus ihr eine neue allgemeine Grundauffassung des Kosmos, eine neue Welt- und Lebensansicht gewonnen haben. In ihrem Namen tritt Kepler nunmehr entschieden und leidenschaftlich der Darstellung des Osiander entgegen, in welcher er eine Verfälschung des Copernikanischen Grundgedankens sieht[2]). Die Copernikanische Theorie hat keineswegs nur unsere mathematische Beschreibung der Himmelserscheinungen vereinfacht, sondern auch unsere Auffassung über die Kräfte, die das physische Universum beherrschen, von Grund aus umgestaltet. Ja, sie hat für Kepler den B e griff der Kraft selbst entscheidend verändert, sofern durch sie der Weg gewiesen wird, der von der animistischen Auffassung der Kraft zur mathematisch-funktionalen hinüberleitet. (Vgl. unt. S. 353 ff.) Hier handelt es sich somit nicht um eine bloße Umformung der Bewegungsgleichungen der Planeten, sondern um eine Revision der ersten Gründe der Naturerkenntnis selbst. Eine einheitliche Theorie wird gesucht, die vor dem Gegensatz der irdischen und der himmlischen Welt nicht Halt macht, sondern das Ganze des

---

[1]) Vgl. hrz. jetzt das reichhaltige Material bei P. D u h e m , Σώζειν τα φαινόμενα. Essai sur la notion de Théorie physique de Platon à Galilée, Paris 1908. — Gegenüber dem Urteil, das hier über Kepler gefällt wird, muß ich indes an der Darstellung der ersten Auflage festhalten. Duhem selbst erkennt, so scharf er den astronomischen „Realismus" Keplers und Galileis bekämpft, in ihm ein neues und wichtiges Grundmotiv an: hier zum ersten Mal sei die Forderung gestellt, die verschiedenen Gebiete der Naturerscheinungen — den Fall der irdischen Körper, wie die Bewegung der Planeten oder das Phaenomen der Ebbe und Flut — aus ein und demselben Inbegriff von Prinzipien herzuleiten und verständlich zu machen. (S. 139 f.) Daß dieses Motiv für Kepler selbst „tief verborgen" geblieben sei, wird indes von Duhem mit Unrecht angenommen: vielmehr geht aus den Quellen selbst hervor, daß er es in voller methodischer Klarheit erfaßt hat, wenngleich seiner D u r c h f ü h r u n g freilich durch den Stand des physikalischen Wissens der Zeit bestimmte Schranken gesetzt waren.
[2]) Apologia Tychonis contra Ursum, Op. I, 245 ff.

Kosmos bis in die scheinbar entferntesten Phänomene umspannt. Auf der anderen Seite aber will uns freilich diese Theorie — entgegen der älteren Form des astronomischen „Realismus" — keinen Einblick in die letzten substantiellen Ursachen der Bewegung geben, sondern sie sucht nur die Regeln, nach welchen ihr tatsächlicher Verlauf sich vollzieht, allseitig darzustellen. Die Forderung des Natur s y s t e m s bleibt bestehen: aber ihre Erfüllung wird nunmehr an einer anderen Stelle gesucht. Der wesentliche Vorwurf, den Kepler gegen die traditionelle Auffassung der astronomischen Hypothesen richtet, ist es, daß durch sie der Astronom zum Rechner erniedrigt und aus der „Gemeinschaft der Philosophen" ausgeschlossen werde. Ein Gesamtentwurf der „Natur der Dinge" muß dem Ansatz der Rechnung vorausgehen, wie anderseits die Rechnung zu ihm als ihrem eigentlichen Ziele wieder zurückführt. „Zunächst bilden wir in Hypothesen die Natur der Dinge ab, dann errichten wir auf dieser Grundlage einen Calcul, indem wir im deduktiven Beweis die Bewegungen, die sich aus den angenommenen Voraussetzungen ergeben, herleiten"[1]). Wiederum können wir uns hier das logische Verhältnis durchaus nach der Analogie von Keplers ä s t h e t i s c h e n Grundlehren verdeutlichen: wie die H a r m o n i e nicht in den Tönen selbst liegt, sondern erst von unserem Geiste erschaffen wird, so bringt erst die gedankliche Regel Einheit und Zusammenhang in das Chaos der Empfindungen. Was uns unmittelbar gegeben ist, sind stets nur Zeichen und „Symptome", nicht die Gründe der Naturvorgänge; diese sind niemals durch direkte Wahrnehmung, sondern nur durch Vernunftbegriffe zu fassen, die wir hypothetisch aufstellen, um sie nachträglich in ihrer Fruchtbarkeit für die künftige Beobachtung zu bewähren[2]). In dem Motto, das er seiner Schrift über die Marsbewegungen

---

[1]) A. a. O., Op. I, 242.
[2]) A. a. O. S. 245. — Vgl. I, 242: „Quod enim in omni cognitione fit, ut ab iis, quae in sensus incurrunt exorsi, mentis agitatione provehamur ad altiora, quae nullo sensus acumine comprehendi queunt, idem et in astronomico negotio locum habet, ubi primum varios planetarum situs diversis temporibus oculis notamus, quibus observationibus

voranstellt, nimmt Kepler scherzend den Lehrstuhl des
P e t r u s R a m u s , den er demjenigen versprochen hatte,
dem es gelingen würde, eine A s t r o n o m i e o h n e H y p o -
t h e s e n zu schaffen, für sich in Anspruch. Ein Brief an
seinen Lehrer M ä s t l i n gibt hierzu die Begründung und
den Kommentar. Besagt die Forderung nur die Verwerfung
aller Annahmen, die, statt sich auf wissenschaftliche B e -
w e i s e zu stützen, blinden Glauben verlangen, so ist sie
durch Copernicus und durch ihn selbst, als dessen echten
Nachfolger erfüllt: verlangt sie indes die Ausschaltung der
Hypothesen überhaupt, der wahren und naturgemäßen, wie
der willkürlichen und erdichteten, so ist sie grundlos und
töricht: eher aber — fügt Kepler launig hinzu — müsse er
für sich selbst eine königliche Professur in Anspruch nehmen,
als er sich entschließen könne, den Ramus einen Toren zu
nennen[1]). Der Astronomie den Gebrauch der Hypothese zu
versagen, hieße ihr den Lebensnerv abschneiden, hieße den
astronomischen B e g r i f f selbst entwurzeln. —

Hier liegt denn auch die scharfe Grenzscheide, die Keplers
Harmoniebegriff von der Neuplatonischen und Neupytha-
goreischen Konzeption des Alls sondert, mit der er anfangs
noch eng verbunden und verquickt scheint. Die Mathematik
als solche und ohne schärfere logische Bestimmung und
Kennzeichnung vermag die Trennung nicht zu vollziehen:
war sie doch innerhalb der Renaissance, und noch zuletzt bei
A g r i p p a v o n N e t t e s h e i m , selbst in den Dienst
der Mystik und Magie gedrängt worden. (Vgl. ob. S. 312 f)
Der Versuch, die Wirklichkeit in reine Zahlenverhältnisse
aufzulösen, führt zu bloßen allegorischen Spielen, wenn
er sich nicht von Anfang an in den Dienst der strengen,
k a u s a l e n A n a l y s e der Naturvorgänge stellt, wenn
er die Mathematik nicht als eine Bedingung der e m p i -

---

ratiocinatio superveniens mentem in cognitionem formae mundanae
deducit, cujus quidem formae mundanae sic ex observationibus con-
clusae delineatio hypothesium astronomicarum postmodum nomen
adipiscitur."
[1]) Brief an Maestlin vom September 1597 (Op. I, 34 f.) — Vgl.
Op. I, 37 und III, 136.

rischen G e s e t z e s e r k e n n t n i s verstehen und brauchen lehrt. Kepler selbst hat die geschichtliche Aufgabe, die ihm an diesem Punkte zufiel, mit unübertrefflicher Klarheit durchschaut und ausgesprochen. Wenn er dem Verhältnis des „goldenen Schnitts" allgemeine spekulative Wahrheiten abzugewinnen sucht, wenn er es bis in die Wirkungen der organischen Natur, bis in die Entstehung und Bildung der Pflanzen hinein verfolgt — so bleibt er sich bei alledem bewußt, daß die Wahrheit der Naturdinge in der Anhäufung derartiger A n a l o g i e n nicht ergriffen wird. „Auch ich spiele mit Symbolen und habe ein Werk ersonnen, das den Titel „Cabbala geometrica" führen und von den Ideen der Dinge handeln soll, soweit sie sich in der Geometrie finden. A b e r i c h s p i e l e s o, d a ß i c h n i e m a l s v e r g e s s e, d a ß e s s i c h n u r u m e i n S p i e l h a n d e l t. Denn durch Symbole wird nichts bewiesen; kein Geheimnis der Natur wird durch geometrische Symbole enthüllt und ans Licht gezogen. Sie liefern uns nur Ergebnisse, die schon zuvor bekannt waren; — wenn nicht durch sichere Gründe dargetan wird, daß sie nicht lediglich G l e i c h n i s s e sind, sondern die Art und die U r s a c h e n d e r V e r k n ü p f u n g der beiden mit einander verglichenen Dinge zum Ausdruck bringen"[1]). Und wie Kepler hier gegen diejenigen kämpft, die sich kraft der mathematischen Symbole der physikalischen Ursachenforschung für überhoben halten, so muß er sich auf der anderen Seite gegen eine Ansicht wenden, die das lebendige Sein der Natur unabhängig von der idealen Begriffswelt der Mathematik ergreifen zu können wähnt. Die Natur soll — wie der Mystiker R o b e r t F l u d d es gegen Kepler ausspricht — direkt in voller Gegenständlichkeit erfaßt, nicht aus den A b s t r a k t i o n e n d e s D e n k e n s bestimmt werden. Die Antwort, die Kepler

---

[1]) „Nihil enim probatur symbolis, nihil abstrusi eruitur in naturali philosophia per symbolas geometricas, tantum ante nota accomodantur, nisi certis rationibus evincatur, n o n t a n t u m e s s e s y m b o l i c a s e d e s s e d e s c r i p t o s c o n n e x i o n i s r e i u t r i u s q u e m o d o s e t c a u s a s." Brief Keplers an Joachim Tanck vom 12. Mai 1608; Op. I. 378.

hierauf erteilt, beleuchtet den neuen Begriff der Wirklichkeit. Jeder Beweis und jede deduktive Ableitung muß in abstrakten Begriffen erfolgen, die indes die realen Verhältnisse der Dinge vollständig ausdrücken und widerspiegeln, „denn was könnte einander ähnlicher sein, als das Abbild dem Urbild?" Wenn Fludd zur Erkenntnis der Wesenheit der Dinge auf höhere Prinzipien als die mathematischen verwiesen hatte, so gesteht Kepler, daß ihm das „nackte Innere" der Substanzen, ohne Vermittlung ihrer Relationen und Eigenschaften, verschlossen sei: unter diesen letzteren aber stehen, wofür er sich auf Aristoteles selbst berufen kann, die Beziehungen der Q u a n - t i t ä t an erster Stelle. Gegen den Einwurf aber, daß der notwendige Z u s a m m e n h a n g, der hier zwischen Mathematik und empirischer Forschung gefordert wird, auf eine Verwischung der Grenzen beider Forschungsarten hinauslaufe, führt er — wie später G a l i l e i — das Platonische Wort an, daß Arithmetik und Geometrie, die abstrakten Grundwissenschaften von Zahl und Form, die Flügel der Astronomie seien, vermöge deren sie sich allein zur Erkenntnis der Ordnung der Sinnendinge aufzuschwingen vermöge[1]). In diesem Gedanken fühlt er sich als den berufenen Fortbildner der antiken Wissenschaft und Philosophie im Gegensatze zu all denen, die von beiden nur einige zufällige und äußerliche Bestimmungen übernehmen, während sie die eigentlichen Grundmotive preisgeben[2]). Den „Paracelsisten" und „Alchymisten" mag es überlassen bleiben, die Natur in sinnlichen Bildern und Gleichnissen zu beschreiben und fassen zu wollen: die Wissenschaft beginnt erst, wo das Bewußtsein herrschend wird, daß das Auge ohne das Hilfsmittel der mathematischen Beweisgründe blind ist. Es ist, bis auf den Ausdruck genau,

---

[1]) Joh. Kepleri . . Apologia adversus Rob. de Fluctibus (1622), Op. V, 413 ff. — S. bes. V, 421. Vgl. Paralipomena ad Vitellionem (1604) Prooem. Op. II, 127. Vgl. G a l i l e i, Risposta a Lodovico delle Colombe, Opere XII, 465.
[2]) „Egregiam vero palaestram, in qua transcurrimus alternis; ego mathematicam veterum methodum comprobans, in progressu circa particularia contra illos pugno, tu, methodum ipsorum ipsam generalem insimulans, in minutis nonnullis veterum assertorem te profiteris." A. a. O. Pp. V, 422.

dieselbe Anschauung und dieselbe logische Wendung, wie sie Sokrates im Phaedon vertritt. (S. ob. S. 314.) Die Forderung, die Wirklichkeit durch den Gedanken „abzubilden", gelangt hier zu schärferer Unterscheidung und Abhebung. Auch der Mystiker strebt nach einer Abschilderung des Wirklichen; — aber statt Hypothesen, die der Kontrolle und Gerichtsbarkeit des Denkens unterstehen, sind es Hieroglyphen, deren er sich bedient: Gestalten und Zeichen, die bei all ihrer anschaulichen Lebendigkeit dem Urteil des Verstandes undurchdringlich bleiben[1]). So entsteht eine Umkehrung aller logischen Wertverhältnisse, die sich bei Robert Fludd naiv ausspricht, wenn er die Erkenntnis der Quantitäten als ein „Wissen von Schattenbildern" verwirft, das nirgends bis zum eigentlichen physischen Sein der Dinge vordringe. In dieser Geringschätzung des Erkenntnismittels der Größe stellt sich die Verachtung bloß, die der Theosoph für die Natur und ihre „niedere" empirische Wirklichkeit empfindet. Die astronomische Forschung, die sich darauf beschränkt, die Bahnen der Himmelskörper, somit die bloßen Accidentien geschaffener Dinge zu beschreiben, vermag nach ihm an die Metaphysik der ewigen und unvergänglichen Substanzen nicht heranzureichen. Wieder deckt Kepler in seiner Entgegnung hier den tiefsten Unterschied der Denkrichtungen auf. „Ich erfasse, wie Du sagst, die Wirklichkeit am Schwanze, aber ich halte sie in der Hand; Du magst immerhin suchen, ihr Haupt zu ergreifen, wenn es nur nicht bloß im Traume geschieht. Ich bin mit den Wirkungen, d. h. mit den Bewegungen der Planeten zufrieden; kannst Du dagegen in ihren Ursachen selber so

---

[1]) Harmonice mundi; Appendix ad libr. quintum: „Videas etiam, ipsum plurimum delectari rerum aenigmatibus tenebrosis, cum ego res, ipsas obscuritate involutas in lucem intellectus proferre nitear. Illud quidem familiare est chymicis, Hermeticis, Paracelsistis, hoc proprium habent mathematici." (Op. V, 332.) S. fern. „Apologia" Op. V, 424: „Quod igitur aenigmata tua, harmonica inquam, tenebrosa appello, loquor ex judicio et captu meo, et habeo te astipulatorem, qui negas tuam intentionem subjici demonstrationibus mathematicis, sine quibus ego coecus sum; tibi tu videris luculentissime omnia depingere, figuris hieroglyphicis valde significantibus explicare." S. ferner Apologia Op. V, 449 u. 459.

durchsichtige harmonische Verhältnisse finden, als ich sie in den Umläufen gefunden habe, so ist es billig, daß ich Dir zu dieser Entdeckung und mir zu ihrem Verständnis Glück wünsche, sobald ich nur einmal imstande bin, sie zu verstehen"[1]). Derselbe typische Denkgegensatz, der uns früher bei L e o n a r d o d a V i n c i und F r a c a s t o r o begegnete, tritt uns somit von neuem in größerer Energie und Klarheit entgegen. Und diese Wiederkehr ist nicht zufällig, sondern weist auf einen fundamentalen Widerstreit in der Geschichte des Denkens zurück. Es ist in der Tat nicht nur die Mystik, gegen die Kepler hier anzukämpfen hat: es ist die gesamte Aristotelisch-scholastische Weltansicht der substantiellen Formen, die damit gleichzeitig getroffen wird. Kepler selbst sieht seinen Unterschied von Aristoteles darin, daß dieser, da er über die Geometrie hinaus nach einer höheren und allgemeineren Wissenschaft strebte, von einem ersten f o r m a l - l o g i s c h e n Gegensatze, dem der Identität und Verschiedenheit seinen Ausgang genommen habe. Ihm dagegen sei alle Verschiedenheit in der M a t e r i e gegründet: wo immer aber von Materie die Rede sei, da beginne auch die unumschränkte Herrschaft der G e o m e t r i e. Während es daher zwischen den Gliedern des Aristotelischen Gegensatzpaares kein Mittleres gibt, sei es das Auszeichnende der mathematischen Betrachtungsweise, daß sie eine derartige Vermittlung und einen stetigen Übergang zwischen den Elementen zuläßt und fordert: der „Einheit" tritt nicht die nackte „Andersheit", sondern in einer doppelten Unterscheidung das „Mehr" und „Weniger" gegenüber[2]). An die Stelle der abso-

---

[1]) Apologia Op. V, 457—60. — Vgl. die charakteristischen Worte Robert Fludds: „Mathematicorum vulgarium est, circa u m b r a s q u a n t i t a t i v a s versari, chymici et Hermetici v e r a m c o r - p o r u m n a t u r a l i u m m e d u l l a m complectuntur." Op. V, 18.

[2]) „Primam contrarietatem Aristoteles in metaphysicis recipit illam, quae est inter i d e m e t a l i u d : volens supra geometriam altius et generalius philosophari. Mihi alteritas in creatis nulla aliunde esse videtur, quam ex materia aut occasione materiae, a t u b i m a t e - r i a, i b i g e o m e t r i a. Itaque quam Aristoteles dixit primam contrarietatem sine medio inter idem et aliud, eam ego in geometricis.

luten Gegensätze der Ontologie treten die relativen Richtungsgegensätze der wissenschaftlichen Betrachtung und Beurteilung. Es ist ein Grundzug von Keplers Darstellungsart, daß er — hierin Galilei ungleich — die neuen Gedanken noch überall an die Tradition der Schule anzuknüpfen sucht: hier sehen wir, wie selbst der alte Thomistische Satz, daß die Materie das „principium individuationis" sei, in seinen Händen zur Waffe für sein geometrisches Erkenntnisideal wird. Der Gegensatz tritt dadurch nur um so schärfer hervor: auf der einen Seite das Denken der Hypothese, auf der anderen eine Welt lebendiger Wesenheiten, die nach immanenten Zwecken tätig sind; hier ein Inbegriff intellektueller Prinzipien, dort ein Reich der Intelligenzen und „Entelechien". Wenn hier das Sinnliche als Grund p r o b l e m festgehalten, als instrumentales Mittel der Wissenschaft dagegen nur in seiner Korrektur durch die reine Mathematik anerkannt wird, so gilt es bei den Gegnern als das echte Fundament der Erkenntnis, während doch das endgültige Ziel des Erkennens auf eine übersinnliche Wirklichkeit gerichtet bleibt. Wir werden sehen, wie in der Steigerung und immer schärferen Herausarbeitung dieses Widerspruchs das moderne Denken zuerst zum Bewußtsein seiner neuen Aufgabe und seiner neuen Eigenart gelangt ist.

b) Der Begriff der Kraft.

Die moderne Wissenschaft der Natur wurzelt in einer neuen Gestaltung des Kraftbegriffs. Die Einzelphasen, die dieser Begriff in seiner Entwicklung durchläuft, bilden die konkreten geschichtlichen Symptome für die Änderung, die sich in der allgemeinen Auffassung des Verhältnisses zwischen Denken und Sein vollzieht. Es gehört zu den charakteristischen Eigentümlichkeiten der neueren Zeit, daß sie das Problem sogleich in dieser

---

philosophice consideratis, invenio esse primam quidem contrarietatem, sed cum medio, sic quidem ut quod Aristoteli fuit aliud, unus terminus, id nos in plus et minus, duos terminos, dirimamus. (Op. I, 423; vgl. hrz. a. Eucken, Kepler als Philosoph, Philos. Monatshefte 1878, S. 34.)

bestimmten Fassung ausspricht: die Kraft ist es, in der ihr Begriff des Seins sich von Anfang an konstituiert. Schon den ersten Vorbereitungen und Vorstufen ist dieser Grundzug eigen: schon die Naturphilosophie beginnt mit der Kritik und Weiterbildung des Aristotelischen „Potenzbegriffs". Zu erkennen, wie Natur im S c h a f f e n l e b t, wie sie nach künftigen, immer erneuten Gestaltungen und Daseinsformen trachtet, bildet hier das Ziel der Forschung. So verschmilzt der Begriff der Kraft mit dem des L e b e n s; die Welt der Objekte wird erst verständlich, wenn wir sie als Äußerung eines immanenten Lebengefühls deuten (S. ob. S. 205 ff, 212 ff.)

Diese Grundanschauung, die die gesamte Naturbetrachtung durchdringt, findet in der Astronomie ein genaues Korrelat und eine neue Stütze. Wenn das moderne Denken in der Astronomie vor allem das theoretische Musterbeispiel der m e c h a n i s c h e n Notwendigkeit und Gesetzlichkeit sieht, so muß auf dieser geschichtlichen Stufe der Schluß die umgekehrte Richtung nehmen: überall, wo durchgängige O r d - n u n g und V e r k n ü p f u n g der Erscheinungen, wo eine strenge Regel der Wiederkehr besteht, da müssen ursprüngliche s e e l i s c h e Prinzipien die Herrschaft führen. Die Planetenbewegung bildet das gewisseste und unmittelbarste Beispiel für die Wirksamkeit der „Formen" und geistigen Wesenheiten. Da der Umschwung der Himmelskörper kreisförmig und somit ewig ist, so bedarf er zu seinem Fortbestand eines ewigen Bewegers; da er sich ferner in mannigfacher und wechselnder Weise vollzieht, so muß es notwendig eine individuelle Unterscheidung und Abstufung der geistigen Substanzen geben, denen die Leitung der verschiedenen Bahnen anvertraut ist[1]). So durchgreifend und allgemein ist diese Ansicht, daß der Streit der Schulen, wie heftig er sonst von allen Seiten geführt wird, vor ihr verstummt: noch Giordano Bruno kann es aussprechen, daß es keinen Philosophen von Bedeutung gibt, der nicht die Welt und ihre einzelnen Sphären

---

[1]) Vgl. K e p l e r, Astronomia nova Pars I, Cap. II, Op. III, 176 f. Zur Peripatetischen Lehre von der Beseelung des Himmels vgl. z. B. C r e m o n i n i, De coelo, Venet. 1613, Sect. V.

in irgendeiner Weise als belebt ansieht[1]). Nicht nur das theoretische, auch das ästhetische Weltbild der Zeit wurzelt in dieser Grundanschauung: man braucht nur an die grandiose Vision zu denken, in der D a n t e im Eingang des Paradiso die Einheit und Verknüpfung der Himmelskreise und ihrer „seligen Beweger" erschaut. In den Anmerkungen zum „Mysterium Cosmographicum" schildert Kepler, wie er selbst anfangs noch völlig in dieser Denkrichtung und insbesondere in S c a l i g e r s Lehre von den führenden Intelligenzen befangen gewesen sei: aber er hat hier zugleich das lösende Wort gefunden, das ihn von dieser Ansicht scheidet. „Als ich erwog, daß die Bewegungsursache der Planeten m i t i h r e m A b s t a n d v o n d e r S o n n e a b n i m m t, in derselben Weise, wie das Licht mit der Entfernung von der Sonne schwächer wird: so schloß ich daraus, d a ß d i e s e U r s a c h e e t w a s K ö r p e r l i c h e s sein müsse." Die Anschauung des Jugendwerkes, daß die Wirksamkeit der Planeten s e e l e n sich abschwäche, je weiter der Planet vom gemeinsamen Zentrum abstehe, enthält, wie Kepler näher ausführt, bereits den Keim des Prinzips in sich, auf dem sich später die Beobachtungen über die Marsbewegungen und die gesamte Physik des Himmels aufbauen sollten: mit dem einzigen Unterschied, daß an Stelle des S e e l e n b e g r i f f s, wie er dort gebraucht worden sei, der K r a f t b e g r i f f treten müsse. Kraft und Seele, die zuvor synonym als Bezeichnungen und Unterarten derselben logischen Gattung gebraucht wurden, treten somit jetzt als begriffliche G e g e n s ä t z e einander gegenüber. Und derselbe Gedanke spricht sich in verändertem Ausdruck aus, wenn die „geistige" Wirksamkeit von der „natürlichen" scharf geschieden und diese letztere einem eigenen Prinzip und einer selbständigen Gerichtsbarkeit unterstellt wird. In dieser doppelten Entgegensetzung bestimmt und entfaltet sich der Begriff der „Naturkraft" in seiner streng begrenzten Bedeutung. Die neue Wendung stellt sich, nach außen hin, am deutlichsten in dem Grundbegriff der Energie dar, der hier zuerst aus seiner Ver-

---

[1]) S. G i o r d a n o B r u n o, De la causa, principio et uno (1584). Opere italiane p. 235.

wandtschaft mit der „Entelechie" und substantiellen Form gelöst und zu seiner modernen Bedeutung umgestaltet wird¹). Kepler spricht das Problem sogleich in jener schärfsten dialektischen Zuspitzung aus, in der es seither durch die neuere Philosophie geht: nicht wie ein göttliches L e b e w e s e n, sondern nach der Analogie eines göttlichen U h r w e r k s ist der Bau der Welt zu begreifen²). Wenn auch fürderhin noch bisweilen von einer Beseelung der Gestirne, und insbesondere der Sonne, die Rede ist, so handelt es sich, wie ausdrücklich betont wird, um ein Spiel der ästhetischen Phantasie, nicht um einen Gedanken von objektiver wissenschaftlicher Bedeutung und Notwendigkeit³). Wie man sieht, ist es eine m e t h o d i s c h e Erwägung, die Kepler zu diesem Ziele hinleitet: die Ermittlung der m a t h e m a t i s c h e n A b h ä n g i g k e i t, die zwischen den Entfernungen und den Geschwindigkeiten der einzelnen Planeten besteht, entscheidet darüber, daß die bewegende Ursache als ein p h y - s i s c h e s Sein anzusehen ist. Nicht als Körper im eigentlichen Wortsinne, nicht als Stoff soll sie gedacht werden, wohl aber ist sie ihrem ganzen Sein und ihrer ganzen Bedeutung nach auf die Körperwelt b e z o g e n und mit ihr unter ein und derselben umfassenden G e s e t z l i c h k e i t enthalten⁴). Zur „Natur" — im neuen Sinne dieses Wortes — gehören nur solche Prozesse, die durch eine feste Regel der

---

¹) Vgl. Epitome Astronomiae Copernicanae, Lib. IV, P. II; Op. VI, 345: „Sol . . omnibus sui corporis partibus facultatem hanc a c t i v a m e t e n e r g e t i c a m possidet attrahendi vel repellendi vel retinendi planetam." „Vis seu energia" VI, 347.

²) „Scopus meus hic est, ut coelestem machinam dicam non esse instar divini animalis, sed instar horologii (qui horologium credit esse animatum, is gloriam artificis tribuit operi) ut in qua pene omnes motuum varietas ab una simplicissima vi magnetica corporali, uti in horologio motus omnes a simplicissimo pondere." Brief vom 10. 2. 1605. Op. II, 84.

³) „Adeoque et ipsam hanc comprehensionem sensitivam Solis et fixarum, quam m o l l i t e r e g o a c c i p i o mentique planetae i n d u l g e o; nescio an sufficienter lectori p h i l o s o p h o comprobaverim." Astron. nova; Op. III, 397.

⁴) Anmerkungen zum Mysterium Cosmographicum: (1621) Op. I, 176: „Si pro voce a n i m a vocem v i m substituas, habes ipsissimum

Größenbeziehung miteinander verknüpft und einander wechselseitig zugeordnet sind: der **Funktionsbegriff** ist es, der den Inhalt des Körperbegriffs, wie des Naturbegriffs abgrenzt und bestimmt. Bis ins einzelne hinein wird dieser allgemeine Grundgedanke durch die Ableitung bestätigt, durch die, in der Schrift über die Marsbewegung, die beiden ersten Keplerschen Gesetze gewonnen werden. In strenger und genauer Fügung, wie in einem schulmäßigen Syllogismus, schließen sich hier die einzelnen Glieder der begrifflichen Entwicklung aneinander. Vorausgeschickt wird das allgemeine „Axiom", daß zwei Vorgänge, die sich in all ihren Einzelphasen entsprechen und die gegenseitig in ihren „Dimensionen" und Größenbestimmungen übereinkommen, sich entweder direkt wie Ursache und Wirkung verhalten, oder abgeleitete Folgen ein und derselben weiter zurückliegenden Ursache sein müssen. Da die Voraussetzung nun für das Verhältnis zwischen der Geschwindigkeit des Mars und seinem Abstand von der Sonne zutrifft, so bleibt nur eine dreifache logische Möglichkeit: es kann einmal die vergrößerte Entfernung vom Zentrum die Ursache der verlangsamten Bewegung, oder umgekehrt die Verzögerung der Bewegung die Ursache des vermehrten Abstandes sein, schließlich aber beides in einem gemeinsamen Grunde seine Erklärung finden. Nachdem weiterhin die beiden letzten Fälle durch Erwägungen logischer und physikalischer Art von Kepler ausgeschlossen worden sind, bleibt nur der erste Weg offen: es gilt, eine Vermittlung zu finden, vermöge deren wir die Kraft des Planeten als Funktion bekannter

---

principium, ex quo Physica coelestis in Comment. Martis est constituta et lib. IV Epitomes Astr. exculta. Olim enim causam moventem planetas absolute animam esse credebam, quippe imbutus dogmatibus I. C. Scaligeri de motricibus intelligentiis. At cum perpenderem hanc causam motricem debilitari cum distantia a Sole: hinc conclusi vim hanc esse corporeum aliquid, si non proprie, saltem aequivoce etc." Zur Erläuterung der letzten Worte vgl. Astronomia nova Pars III, Cap. 33, Op. III, 303: „Quamvis virtus motrix non sit materiale quippiam, quia tamen materiae, hoc est corpori planetae vehendo, destinatur non liberam esse a legibus geometricis, saltem ob hanc actionem materialem transvectionis."

Größen, als abhängig von den gegebenen, numerischen Elementen der Bahn, darstellen und ableiten können. Die genauere Analyse lehrt sodann drei Gruppen dieser Elemente unterscheiden: das M a ß der Kraft, die einem Planeten in einem bestimmten Teile seiner Bahn zukommt, ist gegeben durch die Größe der Radienvektoren für die einzelnen Punkte der Bahn, durch die Länge des durchlaufenen Bogens, wie durch die Zeit, in der die betrachtete Weglänge zurückgelegt wird[1]). Nicht die innere treibende Ursache der Bewegung wird gesucht, sondern der Begriff der Ursache selbst löst sich in einen Inbegriff mathematischer B e d i n g u n g e n auf. Wir werden sehen, wie diese prägnante Fassung der Aufgabe die Entwicklung der speziellen T h e o r i e d e r G r a v i t a t i o n bei Kepler Schritt für Schritt bestimmt hat. Zunächst indes müssen wir bei den allgemeinen, spekulativen Folgerungen verweilen, die in dem Grundgedanken bereits latent sind. Das Eingreifen übersinnlicher, immaterieller Faktoren in den Naturprozeß ist nunmehr endgültig ausgeschaltet: denn nur im Gebiet der körperlichen Ausdehnung lassen sich feste M a ß b e s t i m m u n g e n, läßt sich somit der neue exakte Begriff der Kausalität zur Anwendung und Durchführung bringen. Wo immer der Geist auf die Materie einwirken soll, da müssen — da er nicht durch „bloßen Wink" den Stoff beherrschen und meistern kann — zugleich materielle O r g a n e u n d V e r m i t t l u n g e n seiner Tätigkeit aufgezeigt werden: damit aber werden wir wiederum in die Größengesetzlichkeit der „N a t u r" verstrickt, die als ein einheitlicher und eindeutiger Zusammenhang jeden andersartigen Erklärungsgrund entbehrlich macht. Denken wir uns diesen Gesamtzusammenhang an einer einzigen Stelle gelockert, lassen wir auch nur die M i t h i l f e einer auswärtigen Instanz zu, so ist damit eine geometrische „Ungewißheit" geduldet, die der wahren göttlichen Verfassung des Universums, nach der jedes Element aus dem andern in

---

[1]) Astronomia nova. Pars III, Cap. 33; Op. III, 300 ff. — Vgl. Epitome Astronomiae Copernicanae (1618), Lib. V, Pars I, Op. VI, 402 f.

beweiskräftiger Weise ableitbar sein muß, widerstreitet[1]). Mit dieser Grundanschauung ist zugleich die Z w e c k b e - t r a c h t u n g, in ihrem alten Aristotelischen Sinne, aus der Physik verbannt. Die Physik des Aristoteles baut sich auf dem Grundgegensatz auf, der zwischen schweren und leichten Körpern besteht: während jene dem Mittelpunkt der Welt als ihrem „natürlichen Ort" zustreben, wohnt diesen der entgegengesetzte Trieb zur absoluten Aufwärtsbewegung nach der Peripherie hin inne. Ein Verhältnis, wie es hier zwischen Beweger und Bewegtem angenommen wird, widerspricht der neuen Grundeinsicht von der logischen und mathematischen „Gleichartigkeit", die zwischen Ursache und Wirkung bestehen muß: auf der einen Seite ein bloßer Punkt, auf der anderen ein dreidimensionaler Körper, hier ein Gebilde, das, wie das angenommene Weltzentrum, lediglich unserer subjektiven Phantasie sein Dasein verdankt, dort eine physische Masse mit allen ihren realen Bestimmtheiten[2]). Der neue Kraftbegriff wurzelt, statt in der vagen Analogie zum sinnlichen Begehren gegründet zu sein, in dem reinen E r k e n n t n i s g e s e t z d e r Z a h l : Kepler selbst spricht es aus, daß er an Stelle der himmlischen T h e o l o g i e und M e t a p h y s i k des Aristoteles die himmlische Philosophie und Physik setze, die zugleich eine neue A r i t h m e t i k der Kräfte in sich schließe[3]). Für die geschichtliche Problem-

---

[1]) „Primum enim m e n s i p s a n i h i l p o t e s t i n c o r p u s. Oportet igitur menti adjungere facultatem exsequendi sua munia in corpore planetae librando . . Erit (haec) m a g n e t i c a facultas, hoc est n a t u r a l i s c o n s e n s u s inter corpora planetae et Solis. Itaque m e n s n a t u r a m e t m a g n e t e s i n s u b s i d i u m v o c a t . ." „Si ergo per sese officium faciunt virtutes magneticae, quid opus illis est mentis directorio ? . . . Accedit et hoc, quod in ipsis etiam modis, quos menti praescripsimus, omnium, qui possunt esse, probatissimos, i m p l i c a r i v i d e t u r q u a e d a m i n c e r - t i t u d o g e o m e t r i c a ; quae nescio an non a Deo ipso repudietur, qui hactenus semper demonstrativa via progressus esse deprehenditur." Astron. nova P. IV, Cap. 57; Op. III, 396 f. — Vgl. Epitome Astron. Cop. Op. VI, 342 f. u. s.
[2]) Vgl. Op. II, 87 f. (Brief vom 28. III. 1605) u. III, 151. (Introd. in Astron. novam.)
[3]) Op. III, 31. (Brief vom 4. Okt. 1607.)

lage ist es hierbei bezeichnend, daß er sich, um die Möglichkeit dieser neuen Wissenschaft zu erweisen, vor allem auf das Beispiel der S t a t i k beruft: die H e b e l g e s e t z e sind ihm das Musterbild, an dem er das Gesetz der Abnahme der Kraftwirkung bei wachsender Entfernung vom Zentrum verdeutlicht[1]). In der Tat bot die Statik in der festen wissenschaftlichen Verfassung, die sie durch Archimedes und in der neueren Zeit noch eben durch S t e v i n erhalten hatte, den einzigen sicheren Anknüpfungspunkt des neuen Gedankens, der indes in seiner Bedeutung und Fruchtbarkeit weit über ihre Grenzen hinausreicht. Es ist das Ideal der modernen D y n a m i k , das Kepler hier entworfen und vorgezeichnet hat. Er selbst hat die Forderung, die er gestellt hat, nicht zu erfüllen vermocht: seine Gesetze geben den Umriß der reinen geometrischen Verfassung des Alls, ohne zur Arithmetik der Grundkräfte, aus denen es sich gestaltet, vorzudringen. Aber was uns früher im Verhältnis Keplers zu Galilei deutlich wurde, das findet hier, wenn wir sein Verhältnis zu N e w t o n betrachten, eine Ergänzung und Bestätigung: die methodischen Gedanken, die bei diesem zur wissenschaftlichen Tat wurden, sind bei Kepler bereits, in der energischen Verfolgung seiner logischen Grundprinzipien, zur Klarheit und Bestimmtheit erhoben worden. —

* * *

Keplers empirische Erklärung der Schwere, in der sich sein allgemeiner Begriff der Kraft bewährt und mit konkretem Inhalt erfüllt, knüpft geschichtlich an G i l b e r t s Theorie des Magnetismus an. Gilberts Werk „Über den Magneten", das im Jahre 1600 erschien, ist eines der frühesten Zeugnisse des modernen induktiven Verfahrens und wird als solches von Kepler und Galilei gleichmäßig hochgehalten. Beide knüpfen nicht nur an die Ergebnisse der Schrift an, die sie weiter ausbauen und aus allgemeinen theoretischen

---

[1]) Epitome Astr. Cop., Lib. IV, P. III; Op. VI, 373. — Vgl. Op. VI 17 u. s.

Gesichtspunkten zu begründen suchen[1]): es ist vor allen Dingen die m e t h o d i s c h e D e n k a r t des Werkes, der sie sich — während B a c o n sie bezeichnenderweise mißachtet — innerlich verwandt fühlen. Eine „neue Art des Philosophierens" hatte Gilbert selbst in der Vorrede proklamiert: und in der Tat bildet für ihn wie für jeden tieferen Forscher zu Beginn der neueren Zeit der Kampf gegen die Vorherrschaft des o n t o l o g i s c h e n B e g r i f f s s y s t e m s den entscheidenden Ausgangspunkt. Aristoteles hat die Verschiedenheit der Bewegung der Elemente, auf der seine ganze Physik ruht, auf einen inneren Gegensatz der Richtungen des „Oben" und „Unten" gegründet: er hat damit eine bloß relative Entgegensetzung, die zuletzt in der Verschiedenheit von Organempfindungen wurzelt, fälschlich zu einem realen Widerstreit von Kräften hypostasiert[2]). Und so sind allgemein die Grenzen zwischen „Subjekt" und „Objekt" bei ihm nirgends scharf gezogen. Immer wieder sind es die Schattengebilde der eigenen Einbildungskraft, die sich in die gegenständliche Betrachtung einmengen[3]). Von dieser Art sind die „substantiellen Eigenschaften" und „Verwandtschaften", mit denen man bisher das Problem der magnetischen Anziehung zu lösen versucht hat: je allgemeiner diese Erklärung scheint, um so vager und um so unfruchtbarer

---

[1]) K e p l e r , Opera II, 591, III, 37 u. 307. VI, 375 u. s. — G a l i l e i , Dialogo intorno ai due massimi sistemi. Dritter Tag. Opere I, 439.

[2]) „Locus loco nullus contrarius. D i s s i m i l i t u d o e s t p o s i t i o n u m c o r p o r u m i n r e r u m n a t u r a; n o n l o c o r u m l o g i c a c o n t r a r i e t a s. Depromuntur ista ex illa Graecorum officina, qua res ipsas et omnem philosophiam verborum quorundam et idiomatum logisticis regulis demonstrari et contineri volunt, cum omnis verborum vis, idiomata omnia, vel ad illustranda tantum naturae opera minime sufficiant. Crede mihi, inique comparatum cum Philosophia, si pueris institutae ad disciplinam verborum observationes definitionesque ulterius naturam ipsam perstringerent." G i l b e r t , De Mundo nostro sublunari Philosophia nova. (Posthumes Werk.) Amstelod. 1651. Lib. III, Cap. V, S. 240 f.

[3]) G i l b e r t , De magnete magneticisque corporibus et de magno magnete Tellure Physiologia nova. London 1600, Lib. VI, Cap. 3, S. 217. Vgl. „Philosophia nova" III, 5; S. 239 u. s.

erweist sie sich für die Ableitung der besonderen Phänomene[1]). An ihre Stelle tritt bei Gilbert zuerst die empirische Theorie der magnetischen und „elektrischen" Kraft und die Erkenntnis des Erdmagnetismus. Und die Untersuchung dieses Problems gewinnt auch ihm sogleich kosmische Bedeutung, sofern durch sie ein neuer, allgemeiner Begriff der A t t r a k t i o n begründet wird. War bisher die Schwere durch die Tendenz nach dem festen, absolut ruhenden Erdzentrum erklärt worden, so weist Gilbert nach, daß keinem Punkte im Universum irgend ein physischer Vorrang und eine physische Sonderstellung gebühre. Einer bloßen Lagebestimmung, die nichts vor allen übrigen möglichen Setzungen voraus hat, können nicht bestimmte Kräfte und Tätigkeiten zugeschrieben werden. „Nicht der O r t ist es, der in der Natur der Dinge wirkt und schafft, der über die Ruhe oder Bewegung der Körper entscheidet. Denn er ist an sich weder ein Sein, noch eine wirkende Ursache; vielmehr bestimmen die Körper sich erst vermöge der Kräfte, die ihnen einwohnen, ihre gegenseitige Stellung und Lage. Der Ort ist ein Nichts, er existiert nicht und übt keine Kraft aus; sondern alle Naturgewalt ist in den Körpern selbst enthalten und begründet"[2]). So ist auch die Wirkung der Schwere nicht an einen einzelnen Punkt des Raumes gebunden, sondern geht von allen stofflichen M a s s e n gleichmäßig aus: ohne sie, die nicht nur die irdische Materie, sondern auch die Sonne und alle übrigen Himmelskörper bindet und zusammenhält, müßte der Bau und die Ordnung des Universums sich auflösen[3]). Mit dieser Einordnung in das Gebiet der allgemeinen Naturursachen ist der Gravitation zugleich eine feste Größenbestimmtheit und ein gegebener Umkreis ihrer Wirksamkeit vorgeschrieben: nicht vermöge ihrer „inneren" Natur streben die schweren Körper dem Zentrum zu, sondern kraft einer äußeren Einwirkung,

---

[1]) De magnete II, 2; S. 50; „Substantiae proprietates aut familiaritates sunt generales nimis, nec tamen verae designatae causae, atque ut ita dicam: verba quaedam sonant, re ipsa nihil in specie ostendunt."
[2]) Philosophia nova I, 21, S. 60; II, 8, S. 144.
[3]) De magnete VI, 3, S. 219; VI, 5, S. 227 ff. u. s.

die sich mit der Entfernung abschwächt, um bei genügend großem Abstand völlig unmerklich zu werden. Im einzelnen denkt sich Gilbert diese Wirkung, analog den Erscheinungen des Magnetismus und der Elektrizität, durch ein subtiles Fluidum vermittelt, das vom Mittelpunkte ausströmt und sich in konzentrischen Kugeln von immer geringerer Dichtigkeit um diesen herumlegt[1]). Zwei Punkte sind es, in denen Kepler Gilberts Theorie, die er in allen wesentlichen Hauptzügen übernimmt, umgestaltet und vertieft hat: und beide weisen auf einen gemeinsamen Ursprung zurück. Zunächst wird die Anziehung, die bei Gilbert nur zwischen der Gesamtmasse eines bestimmten Himmelskörpers und seinen einzelnen Teilen bestand, in ihrer Leistung und Bedeutung erweitert, indem sie als eine Grundkraft erkannt wird, die über die Sphäre der Einzelkörper hinaus, z w i s c h e n d e n v e r s c h i e d e n e n k o s - m i s c h e n M a s s e n wirksam ist. Kepler hat hier eine Schranke beseitigt, die selbst für die kühnsten und entschiedensten Anhänger der neuen astronomischen Weltansicht noch durchgehend bestand: noch für G i o r d a n o B r u n o bedeutet die Schwere lediglich den Zug der einzelnen Massenteile zu dem Ganzen, von dem sie sich losgelöst haben, ohne auf die Stellung und Wechselbeziehung der Himmelskörper untereinander von Einfluß zu sein[2]). Indem Kepler seinen neuen Begriff der Gravitation insbesondere auf das Verhältnis der Erde zum Mond anwendet, gelangt er damit zu einer Erklärung von Ebbe und Flut, mit der er den Grundgedanken der Newtonischen Theorie dieses Phänomens vorwegnimmt. Dieser Ausdehnung in der empirischen Wirksamkeit des Begriffs aber entspricht zugleich eine innere inhaltliche Wandlung: denn noch bei Gilbert waren, so sehr er die dunklen Qualitäten und Verwandtschaften ablehnt, die psychischen Potenzen nicht prinzipiell aus der Natur-

---

[1]) Philosophia nova I, 20; S. 50. — Näheres zu Gilberts Theorie des Magnetismus und der Schwere bei L a s s w i t z , Gesch. der Atomistik I. 315 ff.
[2]) G i o r d a n o B r u n o , La cena de le ceneri. Opere italiane p. 185; De l'infinito universo e mondi p. 365 ff., 370 f., 391 u. s.

erklärung ausgeschlossen. Die Ordnung und Beständigkeit der Planetenbewegung wird auch bei ihm noch auf die B e - l e b u n g der einzelnen Himmelskörper zurückgedeutet, wie ihm denn auch die Konstanz der magnetischen Pole ein Zeugnis für ein seelisches Prinzip ist, das die Erde in ihrem Umschwung leitet[1]). Für Kepler dagegen sind es, so sehr er selbst zu dieser Anschauung noch hinneigt, zuletzt eben die Erscheinungen des Magnetismus, die ihn zum Bruch mit der alten Naturansicht hindrängen; die ihn — wie er selbst charakteristisch ausspricht — dazu bestimmen, „von der Seite des G e i s t e s auf die Seite der N a t u r überzugehen"[2]). Und es ist wiederum der gleiche Grund, der hierfür angeführt wird: der Körper, von dem die magnetische Wirkung ausgeht, wie das Medium, vermöge dessen sie sich fortpflanzt, sind beide als feste Q u a n t a bestimmt, gehören daher der reinen Gesetzlichkeit der Mathematik und der „Natur" an[3]). Hierin aber liegt zugleich ein neues Moment und eine neue Bestimmtheit. Der Begriff der F u n k - t i o n , der uns als logisches Vorbild und Richtmaß dient, sagt lediglich eine wechselseitige Bedingtheit von Größen aus, ohne an sich darüber zu entscheiden, welches der beiden Elemente wir als die unabhängige, welches als abhängige Variable denken sollen. Die Beziehung, die er ausspricht, ist rein umkehrbar: die Schwere ist somit — wenn wir den allgemeinen mathematischen Gedanken auf das konkrete Problem anwenden und in die Sprache der Physik übertragen — als strenge W e c h s e l w i r k u n g zu definieren. Die Erde zieht nicht nur den Stein, sondern auch der Stein die Erde an, so daß beide mit einer Geschwindigkeit, die im umgekehrten Verhältnis zu ihrer Masse steht, sich einander zu nähern trachten[4]). Das analoge Verhältnis gilt für die Be-

---

[1]) G i l b e r t , De magnete V, 12, S. 208 ff.; VI, 4, S. 221.
[2]) S. K e p l e r , Astron. nova III, 39. Op. III, S. 319: „etsi hoc quoque a m e n t i s partibus de n a t u r a e partes et magneticas facultates sum traducturus . . ."
[3]) Brief vom 30. XI. 1607. Op. II, 589 f.
[4]) Brief an Fabricius vom 11. X. 1605. Op. III, 459. vgl. III, 511: „Si duo lapides in aliquo loco mundi collocarentur propinqui invicem extra orbem virtutis tertii cognati corporis, illi lapides ad similitudinem

ziehungen der Himmelskörper; auch hier ist z. B. durch die Gravitation ebensowohl eine Bewegung der Erde gegen den Mond, wie eine Bewegung des Mondes gegen die Erde gesetzt und gefordert[1]). In diesem Gedanken der Relativität erst wird der Animismus endgültig entwurzelt. Die schlechthin „inneren" Kräfte der Metaphysik schwinden: keine Kraft gehört mehr einem einzigen „Subjekt" an und für sich an, sondern sie enthält in ihrer Definition bereits die notwendige Beziehung auf ein zweites „äußeres" Element. Der Relationsbegriff, der jetzt der vorherrschende Gesichtspunkt ist, erkennt „Kräfte" nur insoweit an, als sie sich in einer reinen mathematischen Proportion bezeugen. Die Frage und das Interesse wendet sich daher von dem Kraftbegriff dem Kraftgesetz zu: zum erstenmal wird hier die Aufgabe gestellt, die numerische Regel zu finden, nach der die Schwere sich mit dem Abstand vom Zentrum ändert. Der Gedanke, daß die Größe der Anziehung dem Quadrat der Entfernung umgekehrt proportional ist, wird hierbei ausdrücklich ausgesprochen und in Erwägung gezogen; er wird schließlich nur deshalb verworfen, weil nach Keplers Vorstellungsart die Schwere sich nicht wie das Licht, nach allen Richtungen des Raumes gleichmäßig, sondern nur innerhalb der Ebene der Planetenbahnen fortpflanzt, somit ihre Abnahme, wie es scheint, im einfachen Verhältnis des Abstandes erfolgen muß. So hat er zuletzt das Newtonische Grundgesetz allerdings nicht erreicht: „nichtsdestoweniger darf man schon die bloße Erwägung der Gründe, warum die Wirkung der Sonne auf die Planeten nicht, wie sich Kepler selbst einwirft, umgekehrt proportional dem Quadrate der Entfernung sei, als die genialste Anregung und das erste historische Auftreten des Grundgedankens des Gravitationsgesetzes ansprechen. Er hat tatsächlich den Satz, daß die Körper proportional der Masse und umgekehrt proportional dem Quadrate der Entfernung wirken, zur Diskussion ge-

---

duorum magneticorum corporum coirent loco intermedio, quilibet accedens ad alterum tanto intervallo, quanta est alterius moles in comparatione."
[1]) Astron. nova, Introductio, Op. III. 151.

stellt; und daß er für ein anderes Wirkungsgesetz sich entschied, war für die Entwickelung des Gravitationsgedankens bei weitem nicht so hemmend, als der ganze Gedankengang selbst fördernd, zumal die klarere Fassung der mechanischen Begriffe von selbst auf die Aufhebung der Mängel führen mußte, welche Keplers Ideen noch anhafteten"[1]). Wenn die Geschichte der Physik dieses Urteil fällt, so muß die Geschichte des Erkenntnisproblems auf das Faktum verweisen, daß das Ergebnis von Keplers empirischer Forschung in der genauen, geradlinigen Fortsetzung seines philosophischen Grundprinzips erreicht worden ist. —

Indem der Kraftbegriff sich dem Funktionsbegriff und damit dem Grundgesetz der Mathematik einordnet, wird mit Notwendigkeit auch sein Korrelatbegriff in den gleichen logischen Entwicklungsprozeß hineingezogen. Der Begriff der M a t e r i e erhält hier zum erstenmal in der neueren Zeit seine wissenschaftliche Gestalt und Festigkeit. Der Weg zu ihm führt durch den Begriff der M a s s e, damit aber mittelbar wiederum durch den G r ö ß e n b e g r i f f hindurch. In dem Wirkungsgesetz der Attraktion, das Kepler formuliert, begegnen uns die „Massen" der Planeten zunächst als reine Zahlenwerte, als Faktoren, die sich mit dem Gegenfaktor der anziehenden Kraft durchdringen und zu einem eindeutigen quantitativen Endergebnis bestimmen. Wenn den Himmelskörpern keine „natürliche T r ä g h e i t", wenn ihnen nicht „e i n e A r t v o n G e w i c h t" zukäme, so bedürfte es keiner Kraft, um sie von der Stelle zu bewegen und die geringfügigste äußere Ursache würde genügen, ihnen eine unendliche Geschwindigkeit zu verleihen. Nun aber, da wir sehen, daß der Umlauf der Planeten in fest bestimmten Zeiten, daß er bei den einen langsamer, bei den andern schneller erfolgt, werden wir notwendig dazu gedrängt, das Moment des „Widerstands" der Materie einzuführen, vermöge dessen sich jene Verschiedenheit zu exakter Darstellung und Berechnung bringen läßt[2]). Es ist charakteristisch für die Neuheit des Gedankens,

---

[1]) L a s s w i t z, Gesch. d. Atomistik II, 546.
[2]) Epitome Astron. Cop. Lib. IV, P. II, Op. VI, 342: „Si nulla esset inertia in materia globi coelestis, quae sit ei v e l u t i q u o d d a m

wie Kepler hier noch überall mit dem Ausdruck zu ringen hat, wie er insbesondere den Begriff der Masse das eine Mal durch die Analogie zum „Gewicht" zu verdeutlichen, auf der anderen Seite jedoch eine bestimmte Unterscheidung zwischen beiden Momenten festzuhalten sucht[1]). Auch der Ausdruck der „Trägheit" entwickelt sich erst allmählich und schrittweise aus einem sinnlichen Bilde zu der Bestimmtheit eines festen, mathematischen Prinzips; zu einem begrifflichen Merkmal, das uns gestattet, die Körper, vermöge ihrer verschiedenen Reaktion auf ein und dieselbe Bewegungsursache, zu unterscheiden und innerhalb des Gesamtsystems als individuell abgegrenzte Einheiten zu behaupten. Es ist außerordentlich lehrreich zu verfolgen, wie sich der neue Gedanke aus einem alten m e t a p h y s i s c h e n Gegensatz herausbildet. Kepler setzt den Begriff der „Materie" zunächst noch im Aristotelischen Sinne der reinen „Form" entgegen —, wobei er unter der Form jedes b e w e g e n d e P r i n z i p, in dem frühesten Stadium der Betrachtung also die führenden I n t e l l i g e n z e n der Planeten versteht. Indem er nunmehr einen Faktor entdeckt, der dem Antrieb zur Bewegung entgegengerichtet ist und widerstrebt, fällt dieser notwendig dem Gebiete des Stoffes anheim; wobei der Stoff noch durchaus als eine eigene, metaphysische Qualität und „Natur" ge-

---

p o n d u s , nulla etiam opus esset virtute ad globum movendum: et posita vel minima virtute ad movendum, iam causa nulla esset, quin globus in momento verteretur. Jam vero cum globorum conversiones fiant in certo tempore, quod in alio planeta est longius, in alio brevius, hinc apparet, inertiam materiae non esse ad virtutem motricem ut nihil ad aliquid."
[1]) De Stella nova in pede Serpentarii (1606) Cap. XVI: „Mobilia quietem quidem loci seu ambientis corporis affectant renitentia et q u o d a m q u a s i p o n d e r e (q u i d r i d e t i s c o e l e s t i u m i n e x p e r t i p h i l o s o p h a s t r i , r e r u m i m a g i n a r i a r u m c o p i a l o c u p l e t e s , v e r a r u m e g e n t i s s i m i?) ex quo singulis suae obveniunt periodi temporum" etc. Op. II,·674; vgl. bes. E p i t o m e , Lib. IV, P. III (Op. VI, 374): „Pondus ergo tribuis planetae? — Dictum est in superioribus pro pondere considerandum esse naturalem illam et materialem renitentiam seu inertiam ad deserendum locum semel occupatum" etc. — Zum Begriff der Trägheit vgl. ferner Op. III, 305, 459, VI, 167, 174, 181 u. s.

dacht wird: als ein Hemmnis, das die reine Form zu überwinden und zu bemeistern hat. Jetzt aber setzt eine völlig neue Entwicklung ein: die bewegungserzeugenden Ursachen selbst werden, wie wir sahen, aus geistigen Prinzipien zu „Kräften", somit zu Organen und Gliedern der „körperlichen Natur". An die Stelle der Trennung von Materie und Kraft tritt jetzt ihre notwendige Entsprechung und Zusammengehörigkeit; beide stellen nur die verschiedenen Seiten der einheitlichen mathematischen Kausalität dar[1]). Der Begriff des Stoffes dient, ebenso wie der der Kraft, dazu, die A n w e n d u n g d e r G e o m e t r i e z u e r m ö g l i c h e n: ubi materia, ibi geometria[2]). Wir verstehen hier, von einem neuen Zusammenhange aus, die veränderte Beurteilung und W e r t s c h ä t z u n g, die die Körperwelt, die somit die „Natur" im Keplerschen Sinne erfährt. Gegen Patrizzi erhebt Kepler den Vorwurf, daß er, wie alle, die nach den abstrakten Formen und Wesenheiten haschen, die Materie, „nächst Gott das einzige und höchste Objekt", allzu selbstgewiß verachte, und sich daher notwendig in Sophismen verstricke[3]). Das Verhältnis von Gott und Natur hat sich gewandelt; Gott tritt nicht mehr von außen in die Natur, als einen fremden und unwürdigen Stoff, ein, sondern die Natur selbst ist es, die, kraft ihres eigenen Wesens, zum Göttlichen, weil zur geometrischen Gesetzlichkeit, hinstrebt[4]).

*   *   *

c) D e r B e g r i f f d e s G e s e t z e s.

In der Methodik der mathematischen Wissenschaften steht somit die Geometrie für Kepler an e r s t e r Stelle. Sie ist das Muster, an dem er sich über den Erkenntniswert des Mathematischen überhaupt orientiert. In dieser Beschränkung zeigt er seine logische Meisterschaft. So befestigt

---

[1]) Vgl. bes. Op. III, 303 (s. ob. S. 355 Anm. 4.)
[2]) S. ob. S. 351 Anm. 2.
[3]) Apologia Tychonis contra Ursum Op. I, 248.
[4]) „Tibi Deus in naturam venit, mihi natura ad divinitatem aspirat." Brief an Fabricius, Op. I, 332.

und stärkt er modernen Einwänden gegenüber von neuem die Autorität Euklids. Von Petrus Ramus war der Vorwurf gegen Euklid erhoben worden, daß er die wahre methodische Ordnung verleugne, indem er einen Inbegriff verschiedenartiger Definitionen an die Spitze stelle, statt für jedes Einzelgebiet und jedes Einzelproblem erst dann, wenn es im Fortschritt der gedanklichen Entwicklung erreicht sei, den besonderen logischen Unterbau zu schaffen. „Bringt doch die Natur, wenn sie den Wald erschaffen will, nicht erst die Wurzeln aller Bäume hervor und legt doch der Architekt beim Erbauen einer Stadt nicht erst den Grund zu sämtlichen Gebäuden"[1]). Gegen eine derart oberflächliche Betrachtung und Beurteilung führt Kepler wiederum seine tiefere Einsicht in das Wesen der wissenschaftlichen „Hypothese" ins Feld. Das ist der Grundirrtum der Gegner, daß sie den wahren Sinn der „Elemente" nicht zu fassen vermögen: daß sie darunter nur eine vielfältige beziehungslose Menge von Begriffen und Theoremen verstehen, die auf alle Sorten von Größen anwendbar und für deren wissenschaftliche Behandlung tauglich sind. In dieser Auffassung wird der Architekt des Gebäudes der Geometrie zum bloßen Handlanger erniedrigt, der das Material herbeizuschaffen und allenfalls zu bearbeiten hat. Für Euklid dagegen liegt die eigentliche Bedeutung des Elements nicht in der Materie, sondern in der Form: nicht das στοιχεῖον, sondern die στοιχείωσις, die Art und Notwendigkeit der Verknüpfung ist es, die ihn fesselt[2]). Die Geometrie bleibt somit für Kepler das Vorbild und Richtmaß für jegliche Art begrifflicher Deduktion. Die Rangordnung, die das Erstlingswerk Keplers, das „Mysterium Cosmographicum", feststellt, bleibt für sein ferneres wissenschaftliches Schaffen maßgebend. Die Aufgabe, die hier gestellt ist, die Struktur des Universums auf die Gestalt der fünf regulären Körper zurückzuführen, hat sich allmählich vertieft und erweitert; immer aber bleibt der Gedanke herrschend, daß in den geometrischen Bildern und

---

[1]) Petri Rami Scholarum Mathematicarum Libri XXXI. Frankf. a. M. 1627; Lib. III, S. 98.
[2]) Harmonice mundi, Lib. I; Op. V, 83.

Formen, die dem Geiste eingegraben und mitgegeben sind, der „Archetyp" der äußeren Welt enthalten sei. Auch alle Würde, die wir der reinen Z a h l zusprechen mögen, stammt zuletzt und ursprünglich aus der Geometrie; die abstrakte Zahl müsste, wenn sie den Zusammenhang mit der Gestalt aufgäbe, zum bloßen Gattungsbegriff, in der Sprache des scholastischen Terminismus zum „conceptus secundae intentionis" herabsinken. Der Versuch der „Pythagoreer und Platoniker", aus den Beziehungen und Eigentümlichkeiten der reinen Zahlen die Welt der Dinge in ihrem substantiellen Gehalt aufzubauen, wird daher ausdrücklich verworfen; — es ist nur bedingt und mit wesentlichen Einschränkungen richtig, wenn man Keplers Lehre als „empirischen Pythagoreismus" bezeichnet hat[1]). Gerade dies unterscheidet Kepler von Descartes, daß er in seiner ganzen Denk- und Forschungsart noch durchaus in der s y n t h e t i s c h e n Geometrie der Alten wurzelt, während bei diesem zwar gleichfalls das R a u m p r o b l e m im Mittelpunkt steht, jedoch bereits in einer methodischen Umwandlung ergriffen wird, durch die es nur als Spezialfall und Beispiel des Allgemeinbegriffs der Größe erscheint. —

Den grundlegenden Unterschied der Betrachtungsarten hat Kepler selbst in seinem Werk über die „Weltharmonie" bei der Erörterung der ebenen regulären Polygone mit voller Klarheit charakterisiert. Wenn wir uns die Aufgabe stellen — so wird hier ausgeführt — einen gegebenen Kreis durch ein regelmäßiges eingeschriebenes Vieleck in sieben gleiche Teile zu zerlegen, so finden wir alsbald, daß sie unlösbar ist, daß es kein geometrisches Verfahren gibt, durch das die Seite

---

[1]) W i n d e l b a n d , Gesch. der Philosophie, Freib. i. B. 1892. S. 306. — S. dag. Anmerk. zum Mysterium Cosmographicum (1621), Op. I, 134: „Omnis numerorum nobilitas, quam praecipue admiratur theologia Pythagorica rebusque divinis comparat, est primitus e geometria... Non enim ideo numerabiles fiunt anguli figurae, quia praecessit conceptus illius numeri, sed ideo sequitur conceptus numeri, quia res geometricae habent illam multiplicitatem in se, existentes ipsae numerus numeratus." Vgl. Harmonice mundi, Op. V, 221: „De numeris quidem haud contenderim, quin Aristoteles recte refutaverit Pythagoricos; sunt enim illae secundae quodammodo intentionis, imo et tertiae et quartae"etc.

des verlangten Polygons sich darstellen ließe. Hier stehen wir unvermittelt vor einer Forderung, der sich die geometrische K o n s t r u k t i o n versagt, wenngleich sie sich ihrem rein begrifflichen Charakter nach nicht erkennbar von andern lösbaren Aufgaben, etwa von der Darstellung des regulären Vier- und Fünfecks, unterscheidet. Die a l g e b r a i s c h e A n a l y s i s zwar — (doctrina analytica ab Arabe Gebri denominata Algebra, Italico vocabulo cossa) — vermag die verlangte Seite vollständig zu definieren und in einer Gleichung zum Ausdruck zu bringen; sie darf sie somit als eine feste, von allen übrigen verschiedene Größe betrachten. Aber mit dieser Art der Bestimmtheit ist über ihre „E x i s t e n z" noch nichts ausgesagt: vielmehr bleibt hier die Forderung bestehen, daß nur diejenigen Inhalte „möglich" sind, die sich durch die Anschauung bewähren lassen. Kepler knüpft hieran die Mahnung an die „Metaphysiker", den alten ontologischen Grundsatz, daß es vom Nicht-Seienden keine Bestimmungen und Merkmale gebe, zu verbessern: denn hier liege ja ein Inhalt vor, dem an und für sich kein Sein zukommt, der aber dennoch durch gewisse Bedingungen umgrenzt ist und dem bestimmte Eigenschaften wenigstens h y p o t h e t i s c h beigelegt werden können, sofern man sagen kann, daß, w e n n ein regelmäßiges Siebeneck in den Kreis eingeschrieben wäre, seine Seite diese oder jene Beschaffenheit besitzen müßte. Das echte wissenschaftliche Sein, die „essentia scientialis", eines Elements vermag freilich im letzten Sinne allein die geometrische Grundlegung und „Beschreibung" zu sichern: „scientiae possibilitatem praecedit descriptionis possibilitas". Auch ein unendlicher Verstand würde von der verlangten Polygonseite keine „Idee", weil keine innere Anschauung besitzen[1]). Wenn A p e l t es als einen Grundzug des Aristo-

---

[1]) Harmon. mundi, Lib. I, Op. V, 103 ff., vgl. bes. V, 107: „Cum enim sit impossibile ejus f o r m a l i s d e s c r i p t i o, neque igitur sciri potest a mente humana, cum s c i e n t i a e p o s s i b i l i t a t e m praecedat descriptionis possibilitas, neque scitur a mente omniscia actu simplici aeterno: quia sua natura ex inscibilibus est. Et tamen h u j u s n o n e n t i s s c i e n t i a l i s s u n t a l i q u a e p r o p r i e t a t e s s c i e n t i a l e s, tanquam e n t i a c o n d i t i o - n a l i a" etc.

telisch-scholastischen Begriffs der „substantiellen Form" bezeichnet, daß in ihm zwei verschiedenartige Dinge: „die Form der intellektuellen Synthesis und die Form der figürlichen Synthesis, d. i. Gesetz und Gestalt", miteinander vereinigt seien, so trifft diese Kritik auch Keplers ursprüngliche Ansicht: die „Idee" ist auch bei ihm zunächst noch völlig in die „Gestalt" verwoben und in ihre Bedingtheit aufgegangen. Erst der allmähliche, stetige Gang von Keplers e m p i - r i s c h e r Forschung führt dazu, diesen anfänglichen logischen Grundzusammenhang und diese Abhängigkeit zu lockern. Kepler selbst hat wiederholt berichtet, mit welchen inneren Schwierigkeiten er zu ringen hatte, ehe er sich zu dem Gedanken entschloß, die absolute geometrische „V o l l - k o m m e n h e i t" der Planetenbahnen aufzuopfern, die — wie er annahm — nur in ihrer streng k r e i s f ö r m i g e n Gestalt bestehen könnte. Noch bei Copernicus begegnet uns an diesem Punkte eine naiv-teleologische Ableitung: die Himmelskörper müssen ihren Umschwung in Kreisen vollziehen, damit sie im Akt ihrer Bewegung selbst ihr „Sein", d. h. ihre geometrische Form und Begrenzung als Kugelgestalten zum Ausdruck und zur angemessensten Darstellung bringen. Innerhalb dieser reinen kreisförmigen Bahnen aber könnte eine Ungleichförmigkeit der Bewegung nur von einer Veränderung der bewegenden Kraft oder von einer unregelmäßigen Gestaltung des bewegten Körpers herstammen: beides Annahmen, denen unser I n t e l l e k t widerstrebt und die der besten Verfassung und Ordnung des Universums u n w ü r d i g wären[1]). Kepler hat, indem er „durch die Beobachtungen gezwungen" zu den elliptischen Bahnen überging, durch diese einzige Tat zugleich eine methodische Grundanschauung entwurzelt; er hat den Gedanken der O r d - n u n g und G e s e t z l i c h k e i t d e s U n g l e i c h - f ö r m i g e n zum erstenmal zur wissenschaftlichen Wirklichkeit erhoben. Sein Briefwechsel mit F a b r i c i u s , der in Prag unter Tycho de Brahe sein Jugendgenosse und Mit-

---

[1]) C o p e r n i c u s , De revolutionibus orbium coelestium, Nürnb. 1543. Lib. I, Cap. 1 und 4. (Vgl. ob. S. 273 f.)

arbeiter gewesen war und der, wie er, seine Forschung vor allem auf das Gesetz der Marsbewegung richtete, zeigt greifbar und deutlich, daß Keplers Entdeckung nur deshalb gelingen konnte, weil ihn die l o g i s c h e n Fesseln nicht mehr banden, die jener nicht abzustreifen vermochte. Fabricius wendet ein, daß die Regel der Planetenbewegung so lange nicht gefunden sei, als die Kurve, in der wir sie darstellen, einen v e r ä n d e r l i c h e n Abstand von der Sonne und damit eine veränderliche Geschwindigkeit bedinge: selbst wenn die Erfahrung der Hypothese der Ellipse günstig scheine, dürfe man daher nicht früher abstehen, als bis man diese „Unregelmäßigkeit" als bloßen Sinnenschein erwiesen und sie auf konstante Kreisbewegungen zurückgeführt habe. Für Kepler aber liegt, wie er hierauf scharf und prägnant erwidert, die gesuchte Konstanz nicht mehr in der G e s t a l t der Bahn, sondern in den P r i n z i p i e n seiner Mechanik und Physik: konstant ist die Einwirkung der anziehenden Kraft, konstant das „magnetische" Vermögen der Sonne, wenngleich ihm seiner Natur nach für jeden Punkt der Bahn ein anderer zahlenmäßiger Wert zukommt. Das eindeutige Funktionsgesetz, das den Inbegriff der unendlichen möglichen Veränderungen wie „in einem Bande zusammenknüpft"[1]), bindet und bestimmt den Weg der Planeten sicherer als die fiktiven Himmelskreise es jemals vermocht hätten. Was uns wahrhaft gegeben ist, sind einzig die wechselnden Abstände; wir dürfen dieses Grundphänomen nicht durch Hilfshypothesen aufheben und verdrängen, sondern müssen es in seiner Mannigfaltigkeit selbst als Einheit erkennen und aussprechen. Das Streben nach der „Gleichförmigkeit" der Natur bleibt bestehen: aber wir suchen sie nicht mehr in festen geometrischen Gebilden, sondern in jener ursprünglichen „Arithmetik der Kräfte", nicht mehr im Resultat, sondern in den begrifflichen Komponenten. In diesem Sinne führt Kepler das P l a t o n i s c h e Wort des ἓν καὶ πολλά gegen Fabricius an: wie könnte es eine wahrhafte Einheit geben, die nicht die Vielheit in sich

---

[1]) „Uno fasciculo colligare" — ein Lieblingswort Keplers, s. Op. II, 196, III, 173 u. s.

faßte und als Ursprung enthielte[1])? Der Begriff der Veränderung enthüllt uns das Sein und Leben der Natur; die Ungleichförmigkeit auch aus den Erscheinungen verbannen, hieße die Physik als Wissenschaft aufheben[2]). Zu voller Bestimmtheit aber entfaltet sich der neue Grundgedanke erst in seiner scheinbaren dialektischen Umkehrung: denn wie das moderne Erkennen hier die Ungleichförmigkeit logisch begreifen und rechtfertigen mußte, so muß es sie an anderer Stelle bestreiten und abweisen. Die alte Physik ruht auf der Anschauung des Gegensatzes der irdischen und himmlischen Sphäre: auf dem Widerstreit, der zwischen der Unveränderlichkeit der Himmelskörper und der sublunaren Welt, als dem Schauplatz des Wechsels und der Vergänglichkeit besteht. Gegenüber diesem Dualismus zweier physischer W e l t e n konstituiert sich nunmehr die Einheit des neuen B e g r i f f s der Natur. Der Gedanke des Gesetzes fordert in seiner neuen Fassung zwar die Vielheit, aber er schließt andererseits die „Ausnahme" von sich aus: es ist ein und dieselbe Verfassung des Alls, die uns in jedem seiner Punkte gleichmäßig entgegentritt. Wir dürfen daher von einer gegebenen Einzelerscheinung — etwa von dem Phänomen der irdischen Schwere —

---

[1]) Keplers Briefwechsel mit F a b r i c i u s ist zuerst von A p e l t als Anhang seiner Schrift über die „Reformation der Sternkunde" (1852) herausgegeben worden; in den Werken jetzt: Op. I, 304 ff. und III, 61 ff. — Vgl. bes. III, 108 f. und 113:„H a e c e s t g e n u i n a s i m p l i c i t a s, i n i p s i s s p e c t a t a p r i n c i p i i s. Ex his tam paucis, si jam multa sequuntur, aequationis pars physica, optica, distantia, iter ellipticum, tunc ideo ob hos multiplices eventus negabis principia esse simplicia? Oblitus es igitur Platonici illius: εἰς ἓν καὶ πολλά." (Vgl. hrz. bes. Platons P h i l e b u s, 15 D ff.)

[2]) „Regulares esse motus planetarum, id est ordinatos adque certam et immutabilem legem descriptos, id est extra controversiam. Hoc enim nisi esset, nulla astronomia esset, nec praedici possent motus coelestes . . At nondum concessum est etiam in uniuscujusque circuitus partibus diversis m o t u m re vera esse aequalem . . Oritur enim inaequalitas aliqua motuum ex hoc ipso, quia corpora sunt tam quae moventur, quam quae motum inferunt et quia sua materia constant, sua quantitate, sua figura . . . et secundum quantitates et figuras etiam potentia naturali sunt praedita, quae minus potest in mobile longinquum, quam in propinquum." Epitome Lib. IV, P. III. Op. VI, 370. Vgl. bes. Op. VI, 18; VI, 400 u. s.

ausgehen und dennoch sicher sein, in ihr ein Beispiel allgemeingültiger kosmischer Verhältnisse zu besitzen und festzuhalten. Im Grunde ist diese Anschauung nur ein anderer Ausdruck des Gedankens der durchgängigen R e l a t i v i t ä t, wie er durch das neue astronomische Weltsystem allmählich zur Anerkennung und Durchführung gelangt war. Wie wir hier darüber belehrt werden, daß keinem Punkte des Raumes eine absolute auszeichnende Eigentümlichkeit und Sonderstellung zukommt, daß es daher an und für sich gleichgültig ist, von welcher Stelle wir ausgehen wollen, um die Gesamtgesetzlichkeit des Universums zu entwerfen und zu konstruieren: so kann auch im Gebiete der Physik nirgends eine feste, unbedingte Grenzscheide bestehen, so muß auch hier jeder Teil in gleicher Weise die Grundregel des Ganzen vertreten und zur Darstellung bringen. P t o l e m ä u s hatte im ,,Almagest", dem Grundwerk der älteren Astronomie, ausgeführt, daß wir die Entscheidung darüber, was am Himmel als einfach und naturgemäß zu gelten habe, nicht in den irdischen Erscheinungen suchen dürften: denn wo ein diametraler Gegensatz der Gegenstände und S u b s t a n z e n besteht, da kann nicht ein und derselbe Maßstab des U r t e i l s angelegt werden. Dieser Ansicht gegenüber betont Kepler. daß die ,,Beispiele" für das Prinzip der Himmelsbewegungen uns überall in alltäglichen und bekannten Phänomenen unmittelbar vor Augen liegen. Es heißt den Unterschied, der aus der Eigenart der Objekte herstammt, überspannen, es heißt die Kraft der Wissenschaft und der astronomischen H y p o t h e s e entwurzeln, wenn man glaubt, daß ein Prinzip, das für uns, für das Urteil der V e r n u n f t u n d d e r G e o m e t r i e ,,einfach" und grundlegend ist, an den kosmischen Phänomenen gemessen diese Geltung und Bedeutnug einbüßen könnte[1]). So sehen wir, wie im Begriff des N a t u r g e s e t z e s, der hier zum erstenmal in terminologischer Bestimmtheit zur Bezeich-

---

[1]) Epitome Lib. IV, Op. VI, 337 ff. — Vgl. bes. De Stella Nova in pede Serpentarii (Op. II, 683) gegen Patrizzi: ,,Dicet Patricius illa coelestia non esse similia his terrestribus? Cur igitur disputat, ipse homo de Terra, in cujus mente nihil est, quod non fuerit ingressum per sensuum terrestrium portas?"

nung der drei Keplerschen Grundregeln gebraucht wird[1]), der anfängliche geometrische Gesichtspunkt sich weitet: indem hier das Moment der Veränderung aufgenommen, das der allgemeinen und notwendigen Geltung aber nichtsdestoweniger festgehalten wird, wird damit erst die „Idee" zum erstenmal für das Gebiet der konkreten empirischen Wirklichkeit entdeckt und fruchtbar gemacht. Immer klarer weisen die Richtlinien von Keplers Denken auf ein Ziel voraus, das er selbst nicht mehr erreicht hat, immer dringender fordern sie ihre einheitliche Zusammenfassung in der Logik der Galileischen Physik. —

Auch der Begriff der U r s a c h e nimmt nunmehr an der neuen Entwicklung teil, die der Begriff des Gesetzes erfahren hat. Das „Mysterium Cosmographicum" stellt sich noch durchaus die Aufgabe, die Ursachen des „ S e i n s " und der ruhenden Verfassung des Universums zu enträtseln: die Zahl, die Ordnung und die Größe der Himmelskörper sollen auf ihren wahren Ursprung zurückgeführt werden. Es soll nicht genügen, alle diese Verhältnisse empirisch zu erfassen, sondern es wird ein „apriorischer" Grund gefordert, der sie aus einem „metaphysischen" Prinzip ableitbar macht[2]). Die moderne Physik hat die Unlösbarkeit dieser Forderung erkannt; sie hat den Ausgangspunkt und die F r a g e s t e l l u n g Keplers verworfen. Das Gebiet, das sie für ihre Forschung absteckt, ist nicht das Dasein, sondern das Werden; nicht für den Gesamtbestand des Alls, sondern lediglich für jede Veränderung, die sich in ihm vollzieht, fordert sie die Erklärung und Einsicht aus Gründen. Aber es bedurfte eines langen geschichtlichen Weges, ehe beide Fragen, die noch bei D e s c a r t e s und L e i b n i z einander mannigfach durchkreuzen, zu scharfer und bestimmter Abhebung und Sonderung gelangten. Und man kann sich den logischen Fortschritt, den Keplers Denken stetig vollzogen hat, am deutlichsten vergegenwärtigen, wenn man

---

[1]) „Hanc (secundam inaequalitatem planetarum) pertinacissimis laboribus tantisper tractavi, ut denique sese n a t u r a e l e g i b u s accomodet, itaque, quod hanc attinet, de astronomia sine hypothesibus constituta gloriari possim." Brief vom Mai 1605; Op. III, 37.
[2]) Mysterium Cosmograph. Op. I, 106, 113, 125.

sieht, wie er auch an diesem Prozeß, der seinen Anfängen direkt entgegengerichtet scheint, positiven Anteil genommen hat. Eine ganze Reihe von Problemen, die das Mysterium Cosmographicum gestellt hatte, werden von den Erläuterungen zu dem Werk, die von ihm durch einen Zeitraum von 25 Jahren getrennt sind, mit klarem Bewußtsein beseitigt. „Ich bin nicht der Erste — heißt es hier — den die unnütze Frage gequält hat, warum der Tierkreis an eine b e s t i m m t e Stelle des Raumes versetzt worden ist, da ihm doch unendlich viele andere Lagen hätten angewiesen werden können. Ein ähnliches Problem findet sich bei Aristoteles: warum bewegen sich die Planeten in einem bestimmten Sinne, statt im entgegengesetzten? . . worauf er selbst die Antwort gibt, daß d i e N a t u r u n t e r d e n m ö g l i c h e n F ä l l e n s t e t s d a s B e s t e a u s w ä h l e, daß es aber den Himmelskörpern besser und vorzüglicher sei, sich nach vorwärts, als rückläufig zu bewegen. Eine törichte Auskunft; — denn b e v o r die Bewegung, bevor die Körper existierten, gab es keinen Unterschied des Sinns und der Richtung, gab es kein Vor- und Rückwärts." Auch die Berufung auf Analogien des Alls mit einem Lebewesen, dem sein Bau aus Gründen der organischen Erhaltung vorgeschrieben sei, führt hier nicht weiter: beim Bau des Menschen z. B. müsse sich von neuem die Frage wiederholen, warum seine Gliedmaßen ihre bestimmte, tatsächliche Anordnung und nicht die umgekehrte, die sie im Spiegelbilde besitzen, erhalten haben[1]). Man wird hier sogleich an die verwandten Probleme erinnert, die im Briefwechsel zwischen Leibniz und Clarke diskutiert werden, ja die noch bis zu Kants Abhandlung vom „Unterschied der Gegenden im Raume" fortwirken. Die Antwort aber, die Kepler gibt, bekundet die prinzipielle Einsicht, die er nunmehr erlangt

---

[1]) Op. I, 138. — Kepler wendet sich hier wiederum gegen die italienische Naturphilosophie; insbesondere scheint er auf eine Stelle bei F r a c a s t o r o zu zielen. Vgl. „De sympathia et antipathia, Cap. 3: „Sicut enim in animali partes inter se consensum et relationem non parvam habent et in eo certos e x p o s c u n t situs, ita et in universo, quod proinde ac animal quoddam est, p a r t e s e j u s s i t u s i n v i c e m c o n s e n t i e n t e s e x p o s t u l a n t, alioquin universum ipsum debite constitutum non erit."

hat: es ist müßig, die Welt als eine von verschiedenen „Möglichkeiten" zu denken und den Gesichtspunkt der Wahl auf sie anzuwenden, da sie uns in ihrer Gesamtheit nicht als Exemplar eines Gattungsbegriffes, sondern nur einmal in eindeutiger empirischer Bestimmtheit und Gesetzlichkeit gegeben ist: „comparatio locum non habet mundorum, ubi unus solus est". So hat Kepler zuletzt gegenüber falschen ontologischen Fragestellungen die treffende Abwehr gefunden, weil es im letzten Grunde die Einheit der E r f a h r u n g und ihrer Prinzipien ist, die er verficht.

3. Galilei.

In der Geschichte des modernen Geistes gehört der Briefwechsel zwischen Kepler und Galilei zu den anziehendsten und charakteristischsten literarischen Zeugnissen. Die Kraft des neuen wissenschaftlichen Bewußtseins und die sittliche Rückwirkung, die aus ihm floß, stellt sich hier an einem vollendeten Beispiel dar. Es bleibt für immer denkwürdig, wie die beiden Begründer der mathematischen Naturwissenschaft trotz aller äußeren Einwirkungen und Intriguen, die sie zu entzweien trachten, sich alsbald in dem gleichen sachlichen Ziele und dem gleichen p h i l o s o p h i s c h e n Eros zusammenfinden. Der Briefwechsel knüpft an Galileis Entdeckung des Fernrohrs und an die neuen Himmelsbeobachtungen an, die sich unmittelbar an sie anschlossen. Wir sehen, wie diese Beobachtungen, in denen Galilei selbst die letzte empirische Bestätigung für die Wahrheit des neuen Weltsystems sieht, von allen Seiten und mit allen Mitteln bekämpft werden, wie selbst der Zweifel an der subjektiven Wahrhaftigkeit Galileis sich hervorwagt. Nicht nur die Gegner der Copernikanischen Lehre, auch ihre festesten und frühesten Anhänger, wie Keplers Tübinger Lehrer M a e s t l i n, sind in diesem Verwerfungsurteil einig. An Kepler selbst drängt sich immer von neuem die Zumutung heran, sich bestimmt gegen die neuen Ergebnisse zu erklären; ja ein früherer Schüler von ihm, Martin Horky, glaubt sich durch eine Schmähschrift, die er gegen Galilei richtet, seinen Beifall verdienen zu können. Sogleich indes bricht Kepler jede

Gemeinschaft mit ihm ab: nichts könne ihm schmerzlicher sein — schreibt er in seinem ersten Briefe — als das Lob eines Mannes, der in seiner Beurteilung Galileis sein Unvermögen, wahre geistige Größe zu schätzen, so offen bekundet habe. Und es bleibt nicht bei dieser persönlichen Annäherung: sondern es drängt ihn dazu, öffentlich für den Charakter Galileis und für die Wahrheit seiner Beobachtungen Zeugnis abzulegen. Er setzt sofort sein ganzes wissenschaftliches Ansehen für dieses Ziel ein: noch ehe er das neue Instrument mit eigenen Augen geprüft hat, ist er — der als der Begründer der modernen Optik die theoretischen Grundlagen der Entdeckung sogleich durchschaut — von seinem Werte überzeugt und sucht ihn gegen die „grämlichen Krittler des Neuen", denen alles unerhört heißt, was über die Enge des Aristotelischen Systems hinausliegt, zu verteidigen. In der schlichten Sachlichkeit und Wahrhaftigkeit, die den Grundzug seines persönlichen und wissenschaftlichen Wesens bildet, gesteht er sogleich eigene, ältere Irrtümer ein, die nunmehr durch die neuen Erfahrungen berichtigt seien. Ein Zweifel an diesen aber kann ihm nicht aufkommen: schon der S t i l   G a l i l e i s bürgt ihm für ihre Sicherheit. Der S t i l Galileis: das ist der Ausdruck und Reflex der methodischen Denkart, die Kepler als die seinige wiedererkennt[1]).

Diese Gemeinsamkeit bewährt sich zunächst in negativer Richtung in der Stellung, die Kepler sowohl wie Galilei zum herrschenden Schulsystem einnehmen. Es ist literarisch interessant zu verfolgen, wie beide sich gegenseitig die Waffen schmieden und darreichen, mit denen sie die Überlieferung bekämpfen: wie hier ein bezeichnendes Argument, das der Eine prägt, von dem Andern aufgegriffen und weitergeführt wird, wie dort eine epigrammatische Wendung des Einen noch nach Jahren in den Schriften des Andern fortklingt und nachwirkt. In solchen Zusammenhängen enthüllt sich uns gleichsam die Stilgeschichte der neueren Wissen-

---

[1]) S. K e p l e r i Dissertatio cum Nuntio Sidereo nuper ad mortales misso a Galilaeo Galilaeo (1610), Op. II, 490. — Keplers Briefwechsel mit Galilei s. Op. II, 454 ff.

schaft¹). Einig sind beide vor allem in dem Streit gegen die S y l l o g i s t i k und ihren Geltungsanspruch. „Ich danke Dir — schreibt Galilei an Kepler — daß Du, wie es von der Schärfe und dem Freimut Deines Geistes nicht anders zu erwarten war, schon nach dem ersten kurzen Einblick, den Du in meine Forschungen genommen, z u e r s t , j a f a s t a l s Einziger, meinen Behauptungen vollen Glauben beigemessen hast. Was aber wirst Du zu den ersten Philosophen unserer hiesigen Hochschule sagen, die trotz tausendfacher Aufforderungen in eiserner Hartnäckigkeit sich dagegen sträubten, jemals die Planeten oder den Mond oder das Fernglas selbst zu betrachten und die somit ihr Auge mit Gewalt gegen das Licht der Wahrheit verschlossen? ... Diese Sorte Menschen glaubt, die Philosophie sei ein Buch, wie die Aeneis oder die Odyssee: und die Wahrheit sei nicht in der Welt oder in der Natur, sondern (dies sind ihre eigenen Worte!) durch die Vergleichung der Texte zu erforschen. Wie würdest Du lachen, wenn Du hören könntest, wie der angesehenste Philosoph unserer Hochschule sich abmühte, die neuen Planeten durch l o g i s c h e A r g u - m e n t e, als wären es Zaubersprüche, vom Himmel wegzudisputieren und loszureißen." Wie getreu und typisch diese Schilderung ist, darüber werden wir in Keplers Diskussionen mit den Aristotelikern der Zeit Schritt für Schritt belehrt. Es ist besonders bezeichnend, wenn C h i a r a m o n t i, in einem Streit über die Natur der Kometen, Kepler mit dem Vorwurf abzufertigen meint, er habe den „methodus arguendi" mit dem „methodus respondendi" verwechselt, er habe das Verfahren der Mathematik auf die Topik angewandt usw.²). Nach der geschichtlichen Problemlage, die durch diese Beispiele erleuchtet wird, begreift man, wie die Logik immer mehr als der wahre Gegensatz und das eigentliche Hemmnis

---

¹) So wiederholen Kepler wie Galilei den Satz des Alkinous, der — nach dem Berichte des Rhäticus — der Wahlspruch des Copernicus war: δεῖ ἐλευθέριον εἶναι τῇ γνώμῃ τὸν μέλλοντα φιλοσοφεῖν. (Kepler Op. II, 485; Galilei, Opere, ed. Albèri, XII, 11.) — Vgl. ferner zur Übereinstimmung der Motive S. 349 Anm. 1 u. S. 381 Anm. 1.

²) S. K e p l e r , Op. VII, 290.

der empirischen Forschung empfunden werden mußte. Es galt zunächst das scholastische I d e a l d e s B e g r e i f e n s zu entwurzeln: jenes Ideal, das seinen naivsten und schlagendsten Ausdruck bei einem der Peripatetischen Gegner Galileis gefunden hat, der sich weigerte, durch das Fernglas zu blicken, weil dies „seinen Kopf nur verwirren würde"[1]). Der leeren Allgemeinheit des Schulbegriffs tritt die Forderung exakter Einzelbeobachtung, der „trockenen Abstraktion" das konkrete sinnliche Bild des Seins entgegen[2]). Wahrnehmung und Denken, Naturwirklichkeit und Verstandesbegriff: in der Trennung und Gegenüberstellung dieser Momente scheint nunmehr das Problem der neuen Wissenschaft und das Schicksal des neuen Erfahrungsbegriffs beschlossen zu sein.

Dennoch ist in dieser Formel, die die Renaissance bevorzugt, nur der subjektive Ausdruck des Gegensatzes gegeben, ist gleichsam nur der A f f e k t beschrieben und festgehalten, in dem sich die neuere Zeit vom Mittelalter loslöst. Die selbständigen, sachlichen Ziele der Forschung indes werden durch sie nicht aufgehellt, der systematische Sinn der neuen Fragestellung wird durch sie nicht positiv bestimmt und festgestellt. Denn einmal ist der Reichtum an empirischem Gehalt, der sich im Aristotelischen Natursystem verdichtet hat, wie auch die Schätzung, die dem Faktor der E r f a h r u n g im Ganzen der Aristotelischen Erkenntnislehre zufällt, unverkennbar: Galilei und Kepler selbst sind es, die diesen Umstand hervorheben und die ihn den modernen Peripatetikern

---

[1]) Vgl. die höchst bezeichnende Schilderung, die Paolo Gualdo in einem Briefe an Galilei vom 6. Mai 1611 von einer Unterredung mit C r e m o n i n i , dem berühmten Aristoteliker der Universität Padua, entwirft. S. Opere di Galilei, Supplemento, Firenze 1856, S. 49 f. — Über Cremonini und sein Verhältnis zu Galilei s. F a v a r o , G. G. e lo studio di Padova, Firenze 1883, II, 36 ff.

[2]) S. z. B. G i l b e r t , Philos. nova I, 21, S. 55: „Haec jejuna rerum animadversio ab illa dimanavit schola, in qua paucissimis visis, sine rerum usu et experientia de toto absolute decernunt finguntque verbosi scioli, priusquam partem aut membrum aliquod vere cognoscant." — Vgl. ob. bes. S. 360 Anm. 2.

entgegenhalten¹). Sodann aber — und dies ist die entscheidende sachliche Erwägung —: wie wäre es möglich, die „Abstraktion" zu verbannen und von der Grundlegung der Wissenschaft auszuschließen? Ein Blick auf das Ganze von Galileis Forschungen lehrt sogleich, daß gerade die Zerlegung komplexer Erscheinungen in ihre Teilbedingungen und die isolierte Verfolgung jeder einzelnen dieser Bedingungen es ist, worauf seine wissenschaftliche Genialität beruht. Das Vermögen der Analyse, das Vermögen der rein gedanklichen S o n - d e r u n g der bestimmenden Momente des konkreten Einzelvorgangs, ist es, was für sein Verfahren charakteristisch ist. Und so wird denn auch hier die „Abstraktion" in einem neuen fruchtbaren Sinne gebraucht und anerkannt. In der Tat ist es lehrreich zu verfolgen, wie die Einwände, die an diesem Punkte gegen das Schulsystem erhoben werden, von ihm aus sofort eine eigenartige R ü c k w e n d u n g erfahren. Immer von neuem wird gegen Galilei der Vorwurf erhoben, daß er in seinem Bemühen, die Natur unter a l l - g e m e i n e n Gesetzen und Prinzipien zu begreifen, den E i n z e l f a l l in seiner Unterschiedenheit und Bestimmtheit vernachlässige. Die Kraft und Eigentümlichkeit des Besonderen werde verkannt, wenn man, wie er, alle denkbaren Fälle der B e w e g u n g von Körpern, wenn man den Flug der Vögel, wie das Schwimmen der Fische, die Fortbewegung

---

¹) „Nec sum ignarus, quam haec opinio sit inimica philosophiae Aristotelicae. Verum ut dicam quod res est: sectae magis quam principi est adversa. Da mihi redivivum Aristotelem; ita mihi succedat labor astronomicus, ut ego ipsi persuadere speraverim. Ita fieri solet, gypso, dum recens est fusa, quidlibet impresseris; eadem, ubi induruit, omnem typum respuit. Sic sententiae, dum ex ore fluunt philosophorum, facillime corrigi possunt: ubi receptae fuerint a discipulis quovis lapide magis indurescunt, nec ullis rationibus facile revelluntur. Ergo si quis Aristotelem doceat succedentibus seculis compluscula nova in coelo animadversa, libentissime decedet de sententia. At hodie discipuli Aristotelis non ad rationem, sed ad nudam sententiam respicientes, e x d o g m a t e p h i l o s o p h i, q u o d i s a b e x p e - r i e n t i a p e t e b a t, audent obloqui experientiae contraque eam excipere variis diverticulis quaesitis. (Kepler, De Stella nova in pede Serpentarii, 1606, Op. II, 693 f. — Wörtlich übereinstimmend: G a l i l e i Lettere intorno alle macchie solari, Opere III, 422 (1612).

der „einfachen" und der „zusammengesetzten" Körper, in eine einzige Formel zusammendrängen wolle. Sei es doch eben das Auszeichnende der p h y s i k a l i s c h e n Betrachtungsweise, daß sie von diesen Unterschieden nicht absehen kann, daß sie schon vermöge ihrer ersten F r a g e s t e l l u n g an sie gebunden und auf sie angewiesen bleibt. Die wahre Aufgabe der physikalischen Induktion, so betonen die Gegner nunmehr, besteht in der getreuen Sammlung und Sichtung des E i n z e l n e n: man vermag ihr nicht gerecht zu werden, wenn man die Natur, statt sie durch all ihre Besonderungen hindurch zu verfolgen, in ein System allgemeiner mathematischer Beziehungen und — A b s t r a k t i o n e n auflöst. Jetzt also erscheint der Gegensatz in einem neuen Licht: — denn Galilei ist es nunmehr, dem man vorhält, daß er die Fülle der empirischen W i r k l i c h k e i t in einen Zusammenhang bloßer B e g r i f f e verwandle. Während sich im biologischen System des Aristoteles die Einheit und der Stufengang der organischen Formen vor uns enthüllte, ist jetzt nur die nackte „mechanische" Gesetzlichkeit zurückgeblieben — während dort die Natur in ihrer individuellen Lebensfülle den Vorwurf bildete, tritt sie uns nunmehr nur in der Leere und Allgemeinheit der mathematischen Formel entgegen. Man sieht, wie die Rollen in dem Streite sich unmerklich vertauscht haben: wie Galilei, der davon ausging, der Syllogistik eine neue Ansicht der konkreten Wirklichkeit entgegenzustellen, eben dadurch mit Notwendigkeit zum Verteidiger und Vorkämpfer des wissenschaftlichen Begriffs geworden ist. In dieser Umkehrung deckt sich die Zweideutigkeit auf, die dem alten Begriffsgegensatz des „Allgemeinen" und „Besonderen" anhaftet. Es ist, als sollte sich der mittelalterliche Kampf des Nominalismus und Realismus, die Frage nach der „Wirklichkeit", die unsern universalen Ideen und Grundsätzen zukommt, hier auf höherer geschichtlicher Stufe nochmals erneuern. In der Tat werden wir noch einmal in den systematischen Mittelpunkt dieses Problems zurückversetzt; zugleich aber sehen wir von ihm aus den neuen Gesichtspunkt entstehen, der dazu bestimmt ist, den Streit zum Austrag zu bringen. —

Eins freilich müssen wir uns hier von Anfang an gegenwärtig halten: daß Galilei, so sehr er eine neue Methode der Erkenntnis handhabt und zur Anwendung bringt, selbst kein Systematiker der Philosophie und Erkenntnistheorie ist. Die durchgängige Übereinstimmung zwischen Mathematik und Natur, die H a r m o n i e zwischen dem Gedanken und der Wirklichkeit steht ihm, vor aller philosophischen Reflexion, als subjektive Überzeugung fest. Wir werden sehen, wie diese Grundüberzeugung alle Teile seiner Lehre gleichmäßig durchdringt und innerlich zusammenhält. Aber wenngleich sie sich immer prägnanter ausprägt und fortschreitend entfaltet: nach ihrem Grunde und ihrer R e c h t f e r t i g u n g wird nicht gefragt. Gerade in der Selbstgewißheit, mit der das wissenschaftliche Denken sich hier erfaßt und bei sich selbst verweilt, liegt das Auszeichnende der Galileischen Forschung: denn wenn ihr dadurch auf der einen Seite zwar ein Zurückgehen auf die allgemeinsten Fragen der Erkenntniskritik versagt ist, so ist sie andererseits davor bewahrt worden, den Ursprung der wissenschaftlichen Wahrheit aus einem „höheren" m e t a p h y s i s c h e n Prinzip erklären und ableiten zu wollen.

Der Gegensatz zur scholastischen Denkweise findet seine vollendete Darstellung in einer Stelle der „Dialoge über die Weltsysteme", in der die A n w e n d b a r k e i t der geometrischen Begriffe und Sätze auf die Gegenstände der unmittelbaren sinnlichen Erfahrung erörtert wird. Der Schulphilosophie, wie sie hier in Simplicio verkörpert wird, bietet diese Frage keine Schwierigkeit. Die mathematischen Spitzfindigkeiten mögen, abstrakt genommen, richtig und zutreffend sein; aber es wäre unbillig, für sie eine genaue und exakte Entsprechung in der „sinnlichen und physischen Materie" zu fordern. Daß eine Kugel eine Ebene nur in einem Punkte berühre, trifft zwar in der Theorie, nicht aber in der Welt der Wirklichkeit zu. In der Analyse dieses Satzes geht Galilei vor allem davon aus, den D u a l i s m u s zwischen Wahrheit und Wirklichkeit, der hier vorausgesetzt wird, zu beseitigen. Die Kugel, wie die Ebene besitzen keine andere „Existenz", als die Wahrheit und Bestimmtheit, die aus ihren Begriffen fließt; es ist müßig und irreführend, diesem Sein der reinen D e f i n i t i o n eine andersartige, konkrete Daseinsform entgegenzustellen. Daß ein vorhandenes empirisches Gebilde eine bestimmte Figur „ist", kann nichts anderes besagen, als daß es alle Forderungen und Relationen erfüllt, die in dem Begriff dieser mathematischen Gestalt zusammengefaßt sind. Die Wissenschaft besteht aus einem System reiner B e d i n g u n g s s ä t z e, deren Geltung von der Frage unabhängig ist, ob es in unserer Wahrnehmungswelt S u b j e k t e gibt, auf die die vorausgesetzten Bedingungen zutreffen. Man kann die Existenz solcher Subjekte leugnen, ohne damit die Auffassung von dem Charakter und Erkenntniswert der reinen Beziehungen im geringsten zu berühren. Somit ist es freilich möglich, daß einem bestimmten Begriff der mathematischen Theorie kein konkreter Anwendungsfall entspricht: sind aber die Bedingungen, die diese Theorie vorschreibt, an irgendeiner Stelle wahrhaft erfüllt, so gelten die Folgerungen aus ihnen mit derselben Stringenz und Notwendigkeit, gleichviel ob es sich um ideale oder reale, um rein gedachte oder um physisch vorhandene Gegenstände handelt. Die Sicherheit der Schlußfolgerungen, die die reine Theorie entwickelt hat, wird durch das spezielle Anwendungsgebiet nicht eingeschränkt: sie besteht, wenn überhaupt, so für jeden beliebigen Kreis von Objekten, innerhalb dessen die betreffenden Beziehungen sich aufweisen lassen. Es gibt nur eine Form der mathematischen Gewißheit, die vorhanden oder nicht vorhanden sein kann, die aber nicht das eine Mal unbedingt, das andere Mal nur ungefähr und mit gewissen Abschwächungen gilt. Diese Form erleidet keine Veränderung, gleichviel, in welchem Stoffe, d. h. in welchem Umkreis physikalischer Probleme und Objekte sie sich darstellt. Und somit ergibt sich jetzt eine neue Fassung der allgemeinen wissenschaftlichen Aufgabe. Das Abstrakte und das Konkrete, die „Theorie" und das „Phänomen" stimmen freilich auf keiner Stufe unserer wissenschaftlichen Erfahrung jemals vollkommen überein. Aber der Grund hierfür ist nicht in irgendeiner ontologischen Differenz ihrer beiden „Naturen" zu suchen, so daß hier ein sachlich unaufheblicher Widerstreit vorläge: vielmehr ist es gerade die f o r t s c h r e i t e n d e A u f h e b u n g dieses Gegensatzes, die das Ziel und den eigentlichen Inhalt aller Erkenntnis ausmacht. Soweit der Gegensatz vorhanden ist, bezeichnet er daher immer nur den A n s a t z zu neuen Problemen und Forschungen. Die mangelnde Übereinstimmung ist in diesem Falle „weder durch das Abstrakte, noch durch das Konkrete, weder durch die Geometrie, noch durch die Physik verschuldet; sie fällt allein dem R e c h n e r zur Last, der die Rechnung nicht richtig anzustellen weiß"[1]). Denn Aufgabe der Rechnung ist es, den Zusammenhang, wo er nicht unmittelbar deutlich vorliegt, durch Einfügung von Mittelgliedern ersichtlich zu machen. Das komplexe Phänomen ist in seiner Gesamtheit freilich für den mathematischen Begriff nicht direkt faßbar; denn die mannigfachen Momente, die es bedingen, sind in der ersten sinnlichen Auffassung nirgends scharf gegeneinander abgegrenzt und können somit auch nicht für sich durch Zahl und Maß bestimmt werden. Erst die gedankliche Zerlegung, die wir an ihm vornehmen, schafft die Handhaben für seine quantitative Erkenntnis. Diese Zerlegung und damit die Verwandlung des empirischen Inhalts in ein System von Größen und Zahlen ist niemals abgeschlossen; aber, soweit sie dringt, teilt sie auch dem physikalischen Wissen den gleichen Charakter vollkommener Gewißheit mit, der der r e i n e n Mathematik eignet. Das Ziel der Physik besteht eben darin, die Begriffe, die ihr die Mathematik liefert, in aller Strenge festzuhalten und sie dennoch zugleich für immer weitere Gebiete von Einzeltatsachen fruchtbar zu machen. Mit meisterhafter Klarheit hat Galilei dieses Doppelverhältnis entwickelt und erläutert. Der Begriff der gleichförmigen Beschleunigung, von dem er ausgeht, ist ihm zunächst nichts anderes als eine „hypothetische Voraussetzung", die nicht unmittelbar auf die „Tatsachen" der Natur bezogen und an ihnen gemessen werden darf, sondern zuvor der Zerlegung und Entfaltung in ihre einzelnen mathematischen Eigentümlichkeiten und

---

[1]) Dialogo dei massimi sistemi; Giornata seconda, Op. I, 224 ff.

Folgerungen bedarf. Erst nachdem dieser deduktive Teil der Aufgabe abgeschlossen ist, und nachdem er zu festen, zahlenmäßigen Beziehungen hingeleitet hat, ist für die Vergleichung des reinen Gesetzes mit dem Beobachtungsinhalt der Boden bereitet, ist das Maß gewonnen, mit dem wir jetzt an die Mannigfaltigkeit des Wahrnehmungsstoffes herantreten können. „Zeigt die Erfahrung nunmehr, daß solche Eigenschaften, wie wir sie abgeleitet, im freien Fall der Naturkörper ihre Bestätigung finden, so können wir ohne Gefahr des Irrtums behaupten, daß die konkrete Fallbewegung **mit derjenigen, die wir definiert und vorausgesetzt haben, identisch ist**: ist dies nicht der Fall, so verlieren doch unsere Beweise, da sie einzig und allein für unsere Voraussetzung gelten wollten, nichts von ihrer Kraft und Schlüssigkeit, — so wenig es den Sätzen des Archimedes über die Spirale Abbruch tut, daß sich in der Natur kein Körper findet, dem eine spiralförmige Bewegung zukommt"[1]). Die Schroffheit, in der hier die Trennung des Begriffsgehalts von der Beobachtung vertreten wird, erklärt sich aus der polemischen Absicht dieser Sätze. Man begreift indes, daß es in erster Linie nicht auf die **Loslösung** der Begriffe, sondern auf ihre innigere Durchdringung mit dem Wahrnehmungsstoffe abgesehen ist: eine Durchdringung, die jedoch nur dann erreicht werden kann, wenn die Begriffe rein aus sich selbst und unabhängig zu immer spezielleren Folgerungen fortgeführt worden sind. Bis in die astronomische Einzelforschung hinein hat Galilei diesen Grundgedanken seiner Wissenschaft festgehalten: wie Kepler verlangt er auch hier, daß der konkreten Beobachtung durch eine Frage des Denkens vorgearbeitet und die Richtung gewiesen werde[2]).

---

[1]) An Carcaville (5. Juni 1637) Opere VII, 156 f. S. ferner Discorsi e dimostrazioni matematiche intorno a due nuove scienze, Giorn. terza, Op. XIII, 154 f. — Vgl. de Portu, Galileis Begriff der Wissenschaft. Dissert. Marburg 1904, S. 28 f.

[2]) Vgl. Galilei an Kepler: (Kepler, Op. II, 464) „Scias igitur, quod circiter tres menses a quibus Veneris stella videri potuit, inceperim per oculare ad illam cum diligentia respicere ut quod mente tenebam indubium, ipso etiam sensu comprehenderem."

Schritt für Schritt entfaltet sich nunmehr der Inbegriff der hypothetischen Setzungen, die uns im stetigen Fortgang zum konkreten Sein der Dinge hinleiten sollen. Die „sinnliche und physische M a t e r i e" galt bisher als das Hemmnis, das der Ausprägung der reinen Mathematik in der empirischen Wirklichkeit entgegensteht. Sie erscheint somit als eine eigene metaphysische Potenz, die dem reinen Gedanken entgegenwirkt, als ein Zwang, dem der Begriff sich zu fügen hat. Es ist die alte Aristotelische Entgegensetzung: alle Erkenntnis wird ihrem Inhalt und Ursprung nach durch die Allgemeinheit der „Form" erschaffen und gewährleistet, während die Materie an sich das schlechthin Unerkennbare bezeichnet. Die Lösung dieses Widerstreits kann nach den allgemeinen Grundsätzen Galileis nur in e i n e r Richtung versucht werden: die Materie, die hier zum eigenen, unabhängigen Sein hypostasiert ist, muß wiederum dem stetigen Zusammenhang der Prinzipien eingeordnet und aus ihm entwickelt werden. Sie darf nicht länger bloß die G r e n z e bezeichnen, bis zu welcher der reine Begriff vorzudringen vermag, sondern muß zu einem integrierenden B e s t a n d - t e i l des Begriffssystems selbst werden. Wir sahen, wie Kepler bereits mit diesem Gedanken rang und wie er in ihm die Abgrenzung seiner Lehre von der Naturphilosophie zu vollziehen suchte. Die Entwicklung, der er zustrebte, vollendet sich jetzt klar und mühelos. Denn die „Form", die Galilei als Musterbild vor Augen steht, ist nicht die ontologische, sondern lediglich die mathematische Form. Die Bewältigung des Gegenstandes durch sie ist also überall dort verbürgt und gesichert, wo dieser Gegenstand selbst den Charakter der vollkommenen g e o m e t r i s c h e n B e s t i m m b a r - k e i t trägt. Eben diese Forderung aber wird durch den Begriff der Materie, wie die neue Physik ihn faßt, vollständig erfüllt: denn er bezeichnet den völlig h o m o g e n e n Stoff, in welchem alle qualitativen Unterschiede, wie sie die sinnliche Empfindung darbietet, aufgehoben und lediglich jene Momente, die der quantitativen Vergleichung und Messung unterliegen, zurückbehalten sind. Der Begriff der Materie bildet somit nicht mehr, wie bisher, den Gegensatz, sondern das Correlat zum Begriff der gedanklichen N o t w e n d i g - k e i t. Er wird zum unentbehrlichen Mittelglied in dem Prozeß, kraft dessen wir das Mannigfaltige der Wahrnehmung in die Form des physikalischen Begriffs umsetzen. In diesem Sinne gehört er selbst durchaus der wissenschaftlichen V e r n u n f t an, der er ein neues Gebiet von Objekten und Problemen unterwirft. Identität und Unveränderlichkeit sind die wesentlichen objektiven Merkmale, die wir der Materie als solcher zuzuschreiben pflegen: eben diese Merkmale aber enthalten zugleich die Gewähr dafür, daß von ihr ein vollkommenes, dem mathematischen vergleichbares W i s s e n zu erreichen ist[1]).

An diesem Punkte läßt sich der genaue Zusammenhang aufweisen, der Galilei mit der antiken Spekulation verbindet. Die gedankliche Verwandtschaft Galileis mit Demokrit ist mit Recht hervorgehoben worden[2]): aber sie erweist sich nicht sowohl in seiner A t o m i s t i k, die, so interessant und problemreich sie ist, im Ganzen des wissenschaftlichen Systems doch nur ein Außenwerk bleibt, als vielmehr in den l o g i s c h e n Fundamenten seiner Physik. Der antike Materialismus ist geschichtlich nicht direkt aus der physikalischen Beobachtung, sondern aus dialektischen Problemen und Erfordernissen herausgewachsen. Es ist der Eleatische Gegensatz des Einen und Vielen, des Denkens und der Sinneswahrnehmung, der in ihm zugleich geschärft und geschlichtet werden sollte. Die Forderung des reinen Begriffs, der Anspruch der strengen unveränderlichen I d e n t i t ä t war fixiert: nun galt es, sofern eine W i s s e n s c h a f t der Phänomene möglich sein sollte, die Erscheinungen derart zu bestimmen und zu deuten, daß in ihnen selber ein Ewiges und Unwandelbares sich darstellte und heraushob. Es ist dieselbe Aufgabe,

---

[1]) Discorsi I.; Op. XIII, 7: „E perchè io suppongo la materia esser inalterabile, cioè sempre l'istessa, è manifesto che di lei, come di affezione eterna e necessaria, si possono produr dimostrazioni non meno dell'altre schiette e pure matematiche."
[2]) Zum Verhältnis Galileis zu Demokrit s. N a t o r p , Galilei als Philosoph. Philos. Monatsh. 1882 u. L ö w e n h e i m , Der Einfluß D.'s auf G. Arch. f. Gesch. d. Philos. Bd. VII. (1894).

wenn auch in unvergleichlich größerer Eindringlichkeit und Bestimmtheit gefaßt, mit der Galileis Denken einsetzt. Auch für ihn steht das allgemeine Platonische I d e a l des Begreifens fest: Wissenschaft ist nur von dem möglich, was in dauernder Einheit sich erhält[1]). Aber wenn dieser Gedanke für Platon einzig und allein in der Mathematik seine volle Bewährung fand, so wird jetzt die Forderung unmittelbar und strenger auf die physischen Objekte gerichtet. Diese Weiterführung aber wird sogleich verständlich, wenn man die Art erwägt, in der Galilei zu seinem B e g r i f f der Natur vorgedrungen ist. In ihm ist nicht eine Mehrheit beliebig zusammengeraffter Tatsachen und Beobachtungen zu äußerlicher Einheit verknüpft, sondern eine strenge Abgrenzung und Bestimmung des Erfahrungsstoffes nach K r i t e r i e n der Geometrie getroffen. Zur Natur, im echten wissenschaftlichen Sinne des Wortes, gehören nur „die wahren und notwendigen Dinge, die sich unmöglich anders verhalten können"[2]). In den Fragen der Jurisprudenz oder der Staatskunst oder in jeder anderen Wissenschaft, die von wandelbaren und willkürlichen S a t z u n g e n handelt, mag es hingehen, sich bloß w a h r - s c h e i n l i c h e n Argumenten zu überlassen. Die Physik dagegen, die von einem festen und bleibenden, durch menschliche Willkür nicht zu verändernden Gegenstand handelt, darf nur auf eindeutigen und zwingenden Beweisgründen sich aufbauen[3]). Der physikalischen Induktion, wie Galilei sie versteht, ist daher von Anfang an das Ziel gesetzt, die mathematisch-demonstrative Ableitung der Erscheinungen aus einander vorzubereiten und ihr den Weg zu weisen.

---

[1]) Dialogo, Vierter Tag, Op. I, 497: „Questo è quanto io posso dirvi in questa materia, e quanto per avventura può comprendersi sotto una nostra cognizione, la quale, come ben sapete, non si può aver se non di quelle conclusioni, che son ferme e costanti . . come quelli che dependono da cause invariabili, une ed eterne."
[2]) Vgl. Dialog, Zweiter Tag, I, 174f.
[3]) Dialog, Erster Tag, Op. I, 61f.; vgl. Dritter Tag (Op. I, 439 f): Le quali ragioni . . non annodano e stringano con quella forza c h e i n d u b i t a b i l m e n t e d e b b o n f a r e q u e l l e c h e d i c o n c l u s i o n i n a t u r a l i, n e c e s s a r i e e d e t e r n e s i p o s s o n o a d d u r r e.

Solange diese Ableitung nicht erreicht ist, solange besitzen wir noch keine Gewähr dafür, daß wir uns im Gebiet des wahrhaften S e i n s, nicht in einer erdichteten Fabelwelt, bewegen[1]). Der Aristotelische Satz, daß man in den natürlichen Dingen keine Beweise von mathematischer Strenge suchen und fordern müsse, ist Galilei daher innerlich unverständlich: er weiß und spricht es aus, daß mit ihm das eigentliche Problem seiner Forschung zur Chimäre würde. Lediglich durch den Mittelbegriff der geometrischen Verknüpfung hindurch gelangt er zum Gedanken der strengen kausalen Bedingtheit der Erscheinungen, und lediglich diese Bedingtheit ist es, der er den Namen der „Natur" beilegt.

Es sind nur die ersten begrifflichen A n s ä t z e der Problemstellung Galileis, die uns in den bisherigen Erwägungen entgegentraten: aber auch sie enthalten im Keime bereits fundamentale empirische Ergebnisse und Folgerungen in sich. So ist z. B. die Lehre von der S u b j e k t i v i t ä t d e r s i n n l i c h e n Q u a l i t ä t e n in den vorangehenden Begriffsentwicklungen unmittelbar enthalten und mitgesetzt; nicht als abgeleitetes Resultat wird sie erreicht, sondern die ursprüngliche Abgrenzung und D e f i n i t i o n des Forschungsgebiets selbst ist es, aus der sie herfließt. Diese Lehre wird daher von Galilei nicht in erster Linie auf bestimmte physiologische Einzeltatsachen gestützt; vielmehr werden diese Tatsachen, soweit sie herangezogen werden, ausdrücklich nur als B e i s p i e l e für die vorangehenden allgemeinen methodischen Erwägungen benutzt und bezeichnet. Die sinnlichen Merkmale der Farbe und des Tones, die sich je nach der Beschaffenheit des aufnehmenden Organs ins Unbegrenzte wandelbar erweisen, können nicht dem Gebiet des „wahrhaften" Seins angehören, das als ein Inbegriff „ewiger und notwendiger" Beschaffenheiten und Merkmale zu denken ist. Es ist eine erborgte und erdichtete Realität, die ihnen eignet — eine Realität, die sich unter der scharfen und durchgeführten Analyse des G e d a n k e n s in Nichts auflösen muß. So übernimmt Galilei auch diesen Satz durchaus in

---

[1]) Vgl. Il Saggiatore, Op. IV, 174, 258 u. s.

dem Sinne, in dem er bei Demokrit gebraucht und angelegt war. Die Materie oder die körperliche Substanz läßt sich nicht b e g r e i f e n, ohne in ihr zugleich die Merkmale der B e g r e n z u n g, der räumlichen G e s t a l t und der G r ö ß e mitzudenken, ohne sie ferner, sofern sie in individueller Bestimmtheit aufgefaßt werden soll, nach ihrer örtlichen und zeitlichen Lage, sowie nach ihrem Bewegungszustand als determiniert anzusehen. Alle diese Gesichtspunkte, die sich unter den Grundkategorien der Z a h l, der Z e i t und des R a u m e s zusammenfassen lassen, gehören somit notwendig ihrem Begriff an, von dem sie sich durch keine Anstrengung der subjektiven „Einbildungskraft" loslösen lassen. Ob sie dagegen rot oder weiß, bitter oder süß, tönend oder stumm, wohl- oder übelriechend ist, ist für die Bestimmung ihres Wesens ohne Belang; alle diese Beschaffenheiten bezeichnen lediglich wechselnde Z u s t ä n d e, nicht B e d i n g u n g e n, an die der gedankliche Vollzug des Begriffs gebunden wäre. Verstand und Vorstellungsvermögen (il discorso o l'immaginazione) vermögen für sich allein niemals zu dieser zweiten Gattung von Merkmalen hinzuführen; nur die direkte sinnliche Wahrnehmung ist es, die uns ihrer versichern kann. Damit aber ist erwiesen, daß jene Qualitäten aus dem objektiven Bild der Wirklichkeit auszuschalten sind, daß sie nicht mehr als bloße „Namen" sind und nirgends anders, als im empfindenden Körper ihren Bestand haben. Man denke sich die lebenden Wesen und ihre Organe aufgehoben: und die Welt der sinnlichen Eigenschaften wäre gleichzeitig vernichtet[1]). Man muß sich, um sich der radikalen Schärfe

---

[1]) Il Saggiatore; Opere IV, 333 ff. „Per tanto io dico, che ben sento tirarmi dalla necessità, subito che concepisco una materia o sostanza corporea, concepire insieme che ella è terminata e figurata di questa o di quella figura, ch'ella in relazione ad altre è grande o piccola, ch'ella è in questo o quel luogo, in questo o quel tempo, ch'ella si muove o sta ferma, ch'ella tocca o non tocca un altro corpo, ch'ella è una, poca o molta, nè per veruna immaginazione possa separarla da queste condizioni; ma ch'ella debba essere bianca o rossa, amara o dolce, sonora o muta, di grato o ingrato odore, non sento farmi forza alla mente di doverla apprendere da cotali condizioni necessariamente accompagnata: anzi se i sensi non ci fussero scorta, forse il discorso o l'immaginazione

dieser Folgerung ganz bewußt zu werden, in den Ausgangspunkt der Untersuchung zurückversetzen. Wir sahen, wie die Wissenschaft der neueren Zeit damit begann, gegenüber einem physikalischen Weltbilde, das in ontologischen Gegensätzen und Unterscheidungen wurzelte, auf den Urquell der S i n n e s e r f a h r u n g zurückzuweisen; wie sie damit dasjenige, was bisher als festes und erschöpfendes System von B e g r i f f e n galt, zu einer bloßen Sammlung von „Namen" herabsetzte. (S. ob. S. 316). Die sinnliche Empfindung selbst aber führte, je schärfer und klarer die Aufgabe, die sie in sich enthält, gefaßt wurde, zu der Forderung der mathematischen Analyse zurück, in der der Begriff nunmehr ein neues Sein und eine neue Verkörperung fand. Indem dieser neue Gesichtspunkt entsteht und sich fortschreitend vertieft, bildet sich damit zugleich innerhalb des bisherigen Gegensatzes eine völlige U m k e h r u n g heraus: denn jetzt ist es, wie man sieht, die einzelne W a h r n e h m u n g, die, sofern sie sich nicht auf eine reine quantitative Bestimmtheit zurückführen und in ihr beglaubigen läßt, als willkürlicher „Name" gilt. Der echte G e g e n s t a n d der Natur wird erst gewonnen, wenn wir in dem Wandel und Wechsel unserer Wahrnehmungen selbst die notwendigen und allgemeingültigen Regeln festzuhalten lernen. Es ist besonders bezeichnend, daß Galilei für die wissenschaftliche Konstituierung der Materie nicht nur auf Farbe und Ton, sondern zugleich auf die Tast- und W i d e r s t a n d s e m p f i n d u n g ausdrücklich Verzicht leistet, daß ihm somit die S c h w e r e , so wesentlich und unentbehrlich sie als empirische Eigenschaft ist, dennoch nicht in den B e g r i f f des Körpers eingeht. Ja es scheint, als solle durch die Reduktion auf Größe und Gestalt auch der physikalische Gesichtspunkt der „Masse"

---

per sè stessa non v' arriverebbe giammai. Per lo che vo io pensando, che questi sapori, odori, colori ec. per la parte del suggetto nel quale ci par che riseggano, non sieno altri che pur nomi, ma tengono solamente lor residenza nel corpo sensitivo, sicche rimosso l'animale sieno levate et annichilate tutte queste qualità." — Zu Galileis Lehre von der Subjektivität der Sinnesqualitäten und ihr Verhältnis zu Descartes: vgl. N a t o r p , Descartes' Erkenntnistheorie Cap. VI.

ausgeschaltet werden, wie es später bei Descartes der Fall sein wird. Man begreift diese Beschränkung indes aus dem logischen Interesse, das an dieser Stelle vorwaltet: die Realität des Körpers ist allein aus der Mathematik zu bestimmen, die hier noch wesentlich mit der Geometrie zusammenfällt. Der physikalische Körperbegriff hat sich bei Galilei allmählich und im selben Maße entwickelt, wie die Mathematik bei ihm den Übergang von ihrer antiken Gestalt zur modernen Form der Analysis vollzog.

Der Fortschritt, der hier auf dem Wege zur Bestimmung des konkreten Inhalts erreicht ist, bewährt sich in einer Folgerung, die sich direkt aus den bisherigen Prämissen ableitet: mit dem Begriff der Materie, den Galilei zu Grunde legt, ist zugleich der Gedanke der Erhaltung des Stoffes gegeben. Indem wir den Wechsel und die Veränderlichkeit, die den subjektiven Inhalten der Wahrnehmung eignet, von dem „realen" Gegenstand der Natur ausgeschlossen denken, haben wir diesen damit als beharrende identische Einheit fixiert. Ein absolutes Entstehen und Vergehen würde einen unmittelbaren Gegensatz zu demjenigen Weltbegriff in sich schließen, den der Verstand aus sich selbst entdeckt und entwirft. Eine wahrhafte „substantielle Umwandlung", bei der ein Stoff sich derart umformt, daß er als völlig vernichtet gelten muß, ist ein unvollziehbarer Gedanke. Es ist charakteristisch, wenn in den Dialogen über die beiden Weltsysteme der Aristotelische Gegner Galileis sich zur Widerlegung dieses Satzes auf den unmittelbaren Sinnenschein beruft: denn sehen wir nicht täglich Kräuter, Pflanzen und Tiere vor unseren Augen entstehen und vergehen, sehen wir nicht, wie die Gegensätze beständig miteinander ringen, wie die Erde sich in Wasser, das Wasser in Luft verwandelt und diese sich wieder zu Wolken, Regen und Gewitter verdichtet? Solche offenkundigen Tatsachen leugnen, heiße die Prinzipien der Wissenschaft selbst und damit die Möglichkeit jeder Beweisführung aufheben[1]). Für einen „Empirismus" dieser Art hat Galilei gemäß dem neuen Begriff

---

[1]) Dialog I; Op. I, 48.

der Erfahrung, der sich bei ihm entwickelt hat, kein Verständnis und keine Duldung mehr. Nicht alles, was sich auf das angebliche Zeugnis einer unmittelbaren Beobachtung stützt, gilt ihm als Faktum im Sinne der Wissenschaft. Erst die systematische Verknüpfung und die Übereinstimmung mit der Allheit der Phänomene entscheidet über den Wert einer einzelnen „Tatsache": um aber diese Übereinstimmung zu prüfen, müssen wir den besonderen Fall mit allgemeinen systematischen Grundsätzen zusammenhalten. Durch die Beziehung auf solche K r i t e r i e n , wie z. B. auf das Gesetz der Erhaltung der Materie, wird ein Prozess, der sich für die W a h r n e h m u n g als absolute Schöpfung und Vernichtung darstellt, für das U r t e i l zu einer bloßen relativen Verschiebung von Teilen innerhalb der homogenen Gesamtheit des Stoffes. Wir wissen durch Galileis eigenes Zeugnis, daß die Richtung des Denkens, die hier geschildert ist, auch bei der Entdeckung des Grundfaktums seiner Wissenschaft, bei der Entdeckung der Fallgesetze, eingehalten worden ist[1]).

Allgemein zeigt es sich, daß der Begriff der B e w e g u n g , je mehr er in den Blickpunkt des Interesses tritt und je deutlicher er sich als der eigentliche Typus der physikalischen Wirklichkeit heraushebt, eine analoge Entwicklung eingeht, wie wir sie am Begriff des Stoffes verfolgen konnten. Zunächst wird auch hier die Scheidewand zwischen abstrakter und konkreter Betrachtung, zwischen Theorie und Anwendung beseitigt: die Bewegung ist für Galilei ein ebenso vollgültiger und legitimer mathematischer Begriff, wie das Dreieck oder die Pyramide. Nichts Fremdes, nichts Äußerliches tritt mit ihr in den Kreis der reinen mathematischen Objekte ein[2]). Durch Galileis Schriften zieht sich der Kampf gegen diejenigen, die für die Eigenheit der physischen Gegenstände eine eigene „physische Methode" verlangen, die der „mathematischen" entgegengesetzt oder auch von ihr nur in irgendeinem wesentlichen Merkmal unterschieden wäre[3]). Die unmittelbare An-

---

[1]) Vgl. z. B. Postille alle Esercitazioni di Ant. Rocco. Op. II, 315f.
[2]) Vgl. z. B. Op. XII, 508f. (gegen Vincenzo di Grazia).
[3]) Vgl. Op. II, 329: „Giudicate, sig. Rocco, qual dei due modi di filosofare cammini più a segno, o i l v o s t r o f i s i c o p u r o e

wendbarkeit geometrischer Folgerungen auf die empirischen Veränderungen leugnen: das ist ebenso lächerlich, als wolle man behaupten, daß die Gesetze der Arithmetik bei der Abzählung eines konkreten Quantums versagten[1]). Die „spezifisch physikalische" Methode, deren die Peripatetiker sich rühmen, die Ableitung der Erscheinungen aus qualitativen Gegensätzen, setzt in der Tat an die Stelle wissenschaftlicher Bestimmtheit eine unendliche Vieldeutigkeit möglicher Erklärungsgründe[2]). Am Beispiel der Hydrostatik führt Galilei aus, daß, während er ein schlechthin universelles Gesetz zu Grunde lege und aus ihm alle Besonderheit des Einzelfalls fortschreitend ableite, die Gegner ihr Erklärungsprinzip nur durch immer verwickeltere Unterscheidungen und Einschränkungen zu stützen vermögen: der Zusammenhang zwischen dem Allgemeinen und Besondern, der in der mathematischen Gleichung mit unmittelbarer Gewißheit zu Tage tritt, kann hier nur durch immer neue logische Distinktionen — durch den Gegensatz dessen, was „an sich" und „per accidens", was im eigentlichen oder uneigentlichen Sinne, was absolut oder beziehungsweise gilt — aufrecht erhalten werden[3]). Für

s e m p l i c e   b e n e ,   o   i l   m i o   c o n d i t o   c o n   q u a l c h e
s p r u z z o   d i   m a t e m a t i c a; e nell'istesso tempo considerate, chi più giudiziosamente discorreva, o Platone nel dir che senza la matematica non si poteva apprender la filosofia, o Aristotile nel toccare il medesimo Platone per troppo studioso della geometria." S. ferner Dialog I, Op. I, 18; Dial. III, Op. I, 430; Discorsi XIII, 134; VII, 283 u. s.
[1]) S. Dialoge, Zweiter Tag, Op. I, 229: „E sarebbe ben nuova cosa, che i computi e le ragioni fatte in numeri astratti non rispondessero poi alle monete d'oro e d'argento e alle mercanzie in concreto. Ma sapete, signor Simplicio, quel che accade? Siccome a voler che i calcoli tornino sopra i zuccheri, le sete e le lane bisogna che il computista faccia le sue tare di casse, invoglie e altre bagaglie, così, quando il filosofo geometra vuol riconoscere in concreto gli effetti dimostrati in astratto, bisogna che difalchi gli impedimenti della materia; che se ciò saprà fare, io vi assicuro che le cose si riscontreranno non meno aggiustamente che i computi aritmetici."
[2]) Vgl. z. B. XII, 298, 382 (gegen Lodovico delle Colombe).
[3]) „La principal radice di tutti gli errori de'miei avversari e contradittori depende dal non aver mai potuto intendere il modo, col quale io dico che l'aria contenuta dentro agli arginetti è cagione del galleggiare della falda; il qual modo non è per attrazione, nè per virtù calamitica, ed

den Peripatetiker bedeutet die materiale „Ursache" eines Geschehens nur ein isoliertes Teilmoment, dessen Erfolg und Wirksamkeit von der innerlichen Beschaffenheit des „Subjekts", auf das sie gerichtet ist, abhängig ist, während Galilei in ihr den Inbegriff aller Bedingungen und aller äußeren wie inneren Relationen zusammenfaßt, deren Setzung einen bestimmten Effekt mit Notwendigkeit in sich schließt[1]). Hier läßt sich Galileis Gesamtanschauung der Natur nach beiden Richtungen und Tendenzen, die in ihr wirksam sind, übersehen. Die **Erfahrung** bildet den Anfang wie das Ziel seiner Forschung: aber wenn sie als Anfang nur einen Inbegriff methodisch gewonnener und gesichteter Einzelbeobachtungen ausmacht, so steht ihm als Ziel jener kritische Erfahrungsbegriff vor Augen, den **Kant** in dem Satze formuliert hat, daß Erfahrung nur durch die Vorstellung einer notwendigen Verknüpfung der Wahrnehmungen möglich sei. Diese Notwendigkeit erreichen wir, indem wir die Beobachtungen auf ideelle geometrische Grundschemata beziehen und ihnen deren logische Form aufprägen. Das einzelne Ereignis gewinnt damit, nach vorwärts wie nach rückwärts, als Ursache wie als Wirkung, jene Festigkeit des Zusammenhangs, jene eindeutige Stellung und Begrenzung in der räumlich-zeitlichen Ordnung, kraft welcher es erst in den Umkreis der naturwissenschaftlichen Wirklichkeit aufgenommen erscheint. Das Problem besteht darin, die Verknüpfung, wie sie zwischen den Prämissen und den Folgerungen des geometrischen Beweises besteht, auf die Erkenntnis der Einzeltatsachen zu übertragen: und dieses Problem löst sich fortschreitend in dem Maße, als wir die „Tatsachen" selbst in einen Inbegriff von Größen und Zahlen auflösen. —

in somma non è per nissun nuovo accidente o affezione, oltre alla prima unica e sola cagione del galleggiare di tutte l'altre cose che galleggiano; la quale perchè è una sola, vera, propria, conosciuta da me e da altri, non ammette distinzione veruna *per se, per accidens, proprie vel improprie, absolute vel respective*". Op. XII, 105 (Lettera a Tolomeo Nozzolini) vgl. bes. XII, 387 (Risposta a Lodovico delle Colombe).

[1]) Saggiatore (Op. IV, 216): „Quella e non altra si debba propriamente stimar causa, la qual posta segue sempre l'effetto, e rimossa si rimuove."

Der erste Schritt auf diesem Wege besteht darin, daß wir im Begriff der Bewegung — analog der Entwicklung, die der Begriff der Materie nahm — einen gleichbleibenden quantitativen Grundbestand fixieren. Die Entdeckung des **Beharrungsgesetzes** hängt daher mit dem Ausgangspunkt und den Grundgedanken von Galileis Forschung innig und unverkennbar zusammen. Schon aus der Betrachtung dieses Zusammenhangs heraus sollte jeder Zweifel daran schwinden, ob Galilei die volle Einsicht von der Allgemeinheit und Tragweite seines neuen Grundsatzes gewonnen hat. Die Beweisgründe, die in neuerer Zeit dagegen angeführt worden sind, beleuchten nur die geschichtlichen Schwierigkeiten, die sich dem Gewinn der neuen Erkenntnis entgegenstellten, zeigen nur die mannigfachen psychologischen Vermittlungen und Vorstufen, die notwendig waren, ehe der Gedanke sich in voller Reinheit herauslösen konnte. So sehr es von historischem Interesse ist, diesen stetigen Gang der Entdeckung zu verfolgen[1]: die Klarheit und Sicherheit des Ergebnisses, wie es uns vor allem in den „Discorsi" entgegentritt, wird dadurch nicht berührt. Der Gedanke, der zunächst an einem bestimmten Umkreis von Einzelphänomenen und somit in eingeschränkter Geltung erfaßt wird, wächst zu immer größerer Bedeutung und Universalität heran, indem er sich als ein allgemeines **Regulativ** erweist, nach welchem wir die Beobachtung beurteilen. Die Ableitung des Trägheitssatzes, die die Discorsi geben, kann daher wiederum als ein Musterbeispiel für das Verhältnis von Denken und Empfindung gelten. Von einer Vorbereitung, von einem Ansatz des Denkens geht die Untersuchung aus: es ist eine reine „Konzeption des Geistes" an die die Frage sich richtet[2], Der Streit über den „empirischen" oder „apriorischen" Ursprung des Beharrungsgesetzes ist daher im Grunde müßig: denn so wenig es eines

---

[1] S. hrz. Wohlwill, Die Entdeckung des Beharrungsgesetzes. Ztschr. f. Völkerpsychol. Bd. XIV ff.
[2] Discorsi IV; Op. XIII, 221: „Mobile quoddam super planum horizontale projectum mente concipio omni secluso impedimento; jam constat . . illius motum aequabilem et perpetuum super ipso plano futurum esse, si planum in infinitum extendatur" usw.

Wortes darüber bedarf, daß das Gesetz nur an den Tatsachen der Erfahrung zur Entdeckung kommen konnte, so deutlich wird auf der anderen Seite, daß eben jene Tatsachen selbst nicht der direkten Wahrnehmung bloßlagen, sondern durch das Denken der „resolutiven Methode" erst herauszusondern und zu gewinnen waren. In meisterhafter Weise hat Galilei diese Kunst der Analyse in der Kritik der Aristotelischen Auffassung der Wurfbewegung bewährt. Hier ist es, wie bekannt, das M e d i u m , das zur Erklärung der Fortsetzung der Bewegung herbeigezogen wird: beim Fortschleudern eines schweren Körpers wird zunächst die benachbarte Luft in schnelle kreisende Bewegung versetzt, die allmählich immer weitere Teile ergreift und damit mittelbar auch dem bewegten Körper in jedem Moment einen neuen Impuls mitteilt. Dabei werden drei verschiedene Phasen begrifflich unterschieden und die Erfahrungen des Wurfes nach ihnen gedeutet; im Anfang, da die Gesamtmasse der Luft noch nicht von der Bewegung ergriffen worden ist, schreitet der Körper langsam fort, erreicht dann einen bestimmten, höchsten Wert der Geschwindigkeit, um von ihm, je mehr die übertragene Bewegung der Luftteilchen sich abschwächt, wieder allmählich herabzusinken[1]. Galilei deckt zunächst den logischen Grundmangel dieser angeblichen Erklärung auf: sie setzt voraus, daß wenigstens der Luft die Fähigkeit zukommt, einen empfangen Eindruck über den ersten Moment hinaus während einer bestimmten Zeitdauer zu bewahren und festzuhalten; sie muß also dem Medium eben jene Eigenschaft zugestehen, die sie für den bewegten Körper selbst leugnete. Die Schwierigkeit ist hier nicht gelöst, sondern ersichtlich nur um einen Grad zurückgeschoben. Denken wir uns ferner das Verhältnis zwischen Ursache und Wirkung als strenge quantitative Bestimmtheit, so müßte, wenn das Medium die Ursache der Erhaltung und Fortpflanzung der Bewegung wäre, die Größe der Geschwindigkeit proportional der Dichtigkeit des Mediums zunehmen, während die Erfahrung das Gegenteil zeigt. Hier wie bei Kepler ist es der Gedanke der exakten funktionalen

---

[1] Vgl. die Darstellung bei F r a c a s t o r o , De sympathia et antipathia, Cap. 4. Opera, Venet. 1555, S. 81.

Abhängigkeit, der die Anwendung des Kausalbegriffs regelt und einschränkt[1]). Wenn Aristoteles weiterhin die Erhaltung der „natürlichen" Bewegung zugestanden, die der „gewaltsamen" dagegen bestritten hatte, so zeigt sich auch an diesem Punkt das Charakteristische der neuen Denkart. Die Natur im Aristotelischen Sinne steht unter dem Gesichtspunkt und der Vorherrschaft des Zweckbegriffes: natürlich ist die Bewegung, die dem inneren Wesen des Subjekts und seinem immanenten Formprinzip angemessen ist. Für die moderne Wissenschaft dagegen ist es, wie sich zeigte, der Gedanke der Notwendigkeit, der den Sinn und Inhalt des Naturbegriffs ausmacht. Sie schließt demnach nicht von der Qualität und Beschaffenheit einer vereinzelten Bewegungsform auf ihre Beharrung und Fortdauer, sondern umgekehrt ist es das allgemeine Gesetz der Erhaltung, durch das ihr die Geschwindigkeit, die in der unmittelbaren, naiven Auffassung nur wie ein beliebig auftauchender und verschwindender Inhalt erscheint, zur Realität im Sinne der Erkenntnis, zur dauernden und bestimmten „Wesenheit" wird. —

Wir müssen an diesem Punkte länger verweilen: denn hier stehen wir an einem Wendepunkt, an dem sich die Zeitalter scheiden. Um uns den Stand des Problems, wie Galilei ihn vorfand, völlig zu vergegenwärtigen, dürfen wir nicht sowohl die Aristotelische Ansicht selbst, wie ihre Ausführung und Darstellung in der neueren Naturphilosophie zu Grunde legen. Hier bietet uns insbesondere die Bewegungslehre des F r a - c a s t o r o ein typisches Beispiel: denn dieser faßt die überlieferte Theorie noch einmal prägnant zusammen, wie er anderseits, als Arzt und Naturforscher bemüht ist, sie der Erfahrung und Einzelbeobachtung zu nähern und anzupassen. Die inneren Schwierigkeiten, die sich der neuen Fragestellung entgegenstellten, können wir uns hier am Beispiel eines Denkers verdeutlichen, der die Bekämpfung der „dunklen Qualitäten" und die Erforschung der echten, realen Mittelursachen bereits als Grundaufgabe der Forschung erkennt und ausspricht. Auch bei ihm ist es noch der Begriff der q u a l i -

---

[1]) S. Dialog II, Op. I, 166 f.; vgl. die „Sermones de motu gravium", Op. XI, 18ff. u. s.

tativen Verwandtschaft und des qualitativen Gegensatzes, der für die Erklärung der räumlichen Ordnung eintritt. Die Lage und relative Stellung der einzelnen Elemente entspricht dem Grade ihrer innerlichen Zusammengehörigkeit. Aus dem Triebe der Selbsterhaltung, der jedem Naturkörper eingepflanzt ist, folgt zunächst der Ausschluß des leeren Raumes. Alle Elemente streben nach wechselseitiger Berührung, da sie in ihr allein ihren Fortbestand wahren und sichern können: denn das Vacuum ist, als der ausgeprägte l o g i s c h e Gegensatz gegen den Begriff des Körpers, zugleich eine beständige Bedrohung ihrer p h y s i s c h e n Existenz[1]). Der gleiche allgemeine Gesichtspunkt erklärt weiterhin die bestimmte örtliche Gliederung: jedes Element nimmt „seiner Natur nach" denjenigen Ort ein, in dem es von fremden Einwirkungen und widerstreitenden Eigenschaften am besten abgesondert und geschützt ist. So hat das Feuer seinen Platz zwischen der konkaven Wölbung oberhalb der Mondsphäre und der äußeren Grenze der irdischen Atmosphäre: hier grenzt es auf der einen Seite an die Region des Lichtes an, dem es durch die Qualität der „Trockenheit" verwandt ist, auf der andern an die Region der Luft, mit der es die Qualität der Wärme teilt. Analog kommt der Luft die Stellung zwischen Feuer und Wasser zu, die ihr am angemessensten ist, da sie mit dem einen durch die Eigenschaft der Wärme, mit dem andern durch die der Feuchtigkeit in Gemeinschaft steht. Allgemein muß, wo immer wir ein Beisammensein von Stoffen oder eine Aufhebung dieses Beisammen finden, dies auf rein innerliche Verhältnisse der „Sympathie" und „Antipathie" zurückgeführt werden: sehen wir z. B. die Luft in einem Schlauch durch das eindringende Wasser verdrängt, so ist dieser Prozeß, wie ausdrücklich betont wird, nicht rein mechanisch aufzufassen und zu erklären, sondern beruht auf der Disharmonie, die zwischen der Natur der beiden Elemente besteht. „Wie die Teile eines lebenden Wesens unter einander mannigfache Übereinstimmungen und Beziehungen aufweisen, wie sie eine bestimmte Anordnung und Gliederung verlangen, so

---

[1]) Fracastoro, De Sympathia et antipathia, Cap. II (a. a. O. S. 79 f.).

bestimmen sich auch die Teile des Alls, das nicht minder als lebendiger Organismus zu denken ist, wechselseitig ihre Lage; wäre dies nicht der Fall, so würde das Universum selbst sich nicht in seiner gehörigen Verfassung befinden"[1]). Alle Bewegung wird durchaus in diesem qualitativ-teleologischen Sinne gefaßt und gedeutet: einer der führenden Aristoteliker der Zeit, Cesare Cremonini, formuliert noch einmal in voller Allgemeinheit das Axiom, daß Bewegung nicht möglich sei ohne ein strebendes Subjekt und ein Ziel, dem es sich in seinem Streben zuwendet[2]). Der absolute Charakter des S u b j e k t s entscheidet über die Beziehungen, in die es eingeht: die D i n g e werden geordnet und in Klassen eingeteilt, um aus dieser Einteilung das Prinzip für die Unterscheidung der B e - w e g u n g e n zu gewinnen[3]). Bei Galilei erst wird der alte Satz: „operari sequitur esse", den die Scholastik der naiven dinglichen Weltansicht entlehnt, zu nichte. Er beginnt mit einer allgemeinen G e s e t z l i c h k e i t d e s W i r k e n s , die unabhängig von aller Besonderheit der empirischen Objekte allgemeine und notwendige Geltung beansprucht; erst unter ihrer Voraussetzung werden die Arten und Gattungen des S e i n s unterscheidbar. In der Geschichte des Erkenntnisproblems ist nunmehr ein neuer fundamentaler Gegensatz

---

[1]) Ibid. Cap. III und Cap. IX, (S. ob. S. 376 Anm. 1)
— Das Urteil von L i b r i und L a s s w i t z , die in Fracastoro einen Vorkämpfer der neueren K o r p u s k u l a r t h e o r i e n sehen, ist daher nicht zutreffend; wenngleich er die Anziehung und Abstoßung zwischen unmerklich kleinen Teilchen vor sich gehen läßt, so wird er doch — wie aus den angeführten Stellen hervorgeht — noch völlig durch die allgemeinen Gesichtspunkte der metaphysischen Erklärung aus den „substantiellen Ursachen" beherrscht.

[2]) C r e m o n i n i , De coelo; vgl. M a b i l l e a u , Etude sur la philosophie de la Renaissance S. 203.

[3]) Vincenzo di Grazia gegen Galilei: „D o v e n d o s i d i m o - s t r a r e g l i a c c i d e n t i d e l p r o p r i o e n a t u r a l e s o g - g e t t o , nel quale eglino naturalmente si ritrovano, fa di mestiero, volendo assegnar la cagione del movimento al centro e alla circonferenza, e della quiete che segue nell'acqua, il considerarli primieramente negli elementi, dove naturalmente si ritrovano, e n o n i n s i e m˚e i n q u e l l i e n e ' c o m p o s t i . Altrimenti non si farebbe la dimostrazione universale, ed erreremmo etc." (Op. XII, 184.) Vgl. ob. S. 381 f.

zur Klärung und entschiedenen Herausarbeitung gelangt. Der alte Widerstreit des „Empirismus" und „Rationalismus" tritt zurück; er wird gegenüber dem System Galileis, das durchaus auf der Durchdringung und Wechselbeziehung von Erfahrung und Vernunft beruht, unbestimmt und unfruchtbar. Ein anderes, tieferes Problem ist jetzt gestellt: die Frage ist, ob mit den D i n g e n oder den B e z i e h u n g e n, ob mit dem Dasein oder mit den Formen der Verknüpfung zu beginnen ist. Gegenüber der s u b s t a n t i e l l e n Weltansicht erhebt sich eine Auffassung, die auf dem Grunde des F u n k t i o n s b e g r i f f s erwachsen ist. An dieser Stelle wird es besonders deutlich, daß die Geschichte der neueren P h i l o s o p h i e außerhalb des Zusammenhangs mit der exakten Wissenschaft nicht zu begreifen und nicht zu entwickeln ist. Der dialektische Widerstreit, der hier entstanden ist, wird die treibende Grundkraft der künftigen Systeme: die Cartesische, wie die Leibnizische Erkenntnislehre bilden nur bestimmte Einzelphasen in jenem allgemeinen Fortschritt von der Substanz zur Funktion[1]). —

Bei Galilei nun ist der neue Gesichtspunkt nicht nur in der Art und Richtung seiner Forschung implicit enthalten, sondern auch mit überraschender Präcision und Klarheit formuliert. „Entweder — so heißt es in seinen „Briefen über die Sonnenflecke" — wir suchen auf dem Wege der Spekulation in das wahre und innerliche W e s e n der natürlichen Substanzen einzudringen, oder wir begnügen uns mit der Erkenntnis einiger ihrer empirischen M e r k m a l e (affezioni). Den ersteren Versuch halte ich für ein Bemühen, daß bei den nächsten irdischen wie bei den entferntesten himmlischen Substanzen gleich eitel und vergeblich ist. Wir kennen so wenig die Substanz der Erde, wie die des Mondes, so wenig die unserer irdischen Atmosphäre, wie die der Sonnenflecke. Denn ich sehe nicht, daß wir im Verständnis der nahen Substanzen irgendeinen anderen Vorteil besitzen, als die Fülle der Einzelbestimmungen, die aber alle (ihrem m e t a p h y s i s c h e n

---

[1]) Für die systematische Darstellung dieses Gegensatzes vgl. jetzt m. Schrift: Substanzbegriff und Funktionsbegriff. Untersuchungen über die Grundfragen der Erkenntniskritik. Berlin 1910.

Wesen nach) gleich unbekannt bleiben. Frage ich etwa nach der Substanz der Wolken, so wird mir die Antwort, daß sie aus einem feuchten Dunst bestehen; wünsche ich weiter zu wissen, was dieser Dunst sei, so belehrt man mich vielleicht, daß es sich um Wasser handle, das durch die Kraft der Wärme verdünnt sei. Bleibe ich aber bei meinem Zweifel und wünsche zu wissen, was denn das Wasser eigentlich i s t, so werde ich bei allen meinen Nachforschungen zuletzt nur erfahren, es sei jene Flüssigkeit, die in den Strömen dahinfließt und die wir beständig berühren und tasten: eine Kenntnis, die zwar unsere sinnliche Wahrnehmung bereichert, uns aber nicht mehr in das Innere der Dinge führt, als der Begriff, den ich zuvor von den Wolken besaß. So verstehe ich denn von der wahren absoluten Wesenheit der Erde oder des Feuers nicht mehr als von der des Mondes oder der Sonne: vielmehr bleibt ein derartiges Wissen dem Stand der Seligkeit (in der unmittelbaren intellektuellen Anschauung der Dinge) vorbehalten. Wollen wir indes bei der Einsicht in bestimmte Merkmale stehen bleiben, so brauchen wir hieran bei den entferntesten Körpern so wenig als bei den nächsten zu verzweifeln; ja wir erkennen jene bisweilen genauer als diese. Denn kennen wir nicht die Perioden der Planetenläufe besser, als die verschiedenen Meeresströmungen? haben wir die sphärische Gestalt des Mondes nicht weit früher und leichter als die der Erde erfaßt?... Wengleich es daher allerdings ein vergebliches Beginnen wäre, die Substanz der Sonnenflecken zu erforschen, so ist es uns doch darum keineswegs versagt, ihre empirischen Merkmale, ihren Ort, ihre Bewegung, ihre Gestalt und Größe, ihre Durchsichtigkeit, ihre Veränderlichkeit, ihr Entstehen und ihre ʻAuflösung zu erkennen, was alles uns wiederum zum Mittel dienen kann, um zu einer tieferen Einsicht in anderen strittigeren Fragen der Naturwissenschaft zu gelangen"[1]). So überwindet das Naturgesetz kraft seiner Allgemeinheit die räumlichen Unterschiede der Nähe und Entfernung: aber es muß hierfür den Anspruch aufgeben, auch nur die nächsten, angeblich unmittelbar be-

---

[1]) Lettere intorno alle macchie solari. Op. III, 462 f.

kannten Wirkungen in ihrem absoluten Sein zu erfassen. Für Galilei enthält dieses Eingeständnis nichts von skeptischer Grundstimmung in sich: denn der Verzicht auf die Metaphysik ist ihm der Preis, für den er die Sicherheit der **empirischen Erkenntnis** gewinnt. Unter dem Gesichtspunkt der Erfahrungswissenschaft ist die **Relativität** nicht die äußerliche **Schranke** des Erkennens, als welche sie einem dogmatischen Empirismus erscheint; sie ist seine Bürgschaft und seine Stärke. Erst wenn wir die Frage nach dem **Wesen** der Schwere beiseitelassen, erschließt sich uns das allgemein gültige Gesetz der Fallbewegung. Das Verfahren der Ontologie dagegen verfällt umgekehrt, in dem Streben, die innere „Natur" der Dinge zu ergreifen, der Leitung und Herrschaft des bloßen Wortes. Die Polemik gegen Galilei bietet hierfür krasse Beispiele. So bestreitet der Jesuit **Scheiner** — um das Dogma der Unveränderlichkeit des Himmels aufrecht zu erhalten —, daß die Sonnenflecken in der Sonne selbst ihren Sitz und Ursprung haben könnten: sei doch die Sonne ihrer „Natur" nach der leuchtendste Körper und daher unfähig, den Gegensatz der Dunkelheit aus sich zu erzeugen. Als wären — bemerkt Galilei — die Dinge und Wesenheiten um der Namen willen da, nicht die Namen um der Dinge willen[1]). Es ist das Charakteristische der **menschlichen** Erkenntnis, daß sie stets nur von Erscheinung zu Erscheinung fortschreiten, daß sie nicht schlechthin von der unbedingten Natur der Dinge, sondern nur von den „Affektionen", in denen sie sich äußern und offenbaren, ihren Ausgang nehmen kann. Diese „Affektionen" aber bilden in sich selber ein notwendiges Ganze, in dem jedes Glied durch ein weiter zurückliegendes bedingt wird, in dem daher jede Lösung immer wieder auf ein neues Problem zurückweist.

Diese **Unabschließbarkeit** der wissenschaftlichen Aufgabe bildet ein charakteristisches und notwendiges Moment der neuen Grundanschauung. Wir sahen, wie der Empirismus, der sich unter der Herrschaft der substantiellen Weltansicht herausbildete, von Anbeginn an den Keim der

---

[1]) Lettere intorno alle macchie solari, Op. III, 383. — Vgl. Op. III, 374 und VI, 181.

Skepsis in sich trug: wenn die Erkenntnis auf die Einzeldinge als letztes Ziel bezogen ist, so muß sich alsbald ihr Unvermögen zeigen, die Gesamtheit des Wissensstoffes zu umspannen. Um dem Wissen sein Recht und seine Geltung wiederzugeben, gibt es kein anderes Mittel, als das I d e a l des Erkennens von Grund aus umzugestalten, als den e x t e n s i v e n Maßstab in einen i n t e n s i v e n umzuwandeln. Mit der gleichen Sicherheit, in der er seinen allgemeinen wissenschaftlichen Ausgangspunkt begründet hat, wird dieser Schritt nunmehr von Galilei vollzogen. E x t e n s i v beurteilt, d. h. an der M e n g e d e r O b j e k t e, die es zu begreifen gilt, gemessen, ist der menschliche Intellekt gleich einem Nichts zu achten: denn wie weit er immer in der Beschreibung des Einzelnen fortgeschritten sein mag, so muß sich doch stets das Erreichte zu dem, was noch zurückbleibt, wie eine endliche Größe zur Unendlichkeit verhalten. Faßt man dagegen das Verstehen i n t e n s i v nach der Geltung und Vollkommenheit auf, zu der es sich zu erheben vermag, so gibt uns die reine Mathematik das Musterbeispiel einer Erkenntnis von a b s o l u t e r, objektiver Sicherheit, einer Sicherheit, die in sich selbst ihre Wurzel und völlige Gewähr hat und die durch keinen Vergleich mit einer höheren Instanz — und wäre es der unendliche göttliche Intellekt — in diesem ihrem Eigenwerte herabgesetzt werden kann. Das „Absolute" entschwindet uns, wenn wir es als das äußere O b j e k t der Erkenntnis ansehen und erforschen wollen; wir gewinnen es zurück, wenn wir lernen, es lediglich in den fundamentalen geistigen Wahrheiten selbst zu suchen. Es gibt keine Erkenntnis vom Absoluten, wohl aber absolut gewisse Erkenntnisse[1]). Fortan ist die Forderung

---

[1]) „Convien ricorrere a una distinzione filosofica, dicendo che l'intendere si può pigliare in due modi, cioè *intensive*, ovvero *extensive*, cioè quanto alla moltitudine degl'intelligibili, che sono infiniti, l'intender umano è come nullo, quando bene egli intendesse mille proposizioni, perchè mille rispetto all'infinità è come un zero: ma pigliando l'intendere *intensive*, in quanto cotal termine importa intensivamente, cioè perfettamente alcuna proposizione, dico che l'intelletto umano ne intende alcune così perfettamente, e ne ha così assoluta certezza, quanto se n'abbia l'istessa natura; e tali sono le scienze matematiche pure: delle quali l'intelletto divino ne sa bene infinite proposizioni di

des Systems im alten Sinne, in dem es einen endgültigen und unbedingten Abschluß bezeichnete, aufgehoben: systematische Prinzipien sind vielmehr diejenigen, die, während sie nach der Tiefe hin als erste „Voraussetzungen" (prime supposizioni) ihren festen Halt und Abschluß haben, sich in der Richtung der konkreten Anwendungen zu immer erneuten und immer fruchtbareren empirischen Folgerungen weiterentwickeln[1]). Selbst der geringfügigste Teil der Natur bietet der Erkenntnis in diesem Sinne ein unerschöpfliches Problem[2]). Sieht man somit den Sinn der Induktion in der Abzählung des Einzelnen, so enthält dies einen innerlichen methodischen Widerspruch. Sie wäre alsdann entweder unmöglich oder unnütz: unmöglich, wenn die Anzahl der besonderen Fälle unendlich; unnütz, wenn sie begrenzt wäre, da im ersten Fall das Verfahren niemals zum Abschluß gelangen könnte, im zweiten aber das Ergebnis in den Vordersätzen schon vollständig gegeben und somit nichts als eine leere Tautologie wäre. Der Obersatz jeder Induktion darf der abgesonderten Einzelbeobachtung nicht gleichwertig zur Seite stehen, sondern muß ihr als allgemeingültige, mathematisch begründete Relation übergeordnet sein; die bloße Summierung des Einzelnen kann niemals die Anwendung auf die Allheit der möglichen Fälle begründen und rechtfertigen[3]). „Diese einzige Antwort Galileis" — so urteilt P r a n t l mit Recht — „zeigt ein tieferes Verständnis vom Wesen der Induktion, als all jene phrasenhaften Stellen zusammen, in welchen der oberflächliche und großsprecherische Baco von Verulam über inventio, experimentum u. dgl. geplaudert hat"[4]).

---

più, perche le sa tutte; ma di quelle poche intese dall'intelletto umano credo, che la cognizione agguagli la divina nella certezza obiettiva, poichè arriva a comprenderne la necessità, sopra la quale non par che possa esser sicurezza magiore." Dialoge I, Op. I, 116 f.
[1]) Vgl. hrz. Della scienza meccanica, Op. XI, 89.
[2]) Gegen Lodovico delle Colombe, Op. XII, 465. — Vgl. hrz. bes. de P o r t u, a. a. O. S. 24 ff.
[3]) Gegen Vincenzo di Grazia, Op. XII, 513.
[4]) P r a n t l, Galilei und Kepler als Logiker (Sitzungsber. d. Bayr. Akad. d. Wiss. Philos.-philol. Klasse 1875. S. 399.) — Zu Galileis Begriff der Induktion vgl. jetzt H ö n i g s w a l d, Beiträge zur Erkenntnistheorie u. Methodenlehre, Lpz. 1906, S. 1ff.

Wenn der Wertbegriff des „Absoluten" nunmehr allein von der Art und Geltung unserer Erkenntnisse gebraucht wird, so erscheint damit zugleich sein Korrelat- und Gegenbegriff unter einem veränderten Gesichtspunkt. Der Begriff der Relation ist nicht mehr als Hemmung und Widerstreit, sondern als notwendige Ergänzung für den neuen Sinn des Wissens zu denken. In der Tat bildet die Relativität der Bewegung, wie Galilei sie faßt und versteht, keinen Gegensatz zu ihrer exakten Erkennbarkeit, sondern eine Bedingung dieser Erkennbarkeit selbst. Solange die Bewegung als inhärente Eigenschaft eines einzelnen, bestimmten Subjekts gedacht wurde, so lange erschien die Vereinigung zweier verschiedener Bewegungen in ein und demselben Körper, wie sie von der Copernikanischen Theorie gefordert war, in der Tat wie ein innerer Widerspruch. Die qualitativen Grundeigenschaften, in denen die Aristotelische Analyse endete, stehen zu einander in ausschließendem, kontradiktorischem Verhältnis. Schon die bloße Möglichkeit der „Mischung" und Gradabstufung enthält unter dem Gesichtspunkt der absoluten Gegensätze eine Paradoxie: „wen sollte es nicht verwundern — heißt es wiederum sehr bezeichnend bei Fracastoro —, daß die feindlichen Qualitäten des Kalten und Warmen, des Trockenen und Feuchten, die einander aufzuheben trachten, sich dennoch im selben Subjekt mit einander vereinigen und in bestimmten Graden nebeneinander bestehen können"[1])? Für die neue Ansicht ist dieses Problem hinfällig geworden. Wie es innerlich entgegengesetzten Beschaffenheiten möglich ist, sich zu verbinden und sich gegenseitig zu durchdringen, ist allerdings zuletzt eine unlösbare metaphysische Frage. Die Verknüpfung von Relationen aber bietet keine Schwierigkeiten: denn hier handelt es sich nicht darum, daß zwei Gegenstände zu einer neuen dinglichen Einheit verschmelzen, sondern darum, daß sich zwei verschiedene Bedingungen dennoch zu einer eindeutigen Schlußfolgerung, zu einer Einheit des Urteils bestimmen. Die Lösung des Wurfproblems, die Zerlegung der Geschwindigkeit in

---

[1]) Fracastoro, De sympathia et antipathia, Cap. VI.

die beiden Komponenten von horizontaler und vertikaler Richtung und ihre Zusammenfassung zur Wurfparabel bietet hierfür das klare methodische Beispiel. Hier wird zunächst von der Forderung ausgegangen, für die beiden Momente, die in Betracht kommen, für die gleichförmige Bewegung auf der Horizontalen und den gleichförmig beschleunigten Fall in der Senkrechten, ein g e m e i n s a m e s M a ß zu definieren: dieses gemeinsame M a ß verbürgt und stellt unmittelbar die gemeinsame „N a t u r" dar, die für die Vereinigung der Inhalte zu fordern ist[1]). Die Schwere als „innerlicher Hang", als „propensione intrinseca" gedacht, läßt sich mit der „gewaltsamen" Wurfbewegung nicht vereinbaren; erst wenn sie als Beschleunigung bestimmt und somit als reine Größe objektiviert wird, kann sie als Faktor in das Gesamtprodukt eingehen[2]).

Die Zusammensetzung der K r ä f t e bietet jetzt kein schwierigres Problem mehr, als die der Z a h l e n — der Gedanke der reinen „Arithmetik der Kräfte", in dem Kepler sich von der Naturphilosophie schied, ist vollendet. Die Aufwärtsbewegung eines Steines erscheint nunmehr nicht minder einfach, als seine Fallbewegung, sofern beide unter einer gemeinsamen mathematischen R e g e l begriffen werden können: die Einheit des P r i n z i p s , nicht die Einfachheit des S u b - j e k t s, bildet das entscheidende Kriterium. Die ältere Ansicht muß im Grunde fordern, daß die Erkenntnis der einzelnen Substanzen erledigt und abgeschlossen sei, ehe wir daran gehen können, die Beziehungen zwischen ihnen festzustellen. Immer von neuem kehrt daher gegen Galileis Bewegungsgesetze der Einwand wieder, daß die Subjekte, von denen sie handeln, nicht Gegenstände der Natur, sondern rein fiktive Gebilde seien; immer wieder erhebt sich die Forderung, die Körper, wenn wir ihr Verhalten erforschen wollen, in all ihren Beschaffenheiten und Eigenschaften (con tutte le sue passioni) zu Grunde zu legen[3]). An dem Kampfe Keplers gegen Robert Fludd konnten wir uns vergegenwärtigen, wie sehr

---

[1]) Discorsi IV, Opere XIII, 240 ff.
[2]) Gegen die Definition der Schwere als „propensione intrinseca." s. Discorsi intorno i galleggianti, Op. XII, 85 (vgl. Op. XI, 29 ff. u. s.)
[3]) Vgl. Opere XII, 105, 263, 373.

dieses scheinbar so gesunde, empiristische Erkenntnisideal der Mystik nahesteht. (S. ob. S. 348 ff.) Wieder ist es das Problem der Wurfbewegung, dessen Behandlung durch Galilei hier die scharfe prinzipielle Grenze zieht. Über alle Zufälligkeiten des konkret vorliegenden Falles, über die unendlichen Verschiedenheiten der Schwere, der Geschwindigkeit und der Gestalt der einzelnen Körper läßt sich keine sichere Theorie geben (non si può dar ferma scienza). Von alledem muß, um den Gegenstand wissenschaftlich zu behandeln, abgesehen werden. Das Ergebnis muß zunächst für den Fall, daß keine äußeren Hindernisse obwalten, rein theoretisch abgeleitet und alsdann praktisch unter Berücksichtigung der besonderen Umstände, die die Erfahrung uns anzeigt, angewandt werden[1]). Die „kompositive Methode", die zum Einzelnen hinleitet, ist ohne feste Leitung und Richtschnur, wenn ihr nicht die zerlegende Analysis, die auf die allgemeinen Beziehungen zurückführt, vorangegangen ist. Wie sehr die Geltung solcher Beziehungen von der Beschaffenheit der empirischen Subjekte unabhängig ist, das ist gelegentlich der Diskussion des Beharrungsgesetzes bei Galilei zur prägnanten Aussprache gelangt. Simplicio will den Satz, daß die Geschwindigkeit eines sich selbst überlassenen Körpers sich auf der Horizontalen erhält, unter der Voraussetzung zugestehen, daß der Körper selbst, von dem die Rede ist, von dauerhaftem und unzerstörbarem Stoffe ist. Damit hat er indes, wie ihm eingeworfen wird, den wahren Charakter der Frage verkannt; denn die Vernichtung des Körpers würde lediglich zu den zufälligen und äußerlichen Hemmnissen gehören, von denen für die theoretische Entscheidung der Frage abzusehen ist[2]). Hier ist der Ausdruck der Reinheit und Abhängigkeit der Relation noch gesteigert: bei der Formulierung des Gesetzes dürfen wir nicht nur von der Beschaffenheit, sondern von dem Dasein der Einzeldinge abstrahieren. In dieser Hyperbel ist der Vorrang des Funktionsbegriffes vor dem Dingbegriff zu voller Klarheit gelangt. —

---
[1]) Discorsi IV, Op. XIII, 229.
[2]) Dialog II, Op. I, 164.

Unmittelbar deutlich offenbart sich die neue Ansicht weiterhin in der veränderten Auffassung des physikalischen R a u m b e g r i f f s. Für die naive Ansicht sind zunächst die einzelnen Dinge und mit ihnen ihre wahre räumliche Ordnung, als eine Eigenschaft, die ihnen anhaftet, fertig gegeben. Indem die neue astronomische Weltansicht diese letztere Annahme als sinnliche Täuschung erweist, berichtigt sie damit mittelbar auch die entsprechende allgemeine Auffassung der Wirklichkeit. Ein besonderer empirischer Gegenstand ist, was er ist, erst durch die bestimmte räumliche Lage und durch seine Stellung im Ganzen des Universums; haben wir somit eingesehen, daß sein wirklicher Ort und seine wirkliche Bewegung niemals durch die unmittelbare Wahrnehmung, sondern erst auf Grund verwickelter Schlußfolgerungen bestimmt werden kann, so begreifen wir, daß auch zu dem wahrhaften Sein der Objekte auf keinem anderen Wege zu gelangen sein wird. Die wahre räumliche Ordnung stellt sich uns nicht von Anfang an dar, sondern ist erst ein Produkt der fortschreitenden wissenschaftlichen Erfahrung. Der Raum unserer Anschauung wandelt sich in den Raum unserer wissenschaftlichen Konstruktion; die Ordnung, die uns bisher als feste, gegebene Begrenzung zu umschließen schien, wird jetzt allmählich im Prozeß der Erkenntnis gewonnen und begründet. Freilich kann sich das Denken nicht der Aufgabe entziehen, von dem bestimmten Standpunkt aus, den es in seinem Fortschritt erreicht hat, die Eine, wahre und eindeutige Verfassung des Raumes und des Universums zu fixieren: zugleich aber wird anerkannt, daß die ,,Wahrheit'' jedes derartigen Ansatzes nichts anderes bedeuten und besagen kann, als daß er die G e s a m t h e i t aller Phänomene — nicht nur der astronomischen, sondern zugleich der physikalischen — unter der Einheit einer Regel und eines gedanklichen Zusammenhangs befaßt. ,,Denn eine höhere Wahrheit darf und kann man in einem wissenschaftlichen Satze nicht suchen, als daß er allen besonderen Erscheinungen entspricht''[1]).

---

[1] ,,È vero che non è istesso il mostrare che con la mobiltà della terra e stabilità del sole si salvano l'apparenze, e il dimostrare che tali ipotesi in natura sien realmente vere, ma è ben altretanto e più vero,

Wiederum tritt der Unterschied der beiden Auffassungen, die sich an diesem Punkte begegnen, am schärfsten und eindringlichsten hervor, wenn man die Peripatetische Himmelskunde in der bestimmten Gestalt und Ausbildung betrachtet, die sie zu Galileis Zeiten erhalten hatte. Im Jahre 1613 — nach dem Erscheinen von Keplers Werk über die Marsbewegung und nach Galileis Entdeckung der Jupitertrabanten — veröffentlicht C r e m o n i n i, der angesehenste italienische Aristoteliker der Zeit, einen Kommentar zur Schrift „de coelo", in dem die Lehre des Copernicus als eine „moderne astronomische Kuriosität" erwähnt und abgetan wird: sie gehöre einem „anderen Wissensgebiet" an, um das der „Philosoph" sich nicht zu kümmern habe[1]). Man wende nicht ein, daß die Aristotelische Ansicht vom Himmelsgebäude sich nur auf die Erfahrungen seiner Zeit stütze und somit durch spätere

---

che se con l'altro sistema communemente ricevuto non si può rendere ragione di tali apparenze quello è indubitabilmente falso, siccome è chiaro che questo che si accomoda benissimo può esser vero, n è a l t r a m a g g i o r v e r i t à s i p u ò e s i d e v e r i c e r c a r in una posizione che il risponder a t u t t e le particolari apparenzi (Galilei an Bellarmin (1615); bei B e r t i, Copernico e le vicende del sistema copernicano in Italia, Roma 1876, S. 130). Galilei entwickelt hier genau denselben Begriff der (empirischen) Realität, den später L e i b n i z fixiert: „Nihil aliud de rebus sensibilibus aut scire possumus, aut desiderare debemus, quam ut tam inter se, quam cum indubitatis rationibus consentiant . . . A l i a i n i l l i s v e r i t a s a u t r e a l i t a s f r u s t r a e x p e t i t u r, q u a m q u a e h o c p r a e s t a t, nec aliud vel postulare debent Sceptici, vel dogmatici polliceri. (Philos. Schriften, hg. von Gerhardt, IV, S. 356.) Vgl. übr. ob. S. 344 ff.

[1]) „Sic de situ, quod in medio; de motu, quod manet terra. Nobis autem sat fuit pro nostra contemplatione sic percurrere Aristotelis dicta. N o v i m u s c u r i o s i t a t e s a s t r o l o g i c a s r e c e n t i o r u m, a q u i b u s t a n q u a m a d a l i a m s c i e n t i a m p e r t i n e n t i b u s d e b u i m u s a b s t i n e r e." C a e s a r i s C r e m o n i n i . . Disputatio de Coelo. Venet. 1613. Sect. III, Cap. II, S. 284. — Daß diese „andere Wissenschaft" die M a t h e m a t i k ist, geht aus anderen Stellen hervor: s. S. 262 und 286: „Et nos . . non ulterius in hac contemplatione, quae secum affert multa Mathematica, procedentes, postquam ad rem nostram sufficienter habemus, nihil ultra contendimus." Vgl. hrz. den Einwand des Simplicio in den Dialogen über die beiden Weltsysteme (Dial. II, Op. I, 181): eine Stelle, in der Galilei ersichtlich auf das Werk Cremoninis Bezug nimmt.

Beobachtungen berichtigt werden könne: habe doch Aristoteles seine Lehre nicht mit Rücksicht auf das Bekannte und Unbekannte, sondern mit Rücksicht auf die allgemeine Natur der Dinge ausgebildet[1]). Diese „allgemeine Natur" ist durch die teleologische Betrachtung ein für alle Mal erkannt und festgesetzt: die Vollkommenheit des Himmels bestimmt mit einer inneren Notwendigkeit, an die keine andersartige Erfahrung heranreicht, die Art und Gestalt seiner Bewegungen[2]). Wenn in der individuellen Substanz die eigentliche Grundlage im Voraus bekannt ist, so genügt es, aus ihr die Einzelbestimmungen und Accidenzen rein deduktiv zu entwickeln; wenn in dem immanenten Zweck eines Dinges seine Wesenheit offen zu Tage liegt, so begreift es sich, daß alle entgegengesetzten Anzeichen, die Experiment und Beobachtung uns bieten, danach berichtet und umgedeutet werden müssen. Das Verhältnis zwischen Vernunft und Erfahrung, zwischen Apriori und Aposteriori ist hier — wie Galilei nicht müde wird, zu zeigen — nicht zu klarer prinzipieller Entscheidung gelangt. Statt sich gegenseitig in ihrer Notwendigkeit und ihrer besonderen Eigenart anzuerkennen, gehen beide Momente nur eine äußere und zufällige Mischung ein. Der Blick richtet sich anfangs von der sinnlichen Welt hinweg auf ein rein „ideales" Universum, um in ihm das architektonische Vorbild der Sinnenerfahrung zu entdecken. Der Begriff der Bewegung wird als wesentlicher Inhalt des Naturbegriffs herausgehoben; die Arten der Bewegung werden bestimmt und unterschieden. Aber in diese Unterscheidung bereits, die nach der Absicht des Ganzen aus allgemeinen spekulativen Gesichtspunkten erfolgen sollte, mischt sich ein spezielles empirisches Moment. Indem die Sonderung der Bewegung der Sonderung der E l e m e n t e folgt, indem dem Feuer eine absolute Aufwärtsbewegung, der Erde eine absolute Abwärtsbewegung zugesprochen wird, sind damit die Begriffe des „O b e n" und „U n t e n", die nur in der fertigen materiellen Welt Sinn und Bedeutung haben, in die allgemeine Prinzipienlehre aufgenommen. „Die Karten werden uns unter der Hand vertauscht:

---

[1]) A. a. O. Sect. II, Cap. XVI, S. 276.
[2]) S. z. B. Disputatio de coelo Sect. I, Cap. V, S. 160 ff.

statt den erfahrungsmäßigen Bau der Welt gemäß den Vorschriften des ideellen Grundrisses auszuführen, wird der Plan selbst unvermerkt dem vorhandenen Gebäude angepasst[1])." So erweist sich der Zweckbegriff innerhalb der theoretischen Naturbetrachtung durchgehends als ὕστερον πρότερον: wie er auf der einen Seite Verhältnisse, die der konkreten Welt entlehnt sind, zu allgemeinen Axiomen erhöht, so macht er andrerseits an Stelle der reinen objektiven Gesetze die subjektive Vorstellung und das subjektive Gefallen des Individuums zum Maßstab. Wenn Galilei es als eine Verwegenheit bezeichnet, den Verstand und die Wirksamkeit der Natur nach den engen Schranken unseres Verstehens zu bemessen, so kann dies, verglichen mit den früheren Entwicklungen, zunächst als befremdlich erscheinen: denn stammen nach ihm nicht auch die m a t h e m a t i s c h e n Prinzipien, die die wahre Bestimmung und Begrenzung der Wirklichkeit abgeben, "aus uns selbst" und dem Gesetze unseres Begreifens[2])? Der Zusammenhang indes, in dem diese und ähnlich lautende Sätze sich finden, klärt sogleich über ihren Sinn auf: nicht das "a priori" der mathematischen I d e e , sondern das des Z w e c k s soll damit getroffen werden[3]). Das Postulat, in das absolute Innere der Dinge einzudringen, sie nach ihrem Sinn und ihrer Bedeutung für uns abzuschätzen, wird zurückgewiesen; denn wie erhaben und rein hier auch das Kriterium genommen zu sein scheint, es enthüllt sich zuletzt doch immer als durch die zufälligen Wünsche und die empirischen Bedürfnisse des Individuums bedingt. "Es ist eine Anmaßung, zu verlangen, daß die bloße S o r g e u m u n s der adäquate Ausdruck und die Grenze für das Wirken Gottes sei. Wenn man mir entgegenhält, daß ein unermeßlicher sternenleerer Raum zwischen den Planetenbahnen und der Sternensphäre

---

[1]) Dialog I, Op. I, 19 ff.
[2]) Vgl. bes. Dialoge II (Op. I, 175): "Io vi dico che quando uno non sa la verità d a p e r s è, è impossibile che altri gliene faccia sapere; posso bene insegnarvi delle cose che non son nè vere nè false, ma le vere, cioè le necessarie, cioè quelle che è impossibile ad esser altrimenti, ogni mediocre discorso o le sa da sè, o è impossibile che ei le sappia mai."
[3]) S. Opera VI, 165 f. — Vgl. a. Dialog II; I, 288.

nutzlos und müßig sei, daß ferner eine unermeßliche, all unsere Fassungskraft übersteigende Ausdehnung, die die Fixsterne in sich faßt, überflüssig wäre, so erwidere ich, daß es vermessen ist, unsern schwachen Verstand (il nostro debolissimo discorso) zum Richter über die Werke Gottes zu machen und alles im Universum, was nicht unserm Nutzen dient, eitel und überflüssig zu nennen[1].'' Die Einsicht in den Nutzen: das ist die falsche Forderung des Verstehens, die es abzuwehren gilt; ihr tritt der Hinweis auf den allumfassenden „Verstand der Natur" entgegen, der sich wiederum rein in den Gesetzen der Mathematik erschließt.

Es ist indes nur die gröbere und äußerliche Form der Teleologie, die sich in der Frage nach dem Nutzen ausspricht: der tiefere Reiz und die gefährlichere Lockung des Zweckgedankens liegt nicht in dieser Richtung, sondern in dem Zusammenhang mit den ästhetischen Problemen. Hier hatte, wie wir sahen, auch Copernicus den Standpunkt der Betrachtung nicht geändert: auch ihm bildet die „Vollkommenheit" der geometrischen Gestalt die letzte Ursache und den letzten Beweisgrund der Verfassung des Universums. Der Begriff des Kosmos fordert den Begriff der Harmonie als Ergänzung und als Maßstab. (Vgl. ob. S. 273 f.) Und dieser Begriff war es, der weiterhin bei Kepler zum Schlußstein seines philosophischen und astronomischen Systems geworden war. Es war der letzte und geschichtlich vielleicht der schwerste Schritt, den Galilei vollzog, indem er auch diesen Zusammenhang kritisch auflöste. In seinem mechanischen Grundwerk wird gelegentlich der Satz abgeleitet, daß ein Körper, der von dem höchsten Punkte einer Kreisperipherie herabfällt, alle Sehnen des Kreises, die von diesem Punkt aus gezogen werden können, in gleicher Zeit durchmißt: denken wir uns also eine Mannigfaltigkeit von Körpern von einem gemeinsamen Ausgangspunkte aus nach allen Richtungen auf unendlich vielen, schiefen Ebenen von verschiedener Neigung herabrollen, und betrachten wir die verschiedenen Lagen, die sie nach einer bestimmten Zeit einnehmen, so wird der

---
[1] Dialog III. Op. I, 399 f.

Inbegriff von Punkten, der dadurch entsteht, stets einen Teil einer Kugelperipherie ausmachen. Simplicio knüpft an diesen Satz die Bemerkung, daß hier ein großes Mysterium und einer jener verborgenen Gründe berührt zu werden scheine, die die Erschaffung des Alls selbst geleitet haben: eine Andeutung, die ersichtlich auf K e p l e r zielt, der in der Tat wiederholt mit dem Gedanken gespielt hatte, daß die Weltschöpfung nach der Analogie und dem Sinnbilde der geometrischen Gestalt der K u g e l zu begreifen sei[1]). Um so charakteristischer und geschichtlich bedeutungsvoller wirkt in diesem Zusammenhang die Entgegnung Galileis: er wolle solchen tiefen Betrachtungen nicht widerstreben, nur führten sie auf Lehren, zu deren Höhe er selber nicht aufstrebe: „uns muß es genügen, daß wir jene weniger erhabenen Werkleute sind, die den Marmor aus der Tiefe hervorsuchen und ans Licht fördern, aus dem der Fleiß des Künstlers sodann die wunderbaren Gebilde erzeugt, die unter seiner rauhen und einförmigen Hülle verborgen lagen"[2]). In der stolzen Selbstbescheidung dieser Worte sondert sich für immer das Gebiet der wissenschaftlichen Forschung und der ästhetischen Phantasie, wandelt sich Keplers Zweckbegriff der Harmonie in den Gesetzesbegriff der neueren Zeit.

Schärfer und mit der ganzen Kraft von Galileis polemischen Stil kommt der gleiche Gedanke dort zur Entfaltung, wo er sich gegen die herrschende Schulphilosophie wendet. Er habe — bemerkt Galilei gegen Sarsi — niemals die Chroniken und Adelsregister der geometrischen Figuren studiert, könne somit nicht darüber entscheiden, welche unter ihnen von älterem und höherem Rang seien. Vielmehr glaube er, daß sie alle in ihrer Art vollkommen und altehrwürdig oder, besser gesagt, daß sie an sich weder edel noch unedel, weder vollkommen noch unvollkommen seien; nur daß freilich, wenn es sich um das Aufführen von Mauern handele, die viereckige Form größere Vollkommenheit als die sphärische besitze, und daß für das Fortrollen eines Wagens die Rundung

---

[1]) S. K e p l e r, Opera I, 122; vgl. V, 260, 351 u. s.
[2]) Discorsi III, Op. XIII, 186.

besser als das Dreieck tauge[1]). In der satirischen Wendung, die der Relativitätsgedanke hier erhält, verbirgt sich zugleich eine wichtige logische Ansicht. In der antiken Mathematik stehen die einzelnen geometrischen Gestalten als streng abgeschlossene und isolierte Inhalte einander gegenüber, es gibt zwischen ihnen keine Vermittlung und keinen Übergang. Noch Kepler, der, wenngleich er einer der Begründer der Infinitesimalmethode ist, im ganzen die ältere Auffassung der Geometrie teilt, kann daher an dem absoluten G e g e n -
s a t z d e s G e r a d e n u n d K r u m m e n festhalten. Bei der Vergleichung beider gibt es zwar ein Größer und Kleiner, muß es somit auch einen Begriff der G l e i c h h e i t geben, der aber für menschliche Wissenschaft nicht erreichbar und festzustellen ist: „illud aequale fugit scientiam hominis; nam infiniti nulla scientia"[2]). Für Galilei dagegen hat sich die Starrheit der geometrischen Begriffsbildung gelöst. Wie er in seiner Physik lehrt, die räumliche Ordnung und Gestaltung der Körper nicht als ein Gegebenes aufzufassen, sondern aus fortschreitenden relativen Setzungen zu entwickeln, so ist in seiner Mechanik zuerst die endliche Wegstrecke als I n t e g r a l der Geschwindigkeit dargestellt, somit aus ihrem Element abgeleitet. Die Lösung des Wurfproblems hat sodann gezeigt, wie die gekrümmte Bahn des Körpers sich aus den geraden Komponenten und Bestimmungsstücken ergibt und zusammensetzt. Von allen Seiten ist somit die Aufhebung der begrifflichen Sonderung angebahnt, in der Galilei selbst den Eckstein und das Fundament der gesamten Aristotelischen Physik sieht[3]). Die K o n t i n u i t ä t zwischen den einzelnen geometrischen Gestalten, vermöge deren sie sich streng miteinander vergleichen und ineinander überführen lassen, hebt den unbedingten W e r t v o r z u g der einen vor der andern auf. „Vollkommenheit" besagt jetzt nichts anderes mehr, als durchgängige, eindeutige Gesetzlichkeit: der Ausdruck bezeichnet somit den Gattungscharakter der geometrischen Erkenntnisweise überhaupt, nicht die spezi-

---

[1]) Il saggiatore, Op. IV, 293.
[2]) K e p l e r , Opera VIII, 174.
[3]) Dialog I; Op. I, 23.

fische Differenz einer einzelnen Gestalt, die in ihr entsteht. — Blicken wir von hier aus nochmals zurück, so vermögen wir jetzt zu übersehen, wie die einzelnen Gedanken sich in klarer Bestimmtheit aus dem Grundprinzip entwickelt haben. So wenig Galilei eine abgesonderte T h e o r i e d e s E r - k e n n e n s, neben und außerhalb seiner wissenschaftlichen Leistungen, entwickelt: so deutlich stellt sich in diesen Leistungen selbst eine neue einheitliche Grundauffassung von der Aufgabe der Erkenntnis dar, die er durchgehend und konsequent betätigt. Glied reiht sich an Glied in strenger innerer Folgerichtigkeit. Von der E r f a h r u n g, von Experiment und Beobachtung, wurde ausgegangen. Aber die Erfahrung selbst ist hier nicht mehr, wie in der Naturphilosophie, die bloße beziehungslose Anhäufung des Wahrnehmungsstoffes, „experimentorum multorum coacervatio"; sie ist ein streng gegliedertes Ganze und ein n o t w e n d i g e r Zusammenhang. Aus diesem Gesichtspunkt der Notwendigkeit bestimmte sich für Galilei die Auffassung und die Definition der M a t e r i e und der B e w e g u n g. Zugleich wurde deutlich, daß der Charakter der Notwendigkeit in den Bedingungssätzen der Mathematik gegründet ist, daß er somit nicht auf letzte und höchste schematische G a t t u n g s - b e g r i f f e, sondern auf allgemeingültige B e z i e h u n g e n und G e s e t z e zurückweist. Diese Beziehungen sind zugleich universell und individuell, d. h. in concreto bestimmt: wie die allgemeine Funktionsgleichung zugleich alle möglichen Einzelwerte des x in sich schließt und den Wert der abhängigen Veränderlichen für sie bestimmt. So steht die neue Ansicht unter der Herrschaft und Leitung des Relationsgedankens, der seine deutlichste Ausprägung im Begriff der F u n k t i o n besitzt. Nicht lediglich das neue Tatsachenmaterial, sondern die veränderte prinzipielle Ansicht, aus der es gewonnen wurde, bildet die Grenze zwischen der Scholastik und der neueren Zeit. Galilei hat — nach einem Worte Campanellas — einen neuen Himmel und eine neue Erde entdeckt; aber er vermochte es nur auf Grund des neuen E r k e n n t n i s i d e a l s, das er für die Wissenschaft formulierte¹). Er selbst hat das geleistet, was er der syllogistischen Lehre abspricht²): die Logik ist bei ihm zum positiven und fruchtbaren Werkzeug der Naturerkenntnis, zum „Organon" der Entdeckungen geworden. „Ich achte den ersten Erfinder der Lyra — so urteilt er selbst — wenngleich sein Instrument noch unfertig im Bau und rauh im Klang gewesen sein mag, darum nicht geringer, ja ich stelle ihn höher, als hundert andere Künstler, die später seine Erfindung vervollkommnet haben. Von geringfügigen Anfängen aus zu großen Entdeckungen vorzudringen, in dem ersten kindischen Scheine den Keim wunderbarer Kunst zu erblicken: das ist keine Leistung von Dutzendköpfen, sondern erfordert Gedanken und Entwürfe einer über das Maß des Menschlichen hinausragenden Geisteskraft"³). Wir dürfen diese Worte auf Galilei selber anwenden; wie sehr das gedankliche Instrument der Naturerkenntnis, das er geschaffen, in der Geschichte der Wissenschaft geschärft und verfeinert worden ist: er muß für immer als sein erster und originaler Entdecker gelten.

* * *

4. Die Mathematik.

Die Mathematik ist uns bisher lediglich in der Bedeutung entgegengetreten, die sie als Voraussetzung und Bedingung des modernen Naturbegriffs besitzt. Ihre Leistung, soweit die vorangehenden Entwicklungen sie bestimmen konnten, erschöpft sich in dem Verhältnis, das Galilei in bekannten Worten zum reinen und klassischen Ausdruck gebracht hat. Das Buch der Philosophie ist das der Natur, das vor unseren Augen beständig daliegt, das jedoch nur wenige zu entziffern und zu lesen vermögen, da es in Buchstaben, die von denen unseres Alphabets verschieden sind, in Dreiecken und Quadraten, in Kreisen und Kugeln, in Kegeln und Pyramiden

---

¹) Campanellas Wort: in einem Briefe an Galilei, der bei Favaro, G. Galilei e lo studio di Padova, I, 404 f., mitgeteilt ist.
²) Dialog I, Op. I, 41f.
³) Dialog III, Op. I, 440.

verfaßt und geschrieben ist[1]). So charakterstisch indes diese Sätze sind: das Ganze von Galileis Leistung und der eigentliche Fortschritt, den sie bedeutet, wird durch sie nur ungenügend bezeichnet. Die Sprache der Natur, wie sie hier bestimmt wird, ist die der antiken, synthetischen Geometrie. Ihre Grammatik ist in den Elementen Euklids und, in weiterem Ausbau, in Apollonius' Lehre von den Kegelschnitten als fester Besitz gegeben. Sie mag genügen, noch Keplers Gesetze der Planetenbahnen zu verstehen: für die Fallgesetze und die dynamische Grundanschauung, die sich auf ihnen aufbaut, reicht sie nicht aus. Galileis Aufgabe beschränkte sich nicht darauf, mit fertigen wissenschaftlichen Werkzeugen an die Deutung der Erscheinungen heranzutreten; es galt, für die neue Naturansicht eine neue Sprache erst zu entdecken, ihre Charaktere zu bestimmen und ihren syntaktischen Bau in feste Regeln zu fassen. Im Verhältnis von Mathematik und Physik ergibt sich jetzt eine derart enge Wechselbeziehung, daß das logische Rangverhältnis beider darüber bisweilen wie verkehrt erscheint. Es sind nicht lediglich die mathematischen Begriffe, die in selbständiger immanenter Fortbildung bis zu den Anfängen der Mechanik sich entwickeln: es ist ebensosehr das System der physikalischen Grundbegriffe, das rückwirkend die Gestalt der Mathematik bestimmt. Das neue Ziel, das der Betrachtung gesteckt ist, schafft aus sich heraus die neuen Mittel. Der wesentliche philosophische Ertrag der Galileischen Wissenschaft lag uns darin, daß durch sie eine veränderte Ansicht von der Aufgabe der Erkenntnis heraufgeführt wird; jetzt läßt sich weiter verfolgen, wie diese systematische Umgestaltung der Problemstellung auch auf den Ausbau der besonderen mathematischen Begriffe und Methoden unmittelbaren Einfluß gewinnt und wie erst hier, innerhalb der Einzelforschung, das allgemeine Ideal zu voller Wirksamkeit gelangt.

Wir versuchen an dieser Stelle nicht, die Entwicklung, die nunmehr einsetzt und deren Endpunkt durch die Ent-

---

[1]) Brief an Fortunio Liceti vom Januar 1641; Op. VII, 355. Ebenso: Il Saggiatore Op. IV, 171.

deckung der analytischen Geometrie und der höheren Analysis bezeichnet ist, in ihren einzelnen Phasen darzustellen. So sehr hier jeder einzelne Schritt, jede immanente, technische Neuerung auch methodisch von Bedeutung ist: es muß einer philosophisch gerichteten Geschichte der Mathematik überlassen bleiben, diese mannigfachen Wendungen und Fortschritte zu beschreiben und mit den allgemeinen Gedanken der wissenschaftlichen Kultur in Beziehung zu setzen. Hier dürfen uns die einzelnen mathematischen Begriffe nur das Paradigma bilden, an dem wir uns den Weg und die Wandlung des allgemeinen Erkenntnisproblems zur Anschauung bringen können. Die neuen Bildungen, die jetzt auf den verschiedensten und scheinbar entlegensten Gebieten hervortreten, die Entdeckung der Buchstabenrechnung, wie die Anfänge der neueren projektiven Geometrie, die Einführung der Logarithmen, wie die Theorie der Reihen: sie alle weisen auf ein gemeinsames Motiv und eine gemeinschaftliche Wurzel hin, in der sie miteinander zusammenhängen.

In einem ersten, vorläufigen Umriß stellt sich uns diese Einheit dar, wenn wir uns dem Problem des U n e n d l i c h e n zuwenden. Um diesem Problem seine richtige Stellung innerhalb des Ganzen der modernen Naturanschauung anzuweisen, muß freilich zunächst eine Unterscheidung getroffen werden: die direkte logische und dialektische Erörterung des Unendlichen bei Kepler und Galilei ist von der mittelbaren Wirksamkeit und Fruchtbarkeit, die der Begriff im wissenschaftlichen System beider entfaltet, zu trennen. Erst das zweite Moment entscheidet endgültig über die eigentliche sachliche Bedeutung des Prinzips, während die explizite Aussprache und Formulierung noch vielfach an bestimmte geschichtliche Bedingungen gebunden und durch sie eingeengt bleibt. Dies gilt vor allem für Kepler, für den das Unendliche noch den antiken Sinn des ἄπειρον besitzt: es ist das Unbegrenzte und Gestaltlose, das sich der Möglichkeit des Maßes und dem Reiz der geometrischen Harmonie entzieht. ,,Quae igitur finita circumscripta et figurata sunt, illa etiam comprehendi mente possunt: i n f i n i t a e t i n d e t e r m i n a t a, q u a t e n u s t a l i a, n u l l i s s c i e n t i a e, q u a e definitionibus comparatur, nullis demonstrationum repagulis coartari possunt"[1]). Indem sich indes die Betrachtung — in einer Wendung, die wir im einzelnen verfolgen konnten — von der geometrischen Konstanz zum Problem der Veränderung hinkehrt, wandelt sich damit allmählich auch der Wert und die Leistung des Unendlichen. In der „Astronomia nova", die zuerst den Keplerschen Kraftbegriff zur Darstellung bringt, wird nach einem Maße der Wirkung gefragt, die die Sonne und ihre magnetische Anziehung auf einen gegebenen Planeten innerhalb eines bestimmten Zeitabschnitts seines Umlaufs ausübt. Da diese Wirkung von dem Abstand des Planeten abhängig und somit von Punkt zu Punkt veränderlich ist, so muß, um ihre Intensität festzustellen, ein Mittel gefunden werden, die unendlich vielen, verschiedenen Antriebe, die für die einzelnen Momente gelten, zu einem einheitlichen Inbegriff, zu einer Gesamtgröße zusammenzufügen. Der Begriff des bestimmten Integrals gelangt hier zu klarer Heraushebung: wie für die betreffende Funktion, um die es sich handelt, die Integration mathematisch durchgeführt wird, so ist auch der allgemeine logische Gesichtspunkt eines unendlichen „Aggregats", das die Allheit der veränderlichen Größenwerte umschließt und in sich faßt, deutlich bezeichnet[2]). In der „Stereometria doliorum" vom Jahre 1615 sehen wir sodann, wie dieser Gesichtspunkt von der Zeit auf den Raum übertragen ist. Die festen geometrischen Gebilde selbst sind jetzt in Gesamtheiten von Punkten aufgelöst. Um etwa den Inhalt des Kreises zu berechnen, müssen wir seine Peripherie aus unendlich vielen Punkten zusammengefügt denken, von denen jeder die Basis eines gleichschenkligen Dreiecks bildet, dessen Spitze im Mittelpunkt liegt: die Summierung dieser Dreiecke gibt die

---

[1]) Harmonices mundi Lib. I, Prooem., Op. V, 81.
[2]) S. Kepler an Fabricius (8. XII. 1602): „Collectione igitur omnium distantiarum, quae sunt infinitae, habetur virtutis effusae certo tempore summa" etc. Op. III, 77; vgl. a. M. Cantor, Vorlesungen über Geschichte der Mathematik. 2. Aufl. Bd. II. Lpz. 1900. S. 829 f.

gesuchte Fläche. Das gleiche Verfahren gilt für die Kugel, die wir gedanklich in eine unendliche Vielheit von Kegeln zerlegen können, welche mit ihren Spitzen sämtlich im Zentrum zusammentreffen[1]). So tritt hier als charakteristische Grundeigentümlichkeit des mathematischen Denkens die Fähigkeit hervor, jede Einheit wiederum in eine unendliche Mannigfaltigkeit zu zerlegen und aufgehen zu lassen, wie umgekehrt unendliche Mannigfaltigkeiten zu einem begrifflich vollkommen bestimmten Gebilde zu vereinen. Auch in diesem Sinn gilt der Satz Galileis, daß Einheit und Unendlichkeit Wechselbegriffe sind[2]). Galilei selbst knüpft in seiner Erörterung des Problems zunächst an ein geometrisches Paradoxon an, das unter dem Namen des „Rades des Aristoteles" bekannt war[3]). Der Inhalt dieses Paradoxons läßt sich, rein abstrakt gefaßt, dahin aussprechen: daß eine Linie von bestimmter Länge sich durch verschiedene Methoden der Vergleichung nacheinander bald einer kleineren, bald einer größeren Strecke Punkt für Punkt eindeutig zuordnen läßt, daß sie also, nach gewöhnlichem Sprachgebrauch, selbst bald als „größer", bald als „kleiner" erscheint. Deutlicher tritt der gleiche Gedanke in dem arithmetischen Beispiel hervor: denken wir die beiden unendlichen Mengen der positiven ganzen Zahlen und die der Quadratzahlen einander gegenübergestellt, so sehen wir, daß jedem Element der ersten Reihe ein und nur ein Element der zweiten entspricht. Dennoch ist von den beiden Mannigfaltigkeiten, die in dieser Betrachtung und Zuordnung als „gleich" erscheinen, die eine ein „Teil" der andern, da die Quadratzahlen in dem Inbegriff der positiven ganzen Zahlen eingeschlossen sind[4]). Den Widerspruch, der hierin liegt, löst Galilei mit der Bemerkung, daß die Attribute der Gleichheit, des Größer und Kleiner von uns nur für e n d l i c h e Inbegriffe definiert worden sind, auf

---

[1]) Stereometria doliorum. Pars I, Theorema II u. XI; Op. IV 557 f. u. 563.
[2]) Vgl. Discorsi I; Op. XIII, 41.
[3]) Discorsi I; Op. XIII, 25 ff. — Eine ausführliche Darstellung dieses geometrischen Paradoxons z. B. bei L a s s w i t z, II, 48 f.
[4]) Discorsi I, Op. XIII, 36 ff.

unendliche Mengen daher keine Anwendung finden können. Er berührt damit in der Tat ein allgemeines logisches Problem, das zugleich geschichtlich von Bedeutung und Interesse ist. Der Begriff der G l e i c h h e i t war es, an dem Platon im Phädon die allgemeine Charakteristik der Idee vollzog: daß sie zwar von den sinnlichen Inhalten ihren Anfang und ihren psychologischen Ausgangspunkt nimmt, in ihnen aber ihrem Werte und Sinne nach nicht enthalten ist. Die gleichen Steine und Hölzer erwecken den Geist nur zur Wiedererinnerung des „Urbildes" der Gleichheit, das wir in uns selbst tragen; wir vermöchten konkrete Gegenstände niemals als gleich zu bezeichnen und anzuerkennen, wenn wir sie nicht auf diesen reinen Musterbegriff beziehen könnten. Den unmittelbaren Objekten der Wahrnehmung gegenüber kann indes der Platonische Gedanke immer von neuem in Frage gestellt werden; immer wieder gewinnt es hier den Anschein, als hafteten die reinen Beziehungen unmittelbar an den Dingen, als seien Relationen, wie Gleichheit und Größe, in derselben Art wie Farbe und Ton als Eigenschaften der konkreten Dinge mitgegeben. Erst die Entwicklung der Mathematik klärt endgültig über diesen Irrtum auf. Denn hier sehen wir beständig n e u e K l a s s e n v o n I n h a l t e n entstehen, für die die Anwendung der bisherigen Begriffe fraglich wird; — für die in jedem Falle der ideelle Gesichtspunkt der Beurteilung erst zu entdecken ist. Die unendlichen Mannigfaltigkeiten bilden hierfür das deutlichste Beispiel. Wir dürfen — wie die moderne Weiterentwicklung des Galileischen Gedankens gelehrt hat — auch bei ihnen von „Gleichheit" sprechen: aber wir vermögen dies nur auf Grund einer neuen D e f i n i t i o n und „Hypothese" der Gleichheit und auf Grund einer veränderten Fassung, die wir den Begriffen des „Größer" und „Kleiner" geben. Der ideelle Charakter der begrifflichen Beziehung zeigt sich hier besonders deutlich, da diese Beziehung und dieser Maßstab nicht unmittelbar bereit liegt, sondern erst gedanklich zu e r s c h a f f e n ist. Die neuere Mathematik hat im Begriff der verschiedenen „Mächtigkeit" einen solchen Gesichtspunkt der „Vergleichung" für unendliche Mannigfaltigkeiten gefunden und ausgezeichnet;

sie kann daher, in einem von ihr selbst genau begrenzten und vorgezeichneten Sinne, auch in ihnen eine Art der „Größenbestimmtheit" festhalten. — So bereitet sich die Lösung der dialektischen Schwierigkeiten vor, indem der Versuch gemacht wird, sie, unbeirrt von allen ontologischen Unterscheidungen, zunächst einmal in rein mathematischer Fassung vorzulegen und ihnen hierdurch zu einem völlig bestimmten Ausdruck zu verhelfen. Galilei hat diesen Versuch am Problem der unendlichen Teilbarkeit durchgeführt, das ihm durch die herkömmliche Distinktion des „Aktuellen" und „Potentiellen" eher verhüllt, als geklärt erscheint. Die sogenannte potentielle Unendlichkeit der Teile kann, wie er darlegt, nicht genügen. Denn die endliche Strecke enthält alle Teile, die sie konstituieren, „wirklich" in sich: nur muß man freilich diese Wirklichkeit als eine solche auffassen, die durch einen mittelbaren Prozeß des Denkens und der Schlußfolgerung zu erweisen, nicht direkt in der sinnlichen Wahrnehmung und Anschauung zu belegen ist[1]). Rein begrifflich dagegen steht ebenso zweifellos, wie die Unabschließbarkeit der Teilung die Notwendigkeit letzter E l e m e n t e fest, aus denen die stetige Größe sich zusammensetzt: sie selbst müßte in Nichts zerfallen, wenn sie sich nicht auf einen solchen Urgrund ihres Seins zurückzubeziehen vermöchte. Die beiden Sätze, daß das Kontinuum durch Teilung nicht zu erschöpfen ist, wie daß es aus indivisiblen Teilen besteht, widersprechen einander nicht, sondern bedingen einander wechselseitig. Eben weil wir durch fortgesetzte Zerfällung einer gegebenen Größe immer nur zu endlichen, wiederum zusammengesetzten Strecken gelangen, eben weil auf diesem Wege, also die „ersten Komponenten" niemals zu erreichen sind, ist es notwendig, das Fundament der Größe in schlecht-

---

[1]) Discorsi I, Op. XIII, 50.: „Il risolver la linea ne suoi infiniti punti non è non solamente impossibile, ma nè meno ha in sè maggior difficoltà che il distinguere le sue parti quante, fatto però un supposto, il quale penso, Sig. Simplicio, che non siate per negarmi; e questo è che non mi ricercerete che io vi separi i punti l'uno dall' altro, e ve li faccia veder a uno a uno distinti sopra questa carta." — Vgl. bes. C o h e n , Das Prinzip der Infinitesimal-Methode und seine Geschichte. Berlin 1883. S. 45 ff.; 39 f.

hin unteilbaren Elementen zu legen[1]). Freilich ist diese Beweisführung nur dann zwingend, wenn wir das „Indivisible", das auf diese Weise entsteht, nicht als ein losgelöstes, für sich bestehendes Dasein betrachten, sondern in ihm ein reines Relationsmoment sehen: einen Ausdruck für Beziehungen, die zwischen verschiedenen Gesetzen der Größenerzeugung bestehen. Galilei selbst greift, wo immer er seine Anschauung des Unendlichen zu verdeutlichen sucht, von dem Problem des R a u m e s unwillkürlich zum Problem der B e w e g u n g über[2]). Hier nimmt die Frage eine neue Richtung: denn nun handelt es sich nicht mehr darum, ein bestehendes Ganzes nachträglich in seine Teile zu zerlegen, sondern eine Grundlage zu schaffen, aus der die Ortsbewegung als ein e i n h e i t l i c h e r, s t r e n g g e r e g e l t e r P r o z e ß d e s W e r d e n s faßbar und bestimmbar wird. Die Bewegung erschöpft sich in einem beständigen Entstehen und Vergehen; das „Dasein", das eine Dauer und ein Beisammen ihrer einzelnen Momente verlangen würde, ist ihr versagt. Wenn wir sie dennoch als eine Einheit denken und festhalten wollen, wenn sie uns nicht in ein beziehungsloses Nacheinander isolierter Folgezustände zerfallen soll, so muß in jedem ihrer Einzelmomente die B e z i e h u n g a u f d e n G e s a m t p r o z e ß und auf die Regel, nach der er sich vollzieht, bereits mitenthalten sein. Das G e s e t z, das Raum und Zeit aneinander bindet, geht voran: erst wenn es gegeben ist, ist die Bewegung aus einem flüchtig auftauchenden und wieder verschwindenden psychologischen Inhalt zu einem wahrhaften wissenschaftlichen O b j e k t geworden. Aber es genügt nicht, die funktionale Abhängigkeit, die in ihm gesetzt ist, allgemein auszusprechen und sie etwa an dem Verhältnis einer beliebig herausgegriffenen, endlichen Raumstrecke zu der ihr entsprechenden Zeitdauer zu erläutern. Das Gesetz soll unbeschränkt für jeden beliebig kleinen Teil der Bahn, für jeden der einzelnen Zustände gelten, in deren Nacheinander die Bewegung besteht. Sein

---

[1]) S. Opere II, 330f. (Gegen Antonio Rocco); Discorsi I, Op. XIII, 38 u. s.
[2]) Discorsi I, Op. XIII, 51; s. a. Op. II, 333.

Inhalt und seine Allgemeinheit tritt daher erst dann vollständig hervor, wenn wir es in dieser p u n k t u e l l e n Wirksamkeit und Bestimmtheit auffassen: wenn wir die V e r k n ü p f u n g, die in ihm zwischen Raum und Zeit ausgesprochen ist, bereits in jedem unteilbaren Zeitmoment bestehend und gültig denken[1]). Es gehört der Geschichte der Mathematik und Mechanik an, zu untersuchen, wie aus diesem Gedanken heraus der Begriff des „Moments" und mit ihm das erste, typische Beispiel des Infinitesimalen entstanden ist[2]). Für uns ist es vor allem von Wichtigkeit, daß der Begriff des Unendlichen, der, auf das räumliche Kontinuum allein bezogen, mit inneren Schwierigkeiten behaftet bleibt, seine erste Klärung und Fixierung im Begriff der G e s c h w i n d i g k e i t gefunden hat. Nicht das D i f f e r e n t i a l des Raumes, ja auch nicht das der Z e i t vermochte von sich allein aus den Weg zu weisen: der Begriff des D i f f e r e n t i a l q u o t i e n t e n bildete den geschichtlichen und logischen Ausgangspunkt. Die F u n k t i o n a l - g l e i c h u n g bietet — auf ihren reinsten und prägnantesten Ausdruck gebracht — zugleich den sichersten und „substantiellsten" Untergrund, den das wissenschaftliche Denken für den Aufbau der Größe zu bieten vermag. —

Die unmittelbare Rückwirkung, die Galileis mechanische Prinzipien und Grundgedanken auf die Auffassung des g e o - m e t r i s c h e n R a u m e s ausübten, stellt sich in C a v a - l i e r i s „Geometrie der Indivisibilien" dar. Aus einem Briefe Cavalieris geht hervor, daß das Problem, das im Titel des Werkes bezeichnet ist, von Galilei selbst gestellt und in Angriff genommen war, und weitere Spuren und Zeugnisse weisen auf K e p l e r s „Stereometria doliorum" als die gemeinsame Quelle und Anregung zurück[3]). So stellt sich die sachliche Kontinuität der Gebiete unmittelbar in den persönlichen Zusammenhängen dar. Das Verfahren Cavalieris besteht, wie bekannt, darin, daß er sich zunächst jede ebene

---

[1]) Vgl. Discorsi, Dritter Tag, Op. XIII, 149.
[2]) Vgl. D ü h r i n g , Krit. Gesch. d. allg. Princ. d. Mechanik, 3. Aufl., S. 25ff.
[3]) S. C a n t o r , Gesch. d. Mathematik ² II, 832, 848f.

Figur durch parallele Linien oder „Regeln" begrenzt denkt. Nehmen wir nun die eine dieser Regeln, die dem betreffenden Gebilde zum Abschluß dient, als **beweglich** an und denken wir sie, parallel zu sich selbst, derart verschoben, daß sie zuletzt mit der ihr gegenüberliegenden Grenzlinie der Figur zusammenfällt, so wird die **Allheit** der so entstandenen, parallelen Geraden die gegebene, ebene Figur vollständig ausfüllen und wiedergeben: alle Beziehungen und Sätze also, die sich von dieser Allheit erweisen lassen, werden unmittelbar auf das Gebilde selbst übertragbar sein. „Ebene Figuren stehen zueinander in demselben Verhältnis, wie die Allheit ihrer, nach ein und derselben Regel genommenen Geraden; körperliche Gestalten im selben Verhältnis, wie die Allheit ihrer nach einer bestimmten Regel genommenen Ebenen"[1]). Indem Cavalieri hier die Figur durch das „**Fließen**" der Regel erfüllt und ausgemessen denkt, verbindet er damit die Betrachtungsweise Keplers und Galileis, vereinigt er das Prinzip der „Zusammensetzung" mit dem Gedanken der gleichförmigen Bewegung. Der Begriff des „stetigen Fließens" gilt seit Newton als Ausdruck und Korrelat des **Zeitbegriffs**. Hier indes, in der rein geometrischen Betrachtungsweise, müssen wir von der **konkreten** Zeit jedenfalls absehen, um lediglich das allgemeine Grundprinzip der **kontinuierlichen und gleichförmigen Veränderung** herauszuheben. Die Gestalt wird in ihrer Entstehung aufgefaßt und bestimmt: die Verschiedenheit in der Art und dem Gesetz des Wachstums erklärt und bedingt die Größendifferenzen der fertigen Figuren. Diese Verschiedenheit selbst aber läßt sich nicht darstellen, ohne vorher eine gemeinsame Grundvariable festzusetzen, auf deren gleichmäßigen Fluß wir alle Veränderungen stillschweigend beziehen. Es ergibt sich, daß dort, wo wir es scheinbar nur mit einer isolierten Einzelgröße und dem Prinzip ihres Werdens zu tun haben, in Wahrheit ein zweiter, latenter **Beziehungspunkt** vorauszusetzen ist. Dies ist daher der logische Grundgedanke, mit dessen Ausdruck

---

[1]) Cavalieri, Geometria indivisibilibus continuorum nova quadam ratione promota. Bononiae 1635. Lib. I, Probl. II, Propos. II.

Cavalieri beständig zu ringen hat: daß das geometrisch Unendliche nichts an sich selbst, kein für sich bestehendes Sein bedeutet, sondern daß es lediglich das Instrument und die konzentrierte Darstellung der P r o p o r t i o n e n des Endlichen bilden will: daß es — wie Cavalieri es in der Schulsprache bezeichnet — kein „Infinitum simpliciter", sondern ein „Infinitum secundum quid" besagt. Um es vor der metaphysischen Hypostasierung zu wahren, wird es daher — wie später von Leibniz — mit den Methoden- und Operationsbegriffen der Algebra verglichen: mit dem x der Gleichung, dessen „Sein" ja auch darin aufgeht, als Ansatzpunkt und als ideelles Subjekt zur Aussprache von Größenrelationen zu dienen[1]). Dennoch ist gerade im Verhältnis zur Metaphysik endgültige Klarheit von Cavalieri nicht erreicht: so sieht er sich, um den „philosophischen" Einwänden zu entgehen, zuletzt zu dem Eingeständnis gezwungen, daß er niemals das Kontinuum selbst mit der Allheit seiner Elemente g l e i c h g e s e t z t, sondern nur behauptet habe, daß dieselben numerischen V e r h ä l t n i s s e, wie zwischen den fertigen stetigen Gebilden, zwischen den Gesamtheiten ihrer Linien obwalten[2]). Wenn aber in jeder zahlenmäßigen Vergleichung, in jedem mathematischen U r t e i l also, das Kontinuum durch die Allheit seiner Konstituentien bezeichnet und ersetzt werden kann, so fällt beider b e g r i f f l i c h e s S e i n vom Standpunkt wissenschaftlicher Erkenntnis allerdings zusammen: und es verrät einen falschen Maßstab, wenn man beides in irgend einem inneren Merkmal und irgend einer „inneren Wesenheit" noch zu trennen sucht.

Das Verfahren Cavalieris findet seine Ausbildung und Fortsetzung bei R o b e r v a l, in dessen T a n g e n t e n m e t h o d e sich zugleich eine Erweiterung des logischen Gesichtskreises vollzieht. War bisher der Begriff der Bewegung anerkannt, aber auf die Entstehung eines einzelnen Gebildes aus seinem Element beschränkt worden, so soll jetzt die Tangente aus einer Vereinigung und Wechselbestimmung

---

[1]) C a v a l i e r i, Exercitationes geometricae sex. Bonon. 1647. Exercitat. III, Cap. VIII, S. 202.
[2]) A. a. O.; Exercit. III, Cap. VII, S. 200.

v e r s c h i e d e n a r t i g e r Bewegungen bestimmt und erkannt werden. Die verschiedenen B e d i n g u n g e n, denen die Kurve ihrem Begriffe nach genügen muß, erscheinen als ebensoviele K r ä f t e, die in ihrer Zusammenwirkung die Richtung in jedem Momente eindeutig bestimmen. Die Grundlage und das Schema dieser Zusammensetzung wird von Roberval in dem Satz von dem Parallelogramme der Geschwindigkeiten richtig erkannt[1]). So sehen wir, wie Geometrie und Mechanik unter einem gemeinsamen Gesichtspunkt vereint werden: eine Verbindung, die nur darum keinen logischen Sprung darstellt, weil das p h y s i s c h e Sein der Bewegung und der Kraft zuvor seinen absoluten Charakter eingebüßt und sich in einen Inbegriff von Relationen aufgelöst hatte. Bei Galilei bereits zeigte es sich, wie er in der Konstruktion der Wurflinie, in dem Ausgleich, den er hier zwischen ,,natürlicher" und ,,gewaltsamer" Bewegung vollzog, die qualitative Scheidung des Geraden und Krummen aufhob: jetzt tritt deutlicher hervor, daß das Krumme keinen unauflöslichen, primären Inhalt, sondern gleichsam eine Durchdringung und Synthese einfacher ,,Bewegungen" darstellt. Die Richtung selbst, aus deren stetiger Veränderung die Kurve hervorgehend gedacht wird, ist nichts schlechthin Einfaches; auch das scheinbare ,,Element" zerlegt sich für die fortschreitende Analyse in eine Mehrheit von Bestimmungen. In diesem Gedanken nähern wir uns bereits den Anfängen der a n a l y t i s c h e n G e o m e t r i e, wie sie schon vor der eigentlichen prinzipiellen Ausführung bei D e s c a r t e s durch F e r m a t festgestellt waren. Während für die unmittelbare Anschauung, an der die antike Geometrie haften blieb, jedes Einzelgebilde ein für sich gegebenes und in sich selbst ruhendes Ganze ausmacht, wird hier zum ersten Male gleichsam der allgemeine B e g r i f f der Figur entdeckt. Wiederum lösen sich die einzelnen Gestalten zunächst in eine unendliche Mannigfaltigkeit von Punkten auf, deren Einheit und Zusammenhang jedoch durch die gemeinsame Regel,

---

[1]) Zu Robervals Tangentenmethode: s. G e r h a r d t , Die Entdeckung der höheren Analysis, Halle 1855, S. 39ff. — C o h e n , a. a. O. S. 33f.

an der sie teilhaben, verbürgt ist: durch die Form der Beziehung, die zwischen jedem Gliede des Inbegriffs und den beiden willkürlich fixierten Koordinatenaxen besteht. Diese universale begriffliche Grundbestimmung sprengt die festen Schranken der konkreten geometrischen Sonderobjekte. Eine einfache algebraische Operation genügt jetzt häufig, um den analytischen Ausdruck der einen Gestalt in den der andern überzuführen und beide somit in ihrer Verwandtschaft erkennen zu lassen; die bloße Variation eines Parameters läßt Gebilde, die sonst verschiedenen Gattungen zugerechnet wurden, aus einander hervorgehen.

Dieser Grundzug wird weiterhin auch von derjenigen geometrischen Ansicht und Betrachtungsweise bestätigt, die sonst überall wie der Gegensatz und das Widerspiel zur algebraischen Methode erscheint: auch die projektive Geometrie, wie sie jetzt von D e s a r g u e s ausgebildet wird, lenkt nicht zur antiken synthetischen Auffassung zurück, sondern hat den modernen Grundbegriff des U n e n d l i c h e n und der V e r ä n d e r u n g in sich aufgenommen und verarbeitet. So wird hier z. B. eine allgemeine Definition des Kegelschnittes zugrunde gelegt, aus der durch Abstufung eines bestimmten Einzelmerkmals die besonderen Unterarten erst entwickelt und die verschiedenen möglichen Einzelgestalten abgeleitet werden. Wieder bewährt sich die neue Denkrichtung darin, daß dasjenige, was zuvor als begriffliche Trennung erschien, auf einen bloßen quantitativen Unterschied zurückgedeutet wird; — daß, nach dem Worte Keplers, der kontradiktorische Gegensatz in eine Differenz des ,,Mehr und Weniger" sich auflöst. (S. ob. S. 351 f). Die Methode der Projektion wird zum Mittel, ein und dieselbe qualitative Bestimmtheit gleichsam unter verschiedenen quantitativen Formen und Abwandlungen zu betrachten und zu beurteilen. Wie sehr diese Wendung der abstrakten Mathematik geeignet war, das Fundament des Aristotelischen Weltgebäudes zu untergraben, zeigt ein Einwand, den B e n e d e t t i, der bedeutendste der Vorgänger Galileis, gegen Aristoteles erhebt. Dieser hatte behauptet, daß auf einer endlichen Geraden keine ununterbrochene Bewegung möglich sei: der Körper müsse am Ende der Bahn notwendig zur Ruhe kommen, ehe er in entgegengesetztem Sinne zurückkehre. Um diesen Satz zu widerlegen, geht Benedetti davon aus, zunächst die Bewegung des Körpers auf einer geschlossenen Kreislinie zu betrachten und das Ergebnis, das sich ihm hier darbietet, dadurch auf die Gerade zu übertragen, daß er sich jeden einzelnen Punkt der Kreisperipherie auf diese projiziert denkt. Die vollkommene geometrische Entsprechung und Abhängigkeit, die sich hierbei zeigt, gilt ihm als Beweis dafür, daß auch die Bewegung auf beiden Bahnen keine inneren, wesentlichen Unterschiede aufweisen kann, daß sie also in dem einen, wie im andern Falle kontinuierlich verlaufen muß[1]). Das Verhältnis der eindeutigen Z u o r d n u n g, das wir vermöge der Methode der Projektion entdecken, hebt den angeblichen Gegensatz des Begriffs und des physikalischen Verhaltens auf.

Blicken wir nunmehr von der Geometrie zur A l g e b r a hinüber, so steht auch hier das logische V e r h ä l t n i s v o n Q u a n t i t ä t u n d Q u a l i t ä t im Mittelpunkt der Betrachtung. Die Einführung der B u c h s t a b e n r e c h n u n g, die den Keim der künftigen Entwicklung in sich enthält, nimmt von einer neuen Beziehung zwischen Zahl und Raum, zwischen der abstrakten Quantität und der benannten Größe ihren Ausgang. Die reinen arithmetischen Operationen bleiben nicht länger isoliert; sie nehmen eine Bezeichnung und eine Ausdrucksform an, die sie unmittelbar zur Wiedergabe der Verknüpfung und konstruktiven Vereinigung räumlicher Größen befähigt. Die Symbole, mit denen gerechnet wird, sind nichts anderes, als die Zeichen für bestimmte Grundgebilde des Raumes: die „figürliche" Analysis unterscheidet sich von der gewöhnlichen dadurch, daß sie statt mit Zahlen mit den G e s t a l t e n und F o r m e n d e r D i n g e operiert[2]). Damit scheint zunächst die Arithmetik einer einschränken-

---

[1]) B e n e d e t t i, Diversarum speculationum mathematicarum et physicarum liber. Taurini 1585. — S. L a s s w i t z, II, 15 f.

[2]) „Logistice numerosa est quae per numeros, Speciosa quae per species seu rerum formas exhibetur, ut pote per Alphabetica elementa". V i e t a, Isagoge in artem analyticam Cap. IV. (Opera mathematica, ed. a. Schooten, Lugd. Batav. 1646; S. 4.)

den Bedingung unterworfen zu werden, die sich in der Tat gleich anfangs in Vietas Gesetz der Homogeneität ausspricht[1]). Die zahlenmäßige Vergleichung von Inhalten setzt deren ursprüngliche begriffliche Gleichartigkeit voraus: die Elemente müssen zuvor einer gemeinschaftlichen qualitativen Einheit untergeordnet werden, ehe wir sie als Glieder eines algebraischen Verhältnisses behandeln können. Die begriffliche Fixierung der „Dimension", die Feststellung des allgemeinen Gesichtspunkts der Messung muß vorausgehen, bevor zur tatsächlichen Vergleichung geschritten werden kann. Wenngleich indes die Geometrie für diesen Gedanken das klarste Beispiel und die unmittelbare Illustration enthält, so greift doch sein Inhalt und seine Anwendung über ihre Grenzen hinaus. Nicht die Ausdehnung ist es, in der sich die wahre Verkörperung und die endgültige Begrenzung des Dimensionsbegriffs darstellt: über die räumliche Anschauung hinaus schreitet vielmehr Vieta zu beliebig hohen Potenzen und ihrer Darstellung und Berechnung fort. So sehen wir hier ein Ineinandergreifen entgegengesetzter Tendenzen: wenn die Abstraktionen der Algebra durch die Beziehung auf die geometrische Anschauung bedingt und eingeschränkt schienen, so hat jetzt auch der geometrische Begriff des Maßes durch die Berührung mit einem neuen Problemgebiet neue Weite und Allgemeinheit erlangt. In beiden Richtungen bildet Descartes' analytische Geometrie die geradlinige philosophische Fortsetzung von Vietas' Grundgedanken[2]). Allgemein sehen wir jetzt, wie gerade die neue Analysis zum Mittel wird, Inhalte, die zuvor einander ungleichartig erschienen, miteinander zu verknüpfen und an einander zu messen. Wenn Galilei etwa, in der Ableitung der Wurfparabel, Raumstrecken, Zeiten und Impulse dadurch vergleicht, daß er eine einzige begrenzte Gerade als gemeinsame symbolische Einheit für alle diese verschiedenen Größenarten zugrunde legt, so hat er darin das echte Verfahren der „figürlichen" Charakteristik

---

[1]) Vieta, a. a. O. Cap. III, S. 2 f.
[2]) Vgl. hrz. die Darstellung von Descartes' analytischer Geometrie im folgenden Kapitel.

zur Anwendung gebracht[1]). Wir begreifen an diesem Beispiel, inwiefern die neue Methode die generischen Unterschiede der Größe auf der einen Seite erst zur Anerkennung zu bringen, auf der andern jedoch wiederum auszugleichen und aufzuheben scheint. Für die betrachteten Größen wird G l e i c h a r t i g k e i t verlangt: welche Inhalte indes als gleichartig zu gelten haben, darüber entscheidet nicht die unmittelbare Sinnenauffassung, sondern der mathematische Gesichtspunkt der Begriffsbildung und D e f i n i t i o n. Raum, Zeit und Geschwindigkeit, so sehr sie, dinglich betrachtet, unvergleichlich scheinen, w e r d e n homogen, wenn die Mathematik ein Verfahren entdeckt, durch das die M a ß z a h l der einen Größe auf die der andern bezogen werden kann. —

Unter den Fortschritten der speziellen Arithmetik steht die E i n f ü h r u n g d e r L o g a r i t h m e n an erster Stelle. Es gibt in der Geschichte der Wissenschaft vielleicht kein zweites Beispiel dafür, daß eine wichtige technische Neuerung zugleich von so allgemeinem systematischen Interesse wäre, wie es hier der Fall ist. In der ersten Darstellung der Logarithmen geht N e p e r davon aus, zwei Zahlenreihen miteinander zu vergleichen, von denen die eine in arithmetischer, die andere in geometrischer Progression fortschreitet. Um diese Regel des Fortschritts zum Ausdruck zu bringen, wird eine m e c h a n i s c h e A n a l o g i e angewandt. Auf zwei verschiedenen Geraden werden gleichzeitig erfolgende B e w e g u n g e n angenommen, durch deren eine in gleichen Zeiteinheiten gleiche Raumstrecken, durch deren andere proportional abnehmende Längen durchmessen werden. Die Wege, die unter dieser doppelten Voraussetzung innerhalb eines bestimmten Zeitintervalls beschrieben werden, verhalten sich zu einander, wie die Logarithmen zu den Zahlen, denen sie zugehören[2]). K e p l e r, der Nepers Gedanken wiederum als einer der Ersten aufnimmt und sie weiterzuentwickeln und einzubürgern sucht, bezeichnet sehr charakteristisch das neue Moment, das mit ihnen in die Algebra eingeführt war. Er berichtet,

---
[1]) G a l i l e i, Discorsi III, Opere XIII, 241f.
[2]) N e p e r, Mirifici Logarithmorum Canonis descriptio (1614) — vgl. C a n t o r, a. a. O. II, S. 730 u. 740.

wie die meisten Mathematiker vor allem an dem H i l f s -
b e g r i f f d e r B e w e g u n g Anstoß nahmen, da dieser
in seiner Wandelbarkeit und Schlüpfrigkeit kein festes Fundament für den exakten „Stil" der mathematischen Beweisführung bilden könne. Er selbst sucht seinerseits diesem Einwand zu begegnen, indem er in seiner Ableitung von jeder
„s i n n l i c h e n Q u a n t i t ä t" und jeder sinnlichen B e -
w e g u n g absieht und den Logarithmus allein „unter dem
Gattungsbegriff der Relation und der reinen, intellektuellen
Größe" betrachtet (sub genere relationum quantitatisque
mentalis). Er wird ihm unter diesem Gesichtspunkt zum
ἀριθμὸς τοῦ λόγου, zur blossen Maßzahl von Verhältnissen, die
dazu dient, ein g e m e i n s a m e s M a ß aller Arten von
Größen abzugeben[1]). Kein Zweifel, daß Kepler damit die
Grenzen des Einzelproblems, um das es sich hier handelt,
schärfer gezogen und seinen logischen Ort bestimmter bezeichnet hat. Man darf darüber indes nicht den fruchtbaren
Gedankenkeim übersehen, der Nepers allgemeiner Bestimmung
zugrunde liegt. Was Kepler auf dem Gebiete der Astronomie
zu leisten hatte, das war hier innerhalb der reinen Mathematik bereits vollzogen: die V e r ä n d e r u n g, die seit
den Zeiten des griechischen Idealismus dem Gebiet des Sinnlich-Unbestimmten verfallen schien, war wiederum als reine gedankliche Beziehung erkannt und zugelassen. Der Grund
der „variablen Zahl" ist gelegt: Nepers charakteristischer Ausdruck des stetigen „Fließens" wirkt in Cavalieris Geometrie,
seine Definition der gleichförmigen und ungleichförmigen
Bewegung in Galileis Mechanik weiter.

Eine neue Weiterführung empfängt der Zahlbegriff sodann
von seiten der G l e i c h u n g s l e h r e, indem hier zuerst die
Bedeutung des N e g a t i v e n und I m a g i n ä r e n sich
deutlich darstellt. Freilich kann man gerade an dieser Stelle
verfolgen, wie das philosophische Begreifen mit den Fortschritten der mathematischen Einzelerkenntnis nicht gleichen
Schritt zu halten vermag: wie nur allmählich und schrittweise
das l o g i s c h e Recht der neuen Gedanken erkämpft wird. Die
negativen Zahlen gelten anfangs noch schlechthin als „absurde

---

[1]) K e p l e r, Opera VII, 319 ff.

Zahlen"; das Imaginäre wird dem „Unmöglichen" durchweg gleichgesetzt. Es ist — wie Cardano ausspricht — eine „sophistische Größe": ein Gebilde, das lediglich auf formaler Logik beruht, „da man an ihm nicht, wie an den übrigen Größen, die Rechnungsoperationen ausüben, noch weiterhin fragen kann, was es ist und zu bedeuten hat"[1]). Wäre die Anwendbarkeit der allgemeinen algebraischen Verfahren und Betrachtungsweisen für das Imaginäre ausgeschlossen, so wäre damit freilich das Verwerfungsurteil notwendig, das hier gefällt wird. Die Geschichte der Mathematik aber weist einen anderen Weg: es galt eine neue Gesamtauffassung des Begriffs zu schaffen, die dem neuen Inhalt gerecht würde. Der Zahlbegriff in seiner Weiterbildung vollzieht daher am klarsten den Bruch mit dem überlieferten Ideal des Erkennens. Wenn wir von den einzelnen Individuen und „Substanzen" ausgehen sollen, um sie in begrifflichen Merkmalen abzubilden, so müssen wir für jeden noch so allgemeinen Begriff zuletzt eine konkrete Entsprechung fordern, so muß jeder Gedanke, der sich nicht derart als mittelbares Abbild vorhandener Gegenstände beglaubigen kann, hinfällig werden. Die neue Denkweise indes lehrt von dieser Forderung absehen: nicht als Erzeugnis der „Abstraktion" vom Einzelnen, sondern als Erzeugnis der D e f i n i t i o n entsteht ihr der Begriff. Die Grundlegung kann vollzogen werden, die Geltung und der Eigenwert unserer ersten gedanklichen Relationen kann entwickelt und ausgebildet werden, unbekümmert darum, ob direkte Gegenbilder für sie in der Welt der dinglichen Wirklichkeit vorhanden sind. Das Beispiel des Imaginären lehrt deutlich, daß man sich den Gehalt der Mathematik nicht verständlich machen kann, wenn man in ihren Begriffen nur direkte oder vermittelte Beschreibungen von E i g e n s c h a f t e n des Wirklichen sieht, statt von der allgemeinen Charakteristik ihrer E r k e n n t n i s f u n k t i o n auszugehen und sich von hier den Zugang zu den spezielleren Methoden zu bahnen[2]).

---

[1]) C a n t o r, a. a. O. II, S. 508. — Über die Bezeichnung der negativen Zahlen als „absurde Zahlen" s. II, 442.
[2]) Zum Ganzen vgl. jetzt m. Schrift „Substanzbegriff und Funktionsbegriff", bes. Cap 2. u. 3.

Drittes Buch

Die Grundlegung des Idealismus.

Erstes Kapitel.
Descartes.

Wenn man versucht, in den manigfachen gedanklichen Strömungen und Tendenzen, die zur Bildung der neueren Philosophie zusammenwirken, einen gemeinsamen Grundzug herauszusondern, so bietet sich als bezeichnendes Merkmal zunächst das Verhältnis dar, in welchem sie insgesamt zum mittelalterlichen Begriff der L o g i k stehen. In der Abweisung der Dialektik, in der Verwerfung des Syllogismus als Grundmittels der Erkenntnis, begegnen sich Skepsis und Erfahrungswissenschaft, vereinen sich der Humanismus, wie die neue Naturphilosophie. Es kann eine Zeitlang scheinen, als wäre in dieser Negation das letzte Wort gesprochen; als sollte die unmittelbare Beobachtung der Dinge die Reflexion über das Wesen und die Verknüpfungsgesetze des Begriffs zurückdrängen und ersetzen. Der Geist bedarf der dialektischen Schulung und Leitung nicht länger; er tritt unmittelbar der äußeren und inneren E r f a h r u n g gegenüber, in der ihm ein reicherer und sicherer Quell des Wissens erschlossen ist. Dennoch erkannten wir in der Entstehungsgeschichte und Ausbildung der neueren Wissenschaft gerade dies als ihre charakteristische Eigenheit: daß sich ihr in ihrer reinen Hingabe an den Stoff des Wissens, zugleich und ungewollt eine neue Methodik der Forschung ergibt. Immer deutlicher spricht sich allmählich auch dieses Bewußtsein aus: immer mehr tritt der Gedanke eines „neuen Organons" in den Mittelpunkt. Es ist nicht nur B a c o n , der diese Forderung vertritt: auch in der spekulativen Naturphilosophie, die nach ihrem Grundgedanken den Geist nur als Objekt unter Objekten zu verstehen vermag, kündigt sich allmählich eine veränderte Wendung der Betrachtung an. Bei C a m p a n e l l a , dessen Philosophie nur die Lehre des T e l e s i o fortsetzt und ausbaut, taucht dennoch bereits der Plan einer eigenen Wissenschaft auf, die nicht mehr die Natur der Dinge, sondern die Art unserer Erkenntnis zu ihrem Gegenstand haben soll; ,,rerum naturas cognoscere difficile quidem est, at modum cognoscendi longe difficilius"[1]). Und bei Bruno nimmt, wenn man das Ganze seiner literarischen Tätigkeit überblickt, der Inbegriff der ,,methodologischen" Schriften bereits einen größeren Umfang ein, als seine Werke zur Reform der Kosmologie und Naturanschauung. Freilich lehrt eben dieses Beispiel deutlich, daß der Sinn des Problems in all diesen verschiedenen Versuchen nicht eindeutig gefaßt und festgestellt ist. Bei Bacon soll die Methode, so sehr ihr scheinbar nur die Aufgabe gestellt ist, das empirische Material zu sammeln und zu sichten, zuletzt zur Entdeckung der ,,Formen" der Dinge im scholastischen Sinne dienen: bei Bruno wird sie zum Mittel der Lullischen Kunst, vermöge deren die Unendlichkeit des Wissensinhalts in das Netzwerk bestimmter symbolischer Formeln eingefangen und für das Gedächtnis aufbewahrt werden soll. So ist hier überall die Methode nur ein Schlagwort, das sehr verschiedenartige Inhalte deckt und das an sich selbst noch keine prinzipielle Erneuerung des Erkenntnisideals bedeutet und gewährleistet. Selbst dort, wo sie am reinsten erfaßt und gebraucht wird, bildet sie nicht das Grundprinzip, sondern eine nebenhergehende Instanz, die den Erwerb des Wissens unterstützt und kontrolliert. Sie leitet zu den Quellen, aus denen uns die Erkenntnis fließt; aber sie ist nicht selbst der Urgrund und das Fundament. Zum Begründer der neueren Philosophie wird D e s c a r t e s daher nicht dadurch, daß er den Gedanken der Methode an die Spitze stellt, sondern dadurch, daß er in ihm eine neue A u f - g a b e erfaßt. Nicht lediglich die formale Gliederung, sondern der gesamte Inhalt der ,,reinen" Erkenntnis soll aus dem ursprünglichen methodischen Prinzip gewonnen und in lückenloser Folge hergeleitet werden. Er selbst hat alle seine mannigfachen wissenschaftlichen Leistungen nur als ebensoviele Entfaltungen und Verzweigungen dieses einen Grundstammes

---

[1]) C a m p a n e l l a, Metaphysik, Pars I, S. 331.

gedacht und bezeichnet. Die analytische Geometrie, die am Anfang seiner Entdeckungen steht und die für sie alle die dauernde Voraussetzung bleibt, ist ihm nicht anderes, als die „spontane Frucht der eingeborenen Prinzipien der Methode"[1]). Diese Beziehung zu begreifen und sie bis in ihre konkreten Entwicklungen in der Grundlegung der M e c h a n i k und der speziellen P h y s i k zu verfolgen, bildet das erste Erfordernis für das Verständnis des Cartesischen Systems der Philosophie.

Denn diese Methodik hängt geschichtlich mit dem neuen Begriff der Natur und der Naturerkenntnis, der inzwischen entstanden war, innerlich zusammen. Es scheint freilich auf den ersten Blick, als wäre die Hinwendung zur inneren Erfahrung, zur Analyse der reinen Bewußtseinsvorgänge, für sie das Charakteristische und Entscheidende. Die genauere Betrachtung lehrt indes, daß es sich hier um ein einzelnes Moment handelt, das in den Dienst einer allgemeineren Aufgabe tritt. Und diese Aufgabe läßt sich jetzt, nachdem wir den Fortgang von der pantheistischen Naturbeseelung zur mathematischen Naturtheorie im Einzelnen verfolgt, bereits in ihren Hauptzügen beschreiben und festhalten. Was Galilei der Naturansicht seiner Zeit entgegensetzt: das ist der Gedanke der N o t w e n d i g k e i t. Die Notwendigkeit ist für ihn, wie sie es für Leonardo da Vinci gewesen war, die „Entdeckerin der Natur" und ihre Meisterin und Hüterin. Bei ihr, die in den universalen Regeln der Geometrie und Zahlenlehre gegründet ist, bleibt er stehen. Was sie selbst bedeutet, dafür bedarf es keiner weiteren Erklärung: jeder begreift es, der auch nur einmal einen mathematischen Satz wahrhaft verstanden und an ihm „geschmeckt" hat, wie das Wissen beschaffen ist[2]). Es ist bezeichnend für

---

[1]) D e s c a r t e s, Regulae ad directionem ingenii. Nach der Original-Ausgabe von 1701 hg. von A. B u c h e n a u, Lpz. 1907; Reg. IV, S. 10.
[2]) Vgl. Galilei, Dialog I, Op. I, 114: „Questa cosi vana prosunzione d'intendere il tutto, non può aver principio da altro, che dal non avere inteso mai nulla; perchè quando altri avesse esperimentato una volta sola a intender perfettamente una sola cosa e d a v e s s e g u s t a t o v e r a m e n t e c o m e è f a t t o i l s a p e r e, conoscerebbe come dell' infinità dell'altre conclusioni niuna ne intende."

die Geistesart Descartes' und für die Richtung, die seine Forschung nimmt, daß er sich bei dieser Form der Rechtfertigung nicht begnügt. Es gilt nicht nur innerlich zu erfahren, was Notwendigkeit ist, sondern auch zu begreifen, woher sie stammt. Denn in der Übertragung dieses Begriffs auf die „Natur", auf das Sein der wirklichen Dinge, liegt bereits ein Doppelsinn und eine innere Schwierigkeit. Ihrem eigentlichen und ursprünglichen Sinne nach haftet die Notwendigkeit nicht bestimmten Dingen oder Vorgängen, sondern lediglich bestimmten E r k e n n t n i s s e n an. Sie ist eine Charakteristik, die auf die U r t e i l e und auf die verschiedenartige Geltung von Urteilsklassen gerichtet ist. Die mathematische Grundauffassung der Natur aber, die Descartes neben Galilei selbständig entdeckt, wendet diesen Terminus des D e n k e n s unmittelbar auf das S e i n an. Wie erklärt sich dieser Übergang und wie rechtfertigt er sich? Mit dieser Frage wird das Ergebnis der intellektuellen Arbeit der modernen Forschung wiederum zum Problem. Der philosophische Analytiker beginnt genau an dem Punkte, an dem die exakte Wissenschaft stehen bleiben durfte. Die H a r m o n i e zwischen Erkenntnis und Wirklichkeit, die hier als Voraussetzung implizit zugrunde lag, wird jetzt durch den kritischen Zweifel aufgelöst, und es entsteht die Aufgabe, sie auf einem neuen Wege wiederherzustellen.

I. Die Einheit der Erkenntnis.

Das methodische Erstlingswerk Descartes' beginnt mit einem charakteristischen Bilde, in dem die historische Eigenart der neuen Denkart sich widerspiegelt. Alle Wissenschaften insgesamt sind nichts Anderes, als die Eine menschliche Weisheit, die immer dieselbe bleibt, auf wie verschiedene Objekte sie auch angewandt werden mag, und die von den Gegenständen so wenig eine innere Veränderung erfährt, wie das L i c h t d e r S o n n e von den vielerlei Dingen, die es erleuchtet. Dieses Gleichnis, das Descartes von Plotin entlehnt, hat in der neueren Philosophie eine selbständige Geschichte. In der Naturphilosophie und insbesondere bei Giordano Bruno dient es regelmäßig dazu, die Teilhabe des

Einzelnen am Absoluten zu bezeichnen; zu verdeutlichen, wie das All-Eine, trotz der manigfachen Formen und Gestalten, in denen es sich spiegelt, dennoch in steter unwandelbarer Identität beharrt. (S. ob. S. 294.) Entgegen der Vereinzelung und Zersplitterung, in der sich das Universum den Sinnen darstellt, wird hier der Gedanke einer in all ihren Äußerungen gemeinsamen G r u n d k r a f t festgehalten, die sich der reinen V e r n u n f t a n s c h a u u n g unmittelbar erschließt. Diese Wendung aber bleibt völlig außerhalb des Gesichtskreises, den D e s c a r t e s , von seinen ersten Schritten an, für das Problem bestimmt. Ihm handelt es sich nicht mehr in erster Linie um die Welt der Gegenstände, sondern um die der Erkenntnisse; nicht um die Kräfte, die das Naturgeschehen beherrschen, sondern um die Regeln, die den Aufbau der Wissenschaft leiten. Die Frage nach dem Verhältnis d e r E i n h e i t z u r V i e l h e i t hat einen veränderten Sinn erhalten und ist auf einen neuen Boden verpflanzt. Wie eine Andeutung dieser bestimmten geschichtlichen Lage, in der er sich der Naturphilosophie gegenüber befand, klingt es, wenn Descartes ausspricht, daß es töricht sei, über die Geheimnisse der Natur und den Einfluß der himmlischen Sphären auf die irdische Welt, über die Kräfte der Pflanzen, die Bewegung der Gestirne und die Verwandlung der Metalle zu grübeln, ohne doch jemals der richtigen Führung des Geistes und dem universalen Begriff d e s W i s s e n s s e l b e r nachgedacht zu haben: da doch alles andere nicht sowohl um seiner selbst, als um dieses Zweckes willen zu schätzen sei. Die Vielheit der D i n g e ist unendlich und unfaßbar; es ist ein vergebliches Unternehmen, sie im Begriff zusammenhalten und übersehen zu wollen. Dagegen kann es kein unermeßliches Werk sein, d i e G r e n z e n d e s G e i s t e s z u b e s t i m m e n , da wir ihn unmittelbar in uns selber gewahr werden, noch alle Inhalte, soweit sie in dieser Gesamtheit befaßt sind, scharf zu umgrenzen[1]). Wir vermögen nichts

---

[1]) Regulae ad directionem ingenii, I u. VIII. — S. bes. Reg. VIII S. 25: „Neque res ardua aut difficilis videri debet, e j u s , q u o d i n n o b i s i p s i s s e n t i m u s , i n g e n i i l i m i t e s d e f i n i r e , cum saepe de illis etiam, quae extra nos sunt et valde aliena, non du-

von den Dingen zu erkennen, ohne damit zugleich der Wesenheit unseres eigenen Denkens inne zu werden: der reine Verstand bildet das e r s t e Objekt, das uns in der Reihe der Wahrheiten entgegentritt¹). Indessen ist es, trotz dieser einheitlichen Fassung des Problems, eine doppelte Richtung der Betrachtung, die wir im Aufbau und der Begründung der Cartesischen Philosophie deutlich unterscheiden können. Während auf der einen Seite die „E i n h e i t   d e s   I n t e l l e k t s" in immer bestimmteren und konkreteren P r i n z i p i e n entwickelt und dargestellt und der Inhalt der Mathematik und Naturerkenntnis aus ihr in stetigem Gange abgeleitet wird, steht auf der anderen Seite der Versuch, den gesamten Inbegriff des Wissens, der auf diese Weise entsteht, in einem h ö c h s t e n   m e t a p h y s i s c h e n   S e i n zu gründen und ihm hier seinen letzten Halt und Ankergrund zu geben. Wenn wir in der gedanklichen Rekonstruktion des Systems zunächst einzig und allein der e r s t e n Entwicklung nachgehen, so leitet uns hierbei ein doppeltes geschichtliches Interesse. Einmal nämlich liegt in dem, was die „Methode" für die Wissenschaft und ihre Grundsätze geleistet hat, die eigentliche geschichtliche Kraft und die unvergängliche Wirkung der Cartesischen Philosophie, während die Metaphysik schon bei den nächsten Nachfolgern und Schülern in eine Mannigfaltigkeit widerstreitender Systeme zerfällt. Sodann aber bleiben auch in der eigenen individuellen Gedankenentwicklung Descartes' die beiden Motive deutlich von einander geschieden. Von dem Zeitpunkt der Entdeckung des methodischen Grundgedankens — eine Tagebuchnotiz bestimmt ihn als den 10. November 1619²) — vergehen neun

---

bitemus judicare. N e q u e   i m m e n s u m   e s t   o p u s ,   r e s   o m n e s   i n   h a c   u n i v e r s i t a t e   c o n t e n t a s   c o g i t a t i o n e   v e l l e   c o m p l e c t i, ut, quomodo singulae mentis nostrae examini subjectae sint, agnoscamus: nihil enim tam multiplex esse potest aut dispersum, quod per illam, de qua egimus, enumerationem certis limitibus circumscribi atque in aliquot capita disponi non possit."
¹) Reg. VIII, S. 23; Meditationes II u. s.
²) S. Cartesii Cogitationes privatae (Oeuvres inédites de Descartes publ. par Foucher de Careil, Paris 1859, S. 8). Vgl. K u n o F i s c h e r, Gesch. der neueren Philosophie"⁴ I, 174 f.

Jahre, die — wie der „Discours de la méthode" bezeugt — völlig von mathematischen und physikalischen Studien ausgefüllt sind. Hier bilden und befestigen sich, wie sich bis ins Einzelne verfolgen und nachweisen läßt, die Grundzüge des Systems der Erkenntnis, noch ehe irgendein metaphysisches Problem in den Umkreis der Betrachtung eingetreten ist[1]). Die Metaphysik dient nicht der E n t d e c k u n g, sondern nur der nachträglichen B e s t ä t i g u n g und Beglaubigung der Prinzipien der Wissenschaft[2]). Entspricht somit die Sonderung zwischen dem methodischen und dem metaphysischen Faktor der inneren Entstehungsgeschichte der Cartesischen Philosophie, so kann durch sie weiterhin auch erst volle Klarheit über die Cartesische Metaphysik selbst, ja über den Charakter ihres Schöpfers gewonnen werden: denn hier muß es sich zeigen, ob der Fortgang zur Metaphysik — wie selbst Fr. Alb. L a n g e behauptet hat — nur aus äußerlichen und zufälligen Motiven erfolgte, oder ob notwendige und innerliche Probleme, die aus der Methode selbst hervorwuchsen, auf diesen Übergang hindrängten. —

* *
*

In der Schilderung, die „Discours de la méthode" von der Entstehung des Grundgedankens entwirft, treten drei Gruppen sachlicher Vorbedingungen bestimmend hervor. Die Musterung des überlieferten Stoffes der Erkenntnis trifft, nachdem sie alles rhetorische Beiwerk und allen äußeren Zierrat des Wissens abgestreift, auf drei relativ feste Punkte, die als Anfang und Grundlage des künftigen Aufbaus dienen können.

---

[1]) Der eingehende Beweis hierfür findet sich bei L i a r d, Descartes, Paris 1882, S. 92 ff.

[2]) Wenn Descartes in seinen Briefen wiederholt hervorhebt, daß er die Prinzipien seiner Physik nicht zu begründen vermöge, ohne auf die Grundzüge seiner Metaphysik zurückzugehen, so bezieht sich dies nicht auf die inhaltliche Bestimmung dieser Prinzipien, also nicht auf den Satz, daß alle Naturerscheinungen auf Größe, Gestalt und Bewegung zurückzuführen sind. Der Metaphysik bedarf er vielmehr, um diesen Begriffen, die aus der reinen Mathematik stammen, ihre Anwendung auf die E x i s t e n z zu sichern, um also die „Harmonie" zwischen den klaren und deutlichen Verstandes-Ideen und der absoluten Wirklichkeit nachzuweisen. (S. weit. unten: § II).

Logik, Geometrie und Algebra sind es, in denen trotz allen Mängeln ihrer traditionellen Behandlung, der Charakter des echten Wissens nicht völlig ausgelöscht werden konnte. Freilich lehrt die Logik der Schule mit ihren Definitionen und Syllogismen eher Bekanntes zu erklären, als Unbekanntes zu entdecken; freilich bietet die geometrische Analyse der Alten und die moderne Arithmetik, durch ihre beständige Abhängigkeit von der unmittelbaren sinnlichen Anschauung und durch die ungefüge Art ihrer symbolischen Bezeichnungsweise, eher eine verwickelte Technik, die den Geist verwirrt, als eine völlig durchsichtige Erkenntnis, die ihn klärt und bildet. So gilt es denn, eine andere Methode zu suchen, die, während sie die Vorzüge dieser drei Grundwissenschaften vereint, von ihren Mängeln frei ist. Logik und Größenlehre müssen sich zusammenschließen und durchdringen, um den neuen Begriff der Universalmathematik zu erzeugen. Von der Logik entlehnt diese neue Wissenschaft das Ideal des streng deduktiven Aufbaus und die Forderung erster „evidenter" Grundlagen der Beweisführung: nach dem Vorbild der Geometrie und Algebra bestimmt sie den Inhalt, den sie diesen Grundlagen gibt. Wenn wir untersuchen, welcher Art dieser Inhalt ist, wenn wir fragen, warum nicht nur die Lehre von den Zahlen, sondern auch die Astronomie, die Musik, die Optik, die Mechanik der „Mathematik" zugerechnet werden: so finden wir, daß die Gemeinsamkeit ihres Objekts und ihres Verfahrens in dem Begriff der Ordnung und des Maßes wurzelt, den sie insgesamt zugrunde legen. Man mag diese Ordnung in den Gestalten oder Zahlen, in den Gestirnen oder Tönen aufsuchen und bestimmen; immer bleibt der allgemeine Gedanke des Verhältnisses und der Beziehung der einheitliche Ausgangspunkt. Eine reine Wissenschaft der „Proportionen" und „Relationen" — unabhängig von aller Besonderheit der Objekte, in denen sie sich darstellen und verkörpern — bildet somit die erste Forderung und den ersten Gegenstand, auf den die Methode sich richtet[1]).

---

[1]) Discours de la méthode II., Oeüvres ed. Adam — Tannery, Paris 1897 ff. VI, S. 17 ff. — Vgl. Regulae IV, S. 12 f.

Um die Bedeutung dieses scheinbar so schlichten und einfachen Gedankens zu ermessen, muß man, den Weisungen Descartes' folgend, die geschichtliche Lage der Grundwissenschaften, von denen er ausgeht, im Einzelnen analysieren. Die Logik und Kategorienlehre des Aristoteles setzt seine Ontologie, setzt seine Lehre vom „Seienden als Seienden" notwendig voraus. Sie beginnt mit dem Begriff der S u b s t a n z , der von der Metaphysik her als die Form und der Urgrund alles Seins bekannt ist. Daß alle A u s s a g e n , die wir machen können, an feste und fertige D i n g e anknüpfen müssen, daß die Substanz nicht nur dem Dasein, sondern auch der Erkenntnis nach das Erste ist: dieser Satz hat für Aristoteles den Charakter eines Axioms. Πάντων ἡ οὐσία πρῶτον καὶ λόγῳ καὶ γνώσει καὶ χρόνῳ. Alle anderen Merkmale treten erst nachträglich an dem so bestimmten Sein auf. „Die erzeugende Substanz (ὑποκείμενον) ist das eigentliche Subjekt des Urteils; alles andere nur nebenbei; und wie im Wirklichen die Sache oder Eigenschaft entstanden, so soll sie im Prädikate ausgesagt werden"[1]). Wenn wir von den Beziehungen der Quantität und Qualität sprechen, so müssen wir sie doch immer bestimmten Dingen „anhaftend" denken, wenn wir von Verhältnisbegriffen, wie von denen des „Großen und Kleinen" ausgehen, so dürfen wir doch nicht, mit Platon, glauben, in ihnen Elemente des Wirklichen erfaßt zu haben. Das wissenschaftliche Ideal, das dieser Anschauung entspricht ist im Grunde die systematische K l a s s i f i k a t i o n der Objekte: es gilt, die verschiedenen „Formen" der Natur gegen einander abzugrenzen und ihre E i g e n s c h a f t e n in bestimmte Ordnung zu stellen. Die Gefahr, die der P h y s i k aus dieser Auffassung erwuchs, ist bekannt. Zwar auch ihr mag man die Erforschung der S u b s t a n z als Aufgabe stellen; ist es doch ihr Ziel, das Bleibende im Wechsel der Erscheinungen zu bestimmen und festzuhalten. Der Irrtum aber entsteht, wenn sie dieses Bleibende selbst in der Form des D i n g e s , nicht in der der R e g e l d e s G e s c h e h e n s sucht; wenn sie, mit andern Worten, den Gesetzen die „Qua-

---

[1]) S. T r e n d e l e n b u r g , Geschichte der Kategorienlehre Berlin 1846.

litäten" und „Wesenheiten" als die realen Ursachen unterschiebt. Wie diese Anschauung überall überwunden sein mußte, ehe die moderne Physik und Astronomie einsetzen konnte, haben wir im Einzelnen verfolgt: wir sahen, wie K e p l e r den Begriff der Kraft durch den Begriff der F u n k t i o n klärte und umbildete, wie Galilei, von dem W e s e n der Erscheinung absehend, das Gesetz als den einzigen Inhalt und Fragepunkt der Naturwissenschaft feststellte. Descartes zieht somit nur das philosophische Fazit der wissenschaftlichen Gesamtentwicklung, wenn er eine a l l g e m e i n e L o g i k d e r R e l a t i o n e n fordert, die aller Betrachtung der b e s o n d e r e n O b j e k t e vorangeht. Er selbst hebt es als das Charakteristische seiner K a t e g o r i e n l e h r e hervor, daß sie ihre Einteilung der Inhalte des Wissens nicht unter dem Gesichtspunkte des S e i n s, sondern unter dem Gesichtspunkte der E r k e n n t n i s trifft: nicht wie sie „an sich", sondern wie sie in der Ordnung des Erkennens und Begründens von einander abhängen und aus einander hervorgehen, sollen die Gegenstände sich in ihr folgen. Es ist daher auch kein Widerspruch, wenn die „einfachen" Elemente, die sich für diese Betrachtungsweise ergeben — wie etwa der Begriff der Ursache,," oder des „Gleichen" — in Wahrheit bloße Beziehungen darstellen[1]). Während die scholastische Logik und Physik der „Wesenheiten" vom abstrakten und inhaltsleeren Gattungsbegriff ausging, um ihn durch die Skala der „metaphysischen Grade" hindurch bis zur untersten Art hin zu verfolgen, stehen hier inhaltlich völlig bestimmte, einfache

---

[1]) Reg. V. S. 15 f.: „Monet (haec regula) res omnes per quasdam series posse disponi, n o n q u i d e m i n q u a n t u m a d a l i q u o d g e n u s e n t i s r e f e r u n t u r, sicut illas P h i l o s o p h i i n c a t e g o r i a s s u a s d i v i s e r u n t, sed i n q u a n t u m u n a e e x a l i i s c o g n o s c i p o s s u n t... Item.. ut melius intelligatur nos hic rerum cognoscendarum series, non uniuscujusque naturam spectare, de industria causam et aequale inter a b s o l u t a numeravimus, quamvis eorum natura sit vere respectiva: nam apud Philosophos causa et effectus sunt correlativa. Hic vero si quaeramus, qualis sit effectus, oportet prius causam c o g n o s c e r e et non contra; aequalia etiam invicem sibi correspondent, sed quae inaequalia sunt, non agnoscimus nisi per comparationem ad aequalia, et non contra" etc.

Elementarverhältnisse am Anfang, die wir fortschreitend zu immer komplexeren Verhältnissen weiterführen und ausbauen[1]). Von hier aus klärt und bestimmt sich zugleich das Verhältnis zur S y l l o g i s t i k. Der Syllogismus soll keineswegs ausgeschaltet oder entwertet werden: ist er doch das eigentliche formale B e w e i s m i t t e l, dessen sich die Mathematik, und insbesondere die Euklideische Geometrie, bedient. Dennoch soll die s y n t h e t i s c h e Form des Beweises, wie sie sich hier in einem klassischen Beispiel verkörpert, nicht die einzige und ursprüngliche bleiben. Denn wenngleich dieses Verfahren allgemein anwendbar ist, wo es sich darum handelt, von g e g e b e n e n Voraussetzungen aus zu unbekannten Folgerungen fortzuschreiten, so versagt es doch, wenn die Aufgabe in der Aufsuchung der Prämissen selbst besteht. Überall dort, wo es darauf ankommt, die ersten Fundamentalbegriffe selbst erst zu entdecken und herauszustellen — wo also, wie in der P h i l o s o p h i e, die „Prinzipien" nicht den Anfang, sondern das Ziel der Untersuchung bedeuten — da kommt die synthetisch-syllogistische Schlußart nur als Umkehrung einer vorangehenden und ursprünglichen A n a l y s i s in Frage. Der Syllogismus z w i n g t, aber er überzeugt nicht; während die Analysis die innere Gliederung des Problems durchsichtig macht und den Ursprung und Gang der E n t d e c k u n g weist[2]).

Beide Verfahrungsweisen ruhen somit auf der Annahme bestimmter Voraussetzungen; aber wenn der „Dialektiker" fordert, daß die einzelnen Prämissen als die „Materie" des Schlusses bekannt seien, so begnügt die analytische Methode sich mit der bescheideneren Forderung, daß die F r a g e, um die es sich handelt, fest umgrenzt und völlig verstanden ist. In dieser anfänglichen B e s t i m m t h e i t bereits liegt ein Erkenntnisgehalt, der die künftige Lösung ermöglicht. Soll etwa eine Figur konstruiert werden, die bestimmten

---

[1]) Gegen die Definition vermittelst der „degrés métaphysiques" s. bes. die Schrift: „Recherche de la vérité par la lumière naturelle".
[2]) S. „Responsiones ad secundas Objectiones" (Meditationes, Oeüvr. VII, 155 f.).

Bedingungen zu genügen hat, so geht der Geometer, wie bekannt, davon aus, diese Bedingungen als erfüllt anzusehen, d. h. sich die Figur mit den geforderten Eigenschaften fertig in der Anschauung darzustellen. Er entdeckt von hier aus, indem er dem Z u s a m m e n h a n g der Einzelmerkmale der betreffenden Gestalt nachforscht, eine Verbindung zwischen den gesuchten Prädikaten und anderen „einfacheren" Bestimmungsstücken, bis es ihm zuletzt gelingt, eine Beziehung herzustellen, vermöge deren das „Gesuchte" als eindeutige Funktion bekannter und „gegebener" Elemente erscheint[1]). Deutlicher noch tritt die Eigenart dieses Verfahrens an den algebraischen Problemen hervor. Wenn hier nach einer Zahl gefragt wird, die bestimmte Relationen erfüllen soll, so genügt es, die geforderte Beziehung durch eine Gleichung zum Ausdruck zu bringen, um damit auch den Weg, den die Auflösung einzuschlagen hat, von Anfang an zu fixieren. Als „unbekannt" erscheint uns das x der Gleichung nur, sofern es noch nicht entwickelt und expliziert ist; zugleich aber ist es bekannt, sofern es eindeutig determiniert ist und wir z. B. von jeder uns gegebenen Zahl aussagen können, ob sie die gesuchte ist, oder nicht. Der A n s a t z der Gleichung ist, mit anderen Worten, logisch bereits das Entscheidende, dem gegenüber die Auswicklung und die Isolierung der Unbekannten nur wie eine technisch-mathematische Schwierigkeit erscheint. Die Art und Richtung des gedanklichen Fortschritts ist schon hier bestimmt vorgezeichnet; wir wissen, daß wir, um zur Lösung zu gelangen, nicht über die Bedingungen des Problems selbst hinauszugehen, nicht außerhalb seiner nach fremden zufälligen Hilfsmitteln zu suchen brauchen. —

Damit aber erschließt sich uns sogleich der a l l g e m e i n e Wert, den die mathematische Analysis als Muster und Vorbild für die P h i l o s o p h i e erlangen kann. Denn eben dies ist der Grundgedanke, auf den die „Methode" sich stützt: daß die Erk e n n t n i s eine selbstgenügsame und in sich abgeschlossene Einheit ist; daß sie somit für die Aufgaben, die sie sich mit Recht stellen darf, die allgemeinen und hinreichenden Voraus-

---

[1]) Regulae XIII, S. 43 ff.

setzungen in sich selber trägt. Wiederum ist es interessant, an diesem Punkte den geschichtlichen Vorbedingungen des Cartesischen Problems nachzugehen. Im M e n o n , in dem P l a t o n das Verfahren der geometrischen „Analysis", dessen Entdecker er ist, philosophisch darstellt und begründet, steht zugleich ein allgemeineres Problem im Mittelpunkt der Untersuchung. Von der sophistischen Vexierfrage, ob die wissenschaftliche Forschung sich auf bekannte oder unbekannte Objekte bezieht, wird ausgegangen: wenn auf bekannte, so ist sie nutzlos und überflüssig; — wenn auf unbekannte, so haben wir keinerlei Anhalt, der unserer Erkenntnis die Richtung wiese und keinerlei Merkmal, an dem wir den Gegenstand, nach dem wir fragen, wenn er sich uns zufällig darböte, von anderen zu unterscheiden und als den gesuchten a n z u e r k e n n e n vermöchten. Dieser „streitsüchtigen" Frage, die dennoch für die naive Ansicht der Erkenntnis eine innere Schwierigkeit birgt, begegnet Platon mit seinem Satz der „Wiedererinnerung", nach dem alles echte Wissen nicht von außen in die Seele eindringt, sondern aus ihr selbst, bei Gelegenheit der äußeren Eindrücke, entspringt. Überall, wo die neuere Zeit auf das Problem der Geometrie zurückging, ist ihr damit zugleich diese philosophische Grundanschauung wieder lebendig geworden. In scharfer und prägnanter Wendung fanden wir sie bereits bei N i k o l a u s C u s a n u s ausgesprochen. Von den begrifflichen Voraussetzungen der F r a g e s t e l l u n g geht, zugleich das Licht aus, das uns in der Lösung leiten muß: quod in omni i n q u i s i t i o n e praesupponitur, est ipsum lumen, quod etiam ducit ad quaesitum. (S. ob. S. 60) Zu einer analogen Fassung des Platonischen Gedankens kehrt auch Descartes nunmehr zurück[1]). An diesem Punkte wird er, der Feind der Überlieferung und der bloß geschichtlichen Bildung, zum Lobredner der Antike, die in ihrer naiven und vorurteilslosen Anschauung der Dinge die „eingeborenen Samenkörner" der Wahrheit, die in Jedem von uns latent sind, noch rein und unverfälscht besessen habe. Wenn wirklich den antiken Denkern die Geometrie die einzige

---

[1]) Vgl. Epistola ad Voëtium, Pars VIII (Oeüvr. VIII, 166 f.).

Eingangspforte zur Philosophie war, so müssen sie in ihrem Begriff ein Anderes gedacht haben, als eine Anhäufung besonderer Lehrsätze und spezieller Aufgaben: so müssen sie in ihr eine E i n h e i t und eine Gesetzlichkeit geahnt haben, die als Vorbild jedes wissenschaftlichen Verfahrens überhaupt dienen kann[1]).

Und dies ist genau der Punkt, an dem Descartes' n e u e r B e g r i f f d e r G e o m e t r i e einsetzt und angreift. Die Sonderung und V e r e i n z e l u n g der Probleme, die für die überlieferte Gestalt der Mathematik charakteristisch ist, gilt es zu überwinden und aufzuheben. Solange der einheitliche Z u s a m m e n h a n g aller Fragen, die das geometrische Denken zu stellen vermag, nicht erkannt ist, so lange herrscht in der Auflösung der einzelnen Aufgaben Zufall und Willkür: so lange bleibt die Betrachtung der Figuren und ihrer Verhältnisse eher ein Spiel der Einbildungskraft, als eine Übung und Stählung des Intellekts. Die Probleme dürfen nicht wahllos aufgegriffen und untersucht werden, sondern es muß eine e i n h e i t l i c h e G r u n d r e g e l festgestellt werden, die alle Fälle umfaßt und aus einander in streng eindeutiger Weise ableitbar macht. In diesem Sinne hat es Descartes selbst ausgesprochen, daß die gewöhnliche Arithmetik und Geometrie nur „Beispiele" einer universalen Wissenschaft sind, die sich in ihnen eher verbirgt, als enthüllt[2]). Und wenn

---

[1]) Reg. IV, S. 11 f.
[2]) A. a. O. S. 11. „Neque enim magni facerem has regulas, si non sufficerent nisi ad jnania illa problemata resolvenda, quibus Logistae vel Geometrae otiosi ludere consueverunt. Sic enim me nihil aliud praestitisse crederem, quam quod fortasse subtilius nugarer quam caeteri. Et quamvis multa de figuris et numeris hic sim dicturus, quoniam ex nullis disciplinis tam evidentia nec tam certa peti possunt exempla, quicumque tamen attente respexerit ad meum sensum facile percipiet, me nihilominus quam de vulgari Mathematica hic cogitare, sed quandam aliam me exponere disciplinam, cujus integumentum sint potius quam partes; haec enim prima rationis humanae rudimenta continere et a veritates ex quovis subjecto eliciendas se extendere debet, atque ut libere loquar, hanc omni alia nobis humanitus tradita cognitione potiorem, ut pote aliarum omnium fontem, esse mihi persuadeo." S. a. G i b s o n, La „géométrie" de Descartes au point de vue de sa méthode. (Festnummer der „Revue de Métaphysique et de Morale" zum dreihundertjährigen Geburtstag Descartes'.) Juli 1896.

er dem „Discours de la méthode" konkrete Anwendungen seiner neuen Methode hinzufügt, so sieht er in der „Dioptrik" und der Schrift über die „Meteore" nur die subjektive Probe für ihre Fruchtbarkeit, während ihm die „Geometrie" der zwingende demonstrative Beweis ihrer Wahrheit ist[1]). Wir wissen bereits, daß wir, um zu einem klaren und sicheren Ergebnis zu gelangen, über die scharfe und genaue Analyse der F r a g e nicht hinauszugehen brauchen. O r d n u n g und M a ß sind es, die den Inhalt der Mathematik ausmachen und ihren gesamten G e g e n s t a n d erschöpfen. Alle anderen Momente, die sich diesen Grundbestimmungen nicht einfügen und nicht restlos in ihnen aufgehen, sind daher von Anfang an auszuschalten. Das Maß selbst aber gilt es wiederum nicht als ein sachliches Etwas zu verstehen, das uns von den Dingen selbst unmittelbar aufgedrängt würde, sondern als das Ergebnis eines gedanklichen Verfahrens der Bestimmung und Auswahl. „Messen" selbst bedeutet nichts anderes als eine reine Form des „Beziehens", die also nach dem Grundgedanken der Cartesischen Logik, unabhängig von jedem besonderen „Subjekt", zum Gegenstand der Untersuchung gemacht werden kann. Die „Dimension" bezeichnet die gedankliche Regel (modus et ratio), gemäß der ein Objekt als meßbar angesehen wird; somit fallen unter ihren Begriff nicht nur Länge, Breite und Tiefe, sondern auch die Schwere, als der Maßstab, nach dem das Gewicht der Körper, die Geschwindigkeit, nach der die Größe der Bewegung geschätzt und bestimmt wird: — ja es sind allgemein alle Bestimmungsstücke, die eine Größe eindeutig definieren und sie damit von allen anderen unterscheidbar machen, als „Dimensionen" dieser Größe zu bezeichnen. Man ersieht hieraus, daß durch sie den Dingen selbst Nichts hinzugefügt, keine neue „Gattung des S e i n s" gesetzt wird, sondern daß sie eine reine K a t e g o r i e des Geistes ist, mit der wir an die Objekte herantreten, um sie begrifflich zu bewältigen und zu beherrschen[2]). In dieser Erkenntnis ihres Ursprungs sichern wir uns zugleich die volle gedankliche Freiheit, mit der wir über den Begriff der

---
[1]) Brief an Mersenne (1637?). Oeüvr., I, 478.
[2]) S. Reg. XIV, S. 53 ff.

"Dimension" schalten und ihn den Erfordernissen unseres Verstandes und der Eigenart des jeweiligen Problems anpassen können. Wenngleich also sachlich die stetige und die diskrete Größe, die Raumgröße und die Zahl sich wie heterogene Gebilde gegenüberstehen, so wird doch dieser Unterschied für die M e t h o d e nicht prinzipiell unüberwindbar sein dürfen, da wir mit Hilfe einer willkürlich bestimmten Einheit das Stetige stets für den Begriff in eine Mehrheit von Teilen auflösen und damit der Zählung zugänglich machen können[1]). Als eine solche Einheit, als das g e m e i n s a m e M a ß aller Quantitäten, die in einem bestimmten Problem auftreten, können wir sowohl eine extensive Strecke wählen, wie das unteilbare E l e m e n t, aus dessen kontinuierlicher Wiederholung wir die einzelnen, endlichen Gebilde entstanden denken. Innerhalb des Gebietes der Ausdehnung wird dieses letzte, nicht weiter zerlegbare Element durch den Begriff des Punktes bezeichnet, der nur den Gedanken der einfachen räumlichen Setzung in sich schließt. Descartes selbst beruft sich hier auf die gewöhnliche Vorstellung und Bezeichnungsweise der Geometer, nach der sie die Linie aus dem Punkt, die Fläche aus der Linie durch Bewegung hervorgehen lassen[2]). Aber er begreift, daß es nicht genügt, das Verhältnis eines endlichen Ganzen zu dem unausgedehnten "Moment", aus dem es hervorgeht, nur allgemein ins Auge zu fassen und in Bildern und Gleichnissen zu beschreiben. Was auf diese Weise erreicht wird, ist immer nur ein Hilfsmittel zur anschaulichen Verdeutlichung, nicht zur exakten begrifflichen Erfassung des Verhältnisses. Die Analyse muß tiefer dringen: sie muß nicht nur allgemein die Auflösung in die Teileelemente vollziehen, sondern zugleich zeigen, wie ein bestimmtes, individuelles Gebilde in streng eindeutiger und gesetzlicher Weise aus diesen Elementen entsteht und sich aufbaut. D i e V e r s c h i e d e n-

---

[1]) A. a. O. S. 55: „Sciendum etiam magnitudines continuas beneficio unitatis assumptitiae posse totas interdum ad multitudinem reduci et semper saltem ex parte, atque multitudinem unitatum posse postea tali ordine disponi, ut difficultas, quae ad mensurae cognitionem pertineat, tandem a solius ordinis inspectione dependeat, maximumque in hoc progressu esse artis adjumentum."
[2]) S. „Le monde", Oeüvr. (ed. V. Cousin) IV, 255.

heit der Gestalten ersetzen wir durch die Verschiedenheit der Bewegungen von Punkten. Wenn Ordnung und Maß als die Grundmittel mathematischen Denkens bezeichnet waren, so sehen wir jetzt, wie zwischen diesen beiden Faktoren selbst eine logische Unterordnung und Abhängigkeit sich ergibt. Die geometrischen Gebilde werden, ehe sie der exakten Messung unterworfen gedacht werden, in Ordnungen von Punkten aufgelöst, die nach einer bestimmten Regel auf einander folgen. Dabei wird der Punkt als ein „absolutes" Element genau in dem Sinne gedacht, in dem die Methode diesen Begriff fixiert und begründet hat. Er darf vom Standpunkt der Erkenntnis als ein Letztes gelten, auf das wir alle komplexen Gestalten zurückführen; — aber dies hindert nicht, daß wir seine eigene Bestimmtheit durch eine Beziehung ausdrücken und wiedergeben. Das „Absolute" ist, wie wir sahen, nicht mehr der ausschließende Gegensatz der Relationen, sondern es bezeichnet die grundlegenden Verhältnisbegriffe selbst. So werden wir denn auch das räumliche Element nicht als eine schlechthin losgelöste und isolierte Setzung, als eine „natura solitaria"[1]), betrachten, sondern die einfache „Lage" im Raum durch eine arithmetische Relation zum Ausdruck bringen. Das ist allgemein die Bedingung jeder streng methodisch geführten Untersuchung, daß in jeder ihrer Einzelphasen das Gesuchte durch sein Verhältnis zu gewissen gegebenen Elementen genau umschrieben und bestimmt ist. Jede Erkenntnis, die nicht durch einen einfachen, intuitiven Akt des Geistes zustande kommt, wird durch eine Vergleichung zwischen zweien oder mehreren Inhalten erreicht. Damit eine derartige Vergleichung möglich ist, müssen die unbekannten und die bekannten Glieder insgesamt auf eine „gemeinsame Natur" bezogen werden, um gemäß dem Verhältnis, das sie zu diesem gemeinschaftlichen Be-

---

[1]) „Notandum est primo res omnes eo sensu, quo ad nostrum propositum utiles esse possunt, ubi non illarum naturas solitarias spectamus, sed illas inter se comparamus, ut unae ex aliis cognoscantur, dici posse vel absolutas vel respectivas." Reg. VI, S. 14.

z u g s s y s t e m haben, mittelbar auch in ihrer gegenseitigen Abhängigkeit erkannt zu werden. Die ganze methodische Arbeit der Vernunft besteht in der Vorbereitung dieser entscheidenden und abschließenden Operation. Eine Vergleichung im e x a k t e n Sinne ist aber nur dort möglich, wo beide Termini, die wir betrachten, ein M e h r o d e r W e n i g e r zulassen, also unter den a l l g e m e i n e n B e g r i f f d e r G r ö ß e fallen. Und hier ist es wieder die R a u m g r ö ß e, die allein die brauchbare Grundlage und das „Subjekt", auf das wir uns zurückbeziehen, abgeben kann. Zwar mögen wir auch bei den sinnlichen Qualitäten von Gradabstufungen, von einem Schwächer oder Stärker sprechen: wo immer aber wir zu genauer mathematischer Bestimmung und Objektivierung durchdringen wollen, da müssen wir diese Unterschiede auf eine r ä u m l i c h e S k a l a (wie etwa die Differenzen der Wärmeempfindung auf ein Thermometer) übertragen. Die Ausdehnung bildet somit das gemeinsame Substrat für alle Verhältnisbestimmung überhaupt; sie ist — jetzt dürfen wir diesen Begriff anwenden — das grundlegende C o o r d i n a t e n s y s t e m, auf das alle Fragen der Größenvergleichung zu beziehen sind[1]). Die geometrische Kurve war

---

[1]) „Omnis omnino cognitio, quae non habetur per simplicem et purum unius rei solitariae intuitum, habetur per comparationem duorum aut plurium inter se. Et quidem tota fere rationis humanae industria in hac operatione praeparanda consistit . . Notandumque est, comparationes dici tantum simplices, quoties quaesitum et datum a e q u a l i t e r p a r t i c i p a n t q u a n d a m n a t u r a m; caeteras autem omnes non aliam ob causam praeparatione indigere, quam quia natura illa communis non aequaliter est in utraque, sed secundum alias quasdam habitudines sive proportiones, in quibus involvitur, et praecipuam partem humanae industriae non in alio collocari, quam in proportionibus istis eo reducendis, ut aequalitas inter quaesitum et aliquid quod sit cognitum clare videatur. Notandum est deinde, nihil ad istam aequalitatem reduci posse, nisi quod recipit majus et minus, atque illud omne per magnitudinis vocabulum comprehendi . . Ut vero aliquid etiam tunc imaginemur, nec intellectu puro utamur sed speciebus in phantasia depictis adjuto, notandum est denique, nihil dici de magnitudinibus in genere, quod non etiam ad quamlibet in specie possit referri. Ex quibus facile concluditur, non parum profuturum, si transferamus illa, quae de magnitudinibus in genere dici intelligemus, ad illam magnitudinis speciem, quae omnium facillime

auf den P u n k t reduziert, der sie erzeugt; die jeweilige Lage dieses Punktes aber wird durch seine Entfernung von zwei festen, beliebig angenommenen Geraden bezeichnet. Sofern die gesuchte Linie eine bestimmte Eigenart aufweist, so muß diese sich darin ausdrücken, daß zwischen den beiden Größen, die hier in Betracht kommen, beständig ein festes und unwandelbares Verhältnis erhalten bleibt, das sich zahlenmäßig in Form einer G l e i c h u n g ausdrücken läßt. Die bisherigen Entwicklungen, die wir sämtlich den „Regulae ad directionem ingenii" entnahmen, haben uns unmittelbar bis an die Schwelle der Cartesischen „Geometrie" geführt; sie haben uns nicht nur deren formale Gliederung, sondern auch ihre inhaltlichen, sachlichen Vorbedingungen verständlich gemacht. —

Ja, was mehr ist, wir befinden uns hier bereits in dem logischen Zentrum, von dem aus die Grund- und Richtlinien der P h y s i k Descartes' ausgehen. An keinem Punkte zeigt sich so unmittelbar einleuchtend die Einheit der Wissenschaften und ihr lückenloser Zusammenhang. Es gibt keine unvermittelten Übergänge, sondern jedes Gebiet von Fragen leitet von selbst und unmerklich in die ihr verwandte und nächststehende Problemgruppe über. In der Tat: wenn ausgeführt wurde, daß alle sinnlichen Eigenschaften für die Erkenntnis nur insoweit in Betracht kommen, als sich in ihnen ein Mehr oder Weniger darstellt, wenn sich aber diese zahlenmäßige Bestimmung nur mit Rücksicht auf den Raum als möglich erwies: so heißt dies nichts anderes, als daß alle Einzelmerkmale des e m p i r i s c h e n G e g e n s t a n d s sich

---

et distinctissime in imaginatione nostra pingetur. Hanc vero esse extensionem corporis abstractam ab omni alio, quam quod sit figurata ... per se est evidens, c u m i n n u l l o a l i o s u b j e c t o d i s t i n c t i u s o m n e s p r o p o r t i o n u m d i f f e r e n t i a e e x h i b e a n t u r : quamvis enim una res dici possit magis vel minus alba, quam altera ... n o n t a m e n e x a c t e d e f i n i r e p o s s u m u s , utrum talis excessus consistat in proportione dupla vel tripla, nisi per analogiam quandam ad extensionem corporis figurati. Maneat ergo ratum et fixum, quaestiones perfecte determinatas . . . facile posse et debere ab omni alio subjecto separari, ac deinde transferri ad extensionem et figuras, de quibus solis idcirco deinceps . . . omissa omni alia cogitatione tractabimus." Reg. XIV, S. 48 f.

wissenschaftlich lediglich in r ä u m l i c h e n V e r h ä l t n i s s e n darstellen und wiedergeben lassen. Das Objekt der Physik bietet der eingehenden und durchgeführten Analyse keine andere Handhabe und keinen anderen Gesichtspunkt, unter dem sie es betrachten könnte, als die Dimensionen der Länge, Breite und Tiefe. Dies allein bedeutet es, wenn wir jetzt aussprechen, daß der physikalische Körper nichts anderes i s t , als der Inbegriff eben dieser Bestimmungen. Aus drücklich betonen die Regeln wiederum, daß es sich hierbei nicht darum handelt, eine n e u e E x i s t e n z zu erdenken und einzuführen, sondern daß damit nur der Gedanke fest gehalten werden soll, daß alle Proportionen, welcher Art sie sein mögen und an welchem Subjekt sie uns immer begegnen, ihr genaues Gegenbild und Correlat in einem Verhältnis zwischen ausgedehnten Strecken besitzen müssen[1]). Die mannig fachen Beziehungen des Realen, wie unübersehbar sie auf den ersten Blick erscheinen, schließen sich zur Einheit zusammen, sofern sie insgesamt eine exakte ,,Abbildung" in den Ver hältnissen des Raumes zulassen. Dieser Begriff des Abbildens selbst hat hier eine charakteristische Verschiebung erfahren. Descartes stellt gelegentlich sein eigenes Verfahren den ,,Ver gleichen" entgegen, die in der scholastischen Physik herr schend sind: während diese sich zwischen verschiedenartigen und disparaten Gattungen bewegen, halte er stets nur Ge stalten mit anderen Gestalten, Bewegungen mit anderen Be wegungen zusammen und suche allgemein Elemente und Wir kungen, die wegen ihrer Kleinheit der unmittelbaren Beob achtung unzugänglich sind, auf Vorgänge zu beziehen, von denen sich eine anschauliche geometrische Konstruktion ge winnen läßt. Diese Art der Beziehung und Vergleichung aber sei so unumgänglich und notwendig, daß man von jeder Be hauptung und Annahme, die sich ihr prinzipiell entzieht,

---

[1]) ,,Cum enim hic n u l l i u s n o v i e n t i s c o g n i t i o n e m e x p e c t e m u s , sed velimus dumtaxat proportiones quantumcum que involutas eo reducere, ut illud, quod est ignotum, aequale cuidam cognito reperiatur, c e r t u m e s t o m n e s p r o p o r t i o n u m d i f f e r e n t i a s , q u a e c u m q u e i n a l i i s s u b j e c t i s e x i s t u n t , e t i a m i n t e r d u a s v e l p l u r e s e x t e n s i o n e s p o s s e i n v e n i r i etc." Reg. XIV, S. 53.

im voraus urteilen dürfe, daß sie falsch sei[1]). Die Beschreibung aller physikalischen Vorgänge in räumlichen Relationen ist somit allerdings ein — Bild, aber ein solches, wie es nicht die sinnliche Phantasie, sondern der reine mathematische Verstand entwirft. Die „Analogie" hat hier genau denselben Sinn, in welchem der Ausdruck in der Mathematik genommen wird: sie ist nicht mehr und nicht weniger als die „Proportion". In allen diesen Entwicklungen — dies ist ein Punkt von grundlegender Wichtigkeit — fungiert die Ausdehnung als ein M i t t e l d e r E r k e n n t n i s, als ein Z e i c h e n, mit dessen Hilfe wir die Beschaffenheiten des wahrnehmbaren Stoffes dem Geiste vorstellen. Wie der Begriff der „Mathesis unversalis" über die Geometrie hinausgriff, so greift die Gesamtheit der Erfahrungswirklichkeit weiter, als die räumlichen Bestimmungen; wie aber dort alles, was von der Größe überhaupt galt, gleichsam auf die Ausdehnung projiziert werden mußte, so sollen wir auch hier eine analoge U m f o r m u n g vornehmen, ehe wir mit der wissenschaftlichen Behandlung beginnen. Nicht die Dinge selbst, sondern bestimmte räumliche Symbole und „Abkürzungen" von ihnen, die aber ihren gesamten Gehalt in sich konzentrieren, sind der Betrachtung zu unterbreiten: „non res ipsae sensibus externis erunt proponendae, sed potius c o m p e n d i o s a e i l l a r u m q u a e d a m f i g u r a e"[2].) Die Farbe etwa mag an sich selbst und ihrer inneren Natur nach sein, was sie wolle: so hindert doch nichts, uns die Unterschiede und Abstufungen der einzelnen Farben durch Verschiedenheiten der Gestalt darzustellen und vorzuführen: wobei wir uns nur — wie Descartes niemals zu betonen unterläßt — zu hüten haben, den selbstgeschaffenen Bildungen unseres Denkens eine neue selbständige W e s e n h e i t unterzuschieben[3]). Hier bedeutet somit die Ausdehnung

---

[1]) Brief Descartes' an Morin vom 12. September 1638 (Oeüvr. II, 367 f.).
[2]) Reg. XII, S. 35 f.
[3]) „Quid igitur sequetur incommodi, si caventes, ne aliquod novum ens inutiliter admittamus et temere fingamus, non negemus quidem de colore quicquid aliis placuerit, sed tantum abstrahamus ab omni alio, quam quod habeat figurae naturam, et concipiamus diversitatem, quae est inter album, coeruleum, rubrum etc. veluti illam,

nicht, wie später in der Metaphysik, die selbständige absolute S u b s t a n z des Körpers, sondern gleichsam ein gedankliches S u b s t r a t , das wir den empirischen Naturerscheinungen unterbreiten, um sie meßbar und damit „begreiflich" zu machen. In welcher inneren Übereinstimmung Descartes sich hier mit den wissenschaftlichen Klassikern, mit Gilbert und Galilei, befindet, lehrt insbesondere die Erörterung des Magnetismus, die sich in den Regeln findet. Die meisten — so heißt es hier — pflegen schon in den Anfängen einer physikalischen Untersuchung sich zu verwirren, da sie nicht wissen, auf welche Art von Gedanken sie ihren Geist richten sollen und da sie wähnen, es gelte ein ganz unbekanntes und fremdartiges S e i n zu entdecken. Sollen sie etwa die Natur des Magneten bestimmen, so werden sie ihren Blick alsbald von den evidenten und sicheren Erscheinungen ablenken und sich den schwierigsten Fragen nach der inneren Struktur und Beschaffenheit der magnetischen Körper zuwenden: wobei sie sich mit der vagen Erwartung betrügen, im Umherirren durch das unendliche Gebiet möglicher Ursachen vielleicht auf eine neue, zuvor unbekannte zu treffen. Wer indes bedenkt, daß alle E r k e n n t n i s , die wir von diesem Gegenstand gewinnen können, sich jedenfalls aus einfachen, an sich bekannten und zugänglichen Gründen und Tatsachen aufbauen muß, der wird zunächst sorgsam alle E x p e r i m e n t e , die über den Magneten zu gewinnen sind, zusammenstellen und sodann, durch Analyse und Deduktion, zu erforschen suchen, welche Verbindung „einfacher Naturen" die gegebenen Erscheinungen und Wirkungen hervorzubringen imstande ist. „Ist dies geschehen, so wird er getrost behaupten dürfen, die w a h r e N a t u r des Magneten erfaßt zu haben, soweit dies wenigstens für die m e n s c h l i c h e Erkenntnis und mit den Daten, die die E r f a h r u n g in ihrem gegenwärtigen Stande uns darbietet, möglich ist"[1]). Man kann das

---

quae est inter has aut similes figuras etc., idemque de omnibus dici potest, c u m f i g u r a r u m i n f i n i t a m m u l t i t u d i n e m o m n i b u s r e r u m s e n s i b i l i u m d i f f e r e n t i i s e x p r i m e n d i s s u f f i c e r e s i t c e r t u m." Reg. XII, S. 33.
[1]) Reg. XII, S. 42.

neue Ideal des Begreifens der Phänomene, das Galilei verwirklicht hat, nicht schärfer kennzeichnen und es nicht strenger von dem scholastischen Verlangen nach Ergründung der Wesenheiten der Dinge abscheiden, als Descartes es in diesen Sätzen getan hat. — Und diese Tendenz bleibt keineswegs auf die Methodenlehre beschränkt, sondern sie wirkt bis in die Metaphysik fort. Die Ausdehnung ist, in der Sprache dieser Metaphysik, eine „eingeborene Idee": ein Inhalt, der nicht von außen her in den Geist übertragen wird, sondern ihm aus seiner eigenen Tätigkeit, die nur der Anregung durch den äußeren Eindruck bedarf, erwächst. Der Begriff des „Eingeborenen" aber besitzt in der Philosophie Descartes' eine doppelte Bedeutung. Er wird im weiteren Sinne für jeglichen Inhalt des Bewußtseins überhaupt gebraucht: denn um bewußt zu werden, setzt dieser Inhalt niemals einen bloßen Eindruck, der von außen auf uns geübt wird, sondern eine selbständige seelische Tätigkeit voraus. In diesem Sinne müssen auch die Vorstellungen der Farben und Töne, ja die der Lust und des Schmerzes eingeboren heißen; denn in ihnen stellt sich nicht das objektive Wesen der Dinge, sondern eine eigentümliche Reaktion der Seele auf einen äußeren Reiz dar. Aus dieser allgemeinen metaphysischen Fassung des Begriffes aber entwickelt sich weiterhin eine andere, die dem Gesichtskreis der Prinzipienlehre angehört. Jetzt sind es die allgemeinen Bedingungen jeder Erkenntnis überhaupt, denen das Prädikat des „Eingeborenen" vorzugsweise zuerkannt wird. Denn daß wir in ihnen nicht lediglich Kopien äußerer Dinge, sondern Erzeugnisse des reinen Intellekts besitzen, wird aus der Analyse ihres Gehalts alsbald deutlich. Die Bewegungen, die von außen her unsere Sinnesorgane treffen, haben sämtlich eine fest begrenzte, individuelle und besondere Natur: aus ihnen können also ebensowenig die universalen logischen und wissenschaftlichen Grundsätze, wie die reinen, mathematischen Begriffe entspringen, wenn wir dem Denken nicht eine ursprüngliche Fähigkeit zusprechen, das Mannigfache und Getrennte zu einer Einheit zusammenzufassen. Die allgemeinen Gedanken von Ausdehnung, Gestalt und Bewegung gehen als Norm und Maßstab des Sinnlichen voran[1]). Wir tragen „in uns selbst die reinen Grundbegriffe, die als die O r i g i n a l e anzusehen sind, nach deren Muster wir all unsere anderen Erkenntnisse bilden." Solcher Grundbegriffe gibt es verschiedene, je nach den verschiedenen Klassen und Problemen, die Gegenstand unser Forschung werden können: während die einen, wie das S e i n , die Z a h l und die D a u e r für alle Inhalte gleichmäßig gelten, beziehen sich die anderen, wie R a u m , F i g u r u n d B e w e g u n g speziell auf den Körper, wieder andere, wie die Idee des Denkens, allein auf die Seele[2]). Wir können von diesem letzteren Zusammenhange zunächst absehen, um allein die Prinzipien zu betrachten, die zum Aufbau des

---

[1]) „Quisquis recte advertit, quousque sensus nostri se extendant, et quidnam sit praecise, quod ab illis ad nostram cogitandi facultatem potest pervenire, debet fateri, nullarum rerum ideas, quales eas cogitatione formamus, nobis ab illis exhiberi. Adeo ut nihil sit in nostris ideis, quod menti, sive cogitandi facultati, non fuerit innatum, solis iis circumstantiis exceptis, quae ad experientiam spectant: quod nempe judicemus, has vel illas ideas, quas nunc habemus cogitationi nostrae praesentes, ad res quasdam extra nos positas referri, non quia istae res illas ipsas nostrae menti per organa sensuum immiserunt, sed quia tamen aliquid immiserunt, quod ei dedit occasionem ad ipsas, per innatam sibi facultatem, hoc tempore potuis quam alio, efformandas. Quippe nihil ab objectis externis ad mentem nostram per organa sensuum accedit, praeter motus quosdam corporeos . . sed ne quidem ipsi motus, nec figurae ex iis ortae, a nobis concipiuntur, quales in organis sensuum fiunt, ut fuse in *Dioptrica* explicui. Unde sequitur, ipsas motuum et figurarum ideas nobis esse innatas. Ac tanto magis innatae esse debent ideae doloris, colorum, sonorum, et similium, ut mens nostra possit occasione quorundam motuum corporeorum sibi eas exhibere; nullam enim similitudinem cum motibus corporeis habent. Quid autem magis absurdum fingi potest, quam quod omnes communes notiones, quae menti nostrae insunt, ab istis motibus oriantur, et sine illis esse non possint. Vellem, noster (Regius) me doceret, quisnam ille sit corporeus motus, qui potest in mente nostra formare aliquam communem notionem, exempli causa, *quod, quae eadem sunt uni tertio, sint eadem inter se*, vel quamvis aliam: omnes enim isti motus sunt particulares, notiones vero illae universales et nullam cum motibus affinitatem, nullamve ad ipsos relationem, habentes." Notae in programma quoddam, Oeüvr. VIII, 358 f.

[2]) Brief Descartes' an die Pfalzgräfin Elisabeth (21. Mai 1643) — Oeüvr. III, 665.

physikalischen Seins gebraucht werden. Wir erkennen alsdann, daß derjenige Begriff der Natur, den die wissenschaftliche Forschung zugrunde legt, erst dadurch entsteht, daß wir mit unseren reinen logischen und mathematischen Idealbegriffen dem empirisch gegebenen Wahrnehmungsmaterial gegenübertreten und es nach ihnen umformen: ein Grundgedanke, der zuerst von Nikolaus Cusanus in seinem Begriff der „Assimilation" ausgesprochen war und der uns seit ihm in immer reinerer Entwicklung begleitet. — Die Frage, welcher Art das a b s o l u t e Sein der Materie unabhängig von allen Formen der Erkenntnis ist, kann uns jetzt nicht mehr beschäftigen und beirren. Der G e g e n s t a n d der Naturerkenntnis besteht, von dem Standpunkt aus, den wir durch die bisherigen Entwicklungen erreicht haben — und einen anderen dürfen wir nach den Forderungen der Methode nicht kennen — allein in Verhältnissen und F u n k t i o n e n, die wir durch Proportionen zwischen Strecken anschaulich darzustellen haben. Der Frage, was er darüber hinaus noch sein möge, mußte die Wissenschaft sich geflissentlich entziehen, um nur überhaupt einen sicheren Anfang und Ausgangspunkt ihrer Forschung finden zu können. Wenn weiterhin die A u s d e h n u n g von Descartes als S u b s t a n z bezeichnet wird, so braucht auch hierin z u n ä c h s t keinerlei Abweichung von dem bisher eingehaltenen Wege gefunden zu werden. Da die Erkenntnis kein anderes Material, als Raumgrößen und ihre Verhältnisse kennt, so ist auch das Sein des Objekts in ihnen hinlänglich bestimmt: sind doch W a h r h e i t und S e i n Wechselbegriffe (la vérité étant une même chose avec l'être)[1]. Dieser Sinn der „Substantialität" der Ausdehnung wird von Descartes besonders den sensualistischen Einwänden Gassendis gegenüber geltend gemacht. Wenn ihm hier entgegengehalten wird, daß sein Begriff des Raumes ein bloß mathematisches Gedankending sei und daß es daher eine falsche Hypostasierung bedeute, ihn unmittelbar in die Natur hineinzutragen, so gilt ihm dies

---

[1] Meditat. V. (Zusatz der französ. Ausgabe: s. hierüber die deutsche Ausgabe der „Meditationen" von B u c h e n a u (Philos. Bibl. 27) S. 247.

als der „Einwand aller Einwände". „Denn wenn wir auf ihn hören, so müssen wir folgerichtig alles, was wir wahrhaft verstehen und begreifen, aus keinem anderen Grunde, als weil es ein Werk u n s e r e r Einsicht und u n s e r e s Verstandes ist, für die Darstellung der W i r k l i c h k e i t verwerfen. Jeder Weg zum Sein wäre somit verschlossen; es sei denn, daß wir an Stelle des klaren und deutlichen Begriffs die Willkür der Phantasie oder die widerspruchsvolle und verworrene Empfindung zum Führer wählen wollten[1])". Wer einen Gegensatz zwischen Mathematik und Natur anerkennt, der verzichtet damit auf jeden Maßstab und jede Möglichkeit des Vernunfturteils. Unsere exakten Begriffe und Grundsätze mögen vielleicht nicht die Norm des absoluten Seins darstellen; in jedem Falle aber müssen sie, was für die Erkenntnis auf dasselbe hinausläuft, das bindende Kriterium aller unserer U r t e i l e über Existenz bleiben. Denn was ist absurder und unüberlegter, als über Dinge urteilen zu wollen, von denen wir selbst zugestehen, daß sie sich der „Perzeption" unseres Geistes entziehen? Die Philosophie und die Wissenschaft begreift den Unterschied nicht, den eine falsche Metaphysik ihr an diesem Punkte unterzuschieben sucht. Ihr „Sein" — das einzige, nach dem sie strebt — ist ihr mit ihrer Wahrheit identisch: „a nosse ad esse valet consequentia[2]).

* * *

Die Ausführung der s p e z i e l l e n P h y s i k schließt sich überall eng dem Grundschema an, das durch die Methodenlehre vorgezeichnet ist. Bei jeder Gattung von Fragen, die uns entgegentritt, handelt es sich zunächst darum, sie einer gedanklichen U m w a n d l u n g zu unterziehen, durch die diejenigen Momente, die der Forderung exakter Erkenntnis genügen, an ihnen herausgehoben werden. Vor allem müssen

---

[1]) Brief an Clerselier über die Einwände Gassendis (s. Meditationes de prima Philosophia, ed. Amstelod. 1670, S. 145, 147); vgl. Responsiones quintae; Oeuvr. VII, 380ff.
[2]) Brief an den P. Gibieuf (19. 1. 1642) Corresp. III, 476 ff.; Brief an Henry More (5. II. 1649) Corresp. V, 274; Respons. VII. Oeüvr. VII, 520.

wir uns beständig das Postulat vor Augen halten, kein Element zu dulden und in der Untersuchung zuzulassen, dessen Inhalt sich nicht rein durch ein „Mehr" oder „Weniger", durch eine exakte Größenbeziehung zum Ausdruck bringen läßt. Die Fruchtbarkeit dieses Gedankens erweist sich zunächst an den Problemen der S t a t i k. Wenn zur Zeit Descartes' die verschiedenen „Maschinen", wie der Hebel, die schiefe Ebene, der Flaschenzug, noch zumeist als gesonderte Probleme und mit speziellen Darlegungen und Beweisen erörtert wurden, so ergreift Descartes sogleich die p h i l o s o p h i s c h e Seite der Frage, indem er einen gemeinsamen O b e r b e - g r i f f verlangt, aus dem alle ihre Leistungen verständlich und ableitbar werden. Er fixiert ihn im Begriff der „Arbeit" und im virtuellen Prinzip, das er als einer der Ersten in voller Schärfe und Allgemeinheit formuliert. „Die Erfindung sämtlicher Maschinen beruht auf dem einzigen Prinzip, daß dieselbe Kraft, die ein Gewicht von 100 Pfund auf eine Höhe von zwei Fuß zu erheben vermag, imstande ist, ein Gewicht von 200 Pfund auf die Höhe von 1 Fuß zu erheben. Dieser Grundsatz aber muß zugestanden werden, wenn man nur erwägt, d a ß z w i s c h e n e i n e m V e r m ö g e n (a c t i o) u n d d e r L e i s t u n g, d i e e s z u v o l l z i e h e n v e r m a g, s t e t s n o t w e n d i g e i n f e s t e s u n d e i n d e u t i g e s G r ö ß e n v e r h ä l t n i s b e s t e h e n m u ß : und daß es dieselbe Leistung ist, zunächst 100 Pfund einen Fuß hoch zu heben und dies sodann nochmals zu wiederholen, wie mit einem Male zweihundert Pfund um 1 Fuß oder 100 um 2 Fuß zu erheben"[1]. Man sieht, wie hier die Vorschrift, komplexe Vorgänge zunächst in ihre einfachen Teilkomponenten zu zerlegen, um sie dadurch exakt vergleichbar und auf ein einheitliches M a ß beziehbar zu machen, sich bewährt. Der Arbeitsbegriff ist ein reines und eigentümliches Erzeugnis der „universalen Mathematik". Ausdrücklich stellt Descartes ihn der populären Ansicht gegenüber, nach der man unter der „Kraft" eines beseelten Wesens einen unbestimmten Vorrat, ein quantitativ nicht fixiertes Vermögen, neue Wirkungen

---

[1] Tractatus de Mechanica (Opusc. posthuma. Amstelod. 1701) S. 13; — vgl. Oeüvr. I, 435 ff.

hervorzubringen, versteht[1]). Genauer bestimmt wird die neue Grundanschauung beim Übergang zu den d y n a m i s c h e n Problemen. Hier ist es zunächst, wie bei Galilei, der freie Fall der Körper, der geschichtlich an der Spitze der Untersuchung steht. Sobald Descartes — durch eine Frage Beeckmanns angeregt — dem Problem seine Aufmerksamkeit zuwendet, geht er davon aus, ihm eine g e o m e t r i s c h e Darstellung zu geben, indem er die einzelnen Geschwindigkeiten, die in jedem Momente neu erworben werden, durch gerade Linien repräsentiert und deren Summierung gemäß einem Verfahren, das an C a v a l i e r i s spätere Methode der Indivisibilien erinnert, durchzuführen sucht. Wieder zeigt sich hier der Wert der Ausdehnung als eines s y m b o l i s c h e n Hilfsmittels zur Wiedergabe der Verhältnisse des physisch Realen — und es vermindert den allgemeinen theoretischen Wert des Gedankens nicht, daß Descartes, infolge eines eigentümlichen mathematischen Irrtums, den er begeht, an diesem Punkte nicht zur tatsächlichen Lösung seiner Aufgabe durchdringt[2]). Die geometrische Auffassung und Repräsentation der Geschwindigkeit enthält weiterhin unmittelbar den Gedanken der durchgängigen R e l a t i v i t ä t d e r B e w e g u n g in sich; denn da uns die Bewegung keine innere, absolute Eigenschaft eines Körpers mehr darstellt, da wir an ihr nichts anderes, als den Stellenwechsel im Raume betrachten, so ergibt sich, daß sie ohne Angabe eines festen Bezugssystems jeglichen Inhalt verliert. Hierbei ist es, wenn wir nur die Lageänderung zweier Körper gegeneinander betrachten, offenbar völlig gleichgültig, welchen der beiden wir als feststehend, welchen als bewegt betrachten, oder wie wir allgemein die relative Geschwindigkeit zwischen ihnen verteilen wollen. Das Verhältnis ist durchaus wechselseitig und rein umkehrbar, es kann nicht ohne Widerspruch einem einzelnen der beiden Subjekte ausschließlich anhaftend gedacht werden. „Ruhend" und „fest" ist also jedes Element, dem wir

---

[1]) An Mersenne (15. XI. 1638) Oeüvr. II, 243 f.
[2]) S. Cartesii „Cogitationes privatae" (Foucher de Careil S. 16 ff.) — Brief an Mersenne vom 13. XI. 1629. Oeüvr. I, 71 ff. Vgl. die Bemerkungen T a n n e r y s: Oeüvr. I, 75.

in unserem Denken diese Bezeichnung und diesen Wert zusprechen: nicht der äußere Zwang der Sache, sondern die Setzung des Gedankens enthält die Entscheidung darüber. Mit dieser Grundanschauung ist zugleich der Gedanke der Zusammensetzung der Bewegung und des Kräfteparallelogramms gegeben. Allgemein hat für Descartes die Einsicht in den bedingten und relativen Charakter jeder räumlichen Setzung unmittelbar philosophische Bedeutung und Rückwirkung gehabt. Sie hat ihn vor der gefährlichsten Form der V e r d i n g l i c h u n g des Raumes, vor seiner Hypostasierung zu einer geistigen, immateriellen Wirklichkeit bewahrt. In dieser Hinsicht ist besonders sein Streit mit H e n r y M o r e, dem metaphysischen Vorläufer der Newtonischen Theorie des „absoluten Raumes", bezeichnend und bedeutsam[1]).

Schärfer noch als in der Begriffsbestimmung des S e i n s kommt der Grundgedanke der Cartesischen Erkenntnislehre in der Analyse des W i r k e n s zum Durchbruch. Der Abstand, der Descartes von der naiven Anschauung und der unmittelbaren phantasievollen Erfassung der Wirklichkeit trennt, tritt hier mit voller Deutlichkeit hervor. Wenn für diese, wie wir geschichtlich im Einzelnen verfolgen konnten, das kausale Geschehen nur unter der Voraussetzung durchgehender Belebung der Dinge seinen Sinn erhielt, so wird hier umgekehrt das Leben nur als ein Sonderfall der mathematisch-mechanischen Gesetze gedacht; wenn dort das All, um uns innerlich verständlich zu werden, mit Empfindung begabt werden mußte, so muß hier, zum gleichen Zwecke, die Empfindung überall ausgeschaltet und selbst den Tieren abgesprochen werden. Die Umformung der gesamten Denkart läßt sich nicht schärfer kennzeichnen, als wenn man in dieser Hinsicht etwa Descartes und Giordano Bruno vergleicht. Das materiale Weltbild beider weist noch mancherlei äußere Ähnlichkeit auf. Bei beiden wird die Einwirkung eines Einzelteils auf einen anderen durch das Dasein eines stetigen „Welt-

---

[1]) S. den Briefwechsel zwischen Descartes und Henry More im fünften Bande der „Correspondance". — Über Henry Mores spiritualistische Raumtheorie s. Bd. II.

äthers" vermittelt, geht somit alle physikalische, wie chemische Veränderung im letzten Sinne auf die Berührung und den S t o ß unmittelbar benachbarter materieller Teile zurück. Aber es sind völlig neue Motive, die jetzt diese Gesamtansicht stützen und begründen. Jeder Anthropomorphismus ist ausgeschaltet; was wir suchen, ist nicht der Einblick in das innere Geschehen und gleichsam seine sinnliche Nachempfindung, sondern lediglich das Gesetz, das den Übergang von der Ursache zur Wirkung regelt. Wie wir in der Geometrie die Mannigfaltigkeit der Gestalten dadurch zur Bestimmung brachten, daß wir sie auf ein festes Koordinatensystem bezogen, so erschaffen wir uns hier zunächst eine gleiche systematische Grundeinheit für die Veränderung, indem wir bei allem Wechsel eine bestimmte „Quantität der Bewegung" als gleichbleibend erhalten denken. Ist diese m a t h e m a t i s c h e I d e n t i t ä t als erste Voraussetzung festgestellt, so durchschauen wir damit bereits völlig den logischen Mechanismus der Ursächlichkeit: denn was sich uns jetzt darbietet, ist nur die Tatsache, daß eine bestimmte Geschwindigkeit an der einen Masse verschwindet, um an einer andern wieder zum Vorschein zu kommen, daß also die Grundmenge der „Bewegung" eine neue Verteilung erhält. Die Unterschiede der M a s s e n aber lassen sich für die wissenschaftliche Betrachtung rein durch die Verschiedenheit von Z a h l e n, die der Geschwindigkeit durch die Größe und Richtung von R a u m s t r e c k e n zum Ausdruck bringen: die Analyse hat somit in dem Begriff der „Ursache" zuletzt keine anderen Bestandstücke, als die Elemente der Arithmetik und Geometrie zurückgelassen. Wie diese Auffassung bis in die konkretesten Fragen der Physik weitergewirkt hat, wie sie sich fortschreitend die Biologie und insbesondere die Physiologie erobert hat, ist bekannt und bedarf keiner näheren Ausführung.

Erinnern wir uns jetzt der Eingangssätze der „Regeln", daß der Intellekt eine unteilbare Einheit sei und von der Mannigfaltigkeit der Probleme, denen er sich zuwendet, so wenig eine innere Veränderung erfahre, wie das Licht der Sonne von den Gegenständen, die es erleuchtet: so sehen wir, wie sie inzwischen Gestalt und Körper gewonnen haben. „Jetzt tragen die Wissenschaften Larven — so schrieb der dreiundzwanzigjährige Descartes in sein Tagebuch — und erst, wenn man diese entfernt, würden sie in ihrer vollen Schönheit vor uns erscheinen. Wer die K e t t e d e r W i s s e n s c h a f t e n überschaut, dem wird es nicht schwerer scheinen, sie insgesamt im Geiste zu beherrschen, als die R e i h e d e r Z a h l e n zu behalten"[1]). Die gesamte philosophische Entwicklung Descartes' ist der Erfüllung dieses Wortes gewidmet. Die Maske, die uns das wahre Wesen der Wissenschaften verdeckt, ist das b e s o n d e r e O b j e k t, dem sie sich hingeben: die Kunst der Methode besteht darin, durch sie hindurch den gemeinsamen Grundcharakter des W i s s e n s wiederzuentdecken. Wie alle Zahlen aus einer einzigen, genau bestimmten Operation des Zählens hervorgehen, so sind alle besonderen Erkenntnisse aus der „Methode" zu gewinnen; wie hier der Weg ins Unbegrenzte führt, die R i c h t u n g des Fortschritts aber genau und unzweideutig vorgezeichnet ist, so sollen wir uns der unendlichen Fülle der Erfahrung nicht verschließen, aber sie mit einem festen und zuvor bestimmten Plane und Entwurf des Gedankens zu beherrschen trachten.

*　*　*

Hier stehen wir vor einem neuen Problem: welcher Wert kommt der E r f a h r u n g zu und welche Bedeutung kann sie für das Ganze der Methode in Anspruch nehmen? —
Von der Beantwortung dieser Frage hängt das geschichtliche und sachliche Urteil über Descartes' Wissenschaftstheorie ab. Wenn diese Theorie sich nicht für die empirischen Probleme bewährt, wenn sie keinen Ansatzpunkt und keine Handhabe bietet, vermöge deren sie zu den Tatsachen der Beobachtung in Beziehung gesetzt werden kann, so bleibt sie ein spekulatives Luftschloß, so ist sie im günstigsten Falle eine rein idelle Form ohne sachlichen Gehalt und Anwendung. War es doch die Mannigfaltigkeit und Besonderheit der Dinge, von der Descartes zwar nicht mehr a u s g e h e n wollte, auf die aber doch alle Erkenntnis schließlich wieder hinlenken und

---
[1]) Cartesii Cogitationes privatae. Foucher de Careil S. 4.

abzielen sollte. In der Tat stellt daher der allgemeine Grundplan der Regeln neben die Logik der Mathematik eine eigene L o g i k d e r E r f a h r u n g, neben die „vollkommen bestimmten" mathematisch - physikalischen Probleme eine Reihe anderer Fragen, zu deren Lösung wir auf das E x p e r i m e n t und seine Entscheidung zurückgreifen müssen[1]). Der dritte Teil des Werkes, der diesen Gedanken zur Ausführung bringen sollte, ist indes von Descartes nicht mehr geschrieben worden; das Fragment bricht gerade an diesem wichtigen Punkte ab. Es mögen innere Gründe gewesen sein, die Descartes an der Fortführung der Schrift gehindert haben. Seine Geometrie stand ihm, als er die „Regeln" schrieb, zum mindesten in ihren wesentlichen Grundzügen klar vor Augen: seine Physik indes war lediglich ein Entwurf, der noch der Ausführung harrte. Erst im Jahre 1629 wendet er sich — angeregt durch eine Frage über das Phänomen der „Nebensonnen" — der Beobachtung physikalischer Erscheinungen zu, die er alsbald über alle Hauptgebiete des Naturgeschehens gleichmäßig ausdehnt, bis er in seinem Werke „Le monde" zu einer durchgreifenden und allumfassenden mechanischen Erklärung des Kosmos fortschreitet[2]). Die Schriften, die sich aus diesem Grundwerk allmählich entwickeln und abzweigen — insbesondere die „Dioptrik" und die „Meteore" — geben ihm sodann Gelegenheit, seine Erfahrungstheorie an einem konkreten Beispiel darzustellen und zu bewähren; sie mochten es überflüssig erscheinen lassen, den Faden der abstrakten Untersuchung dort, wo er in den „Regeln" fallen gelassen worden war, von neuem aufzunehmen. So müssen denn diese Schriften genügen, um eine Anschauung der besonderen physikalischen Methodenlehre Descartes' zu vermitteln; hält

---

[1]) Vgl. hrz. B e r t h e t, La méthode de D. avant le Discours (Descartes-Heft der Revue de Métaph. et de Mor.) S. 399 ff. — Den Gegensatz, den B. zwischen der Erfahrungslehre der „Regeln" und derjenigen der späteren Schriften annimmt, vermag ich jedoch nicht anzuerkennen: vielmehr scheint mir hier eine vollkommene Stetigkeit der gedanklichen Entwicklung vorzuliegen. (Vgl. die folg. Darstellung, bes. S. 474 f.)

[2]) Vgl. hierzu die Correspondenz Descartes' aus den Jahren 1629 u. 1630; bes. Oeüvr. I, 22 f. I, 70.

man sie mit den Andeutungen zusammen, die der erste ausgeführte Teil der Regeln enthält, so sieht man in der Tat, wie beides sich wechselseitig bestätigt und ergänzt. — Intuition und Deduktion sind die Grundmittel des Geistes, die der Beginn des Werkes als die ersten und unumgänglichen Erfordernisse jedes echten Wissens hinstellt. Alle anderen Wege müssen uns als verdächtig und trügerisch gelten; wo wir nicht die gleiche und unbedingte Evidenz, wie gegenüber den Objekten der reinen Mathematik erlangen können, da sollen wir lieber von aller weiteren Forschung ablassen, als uns der Gefahr aussetzen, beständig in die Irre zu gehen. Denn besser ist es, überhaupt auf die Ermittlung der Wahrheit verzichten, als ohne sichere Methode zu ihr gelangen zu wollen: wird doch der Geist, der im Dunkeln zu wandeln gewohnt ist, nicht geübt, sondern geschwächt und verwirrt, bis er die Sehkraft der Vernunft und des „natürlichen Lichts" gänzlich einbüßt. Wir dürfen somit unser Auge auf keinen Gegenstand heften, der nicht unmittelbar von diesem Quell aller Erkenntnis erleuchtet, der nicht durch notwendige rationale Vermittlung aus den ersten evidenten Grundlagen eingesehen werden kann. Alles Wissen muß von dem Einfachen zum Zusammengesetzten, von den Ursachen zu den Wirkungen fortschreiten[1]). Die Erfahrung vermag uns über die Natur eines verwickelten und komplexen Vorganges niemals vollständig aufzuklären; ist doch die Antwort, die sie zu erteilen vermag, selbst mehrdeutig und bedarf erst der Erläuterung und der Interpretation durch den reinen Begriff.

Und dennoch ist es nicht das alte scholastische Ideal des „apriorischen" Wissens, das Descartes der sinnlichen Beobachtung entgegenhält. Wir sahen bereits am Beispiel des Magneten, wie hier alle Forschung allein auf die Deutung und Ableitung der Phänomene hingewiesen wurde. Die Wahrheit der Erscheinung ist es, die es allein zu bestimmen gilt; die Erklärung „aus den Ursachen" ist nichts anderes, als die Deduktion aus einem universellen Gesetz. Wer sich mit der Hoffnung trägt, darüber hinaus in das „Innere" des Geschehens vorzudringen, der muß ent-

---
[1]) Regulae II, III, IV bes. S. 9 f.

weder darauf vertrauen, dereinst mit einem neuen Sinn begabt zu werden oder einer göttlichen Erleuchtung und Offenbarung harren. „Was dem m e n s c h l i c h e n Geist zu leisten vergönnt ist, das werden wir für erreicht halten, wenn wir eine Vereinigung bekannter Elemente und Naturen auffinden und distinkt erkennen, die aus sich heraus imstande ist, dieselben W i r k u n g e n hervorzubringen, die uns am Magneten e r - s c h e i n e n"[1]). Der Gedanke, der hier allgemein ausgesprochen wird, findet in der „Dioptrik" seine eingehende und genaue Bewährung. Was das Licht i s t, — ob es in Wirklichkeit nur in der B e w e g u n g besteht oder nicht: das brauchen wir nicht zu fragen; genug, daß diese Annahme hinreicht, alle seine tatsächlichen Eigenschaften und alle seine durch Beobachtung feststellbaren Merkmale vollständig abzuleiten[2]). Wir sehen, wie das Verhältnis zwischen Erfahrung und Denken sich schon hier näher bestimmt und geklärt hat. Die Erfahrung ist als K o n t r o l l e jeder wissenschaftlichen Annahme anerkannt. Die „Regeln" verspotten die Meinung jener „Philosophen", die das Experiment beiseite setzen und wähnen, die Wahrheit werde ohne Vermittlung aus dem eigenen Hirn, wie Minerva aus dem Haupte des Jupiter, entspringen[3]). Es ist vergebens, bei der Feststellung der wahren Naturursachen der Beobachtung entraten zu wollen; aber freilich handelt es sich auch jetzt nicht darum, das Ergebnis aus dem sinnlichen Material einfach herüberzunehmen und abzulesen. Unsere Forschung muß darauf gerichtet sein, aus einfachen Komponenten, d i e w i r s e l b e r z u s a m m e n - f ü g e n, aus Bedingungen, die wir erschaffen, deduktiv ein Ergebnis abzuleiten, das den Erscheinungen durchgehend entspricht. Wir nehmen nicht wahllos jede Tatsache hin, die die Beobachtung uns darbietet, sondern wir versuchen die Synthesen der Natur in der Synthese einfacher g e d a n k - l i c h e r Elemente vorwegzunehmen; wobei allerdings erst die Übereinstimmung mit den Phänomenen uns der Wahrheit

---

[1]) Reg. XIV. S. 48; hier in genauer Übereinstimmung mit G a - l i l e i, vgl. ob. S. 402 ff.
[2]) Dioptrik, I (Oeüvr. VI, 83.); Oeüvr. IV, 689 u. s.
[3]) Reg. V., S. 14.

einer bestimmten Annahme versichern kann. Die „Erfahrung" wird an dieser Stelle selbst zu einer Bewährung und Bekundung der A k t i v i t ä t des Geistes: die A n a l y s e erst ist es, die ihr den Weg weist. Mit voller Klarheit tritt dieser Gedanke in der bekannten methodischen Untersuchung hervor, die Descartes an einer Grundfrage seiner Optik durchführt. Wenn die Aufgabe gestellt ist, das Verhältnis zwischen Einfallswinkel und Brechungswinkel allgemein zu ermitteln: so wird hier weder das „apriorische" Verfahren der Schulphilosophie, noch auch die unvermittelte Beobachtung zum Ziele führen können. Denn wir wissen zunächst nicht, unter welchem bestimmten Gesichtspunkt wir den komplexen Fall betrachten, welches Einzelmoment die Beobachtung herausgreifen und untersuchen soll. Somit gilt es zunächst, eine einfache Bedingung festzustellen, von der das gesuchte Verhältnis abhängig sein kann; es gilt den besonderen Umstand, der die Brechung zur Folge hat, hypothetisch zu fixieren. Hier werden wir alsbald, als auf den einzigen Unterscheidungsgrund, auf die v e r s c h i e - d e n e   D i c h t i g k e i t   d e r   M e d i e n geführt. Wie wir uns ferner die Änderung zu erklären haben, die die Geschwindigkeit eines Lichtstrahls beim Übergang zu einem dichteren Medium erleidet, das hängt von der Vorstellung ab, die wir uns von der Natur des L i c h t e s selbst machen: eine Vorstellung, die ihrerseits wieder durch unsere Anschauung von der Wirksamkeit einer N a t u r k r a f t überhaupt bedingt ist. So löst sich uns die scheinbar einheitliche Frage fortschreitend in ein Gewebe manigfach verschlungener Einzelfäden auf. Erst wenn wir jeden von ihnen einzeln herausgesondert und betrachtet, erst wenn wir somit volle Einsicht in die innere l o g i s c h e Struktur des Problems gewonnen haben, können wir an die Erfahrung herantreten, um sie zu befragen. .Denn nur von völlig „einfachen" und „absoluten" Verhältnissen, die keinen uns prinzipiell fremden Nebenumstand mehr in sich enthalten und bergen können, ist eine s i c h e r e und e i n - d e u t i g e Erfahrung möglich[1]). Die gedankliche Zerfällung

---

[1]) Reg. VIII, S. 21 f. (Vgl. hierzu und zum Folgenden die Darstellung Descartes' in der Einleitung zu meiner Schrift: Leibniz' System in seinen wissenschaftlichen Grundlagen, S. 70—75).

in die Teilbedingungen entscheidet darüber, an welchem Punkte der Untersuchung das Experiment mit Recht und mit Erfolg einsetzen kann. So geht Descartes — um nur noch ein charakteristisches Beispiel herauszuheben — bei der Erklärung des Regenbogens in den „Meteoren" davon aus, daß die B e d i n g u n g e n dieses Phänomens nicht nur am Himmel, sondern überall dort gegeben sind, wo wir, wie bei den Springbrunnen, ein Zusammenwirken von Lichtstrahlen und Wassertropfen beobachten können. Indem er ferner erwägt, daß diese Tropfen rund sind und daß ihre absolute G r ö ß e für die Erscheinung selbst nicht in Betracht kommt, wird er dahin geführt, seine Beobachtung nicht unmittelbar auf den Regenbogen selbst zu lenken, sondern sich zuvor ein M o d e l l zu erschaffen, an dem er alle Bedingungen und Einzelphasen des Problems studiert: indem er nämlich eine völlig durchsichtige Glaskugel mit Wasser füllt und an ihr die Erscheinungen des durchgehenden Lichtstrahls beobachtet. Die Ergebnisse, die hier gewonnen werden, werden sodann auf den wirklichen Vorfall übertragen: eine neue Anwendung des „analogischen" Verfahrens, dessen Wirksamkeit wir allgemein in der begrifflichen Grundlegung der Physik verfolgen konnten[1]). In der Tat setzt jede echte wissenschaftliche Induktion ein derartiges „Modell" und gleichsam ein vorangehendes Gedankenexperiment voraus. Allerdings kann hierbei der Fall eintreten, daß alle Mittel der Analyse und der Beobachtung versagen, daß die Frage für uns, mit den gegebenen gegenwärtigen Mitteln der Forschung, nicht zu lösen ist. Aber auch diese Einsicht wird uns alsdann nicht mehr lediglich ein Zeichen der Ohnmacht des Geistes sein, sondern zugleich ein Zeichen seiner ursprünglichen Kraft, da er die Gründe, die den weiteren Fortschritt hemmen, nunmehr völlig durchschauen, sich selber also die Schranke setzen wird. Das Bewußtsein der B e - g r e n z u n g   u n s e r e s   V e r s t a n d e s ist in nicht

---

[1]) „Les Meteores" Discours VIII (Oeüvr. VI, 325 ff.) — Vgl. L i a r d , Descartes S. 30 und die Bemerkung von P o i s s o n , die dort zitiert ist.

geringerem Maße Wissenschaft, als eine Erkenntnis, die
uns das positive Sein der Dinge erschließt¹). —
Neben die beiden ursprünglichen Methoden der I n t u i -
t i o n und D e d u k t i o n , die nach den anfänglichen Festsetzungen das Ganze des Wissens begrenzen und in sich
schließen sollen, tritt im Fortschritt der „Regeln" ein drittes
Verfahren, das Descartes als „E n u m e r a t i o n" oder
„I n d u k t i o n" bezeichnet. Überall dort, wo zwischen zwei
Gliedern, deren Beziehung wir suchen, ein deduktiver Zusammenhang nicht unmittelbar einzusehen ist, gilt es zunächst
den Umfang des einen Begriffs durch eine vollständige E i n -
t e i l u n g in seine Unterarten auszumessen und zu erschöpfen. Will man etwa beweisen, daß die „vernünftige Seele"
nicht körperlich ist, so wird es genügen, die Körper in bestimmte
K l a s s e n einzuteilen und von jeder dieser Klassen einzeln
den verlangten Beweis zu führen; will man zeigen, daß der
Inhalt des K r e i s e s ein Maximum unter allen Figuren mit
gleichem Umfang ist, so wird man nicht alle Einzelfälle und
alle möglichen verschiedenen Gestalten gesondert zu betrachten
brauchen, sondern sich mit bestimmten Hauptfällen begnügen
und das Ergebnis sodann durch „Induktion" verallgemeinern²).
In diesem Beispiel ist das neue Verfahren auf ein Gebiet
bezogen, das an und für sich als das Muster rein d e d u k t i v e r
Zusammenhänge gilt. In der Tat ist die „Enumeration" nichts
anderes, als ein Vorstadium der Deduktion; als ein Mittel,
Probleme, die zunächst nicht in ihrer notwendigen Verknüpfung erkannt sind, der deduktiven Behandlung zuzu-
führen und zugänglich zu machen³). Nicht darauf kommt es

---
¹) Reg. VIII, S. 22. „Quicunque priores (regulas) exacte ser-
vaverit circa alicujus difficultatis solutionem, et tamen alicubi sistere
ab hac jubebitur, tunc certo cognoscet, se scientiam quaesitam nulla
prorsus industria posse invenire, idque non ingenii culpa, sed quia obstat
ipsius difficultatis natura, vel humana conditio: q u a e c o g n i t i o
n o n m i n o r s c i e n t i a e s t, quam illa quae rei ipsius naturam
exhibet; et non ille videretur sanae mentis, qui ulterius curiositatem
extenderet."
²) Reg. VII, S. 18 ff.
³) S. hierzu wie allgemein zu Descartes' Erfahrungsbegriff N a -
t o r p , Descartes' Erkenntnistheorie, Marb. 1882, S. 8 ff.; 110 ff.;
ferner L i a r d , a. a. O. Livr. I, chap. 4.

an, alle Arten eines Begriffs zu durchlaufen, sondern die typischen Fälle herauszugreifen, d. h. alle diejenigen, von denen wir gewiß sind, daß sie die entscheidenden, für das Ergebnis wahrhaft bestimmenden Momente in sich enthalten. Die Entscheidung darüber, welche Fälle als typisch zu gelten haben, aber kommt, wie wir sahen, der vorangehenden gedanklichen Analyse zu. Daher hängt auch der Erkenntniswert, den wir einem bestimmten Experiment zusprechen, nicht sowohl davon ab, wie häufig wir es mit gleichem Erfolg wiederholen konnten, sondern davon, ob wir sicher sind, in ihm alle fremden Nebenumstände ausgeschaltet und nur die wesentlichen Grundbedingungen erfaßt und selbständig herausgestellt zu haben. So durchdringen sich in der echten Erfahrung der deduktive und induktive Faktor wechselseitig: beide bilden nur verschiedene Seiten der an sich einheitlichen Methode.

Allgemein baut der Gedanke, ehe er an das Einzelne herantritt, sich zuvor eine „mögliche Welt" auf, die er aus den reinen Materialien der Mathematik erzeugt. Von der bestimmten konkreten Wirklichkeit wird anfangs abgesehen, um nur auf diejenigen allgemeinen Gesetze zu achten, die aus den „eingeborenen Ideen" unseres Geistes fließen und denen wir notwendig so universelle Geltung zusprechen, daß wir erwarten müssen, sie „in jeder Welt, die Gott nur immer schaffen könnte", bewahrheitet zu finden. Das Prinzip der Erhaltung der Bewegungsquantität, der Grundsatz der Beharrung der Geschwindigkeit nach Größe und Richtung sind von dieser Art. Um sich der ganzen Bedeutung dieser Sätze zu versichern, gilt es „für kurze Zeit die uns umgebende, unmittelbare Wirklichkeit zu verlassen" und eine andere zu betrachten, die wir vor unserem Geiste fortschreitend entstehen lassen. Nicht als ob damit die Art wiedergegeben werden sollte, in der die Dinge tatsächlich erschaffen worden sind: genug, daß es für unseren Intellekt kein besseres Mittel gibt, sie zu begreifen und zu beherrschen[1]). Freilich haben wir, so evident und notwendig alle Folgerungen

---

[1]) Le monde, Cap. VI u. VII; Discours de la Méthode, V^e partie, Oeüvr. VI, 41 ff., 45.

sind, die wir auf diese Weise gewinnen, keine Gewähr dafür, daß ihnen in den wirklichen Erscheinungen irgend eine A n - w e n d u n g entspricht; daß die Bedingungen, die wir hypothetisch zu Grunde gelegt haben, sich hier jemals tatsächlich zusammenfinden und damit den vorausgesagten Erfolg bestimmen. Wollen wir dessen versichert sein, so gilt es, sich von der ideellen Welt des Begriffs, die wir bisher vor uns erstehen ließen, wieder zum e m p i r i s c h e n Dasein zu wenden, um in ihm eine Anknüpfung zu suchen. Die Wahrnehmung gehört zwar nicht zu den „Gründen" der Physik, aber sie formuliert doch die letzte A u f g a b e , die der Wirklichkeitserkenntnis gestellt ist, und vollzieht die Auswahl unter der Fülle der an sich gleich möglichen und „wahren" deduktiven Schlußreihen. Der theoretische Teil der Physik muß — wie Descartes vor allem am Beispiel der Astronomie dartut — durch eine „Geschichte der Phänomene", durch eine rein deskriptive Darstellung des gegebenen Materials, „nach Baconischer Methode" ergänzt werden[1]). Da die reinen Prinzipien, die wir an die Spitze stellen, so fruchtbar und allumfassend sind, daß aus ihnen w e i t m e h r f o l g t , als die Erscheinungen, die wir in dieser sichtbaren Welt erblicken, so muß mit einer kurzen Beschreibung dieser Erscheinungen selbst begonnen werden, nicht um sie als M i t t e l i m B e - w e i s v e r f a h r e n zu brauchen, sondern um aus den unzähligen Wirkungen, die aus den gleichen Ursachen folgen können, eine Auslese zu treffen und unserm Geist und unsrer Forschung eine bestimmte Richtung zu geben[2]). —

Wenn Descartes jetzt ausspricht, daß ihm in der Physik kein Beweis genügt, der nicht l o g i s c h e N o t w e n d i g - k e i t einschließt, mit Ausnahme derjenigen bloßen T a t - s a c h e n w a h r h e i t e n , die durch die Erfahrung allein gegeben werden können, wie etwa, daß unsere Erde nur E i n e S o n n e und E i n e n M o n d besitzt[3]): so steht diese Auffassung in keinem Gegensatz mehr zur Anerkennung des methodischen Experiments. Denn diese Notwendigkeit quillt —

---

[1]) An Mersenne (10. V. 1632), Oeüvr. I, 251.
[2]) „Principia philosophiae" III, 4.
[3]) An Henry More (5. II. 1649), Oeüvr. V, 275.

wie an anderer Stelle ausdrücklich hervorgehoben wird — nicht aus leeren Allgemeinbegriffen, sondern aus den bestimmten Prinzipien der M a t h e m a t i k. Und wenn hinzugefügt wird, daß wir durch sie nicht nur lernen, wie die Dinge möglicherweise sind, sondern auch zu b e w e i s e n vermögen, daß sie sich auf keine andre Weise verhalten können[1]), so entspricht dies genau den Sätzen, in denen G a l i l e i die Aufgabe der Wissenschaft formuliert hatte. (S. ob. S. 389ff.) Die Phänomene werden durch die mathematischen Annahmen „bewiesen:" und verständlich gemacht, aber eben diese Annahmen selbst werden erst durch ihren Erfolg in der Erklärung und in der Voraussage der künftigen Erfahrung bestätigt. Wenn die Gegner Descartes' in dieser Wechselbedingtheit zwischen Prinzipien und Folgerungen einen l o g i s c h e n Z i r k e l sahen, so sieht er in ihr das Wesen und den Fortschritt der Wissenschaft gegründet. Das gerade ist die Aufgabe: die komplexen Ergebnisse aus den grundlegenden Hypothesen abzuleiten und umgekehrt wieder die ersten Begriffe an jenen letzten Ausläufern zu messen und zu prüfen[2]). Um zu erkennen, wie fruchtbar sich diese philosophische Grundansicht für den Ausbau der empirischen Wissenschaften erwiesen hat, braucht man nur ein Grundwerk der neueren Physik, wie Christian H u y g h e n s' „Traité de la lumière" aufzuschlagen. Dieses Werk, das zum ersten Male die Undulationstheorie des Lichtes, also eine „Hypothese" von grundlegender Bedeutung entwickelt, beschreibt sein Verfahren fast mit den eigenen Worten Descartes'. Die Beweise, die es entwickelt, sind — wie es hervorhebt — wenn nicht von gleicher Gewißheit, dennoch zumeist von einer W a h r s c h e i n l i c h k e i t, die den strengen Demonstrationen der Geometrie nicht nachsteht: „dies ist nämlich dann der Fall, wenn die Folgerungen, welche man unter Voraussetzung dieser Prinzipien gezogen

---

[1]) „Pour la Physique, je croirois n'y rien savoir, si je ne savois que dire, comment les choses peuvent être, sans démontrer qu'elles ne peuvent être autrement, c a r l ' a y a n t r e d u i t e a u x l o i s d e s M a t h é m a t i q u e s , c ' e s t c h o s e p o s s i b l e." An Mersenne (11. III. 1640), Oeüvr. III, 39.
[2]) Discours de la méthode VI (Oeüvr. VI, 76 ff.); An Morin (13. VII. 1638), Corresp. II, 197 ff.

hat, vollständig mit den Erscheinungen im Einklang sind, die man aus der Erfahrung kennt; besonders wenn deren Zahl groß ist und vorzüglich, wenn man neue Erscheinungen sich ausdenkt und voraussieht, welche aus der gemachten Annahme folgen, und dabei findet, daß der Erfolg unserer Erwartung entspricht. Wenn nun alle diese Wahrscheinlichkeitsbeweise zusammenstimmen, so muß dieser Umstand den Erfolg meiner Forschungsweise in hohem Maße bestätigen und es ist kaum möglich, daß die Dinge sich nicht nahezu so verhalten, wie ich sie darstelle"[1]). In diesen Sätzen hat H u y - g h e n s, der die spezielle Physik der Cartesianer verwarf und energisch bekämpfte, die Forderungen, die Descartes an die Methode der Erfahrungswissenschaft stellte, gebilligt und bestätigt. Ganz ebenso hatten die „Prinzipien" Descartes' ausgeführt, daß wir nicht erwarten dürfen, unsere mathematischen Annahmen jemals in absoluter Strenge empirisch verwirklicht zu finden, daß uns aber allmählich eine umso höhere „moralische Gewißheit" von ihnen erwächst, als sie sich zur Deutung und zur „Entzifferung" der Erscheinungen brauchbar erweisen[2]).

Wenn trotz allem dem Begriff der Erfahrung im Ganzen der Cartesischen Philosophie mannigfache Schwierigkeiten anhaften, so betreffen sie, wie wir jetzt aussprechen dürfen, nicht die G r u n d l e g u n g, wohl aber den speziellen A u s b a u der Physik. Hier war es, wo N e w t o n s Kritik einsetzte, die sich von der Bestreitung der bestimmten Grundannahmen der Cartesianer zur logischen Verwerfung des Hypothesenbegriffs überhaupt fortdrängen ließ. Aber nicht in der Schätzung der „Hypothese" als solcher liegt bei Descartes der entscheidende Mangel, sondern darin, daß er den stetigen Gang und den geduldigen Ausbau seiner deduktivmathematischen Voraussetzungen verläßt, um unvermittelt zu der Erklärung verwickelter konkreter Sonderphänomene überzuspringen. Mit voller Deutlichkeit tritt uns dies in den S t o ß r e g e l n Descartes' entgegen, die als die speziellen

---
[1] H u y g h e n s, Abhandlung über das Licht, herausg. und übers. von E. L o m m e l, Lpz. 1890, S. 4.
[2] Principia philosophiae IV, § 204 u. 205.

Bewegungsgesetze den Gehalt seiner gesamten Physik in sich verkörpern. Wenn die Ableitung hier nach den strengen Forderungen der Methode fortschreiten wollte, so mußte sie das Prinzip der Konstanz der Bewegungsmenge, das bereits allgemein erwiesen war, zu Grunde legen und von ihm aus die verschiedenen möglichen Fälle successiv entwickeln. Die einheitliche Grundgleichung war festzuhalten; es galt nur, die Wandlungen zu verfolgen, die sie bei der Variation bestimmter Parameter erfährt. Statt dessen stellt Descartes in den „Prinzipien" sieben verschiedene Fälle beziehungslos nebeneinander und gibt für jeden von ihnen ein besonderes Gesetz. Versucht man diese verschiedenen Bestimmungen miteinander zu vereinen und ineinander überzuführen, so ergibt sich ein deutlicher Widerspruch; es zeigt sich z. B. ein anderer Erfolg, wenn wir unmittelbar den Zusammenstoß g l e i c h e r Massen, nach der ersten Regel, bestimmen, als wenn wir von ungleichen Massen ausgehend, durch stetige Verminderung ihrer Differenz, zur G r e n z e der Gleichheit übergehen. Die Forderung, die die „Regeln" gestellt hatten, daß in einer „k o n t i n u i e r l i c h e n B e w e g u n g d e s D e n k e n s" von Problem zu Problem fortzuschreiten sei[1]), erweist sich somit hier als unerfüllbar: eben diese Forderung ist es, an die später L e i b n i z in seinem Kontinuitätsprinzip anknüpft, um die Cartesischen Stoßregeln zu kritisieren. Wenn Descartes ferner das Gesetz der Erhaltung der Energie nicht in voller Allgemeinheit erkennt und ausspricht, sofern er nämlich die R i c h t u n g der Bewegung als ein Moment denkt, das ohne Aufwendung von Kraft geändert werden kann: so ist er auch hier seinem eigenen Grundsatz, nur solche Faktoren zuzulassen, die als G r ö ß e n fest und eindeutig bestimmbar sind, untreu geworden[1]). Das F u n d a m e n t der Cartesischen Physik ist fest gegründet: wenn das Gebäude dennoch wankend wurde, so ist die Schuld darin zu suchen,

---

[1]) Reg. VII, S. 18 ff.: „Ad scientiae complementum oportet omnia et singula, quae ad institutum nostrum pertinent, continuo et nullibi interrupto cogitationis motu perlustrare, atque illa sufficienti et ordinata enumeratione complecti."
[1]) Zum Ganzen vgl. „Leibniz' System" S. 58 ff., 72 ff., 236 ff.

daß seine Einzelteile nicht durchweg nach dem ursprünglichen gedanklichen Schema und Bauplan ineinander gefügt waren. Descartes' Urteil über Galilei, auf das man immer wieder zurückkommen muß, um die eigentliche Schwäche seiner eigenen Physik zu kennzeichnen, liefert hierfür einen neuen und entscheidenden Beweis. Was er Galilei vorwirft, ist nicht etwa eine zu bedingungslose Hingabe an die empirische Beobachtung, sondern der Gebrauch, den er von der „Abstraktion" und Hypothese macht. Wenn er ihm entgegenhält, daß sein Fallgesetz ohne Fundament sei, weil es nur für den leeren Raum, der tatsächlich nirgends vorhanden sei, gelte; wenn er von ihm verlangt, daß er, ehe er an die Untersuchung der gleichförmig beschleunigten Bewegung ging, zuvor hätte bestimmen müssen, „was die Schwere sei": so verletzt er damit seine eigene Grundansicht vom Wesen und Wert der mathematischen Voraussetzung. Daß unsere Begriffe die volle Wirklichkeit niemals erreichen und decken, daß sie somit zur „adäquaten" Darstellung des konkreten Einzelvorgangs nicht genügen, ist von den eigenen Prinzipien Descartes' aus zwingend einzusehen. Er selbst hat es in seinen Erwiderungen gegen die Einwände Gassendis nicht minder scharf als Galilei ausgesprochen, daß wir nicht nur vom Unendlichen, sondern auch von keinem noch so beschränkten und winzigen Einzelgebiet der Wirklichkeit jemals eine völlig abgeschlossene und erschöpfende Kenntnis erwerben können[1]). Aber es war ihm nicht gegeben, bei dieser Entsagung, die für Galilei zugleich das Gefühl und Bewußtsein des eigentümlichen Reichtums des wissenschaftlichen Geistes in sich schloß, dauernd zu verharren. Die metaphysische Forderung, den gesamten Umfang des Seins ein für allemal mit dem Gedanken zu gewinnen und auszuschöpfen, wird ihm von neuem lebendig. Weil jede mathematische Formel notwendig nur eine Annäherung an den wirklichen Vorgang darstellen würde, verzichtet er jetzt häufig von Anfang

---

[1]) „Non distinguis intellectionem modulo ingenii nostri conformem .. a conceptu rerum adaequato, qualem nemo habet, non modo de infinito, sed nec forte etiam de ulla alia re quantumvis parva." Resp. V, Oeüvr. VII, 365.

an darauf, sich das Geschehen in einem exakten quantitativen Ausdruck vorstellig zu machen. Ein ausgezeichneter Kenner der Cartesischen Philosophie, wie der Geschichte der Physik, Paul T a n n e r y hat ausgeführt, daß Descartes sachlich zumeist durchaus im Recht war, wenn er gegenüber den mathematisch-physikalischenTheorien seiner Zeitgenossen den Einwand erhob, daß in ihnen die konkreten, empirischen Verhältnisse nicht mit unbedingter Genauigkeit wiedergegeben seien; — aber er knüpft hieran die paradoxe Bemerkung, daß der I r r t u m sich in diesem Falle für den Fortschritt der Wissenschaft fruchtbarer erwiesen habe, als die wahre Ansicht[1]). Vom Standpunkt der M e t h o d e n l e h r e besteht dagegen der eigentliche Irrtum eben darin, die „abstrakten" Wahrheiten zu verwerfen und preiszugeben, weil die Bedingungen, unter denen sie gelten, empirisch niemals vollständig verwirklicht sind. An diesem Punkte teilt Descartes den Grundfehler der Aristotelischen Gegner Galileis. (S. ob. S. 382ff, 395f.) In die w i l l k ü r l i c h e physikalische Hypothesenbildung ist er nur dadurch verstrickt worden, daß er trotz allen fruchtbaren Ansätzen das Recht und die Unentbehrlichkeit der e c h t e n Hypothesen nicht dauernd festzuhalten und zu verteidigen vermochte. Das allein ist der falsche „Apriorismus", der eine unmittelbare D e c k u n g zwischen den rationalen Grundlagen und der wirklichen, sinnlich gegebenen Erfahrung behauptet und anstrebt. Für die echte idealistische Auffassung bleibt — so befremdend dies klingen mag — ein Abstand zwischen „Wahrheit" und „Wirklichkeit" dauernd bestehen: eine Entfernung, die zwar beständig verringert, auf keiner gegebenen Einzelstufe der Erfahrung dagegen völlig zum Verschwinden gebracht werden kann. Die Kraft des idealistischen Grundgedankens bewährt sich gerade darin, daß er sich durch diesen notwendigen Abstand an der Gültigkeit der reinen, begrifflichen Voraussetzungen nicht irre machen läßt. Wo dagegen die volle I d e n t i t ä t zwischen Begriff und Sein behauptet wird,

---

[1]) T a n n e r y, Descartes Physicien (Descartes-Heft der Rev. de Mét. S. 478 ff.).

da befinden wir uns bereits im Bannkreis der M e t a p h y s i k, die die Aufgabe, die allem Wissen gestellt ist, vorwegnimmt. Aber freilich können wir es jetzt innerlich verstehen, daß Descartes sich zu dieser metaphysischen Fragestellung hingedrängt fühlte. Ihm war es nicht, wie Galilei und Kepler, vor allem um die exakte Erforschung eines Sondergebietes der Wirklichkeit zu tun; es ist der B e g r i f f d e r W i r k l i c h - k e i t sel b s t, der ihn bewegt und der über das Schicksal der W i s s e n s c h a f t zu entscheiden scheint. Sollten die reinen, mathematischen und physikalischen Gesetze, die die Deduktion ergibt, bei all ihrer „Notwendigkeit" dennoch bloße B e - z i e h u n g e n bleiben, von denen wir niemals mit Sicherheit bestimmen können, ob ihnen ein Sein in der Welt der Tatsachen entspricht? Erscheint damit nicht alle Arbeit des Denkens schließlich vergebens und grundlos? Die Logik und Methodik der G e s e t z e — wir müssen es zuletzt einsehen — verbürgt uns nicht die E x i s t e n z der Dinge. So muß denn eine andere Richtung der Betrachtung eintreten und ein neuer Weg gewiesen werden, der uns zu diesem Problem hinführt. Wiederum vollzieht sich der Übergang fast unmerklich: es ist das Charakteristische der Cartesischen Metaphysik, daß sie in ihren ersten Schritten selbst aus Erwägungen der „Methode" hervorgeht und mit ihnen in Zusammenhang bleibt.

* * *

II. D i e M e t a p h y s i k.

Wenn wir uns von den ersten Sätzen der „Regeln" zu der Grundlegung der Metaphysik hinüberwenden, die Descartes in den „Meditationen" vollzieht, so tritt uns die innere Verwandtschaft beider Betrachtungsweisen alsbald in bezeichnenden Einzelzügen entgegen. Es ist, wenngleich in verschiedener Fassung, ein und derselbe Grundgedanke, der uns hier von Anfang an begegnet. Die mathematische A n a l y s i s, auf deren Verfahren die „Regeln" sich beriefen, lehrte uns, daß wir, um eine bestimmte Schwierigkeit zu lösen, von der genauen Zergliederung der F r a g e ausgehen müssen, daß wir keine fremde und äußere Hilfe suchen, sondern hier allein in der Zerlegung der Aufgabe in ihre Teilbedingungen die Lösung erwarten dürfen. Ist erst das volle Verständnis des P r o b l e m s erreicht, so ist damit bereits der Weg der Forschung eindeutig vorgeschrieben. (S. ob. S. 449ff.) Man braucht diesen Gedanken nur ins Allgemeine zu wenden, um den bekannten Anfang der Cartesischen Metaphysik vor sich zu haben. Aus dem Z w e i f e l muß die erste fundamentale Wahrheit quellen; indem sie sich selber i n F r a g e s t e l l t, muß die Erkenntnis zur ersten, unverbrüchlichen Gewißheit ihrer selbst gelangen. Die „Regeln" sprechen es in Hinblick auf die S o k r a t i s c h e Grundfrage aller Philosophie aus: daß das Bewußtsein des Nichtwissens die zweifellose Überzeugung eines U n t e r s c h i e d e s von W a h r und F a l s c h in sich enthält und verbürgt[1]). Und allein in diesem Sinne haben wir auch zu B e g i n n der „Meditationen" den an sich vieldeutigen Begriff des D e n k e n s zu verstehen. Nicht das Sein des Denkenden, sondern den Wert und Gehalt des Gedachten gilt es hier zu begründen; nicht eine E x i s t e n z soll bewiesen, sondern ein K r i t e r i u m der Gewißheit soll gefunden werden. In diesem Sinne wird die Untersuchung des Verstandes gefordert. „Wenn wir uns die Aufgabe stellen, alle Wahrheiten, zu deren Erkenntnis die menschliche Vernunft zureicht, zu prüfen, was einmal im Leben jeder tun muß, der zu wahrer Einsicht gelangen will, so werden wir finden, daß nichts früher e r k a n n t werden kann, als der V e r s t a n d s e l b s t, da von ihm die Erkenntnis alles übrigen abhängt, und nicht umgekehrt." Diese Sätze, die für Descartes den Ausgangspunkt seiner Mathematik und Erfahrungswissenschaft bilden, bezeichnen zugleich den streng begrenzten und bestimmten Ursprung seiner Metaphysik. Vor jeder objektiven Untersuchung gilt es zunächst die „Instrumente der Erkenntnis" in einer genauen Übersicht uns vor Augen zu stellen und zu prüfen. Wie der Handwerker, der, von allen Hilfsmitteln verlassen, ein widerstrebendes Material zu bearbeiten hat, damit beginnen wird, sich die notwendigen Werkzeuge, sich Hammer und Amboß zu bereiten, so wird der Intellekt sich nicht alsbald den Streitigkeiten der

---

[1]) Regulae XII, S. 38.

Philosophen, noch selbst den besonderen Problemen der Einzelwissenschaft zuwenden, sondern sich zuvor seiner eigenen Wahrheit und seines eigenen Vermögens versichern. Die Vernunft kann mit keinem anderen Objekt und keinem anderen Vorwurf beginnen, als mit sich selbst[1]). Hier aber trifft sie, indem sie sich in ihrer Bedeutung zu erfassen sucht, zunächst auf nichts anderes, als auf jenen Inbegriff logischer Beziehungen, wie ihn der Ausbau der universalen Mathematik fortschreitend entwickelt hat. Dem Inhalt des sinnlichen Einzeleindrucks gegenüber stellt dieser Inbegriff ein Festes und Bleibendes dar: die allgemeinen Verhältnisse der Größe und Zahl beharren, während die spezifische Eigentümlichkeit der sinnlichen Empfindung stets durch die Eigenart des Organs und die besonderen Umstände der Wahrnehmung mitbestimmt und daher mit diesen Bedingungen veränderlich ist. So gelangen wir dazu, an jedem Inhalt des Bewußtseins die konstante „Form" von der wechselnden „Materie" zu unterscheiden. Die Abtrennung von Verstand und Sinnlichkeit erfolgt zunächst lediglich im Sinne dieser Unterscheidung: der „reine Verstand", die „intellectio pura" stellt nichts anderes als die Mannigfaltigkeit der Prinzipien dar, die in aller Erkenntnis, gleichviel wie sie im einzelnen bestimmt sein mag, ihre Geltung bewahren[2]). Diese Prinzipien aber bleiben, wie anfangs ausdrücklich hervorgehoben wird, von dem Zweifel, der sich auf die Wirklichkeit der Dinge richtet, verschont. Dem einzelnen Eindruck gegenüber kann sich immer von neuem die Frage erheben, ob er der wahren oder einer bloß fiktiven Welt angehört. Hier aber muß dieses Bedenken zurücktreten: daß 2+3=5 ist, bleibt notwendig und ewig wahr, ob wir nun wachen oder träumen mögen[3]). Das Gedachte als Gedachtes, in der inneren Verknüpfung seiner Systemglieder, bleibt bestehen, gleichviel ob es sich auf eine absolute unabhängige Wirklichkeit beziehen mag oder nicht. —

---

[1]) S. Reg. VIII, S. 22 ff.
[2]) Vgl. hrz. jetzt die Darstellung der Cartesischen Erkenntnislehre bei B. B a u c h , Neuere Philosophie bis Kant, Lpz. (Göschen) 1908, S. 63 f.
[3]) Meditationen I, Oeüvr. VII, 20.

Aber noch einen Schritt weiter dringt die Betrachtung der Meditationen vor, indem sie nunmehr auch die rein logische Natur der **Objektbeziehung selbst** in ihren Kreis zieht. Was der „Gegenstand" der Vorstellungen an sich ist, mag freilich dunkel bleiben: volle Klarheit dagegen muß sich darüber erreichen lassen, was im **Gedanken** des Gegenstandes liegt. Wir werden fragen müssen, was das Denken selber unter einem ihm gegebenen Objekt versteht; welche Eigenschaft und Beschaffenheit es ist, die es mit dem Namen der „Existenz" belegt. Sicherlich kann unter dem „Sein" eines bestimmten Körpers, unter dem Sein etwa eines Stückes Wachs, das ich vor mir sehe, nicht der **Inbegriff der sinnlichen Eigenschaften** gemeint sein, die sich in ihm vereinigen. Denn diese Eigenschaften können sich sämtlich wandeln, die Farbe kann wechseln, die Härte verschwinden, der Duft sich verflüchtigen, ohne daß wir aufhören, von dem Dasein **desselben** Dinges zu sprechen. Worauf beruht diese **Identität**, die wir bei allem Wechsel der wahrnehmbaren Merkmale beharrlich festhalten und voraussetzen? Wir sehen uns dazu gedrängt, die veränderlichen und wandelbaren Bestimmungen, die die Sinne uns vermitteln, im Gedanken auf feste und unwandelbare **Elemente** zu beziehen und in ihnen ihr Sein zu begründen. Den „subjektiven" Empfindungsqualitäten werden auf diese Weise die „primären" Eigenschaften der Ausdehnung, Gestalt und Bewegung als Halt und Stütze unterbreitet. Aber wenngleich die **Physik** sich mit der **Konstanz**, die sich ihr hier eröffnet, begnügen mag, wenngleich Descartes' eigene Grundlegung der empirischen Wissenschaft nicht weiter als auf diese Grundfaktoren führte, so kann die **philosophische** Analyse — und dies ist eine neue und entscheidende Wendung — sich bei diesem Ergebnis nicht beruhigen. Auch nachdem sie das Stück Wachs auf „etwas Ausgedehntes, Biegsames und Bewegliches" reduziert hat, muß sich ihr die Frage von neuem und in weiterem Umfange wiederholen. Denn offenbar kann das Wachs, ohne aufzuhören dasselbe zu sein, unzählig viele verschiedene Gestalten und Größen annehmen; offenbar kann also dasjenige, was es zum Einen und Selbigen macht, nicht in einer dieser Formen, noch auch in ihrer Summe enthalten sein. Die Forderung, alle jene Einzelphasen der Veränderung nacheinander in der Vorstellung zu durchlaufen, enthält bereits, da die Mannigfaltigkeit, um die es sich handelt, unendlich ist, einen inneren Widerspruch. Nicht die Kraft der sinnlichen Phantasie vermag uns somit die gesuchte Einheit zu geben und vorstellig zu machen; sie ist und bleibt vielmehr ein Werk des „reinen Verstandes". Ohne ihn, der die vielfältigen, successiven Einzelvorstellungen auf einen gemeinsamen Mittelpunkt bezieht und der sie damit in sich selber zusammenhält, würde auch der Begriff des Gegenstandes hinfällig werden. Wir können vom Sein des Wachses nicht sprechen, ohne damit jenen „Blick des Geistes" stillschweigend anzunehmen und mitzusetzen. „Il faut demeurer d'accord que je ne saurois pas même comprendre par l'imagination ce que c'est que ce morceau de cire et qu'il n'y a que mon entendement seul qui le comprenne... Ma perception n'est point une vision, ni un attouchement, ni une imagination et ne l'a jamais été, quoiqu'il le semblât ainsi auparavant, mais seulement une inspection de l'esprit, laquelle peut être imparfaite et confuse, comme elle étoit auparavant, ou bien claire et distincte, comme elle est à présent." Jetzt erst, nachdem wir auf dem Grunde des Dingbegriffs von neuem den Begriff des Denkens wiedergefunden und entdeckt haben, gilt für Descartes der überzeugende Beweis des Satzes erbracht, den die „Regeln" allgemein hinstellten: daß nämlich die Erkenntnis unseres Geistes ursprünglicher und gewisser, als jede andere ist, weil wir keinen Gegenstand begreifen können, ohne darin unser eigenes denkendes Wesen zu betätigen und mittelbar gewahr zu werden.

Wiederum sind es die wissenschaftlichen Hauptschriften, die das Ergebnis, zu dem die philosophische Analyse hier geführt hat, erläutern und näher bestimmen. Descartes' Wahrnehmungstheorie, wie sie in der Dioptrik enthalten ist, geht davon aus, das Vorurteil zu zerstören, daß die Erkenntnis der Außendinge dem Geiste durch Bilder vermittelt wird, die den Objekten, von denen sie stammen, in allen ihren Teilen ähnlich sind. Es bedarf keiner solchen stofflichen Übereinstimmung von Empfindung und Gegenstand; was vielmehr zu fordern ist, ist lediglich eine derartige funktionale Verknüpfung, daß jeder Veränderung des objektiven Inhalts eine Differenz der Wahrnehmung entspricht. Wie die Methode die physischen Körper sämtlich auf die einzige Bestimmung der Ausdehnung zurückbezog, nicht um ihre sonstigen qualitativen Eigentümlichkeiten zu leugnen, sondern um sie in reinen Unterschieden von Größen s y m b o l i s c h darstellbar zu machen: so fragen wir jetzt zunächst noch nicht, wie das wirkliche S e i n der Körper mit dem S e i n der Empfindungen in uns zusammenhängt, sondern begnügen uns mit der wechselseitigen harmonischen Beziehung und eindeutigen Zuordnung beider Momente. Wie eine perspektivische Zeichnung alle Eigentümlichkeiten des Objekts, das sie darstellt, nur um so schärfer und genauer wiederzugeben vermag, weil sie darauf verzichtet, das Original in all seinen konkreten Beschaffenheiten und D i m e n s i o n e n darzustellen — so ist auch die Zeichensprache der Wahrnehmung dadurch nur um so vollkommener, daß sie die Dinge nicht ihrem ganzen materialen Gehalt nach nachzuahmen, sondern nur all ihre Verhältnisse analogisch auszudrücken trachtet[1]). Damit ist die scholastische Wahrnehmungstheorie, die wir, in mannigfachen Umformungen und Verkleidungen, noch überall in den Anfängen der neueren Philosophie herrschend fanden, im Prinzip überwunden. Wie stark und eindringend ihre Nachwirkung auch zu den Zeiten Descartes' noch war, kann man sich an einem so modernen Denker wie G a s s e n d i vergegenwärtigen. Dieser erhebt gegen den Cartesischen Ausgangspunkt vom S e l b s t b e w u ß t s e i n den bezeichnenden Einwand, daß wir von unserm eigenen Sein keine wahrhafte Erkenntnis besitzen: denn die Bedingung zu jeder Erkenntnis ist, daß ein D i n g von außen her auf unser geistiges Vermögen einwirkt und in ihm ein bestimmtes Abbild, eine „Spezies" seiner selbst, bewirkt und zurückläßt[2]). Der Grund-

---

[1]) Dioptrique I u. IV; Oeüvr. VI, 85 ff., 112 f., 130 u. s.
[2]) Object. V, Oeüvr. VII, 292: „Cum . . ad notitiam alicujus rei eliciendam necesse sit rem agere in facultatem cognoscentem, im-

mangel dieser Auffassung besteht darin, daß sie eine metaphysische Annahme, ein reales Wechselverhältnis zwischen dem Geist und den Dingen, dogmatisch an den Anfang stellt, um von ihr aus den Akt des Erkennens zu erklären: während Descartes' Grundtendenz darauf gerichtet ist, von der klaren und deutlichen „Idee", also von einer Bestimmung des Wissens aus, zu den Aussagen über die Verhältnisse des Wirklichen fortzuschreiten. Erst das U r t e i l d e s V e r s t a n d e s ist es, das die unmittelbar gegebenen Empfindungen, die an und für sich nichts anderes als „Zeichen" darstellen, zu Objekten umgestaltet und ausdeutet. So ist insbesondere — wie wiederum die „Dioptrik" ausführt — alle räumliche Verteilung und Gliederung der Empfindungsdaten, alle „Lokalisation", vermöge deren wir von der Lage und Entfernung von Objekten sprechen, ein Werk des Intellekts und der vernünftigen Schlußfolgerung. Der Sinn als solcher enthält weder positiv noch negativ einen Ausspruch über das S e i n: er kann weder irren, noch einen Irrtum berichtigen, da er sich jeden Anspruchs, der über den unmittelbaren und augenblicklichen „Eindruck" hinausgeht, begibt. „Wahrheit" und „Falschheit" sind Momente und Gesichtspunkte, die erst der Intellekt erschafft und anwendet. Selbst dort, wo wir scheinbar die Daten des einen Sinnes nach denen des andern zurechtrücken und korrigieren, wie wenn wir etwa den Stab, der für das Auge im Wasser gebrochen erscheint, durch den Tastsinn als gerade erkennen — ist es in Wahrheit allein der Verstand, der nach Anhörung aller rationalen „Gründe" zwischen den widerstreitenden Wahrnehmungen die Entscheidung trifft[1]). „Da das Gesicht uns an und für sich nichts als Bilder, das Gehör nichts anderes als Klänge darbietet, so muß alles, was wir neben jenen Bildern und Klangzeichen als den Gegenstand denken, auf den sie verweisen, uns durch

---

mittere nempe in illam sui speciem, sive sui specie illam informare: perspicuum videtur ipsam facultatem, cum extra seipsam non sit, non posse illam sui speciem in seipsam transmittere, neque sui notitiam consequenter elicere, sive quod idem est, percipere seipsam". Vgl. die Erwiderung Descartes': Obj. V., Oeüvr. VII, 366 f.
[1]) Responsiones VI, Oeüvr. VII, 437 ff.

Ideen dargestellt werden, die von nirgend andersher, als aus unserm D e n k v e r m ö g e n selbst stammen, und die wir somit als eingeboren, d. h. als potentiell in uns enthalten bezeichnen können"[1]). Der Weg der e r k e n n t n i s t h e o - r e t i s c h e n A n a l y s e d e s D i n g b e g r i f f s ist damit klar gewiesen. Die rein logischen Momente, die in den Gegenstandsbegriff eingehen, werden scharf bezeichnet und entgegen jedem Versuch, die Funktion des Denkens zur bloßen „Vorstellungsassociation" zu nivellieren, aufrecht erhalten. Gegenüber derartigen Versuchen, wie sie etwa in der Naturphilosophie der Renaissance aufgetreten waren, weist Descartes ausdrücklich darauf hin, daß in der Leistung des Gedächtnisses selbst die Mitwirkung des „reinen Verstandes" bereits vorausgesetzt werde. Es genügt nicht, daß im Gehirn bestimmte „Spuren" vergangener Eindrücke zurückbleiben; sie müssen auch mit allen übrigen Inhalten in Beziehung gesetzt und ihrer z e i t l i c h e n Stellung und Ordnung nach mit ihnen verglichen werden. Jede „Erinnerung" setzt eine U n t e r - s c h e i d u n g der neu hinzukommenden Inhalte von den zuvor gegebenen voraus, die nur das Werk des Intellekts sein kann[2]). Deutlich zeigt sich hier das Verfahren, das Descartes gegenüber den sensualistischen Einwänden durchgehend befolgt und das in der Tat allein radikal und ent-

---

[1]) „Et sane, quod visus nihil praeter picturas, nec auditus praeter voces vel sonos proprie ac per se exhibeat, unicuique est manifestum: adeo ut illa omnia quae praeter istas voces vel picturas cogitamus t a n q u a m e a r u m s i g n i f i c a t a nobis repraesententur per ideas non aliunde advenientes quam a nostra cogitandi facultate ac proinde cum illa nobis innatas, hoc est potentia nobis semper inexistentes: esse enim in aliqua facultate, non est esse actu, sed potentia dumtaxat, quia ipsum nomen facultatis nihil aliud quam potentiam designat." Notae in programma quoddam, Oeüvr. VIII, 360f.

[2]) „Unde patet ad memoriam non sufficere quaelibet vestigia quae a praecedentibus cogitationibus in cerebro relicta fuere, sed illa dumtaxat quae talia sunt, ut mens agnoscat ea non semper in nobis fuisse, sed aliquando de novo advenisse. Ut autem mens possit istud agnoscere, existimo ipsam, quando primum imprimebantur, i n t e l - l e c t i o n e p u r a u t i d e b u i s s e, ad hoc scilicet ud adverteret rem quae illi tunc observabatur novam esse, sive illi antea obversatam non fuisse." An Arnauld (29. VII. 1648), Corresp. V, 220 f.

scheidend ist: wie zuvor in der direkten Sinnesempfindung, so wird jetzt in dem Vermögen des „Gedächtnisses" ein Faktor ausgesondert und bloßgelegt, der auf einer reinen Einheitsbeziehung des Denkens beruht. Weder unsere Einbildungskraft, noch unsere Sinne können uns — wie der Discours de la méthode ausspricht — jemals irgend einer Sache versichern, wenn nicht unser Verstand mit ihnen zusammenwirkt. Das U r t e i l allein verbürgt die gegenständliche Existenz, die die naive und populäre Ansicht in der bloßen Empfindung unmittelbar enthalten glaubt[1]).

*   *   *

Nach zwei verschiedenen Seiten hin ist somit jetzt der Zusammenhang von Denken und Sein und damit der Inhalt des Cartesischen Hauptsatzes: des „Cogito ergo sum" bestimmt. Für das Gebiet der reinen B e w u ß t s e i n s p h ä n o m e n e bedarf dieser Satz keines Beweises: denn hier versichert uns der bloße Akt des Erlebens unmittelbar des erlebten Gegenstandes und seiner eigentümlichen Realität. Nicht eine syllogistische Aneinanderreihung von Begriffen und Schlußfolgerungen ist hierzu vonnöten, vielmehr weiß das Ich in allem Zweifeln und Fragen, in allem Vorstellen und Urteilen zugleich unmittelbar sich selbst und erfaßt intuitiv seine eigene Einheit[2]). Aber auch nach der Seite der Gegenstandserkenntnis hin ergibt sich zum mindesten e i n e Art der Gewißheit, die dieser ersten und fundamentalen analog ist. Ob ein bestimmter E i n z e l g e g e n s t a n d in der empirischen Wirklichkeit existiere, steht freilich niemals unmittelbar fest: dagegen ist die G e g e n s t a n d s b e z i e h u n g ü b e r h a u p t dem Gedanken wesentlich und von ihm auf keine Weise abtrennbar. In jedem tatsächlichen Denkakt ist nicht nur das Bewußtsein eines denkenden Ich, sondern auch das Bewußtsein eines Etwas, das gedacht wird, einge-

---

[1]) Discours de la méth. IV; Oeüvr. VI, S. 37; Meditationen II. Oeüvr. VII, 32.
[2]) „Cette connaissance n'est point un ouvrage de votre raisonnement, ni une instruction que vos maîtres vous aient donnée: votre esprit la voit, la sent et la manie". An Mersenne (1648) Oeüvr. V, 138.

schlossen. Insofern gehört die Idee des Seins in der Terminologie Descartes' zu den „eingeborenen Ideen" des Geistes, die wir von ihm nicht loszulösen vermögen, ohne seinen eigenen Begriff zu zerstören[1]). Der Weg, den die Untersuchung von hier aus zu nehmen hätte, scheint jetzt klar vor uns zu liegen. Die Objektbeziehung als solche ist methodisch in ihrer Notwendigkeit begriffen: nun gilt es, sie in ihren Anwendungen zu verfolgen, um zu verstehen, mit welchem Rechte wir verschiedene Klassen von Objekten unterscheiden —, also etwa vom sinnlichen Wahrnehmungsobjekte den Gegenstand, wie die mathematische Physik ihn auffaßt, absondern und ihm einen anderen Gewißheitsgrad zuerkennen. Hier würden wir demnach auf relative Differenzen der Geltung geführt werden, sofern ein bestimmter Erfahrungsinhalt an einem anderen und schließlich an der Gesamtheit der möglichen Erfahrungsinhalte überhaupt gemessen würde. Ein Inhalt hieße objektiv, wenn er dieser Gesamtheit als zugehörig und i n n e r h a l b i h r e r als in fester und notwendiger Weise bestimmt erkannt würde: eine Bestimmung, die wiederum, wie die allgemeinen Erwägungen der Cartesischen Methodenlehre gelehrt, nur durch die Vermittlung allgemeiner Ordnungs- und Größenbegriffe erfolgen kann. Die Ansätze zu einer derartigen Fassung und Durchführung des Problems konnten wir bei Descartes überall verfolgen. Daneben aber steht freilich die andere Wendung, die rein dem Gesichtskreis der M e t a p h y s i k angehört. Sie wird aus der ersten nur durch eine leichte Verschiebung der Fragestellung gewonnen: die Frage, die sich zuvor auf das Verhältnis der

---

[1]) Vgl. den Brief an die Pfalzgräfin Elisabeth v. 21. Mai 1643 (Oeüvr. III, 665) s. ob. S. 462. Vgl. die erläuternden Bemerkungen Antoine A r n a u l d s: „Comme donc il est clair, que je pense, il est clair aussi que je pense à quelque chose; c'est-à-dire, que je connois et que j'apperçois quelque chose: car la pensée est essentiellement cela. Et ainsi ne pouvant y avoir de pensée ou de connoissance sans objet connu, je ne puis non plus me demander à moi même la raison pourquoy je pense à quelque chose que pourquoi je pense; étant impossible de penser qu'on ne pense à quelque chose". Des vrayes et des fausses idées. Oeüvres XXXVIII, 184; vgl. K a s t i l , Studien zur neueren Erkenntnistheorie I Descartes, Halle 1909, S. 173 ff.

Glieder des Erfahrungsganzen bezog, greift auf dieses Erfahrungsganze selbst über. Nicht worauf die größere Beständigkeit und Sicherheit beruht, die einen Inhalt vor dem anderen auszeichnet, wird gefragt, sondern der Zweifel richtet sich gegen die T o t a l i t ä t des Erfahrbaren und gegen die Prinzipien, nach denen sie gestaltet ist. Ist diese Totalität sich selbst genug oder bildet sie nur den Ausdruck für ein a b s o l u t e s Sein, das sich in ihr widerspiegelt und durch sie abgebildet wird? —
Es ist bekannt, in welcher Weise Descartes die Antwort auf diese Frage gewinnt. Wenn unser Wissen sich nicht in leere Beziehungen ohne realen Urgrund auflösen soll, so muß in ihm zum mindesten e i n Punkt gefunden werden, an dem die Gegensätze, die sich hier gegenüberstehen, ineinander aufgehen. Innerhalb der Welt des Bewußtseins muß es e i n e Idee geben, die die Gewähr des absoluten Daseins ihres Inhalts unmittelbar in sich selber trägt; ein Begriff muß gefunden werden, in dem Wesenheit und Wirklichkeit, Essenz und Existenz untrennbar mit einander verschmolzen sind. So ist es eine Grundfrage der Erkenntnis selber, die uns zum G o t t e s b e g r i f f hinleitet, in dem allein jene Forderungen erfüllt sind. Die Idee des „allervollkommensten Wesens" schließt das Sein dieses Wesens notwendig in sich; ist doch das Sein selbst nichts anderes als eine Unterart der Vollkommenheit. Wie wir in dem Begriff des Dreiecks die zweifellose Gewißheit besitzen, daß seine Winkel gleich zwei Rechten sind, so läßt sich das Dasein Gottes unmittelbar aus seiner Vorstellung ableiten: wie die Aufhebung des einen Urteils, so würde die des anderen das Bewußtsein eines inneren l o - g i s c h e n W i d e r s p r u c h s in uns zurücklassen[1]). Kraft des Zusammenhangs, der sich uns hier erschließt, aber erblicken wir nunmehr auch die Frage nach der Wirklichkeit der Körperwelt in einem neuen Lichte. Diese Frage ist es, die für Descartes auch jetzt noch im Mittelpunkt der Betrachtung steht. Das ontologische Argument dient, so wenig es sich inhaltlich gewandelt hat, dennoch einem veränderten

---

[1]) Meditat. V; Oeüvr. VII, 66; Respons. I, (Oeüvr. VII, 116 ff. u. s.).

Interesse. Nicht als Ausgangspunkt der religiösen Dogmatik wird es gebraucht, sondern als Sicherung der Realität des Erfahrungsganzen: nicht Gott, sondern die Natur ist es, die zuletzt „bewiesen" werden soll. Dieser Beweis gilt jetzt als vollendet: denn das Wesen Gottes und seine Vollkommenheit schließen es aus, daß er uns in dem, was wir am klarsten und gewissesten zu erfassen glauben, zu täuschen vermöchte. Alles, was die Methodik des Denkens uns gelehrt, ist nunmehr kraft dieser Vermittlung, im Sein befestigt und verankert. Die Grundwahrheiten erhalten durch den Gottesbegriff ihre letzte und höchste Sanktion; ihr I n h a l t dagegen wird als solcher durch ihn nicht erweitert. Nach wie vor steht es fest, daß wir die Entscheidung über den besonderen Gehalt des Seins, über die spezifische Gestaltung der Naturwirklichkeit nur in den mathematischen Begriffen und Sätzen suchen können[1]). Der Gottesbegriff verändert nirgends den Gang der Deduktion, wie wir ihn von den Anfangssätzen der „Regeln" an verfolgen konnten, noch fügt er ihm ein neues Glied ein: er versucht nur, dem Ganzen dieser Deduktion, nachdem es abgeschlossen vorliegt, eine neue Form der Geltung zu geben . —

Aber daß dieser Versuch sich im Zirkel bewegen muß, wird freilich sogleich deutlich. Es ist vergeblich, für die Erkenntnis als Ganzes eine Bürgschaft zu verlangen, die außerhalb ihrer selbst liegt. Denn nur im Zusammenhang der Erkenntnis läßt sich die Frage, die hier aufgeworfen wird, überhaupt verstehen; nur in ihm und für ihn gibt es überhaupt ein wechselseitiges Verbürgen und Begründen. Hier vor allem gilt der Satz, von dem Descartes ausgegangen war, daß in jedem Problem, das das Erkennen sich stellt, irgend eine Grundform der Gewißheit eingeschlossen ist. Heben wir diese Grundform auch nur vorübergehend, auch nur hypothetisch auf, so ist damit der Faden des Denkens zerrissen — und es bietet sich kein Mittel, ihn in einem jenseitigen Bereich jemals wieder anzuknüpfen. Der Gottesbegriff vermag hier nichts zu leisten: denn alles was dieser Begriff ist und b e d e u t e t, kommt ihm nur von jenen Regeln und Zusammenhängen der

---
[1]) Vgl. bes. Meditat. VI, Oeüvr. VII, 80.

Erkenntnis zu, außerhalb deren er sich zu stellen sucht, um sie zu kritisieren. Seine Notwendigkeit, sofern sie sich erweisen läßt, ruht selbst völlig auf bestimmten g e d a n k -
l i c h e n A x i o m e n: wie etwa auf dem Satz, daß die Wirkung ihre Ursache an „formaler Realität" nicht zu übertreffen vermag. Der Gedanke hat sich somit den Forderungen, die in den notwendigen Sätzen der reinen Logik und Mathematik liegen, nur scheinbar für einen Augenblick entzogen. Was er wahrhaft gewonnen hat, ist nicht eine höhere metaphysische Bestätigung, sondern nur ein neuer A u s d r u c k eben dieser Forderungen. Die „Wahrhaftigkeit Gottes" besagt in der Tat, wenn man sie auf ihren eigentlichen Gehalt hin prüft, nichts anderes als die unbedingte, von keinem Zweifel mehr antastbare Wahrhaftigkeit der obersten Prinzipien der Erkenntnis. In ihr erklärt sich die wissenschaftliche V e r n u n f t für mündig und fähig, das Ganze des Seins zu umspannen. In den Deduktionen Descartes' herrscht hier die gleiche Grundtendenz vor, die sich bei G a l i l e i verfolgen ließ. Die wahrhaft notwendigen Erkenntnisse, deren Geltung für alles Denken und alle Erfahrung sich begründen läßt, sind d i e s e l b e n für den menschlichen und den göttlichen Verstand[1]). Hier gibt es keine Scheidewand mehr: die letzten Denkwerte haben zugleich den höchsten und vollkommensten Seinswert, der sich nur immer ersinnen läßt. Descartes' Gottesbeweis soll diesen Zusammenhang sicherstellen: aber er vermag es nur, indem er ihn zeitweilig verneint. Er versucht — und hierin liegt seine eigentümliche Verwicklung — mittels des Durchgangs durch ein imaginäres Problem die Verneinung eben dieses Problems herbeizuführen. Der Anfang des Beweises versetzt uns auf einen Standpunkt, auf dem auch die Geltung der rein „formalen" Grundwahrheiten aufgehoben erscheint; sein Ende aber drückt eben diesen Wahrheiten nur gleichsam das Siegel der Bestätigung auf. Und so ändert denn auch die „Wirklichkeit" die mathematisch-physikalische Form nicht, die ihr durch die Methodenlehre vorgezeichnet war; sondern sie empfängt nur, ohne daß ihre Struktur sich im Einzelnen wandelt, in ihrer Gesamtheit eine neue

---

[1]) Vgl. ob. S. 405.

Deutung, indem sie unter einen veränderten metaphysischen Gesichtspunkt der Beurteilung gestellt wird. — Hier aber liegt freilich die eigentliche Schwierigkeit und die Grenze der Cartesischen Philosophie. Die „Abbildtheorie" der Erkenntnis, die Descartes im Gebiet des Psychischen überwunden und wirksam bekämpft hat, bleibt für das Gebiet der „äußeren" Erfahrung bestehen. So sehr sich Descartes auch hier bisweilen dem Gedanken nähert, daß die „Wirklichkeit" der Naturphänomene nichts anderes als ihre wechselseitige notwendige Verknüpfung und ihren objektiv-gesetzlichen Z u s a m m e n h a n g bedeutet: so wird dieser Gedanke doch im Ganzen des Systems nicht festgehalten. Wieder wird jetzt für die Gesamtheit der mathematisch-physikalischen Erfahrung die „Übereinstimmung" mit einem anderen, unerfahrbarem Sein gefordert, das ihr entspricht und zugrunde liegt. Und die Bürgschaft dieser Übereinstimmung ist es, die nunmehr der Gottesbegriff leisten soll. Damit aber zeigt sich freilich — und im weiteren Verlauf der Cartesischen Metaphysik tritt dies immer deutlicher hervor —, daß die Grundansicht der E r k e n n t n i s, die im Gottesbegriff bestätigt werden sollte, sich in ihm vielmehr verschiebt. Die gedankliche Umkehr, die sich jetzt vollzieht, tritt am klarsten hervor, wenn man das Verhältnis betrachtet, das nach den endgültigen Festsetzungen des Systems zwischen dem Sein Gottes und dem Sein der „ewigen Wahrheiten" besteht. Diese Wahrheiten gelten jetzt nicht mehr als B e d i n g u n g e n, die den Begriff jeglichen, auch des höchstens Seins, einschränken, sondern sie werden zu P r o d u k t e n einer in ihrer Willkür unumschränkten Schöpfertätigkeit. Der S a t z d e r I d e n t i t ä t selbst ist eine Notwendigkeit, die unserm Denken von außen her als feste S a t z u n g eingeprägt ist, nicht eine N o r m, die für das Sein unbedingt verbindlich ist. Nicht minder vermessen wäre es, behaupten zu wollen, daß es Gott unmöglich gewesen wäre, zu bewirken, daß ein Berg ohne Tal existiere, oder daß 1 + 2 nicht gleich drei sei; wir müssen uns mit der Feststellung begnügen, daß er unseren V e r s t a n d derart eingerichtet hat, daß er eine derartige Möglichkeit nicht zu begreifen vermag¹). Das Grundprinzip des Rationalismus ist damit aufgeopfert; die Gesetze der Erkenntnis sind zu zufälligen „Einrichtungen" und Konventionen herabgedrückt. In dieser Folgerung aber, die in der Tat notwendig war, wenn mit dem Begriff des **unbedingten Daseins** voller Ernst gemacht wurde, hat Descartes nicht nur seine Erkenntnislehre, sondern selbst seine Metaphysik entwurzelt. Wenn alle unsere logischen und ethischen Maßstäbe für Gott selbst unverbindlich sind, wenn die „Gesetze des Wahren und Guten die göttliche Allmacht nicht beschränken": was besagt alsdann das Argument, daß wir die Realität der Körperwelt annehmen müssen, um Gott nicht zum „Betrüger" zu machen? Auch die „Meditationen" gingen in ihrer Beweisführung von der Voraussetzung aus, daß alles, was wir klar und deutlich begreifen, zugleich „mögliche Existenz" besitzt; sie fußen also in all ihren weiteren Entwicklungen auf einer **Einschränkung des Begriffs der Möglichkeit**, die jetzt aufgegeben ist. War es vorher die Sicherheit der Idee, die uns allein zu jeder Art von Wirklichkeit hinführen konnte, so sollen wir jetzt dieser Sicherheit, selbst in den klarsten und evidentesten Folgerungen der Mathematik, nicht eher vertrauen dürfen, als bis wir über den „**Urheber unserer Existenz**" volle Gewißheit erlangt haben²). Wie aber wäre noch **irgend eine** Gewißheit, geschweige die vom höchsten transscendenten Sein, erreichbar, wenn selbst der Satz der Identität noch der Begründung harrt, wenn das Prinzip alles Beweisens und Folgerns erschüttert ist?

Auch bis in die Einzelheiten der Cartesischen Methodik macht sich nunmehr die Umkehr der Frage-

---

¹) An Arnauld (29. Juli 1648) Oeüvr. V, 223 f.: „Mihi autem non videtur de ulla unquam re esse dicendum ipsam a Deo fieri non posse; cum enim omnis ratio veri et boni ab ejus omnipotentia dependeat, nequidem dicere ausim, Deum facere non posse, ut mons sit sine valle, vel ut unum et duo non sint tria; sed tantum dico illum talem mentem mihi indidisse, ut a me concipi non possit mons sine valle, vel aggregatum ex uno et duobus quod non sint tria, etc., atque talia implicare contradictionem in meo conceptu." Vgl. an Mersenne (15. April u. 27. Mai 1630); Oeüvr. I, 145 u. 151 f.
²) Principia I, 13 u. ö.

stellung bemerklich. Es ist insbesondere der Begriff
des Unendlichen, der durch die metaphysischen
Folgerungen, zu denen er weitergeführt wird, auch in seiner
logischen Charakteristik verändert wird. Der Gedanke des
Unendlichen bildet für Descartes das Mittelglied, das vom
Sein der Vorstellung zu dem der absoluten Dinge hinüberleitet. Indem ich in mir die Idee Gottes als einer unendlichen, allwissenden und unumschränkten Substanz vorfinde, erkenne
ich zugleich, daß ich selbst, als ein endliches und unvollkommenes Wesen, nicht ihr Schöpfer und Urbild sein kann.
Das wahrhafte Original, das alle Einzelzüge, die in der Vorstellung gegeben sind, in wirklichem Sein enthält und umfaßt,
kann nur jenseits des Bewußtseins zu suchen sein. Es ist
zunächst der Begriff des Denkens, der uns hier in neuer Wendung entgegentritt. Unter dem „reinen Denken" ließ sich
nach den bisherigen Entwicklungen, ein Inbegriff reiner
Verknüpfungsformen verstehen. Die Einheit des
„Intellekts", von der die Regeln ausgehen, war mit der Einheit
der wissenschaftlichen Prinzipien gleichbedeutend. Jetzt
dagegen hat das „Cogito" jenen besonderen Sinn erhalten,
der es mit dem Sein der individuellen, begrenzten und endlichen
Substanz verknüpft. Jenes „Ich", das den Gedanken des
Unendlichen nicht als eigenes Erzeugnis begreifen, daß in ihm
nur noch die Nachwirkung und das Abzeichen einer höheren
Macht zu erblicken vermag, ist das empirische Selbst des Einzelnen. Mit der Verwendung im Gottesbeweise aber tritt zugleich
die Idee des Unendlichen mittelbar aus dem Kreise der
reinen Erkenntnisse überhaupt heraus. Ausdrücklich betont Descartes, daß die Begriffe der Substanz,
der Dauer, der Zahl und andere ihnen vergleichbare
Kategorien keine innere Nötigung enthalten, nach einer äußeren
Ursache, die sie meinem Geiste eingeprägt habe, zu forschen.
Sie alle sind logische Grundbestimmungen, die erst nachträglich
auf die äußeren Dinge übertragen und angewandt werden. Einzig
für den Begriff des Unendlichen versagt diese Art der
Ableitung; einzig an diesem Punkte sehen wir uns mit Notwendigkeit über die Grenzen des Denkens hinausgetrieben[1]).

---

[1]) Meditat. III, Oeüvr. VII, 44f.

Die Fähigkeit, im Zählen immer von neuem Einheit an Einheit zu knüpfen oder eine gegebene endliche Strecke durch successive Vermehrung ins Grenzenlose zu erweitern: diese Fähigkeit selbst wäre unbegreiflich, wenn sie nicht in einem aktuellen unendlichen Dasein eine Stütze und Entsprechung fände. Hier aber stehen wir vor einer neuen inneren Schwierigkeit. Es läßt sich allenfalls begreifen, daß für das einzelne konstante Vorstellungsbild und seine Elemente eine unmittelbare Entsprechung im transscendenten Sein gesucht wird; wie aber ist die gleiche Forderung zu verstehen, wenn sie sich nicht auf die Materie, sondern auf die reinen ,,Formen" des Denkens richtet? Die Unendlichkeit, die diesen eignet, ist kein Merkmal, das von außen an sie herangebracht und zu ihrer Leistung hinzugefügt werden könnte; sie ist in ihrer Funktion unmittelbar mitgesetzt. Indem ich den reinen B e g r i f f der Zahl fasse, der, wie Descartes zugesteht, aus dem Intellekt selbst hervorgehend gedacht werden kann, habe ich mich damit bereits der Grenzenlosigkeit im Fortschritt des Zählens versichert; indem ich den Übergang von n auf n + 1 verstehe und mir zugleich bewußt werde, daß er von der Bestimmtheit des Einzelelements unabhängig ist, liegt mir bereits der gesamte unendliche Inbegriff der Zahlenreihe deutlich vor Augen. Descartes spricht gelegentlich aus, daß die S u b s t a n z , sofern wir sie an sich selbst denken und ohne ihr eine einschränkende Bestimmung hinzuzufügen, damit unmittelbar als ein u n e n d l i c h e s Sein gesetzt ist[1]). Wir können diesen Satz aus der Sprache der Metaphysik in die der Methode, aus der des Seins in die der Erkenntnis zurückübersetzen: die reinen intellektuellen Beziehungen enthalten in ihrer Definition bereits den Quell ihrer Unendlichkeit. Descartes dagegen hat, indem er in der Unendlichkeit überall ein jenseitiges Sein suchte, aus dem System der Begriffe und Prinzipien, die für den Aufbau der E r f a h r u n g s w e l t gelten, ein unentbehrliches Moment ausgeschaltet. Er selbst hat in der G e o m e t r i e ein Verfahren zur Anwendung gebracht, das den ,,Indivisibilien" Cavalieris und Galileis entspricht; er ist in der P h y s i k von dem Satze der konti-

---

[1]) An Clerselier (23. April 1649), Oeüvr. V, 355.

nuierlichen Erfüllung des Raumes und der unendlichen Teilbarkeit ausgegangen. Die p h i l o s o p h i s c h e Erörterung und Vertiefung dieser Gedanken aber hat er überall geflissentlich mit der Begründung von sich gewiesen, daß es sich für den beschränkten Menschengeist nicht zieme, in die Geheimnisse des Unendlichen eindringen zu wollen[1]). So ragt das Mysterium jetzt bis mitten in die Grundbegriffe der Wissenschaft hinein, die, als die Vorbilder jeder Erkenntnis, vor allem klar und dem Geiste völlig durchsichtig gedacht werden müßten.

Allgemein gehören die „eingeborenen Ideen" nach der Begründung und Ausbildung, die sie bei Descartes erfahren, einem zwiefachen Probleminteresse an. Sie bezeichnen, gemäß der vorherrschenden Grundbedeutung, nichts anderes, als die Voraussetzungen der Methode: für Descartes, wie später für Leibniz, ist der gesamte Inhalt der Algebra und Geometrie „eingeboren", weil er als „spontane Frucht" aus den Prinzipien der Methode erwächst. Niemals hätte man somit Descartes den Widersinn zutrauen sollen, daß das Eingeborene ihm einen fertigen aktuellen Inhalt bedeute, der von Anfang an der Seele gegenwärtig sei. Er selbst kommt immer wieder von neuem darauf zurück, daß es sich in ihm nur um eine „Fähigkeit" des Geistes handelt, bestimmte Begriffe in der Arbeit des Denkens und der vernünftigen Schlußfolgerung zu erzeugen und zu begründen. Mit Recht darf er daher gegenüber Einwänden, die schon zu seiner Zeit laut wurden, darauf verweisen, daß keiner gründlicher und energischer als er selbst mit dem überflüssigen Hausrat „scholastischer Entitäten" aufgeräumt habe[2]). Und wenn Hobbes dem Gottesbegriff

---

[1]) Principia philosophiae II, 35, Oeüvr. VIII, 60; An Mersenne (15. April 1630 u. 28. Januar 1640), Oeüvr. I, 146f., III, 293.
[2]) Notae in programma quoddam, Oeüvr. VIII, 366: ,,Quod autem istae ideae sint a c t u a l e s , vel quod sint species nescio quae a cogitandi facultate diversae, nec unquam (me) scripsisse nec cogitasse (moneo): imo etiam me magis quam quenquam alium ab ista supervacua entitatum scholasticarum supellectile esse alienum, adeo ut a risu abstinere non potuerim, cum vidi magnam illam catervam, quam Vir, fortasse minime malus, laboriose collegit ad probandum, infantes non habere notitiam Dei actualem, quamdiu sunt in utero matris, tanquam si me hoc pacto egregie impugnaret." Vgl. ob. S. 462, Anm. 1.

die Bezeichnung als „eingeborene Idee" versagt, weil er nicht
unmittelbar in der Vorstellung gegeben ist, sondern nur durch
ein verwickeltes Schlußverfahren gewonnen werden kann,
so bezeichnet Descartes es umgekehrt als das entscheidende
Charakteristikum der echten „Ideen", daß sie nur auf diesem
Wege zum Bewußtsein gebracht werden können[1]). Fällt somit
hier der entscheidende Nachdruck auf die A k t i v i t ä t des
Denkens, so hält doch die metaphysische Psychologie Descartes' diesen Gesichtspunkt nicht dauernd fest. Jetzt wird
es als die gemeinsame Eigentümlichkeit der „Ideen" bezeichnet, daß sie — im Gegensatz zu den W i l l e n s a k t e n
und U r t e i l e n — passive Bestimmtheiten des Bewußtseins
bedeuten. Wie im Wachs die Fähigkeit, verschiedene Gestalten
anzunehmen, nicht als eine Tätigkeit, sondern als ein Leiden
anzusehen ist, so müssen wir auch das Vermögen der Seele, bald
diese, bald jene Idee in sich zu empfahgen, lediglich als eine
ruhende und indifferente Eigenschaft betrachten[2]). Zwar
ist auch in dieser Abgrenzung der Gedanke, daß
unsere Vorstellung einer objektiven Wirklichkeit durch eine
S e l b s t t ä t i g k e i t des Geistes bedingt ist, nicht aufgegeben: — sind es doch nach Descartes' Grundanschauung
eben die U r t e i l e , also die aktiven Elemente des Bewußtseins, die die gegebenen sinnlichen Eindrücke erst zu „Gegenständen" umzubilden vermögen. (S. ob. S. 489 ff.) Wenn aber
jetzt, statt von eingeborenen Operationen und Akten des
Geistes, dauernd von „eingeborenen I d e e n" gesprochen wird,
so erkennt man, daß in diesem Begriff zwei gegensätzliche
Momente mit einander verschmolzen sind. Hier gewinnt daher
die sensualistische Kritik in der Tat einen neuen Anhalts- und
Angriffspunkt. Wie der Begriff des Unendlichen, so erscheinen
jetzt die übrigen „apriorischen" Begriffe vielmehr als dingliche
P r o d u k t e: als Siegel, die der U r h e b e r u n s e r e s
D a s e i n s uns eingedrückt und aufgeprägt hat[3]). So

---

[1]) Respons. III, Oeüvr. VII, 183.
[2]) An Mesland (2. Mai 1644) Oeüvr. IV, 113; An Regius (Mai 1641) Oeüvr. III, 372.
[3]) Vgl. Meditat. III, Oeüvr. VII, 51.

mündet der wissenschaftliche Rationalismus Descartes' an diesem Punkte unmittelbar in die M y s t i k ein. Der Übergang von der logischen Bedeutung des Denkens zu seinem metaphysisch-spiritualistischen Begriff läßt sich schließlich an der Entwicklung eines wichtigen Mittelproblems verfolgen. Es ist das Problem der „Einbildungskraft", das einerseits auf die Zusammenhänge der Universalmathematik zurückweist, während es andererseits in einer bestimmten Deutung der neuen Grundtendenz dienstbar gemacht wird. Wir erinnern uns, welche Wichtigkeit die „I m a g i n a t i o n" innerhalb der Methode selbst erlangte: war sie es doch, auf die alle Aussagen und alle abstrakten Verhältnisbestimmungen sich beziehen mußten und in der sie allein ihre exakte Darstellung fanden. Die anschauliche Figur wurde auf diese Weise zu einem reinen und unentbehrlichen E r k e n n t n i s m i t t e l. Die Ausdehnung ist, in der Sprache der „Regeln" ausgedrückt, eine „Dimension": ein Gesichtspunkt und ein Verfahren, vermöge dessen wir scheinbar verschiedenartige Inhalte auf einander beziehen und mit einander vergleichen. (S. ob. S. 459 ff.) Die „Meditationen" halten in ihren anfänglichen Entwicklungen durchaus an dieser Auffassung fest: wie sie davon ausgehen, daß Sinn und Einbildungskraft ohne Mitwirkung des „reinen Intellekts" nicht möglich sind, so ist für sie, wie sie mit klaren Worten aussprechen, die Körperwelt kein absoluter Gegenstand, der sich von jeder Beziehung auf das Denken loslösen ließe. „Quand je distingue la cire d'avec ses formes extérieures et que, tout de même que si je lui avais ôté ses vêtements, je la considère toute nue, il est certain que, bien qu'il se puisse encore rencontrer quelque erreur dans mon jugement, j e n e l a p u i s n é a n m o i n s c o n c e v o i r d e c e t t e s o r t e s a n s u n e s p r i t h u m a i n". Darüber also herrscht hier kein Zweifel, daß die E n t g e g e n s e t z u n g selbst, vermöge deren wir das wahrhafte und gleichbleibende „Sein" des Wachses von seinen zufälligen Beschaffenheiten absondern, in einem Akte des U r t e i l s gegründet ist. Um so unvermittelter erscheint es, wenn später, um die „reale Distinktion" der denkenden Substanz vom Körper zu erweisen, wiederum auf das Vermögen der „Imagination" zurückgegriffen wird. Zergliedere ich dieses Vermögen, so finde ich in ihm nichts anderes, als „eine gewisse Hinwendung der Erkenntnistätigkeit auf den Körper, der ihr innerlich gegenwärtig ist und der somit — existiert" (une certaine application de la faculté qui connoît au corps qui lui est intimement présent et partant qui existe). Es kann nicht deutlicher als in diesen Worten zu Tage treten, daß hier der bloße **A k t d e r B e z i e h u n g** auf ein äußeres Objekt in ein unabhängiges **D a s e i n** umgedeutet wird· eine Wendung, die nur möglich war, nachdem im Gottesbegriff der Unterschied zwischen beiden Momenten bereits nivelliert und aufgehoben war.

Zwischen den beiden „Hälften" des Seins aber, die sich jetzt selbständig gegenübertreten, ist keine Vermittlung mehr möglich. Körper und Seele erscheinen nach dem Ausspruch der Sinne und der alltäglichen Erfahrung, die Descartes in diesem Punkte ebenso anerkennt, wie er sie anfangs verworfen hatte, als „verbunden": aber sie können niemals in wahrhafter Bedeutung begrifflich „geeint" werden. Zwar versucht Descartes eine solche Einigung, indem er ausführt, daß wir verschiedene Klassen geistiger **K a t e g o r i e n** besitzen, von denen die einen zur Darstellung der Körperwelt, die anderen zur Darstellung der reinen Inhalte des Denkens bestimmt sind, während eine dritte Klasse „ursprünglicher Begriffe" dazu dient, uns den **Z u s a m m e n h a n g** von Geist und Körper darzustellen und verständlich zu machen. (Vgl. ob. S. 462.) Indessen läßt es sich zwar begreifen, wie die Seele „in sich selbst" die Urbilder findet, nach denen sie das Denken und seine Bestimmungen umfaßt und beurteilt; es läßt sich weiter verstehen, wie sie mittels der Ideen der Ausdehnung, Gestalt und Bewegung allmählich einen immer festeren mathematischen Zusammenhang zwischen den empirischen Erscheinungen knüpft. Völlig dunkel aber muß es bleiben, wenn in dem Geiste selbst eingeborene Begriffe vorausgesetzt werden, die sich nicht auf die Tätigkeit der Erkenntnis oder auf die objektiven Grundrelationen beziehen, in denen sich ihr Gegenstand konstituiert, sondern die von einer fremden, heterogenen Substanz handeln, mit der der Geist nicht wesentlich, sondern nur zufällig und nachträglich „in Verbindung steht". Descartes selbst muß sich, um diesen Zusammenhang zu verdeutlichen, auf eine scholastische Grundanschauung berufen: wie die „Qualität" der Schwere, die selbst nur ein unteilbares und stoffloses Sein darstellt, die schwere Materie zur Erde zieht, so soll auch die Seele den Körper bewegen können, ohne sich mit ihm zu vermischen und ihm gleichartig zu werden[1]). Deutlich erkennt man hier, daß er den Anthropomorphismen, die er aus der Grundlegung der Physik für immer verbannt hatte, in der Ausdeutung des metaphysischen Verhältnisses von Leib und Seele nicht zu entgehen vermochte. Es ist bekannt, daß an diesem Punkte auch der strenge mathematische Einheitsbegriff der Natur verloren geht: indem der Seele die Fähigkeit zugestanden wird, die R i c h t u n g der einmal vorhandenen Bewegung zu ändern, wird damit ein Faktor, der keiner exakten Größenbestimmung unterliegt, in die Erklärung des Geschehens aufgenommen und damit die Allgemeinheit des Grundsatzes der quantitativen Erhaltung des Seins aufgehoben[2]).

So scheitert der Plan der Cartesischen Methodik zuletzt am Problem der absoluten Substanz. Aber freilich bedeutet die bloße Tatsache, daß dieses Problem nunmehr unter den allgemeinen Gesichtspunkt der Methodik gestellt und von ihm aus zu lösen gesucht wurde, geschichtlich eine Leistung von höchster Bedeutung. Wir konnten die allgemeine Tendenz der neuen Wissenschaft kurz in der Formel aussprechen: daß in ihr der S u b s t a n z b e g r i f f durch den F u n k t i o n s b e g r i f f ersetzt und überwunden wird. Eben dieser Grundgedanke ist es, den Descartes in seiner L o g i k und Wissenschaftstheorie zum erstenmal in voller Klarheit erfaßt und darstellt, den er indes gegenüber den Fragen der Metaphysik, die sich herandrängen, nicht durchgehend festzuhalten weiß. Daß er diese Fragen in Angriff genommen, daß er auch an ihnen die neue Anschauung zunächst durchaus bewährt und zur Geltung gebracht hat: das erst macht ihn zum Begründer der neueren Philosophie. Die E r f a h r u n g s w i s s e n -

---

[1]) Vgl. Oeüvr. III, 424 f., 434, 667. V, 222 f.
[2]) Näheres hierüber s. „Leibniz' System" S. 60 ff.

schaft selbst konnte ihren sicheren Halt erst damit gewinnen, daß die „substantiellen Formen" in ihrem eigensten Gebiet, aus dem sie stammten und aus dem sie beständig neue Kraft zogen, kritisch geprüft wurden. Es ist das Verdienst Descartes', den Kampf, den er selbst nicht mehr zu Ende führen sollte, zuerst auf dieses Gebiet übertragen zu haben. Wichtige Grundfragen, an denen die großen empirischen Forscher wie Kepler und Galilei vorübergehen durften, werden nunmehr zum erstenmal der Ontologie und der scholastischen Metaphysik abgewonnen und der modernen wissenschaftlichen Denkart erschlossen. Wenn man Descartes in seinem p e r s ö n l i c h e n Verhältnis zu den wissenschaftlichen Zeitgenossen betrachtet, so erblickt man ihn in völliger Vereinsamung. In F e r m a t, dem genialsten Mathematiker der Zeit, sieht er beständig nur den Rivalen, und G a l i l e i s Grundwerk erscheint zu spät, um von ihm, den seine eigene wissenschaftliche Entwicklung bereits auf andere Bahnen gewiesen hatte, noch nach seiner Bedeutung gewürdigt zu werden. Und dennoch faßt seine Lehre, wenn man sie von einem höheren geschichtlichen Standpunkt betrachtet, alle Tendenzen und Strömungen der neueren Wissenschaft in sich zusammen; dennoch hat sie den Widerstreit der Denkarten, der dort nur an vereinzelten Problemen zum Austrag kam, allgemein zur Darstellung gebracht und in ihrer eigenen Entwicklung verkörpert. So ist sie es denn auch, die den philosophischen Gehalt der bisherigen Forschung in sich vereint, und die zum Mittelpunkt wird, von dem aus alle die manigfachen Wege und Richtungen, die das Problem der Erkenntniskritik künftig einschlägt, ihren Anfang nehmen.

Zweites Kapitel.
Die Fortbildung der Cartesischen Philosophie.

Die Philosophie Descartes' beginnt mit der Frage nach der Geltung und den Grenzen unserer Erkenntnis; sie endet mit den Problemen von Seele und Gott. Dieser Gegensatz zweier Betrachtungsweisen ist es, der auch der Fortbildung des Cartesianismus bei den nächsten Schülern und Nachfolgern das charakteristische Gepräge gibt. Der Dualismus der geistigen und körperlichen S u b s t a n z erscheint äußerlich als dasjenige Problem, das in der Weiterbildung des Systems zunächst zu bewältigen ist: aber hinter diesem metaphysischem Dualismus verbirgt sich ein weiter, zurückgehender und tiefer reichender m e t h o d i s c h e r Widerstreit. Von der Frage nach der Existenz und Natur der Seele, nach ihrem Verhältnis zur Körperwelt und zur allumfassenden göttlichen Substanz sieht sich die Betrachtung immer wieder auf die erneute Untersuchung des grundlegenden K r i t e r i u m s d e r E r k e n n t n i s zurückgewiesen. In all den bekannten Wendungen und Wandlungen des Substanzbegriffs — von der Theorie der Gelegenheitsursachen bis zur prästabilierten Harmonie hin — spiegelt sich zugleich ein l o g i s c h e r Entwicklungsprozeß wieder. Geht man von den Ergebnissen zu den philosophischen Gründen und Motiven zurück, so stellt sich die innere Fortbildung des Cartesianismus in den einzelnen Phasen dar, die der Begriff der k l a r e n u n d d e u t l i c h e n E r k e n n t n i s durchläuft. —

In der Betrachtung der Cartesischen Philosophie bestimmten sich bereits die beiden äußersten Grenzpunkte, zwischen denen die Entwicklung dieses Begriffs sich vollzieht. Der Wertausdruck des „Klaren und Deutlichen" kommt ursprünglich und zunächst denjenigen Begriffen und Sätzen zu, die der Geist aus seinem eigenen Grunde und aus eigenem

Vermögen selbsttätig entwickelt. Die Wahrheit jeglicher Erkenntnis ist dadurch bedingt, daß die Mittel, die wir zu ihrer Formung und Gestaltung verwenden, nicht von außen, von dem Zeugnis der Sinne, entlehnt, noch durch irgendeine jenseitige Offenbarung, deren Grund sich unserem Bewußtsein entzöge, gegeben ist. Indem das Bewußtsein in den „eingeborenen Ideen" die eigene Natur und Wesenheit durchschaut, erschließt sich ihm in dieser ersten Erkenntnis zugleich unmittelbar die objektive Wirklichkeit. Von einer „Trennung" und Loslösung der Körperwelt, von einer Vermittlung daher, die die beiden geschiedenen Reiche des Seins wieder zusammenführt und zur Einheit verknüpft, kann auf diesem Standpunkt keine Rede sein.

Je mehr indes im weiteren Fortgang diese Frage sich hervordrängte, je deutlicher damit die Wesenheit G o t t e s als der Grund für das Dasein und die Verknüpfung der D i n g e herausgehoben wurde, um so mehr mußte auch der Ursprung der E r k e n n t n i s auf diesen alleinigen Mittelpunkt zurückbezogen werden. Mit dieser Wendung hat das Prinzip des „Cogito" seine eigentümliche und moderne Bedeutung eingebüßt. Wiederum stehen wir jetzt der A u g u s t i n i s c h e n Fassung der idealistischen Grundgedanken gegenüber. In der Tat ist nicht nur der Ausgang vom S e l b s t b e w u ß t s e i n, sondern selbst die Hinwendung zur M a t h e m a t i k und die Orientierung an ihren ersten Voraussetzungen ein Zug, der Descartes und Augustin gemeinsam ist. Der entscheidende Gegensatz liegt indes in der Anwendung und dem philosophischen Gebrauch, den beide von der mathematischen Erkenntnis machen: während sie für den Einen das Mittel zum Verständnis und zur Entdeckung der e m p i r i s c h e n Wirklichkeit ist, ist sie für den andern nur das „Schwungbrett", durch das er sich zum Übersinnlichen erhebt, und der sichere Besitz, mittels dessen er sich im Reiche des „Intelligiblen" heimisch macht[1]). Soll eine Begründung und Vertiefung der „klaren und deutlichen Perzep-

---

[1]) Über das Verhältnis Descartes' zu Augustin s. L e d e r , „Untersuchungen über Augustins Erkenntnistheorie in ihren Beziehungen zur antiken Skepsis, zu Plotin und zu Descartes", Marburg 1901.

tion" gesucht werden, die der modernen Richtung der Frage entspricht, so eröffnet sich hier nur ein einziger Weg: die Prinzipien müssen, statt auf einen weiter zurückliegenden metaphysischen U r s p r u n g zurückgedeutet, in ihre wissenschaftlichen F o l g e r u n g e n entwickelt und in ihnen bewährt und gerechtfertigt werden. Der G r u n d ihrer Geltung, nach dem wir allerdings fragen müssen, erschließt sich uns, wenn wir sie als die notwendigen B e d i n g u n g e n der wissenschaftlichen Erfahrung und damit unseres Begriffs der Wirklichkeit erkannt und verstanden haben. Wo immer dagegen der Blick nicht nach vorwärts auf die Entfaltung der Grundsätze in der E r f a h r u n g , sondern statt dessen auf ihre m e t a p h y s i s c h e E n t s t e h u n g u n d E r w e r b u n g gerichtet ist, da sind die Grenzen der mittelalterlichen Weltanschauung nicht prinzipiell überschritten. Über der Erforschung des A n f a n g s wird das echte Ziel der Erkenntnis verloren und preisgegeben. So wird bei Augustin die Mathematik zum Zeugen dafür, daß der menschliche Geist „nicht sein eigenes Licht" ist: daß er in seinem wandelbaren und vergänglichen Sein die ewige Wesenheit der reinen Ideen nicht zu begründen, sondern ihre Erkenntnis nur rezeptiv als Geschenk der göttlichen Allweisheit zu empfangen vermag. Daß wir unabhängig von den Sinnen und der Erfahrung zu den reinen intelligiblen Erkenntnissen uns erheben können, beruht darauf, daß im Momente, in dem wir uns ihnen zuwenden, das Licht der Einen universellen und ewigen Vernunft uns unmittelbar gegenwärtig ist und sich auf uns überträgt[1]). Das göttliche Wort ist die „verborgene Sonne", die die ewigen Wahrheiten dem inneren Blick des Geistes enthüllt: es bleibt für alle menschliche Wissenschaft der einzige und unfehlbare Lehrmeister[2]).

---

[1]) S. A u g u s t i n u s , Soliloquia Lib. II; Retractationes Lib. I, Cap. IV.
[2]) A u g u s t i n u s, Retractat. I, 12; De libero arbitrio L. II, Cap. 10 u. 12. — Die Belege zu dieser Lehre Augustinus finden sich vollständig zusammengestellt in M a l e b r a n c h e s Streitschriften gegen Arnauld: S. „Recueil de toutes les réponses du P. Malebranche . . . à Mr. Arnauld", Paris 1709, I, 93 ff., 237 ff., 334 ff., 386 f. u. s. Vgl. übr. ob. S. 95 f.

Hatte sich schon Descartes selbst in der letzten Phase seiner Entwicklung dieser gedanklichen Wendung gelegentlich genähert[1]), so tritt sie immer schärfer bei den Nachfolgern hervor, die den theologischen und dogmatischen Fragen nicht mehr mit der gleichen inneren Freiheit und Unbefangenheit, wie er selbst, gegenüberstehen. Die Verbindung von Cartesianismus und Augustinismus wird jetzt einer der markantesten und hervorstechendsten Züge in der geistigen und religiösen Signatur der Zeit. In ihr begegnen sich die verschiedenen Richtungen, die sich innerhalb der Schule am schärfsten befehden: in ihr stimmt der Jansenismus, stimmt vor allem Arnauld mit Malebranche, seinem philosophischen Antipoden, überein. Der Gegensatz der Individuen und ihrer Geistesart verrät sich nur in der verschiedenen Art, in der sie die gemeinsame Aufgabe in Angriff nehmen, in der sie die widerstreitenden Denkrichtungen zu versöhnen und einander anzugleichen suchen. Wenn Arnauld in seiner Theologie die Gedanken Descartes' und Augustins gleichmäßig übernimmt und fast naiv aneinanderreiht, so sucht Malebranche durch eine kritische Umbildung der Cartesischen Ideenlehre zu einer höheren philosophischen Synthese beider Systeme fortzuschreiten. Zur vollen Erfassung und zu höchster individueller Bestimmtheit aber gelangt der grundlegende philosophische Widerstreit in Pascal, der nach seiner geistigen Doppelnatur die Gegensätze in sich selber durchlebt und zur Darstellung bringt. Während auf der einen Seite Augustins Lehre von der Erbsünde und Gnadenwahl, wie sie ihm in dem Werke des Jansenius entgegentritt, seine gesamte religiöse Entwicklung bestimmt, ist es andererseits das Vorbild der neuen Methode und die Ausprägung, die sie in der Geometrie gefunden, die seine Begriffsbestimmung des „Denkens" bedingt. Wenn Augustin ihm den Inhalt seiner Philosophie darbietet, so gibt ihm die Schule der Cartesianischen Logik erst die Waffe, mit der er sie behauptet und verteidigt. Je lebendiger und persönlicher aber die beiden Züge sich in ihm durchdringen, um so deutlicher tritt in der Schärfe und

---

[1]) Vgl. hrz. die Darstellung der „intuitiven Erkenntnis" in einem Briefe vom Anfang des Jahres 1648: Oeüvr. V, 136ff.

Unerbittlichkeit seiner Dialektik, die den Widerspruch nicht vermeidet, sondern ihn aufsucht und vertieft, ihre sachliche Unvereinbarkeit hervor. Sein gedankliches Ringen besitzt nicht nur vereinzelte, psychologische Bedeutung; es wird zum allgemeingültigen Symbol, an dem wir uns den Gegensatz der Zeitalter und den verschiedenen Wert, der dem Erkenntnisproblem in der mittelalterlichen und der neuen Weltansicht zukommt, zur Anschauung bringen können.

I.

Ein Anhänger Descartes' ist P a s c a l niemals in dem Sinne gewesen, daß er die entscheidenden E r g e b n i s s e seiner Philosophie angenommen hätte. Den Widerspruch zwischen der modernen philosophischen Grundanschauung und dem Gehalt der Dogmen, an denen er festhält, hat er jederzeit erkannt und ausgesprochen. Auch die Übereinstimmung zwischen Descartes und Augustin wird dort, wo er sie zuerst berührt, von ihm alsbald auf ihr richtiges Maß eingeschränkt. Der Gedanke des ,,Cogito ergo sum" ist nicht derselbe im Geiste Descartes', wo er die feste Stütze einer ganzen Physik und die Grundlage einer bewunderungswürdigen Reihe von Folgerungen ist, und im Geiste Augustins, für den jenes Prinzip nur ein einzelnes ,,Aperçu" bedeutet; — beides unterscheidet sich, wie ein Mensch, der voll von Leben und Kraft ist, sich von einem Toten unterscheidet[1]). Fällt in diesem Vergleich — der einer frühen Schrift Pascals, der Abhandlung über den ,,Geist der Geometrie" entstammt — alles Licht auf die Seite der Cartesischen Lehre, so sind es dennoch nicht die F o l g e r u n g e n aus ihr, zu denen Pascal sich bekennt: es ist das neue F o r - s c h u n g s i d e a l, von dem er sich ergriffen fühlt. Nicht im Hinblick auf den materiellen Gehalt des Systems, sondern der intellektuellen Grundstimmung nach, aus der es hervorgegangen ist, ist er Cartesianer. Ein Zeuge dieser Stimmung ist die einzige naturphilosophische Schrift, die wir von Pascal

---

[1]) P a s c a l, De l'Esprit géométrique. Second fragment. P e n - s é e s d e P a s c a l, publ. par E r n e s t H a v e t, 5e édit. revue e ctgorriée Paris 1897, II, 304 f.

besitzen: das Fragment einer „Abhandlung über das Leere". Die Grenzlinie zwischen der theologischen und historischen Forschung, die sich auf Überlieferung und somit auf Autorität stützen muß, und dem Verfahren der theoretischen Naturwissenschaft, das keinen andern Richter über sich als Vernunft und Erfahrung anerkennt, ist hier in voller Schärfe gezogen. Wenn dort der Blick nach rückwärts gerichtet sein muß, wenn somit die Vollendung mit der Erhaltung und dem Stillstand gleichbedeutend ist, so kann das Ziel der empirischen Forschung nur in dem Ausblick auf einen unendlichen möglichen Fortgang begriffen werden. Hier liegt der eigentliche Unterschied zwischen der wissenschaftlichen Vernunft und jeglichem noch so vorzüglichen Naturinstinkt. „Die Zellen der Bienen waren vor tausend Jahren ebenso genau abgemessen, als sie es heute sind; die erste, wie die letzte, stellt ein reguläres Sechseck von gleicher, unbedingter Exaktheit dar." Das Gleiche gilt von allen andern instinktiven tierischen Äußerungen; die Vollendung, in der sie von Anfang an auftreten, ist zugleich ihr Ende. Von G e s c h i c h t e im wahren Sinne läßt sich nur innerhalb der Menschheit sprechen, die wie ein einziges Individuum ist, das stetig fortdauert und sich beständig weiter- und höher entwickelt. „Diejenigen, die wir die Alten nennen, waren wahrhaft neu in allen Dingen und bildeten die Kindheit des Menschen; wir dagegen, die wir zu ihren Kenntnissen die Erfahrung der folgenden Jahrhunderte hinzugefügt haben, besitzen in Wahrheit jenes Alter, das wir in den Anderen verehren. Der Wahrheit, wenngleich sie eben erst entdeckt ist, gebührt stets der Vorrang; ist sie doch stets älter, als alle Meinungen, die man jemals über den gleichen Gegenstand gehabt hat. Es hieße ihre Natur verkennen, wenn man glaubte, daß ihr Sein erst mit dem Augenblick begonnen hätte, in dem sie zuerst bekannt und ausgesprochen wurde." Der vortreffliche und gelehrte Herausgeber von Pascals Werken, Ernest H a v e t, hat aus der philosophischen Literatur des siebzehnten Jahrhunderts mannigfache, interessante Parallelstellen zu diesen Sätzen angeführt: dagegen ist ihm die nächstliegende Beziehung auf D e s c a r t e s entgangen. In Descartes' Streitschriften gegen die holländischen

Theologen findet sich in der Tat der Gedanke Pascals nicht nur seinem allgemeinen Gehalt, sondern auch seiner charakteristischen Form nach vollständig wieder. Die Peripatetische Physik — so hält Descartes hier seinen scholastischen Gegnern entgegen — enthält Nichts, was nicht in Wahrheit n e u , weil allbekannten Erfahrungen widersprechend, ist: während die seinige sich hinwiederum nur auf die ä l t e s t e n Prinzipien, nämlich auf die Begriffe der Ausdehnung, Gestalt und Bewegung stützt, die allen Philosophen gemeinsam und unserm Geiste selbst von allem Anfang an eingepflanzt und mitgegeben sind[1]).

Schreitet man von Pascals Abhandlung über das Leere sodann zu seiner eigentlichen m e t h o d i s c h e n Hauptschrift fort, so sieht man, wie in ihr das reine r a t i o n a l e I d e a l d e r E r k e n n t n i s sich festigt und zu schärferer Begründung gelangt. Das Ziel des echten Wissens muß darin bestehen, von keinem Inhalt Gebrauch zu machen, den wir nicht zuvor in seiner logischen Struktur und Zusammensetzung begriffen und aus den ersten Bedingungen und Fundamenten des Denkens abgeleitet haben. Erst in dieser durchgehenden und vollendeten A n a l y s e wird das gegebene Problemobjekt dem Machtbereich des Verstandes unterworfen und seinen Mitteln durchgehend zugänglich gemacht. Die echte Methode wird somit keinen Begriff dulden dürfen, den sie nicht zuvor selbsttätig d e f i n i e r t , keinen Satz, den sie nicht aus diesen ursprünglichen Definitionen abgeleitet und erwiesen hat. Wenn indes in dieser Forderung das a b s o l u t e Vorbild des Wissens festgehalten ist, so muß für die relative menschliche Erkenntnis allerdings alsbald eine Einschränkung hinzutreten. Die e r s t e n P r i n z i p i e n , die wir der Mathematik und mathematischen Physik zugrunde legen, entziehen sich der weiteren Zurückführung auf einfachere Elemente: die Klarheit und Evidenz, mit der wir sie erfassen, bezeichnet zugleich die Schranke ihrer begrifflichen Zerlegbarkeit und Beweisbarkeit. Stehen wir somit hier vor einer

---

[1]) S. D e s c a r t e s, Epistola ad Patrem Dinet: Ausg. Amstelod. 1670, S. 152. Epist. ad cel. Vir. D. Gisbertum Voetium; Oeüvr. VIII, S. 26 f.

Begrenzung, die in der Natur unserer Erkenntnis selbst ihren Grund hat, so wird doch der Charakter und die immanente Gewißheit, die der Mathematik zukommt, dadurch nicht berührt: „l'ordre de la géométrie est à la vérité inférieur (à l'ordre absolument accompli) en ce qu'il est m o i n s c o n v a i n c a n t, mais non pas en ce qu'il est m o i n s c e r t a i n". Gleichviel daher, welche Kritik wir vom Standpunkt des absoluten Wissens an der Geometrie üben: ihr Eigenwert und ihre innere Selbstsicherheit wird hiervon nicht erschüttert. Die Wissenschaft kann im Vertrauen auf ihre ursprünglichen h y p o t h e t i s c h e n Setzungen fortschreiten und sich ausbilden, sie kann ihr Gebiet sichern und abgrenzen, ohne von einer fremden Instanz einen Einspruch fürchten zu müssen. Die Mathematik bleibt — wie immer das Urteil lautet, das ein „unendlicher Verstand" über sie fällen mag — das Maß und die Erfüllung u n s e r e s Intellekts: „ce qui passe la géométrie nous surpasse". · Sie allein ist das Objekt, an dem unsere L o g i k sich üben und das Vorbild, nach dem sie ihre Regeln bemessen kann. Es ist eine leere Selbsttäuschung, wenn man meint, diese Rangordnung umkehren zu können; wenn man die geometrischen Beweise, statt in ihnen die feststehende, sichere Orientierung zu sehen, als Spezialfälle abstrakter logischer Vorschriften zu begreifen sucht. Daß daher die ersten Grundbegriffe, wie Raum, Zeit und Bewegung, keines weiteren „diskursiven" Beweises fähig sind, dies wird hier, zu Beginn von Pascals Methodenlehre, noch keineswegs als ein innerer M a n g e l empfunden. Das „natürliche Licht" gibt uns eine tiefere Gewähr ihrer Wahrheit und Beständigkeit, als jede abstrakte Ableitung es zu tun vermöchte[1]). Das Vertrauen zu der Grundnatur unseres Verstandes ist hier noch nirgends erschüttert: sobald es uns gelingt, sie rein zu erhalten und sie von allen Vorurteilen der Sinne und der Phantasie zu scheiden, so besitzen wir in ihr die unverrückbare und allgemeingültige Regel. Wir dürfen auf eine Erklärung der Bewegung, wie etwa die Aristotelische Definition, sie sei die „Verwirklichung des Möglichen", verzichten: sind wir doch gewiß, daß Jeder von uns mit voller Sicherheit

---

[1]) S. De l'Esprit géométrique I, bes. S. 282, 283, 286.

und Eindeutigkeit den gleichen begrifflichen Inhalt mit dem Wort „Bewegung" verbindet. Ganz ebenso hatte — wiederum mit Berufung auf das gleiche Aristotelische Beispiel — D e s - c a r t e s gesprochen. Gegen H e r b e r t v o n C h e r - b u r y s Schrift „De veritate", in der eine Begriffserklärung der „Wahrheit" gesucht wird, hatte er ausgeführt, daß jedes solche Bemühen müßig sei: „Wahrheit" ist ein Begriff von so ursprünglicher „transscendentaler" Klarheit, daß jeder Versuch einer weiteren Erläuterung ihn nur zu verdunkeln vermöchte[1]).

Kein metaphysischer Skrupel kann somit auf dem Standpunkt, zu dem uns Pascals Wissenschaftstheorie hingeleitet hat, das Kriterium der klaren und deutlichen Erkenntnis in seinem Werte beeinträchtigen. Von der Skepsis, die später in den „Pensées" gegen unsere „Natur" und ihre unmittelbaren Offenbarungen laut wird, findet sich hier noch keine Andeutung: l a n a t u r e , q u i s e u l e e s t b o n n e , est toute familière et commune[2]). Zwar klingt schon an dieser Stelle ein Motiv des späteren Werkes an, wenn Pascal zur Charakteristik des Erkenntnisprozesses vor allem auf die Probleme des Unendlich-Kleinen und Unendlich-Großen hinausblickt. Aber eben von dieser sachlichen Übereinstimmung aus fällt helles Licht auf den Widerstreit, der zwischen der methodischen und der metaphysischen Grundabsicht und Grundstimmung besteht. In den „Pensées" führt der Einblick in die Unendlichkeit des Fortschritts, das Bewußtsein, daß weder nach der Seite der Vermehrung, noch nach der der Teilung jemals ein Abschluß zu finden ist, zur Selbstvernichtung des Denkens und seiner Grundgesetze. Das Ich, das jeden Halt und jeden Standort für sich verloren hat, versucht nicht länger, das Geheimnis des Seins zu enträtseln: der Intellekt ist sich selbst nach dem ganzen Umfang seiner Fähigkeiten und seiner Probleme zum unlösbaren Widerspruch geworden. Die Schrift über die geometrische Methode scheint äußerlich dieselbe Richtung des Gedankens einzuschlagen. Auch ihr gilt als fest

---

[1]) D e s c a r t e s , Brief an Mersenne vom 16. X. 1639, Oeüvı II, 596 f.

[2]) De l'Esprit géométrique II, S. 307.

stehend, daß das Unendliche, von dessen E x i s t e n z uns notwendige und zwingende Gründe überzeugen, uns seiner N a t u r nach unbegreiflich bleibt. Hier aber ist es der V e r s t a n d s e l b s t, der — im Widerstreit zu den scheinbaren Gegeninstanzen der sinnlichen Beobachtung und Vorstellung — das Sein des Unendlichen verficht und behauptet; hier sind es die unbestreitbaren P r i n z i p i e n d e r G e o m e t r i e, die die W a h r h e i t der schrankenlosen Ausdehnung und Teilbarkeit der Materie erhärten. Den „chimärischen Schwierigkeiten", die sich die E i n b i l d u n g s - k r a f t schafft, setzt das mathematische Denken seine „natürliche Klarheit" und seine fundamentale Gewißheit entgegen. Was somit auf der einen Seite, vor dem Forum der unmittelbaren Vorstellung, als „unbegreiflich" erscheint, das besitzt andererseits den höchsten Grad der Begreiflichkeit und Notwendigkeit, sofern wir ihm unsere Anerkennung nicht versagen können, ohne uns in Widersprüche gegen die ersten G r u n d - s ä t z e alles Verstehens zu verstricken. Hier ist somit das Unendliche noch nicht das Beispiel eines t r a n s s c e n d e n t e n Inhalts, der das System unserer „natürlichen Begriffe" entwurzelt und entwertet; es ist eine F o r d e r u n g dieses Systems selbst. Das Bewußtsein darf keinen Inhalt abweisen unter dem Vorgeben, daß er ihm unfaßlich ist, bevor es sich nicht darüber Rechenschaft gegeben hat, ob diese Unfaßbarkeit in einem subjektiven Mangel der Vorstellungskraft oder einem inneren sachlichen Widerspruch des Objekts seinen Ursprung hat. Die Streitfrage, um die es sich handelt, betrifft im Grunde nicht den Gegensatz zwischen Bewußtsein und absoluter Existenz, sondern erstreckt sich auf die verschiedenen Funktionen des Erkennens selbst und ihr wechselseitiges Verhältnis. Das Denken allein ist zum Richter über sich selbst berufen. —

Und in den „Pensées" selbst finden sich, durch alle sittliche und intellektuelle Skepsis hindurch, Worte, die an diesen ersten Ausgangspunkt Pascals erinnern. „Der Mensch ist nur ein schwankendes und schwaches Rohr, aber er ist ein Rohr, das d e n k t. Nicht das Universum braucht sich zu wappnen, ihn zu zerschmettern; ein Hauch, ein Wassertropfen ist genug, ihn zu töten. Aber wenn ihn das Universum zerschmettern würde, so bliebe er doch stets erhabener als das, was ihn tötet, weil er w e i ß , daß er stirbt, und die Macht kennt, die das Universum über ihn übt. Das Universum weiß Nichts davon. A l l e u n s e r e W ü r d e b e s t e h t a l s o i m G e d a n k e n. An ihn müssen wir uns hingeben, nicht an Raum und Zeit, die wir nicht zu erfüllen vermögen. Arbeiten wir also daran, richtig zu denken: dies ist das P r i n z i p d e r M o r a l. Vermöge des Raumes begreift mich das Universum und saugt mich auf, wie einen Punkt; vermöge des Gedankens begreife i c h es"[1]). „Die gesamte Körperwelt, das Firmament, die Gestirne, die Erde und ihre Reiche wiegen nicht den geringsten der Geister auf, denn er erkennt dies alles und sich selbst, die Körper Nichts davon". (XVII, 1.) Wenn für Descartes das Denken die einzige selbstgewisse Grundtatsache war, durch die er dem universalen t h e o r e t i s c h e n Zweifel entrann, so wird es für Pascal nunmehr zum s i t t l i c h e n Mittelpunkt des Individuums, zu einem Faktum, an dem sein allgemeiner ethischer P e s s i m i s m u s eine Schranke und einen Widerstand findet. „L'homme connaît qu'il est misérable; il est donc misérable, puisqu'il l'est; mais i l e s t b i e n g r a n d , p u i s q u ' i l l e c o n n a î t". (VIII, 13.) Und so drängt sich denn auch die Selbständigkeit und die Selbstgesetzgebung der V e r n u n f t, die Pascal gemäß den theologischen Voraussetzungen des Systems leugnen und unterdrücken muß, immer von neuem wider Willen hervor. Wie er in den „Provinciales" seinen Ausgang von der Auslegung und Verteidigung des Dogmas der Gnadenwahl nimmt, um mit der Verteidigung des Rechtes der Forschung gegen die kirchliche und päpstliche Autorität zu enden, so begegnet uns in den „Pensées" oft unvermittelt ein scharfgeprägtes und charakteristisches Wort, das uns in dem Apologeten des Offenbarungsglaubens den Logiker und Methodiker wiedererkennen läßt. „La raison nous commande bien plus impérieusement qu'un

---

[1] P e n s é e s , Article I, No. 6. (Éd. H a v e t, I, S. 10.) — Im Folgenden wird durchweg nach der Kapitel- und Paragrapheneinteilung dieserAusgabe zitiert.

maître; car en désobéissant à l'un, on est malheureux et en désobéissant à l'autre, on est un sot". (VI, 2.) Es ist ein tragisches und paradoxes Geschick, daß der Denker, der diese Sätze schrieb, sich berufen glaubte, das rationale Grundprinzip der neueren Philosophie und Forschung zu vernichten.

II.

Das Fragment über die geometrische Methode schließt bereits mit einem Ausblick auf Probleme, die einem anderen Gebiet und einem anderen Interesse angehören. Wer die geometrischen Wahrheiten über das Unendliche begriffen, wer die Macht und Größe der Natur in der doppelten Unendlichkeit, die uns von allen Seiten umgibt, durchschaut hat, der wird in der Betrachtung dieser Wunder zugleich zum Verständnis seiner selbst und der Stellung seines eigenen Ich zwischen einer Unendlichkeit und einem Nichts gelangt sein: Erwägungen, die wichtiger und wertvoller sind, als die ganze übrige Geometrie. So weist zwar nicht die B e g r ü n d u n g, wohl aber das Z i e l der Unendlichkeitsbetrachtungen über die bisherigen Grenzen notwendig hinaus. In dem Moment, in dem das e t h i s c h e Problem für Pascal lebendig wird, schwindet für ihn zugleich die Bedeutung der theoretischen Wissenschaft und ihrer spekulativen Lösungsversuche dahin. Von nun an befinden wir uns völlig im Bannkreise Augustinischer Stimmung: „Deum et animam scire cupio. Nihilne plus? Nihil omnino". Sobald wir uns der Betrachtung des Menschen zuwenden, sobald wir hier das Ziel und den Mittelpunkt alles Wissens erkennen, erweist sich alles „abstrakte" Wissen als untauglich: als ein Irrlicht, das uns über die Bedingtheit unseres Wesens und unsere Rangordnung im Universum immer von neuem täuscht. (VI, 23.) „Die Erkenntnis der äußeren Dinge wird mich über meine Unkenntnis der Moral in Zeiten der Bedrängnis nicht trösten; die sittliche Erkenntnis aber wird mich jederzeit über meine Unkenntnis der äußeren Dinge trösten" (VI, 41). Somit verliert die spezielle Physik, weil sie uns dem innersten und zentralen Interesse entfremdet, jede philosophische Bedeutung. Das empirische Forschungsideal Descartes' wird verworfen: wir mögen allgemein feststellen, daß die körperlichen Erscheinungen durch Gestalt und Bewegung zustande kommen, aber ans Werk zu gehen und ihren Mechanismus im Besonderen aufdecken zu wollen, ist lächerlich; „wäre das, was man auf diese Weise findet, wahr, so würde die ganze Philosophie nicht eine Stunde Mühe aufwiegen" (XXIV, 100). Die Erkenntnis der Einzigkeit des s i t t l i c h e n Problems schließt die spiritualistische Verachtung der Körperwelt und ihrer besonderen Gesetze ein. Und dennoch ist es bezeichnender Weise nicht die Geschichte und die theologische Überlieferung, an die sich Pascal zur Lösung seiner Aufgabe in erster Linie wendet. Seine M e t h o d e bleibt auch hier die des psychologischen A n a - l y t i k e r s. Die Grundtatsachen, von denen auszugehen ist, gilt es in uns selbst zu entdecken und herauszuheben; die Fragen treten nicht von außen an uns heran, sondern sie sind uns durch die Widersprüche unseres eigenen Wesens zwingend aufgegeben. In der Entwicklung dieser Widersprüche, in der Darstellung der Größe und des Elends des Menschen vollendet sich Pascals dialektische und stilistische Meisterschaft. Es ist auch hier die i n t e l l e k t u e l l e Verzweiflung, die Ungewißheit über das Woher und Wohin des Ich und des Alls, die sich am ergreifendsten ausspricht. Zu ihr gesellt sich das Gefühl unserer moralischen Doppelnatur, der gemäß wir beständig in einer unhaltbaren Mitte dahinleben; gleich unvermögend, die Forderung, die uns bedrückt, abzuwerfen, wie sie zu erfüllen; gleich unfähig zum Guten, wie zum Bösen, zu einer entschlossenen Bejahung des einen oder des anderen Extrems. Jedes unbefangene und unmittelbare Lebensgefühl wird durch die Reflexion vergiftet; jede Reflexion wiederum durch die Forderungen des Augenblicks vereitelt. „Wir begehren die Wahrheit und finden in uns nur Ungewißheit. Wir suchen das Glück und finden nur Elend und Tod. Wir sind außer stande, auf Wahrheit und Glück zu verzichten und außer stande, Gewißheit und Glück zu finden". Und der Widerspruch der das Leben des Einzelnen durchzieht, wiederholt und verschärft sich im Leben der Gemeinschaft. Auch hier ist uns die Forderung des Rechts lebendig und läßt sich nicht zum Schweigen bringen; aber alle empirische und soziale Wirklichkeit, die uns umgibt, steht zu ihr in unversöhnlichem Gegensatz. Jeder Ausgleich und jede Einigung, die versucht wird, führt uns nur um so tiefer in ein trügerisches Sophisma: wir verdecken den inneren Widerstreit, indem wir die ideale Norm selbst nach den bestehenden realen Gewalten modeln und zurechtrücken. Das Recht ist dem Streite der Meinungen unterworfen, die Gewalt dagegen ist zweifellos und an deutlichen Anzeichen erkennbar: so hat man es vorgezogen — da es sich nicht bewirken ließ, daß das Gerechte stets auch die Macht habe — umgekehrt die Macht gerecht zu nennen, wodurch man allem Widerstreit glücklich entgangen ist. (VI, 7 u. 8.) Und so bleibt allgemein die willkürliche und wandelbare K o n v e n t i o n, mit welch klingenden Namen wir sie immer ausstatten, der Grund und die Regel alles sozialen Zusammenlebens. Der feste Punkt, von dem aus wir die einzelnen Handlungen beurteilen und bemessen können, besteht auch hier nur in der Einbildung und in der Forderung. Die V e r n u n f t bietet sich zur Entscheidung an; aber sie erweist sich alsbald als ein gefügiges Werkzeug, das allen Parteien gleichmäßig zur Verfügung steht und sich nach allen Interessen biegen und zurechtdeuten läßt. (VII, 4.) Statt die unwandelbare Einheit zu behaupten, sieht sie sich selbst in die Mannigfaltigkeit der Wünsche und Leidenschaften verstrickt und ihres Charakters beraubt. Und wir begreifen allgemein, daß an dem Problem, das wir hier vor uns haben, jede r a t i o n a l e Erklärung versagen muß. Die Ableitung aus einem e i n z i g e n, höchsten Prinzip zu versuchen, hieße die Frage nicht lösen, sondern verleugnen und aufheben — hieße den ursprünglichen und unaufheblichen D u a l i s m u s, der uns im Widerstreit unserer Natur mit sich selbst zum Bewußtsein gelangt ist, wiederum verkennen. Die Gegensätze, die sich vor uns erschlossen haben, wären in einem „einfachen" Subjekt unmöglich; der p s y c h o l o g i s c h e Grundwiderspruch klärt sich erst, wenn wir eine Doppelheit in der m e t a p h y s i s c h e n Natur und dem metaphysischen U r s p r u n g unseres Ich erkannt haben (XII, 4 u. 11). So bildet das Dogma der E r b s ü n d e, indem es uns eine uranfängliche Entzweiung unseres Wesens kennen lehrt, die letzte und einzige Lösung. „Certainement rien ne nous heurte plus rudement que cette doctrine; et cependant, s a n s c e m y s t è r e, l e p l u s i n c o m p r é h e n s i b l e d e t o u s, n o u s s o m m e s i n c o m p r é h e n s i b l e s à n o u s - m ê m e s. Le noeud de notre condition prend ses replis et ses tours dans cet abîme; de sorte que l'h o m m e e s t p l u s i n c o n c e v a b l e s a n s c e m y s t è r e q u e c e m y s t è r e n'e s t i n c o n c e v a b l e à l' h o m m e" (VIII, 1). Die Paradoxie von Pascals M e t h o d i k, der Gegensatz zwischen dem E r g e b n i s und dem V e r f a h r e n, durch welches es erreicht wird, tritt jetzt in voller Deutlichkeit hervor. Das „Unbegreifliche" soll als die letzte und notwendige Voraussetzung und Bedingung alles Begreifens erwiesen werden; das Mysterium bildet die einzige gültige H y p o t h e s e, die uns die Erscheinungen unseres inneren Lebens deutet und aufhellt.

Um diese Wendung zu begreifen, müssen wir zunächst bei den besonderen dogmatischen Voraussetzungen verweilen, von denen Pascal seinen Ausgang nimmt. Wie er, unter allen Jüngern von Port-Royal, die Jansenistische Lehre nach außen hin am entschiedensten gegen die kirchliche Autorität verteidigt hat, so zeigt er sich innerlich von ihr bis in ihre letzten und äußersten Folgerungen hinein bestimmt und erfüllt. Und es sind nicht nur die psychologischen Grundmotive des Augustinismus, die er in voller Unmittelbarkeit in sich erlebt: auch den extremsten Folgerungen, auch allen logischen Widersprüchen und allen sittlichen Härten der Gnadenlehre gibt er sich nunmehr ohne Widerstand und ohne den Versuch einer Abschwächung und Umdeutung hin. Jansenius' Werk über Augustin bildet den latenten Mittelpunkt, auf den alle seine Gedanken sich zurückbeziehen und in dem sie ihre letzte Einheit finden[1]). Das F r e i h e i t s p r o b l e m, wie Pascal es erfaßt und begreift, kann nicht gelöst, ja nicht formuliert werden, wenn man nicht, mit diesem Werke, einen doppelten Zustand der Menschennatur unterscheidet. Wenn im Stande der Unschuld dem Menschen das ursprüng-

---

[1]) Über den „Augustinus" des Jansenius s. S a i n t e - B e u v e, Port Royal (5e édit. Paris 1888) Livr. II, Chap. X u. XI.

liche Vermögen zukam, sich selbsttätig zu bestimmen, so ist in seiner jetzigen Natur diese Fähigkeit für immer in ihm ausgelöscht. Jede sittliche Regung, jede Rückwendung zur göttlichen Wesenheit ist nunmehr der Einwirkung des menschlichen Wollens und Handelns entzogen; sie ist ein Geschenk der göttlichen Gnade, die sich dem einzelnen ohne sein Verdienst und seine Beihilfe unmittelbar mitteilt. Vor der Allmacht und dem Zwange dieser Gnadenwirkung schwindet jeder Widerstand und jede Wahl des Individuums dahin. In jedem Augenblick des menschlichen Daseins muß sich das Wunder der Erlösung von neuem wiederholen: die natürlichen Kräfte des Geistes sind, sich selber überlassen, gleich unfähig, sich zur geringsten Erkenntnis der Wahrheit, wie zu eigener, sittlicher Überzeugung und Tat durchzuringen. Unser Wissen, wie unser ethisches Handeln ist nicht die spontane Frucht unseres geistigen Wesens, sondern das Werk eines übermächtigen Einflusses, dem wir erliegen. Das Wunder aber vollzieht sich nach freiem göttlichen Ermessen, vor dem jede Frage der natürlichen und menschlichen „Gerechtigkeit" zu verstummen hat: nicht die „Würdigkeit" des Einzelnen, sondern lediglich die unumschränkte, an kein Gesetz gebundene göttliche Willkür entscheidet. P a s c a l hat dem Gedanken des Jansenius, den er aufnimmt, die schärfste Wendung und Zuspitzung gegeben: die Gerechtigkeit, die Gott gegenüber den „Verworfenen" übt, ist weniger anstößig, als seine Barmherzigkeit gegen die Auserwählten (X, 1). So steht den wenigen begnadeten Individuen eine einzige „Masse der Verlorenen" beständig und für immer gegenüber. Alle Werke der Gottheit, alle ihre Offenbarungen in der Schrift und der Geschichte setzen diesen unaufheblichen Gegensatz voraus und sind auf ihn bezogen und berechnet: „on n'entend rien aux ouvrages de Dieu, si on ne prend pour principe qu'il a voulu aveugler les uns et éclairer les autres" (XX, 19). Die schillernde Zweideutigkeit, die allen Prophezeiungen, allen Wundern anhaftet: sie ist selbst eine innere Notwendigkeit des göttlichen Weltplans; die Offenbarung durfte nicht deutlicher sprechen, ohne ihre List zu vereiteln, durch dieselben äußeren Zeichen die Einen zu erleuchten, die Anderen zu verblenden. Es reicht hin, „daß sie dunkel genug war, um die Verworfenen zu täuschen, und klar genug, um ihren Irrtum unentschuldbar zu machen und sie zu verdammen" (XVI, 9; XX, 1; XXIV, 18). Wir begreifen nunmehr die Unmöglichkeit jeder r a t i o n a l e n Einsicht in eine Religion, deren innerste Absicht und deren innerster Gehalt darin besteht, den Verstand, sofern er losgelöst von übernatürlichem Beistand bleibt, in die Irre zu führen. Könnte sie mit den n a t ü r l i c h e n Kräften des Geistes ergriffen werden, so wäre sie nicht mehr, was sie ist: „c'est en manquant de preuve, qu'elle ne manque pas de sens" (X, 1). Es bleibt die Aufgabe der Geschichte der Religionsphilosophie, sich in diese Grundfragen von Pascals Dogmatik zu versenken. Aber auch hier konnten wir an ihnen nicht völlig vorübergehen, denn nur von ihnen aus erklärt sich die Stellung des Erkenntnisproblems innerhalb des Systems. Nun begreift man, daß die Skepsis Pascals nicht der Gegensatz, sondern die notwendige Ergänzung und das unentbehrliche Mittelglied der Erfassung der religiösen Wahrheit ist. Wenn sonst die Skepsis eine Vorstufe bedeutet, die durch den Offenbarungsglauben erledigt und überflüssig gemacht wird, so dient hier der Glaube dazu, sie um so fester zu begründen, sie zu erklären und zu rechtfertigen[1]). Solange der Vernunft noch auf irgendeinem Gebiete der Erkenntnis das Recht und die Möglichkeit fester Entscheidung gelassen ist, so lange ist das geistige I n d i - v i d̦u u m nicht völlig vernichtet und der göttlichen Allmacht aufgeopfert. Noch in den „Provinciales" hatte Pascal, indem er sich auf die Seite Galileis stellte, die Beweiskraft der methodischen Erfahrung als eines göttlichen Zeugen gegen die Autorität der Kurie verfochten[2]); jetzt gilt ihm jede Vertiefung der neuen e m p i r i s c h e n Wissenschaft als prinzipieller Irrweg[3]). Die evidenten Grundwahrheiten der

---

[1]) S. hierüber Victor C o u s i n s Études sur Pascal, 2 e édit; Paris 1844, sowie die ausgezeichnete Darstellung von H a v e t , I, p. XVII ff.
[2]) Les Provinciales, éd. Ernest Havet, 2e éd. Paris 1887, Lettre XVIII (bes. Vol. II, S. 267 f.).
[3]) Pensées XXIV, 17: „Je trouve bon qu'on n'approfondisse pas l'opinion de Copernic". — XXIV, 100: „Écrire contre ceux qui approfondissent trop les sciences: Descartes".

Mathematik, vor denen die Analyse der methodischen Hauptschrift Halt machte, werden jetzt in den Kreis der Skepsis hineingezogen. Ihre Wahrheit ist nicht die des D e n k e n s , das von sich selbst und seinem Grunde Rechenschaft abzulegen vermag, sondern die des Gefühls: „les principes se sentent". Das H e r z ist es, das uns die Gewißheit der Grundbegriffe von Raum und Zeit, Bewegung und Zahl verbürgt; das Herz empfindet, daß der Raum drei Dimensionen hat und daß die Zahlen unendlich sind (VIII, 6). Die Schranke zwischen den Fragen der Vernunft und der Theologie, zwischen „mathematischer" und „moralischer" Gewißheit ist gefallen. Und das Verdikt, das über unsere moralische Natur gefällt wurde, entwurzelt daher in gleicher Weise unmittelbar den Grund aller wissenschaftlichen Erkenntnis. „Humiliez-vous, raison impuissante; taisez-vous, nature imbécile: apprenez que l'homme passe infiniment l'homme, et entendez de votre maître votre condition véritable que vous ignorez" (VIII, 1). So sehen wir, wie der Begriff der „klaren und deutlichen Perception" sich unfähig erweist, der metaphysischen Entwertung und Vernichtung der Wissenschaft entgegenzutreten. Und den Anfang und Grund zu der inneren K r i s i s , die dieser Begriff jetzt durchläuft, müssen wir im Systeme Descartes' selbst suchen. Hier bereits fanden wir den Satz, daß wir, ehe wir über die Gewißheit der Axiome des E r k e n n e n s urteilen können, zuvor den Ursprung unseres D a s e i n s durchschaut haben müssen; hier bereits wurde zuletzt die rationale Ordnung verkehrt, indem die Geltung der notwendigen W a h r h e i t e n auf die Existenz und den Willen Gottes gestützt wurde. (S. ob. S. 496 ff.) Die Fiktion des „Dieu trompeur" ist jetzt zur Wahrheit geworden; die Annahme, die bei Descartes als absurd und nichtig erwiesen wurde, wird jetzt als ein notwendiges Moment innerhalb des allgemeinen göttlichen Weltplans erhärtet. Descartes durfte mit dieser Fiktion spielen, denn der Gedanke an die „Wahrhaftigkeit Gottes" war ihm zuletzt nichts anderes als ein anderer Ausdruck für seinen Glauben an die V e r n u n f t und ihre „eingeborenen Ideen". Hier indes ist jeder Rückweg abgeschnitten: „der Pyrrhonismus ist die Wahrheit", denn vor dem Erscheinen

Christi gab es kein Mittel, den Menschen über sich selbst aufzuklären, gab es kein natürliches Merkmal, Wahr und Falsch zu unterscheiden (XXIV, 1). Der Verlust des Wissens aber muß fast geringfügig scheinen, wenn man ihm die e t h i s c h e n Konsequenzen dieses Systems gegenüberstellt. Der sittliche Begriff der Menschheit ist aufgehoben; an seine Stelle tritt die Gemeinschaft der Auserwählten und der Heiligen. Die großen Beispiele der Geschichte und des Altertums berühren uns kaum — denn was können sie uns bedeuten? — wohl aber rührt uns der Tod der Märtyrer, da sie ein und derselbe Körper, wie wir sind. „Nous avons un lien commun avec eux: leur résolution peut former la nôtre, non seulement par l'exemple, mais parce qu'elle a peut-être mérité la nôtre. Il n'est rien de cela aux exemples des paiens: n o u s n'a v o n s p o i n t d e l i a i s o n a v e c e u x" (XXIV, 22). Wie es außerhalb der Persönlichkeit Christi keine Vermittlung zwischen Gott und Mensch gibt, so wird auch alle moralische Beziehung zwischen den einzelnen Individuen erst durch sie geknüpft. Jede Sittlichkeit, die sich nicht auf die Grundüberzeugung von, der Erbsünde und der Erlösung stützt, bleibt chimärisch und grundlos (XXII, 2 u. 7). Dem Andersgläubigen gegenüber muß daher jedes natürliche Mitgefühl verstummen. „Es ist erstaunlich und der höchsten Aufmerksamkeit wert, das jüdische Volk seit so vielen Jahren bestehen zu sehen und es in beständigem Elend zu erblicken; aus dem Grunde, daß Beides, seine Fortexistenz wie sein Elend, gleich notwendig zum Beweise Christi ist" (XIX, 4). Das Ziel von Pascals Ethik ist die Entwurzelung des natürlichen Persönlichkeitsgefühls, die völlige Auflösung und Hingabe des Ich. „Le Moi est haïssable ... car chaque Moi est l'ennemi et voudrait être le tyran de tous les autres" (VI, 20). Und dennoch kann man bis in die mystische Ekstase hinein, in der das Ich mit dem Erlöser verschmilzt, die Spuren jenes E g o i s m u s verfolgen, den Pascal zu überwinden glaubt. In der Vernichtung vor Gott, in der Gewißheit des Heils, die aus ihr quillt, gelangt der Einzelne dennoch dazu, sich seiner Ausnahmestellung bewußt zu werden. Der Genuß seiner

Seligkeit setzt voraus, daß er sich der „massa perditionis" gegenüber und aus ihr herausgehoben weiß. Und so führt denn diese Lehre, indem sie alles Interesse auf das Individuum und sein Verhältnis zu Gott konzentriert, zuletzt unaufhaltsam zur völligen Vereinzelung. Pascals eigene Lebensgeschichte bietet hierfür den tragischen Beweis: sie zeigt, daß er, jemehr er der eigenen Lehre zu leben sucht, sich um so gewaltsamer allen natürlichen Gemeinschaftsgefühlen entfremden muß. „Nous sommes plaisants de nous reposer dans la société de nos semblables. Misérables comme nous, impuissants comme nous, ils ne nous aideront pas; on mourra seul; il faut donc faire comme si on était seul" (XIV, 1). Kein Wunder, daß B a y l e sowohl, wie V o l t a i r e dieser Lehre ihre stärksten Argumente zur Abweisung jeder rein theologischen Begründung der Sittlichkeit entnehmen konnten.

Vom geschichtlichen Standpunkt aber bildet auch hier wiederum die Lehre Pascals das Symptom eines allgemeinen, inneren Mangels des Cartesischen Systems. Die strenge Grenzscheidung zwischen Vernunft und Autorität blieb in diesem auf das theoretische Gebiet beschränkt: es fehlt der Lehre Descartes' an einer selbständigen und eigentümlichen Grundlegung der E t h i k. Die provisorische Moral, die der „Discours de la méthode" entwickelt und die die bedingungslose Hingabe des Einzelnen an die bestehenden Gebräuche und Satzungen fordert, ist niemals endgültig beseitigt und ersetzt worden. Wenn Descartes sich später dem Problem der Leidenschaften zuwendet, so spricht er auch hier mehr als Physiologe, denn als Ethiker. So blieben denn auch im Begriff des W i l l e n s und in seinem Verhältnis zum I n t e l l e k t mannigfache innere Schwierigkeiten zurück. Und wenn schon bei ihm selbst der W i l l e es ist, der die W a h r h e i t der klaren und deutlichen Verstandeseinsicht erst bestätigen und sanktionieren muß, so begreift man, daß bei Pascal die beiden Grundkategorien der theoretischen und sittlichen Wahrheit gemeinsam auf den Ursprung der inneren Empfindung zurückgedeutet werden und damit ineinander verschmelzen und übergehen. Die eigentliche Gefahr liegt indes nicht in dieser Subjektivierung: denn hier ist es doch noch die Psychologie, ist es somit das B e w u ß t s e i n , das zur Entscheidung aufgerufen wird. Erst in der Jansenistischen Gnadenlehre, die Natur und Selbst der Sünde preisgibt, geht auch dieser letzte Halt verloren. So endet Pascal zuletzt mit innerer Notwendigkeit in dem A u t o r i t ä t s p r i n z i p , das die „Lettres Provinciales" bekämpft und bloßgestellt hatten. An Stelle des mystischen Glaubens, den das Ich von außen passiv zu erwarten hat, werden die „Werke" und Zeremonien das eigentliche Ziel seiner praktischen B e t ä t i g u n g. Da die Gnade als freies Geschenk gegeben und durch die sittliche Arbeit des Selbst nicht notwendig bestimmt und herbeigeführt wird, so bleibt für diese allein die Aufgabe übrig, die äußere „Maschine", den Automatismus des Gedankens, zu lenken und gefügig zu machen. „Suivez la manière par où (les fidèles) ont commencé: c'est en faisant tout comme s'ils croyaient, en prenant de l'eau bénite, en faisant dire des messes etc.; naturellement même c e l a v o u s f e r a c r o i r e e t v o u s a b ê t i r a. — Mais c'est ce que je crains. — E t p o u r q u o i ? q u ' a v e z - v o u s à p e r d r e ?" (X, 1.) Man hat vergebens versucht, die schneidende Schärfe dieses Wortes abzustumpfen. Wenn irgendwo, so gilt hier, was Pascal selbst in einem anderen Zusammenhange ausgesprochen hat: „un mot de cette nature détermine tous les autres . . jusque là l'ambiguité dure, et non pas après" (XXIV, 26). Was in Pascals „Wette" auf dem Spiele steht, das haben die Pensées mit aller Ehrlichkeit und Entschiedenheit herausgesagt, indem sie immer von neuem wiederholen, daß alle Würde und alles Verdienst des Menschen im D e n k e n besteht. Aber eben diesen Einsatz gilt es zu wagen, eben diesen Wert und diese Eigentümlichkeit des Ich gilt es zu opfern, um es damit einer höheren Ordnung teilhaft zu machen.

Um das Ziel, zu dem die Skepsis hier geführt wird, zu verstehen und zu beurteilen, müssen wir es ihrem Anfang und Ausgangspunkt gegenüberstellen. Die Erinnerung an M o n t a i g n e s Essais ist in dem Werke Pascals überall lebendig, ja sie wirkt, bei all seiner literarischen Originalität, bis in die stilistische Fassung der einzelnen Gedanken fort. In Montaigne faßt sich für Pascal — wie er in seiner Unterredung mit de Saci ausführt — der Gehalt und das Ergebnis der gesamten weltlichen Philosophie zusammen. Die Demütigung der n a t ü r l i c h e n Geisteskräfte bildet den Anfang jeder wahren Erkenntnis unseres jenseitigen Urprungs. Und dennoch hat der Z w e i f e l bei Montaigne und Pascal eine diametral entgegengesetzte Bedeutung. Für Montaigne ist er ein durchgehend angewandtes, intellektuelles V e r f a h r e n; die Art und rastlose Betätigung der Forschung, die er in unvergleichlicher Weise schildert. „Nul esprit genereux ne s'arreste en soy: il pretend tousiours, et va oultre ses forces; il a des eslans au delà de ses effects: s'il ne s'advance, et ne se presse, et ne s'accule, et ne se chocque et tournevire, il n'est vif qu'à demy; ses poursuites sont sans terme et sans forme; son aliment, c'est admiration, chasse, ambiguité" (Essais III, 13). Ist somit die Skepsis hier nichts anderes, als das Lebenselement und die beständige Form und Übung des Geistes, so begreift es sich, daß in ihr zuletzt auch ein neuer und gültiger I n h a l t des Geistes erarbeitet und entdeckt wird. (S. ob. S. 184 ff.) Für Pascal dagegen ist der Zweifel mehr als eine derartige Methode, die Dinge zu befragen. Die skeptischen Instanzen bedeuten ihm ein feststehendes Ergebnis, von dem er ausgeht. Sie bezeichnen diejenige G r u n d t a t s a c h e, an die seine philosophische Forschung anknüpft, während er das P r i n z i p zu ihrer Erklärung und Begründung im D o g m a findet. Man versteht nach dieser ersten fundamentalen Umkehrung den charakteristischen Gegensatz in allen Endergebnissen. Wie Pascal die neue Natur- und Geschichtsansicht, die Montaigne verkörpert, bekämpft, so muß er sich in seiner Anschauung und Schätzung des Lebens und der empirischen Wirklichkeit von diesem trennen. Das endliche Dasein erhält ihm erst, indem er es an eine jenseitige Ordnung anknüpft, Sein und Zusammenhang; es bleibt, für sich selbst betrachtet, ohne Wert und ohne Bedeutung.

Treten uns hier noch überall die Grundzüge der mittelalterlichen Weltansicht entgegen, so bedeutet doch Pascals Philosophie, wenigstens mittelbar, einen wichtigen Schritt zur Scheidung des Alten und Neuen. Der Gegensatz zwischen scholastischer Theologie und neuerer Wissenschaft, der in

Descartes' System absichtlich verdeckt war, ist jetzt in voller Schroffheit und Deutlichkeit erklärt. Es ist der Vorzug Pascals, daß er in der Ehrlichkeit und unverbrüchlichen Konsequenz seines Denkens diesen Gegensatz überall ans Licht zieht, während seine Genossen von Port-Royal, vor allem Arnauld, noch daran arbeiten, die Glaubenslehre nach dem Gesichtspunkt des Cartesianismus zurechtzurücken und etwa die Vereinbarkeit der neuen Physik mit der Lehre von der Transsubstantiation zu erweisen. Pascal spricht es aus — und man kann dieses Wort als den Schlüssel des „Pensées" bezeichnen — daß Gott niemals das Ende einer Philosophie sein kann, wenn er nicht deren P r i n z i p und Anfang ist (XXV, 78). Dieser Satz läßt sich auf den neuen Ausgang und Mittelpunkt, den die moderne Philosophie gefunden hatte, übertragen. Auch die E r k e n n t n i s muß überall dort, wo sie nicht an die Spitze gestellt wird, folgerichtig geleugnet und ihres Wertes beraubt werden. Den Widerstreit zwischen beiden Wegen und Richtungen des Denkens und die notwendige Alternative, zwischen ihnen zu wählen, kann man sich an keinem Punkte der Geschichte der neuen Philosophie deutlicher, als am System Pascals zum Bewußtsein bringen. —

B) L o g i k u n d K a t e g o r i e n l e h r e.

Die neue Mathematik und Physik, deren Idealbegriff Descartes entwirft, fordert zu ihrer Ergänzung und Stütze eine neue Grundlegung der Logik. Die scholastische Physik kann erst dann als ernsthaft überwunden gelten, wenn ihr traditioneller Unterbau, wenn die Aristotelische Kategorienlehre und Syllogistik verdrängt und durch eine veränderte Fassung der logischen Aufgabe ersetzt ist. Die Forderung, den neuen Gehalt in den alten Formen darzulegen und zu verteidigen, vergleicht der „Discours de la Méthode" dem Verlangen eines Blinden, der einen Sehenden auffordern würde, mit ihm in einen dunklen Keller herabzusteigen, um dort seinen Streit mit ihm auszufechten. Wie es hier, um den Sieg zu entscheiden, genügen würde, die Fenster zu öffnen und das volle Tageslicht einströmen zu lassen, so soll das Licht der neuen Methodik für sich ausreichen, den Inhalt der Naturlehre zu begründen und sicher zu stellen¹). Dem Radikalismus dieser Forderung indes vermochte die Epoche Descartes', vermochten auch seine nächsten Schüler und Anhänger nicht zu genügen. Zu tief wurzelten hier noch die Elemente der scholastischen Bildung, zu eng war noch jede Fragestellung an das herkömmliche logische Schema gebunden. So zeigt sich in der Logik der Cartesischen Schule vor allem das Bemühen, den modernen Inhalt in das überlieferte Gewand des Beweises und der Schlußfolgerung zu kleiden. Der Titel der C l a u b e r g schen Logik: „L o g i c a v e t u s e t n o v a" ist bezeichnend für eine ganze literarische Richtung, die mit diesem Werke ihren Ausgang nimmt. Die Vorrede dieser Schrift hebt ausdrücklich hervor, daß sie zu größerer Vollendung hätte gelangen können, wenn die Rücksicht auf die Forderungen der Zeit nicht eine Verbindung des Alten und Neuen verlangt hätte²). Und die neuen Motive selbst liegen hier mehr in der Richtung der Psychologie, als in der der eigentlichen Logik. Die individuellen und besonderen Bedingungen des D e n k a k t e s, die Frage etwa, in welchem Lebensalter sich der Einzelne der Erforschung der Wahrheit zuerst zuwenden soll und welche Zeit und Stunde hierfür am geeignetsten sind, werden eingehend erwogen. Der Mechanismus des Denkens, nicht der Aufbau und der inhaltliche Zusammenhang des Gedachten steht im Mittelpunkt des Interesses. So sind es denn auch nicht sowohl Mathematik und Physik, als Grammatik und Rhetorik, zu denen die Logik hier in nahe Beziehung tritt³). Der gleiche Zug tritt uns sodann in der „Logique de Port Royal", dem eigentlichen Schulbuch des Cartesianismus, entgegen. Auch hier werden die B e i s p i e l e zwar mit Vorliebe der Mathematik und der modernen empirischen Forschung entnommen, wodurch die Darstellung des Stoffes belebt und freier gestaltet wird: das Prinzip der Anordnung und des Beweisganges aber ist dennoch das alte Aristotelische

---

[1] Discours de la méthode, Oeüvr. VI, S. 71.
[2] C l a u b e r g, Logica vetus et nova (1658): Praefatio. — In: Joh. Claubergii Opera omnia philosophica, Amstelod. 1691. p. 768.
[3] S. C l a u b e r g, Logica vetus et nova, Prolegomena § 122; u. Pars III.

geblieben. Die Abweichungen liegen wiederum zumeist im Gebiet der Psychologie: in dem breiten Raume, der der Erörterung der individuellen Förderungen und Hemmungen des Wissens gewährt wird, in der eingehenden Darstellung und Zergliederung der Sophismen, mit denen Eigenliebe und Leidenschaft unser Urteil zu täuschen pflegen. Es ist daher neben der Methodenlehre Descartes' die Idolenlehre Bacos, deren Geist hier fortlebt und weiterwirkt. Auch Malebranche kann gleichsam als Motto für seine gesamten Untersuchungen das Baconsche Wort wählen, daß alle unsere „Perceptionen", die intellektuellen, wie die sinnlichen, uns den Gegenstand „nach der Analogie des Menschen, nicht nach der des Universums" darstellen[1]). Ein Wort, das weiterhin der bedeutendste und originalste Logiker der Cartesischen Schule, das Geulincx sich zu Eigen macht, um ihm einen vertieften Sinn abzugewinnen. —

Sehen wir von den technischen Einzelfragen der Logik ab, um die gesamte Bewegung auf ihren philosophischen und erkenntnistheoretischen Mittelpunkt zu beziehen, so werden wir hier von neuem auf das Kriterium der klaren und deutlichen Perception zurückgewiesen. Wiederum zeigt es sich, in einem anderen Zusammenhange, daß in ihm kein endgültiges Ziel und Ergebnis, sondern nur der Anfang zu neuen Problemen fixiert worden war. Welche Gewähr bietet der klare und deutliche Begriff für die Realität des Inhalts, der durch ihn dargestellt wird? Diese Frage ist durch die Entwicklung des Systems keineswegs eindeutig beantwortet. Wenn es auf der einen Seite als das eigentliche Vorrecht der mathematischen Ideen angesehen wurde, daß sie von jeder Sorge um die objektive Wirklichkeit absehen können: so wurde anderseits, an einem Punkte wenigstens, ein unmittelbarer Zusammenhang zwischen Begriff und Existenz gesucht. Die Forderung, daß jedem Inhalt der Vorstellung eine gleiche „formale" Realität entsprechen und zugrunde liegen müsse, wurde jetzt zum Range eines unmittelbar gewissen Axioms erhoben. (Vgl. ob. S. 493 f.) In voller Deutlichkeit tritt uns diese Forderung bei dem Cartesianer Regis entgegen,

---
[1]) Malebranche, Recherche de la vérité; Livr. II, chap. 2.

wenn er es als allgemeinen Grundsatz hinstellt, daß allen „einfachen" Ideen ein Objekt, das ihnen genau konform ist, entsprechen muß. Jeder Bewußtseinsinhalt hängt, sofern er nicht eine zufällige Zusammenfügung der verbindenden Tätigkeit des Geistes darstellt, von einem ä u ß e r e n G e g e n s t a n d als seiner „vorbildlichen Ursache" (cause exemplaire) ab. Auch diejenigen Begriffe, die man als „eingeboren" zu bezeichnen und aus dem Grunde der Seele selbst hervorgehen zu lassen pflegt, sind in Wahrheit Abbilder einer absoluten Wirklichkeit: wären sie es nicht, so würde damit auch ihr gesamter innerer Erkenntnisgehalt hinfällig. Damit aber lenkt die Betrachtung wieder in jene Form des „Realismus" ein, die Descartes dem Grundgedanken seiner Methode gemäß, aufs schärfste bekämpft[1]). Der Geist vermöchte, wie nunmehr dargelegt wird, die Idee eines Dreiecks oder einer sonstigen Figur nicht zu bilden, wenn nicht wenigstens das allgemeine S u b s t r a t dieser Einzelgestalten, wenn nicht die Ausdehnung in Länge, Breite und Tiefe, unabhängig von unserem Denken, ein gesondertes, stoffliches Dasein hätte. Selbst die abstraktesten und allgemeinsten Sätze der Geometrie und Arithmetik müssen ihren eigentlichen Halt im Gebiet der aktuellen, physischen Existenz suchen: man hebe den Inbegriff der geschaffenen S u b s t a n z e n auf, und alle „Wahrheiten" müßten mit ihnen zugleich dahinschwinden. „Ewige Wahrheiten" kann es somit so wenig, wie ewige Dinge geben; was man mit diesem Ausdruck bezeichnet, sind Sätze, deren S u b j e k t e n , dank einer willkürlichen göttlichen Verfügung, dauernde und unveränderte Existenz zukommt[2]). So dient hier das Ausgehen

---

[1]) Vgl. z. B. ob. S. 462, Anm. 1.

[2]) „Suivant cette définition les vérités numériques, géométriques et métaphysiques ne peuvent être éternelles, ni selon leur matière, ni selon leur forme; elles ne le peuvent être selon leur matière, parceque leur matière n'est autre chose que les substances que Dieu a produites et il a été prouvé, que les substances que Dieu a produites ne peuvent être éternelles; elles ne le peuvent être non plus selon leur forme, car comme la forme de ces vérités n'est autre chose que l'action, par laquelle l'âme considère les substances d'une certaine façon, si les substances ne sont pas éternelles, cette action de l'âme

von dem „klaren und deutlichen" Postulat der Ursächlichkeit dazu, das Gesamtgebiet der „Ideen" selbst innerlich abhängig und unselbständig zu machen. Der Zirkelschluß, der sich freilich schon bei Descartes ankündigte, liegt jetzt offen zu tage. Die Wirklichkeit der Dinge wird vermittels des Schlusses von der Wirkung auf die Ursache bewiesen, aber eben dieses erschlossene und vermittelte Sein soll zuletzt über die Geltung all unserer G r u n d e r k e n n t n i s s e entscheiden. Es ist daher ein entschiedener Fortschritt, wenn G e u l i n c x im Gegensatz zu derartigen Wendungen auf den originalen Grundgedanken des Systems zurückgreift, indem er von einer scharfen Scheidung zwischen der Welt der V e r s t a n d e s b e g r i f f e und der a b s o l u t e n E x i s t e n z seinen Ausgang nimmt. Die Sonderung verschärft sich ihm zum völligen logischen Gegensatz: wo immer wir einem Inhalt das Gepräge und das Gesetz unseres Verstandes aufdrücken, da sind wir eben damit sicher, ihn nicht mehr in seiner unabhängigen Wesenheit aufzunehmen und zu begreifen. Die Kritik, mit der Descartes begann, gilt es daher zu vertiefen und fortzusetzen. Wie wir gelernt haben, Ausdehnung und Bewegung von Farbe und Ton zu unterscheiden, wie wir — entgegen dem unmittelbaren Sinnenzeugnis — diese „sekundären" Eigenschaften von dem O b j e k t der Wahrnehmung loslösen und sie in das empfindende Organ verlegen, so gilt es auch, in dem reinen mathematischen Gegenstande den Anteil des „Äußeren" und des „Inneren" zu scheiden und diejenige Momente, die ihren Ursprung allein in unserem I n t e l l e k t haben, herauszulösen. Was wir das

---

ne sauroit l'être aussi. Il reste donc, que les vérités numériques, géométriques et métaphysiques ne sont point éternelles, mais seulement qu'elles sont immuables, entant que les substances peuvent être toujours comparées ensemble . . Ce qui fait voir que l'immutabilité même des vérités qu'on appelle éternelles, n'est pas absolue, mais dépendante." R e g i s , Cours entier de philosophie ou système général selon les principes de M. Descartes, 3 vol. Amsterdam 1691. Métaphysique Livr. II, part. I, chap. 11. — Vgl. bes. chap. 19, sowie: La Logique, IVe partie, Chap. 9, I, 59 ff. u. Métaphys. Livr. I, part. I, chap. 3, I, 74 ff.

"Sein" der Dinge zu nennen pflegen, das ist, mehr noch als von den spezifischen Empfindungen unserer Sinne, von den Urteilen und Kategorien unseres Denkens abhängig. Neben die Analyse der Wahrnehmung hat somit die K r i t i k d e s V e r s t a n d e s zu treten. Es ist der Grundmangel der A r i s t o t e l i s c h e n Philosophie, daß sie beide Aufgaben versäumt: daß sie, wie sie in ihrer Physik die Objekte nach den Unterschieden der subjektiven Empfindung, nach den Gegensätzen des Warmen und Kalten, des Schweren und Leichten ordnet und betrachtet, so auch in ihrer Metaphysik die Gesichtspunkte und Prinzipien des Verstandes — wie etwa die Unterscheidung von Gattung und Art, von Teil und Ganzem — unmittelbar als Beschaffenheiten der D i n g e nimmt. Ein Irrtum, nicht geringer als der eines Knaben, der den Stab im Wasser für wahrhaft gebrochen hält, der somit das sinnliche „Phantasma" und das Objekt, den unmittelbaren Eindruck und den Akt des Urteils unterschiedslos miteinander vermengt. Nicht nur die Bilder der Sinne, auch die Arten und Beschaffenheiten des Gedankens übertragen wir auf die Gegenstände selbst, so daß wir Substanzen und Accidentien, Subjekt und Prädikat, Relation, Ganzes und Teil nicht als Formen des Verstandes, sondern als bestehende Dinge ansehen, denen jene „intellektuellen Vorstellungen" an und für sich anhaften[1]). Und wenn wir von dem Irrtum der Sinne,

---

[1]) Dicendum jam de iis cogitationibus, quae de se independentes sunt a corpore et quas non invenimus hic . . sed quas nobiscum quasi huc detulimus. Non minus enim modos harum cogitationum adscribimus objectis, quam species nostrorum sensuum. Inde enim vocamus quaedam objecta nostra substantias, accidentias, relationes, subjecta, praedicata, tota, partes etc., q u a e o m n i a c u m t a n t u m d i c a n t m o d o s a l i q u o s n o s t r a e i n t e l l i g e n t i a e, s o l e m u s t a m e n e a c o n s i d e r a r e q u a s i r e s a l i q u a s, q u a e i p s a e i n s e i n f e c t a e s u n t i s t i s p h a s m a t i b u s i n t e l l e c t u a l i b u s... (Quod) satis magno argumento est, s o l e r e h o m i n e s i l l o s m o d o s s u a r u m c o g i t a t i o n u m (nempe subjectum, praedicatum, etc.) i n r e s o b j e c t a s t r a n s f u n d e r e et tanquam ad eas spectantes considerare, c u m t a m e n h i m o d i a d i p s o s e t n o n a d r e s o b j e c t a s p e r t i n e a n t." (G e u l i n c x, Metaphysica ad Mentem Peripateticam (1691) Introd. Sect. II. — Opera philosophica rec. J. N. P. L a n d, Hagae Comit. 1891 ff., II, 204 f.). Zum Ganzen vgl. die gesamte E i n l e i t u n g, Sect. I u. II.

um ihn zu berichtigen, auf die Regeln des Denkens zurückgehen können, so ist uns hier dieser Ausweg versagt. Was die Dinge an und für sich und losgelöst von allen Operationen des Verstandes sein mögen, entzieht sich für immer unserer Einsicht; das einzige Mittel, das uns bleibt, ist die B e d i n g t h e i t , die wir niemals von uns abzustreifen vermögen, als solche zu begreifen und anzuerkennen. Wir können dem Mangel nicht anders abzuhelfen suchen, als indem wir ihn durchschauen und uns zum Bewußtsein bringen; die Gesetze des Verstandes, die wir zuvor unbewußt zur Anwendung brachten, gilt es mit voller Einsicht in ihren Charakter zu brauchen. Wie das bloße G e s i c h t s b i l d des gebrochenen Stabes für den Mann dasselbe wie für den Knaben bleibt, wie beide sich aber in ihrem U r t e i l über den sinnlichen Eindruck unterscheiden, so besteht die Aufgabe der Erkenntnis darin, nicht sowohl unser Weltbild als Ganzes umzugestalten, als es nur einer anderen Beurteilungsweise zu unterwerfen[1]). Wir müssen einsehen, daß, wie der Gegensatz des Guten und Bösen nicht in den Dingen liegt, sondern von uns erst auf sie übertragen wird, das Gleiche auch für Wahr und Falsch, für Sein und Nichtsein gilt[2]).

In zwei verschiedenen Formen hat Geulincx diesen Gedanken ausgeführt, indem er der strengen Begründung, die seine „Metaphysik" enthält, eine freie rhetorische Darstellung vorangehen läßt. An der Universität Löwen, an der Geulincx anfangs wirkte, bestand die Sitte alljährlich wiederkehrender Disputationen, bei denen eine beliebige Streitfrage der Philosophie in kunstvoller Rede entwickelt und nach allen Seiten hin

---

[1]) A. a. O.; Introductio, Sect. III (Op. II, 209); Vgl. die Annotata ad Metaphysicam, II, 300 f.: „Nos non debemus res considerare, prout sunt sensibiles (id est sub certa specie incurrunt in sensum) neque ut sunt intelligibiles (id est sub certo modo a nobis cogitantur). Sed, ut sunt in se, non possumus eas considerare; unde videmus magnam nostram imperfectionem. Hoc unum igitur restat nobis faciendum (quod et possumus et debemus facere), ut judicio mentis, quotiescunque rem aliquam sub modo aliquo cogitationis nostrae apprehendimus (quod equidem semper facimus, nec possumus aliter, dum homines sumus) semper hoc teneamus, rem non esse ita in se, ut apprehenditur a nobis."

[2]) Introd. Sect. II; Op. II, 205 f.

beleuchtet zu werden pflegte. Unter den „Quaestiones quodlibeticae", die auf diese Weise behandelt wurden, findet sich eine Darlegung, in welcher Geulincx das Ganze der Schulphilosophie und ihre methodischen Voraussetzungen kritisch erörtert[1]). Durch die überlieferte Form und durch alles konventionelle Pathos hindurch spürt man hier überall die lebendige Regung neuer und folgenreicher Gedanken. Vor das Gericht der Vernunft und der Wahrheit werden alle jene Truggeister gefordert, die den Menschen in seinem Streben nach reiner Erkenntnis zu hintergehen und irre zu leiten pflegen. Nicht gegen die Sinne soll Klage erhoben werden, denn ihre Täuschung ist leicht durchschaut und berichtigt, da sie selbst nicht einheitlich, sondern gegeneinander zu wirken pflegen und so ihr Zeugnis wechselseitig zu Falle bringen. Größere Gefahr aber droht von den Verführungen, die sich von anderer Seite unter dem Schein der Wahrheit selbst eindrängen. Hier wird zuerst P a n t o m i m u s vorgefordert: der Genius der A l l e g o r i e n und G l e i c h n i s s e. Von dem Gebiet der Dicht- und Redekunst, das ihm rechtmäßig zugewiesen war, hat er sich entfernt, um in den Kreis der philosophischen Forschung einzudringen. In allen Erklärungen der Philosophie tritt uns nunmehr sein Einfluß entgegen. Bilder sind es jetzt, die an die Stelle der Gründe treten. Die Bewegungen, die in der Natur vor sich gehen, werden auf die „Scheu vor dem Leeren", die Rückwirkungen, die ein Körper auf irgendeinen äußeren Reiz ausübt, auf die Sorge um seine eigene Erhaltung zurückgeführt. Den Gestirnen und der Erde, den Pflanzen und den Elementen, den Steinen und Metallen wird eine eigene Form des Sinnes, ja eine eigene Geometrie und Statik, die sie betätigen, zugeschrieben. Die „Materie" und die „Form" verbinden sich zu einem allegorischen Spiel, in dem sie wie Mann und Weib einander gegenüberstehen: das Naturgeschehen löst sich in einen Reigen auf, in dem sie sich wechselseitig suchen und fliehen, sich verbinden und trennen. Selbst die Fassung der

---

[1]) Näheres über die Sitte der „Quaestiones quodlibeticae" und über G.' Rede s. bei J. P. N. L a n d , Arnold Geulincx u. seine Philosophie, Haag 1895, S. 30ff.

höchsten logischen Axiome und Vernunftsätze gewinnt mimische Gestaltung und Färbung. Beobachtungen, die auf das menschliche Dasein bezogen und eingeschränkt sind, werden unbefangen auf das Ganze der Wirklichkeit übertragen, das sich uns damit mehr und mehr seinem eigenen Wesen nach verhüllt. Und noch ein anderer „Verführer" der Vernunft ist es, der jetzt dem Gericht unter dem Namen des M a n g o , des Genius der Harmonie und des Schmuckes, naht. Es ist die naive Form der T e l e o l o g i e , die Geulincx in ihm personifiziert. Er ist es, der dem Wissen mit dem Glauben an die durchgängige Schönheit und Zweckmäßigkeit des Alls schmeichelt und der es damit zu leeren Scheinerklärungen verlockt. Unter seiner Leitung wird das Gesamtbild des Kosmos als ein Ganzes ineinandergeschachtelter Sphären bestimmt, in deren Mitte die Erde festliegt. Rings herum lagert sich die Region des Wassers, der sich die der Luft und des Feuers anschließen. Nunmehr folgen die beweglichen Sphären, an welchen die sieben Planeten befestigt sind, die kraft eines gewaltigen Aufwandes von exzentrischen Kreisen und Epicykeln ihre Bahnen vollführen, bis zuletzt das Ganze dieses· Baues im Firmament, in der Kristallsphäre und dem „Primum Mobile" seinen Abschluß findet. Form und Bewegung dieses Ganzen werden nun nicht mehr aus der Beobachtung bestimmt, sondern ihr zum Trotz, nach vermeintlichen Gründen der Schönheit und Zweckmäßigkeit erdichtet. Die Dinge werden in eine feste Wertordnung eingefügt, in der die „Substanzen" den „Accidenzen", die „geistigen Formen" den „körperlichen Formen" überlegen sind, bis sie sich zuletzt nach unten hin in die erste gestaltlose „Materie", die nur wenig vom Nichts absteht, verlieren. Symbolische Beziehungen sind es, die uns den Zusammenhang des Alls verständlich machen sollen: den vier Elementen entsprechen die vier Flüssigkeiten im menschlichen Körper, den vier Jahreszeiten, die vier Stadien des Lebens und wie vieles andere noch auf demselben Faden aufgereiht werden mag. Die Aufzählung aller dieser Erklärungen aber wird zuletzt durch den Richterspruch der Vernunft unterbrochen, die beide Genien des Truges aus ihrem

Gebiete verbannt. Sie sollen dahin zurückkehren, woher sie ausgegangen sind: sie haben ihren Sitz im Bereich der Kunst und der Rhetorik, aber die lautere Wahrheit duldet sie nicht in ihrem Kreise. Aber auch jetzt, nachdem alle fremden Eindringlinge zurückgewiesen, erhebt sich der Vernunft ein Feind, der aus ihrer eigenen Mitte hervorgeht. Es ist ihr eigener D o g m a t i s m u s , den Geulincx wiederum, dem Stilcharakter der Rede gemäß, in Person auftreten läßt. Orakelsprüche von angeblich allgemeiner und notwendiger Wahrheit sind es, die dieser Dogmatismus ohne Beweis, auf den bloßen Anschein ihrer „Evidenz" hin, verkündet. Fragt man nach der Begründung dieser Sätze, so wird man verächtlich auf die ersten Anfangsgründe der Metaphysik verwiesen, von denen her all dies zur Genüge bekannt sei; diese Anfangsgründe selbst aber werden dem Schüler auf Treu und Glauben dargeboten, bis er, zuletzt an ihre Wiederholung gewöhnt, auf ihre Rechtfertigung verzichten lernt. Jetzt besitzt er ein bequemes Mittel, die verwickeltsten Erscheinungen zu erklären: das System rationaler „Formen" und Axiome, das man ihm dargeboten, erweist sich als so dehnbar und biegsam, daß es sich jeglicher Forderung fügt. Aber man versuche einmal, dieses System, um sich von seinem Werte zu überzeugen, auf eine wirkliche Wissenschaft, wie auf die Mathematik, anzuwenden. Es wäre ein seltsamer Beweis, wollte man den Satz, daß die Winkelsumme im Dreieck zwei Rechte beträgt, aus der „Form" des Dreiecks herleiten, in welcher dies als natürliche Folge eingeschlossen sei: oder den Umstand, daß der Außenwinkel an der Spitze des Dreiecks größer als der gegenüberliegende Innenwinkel ist, damit begründen, daß das Ausgeschlossene umfassender als das Eingeschlossene sein müsse. In der Metaphysik hingegen duldet man derartige Zweideutigkeiten und Wortspiele und glaubt in ihnen eine wirkliche Bereicherung der Erkenntnis zu besitzen. Ein wahrhafter Fortschritt aber wird erst eintreten, wenn man auch dieses letzte Trugbild verscheucht; wenn man frei von aller Gleichnisrede und von jeder bloß dogmatischen Festsetzung, den ersten Gründen jeglicher Erkenntnis nachgeht. Dann wird sich eine natürliche Stufenfolge ergeben, in welcher wir mit der Arithmetik und Geometrie beginnen, um sodann zu einer allgemeinen Lehre von der D e d u k t i o n , die an die Stelle der überlieferten Logik zu treten hat, fortzuschreiten. Erst mit diesen Hilfsmitteln ausgestattet, können wir an die Metaphysik, an die Lehre vom Verhältnis des Körpers und Geistes, wie an die Erforschung der besonderen Naturphänomene herantreten. Hier gilt es zunächst, die Erscheinungen vollständig kennen zu lernen, ehe wir uns an ihrer Erklärung versuchen. Die Tatsachen müssen gesammelt, gesichtet, durch das Experiment in immer neuer Fülle gewonnen werden, bis zuletzt die physikalische H y p o t h e s e einsetzen kann, die, Sinnlichkeit und Vernunft verbindend, das Ganze der Natur als eine mathematische und somit begreifliche Ordnung kenntlich macht[1]).

Man sieht, wie Geulincx hier, in dem engen Raum einer Prunkrede, alle Einwände, die von seiten des Humanismus wie der neueren Naturforschung gegen das Schulsystem erhoben worden waren, zusammendrängt. Der eigentliche Fortschritt, den er erreicht, aber besteht darin, daß es hier nicht bei einer äußerlichen Aneinanderreihung bleibt, sondern daß er auf die letzten M o t i v e , aus denen dies System erwächst, zurückgreift. Diese Motive sucht er psychologisch und methodisch zu verstehen, indem er sie auf ihre Grundquellen: auf den Dogmatismus des Denkens, wie auf seine allegorisch-anthropomorphistische Richtung zurückleitet. Neben dem „Mimus" wird hier auch das Wort und seine Täuschungen nicht vergessen[2]). Damit ist der sachliche Grund zu der Kritik gelegt, die Geulincx' spätere systematische Schriften im einzelnen durchführen. Wie sich die naive Weltanschauung der schärferen Prüfung als eine Illusion der Empfindung erweist, so erweist sich die gesamte scholastische Philosophie als eine einzige, zusammenhängende I l l u s i o n d e s B e g r i f f s . Schon der allgemeinste Begriff des S e i n s , von dem sie ihren Ausgang nimmt, legt hierfür

---

[1]) S. Oratio dicta in Auspicio Quaestionum Quodlibeticarum, Lovani D. 14 M. Dec. 1652, Opera I, 11ff.
[2]) Vgl. a. a. O. Op. I, 41.

Zeugnis ab; schon in ihm heften wir eine Eigentümlichkeit, die ihren Grund und Ursprung allein im Denken hat, den Dingen selbst an. Weil wir in unseren Gedanken alle Bestimmungen und Eigenschaften auf irgendein „Etwas" zurückbeziehen, weil wir verschiedene Prädikate, um ihren Zusammenhang zu kennzeichnen, ein und demselben „Subjekt" anhaftend denken, so gelangen wir schließlich dazu, dieses formelle Subjekt der A u s s a g e , diesen rein gedachten Coordinatenpunkt mit einer tatsächlichen E x i s t e n z zu verwechseln[1]). Das Gleiche gilt von den Grundbegriffen des Ganzen und des Teils, der Einheit und der Mehrheit. Auch sie entstammen lediglich einer S e t z u n g d e s G e i s t e s : „Eins" nennen wir einen Inhalt, den unser Denken in ein und demselben unteilbaren A k t e erfaßt und sich zu eigen macht. Nicht den Dingen, sondern der Art ihrer „Apprehension" eignet somit diese Bezeichnung und dieser Charakter: „sicuti manipulus unus manipulus est, quia simul et semel manu apprehenduntur aliqua, etiamsi multa sint quae ingrediuntur; sic etiam quicquid intellectus apprehensione sua simul et semel corraserit, et q u a s i i n f a s c i c u l u m c o l l e g e r i t , i p s a i l l a a p p r e h e n s i o n e e t c o l l e c t i o n e u n u m d i c i t u r"[2]). So sind allgemein die fundamentalen Begriffe nicht dingliche Eigenschaften, die den Objekten einverleibt und von ihnen abzunehmen wären, sondern Ergebnisse ursprünglicher gedanklicher S y n t h e s e n . Wir müssen die festen Gebilde, um ihre Herkunft und ihre Tragweite zu verstehen, zuvor in die O p e r a t i o n e n auflösen, aus denen sie entstanden sind, wir müssen vom „Unum" zur „unio", vom

---

[1]) A. a. O. Pars I § 1: De Ente in genere, Op. II, 211 ff. „Ens . . non est aliud quam modus subjecti, seu talis modus cogitandi, quo apprehendimus id de quo affirmare, de quo dicere aliquid constituimus. Sicut ergo quod manu dextra apprehendimus dextrum esse dicitur, nulla formali ratione, seu dexteritate rei apprehensae competente, sed haec solum dextra dicitur a manu dextra quam respicit; sic etiam ens dicitur, quod c e r t o q u o d a m m o d o a p p r e h e n d e n d i i n t e l l e c t u s n o s t r i arripimus quasi, nulla ei quod arreptum est formali ratione talis denominationis competente, sed h a e c f o r m a l i s r a t i o r e s i d e t i n i n t e l l e c t u e t m o d o c o g i t a n d i n o s t r o."

[2]) A. a. O. Pars I, § 5, S. 227.

"Totum" zur "totatio" zurückgehen[1]). Am reinsten und fruchtbarsten bewährt sich diese Vorschrift gegenüber dem Begriff der S u b s t a n z. Wenn diese in der Aristotelischen Definition als das letzte "Subjekt" bezeichnet wird, auf das alle Aussagen sich beziehen, ohne daß es selbst wieder zum Prädikat einer Aussage werden könne, so sehen wir nunmehr, daß damit ein g r a m m a t i s c h e r Gesichtspunkt zur Norm und zum Untergrund der realen Wissenschaft gemacht wird. Der Grundgegensatz, an den Aristoteles seine Physik wie seine Metaphysik anknüpft, löst sich für die genauere Betrachtung und Zergliederung in die triviale Unterscheidung des Substantivums und Adjectivums auf[2]). Damit schon hat Geulincx einen entscheidenden Gesichtspunkt gefunden, unter dem er nunmehr die Kritik an der gesamten scholastischen Kategorienlehre durchführen kann. Es ist die S p r a c h e, ihre Eigentümlichkeit und ihre Forderungen, deren Leitung sich Aristoteles in der Entdeckung der einzelnen Grundbegriffe überläßt. Die Einteilung, die Ordnung und Zahl dieser Begriffe erklärt sich, sobald man diesen ihren Ursprung erkannt, sobald man in ihnen Abstraktionen aus dem einfachen Satze und seinen Grundbestandteilen wiedergefunden hat[3]). Damit aber verschärft sich der bisherige Einwand; denn nicht nur werden hier Beziehungen und Setzungen des D e n k e n s zu Eigenschaften an sich bestehender Dinge umgedeutet; es wird auch das Denken selbst nicht in seiner unmittelbaren Betätigung, sondern getrübt durch ein fremdes Medium ergriffen. Man ziehe diese äußeren Zutaten, die von der gemeinen, durch keine Wissenschaft kontrollierten Vorstellung stammen, ab und die gesamte Peripatetische Metaphysik muß in sich selber zusammenfallen.

An diesem Punkte, an dem der Gedanke des Geulincx zu seiner Vollendung gelangt, gilt es indes zugleich die innere

---

[1]) Pars. I, S. 211: „T o t a t i o n e m enim rebus ipsis, quae ideo tota vocantur, adscribimus, cum nobis et menti nostrae debeatur". Vgl. P. I, § 6, S. 230 ff.
[2]) A. a. O. P. I, § 2, S. 215 ff.
[3]) Näheres s. bei T r e n d e l e n b u r g, Gesch. der Kategorienlehre S. 23 ff.

Schranke zu erkennen, die ihm trotz allem gesetzt ist. Hätte Geulincx an seinem Grundgedanken in aller Strenge festgehalten, so wäre damit nicht nur die Aristotelische Ontologie, sondern jede rationale Metaphysik überhaupt aufgehoben gewesen. Denn ein Wissen von den Dingen, wie sie an und für sich und ohne Hinblick auf irgendeine Kategorie des Denkens beschaffen sind, ist fortan unmöglich. Ist auf dem Grunde des Dingbegriffs selbst eine reine intellektuelle Beziehung entdeckt, so sind die schlechthin transzendenten Gegenstände als eine widerspruchsvolle Begriffsfügung erwiesen: ihre Gegenständlichkeit als solche schließt ihre logische Transzendenz aus[1]). Somit müßte jetzt folgerichtig auf den Begriff des absoluten Objekts außerhalb jeder Beziehung zur Erkenntnis verzichtet und die Unterschiede des Seins in Unterschieden des Wissens gegründet werden. Der sinnlichen Ansicht der Wirklichkeit, mit ihren Besonderheiten und Zufälligkeiten würde die allgemeine und notwendige Ansicht des wissenschaftlichen „Verstandes" entgegentreten — und sie wäre es, auf die das Prädikat der „Objektivität" nunmehr überginge. Geulincx indessen hat diesen Weg nicht bis zu Ende beschritten. Er selbst stellt sich freilich die Frage, mit welchem Rechte wir fortfahren, von der „Wesenheit" der Dinge an sich zu sprechen, nachdem einmal erkannt ist, daß das „Sein" selbst nur einen, wenngleich unentbehrlichen, Modus des Denkens besagt. Aber die Antwort, die er hierauf erteilt, genügt dem Radikalismus des neuen Problems nicht. Die Welt der Wirklichkeit, — so erwidert er — scheidet sich in zwei unabhängig bestehende Klassen von Objekten: in Geister und Körper, die an und für sich miteinander nichts gemein haben; wenn wir beide dennoch unter dem Gattungsbegriff des „Dinges" zusammenfassen,

---

[1]) Vgl. Metaph. Peripatetica P. I, § 1, S. 215: „Itaque res in se non sunt res seu non habent modum illum intellectus nostri, quo constituuntur in ratione rerum; nos tamen cum de illis etiam ut sic, seu de illis ut sunt in se loqui volumus, necessum est ut illis tribuamus modum subjecti aut entis, seu potius, ut apprehendamus illas: nam in ea ipsa locutione, in qua de iis loquimur, ut sunt in se, non sinimus illas, ut sunt in se, sed damus eis rationem subjecti".

so ist dies nur eine äußerliche und abgekürzte Bezeichnung, die ihrem Inhalt Nichts hinzufügt, sondern nur besagt, daß Beide in gleicher Weise als „Subjekte" für bestimmte Aussagen dienen können. Das „Absolute" ist somit die Geistigkeit oder Körperlichkeit selbst, während die Dinglichkeit freilich nur aus unserer Betrachtung stammt. Der Kritiker des Aristotelischen Substanzbegriffs macht somit vor dem Cartesischen Dualismus von Geist und Körper Halt. Gerade hier hätte sich seine Methode bewähren können; gerade hier hätte sich zeigen können, daß die Unterscheidung von Ausdehnung und Denken, von psychischem und physischem Inhalt, nicht vor aller Erfahrung an und für sich feststeht, sondern erst in der Erfahrung und auf Grund ihrer Erkenntnismittel gewonnen und erarbeitet wird. Statt dessen gründet sich jetzt auf diesen Gegensatz eine neue Form der Metaphysik. Der Körper kann auf die Seele so wenig, wie diese auf ihn einwirken: denn wir besitzen kein Mittel, uns eine derartige Einwirkung zu wahrhaftem innerlichen Verständnis zu bringen. Der Begriff der Kausalität ist nur dort anwendbar, wo es uns gelingt, die innere M a c h t zu verstehen, die ein bestimmtes Ereignis zu erschaffen oder eine bestimmte Änderung zu erwirken vermag. Wenn unsere i n n e r e E r f a h r u n g uns diesen Einblick nirgends verstattet, so zeigt sich ebendarin, daß das „Ich" nicht den Charakter einer wahrhaften, selbsttätigen Ursache hat: „ego non facio id, quod quomodo fiat nescio"[1]). Das Selbst des Menschen steht der äußeren Welt, deren Geschehen an feste mechanische Gesetze gebunden ist, als bloßer, untätiger Zuschauer gegenüber. Zur Erklärung jeder wirklichen Veränderung — mag es sich nun um das körperliche oder das geistige Geschehen, um die Übertragung der Bewegung oder das Entstehen der Gedanken und Willensakte handeln — müssen wir daher stets auf die unmittelbare göttliche Wirksamkeit zurückgreifen. Auch hierbei bleibt freilich der Zusammenhang, der zwischen dem göttlichen Willen und seinem Erfolge besteht, vom Standpunkt u n s e r e r Erkenntnis unfaßlich: es muß genügen, daß er

---

[1]) S. G e u l i n c x' Ethica (1665) Tractat. I, Cap. II, Sect. II, § 2. Op. III, 33 ff. — Vgl. bes. die Annotata ad Ethicam Op. III, 205 ff.

dem höchsten, absoluten Verstande gegenwärtig und begreiflich ist[1]). Hier mündet Geulincx' Erkenntnislehre in seine okkasionalistische Metaphysik ein: ein Zusammenhang, der ihre freie geschichtliche Wirksamkeit gehemmt und auf einen engen Umkreis beschränkt hat.

Daß trotzdem Geulincx' Fassung des Erkenntnisproblems historisch nicht ohne jeden Einfluß und ohne Fortwirkung geblieben ist, zeigt ein merkwürdiges Werk, das der Engländer Richard B u r t h o g g e unter dem Titel „An Essay upon Reason and the Nature of Spirits" im Jahre 1694 veröffentlicht hat. Burthogge hatte in seiner Jugend an der Universität Leyden studiert, an der Geulincx seit dem Jahre 1659 Privatvorlesungen hielt, und mag hier mit seiner Lehre näher bekannt geworden sein. Die Übereinstimmung mit Geulincx' Grundanschauung tritt jedenfalls in seiner Schrift überall unverkennbar hervor. Dieser Anschauung steht Burthogge näher, als der Erkenntnistheorie Lockes, wenngleich er diesen als „einen der größten Meister der Vernunft" verehrt[2]). Der „Essay upon Reason" geht von einer Analyse der Begriffsfunktion aus. Wenn, im weiteren Sinne, der „Begriff" (notion) einen beliebigen, fertigen und abgegrenzten I n h a l t des Denkens bezeichnet, so bedeutet er, genauer und prägnanter gefaßt, einen bestimmten „modus concipiendi": ein V e r f a h r e n und einen gedanklichen G e s i c h t s p u n k t, unter dem der Geist die Gegenstände, die seiner Beurteilung unterworfen werden, erfaßt und ordnet. Und wenn es müßig ist, von „eingeborenen Begriffen" in der ersten dieser beiden Bedeutungen als festen, gegebenen Vorstellungskomplexen zu sprechen, so müssen wir anderseits dem Geiste gewisse ursprüngliche und eigentümliche Kräfte zuerkennen, die ihm

---

[1]) S. z. B. Ethica a. a. O., Op. III, 36 u. s.
[2]) Daß die entscheidenden Ergebnisse von Burthogges Werk in der Tat unabhängig von Locke gewonnen und bereits in einer früheren Schrift, dem „Organum vetus et novum" vom Jahre 1677 niedergelegt worden sind, hat Georges L y o n gezeigt. (L'Idéalisme en Angleterre au XVIIIe siècle, Paris 1888, S. 72ff.)

aus seinem eigenen Grunde entstehen. Wie das Auge die Dinge nur unter der Erscheinung des Lichts und der Farbe wahrnimmt, während beide Qualitäten ihren Bestand nicht in den Dingen, sondern nur im Auge selbst haben: so begreift der Verstand die Dinge, ihre Verhältnisse und ihre Eigenschaften nur unter bestimmten Begriffen. Solche Begriffe, denen wir kein gesondertes reales Dasein zusprechen dürfen, sondern die uns nur die Beschaffenheit des eigenen denkenden Wesens widerspiegeln, sind das Sein, sind Substanz und Accidens, Teil und Ganzes, Ursache und Wirkung. Wenn die Logiker zwischen primären und sekundären Begriffen unterscheiden, wenn sie zu den letzteren reine Verhältnissetzungen, wie die Korrelation zwischen dem Teil und dem Ganzen, der Ursache und der Wirkung rechnen, während sie für die Kategorien der Quantität, der Qualität und der Substanz eine Ausnahmestellung und eine besondere ontologische Bedeutung behaupten, so ist dieser Unterschied hinfällig: beide Klassen gehen nicht auf die Dinge als solche, sondern sind spezifische Bekundungen und Tätigkeiten des Denkens. „Es ist gewiß, daß für uns Menschen die Gegenstände nur insoweit vorhanden sind, als sie in einer bestimmten Beziehung zu uns stehen und daß sie, soweit sie von uns nicht erkannt werden, für uns nichts sind. Sie können indes nicht anders erkannt werden oder in Beziehung zu uns treten, als sofern sie uns in unsren geistigen Vermögen: in den Sinnen, der Einbildungskraft oder dem Verstande, gegeben sind." Jedes Vermögen des Bewußtseins ist, wenngleich nicht die einzige, so doch die mitbestimmende Ursache der objektiven Erscheinung, die sich ihm darstellt: wie das Gesicht zur Bildung der Farben, das Gehör zur Bildung der Töne mitwirkt, so hat die Eigennatur der Phantasie entscheidenden Anteil an den Bildern der Einbildungskraft, die Eigennatur des Verstandes entscheidenden Anteil an der Bildung des Objekts, indem sie die primitiven Begriffe hervorbringt, unter denen allein er Objekte empfängt und aufnimmt (in framing the Primitive Notions, under which it takes in and receives Objects). „Die unmittelbaren Objekte des Denkens sind somit „Entia cogitationis" d. h. insgesamt bloße Phänomene: Erscheinungen, die ebensowenig außerhalb unserer geistigen Vermögen in den Dingen selbst existieren, als die Bilder, die wir im Wasser oder hinter einem Spiegel erblicken, sich wirklich an dem Orte befinden, an dem sie von uns gesehen werden." Es ist vergeblich, diese Begrenzung für das Gebiet der Sinnlichkeit zuzugestehen, für den Verstand dagegen leugnen zu wollen. Denn beide Grundfähigkeiten sind unlöslich miteinander verknüpft und aufeinander hingewiesen; der Verstand wird, da er für die Ausübung seiner Funktion kein anderes M a t e r i a l als die sinnlichen Empfindungen und Vorstellungen vorfindet, unaufhaltsam in die gleiche Bedingtheit, wie diese, hineingezogen. Ja es scheint, daß er, je mehr er sich dem Allgemeinen zuwendet, umsomehr die konkrete Wirklichkeit der Dinge, die in besonderen Bestimmungen besteht und aufgeht, aus dem Auge verliert. Das Werk der Läuterung, das er an dem gegebenen Sinneseindruck vollzieht, entfernt ihn zugleich von dessen ursprünglicher und primitiver Gestalt, in der die Realität der Dinge sich noch am nächsten und unmittelbarsten zu spiegeln scheint. Das Licht, das von den Gegenständen ausgeht, erfährt in unserem Intellekt nur gleichsam eine neue B r e c h u n g und Ablenkung: das Denkvermögen erweist sich als ein eigener S i n n, der, wenngleich er verfeinert und veredelt ist, doch zugleich ein neues M e d i u m zwischen den Geist und die absolute Wesenheit des Objekts einschiebt. So stellt z. B. der Grundbegriff des D i n g e s selbst zwar den a l l g e m e i n s t e n Gesichtspunkt dar, unter dem wir die Inhalte der Vorstellung erfassen und gliedern können, aber er verrät sich eben in dieser Allgemeinheit zugleich um so deutlicher, als ein bloßes Mittel u n s e r e s B e g r e i f e n s: ,,thing indeed is the most g e n e r a l notion, but then it is but a n o t i o n, because it is general; and has the most of a notion, because it is the most general." Hier wie überall ergreifen wir das ,,Wesen" nur ,,unter der Vermummung und Maske der Begriffe." ,,Betrachten wir ferner Substanz und Accidens, jene ersten Stufen und Staffeln zu einer distinkten Erfassung und Erkenntnis der Dinge: was sind sie anders, als Modi concipiendi, als Geschöpfe der Vernunft oder Begriffe, die freilich nicht ohne Grund sind, die aber doch keine andere, formale Wahrheit besitzen, als in dem Geiste, der sie bildet? Denn in der Welt der Gegenstände gibt es nichts dergleichen, wie eine Substanz oder ein Accidens, so wenig wie es hier Subjekte und deren Eigenschaften gibt. Dennoch gibt es kein Ding, das wir nicht als einer dieser beiden Klassen zugehörig, als Substanz oder als Accidens b e g r e i f e n , so daß wir die Gegenstände nicht so wie sie sind, in ihrer eigenen Wesenheit, sondern nur unter dem Aufputz und der Gewandung der Begriffe erfassen, mit denen unser Geist sie bekleidet"[1]).

---

[1]) Da das Werk B u r t h o g g e s so gut wie unbekannt geblieben ist — erst L y o n hat in seiner Schrift über den Idealismus in England darauf verwiesen — füge ich die entscheidenden Belege hier vollständig im Original hinzu: „As the Eye has no Perceivance of things but under *Colours*, that are not in them (and the same, with due alteration, must be said of the other Senses), so the U n d e r s t a n d i n g apprehends not things, or any Habitudes or Aspects of them, but under *Certain Notions*, that neither have that being in Objects, or that being of Objects, that they seem to have; but are, in all respects, the very same to the mind or Understanding, that Colours are to the Eye, and Sound to the Ear. To be more particular, the Understanding conceives not any thing but under the Notion of an *Entity*, and this either a *Substance* or an *Accident*; Under that of a *whole* or of a *part;* or of a *Cause*, or of an *Effect*, or the like; and yet all these and the like, are only *Entities of Reason* conceived within the mind, that have no more of any real true Existence without it, than Colours have without the Eye, or Sounds without the Ear . . . .

It is certain that things to us Men are nothing but as they do stand in our *Analogy*, that is, in plain terms, t h e y a r e n o t h i n g t o u s b u t a s t h e y a r e k n o w n b y u s . . . In sum, the *immediate Objects* of cogitation, as it is exercised by men, are *entia cogitationis*, all Phaenomena; Appearances that do no more exist without our faculties in the things themselves, than the Images that are seen in water, or behind a glass, do really exist in those places, where they seem to be . . .

Let us then inquire *first* into the *thing*, what is thing but *modus concipiendi*? a notion or sentiment that the mind has, of whatsoever any wise is, because it is? Thing indeed is the most *general* notion, but then it is but a *notion*, because it is general and has the most of a notion, because it is the most general . . By this, it plainly appears, that the meaning of the word: „*thing*" is but an *inadequate* conception, arising in the mind upon its conversing with *Objects* (= Inhalte des Bewußtseins, der Vorstellung), and so doth speak a certain particular

Wenn bis hierher nur der allgemeine Gedanke, der uns bei Geulincx begegnete, in klarster und freiester Darstellung sich aussprach, so gewinnt Burthogge einen neuen Fortschritt, indem er das Prinzip seiner Erkenntnislehre gegenüber der philosophischen Hauptfrage der Zeit: der Unterscheidung der geistigen und körperlichen Substanz zur Anwendung bringt. Blieb Geulincx, wie wir sahen, hier noch an die metaphysischen Voraussetzungen des Dualismus gebunden, so wird jetzt auch diese Annahme der Kritik des methodischen Grundverfahrens unterworfen. Die Frage selbst muß zunächst eine Umformung erfahren; sie betrifft nicht mehr schlechthin die Dinge, sondern unsere Begriffe, die, wie sie den U r - s p r u n g der Kategorie der Substanz enthalten, so auch für ihre A n w e n d u n g Regel und Leitfaden bilden müssen. Wir müssen vor allem festhalten, daß, wenn wir auch jetzt noch von der Erkenntnis des „Wesens" eines bestimmten Dinges sprechen, der Gedanke eine streng begrenzte Bedeutung erhalten hat. Wir verstehen darunter nunmehr den Inbegriff aller Merkmale und Eigenschaften, die uns durch irgend ein geistiges Vermögen, sinnlichen oder intellektuellen Ursprungs, vermittelt werden. Auf diese Weise gelangen wir, wenngleich nicht zu einer absoluten, so doch zu einer v e r - gleichenden, relativen Erkenntnis, ge-

---

sentiment which the mind has of them: a sentiment . . that does not enter us into the knowledge of the Reality itself (may I so express it) of *that* which is, *which* we only apprehend *inadequately* under the Disguise and Masquerade of Notions . . .

And as for *Substance* and *Accident*, which yet are the first steps we make toward a distinct Perceivance and knowledge of things; what are they, but likewise *Modi concipiendi?* Entities of Reason, or notions, that, it is true, are not without *grounds*, but yet have, themselves, no Formal being but only in the *Mind*, that frames them; there being no such thing in the World as a *Substance*, or an *Accident* any more than such a thing as an *Subject*, or an *Adjunct;* and yet we apprehend not any thing but as one of these, to wit, as a Substance, or as an Accident: so that w e a p p r e h e n d n o t a n y a t a l l , j u s t a s t h e y a r e , i n t h e i r o w n r e a l i t i e s , b u t o n l y u n d e r t h e T o p - k n o t s a n d D r e s s e s o f N o t i o n s w h i c h o u r m i n d s d o p u t o n t h e m." B u r t h o g g e, An Essay upon Reason and the Nature of Spirits. London 1694. Chap. III, Sect. I, p. 57 ff.

langen wir z. B. dazu, ohne über die innere „Natur" der M a
t e r i e etwas auszumachen, die verschiedenen Stoffe, die die
Erfahrung uns darbietet, auf Grund rein e m p i r i s c h e r
Kennzeichen zu sondern und von einander abzugrenzen.
Wie das Auge u n m i t t e l b a r nur Licht und Farben wahrnimmt, vermöge dieser ursprünglichen Empfindungen aber
dazu gelangt, mannigfache Objekte, ihre Größe und Gestalt,
ihre gegenseitige Entfernung und ihre Bewegung zu unterscheiden: so unterscheidet der Verstand unendlich viele
Realitäten und Beziehungen, die er indes nicht d i r e k t ,
sondern mittelbar auf Grund der Daten erfaßt, die ihm durch
die Sinne, oder durch seine eigenen Begriffe, wie Substanz und
Qualität, Ursache und Wirkung geboten werden[1]). Bleiben
wir uns dieser Einschränkung bewußt, begreifen wir somit,
daß es sich nur darum handeln kann, die E r s c h e i n u n g e n
und ihre Verhältnisse kennen zu lernen, so bietet die Frage der
Unterscheidung des denkenden vom körperlichen Sein keine
ernstliche Schwierigkeit mehr. Was uns hier wahrhaft gegeben
ist, sind lediglich die äußeren Beschaffenheiten und „Accidentien", die sich von selbst in zwei streng geschiedene Gruppen
zerlegen: in Inhalte, die der räumlichen Anschauung zugehören und somit mannigfacher Gestalten und Bewegungen
fähig sind und in andere, die, von dieser Bestimmung ausgeschlossen, sich lediglich auf das denkende „Ich", als dessen
Zustände und Beschaffenheiten, zurückbeziehen. In diesem
Sinne können wir i n n e r h a l b d e r P h ä n o m e n e
s e l b s t von einem grundlegenden Gegensatz sprechen:
„denn was hat ein G e d a n k e mit einem Würfel oder
Dreieck, was mit Länge, Breite oder Tiefe zu tun?"[2])

Versuchen wir indes, hinter diese Grundtatsache zurückzugehen, versuchen wir den Widerstreit in einer höheren Einheit aufzuheben oder ihn aus metaphysischen Gründen zu erklären, so verwickeln wir uns alsbald in unlösbare Schwierig

---

[1]) „So the understanding discerns infinite Realities, infinite habitudes of things: not indeed immediately, but either under the sentiments of sense, or by means of its own, which I call notions; as of Substance, Quality, Cause, Effect, Whole, Part etc." (p. 68).
[2]) Chap. V, Sect. I, p. 107.

keiten. „Sobald wir weiter fortschreiten und uns bemühen, in die eigentliche Natur der M a t e r i e , wie in die des G e i s t e s und der B e w e g u n g einzudringen, so geraten wir, da wir hier keinerlei Sinn mehr besitzen, der uns leiten könnte, sogleich in Verlegenheit. Unsere Nachforschung nach diesen Dingen, soweit ihre eigentliche Wesenheit in Betracht kommt, muß wie bei allen anderen Fragen, die gänzlich außerhalb unseres Gesichtskreises liegen, alsbald zum Stillstand kommen". „Was die Materie, was der Geist, ja was die Bewegung ihrer eigenen, positiven Realität nach ist, ist schwer zu begreifen. Weder läßt sich beweisen, daß es — wie einige wollen — nur e i n e Substanz im Universum gibt, und daß Materie und Denken nur verschiedene Beschaffenheiten von ihr sind, noch auch, daß der Stoff, seiner inneren Natur nach, ein lebendiges, kraftbegabtes Etwas ist und daß die verschiedenen Grade des Lebens, die man bei den verschiedenen Tieren beobachtet, von einem allumfassenden Leben der Natur herrühren, das der Quell alles Bewußtseins ist..... Ich verschmähe es, auf solche H y p o t h e s e n zu bauen, die, da sie ihre Evidenz nicht zu erweisen vermögen, notwendig zweifelhaft und ungewiß, wo nicht falsch sind. Das Fundament einer gesunden und gründlichen Philosophie muß sicher gelegt sein; sie darf auf keinen anderen Prinzipien ruhen, als auf solchen, die auf evidente Einsicht, d. h. auf das untrügliche Zeugnis unserer geistigen Fähigkeiten und Vermögen zurückgehen. Da diese aber, die sich freilich eher auf B e g r i f f e , denn auf die R e a l i t ä t beziehen, zwischen Materie und Geist einen deutlichen Unterschied, ja einen Gegensatz konstatieren, so glaube ich beide auch gesondert betrachten zu müssen." Die „Realität", innerhalb deren diese Sonderung gilt, ist somit nichts anderes als die durch den B e g r i f f vermittelte und verbürgte Wirklichkeit. Burthogge selbst bezeichnet sein Verfahren, um seine doppelte Richtung und Tendenz zum Ausdruck zu bringen, als „t h e R e a l - N o t i o n a l w a y" und stellt es der Methode der M e t a p h y s i k mit kraftvollen Worten entgegen[1]). Die „Subjekte"

---

[1]) A. a. O. p. 105 f. — Vgl. bes. 106: „A Philosophy that shall be *solid*, and sound, must have its Ground-work and Foundations

der Ausdehnung und des Denkens müssen, **wenigstens für uns**, gänzlich verschiedenen Gattungen angehören, da alle Mannigfaltigkeit, die wir in Substanzen zu **begreifen** vermögen, von keinem anderen Umstande, als von den Accidentien hergenommen werden kann, diese somit die einzigen Charaktere und Merkmale sind, durch welche wir Substanzen **erkennen** und somit von einander unterscheiden können. „Thus it is in our **Refracted, Inadequate, Real-Notional way of conceiving**; and for an Adequate and just one, as it is above our faculties, I do not find that **Spinosa** or **Malebranche** after all their Ambitious Researches in that higher way, have edified the World thereby to any great Degree"[1]).

Und dennoch: wie bei **Geulincx**, so ist es auch hier ein einziger Begriff, vor dem die Kritik zuletzt verstummt und an dem die Betrachtung in die gewohnten metaphysischen Wege wieder zurücklenkt. Unter den Bewußtseinsdaten, denen Burthogge ein bloß „gedachtes Sein" zusprach, befanden sich neben den Farben und Tönen, neben **Raum** und **Zeit**, **Substanz** und **Accidens** auch die Kategorien von **Ursache** und **Wirkung**. Auch sie haben — in der Sprache der Scholastik ausgedrückt, die bekanntlich der modernen Terminologie an diesem Punkte direkt entgegengesetzt ist — lediglich ein „Esse objectivum" oder ein „Esse cognitum" ein „**subjektives**" Sein innerhalb der Welt des Bewußtseins[2]). Bei diesem Gebrauch und dieser Beschränkung des

---

firmly laid; which none can have, but that which is bottomed, rais'd and built upon *evidence;* I mean upon the certain Testimony of our faculties. And therefore since our faculties do rather go upon *Notions*, than on Realities, and do plainly *Distinguish* between Mind and Matter and do . . Contradistinguish them, I hold myself obliged to treat of these distinctly, but still in the *Real Notional* way."
[1]) A. a. O. p. 109.
[2]) „All the *Sentiments* of Sense, those of the Mind, and even meer Objective Notions, are Things, not things of Mundane and External Existence, but of Cogitation and Notion; Intentional, not Real things. For such are Colours, Sounds, Sapors, Time, Place, Substance, Accident, Cause, Effect etc.; they are *Intentional* things, things, that, as such have only an *esse Objectivum*, an *esse Cognitum*, as the Schoolmen phrase it" (Chap. IV, Sect. I, p. 79).

Kausalprinzips aber vermag Burthogge nicht stehen zu bleiben. Wenn wir nicht für immer in dem Bannkreis unserer „Vorstellung" verbleiben sollen, wenn die Wirklichkeit sich nicht in leeren Schein verflüchtigen soll, so muß es — wie er folgert — e i n e n Weg geben, der uns über die Grenzen des Denkens zum unbedingten Sein hinausführt. Wie für Descartes, so wird für Burthogge der Begriff und das Axiom der Ursächlichkeit zu dem gesuchten Mittel, das uns desDaseins einer t r a n s scendenten Wirklichkeit allgemein versichert. Vor aller Tätigkeit des Bewußtseins existieren w i r k l i c h e D i n g e , die ihrer Natur nach geeignet sind, Vorstellungen, die ihnen entsprechen, selbständig zu erzeugen oder unseren geistigen Kräften Veranlassung zu ihrer Bildung zu geben. Und jetzt, nachdem die Schranke an einem Punkte niedergerissen ist, darf der Gedanke es wiederum wagen, ein allgemeines Gesamtbild der a b s o l u t e n Wirklichkeit zu entwerfen. So zeigt Burthogges Werk, in seiner Gesamtheit betrachtet, eine seltsame Zwittergestalt: an die Erkenntnislehre knüpft sich eine dynamische Naturphilosophie, die zuletzt alles Geschehen auf die Einwirkung geistiger Ursachen zurückführt. Es entspricht hierbei noch der Beziehung und Rangordnung innerhalb der Kategorienlehre, wenn der Begriff der Substanz durch den der K r a f t ersetzt und verdrängt wird, wenn alles körperliche Geschehen im letzten Grunde auf ein einheitliches „e n e r g e t i s c h e s" Prinzip zurückgeführt wird. Die Art aber, in der die Wirksamkeit dieses Prinzips gedacht wird, bleibt gänzlich innerhalb der Grenzen der metaphysischen Allbeseelungslehre. Ein einheitlicher subtiler Grundstoff, der das Universum durchdringt, wird als Vermittler jeder Wechselwirkung zwischen den Körpern, sowie als Träger der Lebenserscheinungen vorausgesetzt. Die Einzelseelen sind nichts anderes, als Einschränkungen und Besonderungen, denen dieser „Gemeingeist" je nach der verschiedenen materiellen Struktur des Körpers, den er belebt, unterworfen ist. Man sieht, wie diese Lehre — unberührt von der gesamten Entwicklung der wissenschaftlichen Mechanik — wieder zu der Grundanschauung der Naturphilosophie zurückkehrt. (Vgl. ob. S. 278.) Sie trägt

— trotz manchen Abweichungen im einzelnen — die Züge der allgemeinen R e a k t i o n gegen die mathematische Forschungsweise, wie sie in England insbesondere durch den Spiritualismus H e n r y M o r e s eingeleitet wird.

Die Erkenntnislehre des Geulincx und Burthogge ergänzen und erhellen sich wechselseitig. Man erkennt hier, zu welcher Schärfe und Klarheit die Forderung einer selbständigen V e r s t a n d e s k r i t i k , die neben die Kritik der Sinne zu treten hat, sich seit der Grundlegung der modernen Philosophie entwickelt hatte. Wer die Eigenart der K a n t i s c h e n Lehre in dem Satze sucht, daß wir die Dinge nicht an sich, sondern nur in den Formen und Verkleidungen unseres Denkens zu erkennen vermögen: der müßte daher an diesem Punkte an der Originalität der Vernunftkritik irre werden. In der Tat hat man Burthogge sowohl wie Geulincx unmittelbar als Vorgänger und Mitbegründer der k r i t i s c h e n Philosophie bezeichnet[1]). Dennoch ist es ein weiter Abstand, der die negative Behauptung von der Unerkennbarkeit des Absoluten von der positiven Einsicht trennt, daß der Verstand der „Urheber der Natur", weil der Urheber der G e s e t z e ist, die die E r f a h r u n g begründen und leiten. In dieser Beziehung aller Begriffe auf den obersten Grundsatz der „Möglichkeit der Erfahrung", in ihrer Einschränkung auf die empirische Ordnung und Deutung der Erscheinungen wird erst der Mittelpunkt und der feste Halt für die Analyse der Verstandesfunktionen gewonnen. Wir können geschichtlich verfolgen, wie für jede einzelne Kategorie, wie insbesondere für Substanz und Kausalität diese Einsicht gesondert erkämpft und befestigt werden mußte: eine Entwicklung, die erst durch den Fortschritt der mathematischen und naturwissenschaftlichen Forschung ermöglicht und geleitet wurde. Bei denjenigen Denkern indes, die dieser Entwicklung im ganzen fernstehen, kann es nur zu einem allgemeinen Aperçu kommen, das seine Kraft nicht in der konkreten Anwendung und Durchführung zu bewähren

---

[1]) Für Geulincx vgl. E. G r i m m , Arn. Geulincx' Erkenntnistheorie und Occasionalismus, Diss., Jena 1875; — für Burthogge das Urteil Lyons a. a. O. S. 76.

vermag. Geulincx wie Burthogge verfolgen den Cartesischen Weg: beide aber werden eben damit zu Kritikern der „klaren und deutlichen Perception". Sie erkennen und messen den Abstand zwischen den Verstandesgesetzen und der a b s o - l u t e n Wirklichkeit; aber sie vermögen dieser Erkenntnis nur dadurch Ausdruck zu geben, daß sie den Wert der Grundbegriffe selbst schmälern und herabsetzen. Bei Burthogge insbesondere entfernt sich, wie wir sahen, der Verstand, je mehr er den unmittelbaren Wahrnehmungsstoff bearbeitet und „sublimiert", um so sicherer von dem wahrhaften Sein der Dinge. Sowenig wir dem Bilde im Spiegel, das wir doch evident und unzweideutig vor uns erblicken, eine wesenhafte Wirklichkeit zuschreiben dürfen, so wenig darf uns die E r - s c h e i n u n g und ihr intellektuelles Kennzeichen der Maßstab der W ä h r h e i t werden[1]). Dieser Gegensatz von E r - s c h e i n u n g und W a h r h e i t mußte erst überwunden, die Einsicht, daß wir in dem Inbegriff der Phänomene das „Innere der Natur" besitzen, mußte erst gereift sein, ehe eine neue Fragestellung einsetzen konnte.

C) D i e I d e e n l e h r e. — M a l e b r a n c h e.

I.

Die immanente Kritik und Fortbildung der Cartesischen Lehre ist bei aller Verschiedenheit der Richtungen und Interessen durch ein gemeinsames Grundziel geleitet. Es ist das i d e a l i s t i s c h e Motiv des Systems, das von allen tieferen Denkern der Schule von neuem herausgehoben und ans Licht gestellt wird. Diesen Weg geht G e u l i n c x , wenn er, allen Hemmnissen seiner Metaphysik zum Trotz, seine Erkenntnislehre mit einer Kritik der Verstandesbegriffe eröffnet: diesen Weg verfolgen zunächst selbst die ersten Begründer des Okkasionalismus, wenn sie, von der unmittelbaren Ursächlichkeit zwischen den absoluten S u b s t a n z e n absehend, den Zusammenhang zwischen Leib und Seele einzig in der gesetzlichen Entsprechung der „E r s c h e i n u n g e n" zu gründen

---

[1]) B u r t h o g g e , Organum vetus et novum § 69. (Cit. bei L y o n , a. a. O. S. 79.)

suchen. Dennoch hat der Idealismus bei ihnen allen bereits einen neuen Sinn und eine veränderte Wendung erhalten. Seine Beziehung zur M a t h e m a t i k und P h y s i k ist gelockert; die Fragen der P s y c h o l o g i e sind es, die nunmehr in den Mittelpunkt treten und seine Eigenart bestimmen. Die Fortbildung der Logik zeigte uns bereits diese innere Umformung, durch welche das Interesse von den allgemeinen Prinzipien der Wissenschaft zu den individuellen Bedingungen des Denkprozesses hingelenkt wurde. —

Auch Malebranches Philosophie wird anfangs durch diese Fragestellung gefesselt: aber sie erhält freilich ihre Vollendung erst dadurch, daß er nicht bei ihr verharrt. Die bekannte Erzählung, die uns berichtet, daß die Lektüre von Descartes' „Traité de l'homme" es war, die ihn zuerst seinen philosophischen Beruf erkennen ließ, ist in dieser Hinsicht bezeichnend. Es ist in der Tat die Physiologie, und mit ihr unlöslich verbunden die physiologische Psychologie, von der er seinen Ausgang nimmt. An diesem Problem gewinnt er seine eigentliche geschichtliche Originalität. Verschiedene Teile der Physiologie, vor allem die physiologische Optik, werden von ihm neu entdeckt und aus vereinzelten Ansätzen, die bei D e s c a r t e s und H o b b e s vorhanden waren, zum konsequenten System fortgebildet. Die Analyse des W a h r n e h m u n g s p r o b l e m s führt bereits zu Ergebnissen hin, die an entscheidenden Hauptpunkten die Lehre B e r k e l e y s vorwegnehmen und erst ermöglichen. Nicht die Engländer, sondern Malebranche ist der erste wahrhafte P s y c h o l o g e in der Geschichte der neueren Philosophie. Zwar ist sein Blick dauernd zugleich auf die Fragen der modernen Mathematik und Physik gerichtet: als einer der ersten macht er sich die neue Analysis des Unendlichen zu eigen, an deren Entdeckung er freilich keinen selbständigen produktiven Anteil nimmt. Aber es bleibt trotzdem charakteristisch, daß dieselben Fragen, die bei Descartes an der Spitze der gesamten Philosophie stehen, erst am Schluß von Malebranches Hauptwerk aufgenommen und erörtert werden, während der gesamte erste Teil des Werkes die Täuschungen der Sinne und die Blendwerke der Einbildungskraft zer-

gliedert. Die psychologischen Ursachen des Irrtums müssen aufgedeckt und beseitigt sein, ehe wir daran gehen können, das Wissen nach seinem Gehalt und seinen sachlichen Vorbedingungen zu begreifen. In diesem Sinne eignet sich Malebranche das Wort Charrons an, daß von allen Wissenschaften die Wissenschaft des Menschen es ist, die des Menschen am würdigsten ist[1]). —
Steht somit das Ziel der Selbsterkenntnis an erster Stelle, so bedarf doch eben diese Aufgabe aller Forschung, um nicht mißverstanden zu werden, einer genaueren Bestimmung. Nicht darum kann es sich handeln, die i n n e r e W e s e n h e i t der Seele ergründen und losgelöst begreifen zu wollen. Die Cartesianer, die das Prinzip und den Ausgang vom S e l b s t b e w u ß t s e i n in diesem Sinne verstanden haben, sind damit einer Täuschung verfallen, die alle echte Rangordnung des Erkennens umkehrt. Das innere Zeugnis des „Bewußtseins" darf nicht zum Bürgen und Maßstab des W i s s e n s gemacht werden. Was uns des Seins unserer Seele versichert, ist nur eine erste unbestimmte und verworrene Empfindung, die jedem Versuch, sie in der Sprache distinkter Wissenschaft auszudrücken, sie in reine Beziehungen und Gesetze des Denkens zu fassen, widerstrebt. Echte Erkenntnis ist lediglich dort vorhanden, wo aus bestimmten D e f i n i t i o n e n der gesamte abgeleitete Inhalt in streng notwendiger Verknüpfung deduktiv erschlossen wird. Im Gebiet der psychischen Erscheinungen aber ist uns dieser Weg versagt: denn von unserem eigenen Ich besitzen wir keine allgemeine „Idee", die wir zugrunde legen und aus der wir seine besonderen Eigentümlichkeiten folgern könnten[2]). So unmittelbar sich der psychische Zusammenhang uns im individuellen Erleben darzustellen scheint, so wenig gelingt es, von ihm wahrhaft exakte und allgemeine B e g r i f f e zu bilden. Wenn wir somit auch der E x i s t e n z der Seele früher und unmittelbarer als der des Körpers gewiß werden, so gilt

---

[1]) M a l e b r a n c h e , De la recherche de la Vérité. (Septième édition revue et corrigée, 2 vol. Paris 1721). — Préface.
[2]) „Recherche de la Vérité" Livr. III, 2e partie, Chap. VII; I, 223 ff.

dennoch von der Erkenntnis ihrer Natur das Umgekehrte. Wir verstehen die Körper ihrer empirischen Beschaffenheit nach, indem wir sie in räumliche und zahlenmäßige Verhältnisse auflösen. Alle Eigentümlichkeiten der Körperwelt werden uns vollständig durchsichtig und deutlich, sobald wir uns einmal ihrer quantitativen Grundgesetze versichert haben, sobald wir dazu gelangt sind, die mannigfachen Bestimmtheiten der Empfindung in reinen G r ö ß e n - u n t e r s c h i e d e n auszusprechen. Diese Möglichkeit der O b j e k t i v i e r u n g aber erstreckt sich allein auf den G e g e n s t a n d des Bewußtseins, nicht auf den Vorgang, vermöge dessen wir ihn denken. „Wenn ich begreife, daß 2 + 2 = 4 ist, so erfasse ich diese Wahrheit mit völliger Klarheit, aber ich erkenne nicht klar jenes Etwas in mir, das sie begreift". Alle „klaren Ideen" — an diesem Grundgedanken der Cartesischen Methodenlehre hält Malebranche fest — erstrecken sich lediglich auf B e z i e h u n g e n und gehen in ihnen auf; im Psychischen aber mag der e i n - z e l n e gesonderte Inhalt noch so lebendig vor uns stehen und unser Bewußtsein ausfüllen: niemals vermögen wir ihn in ein zahlenmäßig bestimmtes Verhältnis zu einem anderen zu setzen und beide auf ein gemeinsames M a ß zurückzuführen. Das Problem der P s y c h o p h y s i k — wie wir es in moderner Sprache ausdrücken können — wird von Malebranche von Anfang an auf Grund allgemeiner logischer Erwägungen verworfen. Es ist ein Irrtum, zu glauben, daß Empfindungen, als subjektive Vorgänge betrachtet, sich irgendwie an einander messen ließen. Jeder Vergleich zwischen ihnen setzt vielmehr eine vorangehende, gedankliche R e - d u k t i o n der verglichenen Inhalte, setzt die Zurückführung auf die o b j e k t i v e n Ursachen und Reize, die der räumlich-zeitlichen Erfahrung und damit der mathematischen Fixierung unterliegen, voraus[1]).

Um die psychischen Inhalte mit einander gesetzlich zu verknüpfen, gibt es somit kein anderes Mittel, als ihnen in

---

[1]) S. R e c h e r c h e, Eclaircissement XI; II, 276 f. sowie R e - c u e i l de toutes les réponses du P. Malebranche à Mr. Arnauld; Paris 1709, Vol. IV, 34 f.

der physischen Wirklichkeit ein K o r r e l a t, auf das wir sie beziehen, zu entdecken. Jetzt erklärt es sich, daß zwischen beiden Reihen die strengste lückenlose Entsprechung gefordert werden muß: fiele irgendein Bewußtseinsinhalt aus dieser beständigen Z u o r d n u n g heraus, so stände er eben damit außerhalb der objektiven Erkennbarkeit und der objektiven „Natur". In dieser Folgerung liegt der originale und eigentümliche Zug von Malebranches „Okkasionalismus". Die Theorie der „Gelegenheitsursachen" ist, nach der metaphysischen Seite hin, schon vor ihm vollständig durchgebildet. Überall indes werden von ihr Körper und Seele als selbständige, unabhängige Wesenheiten gedacht, die nur dank einer zufälligen göttlichen Verfügung mit einander in Verknüpfung und Zusammenhang stehen. C l a u b e r g, einer der ersten Begründer der Theorie, erklärt ausdrücklich, daß an diesem Punkte die unmittelbare Berufung auf die Allmacht Gottes, die überall sonst absurd wäre, logisch zu Recht besteht und die einzige mögliche Lösung bildet[1]). Malebranche hat diese Berufung zwar gleichfalls nicht vermieden; aber das Problem steht bei ihm dennoch von Anfang an auf einem anderen Boden. Der „Parallelismus" zwischen seelischen und körperlichen Erscheinungen gilt ihm nicht als eine äußerliche, materiale T a t s a c h e, sondern ist zu einer begrifflichen F o r d e r u n g und einem notwendigen E r k e n n t n i s p r i n z i p geworden. Der Gegensatz zwischen den beiden Substanzen wird ausgeglichen durch die Einsicht, daß es nur e i n e Art der „Erfahrung", nur e i n e Art vollgültiger, wissenschaftlicher Erkenntnis gibt. Die Beziehung der geistigen Vorgänge auf die Materie erst macht sie zum Gegenstand der exakten Wissenschaft. Erst durch Zuordnung zu einem bestimmten physiologischen Prozeß zeichnen wir

---

[1]) „Quamvis autem in aliis quaestionibus absurdum merito censeatur, statim ad voluntatem Dei se conferre, nec aliam responsionem dare, quam quod Deo sic placuerit; tamen in hac de qua agitur quaestione non aliam puto responsionem esse quaerendam aut posse inveniri" C l a u b e r g, Exercitationes centum de cognitione Dei et nostri; Exerc. XCI. (Op. II, p. 753.) — Vgl. Claubergs Schrift: Corporis et animae conjunctio. Cap. XIV.

sie in das Bild des Seins ein, dessen Grundzüge durch die klaren und distinkten Ideen der Mathematik vorgeschrieben sind. Die Kritik des Substanzbegriffs, aus der die Cartesische Philosophie hervorgewachsen ist, ist nunmehr um einen wichtigen Schritt weitergeführt: sie greift von der Physik in die Psychologie über. Mit aller Klarheit und Entschiedenheit stellt sich Malebranche nun auf den Standpunkt der Phänomene und begrenzt in ihnen die Aufgabe der Wissenschaft. Zwar mag unserer Seele an sich ein absolutes Sein zukommen, zwar mag es eine Regel und einen „Archetypus" im göttlichen Verstande geben, nach dem sie entworfen und geformt ist: unsere Forschung hat es dennoch niemals mit diesem idealen Urbild, sondern nur mit der empirischen Erscheinung, ihrer Aufeinanderfolge und ihrer Verknüpfung zu tun[1]). Mit dieser Erkenntnis erst befestigen wir die Einheit der Methode und sichern sie in allen Teilen und Gebieten des Wissens. Denn auch die Physik muß, um Wissenschaft zu werden, zunächst lernen, von der unbekannten Ursache der körperlichen Vorgänge abzusehen. Sie beginnt damit, die Materie durch das einzige klare und deutliche Merkmal, das wir an ihr begreifen, durch den Begriff der Ausdehnung zu bestimmen. Die Frage aber nach einem „Subjekt" dieser Ausdehnung, nach einem „Etwas", das sich in ihr darstellt und hinter ihr verbirgt, weist sie von Anfang an zurück. Denn das „Sein" des Stoffes fällt ihr mit derjenigen Grundeigenschaft zusammen, aus der alle seine möglichen Besonderungen und Eigentümlichkeiten sich ableiten lassen. Jeder Gedanke, der hierüber hinausgeht, ist zum mindesten völlig unfruchtbar und kann nicht mehr als ein leeres Spiel der Einbildungskraft bedeuten. Der Analyse des metaphysischen Substanzbegriffs, wie sie hier von Malebranche geübt wird, hat Locke später kaum einen wesentlichen Zug hinzugefügt[2]). Die Übereinstimmung, die der Physiker zu suchen

---

[1]) Vgl. z. B. Malebranches „Réponse à Regis". (Recherche II, 171 f.) u. ö.
[2]) Recherche. Liv. III, 2e partie, Chap. 8 u. 9. — I, 230 ff: „Il se peut absolument faire, que l'étendue soit jointe avec quelque autre chose que nous ne concevons pas, parce que nous n'en avons point

hat, ist die zwischen seinen B e g r i f f e n auf der einen, und der E r f a h r u n g und dem Inbegriffe der Wahrnehmungen auf der anderen Seite. Die absoluten Subjekte dagegen, die man „hinter" den empirisch faßbaren Attributen der Ausdehnung und Bewegung etwa vermutet, entziehen sich seinem Gesichtskreis und seiner Beurteilung; sie können völlig fortfallen, ohne daß dadurch der Wert seiner Wissenschaft irgend geschmälert wird. „On dira peut-être que l ' e s s e n c e de la matière n'est point l'étendue, mais qu'importe? Il suffit que le monde que nous concevrons être formé d'étendue, paroisse semblable à celui que nous voyons, quoiqu'il ne soit point matériel de cette matière, qui n'est bonne à rien, dont on ne connoît rien, et de laquelle cependant on fait tant de bruit"[1]).

Wenn in den Entwicklungen, die wir bisher verfolgten, der reinen Durchführung dieser streng phänomenalistischen Betrachtungsweise vor allem die absolute Geltung und Anwendung des K a u s a l b e g r i f f e s entgegenstand, so wird auch diese nunmehr beseitigt. Bleiben wir bei der Anschauung der empirischen Veränderungen stehen, so findet sich in ihnen kein einziges Moment, daß uns die W i r k s a m k e i t eines Elements auf ein anderes verriete oder unmittelbar darstellte. Der Begriff der körperlichen K r a f t erweist sich für die schärfere Zergliederung als ein leeres Idol der Einbildungskraft: „Wie sehr ich mich auch anstrenge, ihn zu begreifen: ich finde keine I d e e in mir, die mir jenes Etwas darstellt,

---

d'idée: quoiqu'il semble fort déraisonnable de le croire et de l'assurer; puisqu'il est contre la raison d'assurer ce qu'on ne sçait point et ce qu'on ne conçoit point .... Ainsi ce quelque chose que (les philosophes) supposent au delà de l'étendue.. n'est rien de réel, si l'on en croit la raison; et même ne peut de rien servir pour expliquer les effets naturels. Et ce qu'on dit que c'est le *sujet* et le *principe* de l'étendue, se dit *gratis* et sans que l'on conçoive distinctement ce qu'on dit; c'est-à-dire, sans qu'on en aye d'autre idée qu'une générale et de Logique, comme de sujet et de principe. De sorte que l'on pourroit encore imaginer un nouveau *sujet* et un nouveau *principe* de ce sujet de l'étendue, et ainsi à l'infini; parce que l'esprit se représente des idées générales de sujet et de principe comme il lui plaît.
[1]) Recherche, L. VI, IIe partie, Chap. 6. (II, 76).

das man die Kraft oder Macht der geschaffenen Wesen nennt." Wenn man glaubt, eine solche Idee, wo nicht in der äußeren, so doch in der „inneren" Erfahrung zu besitzen, so beruht auch dies auf einer Selbsttäuschung, die vor der tieferen Analyse sogleich verschwindet. Zwischen dem W i l l e n s - a k t , den ich in mir selbst wahrnehme, und einer materiellen Änderung der äußeren Welt besteht keinerlei notwendige, ja keinerlei begreifliche und verständliche Verknüpfung. Nur das Vorurteil einer oberflächlichen Betrachtung vermag uns einen logischen Zusammenhang bei einem Vorgang vorzutäuschen, bei dem es sich in Wahrheit um ein bloßes Nach- und Nebeneinander von Erscheinungen handelt. Wir mögen das gesamte Gebiet des Bewußtseins, das für uns notwendig die einzige Regel des U r t e i l s darstellt, durchforschen: nirgend finden wir in ihm ein Vermögen, das uns eine innere, kausale Beziehung zwischen zwei Gliedern des Seins widerspiegelt. Der Intellekt, wie der Wille, die Vernunft, wie die sinnliche Vorstellung versagen sich gleichmäßig dieser Forderung. Wo immer uns die Erfahrung, wie beim S t o ß d e r K ö r p e r , den Übergang einer K r a f t von einem zum anderen Körper unmittelbar vor Augen zu stellen scheint: da ist es in Wahrheit nur eine konstante g e s e t z l i c h e B e z i e h u n g zwischen Bewegungsvorgängen, eine Regel, durch die die Verteilung der Geschwindigkeiten an verschiedene Teile des Raumes bestimmt wird. Die G e s e t z e , nicht die K ö r p e r sind es, auf die alle Wirksamkeit im echten, logischen Sinne zurückgeht: „parce que ces loix sont efficaces, elles agissent et les corps ne peuvent agir"[1]). In

---

[1]) Recherche: De la méthode, IIe partie, Chap. 3. (II, 39). — Vgl. bes. Livr. III, 2e partie, Chap. 3 (I, 208 ff.): „Mais la cause de leur erreur est, que les hommes ne manquent jamais de juger qu'une chose est cause de quelque effet, quand l'un et l'autre sont joints ensemble, supposé que la véritable cause de cet effet leur soit inconnuë. C'est pour cela que tout le monde conclut, qu'une boule agitée qui en rencontre une autre, est la véritable et la principale cause de l'agitation qu'elle lui communique; que la volonté de l'âme est la véritable et la principale cause du mouvement du bras et d'autres préjugés semblables, parce qu'il arrive toujours qu'une boule est agitée, quand elle est rencontrée par une autre qui la choque, que nos bras sont remués presque

dieser letzten Schlußfolgerung zieht Malebranche nur die Konsequenz einer Grundanschauung, die durch die moderne, mathematische Naturwissenschaft eingeleitet und notwendig gefordert ist. Wir konnten insbesondere bei Kepler verfolgen, wie der Kraftbegriff der Naturphilosophie und der naiven Vorstellung sich mit der wachsenden Einsicht in die Prinzipien der eigenen Forschung, in den Begriff der F u n k t i o n auflöst. Für Galilei bildet diese Umbildung sodann bereits die sichere Voraussetzung, von der aus er die substantiellen Formen der Schulphilosophie bekämpft. An diesem Punkte greift nunmehr Malebranches Kritik ein: und dieser Zusammenhang ist es, der sie von der Kritik H u m e s , mit der man sie verglichen hat[1]), scheidet.

In der Tat hat Malebranche, hat somit der geschmähte „Rationalismus" Hume die Waffen geliefert, mit denen er die p o p u l ä r e Ansicht der Ursächlichkeit bekämpft. Aber wenn bei Hume die exakte Mechanik selbst in das Urteil einbezogen wird, das sich gegen den Anthropomorphismus der naiven Anschauung kehrt, so bleibt hier die strenge Grenzscheide und der Gegensatz zwischen beiden Gebieten erhalten. Wir „begreifen", wenn nicht die innerliche Art des Übergangs, so doch die Regelmäßigkeit der Beziehung, die zwischen Ursache und Wirkung besteht: sofern wir sie in die Sprache der klaren und deutlichen Ideen der Größe übertragen und in ihr befestigen können. In diesem Sinne hat Malebranche selbst beständig an der Entdeckung des einheitlichen quantitativen Grundgesetzes gearbeitet, aus dem alle besonderen Bewegungsvorgänge mit deduktiver Strenge ableitbar werden sollten: — innerhalb der Cartesischen Schule ist er der Erste, der den Übergang von den Stoßregeln Des-

---

toutes les fois que nous le voulons et que nous ne voyons pas sensiblement, quelle autre chose pourroit être la cause de ces mouvements."
[1]) Die Beziehungen zwischen Malebranche und Hume sind zuerst von Lyon (a. a. O. S. 124) hervorgehoben und sodann von N o v a r o (Die Philosophie des N. Malebranche, Berlin 1893) ausführlich, jedoch mit völliger Vernachlässigung des logischen und metaphysischen Gegensatzes zwischen den beiden Systemen, dargestellt worden.

cartes' zum Leibnizischen Satz der Erhaltung der lebendigen Kraft vollzogen hat[1]). Allgemein weist der R e l a t i v i s m u s , der einen Grundzug von Malebranches Erkenntnislehre ausmacht, eine doppelte B e z i e h u n g auf, ohne doch seiner eigentlichen Absicht nach schwankend und zweideutig zu werden. Er knüpft zunächst an psychologische Erwägungen und Tatsachen an: die Relativität der Wahrnehmung ist es, durch die die bloß relative Geltung aller reinen Erkenntnisse beleuchtet und erwiesen werden soll. In der Richtung dieser Problemstellung liegt es, wenn Malebranche hier wiederholt auf B a c o n zurückweist, dessen Idolenlehre in der Tat das Grundschema für die psychologischen Zergliederungen des ersten Teiles der Recherche abgegeben hat (Vgl. ob. S. 530.) Die Daten, die unsere Sinne uns liefern, machen uns nicht mit dem wirklichen Sein der Körper, sondern nur mit dem V e r h ä l t n i s vertraut, in dem sie unter einander und zu unserem eigenen Körper stehen. Einen abluten Maßstab besitzen wir so wenig für das Sein der Körper, wie für ihre Veränderung. Der Zustand unserer Organe, wie die äußeren psychologischen Nebenumstände der Wahrnehmung entscheiden darüber, welche Größe wir einer bestimmten Raumstrecke oder einer gegebenen Zeitdauer zuschreiben. Denken wir uns, daß der Gesamtverlauf unserer Vorstellungen plötzlich beschleunigt oder verlangsamt würde, so müßte sich damit unser Urteil über alles äußere Geschehen und die Geschwindigkeit seines Ablaufs notwendig ändern. So scheint alle gedankliche Entscheidung über die Wirklichkeit in den Umkreis der bloßen E m p f i n d u n g hineingezogen und der gleichen Bedingtheit, wie diese, unterworfen. Unsere Sinne, die uns lediglich zur Erhaltung des Lebens, nicht zur Erkenntnis der Wahrheit gegeben sind, erschließen uns nirgends das einzelne, unabhängige Sein eines Dinges, sondern lehren uns nur seine Reaktion und seine

---

[1]) Vgl. die „Loix générales de la communication des mouvements" (Rech. II, 125), die zunächst von dem Cartesischen Prinzip ausgehen, in den späteren Auflagen der „Recherche" indes mannigfache Umgestaltungen erfahren haben.

Unterscheidung gegen andere kennen, da Beides hinreicht, um unser p r a k t i s c h e s Verhalten gegenüber der Mannigfaltigkeit der Objekte zu leiten[1]). Die Relativität erscheint somit hier als ein Kennzeichen, das die begrenzte und eingeschränkte Welt unserer Empfindung charakterisiert: es ist ein biologisches, nicht ein logisches Motiv, aus dem sie hergeleitet und begründet wird.

Zu tieferer Auffassung und Schätzung aber werden wir geführt, sobald Malebranche sich der Darstellung seiner M e t h o d e n l e h r e zuwendet. Jetzt ist es der Grundgehalt von Descartes' ,,Regeln", der in ihm von neuem lebendig wird und der von ihm sicherer und bestimmter als von irgendeinem anderen Schüler und Nachfolger ergriffen und weitergeführt wird. Auch er geht von der Forderung einer A l l g e m e i n w i s s e n s c h a f t aus, von der alle besonderen Erkenntnisse nur Einzelanwendungen sein sollen; auch er führt insbesondere die Wissenschaften der Natur, soweit sie wie die Mechanik und die Astronomie zu exakten Ergebnissen gelangen, auf die ,,universelle Geometrie" als ihre hinreichende und notwendige Bedingung zurück. Alle ,,spekulativen Wahrheiten" haben es mit nichts anderem, als mit den B e z i e h u n g e n der Dinge und weiterhin mit den ,,Beziehungen der Beziehungen" zu tun. Ihr gesamter Gehalt und Gegenstand muß daher in den Verhältnissen zwischen Linien seine genaue symbolische Bezeichnung und seine erschöpfende sachliche Darstellung finden[2]). (Vgl. ob. S. 455 ff.) Dieser Zusammenhang wird indessen jetzt nicht mehr auf eine psychologische Zergliederung unserer Fähigkeiten und ,,Vermögen" gestützt: er ergibt sich mit sachlicher, objektiver Notwendigkeit aus dem B e g r i f f d e r W a h r h e i t selbst. ,,Wahrheit" besagt und bezeichnet nichts anderes, als eine ,,reale Beziehung", die zwischen zwei Ideen stattfindet, als eine V e r g l e i c h u n g, die uns ihre Einerleiheit oder Verschiedenheit kennen lehrt. Ob die Einzelinhalte, die in diese

---

[1]) Recherche, Livr. I, chap. 6 (I, 23 ff.); chap. 8 (I, 35 f.) chap. 10 (I, 50) u. chap. 20 (I, 78). — Über B a c o n s. L. II, 2e partie, Chap. 2 u. 8 (I, 127 u. 147) u. s.
[2]) De la méthode, 1e partie, Chap. IV. bes. II, 17 ff.

Vergleichung eingehen, wirkliche Existenz besitzen, ist für den Wert und die Geltung des Verhältnisses selbst ohne Belang: während umgekehrt keine Verhältnisse zwischen den Dingen stattfinden oder ausgesagt werden könnten, wenn nicht die Gewißheit rein idealer Beziehungen vorausginge. Diese letzteren allein sind es, die, wie dem Bereich des D a s e i n s, so auch dem des W e r d e n s entzogen und daher ewig und unveränderlich sind; sie allein bilden somit die unverrückbare Regel aller anderen Erkenntnisse. Je weiter wir uns von diesen allgemeinen Urbegriffen entfernen, um uns der konkreten Wirklichkeit zuzuwenden, um so geringer wird die Bürgschaft der Gewißheit unserer Einsicht. Das letzte Ziel des Erkennens ist daher nur in denjenigen Wissenschaften erreichbar, in denen — wie insbesondere in der mathematischen A n a l y s i s — der G e g e n s t a n d sich völlig aus reinen R e l a t i o n e n aufbaut und in ihnen aufgeht. „Les vérités ne sont que des r a p p o r t s et la connoissance des vérités la connoissance des rapports. Il y a des rapports ou des vérités de trois sortes. Il y en a entre les idées, entre les choses et leurs idées, et entre les choses seulement.... De ces trois sortes de vérités celles qui sont entre les idées sont éternelles et immuables et à cause de leur immutabilité e l l e s s o n t a u s s i l e s r è g l e s e t l e s m e s u r e s d e t o u t e s l e s a u t r e s : car toute règle ou toute mesure doit être invariable. Et c'est pour cela que l'on ne considère dans l'Arithmétique, l'Algèbre et la Géométrie que ces sortes de vérités, parce que ces sciences générales règlent et renferment toutes les sciences particulières"[1]). Man sieht, wie der Satz der R e l a t i v i t ä t aller unserer Erkenntnis hier einen völlig neuen Sinn erhalten hat: wenn er zuvor den A b s t a n d zu bezeichnen schien, der zwischen unserem Wissen und seinem Objekt dauernd bestehen bleiben muß, so ist er jetzt zum Ausdruck für die Kraft und die „intelligible" Vollendung des Wissens geworden. Und wir verstehen nunmehr die Grundabsicht, in welcher Malebranche aus der empirischen Psychologie die absolute Seelensubstanz, aus der empirischen Physik die absolute Materie ent-

---

[1]) A. a. O., chap. 5, S. 24. — Vgl. bes. De la méthode, 2e partie, Chap. 6 (II, 75).

fernen mußte. Das Bild der Wirklichkeit ist erst jetzt nach dem Schema und Grundriß der Methode gestaltet und ausgeführt. Keine Scheidewand trennt mehr die verschiedenen Gebiete: der Gegenstand der Erfahrungswissenschaft besteht aus einem Inbegriff von V e r h ä l t n i s s e n , für deren Bearbeitung die mathematischen Grundbeziehungen die Richtschnur und das rationale Vorbild abgeben. Ist somit für die empirische Wirklichkeit die R e d u k t i o n , die nach den Bedingungen der Erkenntnis zu fordern war, vollendet, so bleibt dennoch — wie wir schon hier uns vergegenwärtigen müssen — ein Problemgebiet zurück, an dem das gedankliche Verfahren, das sich bisher bewährte, eine Grenze findet. Der K r a f t b e g r i f f insbesondere wurde nur darum aus der Betrachtung der Erscheinungen verbannt, um ihn einer anderen Sphäre ausschließlich vorzubehalten und ihn in ihr zu unumschränkter Geltung zu bringen. Wir sahen, daß alle W i r k s a m k e i t den Dingen entzogen und auf die G e s e t z e übertragen wurde. Woher aber — so lautet nunmehr die Frage, der sich Malebranche nicht zu entziehen vermag — woher stammt die Wirksamkeit jener Gesetze selbst? Wenn es nicht gelingt, einen letzten festen Punkt zu finden, an den wir ihre Geltung anknüpfen können, so bleibt alles Sein und alles Geschehen wiederum dem Zufall und der Willkür überantwortet. Und damit ändert sich die Richtung der Betrachtung: die Regeln des Geschehens sind fest und unverrückbar, weil sie nur verschiedene Ausdrücke des in sich einheitlichen und beständigen W i l l e n s d e r G o t t h e i t sind. Die „notwendige Verknüpfung", die uns die Zergliederung der Erscheinungen nirgend darzubieten vermochte: hier ergreifen und verstehen wir sie unmittelbar. Jetzt stellt sich uns ein eigentümliches Verhältnis dar: die M e t a p h y s i k leistet uns, was uns die innere, wie äußere E r f a h r u n g versagte. Zwischen dem göttlichen Willen und seinem Werk besteht allein jener direkte Wesenszusammenhang, besteht der allein verständliche „Übergang", der zur Herstellung von wirklichen Kausalverhältnissen erfordert wird. Ursache und Wirkung sind hier nicht zwei getrennte, beziehungslose Zustände des Seins; Entschluß und Ausführung sind vielmehr ein einziger identischer Akt, der nur durch unsere nachträgliche Betrachtung in zwei verschiedene Momente zerlegt und gespalten wird[1]). Die Gleichförmigkeit des Geschehens setzt die Beständigkeit der Macht und des Willens Gottes voraus; die „Kräfte" innerhalb der Bewegung sind nur darum ausgeschaltet, um sie auf eine einzige Grundkraft der Schöpfung zusammenzuziehen. Die stete Ortsveränderung eines Körpers beruht nicht auf der Beharrung eines ursprünglich ihm verliehenen Antriebes: sie wird erst verständlich, wenn wir in ihr die Wirkung eines unausgesetzten Schöpferaktes erblicken, vermöge dessen der Körper successiv an verschiedenen Stellen von neuem hervorgebracht wird[2]). Damit aber ist die Kontinuität der Bewegung metaphysisch vereitelt: nur die Sinne sind es, die uns den stetigen Fortschritt ein und desselben Beweglichen vortäuschen, während es sich in Wahrheit um die diskrete Entstehung gleichartiger Subjekte an verschiedenen Punkten des Raumes handelt. Auch in der Mitteilung und Übertragung der Bewegung ist die wahre Ursache des Verhaltens der Körper jenseits der Erfahrung zu suchen: die göttliche Allmacht ist es, die bei Gelegenheit einer bestimmten Lagerung und Configuration von Massen in der einen ein bestimmtes Quantum von Bewegung vernichtet, um es in der anderen neu zu erschaffen. Es ist bezeichnend und lehrreich, wie der metaphysische Weltbegriff Malebranches, der auf diese Weise gewonnen wird, nunmehr auch eine neue Fassung und Deutung des Erkenntnisbegriffs verlangt, der zuvor rein aus der Analyse der Mathematik und der mathematischen Physik abgeleitet worden war. Von den Dingen ging der Gedanke auf die Beziehungen der Erkenntnis zurück: aber diese Beziehungen als Ganzes werden nunmehr wiederum an das göttliche Sein angeknüpft und aus ihm zu verstehen gesucht. Hierin liegt bereits ein Grundproblem, das uns schärfer und eindringlicher

---

[1]) De la méth., 2e partie, Chap. 13. (II, 38 ff.) — vgl. bes. Recherche L. III, 2e partie, chap. 3, (I, 212).
[2]) Eclaircissement XV (II, 301) — S. bes. die „Entretiens sur la métaphysique" (1687); Entret. VII, § 10 — (Oeüvres de Malebranche, publ. par Jules Simon, Paris 1846, I, 156 ff.).

in der Gestaltung von Melbranches I d e e n l e h r e entgegengetreten wird.

II.

Malebranches Idealismus weist in seiner Form und Begründung wiederum deutlich die Kennzeichen der zwei verschiedenen wissenschaftlichen Grundinteressen auf, die ihn beherrschen. Es ist die p s y c h o l o g i s c h e Tendenz, die an seiner Bildung und Ausarbeitung mitwirkt; es sind psychologische Tatsachen und Erwägungen, auf die er sich zunächst beruft. Das Ich findet sich, sobald es zum klaren Bewußtsein seiner selbst erwacht, in den Umkreis seiner Empfindungen eingeschlossen. Die Wirklichkeit löst sich ihm in eine Mannigfaltigkeit, einen Zusammenhang von Vorstellungen auf, die nach bestimmten Gesetzen der Verknüpfung auf einander folgen. Welchen Begriff wir uns immer von der realen Existenz der Dinge außerhalb des Bewußtseins machen: sicher ist, daß sie uns nirgend gegeben, daß sie durch kein einziges Datum unserer inneren Erfahrung bestätigt oder erwiesen werden können. Man nehme den Fall, daß diese transscendente Wirklichkeit vernichtet würde, ohne daß indes eine Wandlung innerhalb unserer Bewußtseinsinhalte selbst von statten ginge, so würde damit unser Weltbild in keinem einzigen Zuge geändert, so blieben alle Erfahrungen und Schlüsse, die wir auf sie bauen, in Kraft[1]). „Die Welt ist meine Vorstellung": dieses Thema ist es, von dessen immer erneuter Variation Malebranche seinen Ausgang nimmt. Die Instanzen des Traumes und der Sinnestäuschung, die von Descartes nur kurz berührt worden waren, gewinnen bei ihm breiteren Raum und allgemeinere Bedeutung[2]). Einen B e w e i s für das Dasein der Körper zu versuchen, wie Descartes es getan,

---

[1]) Vgl. bes. Entretiens I, § 5: „Les beautés que nous voyons ne sont point des beautés matérielles, mais des beautés intelligibles . . puisque l'anéantissement supposé de la matière n'emporte point avec lui l'anéantissement de ces beautés que nous voyons en les regardant." „Toutes ces couleurs qui me réjouissent par leur variété et par leur vivacité, toutes ces beautés qui me charment, lorsque je tourne les yeux sur ce qui m'environne, m'appartiennent à moi" etc. (Entret. IV, § 3 u. s.)

[2]) S. z. B. Entretiens I, § 7 u. ö.

gilt ihm als vergebliches Bemühen; bei aller Zurückhaltung, deren er sich gegenüber dem Meister befleißigt, hat er doch alle Argumente, die in dieser Richtung gehen, mit Entschiedenheit verworfen. Hatte Descartes sich darauf gestüzt, daß unser Glaube an die Existenz äußerer Dinge unvermeidlich sei und daß es daher die Evidenz aller unserer Grunderkenntnisse entwurzeln hieße, wenn wir ihm die Zustimmung versagten, so weist er in diesem vermeintlich logischen Zwange das Moment der Gewöhnung und des Vorurteils auf, über das eine tiefer dringende Analyse uns aufklärt und hinweghilft. Derselbe Grundtrieb, der uns von den „Ideen" zu an sich bestehenden körperlichen Gegenständen hinaustreibt, verleitet uns auch, die Dinge selbst mit den Eigenschaften auszustatten, die nur unseren Sinnen und unserer Einbildungskraft angehören; dieselbe Kritik, die uns die Subjektivität der Farben und Töne kennen lehrt, genügt, schärfer gefaßt und durchgeführt, jeden Schluß auf ein unabhängiges stoffliches Sein zunichte zu machen[1]). So zeigt sich uns hier eine lehrreiche geschichtliche Abfolge. Die Aufgabe, um derentwillen Descartes zur Metaphysik fortgeschritten war, wird jetzt fallen gelassen; der erste Schritt in der Entwicklung eben dieser Metaphysik besteht darin, ihren Anfang entbehrlich zu machen.

Die Sonderstellung, die Malebranche hier innerhalb der Fortbildung der Cartesischen Grundgedanken einnimmt, zeigt sich besonders deutlich in der Freiheit, die er gegenüber dem Eckstein und Fundament der gleichzeitigen Philosophie, gegenüber dem ontologischen Beweisgrund gewinnt. In voller Schärfe und Klarheit scheidet er an diesem Punkte seine Lehre vom Spinozismus, mit dem schon die Zeitgenossen sie verglichen hatten. In dem wichtigen und interessanten Briefwechsel mit Mairan, der — ein eifriger Anhänger Spinozas — diesen Vergleich zuerst ausspricht und der ihn, allen Entgegnungen zum Trotz, aufrecht erhält, bezeichnet Malebranche es als den Grundmangel der Lehre Spinozas, daß sie den Gedanken der intelligiblen Ausdehnung

---

[1]) Eclaircissement VI, (Rech. II, 206 ff.); Entretien VI, § 4. (Simon I, 135) u. s.

mit dem Dasein eines unendlichen existierenden Grundstoffes verwechsele. Zwischen beiden aber besteht kein begrifflicher Zusammenhang und keine innerlich notwendige Verknüpfung. Der Schluß von der Geltung der Idee auf das Sein des Inhalts, der durch sie bezeichnet wird, ist eine metaphysische Illusion, in die wir durch die Zweideutigkeit des logischen Grundkriteriums des Cartesianismus verstrickt werden. Der Satz, daß man die Merkmale, die man im Begriff eines Dinges „klar und deutlich" begreift, von der S a c h e selbst aussagen kann, besteht nur dann zu Recht, wenn man auf Grund anderer Kennzeichen bereits gewiß ist, daß das „Subjekt" unseres Urteils e x i s t i e r t; er kann nicht dazu verwandt werden, diese Existenz selbst erst zu s e t z e n und zu begründen. Unsere Grunderkenntnisse versichern uns niemals unmittelbar der D i n g e, sondern nur eines bestimmten Zusammenhangs von B e d i n g u n g e n. Wir müssen, sofern wir den B e g r i f f der Materie setzen, freilich auch seine Beschaffenheiten und Eigentümlichkeiten, wie etwa die Ausdehnung und Teilbarkeit, von ihm aussagen; das aktuelle D a s e i n des Stoffes selbst aber ist keine Eigenschaft und kein logisches Merkmal, das jemals aus seiner „Idee" zu erschließen wäre. Wir mögen diese zu immer größerer Bestimmtheit und Klarheit entwickeln, wir mögen sie zum Ausgangspunkt der Physik und zum Quell immer neuer Erkenntnisse machen: nirgends werden wir in ihr einen notwendigen Hinweis auf ein unabhängiges und losgelöstes Objekt finden, das ihr entspricht[1]). Sofern wir an das Dasein eines

---

[1]) „L' i d é e de l'étendue est infinie, mais son i d e a t u m ne l'est peut-être pas. Peut-être n'y a-t-il actuellement aucun ideatum. Je ne vois immédiatement que l'idée et non l'ideatum: et je suis persuadé que l'idée a été une éternité sans ideatum... Je ne vois point immédiatement l'ideatum; j e n e s a i s q u e p a r u n e e s p è c e d e r é v é l a t i o n s'il y en a.... Si l'auteur etoit présent, il me diroit apparemment: Il faut affirmer d'une chose ce que l'on conçoit être renfermé dans son idée. Or l'idée de l'étendue est infinie, donc aussi son ideatum. Je lui répondrois: le principe est vrai; mais c'est supposé que l'ideatum existe et il n'en prouve point l'existence... I l e s t v r a i p a r r a p p o r t a u x p r o p r i é t é s d'ê t r e; m a i s i l n' e s t p a s v r a i p a r r a p p o r t à l e u r e x i s t e n c e. J e peux conclure que la matière est divisible, parce

solchen Objektes glauben, sofern wir der Idee ein „I d e a t u m"
zuordnen, geschieht es jedenfalls nicht auf Grund logischer
Überzeugungen und immanenter Forderungen unserer Erkenntnis: es ist lediglich die — Offenbarung, die diesen Schritt
vertreten und rechtfertigen kann[1]). Wenn Malebranche mit
dieser unvermuteten Wendung dem Ergebnis seiner vorangehenden Analyse die Spitze abbricht, so tritt doch seine
Grundansicht durch den Gegensatz jetzt nur um so deutlicher
zu Tage. Es kann keine schärfere p h i l o s o p h i s c h e
Verurteilung des Begriffs der „absoluten Materie" geben,
als sie in dieser paradoxen t h e o l o g i s c h e n Beweisführung enthalten ist. In der Tat war es — wie man mit Recht
bemerkt hat — nicht sowohl die Autorität der Bibel, als die
der K i r c h e , die Malebranche hier vor dem letzten positiven Schritt zurückhielt[2]), während die rein sachlichen
Motive seines Gedankens in der Frage der Existenz der Körperwelt mit Notwendigkeit zu dem Ergebnis B e r k e l e y s
hindrängen.

Sind indes die absoluten D i n g e , und in ihnen der
gewohnte feste Halt der „Objektivität" des Wissens beseitigt,
so muß nunmehr ein anderes Problem immer deutlicher und
dringender zu Tage treten. B e r k e l e y hat sich in einem

que l'idée que j'en ai me la représente telle; mais
je ne puis pas assurer qu'elle existe, quoique je
ne puisse douter de l'existence de son idée." (Briefe
von Malebranche an Mairan vom 6. Sept. und 12. Juni 1714.) S. Victor
C o u s i n , Fragments de Philosophie Cartésienne, Paris 1845, S. 343 f.
u. S. 308.

[1]) „Les hommes ont besoin d'une autorité qui leur apprenne
les vérités nécessaires, celles qui doivent les conduire à leur fin; et
c'est renverser la Providence que de rejeter l'autorité de l'Église . .
Or la foi m'apprend que Dieu a créé le ciel et la terre; elle m'apprend
que l'Écriture est un livre divin, et ce livre ou son apparence me dit
nettement et positivement qu'il y a mille et mille créatures. Donc
voilà toutes mes apparences changées en réalités. Il y a des corps:
cela est démontré en toute rigueur, la foi supposée." (Entret. VI,
§ 8, Simon I, 140) — Vgl. bes. Éclairc. VI.

[2]) S. hierüber L y o n (a. a. O. S. 172 f.) sowie die eingehende
Darstellung von F. P i l l o n , L'évolution de l'idéalisme au XVIIIe
siècle: Malebranche et ses critiques. (L'Année Philosophique, IV,
1893.)

philosophischen Tagebuch seiner Jünglingsjahre die Frage gestellt: „Was wird aus den ewigen Wahrheiten?" — und er hat darauf die kurze und trockene Antwort erteilt: „Sie verschwinden". („They vanish".) In der Tat ist dies die Folgerung, die der psychologische Idealismus, von dem auch Malebranche seinen Ausgang nahm, allein zu verstatten scheint. Was uns gegeben ist, ist das bunte und wechselnde Spiel unserer Empfindungen und Vorstellungen. Wie könnten wir diesem rastlosen W e r d e n an irgendeinem Punkte Halt gebieten, wie könnten wir aus ihm eindeutige und unabänderliche Bestimmtheiten herausschälen? Nur der Prozeß, nur das immer erneute D e n k g e s c h e h e n ist uns bekannt: es muß bereits wie eine falsche Abstraktion scheinen, in ihm feste Denk g e b i l d e und Begriffe unterscheiden zu wollen. Und selbst wenn die Unterscheidung gelänge: wer versichert uns, daß die Ergebnisse, die wir hier gewinnen, allgemeine Bedeutung haben? Mit welchem Rechte können wir einem Inhalt, der sich uns einzig in der Form des i n d i v i d u e l l e n Bewußtseins darstellt, universellen Wert zusprechen und seine Anerkennung von allen denkenden Subjekten fordern? Fragen dieser Art sind es, die nunmehr in Malebranche lebendig werden und die seinem Idealismus eine neue entscheidende Richtung geben. Die absoluten „Dinge" können wir getrost entbehren: aber die Gewißheit und Konstanz der wissenschaftlichen Erkenntnisse gilt es zu gründen und zu sichern. Wir verlangen nicht länger ein gegenständliches U r b i l d unserer Vorstellungen, das irgendwo im Raum existiert und von unseren Ideen nachgeahmt wird: was wir dagegen fordern müssen, ist eine beharrliche, unverbrüchliche Regel, auf die wir die wandelbaren P h ä - n o m e n e zurückleiten können. Das Selbstbewußtsein bietet uns nichts anderes als ein beständiges Kommen und Gehen immer neuer Perzeptionen, die ungerufen wie aus dem Nichts hervortauchen und wiederum in Nichts zu zerfließen scheinen; wollen wir sie verstehen und beherrschen, so müssen wir sie nicht in starren Objekten, wohl aber in „dauernden Gedanken" befestigen. Ein selbständiges intelligibles Sein, das unabhängig von der Tatsache und dem Akt unserer Wahrnehmung besteht, ja das diese Tatsache selbst erst ermöglicht, ist die erste notwendige Voraussetzung, die wir für den Begriff der Erkenntnis postulieren müssen. — Ehe wir auf die **Folgerungen** eingehen, die für Malebranche in diesem Anfang unmittelbar enthalten und beschlossen sind, müssen wir uns die Notwendigkeit und das Recht der **Fragestellung** nochmals verdeutlichen. Psychologie und Logik: die Lehre von dem subjektiven Denkverlauf und seinen kausalen Gesetzen und die Betrachtung der Grundbeziehungen, die zwischen den Gegenständen des Denkens bestehen, treten jetzt deutlich auseinander. Wiederum ist es die **Mathematik**, die hier die Wege weist und die die grundlegende **philosophische** Unterscheidung bekräftigt. Wenn ich die **Idee** eines Quadrates fasse, wenn ich aus ihr in lückenloser notwendiger Folge alle Eigenschaften einer derartigen Figur ableite: so ist das Objekt, auf das ich in meinem Denken hinblicke und das alle meine einzelnen Schritte leitet, zweifellos nicht das Bild in meinem Geiste, vermöge dessen ich mir, als individuelles Subjekt, das Dreieck vorstelle. Denn dieses Bild geht seiner besonderen Beschaffenheit nach in die **Deduktion**. in der wir uns die begrifflichen Eigenschaften des Dreiecks zur Klarheit bringen, in keiner Weise ein. „Ich sehe klar, daß, wenn ich in dem Quadrat von der Spitze eines Winkels eine gerade Linie ziehe, welche die gegenüberliegende Seite halbiert, das dadurch entstehende Dreieck ein Viertel des ganzen Flächeninhalts ausmacht...; ich sehe, daß das Quadrat über der Diagonale das Doppelte der ursprünglichen Figur ist usw. Die Beschaffenheit meines Geistes aber, die Art, in der die Idee des Quadrats in mir vorhanden ist, ist mir so wenig bekannt, daß ich in ihr Nichts zu entdecken vermag. Zwar bin ich mir bewußt, daß **Ich** es bin, der diese Idee erfaßt, aber meine innere Erfahrung lehrt mich nicht, auf welche Weise meine Seele bestimmt sein muß, damit die begriffliche und sinnliche Vorstellung der Weise zustande kommt und ich mit ihrer Hilfe eine bestimmte Figur erkenne oder wahrnehme. Zwischen unseren „Perzeptionen" und unseren „Ideen" besteht also derselbe Unterschied wie zwischen uns als erkennenden Subjekten und dem, was von uns erkannt wird"[1]).

---

[1]) Réponse à M. Regis No. 12—14. (Rech. II, 165 f.)

Noch deutlicher tritt dies hervor, wenn wir erwägen, daß die mathematischen Begriffe jederzeit ein A l l g e m e i n e s bedeuten, das sich nicht in einer begrenzten Anzahl von Beispielen erschöpft, sondern schlechterdings eine unendliche Mannigfaltigkeit von Fällen in sich schließt: während unsere Perzeption uns stets nur einen vereinzelten momentanen Zustand des Bewußtseins erschließt und für ihn einzustehen vermag[1]). Die Unterscheidung zwischen dem „Inhalt" und dem „Gegenstand" des Bewußtseins, wie sie die neue Psychologie getroffen hat, ist also hier, in der Entgegensetzung von „Idee" und „Perception", bereits aufs klarste vollzogen. Wären wir auf das Material beschränkt, das die verschiedenen Zuständlichkeiten unseres Bewußtseins uns bieten, so wäre jeder Begriff, den wir fassen können, nichts anderes als eine Anhäufung von Einzelvorstellungen. Die Idee des Kreises würde nichts anderes bedeuten als das verworrene Gesamtbild, das aus den wiederholten Wahrnehmungen wirklicher Kreise in uns entsteht. Damit aber wäre sie ihres eigentlichen Kerns und ihres wissenschaftlichen Gehalts beraubt. Denn gerade dies ist das Vorrecht des mathematischen Begriffs, daß er nicht induktorisch zusammengelesen wird, sondern daß wir in ihm eine ursprüngliche Regel besitzen, vermöge deren wir die künftige Erfahrung, vermöge deren wir die A l l h e i t der Fälle im voraus umgrenzen. Die Einzelexemplare, die wir durchlaufen, dienen uns nur zum psychologischen Halt- und Stützpunkt, um uns dieser Allheit zu versichern; die umschließende Gattungseinheit bezeichnet nicht die Summe, sondern die Voraussetzung der besonderen Fälle. Wenn irgendwo, so kommt in der modernen Mathematik dieses Verhältnis zu unbeschränkter und zwingender Darstellung. Das Grundprinzip des U n e n d l i c h e n ist der deutlichste und

---

[1]) „Toutes les modalités d'un être particulier, tel qu'est notre âme, sont nécessairement particulières. Or quand on pense à un cercle en général, l'idée ou l'objet immédiat de l'âme n'est rien de particulier. Donc l'idée du cercle en général n'est point une modalité de l'âme." Rép. à Regis, No. 21, S. 174. — Vgl. Réponse au livre de Mr. Arnauld „Des vraies et des fausses Idées", Chap. VI, No. 12. (Recueil de toutes les réponses etc. I, S. 90) u. s.

schärfste Protest gegen die herkömmliche psychologische Theorie der Begriffsbildung; es bezeichnet die innere Unmöglichkeit jenes Abschlusses, der hier verlangt und vorausgesetzt wird[1]). Das Verhältnis, das zwischen der Hyperbel und ihrer A s y m p t o t e besteht, kann ich mir nicht verdeutlichen, indem ich beide Linien in ihren einzelnen Teilen verfolge und die mannigfaltigen „Perzeptionen", die ich auf diese Weise gewinne, miteinander vergleiche: einzig die umfassende „Idee", die einheitliche mathematische Formel der Hyperbel vermag mich darüber zu belehren[2]). Allgemein ist es die Beziehung zwischen dem einen und allumfassenden Raume und seinen einzelnen Teilen und Gestaltungen, die für das Problem, das hier vorliegt, das vorbildliche Beispiel gibt. Die Idee der Einen Ausdehnung ist nicht das Produkt aus dem Zusammenfließen der besonderen Figuren; sie ist die allgemeine Bedingung, die die Bildung und Abgrenzung des Einzelnen erst ermöglicht[3]). So stehen wir hier vor einem

---

[1]) „L'idée de ce cercle en général, direz-vous, n'est donc que l'assemblage confus des cercles, auxquels j'ai pensé. Certainement cette conséquence est fausse; car l'idée du cercle en général représente des cercles infinis et leur convient à tous, et vous n'avez pensé qu'à un nombre fini de cercles. C'est donc plutôt que vous avez trouvé le secret de former l'idée de crecle en général de cinq ou six que vous avez vus ... Vous avez, pour ainsi dire, formé l'idée de cercle en général e n r é p a n d a n t l'i d é e d e l a g é n é r a l i t é s u r l e s i d é e s c o n f u s e s d e s c e r c l e s q u e v o u s a v e z i m a g i n é s. Mais je vous soutiens que vous ne sauriez former des idées générales que p a r c e q u e v o u s t r o u v e z d a n s l'i d é e d e l'i n f i n i a s s e z d e r é a l i t é p o u r d o n n e r d e l a g é n é r a l i t é à v o s i d é e s." Entretiens II, § 9 (Simon I, 35).
[2]) Réponse au Livre des vraies et des fausses idées. — Chap. VIII, No. 6. (Recueil I, 107.)
[3]) Vgl. Recherche, L. III, 2 e partie, Chap. 6, (I, 218): „Afin que nous concevions un être fini, *il faut nécessairement retrancher quelque chose de cette notion générale de l'être,* laquelle par conséquent doit précéder. A i n s i l'e s p r i t n'a p p e r ç o i t a u c u n e c h o s e q u e d a n s l'i d é e q u'i l a d e l'i n f i n i: et tant s'en faut que cette idée soit formée de l'assemblage confus de toutes les idées des êtres particuliers, comme le pensent les Philosophes, qu'au contraire toutes ces idées particulières ne sont que des participations de l'idée générale de l'infini." Vgl. zu diesen Sätzen jetzt die Ausführungen

merkwürdigen Ergebnis: die reine E r k e n n t n i s selbst, wie sie in den Grunddisziplinen der Mathematik, der Geometrie und der Analysis unzweifelhaft vor uns liegt, führt uns zu einer Klasse von Objekten, die über die Einzelinhalte und Zuständlichkeiten des B e w u ß t s e i n s deutlich hinausweisen. Diesen Sachverhalt können wir nicht anders, als durch die Voraussetzung erklären, daß der Quell dieser Erkenntnisse n i c h t i n u n s s e l b s t liegt, sondern daß es eine jenseitige geistige Wesenheit ist, die sich uns in ihnen mitteilt und die ihre eigene Gewißheit und Klarheit auf uns überträgt. Wenn ich an die Gestalten der Geometrie denke, so errichte ich in meinem Geiste ein Gebäude, so arbeite ich auf einem Baugrund, der nicht mein eigen ist: „cela ne vient point de la modalité qui nous est propre et particulière, c'est un éclat de la substance lumineuse de notre maître commun"[1]). —

Damit ist der letzte entscheidende Schritt getan, ist der Übergang von Descartes zu A u g u s t i n vollzogen. (S. oben S. 507 f.) Aber der Grundgedanke Augustins erhält hier, wo er mit den Prinzipien der modernen Erkenntnistheorie zusammentrifft und mit ihnen verschmilzt, allumfassende Bedeutung und Durchbildung. Was für die ewigen und notwendigen Wahrheiten, das gilt damit auch für die besonderen Erkenntnisse, deren Vorbild und Bedingung sie sind. So erstreckt sich der metaphysische Hauptsatz des Systems nunmehr unmittelbar auf alles gegenständliche Wissen überhaupt. Wir begreifen erst jetzt den Wert der vorangehenden R e d u k t i o n , vermöge deren die Objekte sich uns in Erscheinungen auflösten. (S. oben S. 558.) Wenn es für uns keine anderen als intelligible Objekte gibt, wenn alles Intelligible aber ein Beharrliches und Dauerndes enthält, das von unserem

---

von A. B u c h e n a u , Über den Begriff des Unendlichen und der intelligibelen Ausdehuung bei Malebranche und die Beziehung des letzteren zum Kantischen Raumbegriff. Kant-Studien XIV, 440 ff.
[1]) Entretiens V, § 12. (Simon I, 124 f.) — Vgl. bes. Entretiens II, § 10: ,,Encore un coup, vous ne sauriez tirer de votre fonds cette idée de généralité. Elle a trop de réalité; i l f a u t q u e l'i n f i n i v o u s l a f o u r n i s s e d e s o n a b o n d a n c e" (I, 67). S. ferner: Recherche, Livr. II, 2e partie, Chap. 6 (Rech. I, 216 ff.), Livr. VI, 2e partie, ch. 3 (II, 39, 42) u. ö.

wandelbaren Ich nur ergriffen, nicht erschaffen werden kann, so verstehen wir den Satz, „d a ß w i r a l l e D i n g e i n G o t t s c h a u e n", als notwendige Folgerung. In der Tat: was ist der wirkliche Gegenstand jeder Wahrnehmung — wenn wir von den rein „subjektiven" Qualitäten wie der Farbe, der Härte u. s. f. absehen — anders als ein bestimmt umgrenzter und gestalteter Teil der Ausdehnung[1])? Stammt aber die Idee der Ausdehnung, als ein Unendliches, nicht aus dem Grunde unseres empirischen Selbst, sondern muß sie, von außen auf uns übertragen werden, so sehen wir, daß wir die Mitwirkung der intelligiblen Welt der Ideen auch bei dem einfachsten empirischen Wahrnehmungsakt nicht entbehren können. Die Summe der einzelnen E m p f i n d u n g e n — diesen Satz übernimmt Malebranche als grundlegende Voraussetzung aus D e s c a r t e s' Analyse des Wahrnehmungsprozesses — gibt uns niemals die Gewißheit eines äußeren G e g e n s t a n d e s; erst die mathematischen Begriffe und Urteile sind es, die ihn bestimmen und vollenden. Augustin vermochte die volle Bedeutung seines eigenen Gedankens nicht zu ermessen, weil er in Bezug auf die Empfindung das gewöhnliche Vorurteil teilt, weil ihm, der in den subjektiven Qualitäten Eigenschaften der Dinge selbst sieht, das konkrete Objekt der Erfahrung unmittelbar durch die Sinne g e g e b e n gilt[2]). Damit aber ist ein eigenes Gebiet niederer Erkenntnis

---

[1]) „On voit ou l'on sent tel corps, lorsque son idée, c'est à dire, lorsque telle figure d'étendue intelligible et générale devient sensible et particulière par la couleur, ou par quelque autre perception sensible, dont son idée affecte l'âme et que l'âme y attache; car l'âme répand presque toujours sa sensation sur l'idée qui la frappe vivement" etc. Vgl. die genauere Ausführung: Eclaircissement X (Rech. II, 267 ff.) u. Réponse à Regis (II, 160 ff.)

[2]) Vgl. bes. Première Lettre contre l'accusation de Mr. Arnauld: „Apres y avoir regardé de prés, je m'apperçus que (St. Augustin) ne parloit que d e s v é r i t é s e t d e s l o i x é t e r n e l l e s, d e s o b j e c t s d e s s c i e n c e s, t e l s q u e s o n t l' A r i t h m é t i q u e, l a G é o m é t r i e, l a M o r a l e, et qu'il n'assuroit point que l'on vît en Dieu les choses corruptibles ou sujettes au changement, comme sont t o u s l e s o b j e c t s q u i n o u s e n v i r o n n e n t . . Mais . . la raison, pour laquelle il n'a point parlé, comme j'ai fait et n'a point assuré que l'on vît en Dieu les objects sensibles au sens que je l'entends,

abgegrenzt und anerkannt, das dem Reich der ewigen und notwendigen Wahrheiten selbständig gegenübertritt. Die moderne Auffassung vermag diese Trennung, die der Einheit ihrer M e t h o d e widerstreitet, nicht länger aufrecht zu erhalten. Wie sie seit Nikolaus von Kues die reinen gedanklichen Operationen nicht losgelöst betrachtet, sondern ihre Wirkung bis in den sinnlichen Eindruck selbst verfolgt, so kennt sie keine unbedingte Scheidewand mehr zwischen der intelligiblen und der Erfahrungswelt: beide sind ihr nur in- und miteinander bekannt und gegeben.

In allen diesen Ausführungen erkennt man deutlich die eigentümliche historische Mittelstellung, die Malebranches Lehre einnimmt. Sein System ist der Versuch, auf eine neue Frage, die er in aller Schärfe erkennt und heraushebt, mit gedanklichen Mitteln zu antworten, die der Vergangenheit der Philosophie angehören. Das Problem, das ihn fesselt und auf das selbst alle seine metaphysischen und theologischen Gedanken zurückweisen, ist die N o t w e n d i g k e i t d e r w i s s e n s c h a f t l i c h e n G r u n d w a h r h e i t e n. Die beharrliche und ausschließliche Richtung auf dies zentrale Interesse der E r k e n n t n i s bezeichnet ihn als modernen Denker. Er glaubt sich dem metaphysischen Vorurteil, er

c'est, si je ne me trompe,.. q u e d e s o n t e m p s o n n'a v o i t p o i n t d é c o u v e r t q u e l e s q u a l i t é s s e n s i b l e s n'é t o i e n t p o i n t r é p a n d u ë s d a n s l e s o b j e t s d e n o s s e n s ...
S. Augustin m'ayant donc ouvert heureusement l'esprit sur le sujet que j'examinois et ayant appris de M. Descartes, que la couleur, la chaleur, la douleur, ne sont que des modalités d'âme... je pouvois assurer qu'on voyoit, ou qu'on connoissoit en Dieu même les objets matériels et corruptibles, a u t a n t q u'o n e s t c a p a b l e d e l e s v o i r e t d e l e s c o n n o î t r e. Car enfin, selon S. Augustin, c'est immédiatement dans la Sagesse Éternelle qu'on voit l'étendue, j'e n t e n d s l'é t e n d u e i n t e l l i g i b l e, q u i e s t l'o b j e t d e l a s c i e n c e d e s G é o m è t r e s ... Ainsi je puis dire que je vois en Dieu les corps: c a r b i e n q u'i l s s o i e n t e n e u x - m ê m e s s u j e t s a u c h a n g e m e n t, j e l e s v o i s o u c o n n o i s d a n s l'é t e n due i n t e l l i g i b l e, q u o i q u'i m m u a b l e e t é t e r n e l l e: je les vois, dis-je, comme présents actuellement, à cause de la couleur et des autres sentiments qui s'excitent en moi à leur présence." (Recueil I, 334 ff.; vgl. bes. Réponse à Mr. Arnauld, Chap. VII (Recueil I, 93 ff.) u. Chap. IX (Rec. I, 121).

glaubt sich der Scholastik entrückt, wenn er von ihren „Entitäten" und Kräften überall zu den I d e e n und Wahrheiten, als den ursprünglichen Anfängen zurückgeht. Aber die Ideen selbst bedürfen für ihn schließlich, um ihre universelle Geltung nicht einzubüßen, der Stütze in irgendeiner Existenz, und da die wandelbaren und vergänglichen Vorstellungen in unserem Ich ihnen eine derartige Stütze nicht zu bieten vermögen, so müssen sie zu Dingen einer jenseitigen geistigen Wirklichkeit, zu Inhalten des göttlichen Verstandes werden. So wandelt sich die reine F u n k t i o n der Geltung, die Malebranche überall treffend heraushebt und kennzeichnet, zuletzt dennoch in ein besonderes, für sich bestehendes O b j e k t. Der Idealbegriff der „Vernunft" als eines Ganzen allgemeingültiger und unveränderlicher Prinzipien der Beurteilung, auf die wir die jeweilige veränderliche Einzelerscheinung beziehen, geht in ihren Realbegriff, in das Sein eines notwendigen und ewigen geistigen Subjekts über. Die Ideen werden zu selbständigen wirksamen Kräften, die von außen auf unser Bewußtsein, das sich ihnen gegenüber rein passiv verhält, eindringen[1]).

Es ist sachlich lehrreich und aufklärend, von hier aus auf die philosophischen Streitschriften zwischen Malebranche und A r n a u l d herüberzublicken. Die Vorzüge wie die Mängel der Ideenlehre treten nirgends so deutlich hervor, wie in dieser Diskussion, in der Malebranche sich gezwungen sieht, überall auf die Grundmotive zurückzugehen und seine Gedanken auf ihre wesentliche Einheit zusammenzuziehen. Der Einwand, den Arnauld von Anfang an erhebt, trifft das System in der

---

[1]) „La même idée peut, p a r s o n e f f i c a c e , c a r t o u t c e q u i e s t e n Dieu est efficace, peut, dis-je, affecter l'âme de différentes perceptions." Brief an Mairan vom 12. VI. 1714 (Cousin, Fragments S. 309 f.) Vgl. „Entretien d'un Philosophe Chrétien avec un Philosophe Chinois" (Simon I, 572): „C'est donc par l'action des idées sur notre esprit que nous voyons les objets; c'est aussi par l'action des idées que nous sentons notre propre corps." Ferner Recherche, Livr. III, 2 e part. Chap. 6: „Il est certain que l e s i d é e s s o n t e f f i c a c e s p u i s q u ' e l l e s a g i s s e n t d a n s l ' e s p r i t e t q u ' e l l e s l ' é c l a i r e n t , puisqu'elles le rendent heureux ou malheureux etc. . ." (Rech. I, 218).

Tat an einer verwundbaren Stelle. Jede Vorstellung — so führt er aus — enthält, wenngleich sie an sich ein einheitliches Ganze ist, dennoch eine doppelte Beziehung in sich: auf die Seele, die durch sie modifiziert wird, und auf den Gegenstand, den wir in ihr denken. Wenn Malebranches Scheidung zwischen Perzeption und Idee, zwischen dem erkennenden Ich und dem, was von ihm erkannt wird, keine andere Bedeutung haben will, als diese zweifache Relation und ihre gedankliche Notwendigkeit zum Ausdruck zu bringen, so besteht sie völlig zu Recht. In diesem Falle aber muß daran festgehalten werden, daß es sich hier nicht um zwei gesonderte Wesenheiten, sondern um ein und dieselbe Bestimmung des Bewußtseins handelt, die nur von zwei verschiedenen Seiten her beurteilt wird. Beide Betrachtungen sind gleich ursprünglich und notwendig; wir beziehen den Eindruck ebenso unmittelbar auf einen äußeren Gegenstand, wie wir ihn als eine Zuständlichkeit unseres „Ich" denken[1]). Es ist vergeblich, nach dem „Grunde" dieser Eigenart unseres Bewußtseins forschen zu wollen; denn jede Erklärung, jede Theorie würde dieses Urphänomen immer bereits enthalten, vermöchte also nur scheinbar hinter dasselbe zurückzugehen[2]). Müßig ist es vor allem, zu fragen, wie das außer uns, an einem bestimmten Orte des Raumes befindliche Ding es anfängt, in unser Ich überzugehen, wie es mit ihm zusammenfließt und ihm innerlich „gegenwärtig" wird. In Problemen dieser Art werden Gesichtspunkte, die nur innerhalb der räumlich-zeitlichen Erfahrung ihren Sinn

---

[1]) „J'ai dit que je prennois pour la même chose la perception et l'idée. Il faut néanmoins remarquer, que cette chose, quoique unique, a deux rapports: l'un à l'âme qu'elle modifie, l'autre à la chose apperçue, en tant qu'elle est objectivement dans l'âme . . . Cette remarque est très-importante pour résoudre beaucoup de difficultés, qui ne sont fondées que sur ce qu'on ne comprend pas assez, que ce ne sont point deux entités différentes, mais une même modification de notre âme, qui enferme essentiellement ces deux rapports." (Arnauld, Des vraies et des fausses idées, chap. 5. — Oeüvres de Antoine Arnauld, Paris 1780, Vol. XXXVIII, S. 198.)
[2]) A. a. O. chap. 2, S. 185.

und ihre Geltung haben, auf die Ableitung des Bewußtseins und der Erfahrung überhaupt angewendet, wird ein Verhältnis, das nur zwischen den fertigen Dingen statt hat, einer Lehre zugrunde gelegt, die das Zustandekommen gegenständlicher Erkenntnis erklären soll. Eben diese Verwechslung einer ursprünglichen gedanklichen Beziehung mit tatsächlichen empirischen Verhältnissen ist es, die Arnauld Malebranche vor allem Schuld gibt. Auch Malebranches Ideenlehre ist, wie er ausführt, so gut wie die gewöhnliche Wahrnehmungstheorie den Umständen und Tatsachen nachgebildet, die man bei der Gesichtswahrnehmung beobachtet. Hier findet sich das Objekt, das, um von uns erblickt zu werden, dem Auge gegenwärtig sein oder ihm doch auf irgendeine Weise — etwa durch einen Spiegel — mittelbar dargestellt werden muß; hier scheinen daher nicht die Gegenstände selbst, sondern nur die Abbilder, die sie auf unserer Netzhaut hervorbringen, der eigentliche Inhalt zu sein, auf den der Akt des Sehens sich richtet. Verfolge man diesen Zusammenhang weiter, führe man den A n a l o g i e s c h l u ß von dem körperlichen auf das geistige ,,Sehen" zu Ende, so sehe man sich zu der Anschauung geführt, daß die Dinge der Außenwelt sich durch irgendwelche Vermittlungen in die Seele einpflanzen und daß hierdurch erst eine Erkenntnis von ihnen zustande kommt. Dieser Anschauung sei Malebranche so wenig wie die Scholastik entgangen; wenn diese die K ö r p e r vermittels einzelner Teile, die sich von ihnen ablösen und die von unserem Geiste zu intelligiblen Spezies umgestaltet werden, in unser Bewußtsein hinüberwandern ließ, so muß bei ihm die g ö t t l i c h e W e s e n h e i t als der ,,Ort der Ideen" unser Ich berühren, um es des Wissens teilhaft zu machen. Somit ist es derselbe logische Grundirrtum, der uns bei ihm, wenngleich in spiritualistischer Wendung und Fassung, entgegentritt. Das Sophisma, das hier begangen wird, wird nach Arnauld deutlich, wenn man den mehrdeutigen Begriff der,, Gegenwart" des Erkenntnisobjektes kritisch auflöst. Daß der Gegenstand, auf den unsere Urteile und Aussagen sich beziehen, uns irgendwie ,,gegenwärtig" sein muß, ist freilich wahr; aber es besagt nichts anderes, als daß er uns bekannt, daß er als Inhalt des Bewußtseins gegeben sein muß. Malebranche und die Scholastik aber deuten diesen Satz, der im Grunde eine leere Tautologie ist, zu einem wirklich bestehenden metaphysischen Faktum um: sie nehmen die Gegenwart des Objektes im Subjekt als ein sachliches Verhältnis, das der Tatsache des Bewußtseins vorausliegt und sie erst ermöglicht[1]). Der Wert dieser kritischen Bemerkungen wird nicht dadurch gemindert, daß es Arnauld nicht gelungen ist, von ihnen aus eine eigene, folgerichtige Erkenntnislehre aufzubauen. In dem Kampfe gegen die Ansicht, daß der Prozeß der Erkenntnis ein „Übergang" zwischen zwei verschiedenen Arten des absoluten Seins bedeutet, übersieht er zugleich den Abstand, der für den immanenten Standpunkt der Erkenntnis selbst zwischen dem ursprünglichen und ungeformten Sinneseindruck und dem Begriff des Gegenstandes besteht. Die Dinge sind ihm wiederum in den ersten Empfindungen unmittelbar gesichert und gegeben. Weil er in der Frage nach dem metaphysischen „Ursprung" der gegenständlichen Wahrnehmung eine täuschende Zweideutigkeit entdeckt hat, glaubt er sich auch der anderen Frage nach dem objektiven Wert und Gehalt der verschiedenen Daten des Bewußtseins überhoben[2]). An diesem Punkte gewinnt daher Malebranche über Arnauld all die Überlegenheit, die ihm durch seine methodische Fragestellung verbürgt ist. Er stellt sich die Aufgabe, den Weg zu verfolgen und zu beschreiben, der von den ersten Anzeigen der Sinne zum „intelligiblen" Objekt, zum Objekt der strengen und eindeutigen wissenschaftlichen Erkenntnis hinführt. Die Optik ist ihm der eigentliche und endgültige Beweis für den Unterschied zwischen Perzeption und Gegenstand — denn sie ist es, die die gedanklichen Schlußfolgerungen und Deutungen aufzeigt, die wir an den Daten des

---

[1]) „Ce n'est pas ainsi qu'ils ont pris ce mot de présence (als présence objective, als Gegebensein im Bewußtsein), mais ils l'ont entendu d'une présence préalable de l'objet et qu'ils ont jugée nécessaire afin qu'il fût en état de pouvoir être aperçu; comme ils avoient trouvé, à ce qu'il leur sembloit, que cela étoit nécessaire dans la vue." Arnauld, a. a. O. Chap. IV, S. 192 f. —
[2]) Vgl. hrz. die treffenden Ausführungen Pillons (a. a. O. S. 155 ff.)

Gesichtssinnes vollziehen müssen, ehe wir zu den Begriffen der Lage und Entfernung, ehe wir zur bestimmten, räumlichen Anordnung der Gegenstände gelangen[1]). Es ist die Weisung D e s c a r t e s', die Malebranche hier getreulich befolgt. Der Gegenstand ist ihm das Ergebnis einer stetig weiterschreitenden und immer vollkommeneren O b jektivierung des anfänglichen „Eindrucks"; eines Verfahrens, das uns zuletzt einzig und allein auf die mathematischen Bestimmungen, die sich in der Idee der Ausdehnung zusammenfassen, zurückführt. (Vergl. ob. S. 489 ff). Der unmittelbare Inhalt der Gesichtswahrnehmung geht völlig in verschiedenen Helligkeiten und Farben auf, die in mannigfachen Abstufungen einander folgen: um aus diesem Grundstoff die Welt unserer physikalischen Erfahrung, die Welt der Körper aufzubauen, müssen wir vor allem die Unterschiede der direkten Wahrnehmung auf räumliche Unterschiede zurückführen, müssen wir bestimmte Empfindungen mit bestimmten Teilen der „idealen Ausdehnung" verknüpfen und auf sie beziehen. Der G e g e n s t a n d , den wir in den verschiedenen Daten des Gesichtssinnes wahrhaft anschauen, ist somit nichts anderes, als eben diese ideale Ausdehnung selbst, die sich uns, je nach den besonderen physiologischen Bedingungen, unter denen wir sie wahrnehmen, mit mannigfachen subjektiven Qualitäten bekleidet darstellt[2]). Freilich macht sich auch an diesem Punkt alsbald die Umkehrung bemerkbar, die für Malebranches Ideenlehre bezeichnend ist. Während in der ersten Betrachtungsweise die reinen geometrischen Beziehungen de Regel und den Richtpunkt für alle besonderen Erkenntnisse abgeben, werden sie, nachdem der Weg durchmessen, zur voraufgehenden sachlichen Bedingung hypostasiert. Die Idee des unendlichen Raumes muß nunmehr die Seele bestimmen und „affizieren", damit in ihr das

---

[1]) „L'optique fait voir la différence extrême qui est entre les idées et les objets qu'elles représentent et qu'il n'y a qu'une intelligence infinie qui puisse en un clin d'oeil faire une infinité de raisonnements instantanés, tous réglés par la géométrie et les lois de l'union de l'âme et du corps." Malebranche an Mairan (12. VI. 1714.) (C o u s i n, Fragments S. 313 f.).

[2]) S. ob. S. 576, Anm. 1, vgl. bes. Entretiens I, No. 8 (Simon I, 51 ff.).

Bewußtsein von einer Mehrheit von Objekten entsteht. Die „Ideen" der Dinge gehen somit vor den mannigfachen Perzeptionen, die wir durch sie erhalten, voraus; „sie sind nicht einfache Bestimmungen des Geistes, sondern die wirklichen Ursachen dieser Bestimmungen"[1]). Wieder ist hier ein echtes erkenntniskritisches Problem gestellt und wieder lenkt die Lösung in die Bahnen der Metaphysik ein. Die logische Notwendigkeit wird auf eine reale Notwendigkeit zurückgedeutet; die allgemeinen Bedingungen des Wissens, die zunächst als rein ideelle Beziehungen gefaßt waren, werden zu wirklichen und wirkenden Ursachen gemacht. —

Das Verhältnis von Wissen und Sein rückt schließlich noch einmal in helle Beleuchtung, wenn Malebranche sich einer allgemeinen Frage der zeitgenössischen Metaphysik: der Frage nach der Abhängigkeit der „ewigen Wahrheiten" vom Wesen und Willen Gottes zuwendet. An diesem Punkte löst er sich endgültig von der Tradition der Schule und eröffnet neue Wege. Das Rang- und Wertverhältnis, bei dem die Cartesische Metaphysik zuletzt geendet hatte, erfährt eine entscheidende Umkehrung. (Vgl. ob. S. 496f.) „Wenn die ewigen Gesetze und Wahrheiten von Gott abhängig, wenn sie durch einen freien Willensentschluß des Schöpfers festgestellt und begründet wären, kurz wenn die Vernunft, die wir befragen, nicht notwendig und unabhängig wäre, so gäbe es ersichtlich keine wirkliche Wissenschaft mehr und man könnte sich täuschen, wenn man behauptete, die Arithmetik oder die Geometrie der Chinesen sei dieselbe wie die unsrige. Denn wenn es nicht unbedingt notwendig ist, daß $2 \times 4 = 8$ ist, oder daß die Winkelsumme eines Dreiecks 2 R. beträgt, — welchen Beweis haben wir alsdann, daß diese Wahrheiten nicht von derselben Art sind, wie solche Sätze, die nur von einzelnen Schulen anerkannt sind und nur für eine bestimmte Zeitdauer gelten?" Die Geltung der Wahrheit an eine Verfügung, welcher Art und Herkunft sie immer sei, zu knüpfen, ist ein leeres und grundloses Spiel der Einbildung. Wenn man an die Ordnung der ewigen Wahrheiten und Gesetze denkt,

---

[1]) „Réponse à Regis" (Rech. II, 165.).

so fragt man nicht nach ihren U r s a c h e n: denn sie haben keine, man erkennt, daß ihre Unwandelbarkeit in ihrem B e - g r i f f und ihrer N a t u r gegründet ist, nicht in irgendwelcher äußeren Satzung und Bestimmung. Hier nach einem tieferen Ursprung zu verlangen, heißt bereits die unbedingte Sicherheit der Denkgesetze antasten, heißt den Skeptizismus verkünden. Man sieht, daß Malebranche an diesem Punkte von dem Beispiel gelernt hat, das P a s c a l s Philosophie ihm darbot. Die u n i v e r s e l l e V e r n u n f t ist ihm u n a b h ä n g i g e r a l s G o t t s e l b s t: der göttliche Wille ist ihr untergeordnet, sofern er in allen seinen Entscheidungen sie zu Rate ziehen und gemäß ihrer Bestimmung handeln muß[1]). Alle besonderen „Offenbarungen" treten jetzt zurück und unterstehen dem Urteil der allgemeinen unverbrüchlichen Gesetzlichkeit, die sich jedem Denkenden gleichmäßig erschließt. Man kann im einzelnen verfolgen, wie Malebranche, so sehr er überall sonst in theologischen Fragen und Wendungen befangen bleibt, an diesem Punkte das Prinzip des Katholizismus durchbricht: wie er z. B. gegenüber dem Institut der Beichte die Autonomie und Selbstgewißheit des sittlichen Urteils des Individuums betont und verficht. Das Wort von der „Raison corrompue" wird von ihm endgültig überwunden[1]). Wenn er alle unsere Erkenntnis an Gott anknüpft und in ihn aufhebt, so erscheint auch dies nunmehr in einem neuen Licht. D i e I d e n t i t ä t v o n G o t t

---

[1]) S. Éclaircissement X (Rech. II, 252 ff.).
[1]) Il ne faut pas s'imaginer que la Raison que l'homme consulte soit corrompüe, ni qu'elle le trompe jamais, lorsqu'il la consulte fidèlement . . . Ce n'est point la raison de l'homme qui le séduit, c'est son coeur; ce n'est point sa lumière qui l'empêche de voir; ce sont ses ténèbres. . Ainsi lorsque rentrant en nous mêmes nous entendons dans le silence de nos sens et de nos passions une parole si claire et si intelligible, qu'il nous est impossible d'en douter; il faut nous y soumettre sans nous soucier de ce qu'en pensent les hommes . . . . Il n'est point nécessaire que (nous consultions) pour cela de Directeur, car lorsque Dieu parle, il faut que les hommes se taisent et lorsque nous sommes absolument certains que nos sens et nos passions n'ont point de part aux réponses que nous entendons dans le plus secret de notre raison, nous devons toujours écouter ces réponses avec respect et nous y soumettre." Eclairciss. XIII, Rech. II, 289 ff.

und Vernunft, die damit erreicht wird, zielt nicht darauf ab, das Denken einer fremden Autorität zu unterwerfen. Nicht daß der göttliche Wille unbedingt verbindlich und „vernünftig", sondern daß die Vernunft allgemeingültig und „göttlich" ist, ist es, was er zuletzt beweist. Es versteht sich aus den Zeit- und Lebensbedingungen Malebranches, daß er diesen Gedanken nicht völlig zu Ende zu führen vermochte, daß ihm über der Erforschung und Sicherung der G e s e t z e die Frage nach dem G e s e t z g e b e r niemals völlig verstummte. „Quel genre d'être est-ce que cette loi et cette règle? comment subsiste-t-elle dans la matière? quel en est le législateur? Elle est éternelle, dites vous. C o n c e v e z d o n c q u e l e l é g i s l a t e u r e s t é t e r n e l. Elle est nécessaire et immuable, dites-vous encore; d i t e s d o n c a u s s i q u e l e l é g i s l a t e u r e s t n é c e s s a i r e, et qu'il ne lui est pas libre ni de former, ni de suivre ou de ne suivre pas cette loi. Concevez que cette loi n'est immuable et éternelle que parce qu'elle est écrite, pour ainsi dire, en caractères éternels dans l'ordre immuable des attributs ou des perceptions du législateur, de l'être infiniment parfait"[1]). Wenn diese Worte auch noch immer eine innere Unsicherheit über die einzigartige und zentrale Geltung der Erkenntnisprinzipien bekunden, so weisen sie doch zugleich einen neuen Weg: einen Weg, der von verschiedenen Seiten her von L e i b n i z und von B a y l e beschritten wird. —

D) D e r A u s g a n g d e r C a r t e s i s c h e n P h i l o s o p h i e. — B a y l e.

I.

So gewagt es ist, eine so eigentümliche und paradoxe Erscheinung wie Bayle einem geschichtlichen Gattungsbegriff einzuordnen: seinem Ausgangspunkt und seinen ersten Motiven nach gehört er unverkennbar dem C a r t e s i a n i s m u s an. Das Bild der gedanklichen Bewegung, die von Descartes ausging, bliebe unvollständig, wenn wir von diesem Denker, der

---

[1] „Entretien d'un Philosophe Chrétien avec un Philosophe Chinois." Simon I, 587 f.

nach Geistesart und Methode einer völlig anderen Richtung anzugehören scheint, absehen wollten. Er, der keinen einzigen neuen Zug in die Gesamtverfassung des Cartesischen S y s t e m s eingefügt hat, stellt dennoch die Wirkungen, die die neue Lehre auf die allgemeine Geisteskultur geübt hat, in mannigfaltigen Ausprägungen dar. Er knüpft in seinen theoretischen Grundgedanken an M a l e b r a n c h e an, den er stets mit Auszeichnung nennt und den er unter allen zeitgenössischen Philosophen am höchsten stellt[1]). Von ihm übernimmt er vor allem die kritische Umgestaltung des Begriffs der ,,ewigen Wahrheiten", sowie die entscheidenden Hauptsätze der Begründung des Idealismus: er selbst spricht es ausdrücklich aus, daß seine eigene Ansicht von der I d e a l i t ä t d e r K ö r p e r w e l t nur eine Ergänzung und Fortsetzung der Beweisgründe sein will, die Malebranche gegen Arnauld gebraucht hatte[2]). Aber freilich: diese Weiterbildung wandelt sich alsbald zu einer allgemeinen Kritik, die an dem Grundsatz der k l a r e n u n d d e u t l i c h e n P e r c e p t i o n vollzogen wird. Und wie hier in der Logik, so bereitet sich anderseits von der Ethik und Geschichte her eine neue Fragestellung vor, die über den Umkreis des Cartesianismus hinauszuführen bestimmt ist. —

Die Rolle, die Bayle in der Geschichte der S k e p s i s zufällt, wird am deutlichsten, wenn man seine Stellung mit der M o n t a i g n e s vergleicht. Der f o r m a l e Grundunterschied, der sich hier besonders aufdrängt: der Gegensatz zwischen der Anmut von Montaignes aphoristischem Stil und der breiten und gelehrten Gründlichkeit, mit der Bayle sein Thema angreift und kraft immer neuer ,,Distinktionen" verfolgt und zerlegt, weist zugleich auf eine tiefere sachliche Unterscheidung hin. Für Montaigne bildet alles bloß philologische und geschichtliche Wissen einen Teil jenes ,,Pedantismus", den er als das Grundübel der herkömmlichen Erziehungslehre bekämpft. Die aufgedrungene Kenntnis des Fremden ist es, die uns überall die Entdeckung des Eigenen

---

[1]) Vgl. hierüber: B o u i l l i e r, Histoire de la Philosophie Cartésienne, Paris 1868, Vol. II.
[2]) B a y l e, Dictionnaire historique et critique. (1695 ff.) — Article: Zénon. Remarque G.

verwehrt; die Bücher sind es, die die unübersteigliche Scheidewand zwischen unserem Geist und den Dingen bilden. Jede neue Erläuterung, die wir an ihnen versuchen, wird uns unter unseren Händen zu einer neuen Dunkelheit: Kommentar häuft sich auf Kommentar, um die eine Wahrheit zu zerstückeln und in sich selbst zweideutig zu machen. „Nous ouvrons la matiere, et l'espandons en la destrempant: d'un subiect nous en faisons mille, et retumbons, en multipliant et subdivisant, à l'infinité des atomes d'Epicurus ... L'homme ne faict que fureter et quester, et va sans cesse tournoyant, bastissant, et s'empestrant en sa besongne, comme nos vers à soye et s'y estouffe; mus in pice." (Essais III, 13.) Es ist, als hätte Montaigne in diesen Worten die schriftstellerische Art von Bayles „Dictionnaire", mit der Fülle seiner Zitate und Verweisungen, seiner Repliken und Dupliken vorweg geschildert. Aber man darf in dieser s c h o l a s t i s c h e n Gestalt und Hülle nicht lediglich ein Zeichen des Rückschrittes sehen: vielmehr birgt sich in ihr zugleich das Bewußtsein einer neuen positiven A u f g a b e. Das System Descartes', wie sehr es von dem Gedanken beherrscht war, die Eigentümlichkeit des „Geistigen" gegenüber aller Wirklichkeit der Natur zu behaupten, hatte dennoch mit einem Ergebnis geendet, das, eben an dieser Grundabsicht gemessen, ungenügend und problematisch blieb. Die Natur war dem Denken ein- und untergeordnet und in ein festes System der Erkenntnis verwandelt. Aber eben die eigensten und nächsten Probleme des Selbstbewußtseins waren hier noch nicht selbständig und aus einem festen Mittelpunkt heraus gestaltet: es fehlt der Cartesischen Philosophie an einer sicheren Grundlegung der G e i s t e s w i s s e n s c h a f t e n. Wie die E t h i k , so blieb die G e s c h i c h t e ihrem Plane und ihrem Ausbau fremd. Bei Malebranche insbesondere dient alles historische Wissen nur als Folie, um den Wert der echten und z e i t l o s e n Wahrheiten der Mathematik und Logik um so deutlicher hervortreten zu lassen. Zum Begriff wahrhafter Erkenntnis gehört ihm nur die Gesamtheit derjenigen Sätze, „die auch Adam verstehen und besitzen konnte"[1]).

---
[1]) S. die charakteristische Erzählung in F o n t e n e l l e s Éloge de Malebranche.

Es ist, als sollte die gesamte zeitliche Entwicklung zurückgetan und alles Wissen wieder aus einem primitiven Urstande des Bewußtseins neu entdeckt werden. Dieser Gegensatz von Vernunft und Geschichte bildet auch für die Zeitgenossen einen entscheidenden Zug im Bilde des Cartesianismus. Immer von neuem wird bei den Gegnern der neuen Lehre, wie bei H u e t, die Klage laut, daß mit ihr alle gelehrte wissenschaftliche Kultur vernichtet werde und die alte „Barbarei" wieder hereinbreche. Die eigentliche Gefahr aber, die aus dieser Lücke im logischen System erwuchs, lag in Wahrheit in einer anderen Richtung. So lange die P h i l o s o p h i e die Geschichte von ihrem Forum verwies, so lange blieb die Auffassung des historischen Geschehens durch die O f f e n b a r u n g beherrscht und beschränkt. Wir können dies bei P a s c a l verfolgen, dem die Geschichte der Menschheit, ihr Sinn und ihr Gehalt, in dem Umkreis der biblischen Bücher enthalten und beschlossen ist; wir finden es bei M a l e b r a n c h e bestätigt, der, dem Grundprinzip seines Rationalismus zum Trotz, in allen Fragen der Theologie ausdrücklich die T r a d i t i o n als die letzte und alleingültige Instanz anerkennt[1]). Damit ist die Aufgabe, die Bayle vorfand, klar umschrieben: die Kritik des Dogmas kann nicht anders, als mit der Kritik der geschichtlichen Überlieferung, mit der genauen Prüfung und Sichtung ihrer Quellen und Zeugnisse beginnen. Der Doppeltitel des „Dictionaire h i s t o r i q u e e t c r i t i q u e" bezeichnet in dieser Rücksicht eine innere Einheit; der Kampf gegen das theologische Schulsystem wird nunmehr auf dessen eigenem Gebiete aufgenommen und mit seinen eigenen Mitteln und Waffen durchgeführt.

Wie aber ließe sich eine K r i t i k von Tatsachen und Tatsachenwahrheiten denken, wenn nicht feste und dauernde Maßstäbe, wenn nicht unverbrüchliche Regeln gefunden werden könnten, die dem zeitlichen Werden und Wandel entrückt sind? Die Überlieferung verliert jede Beweiskraft,

---

[1]) S. M a l e b r a n c h e, Recherche de la vérité, Livr. II, 2e partie, chap. 5 (I, 136).

wenn es nicht gelingt, einen Prüfstein zu finden, der unter ihrer bunten und widerspruchsvollen Mannigfaltigkeit eine Auswahl vollzieht, der den echten Sinn und Gehalt von dem fremden Stoff, der sich an ihn herandrängt, scheidet. In diesem Grundgedanken ist Bayle **Cartesianer** geblieben: der **Wahrheitswert**, den er dem Geschichtlichen zugesteht, hängt auch ihm von rein **rationalen** Erwägungen und Kennzeichen ab. Schon hieraus ergibt sich seine historische Sonderstellung: die skeptische Lehrverfassung beginnt bei ihm mit einer Behauptung und Vertiefung der Befugnisse der Vernunft. Das „natürliche Licht" oder die „**allgemeinen Prinzipien unserer Erkenntnis**" sind die höchste Instanz, vor der jedes Zeugnis der Tradition, vor der insbesondere jede Auslegung der Schrift sich rechtfertigen muß. Die katholische Kirche selbst muß diesen Sachverhalt, wie sehr er ihrer unbedingten Autorität Abbruch tut, wider Willen anerkennen. In der Tat, was anderes ist die unermeßliche logische Einzelarbeit, die die Scholastik an den Glaubenssätzen vollzogen hat, um sie in sich selbst einstimmig und zusammenhängend zu machen, als ein notwendiger und ungewollter Tribut an die **Vernunft**? Der innerste Widerspruch der mittelalterlichen Philosophie: daß sie in ihrer **Methode** anerkennen muß, was sie in ihrem **Ergebnis** leugnet, wird hier von Bayle in voller Klarheit erkannt und ausgesprochen. „Man sage nicht mehr, daß die Theologie die Königin und die Philosophie ihre Magd sei: bezeugen es doch die Theologen selbst durch die Tat, daß sie umgekehrt die Philosophie als die Herrscherin ansehen, der sie zu dienen haben. Hieraus allein erklären sich alle Anstrengungen und Verrenkungen, die sie ihrem Verstande nur deshalb zumuten, um dem Vorwurf zu entgehen, daß sie sich gegen die gesunde Philosophie versündigen. Wenn sie die Prinzipien der Philosophie abzuändern suchen, wenn sie, je nachdem sie ihre Rechnung dabei finden, bald diesen, bald jenen ihrer Grundsätze entwerten, so gestehen sie damit nur mittelbar die Überlegenheit der Philosophie zu, so zeigen sie, wie unabweislich die Notwendigkeit ist, ihr den Hof zu machen. Sie würden nicht solche Mühe darauf wenden, sich bei ihr in Gunst zu setzen und mit ihren Gesetzen in Einklang zu bleiben, wenn sie nicht anerkennten, daß jedes Dogma, sofern es nicht vor dem höchsten Gerichtshof der Vernunft rechtskräftig gemacht, von ihm registriert und beglaubigt ist, schwankende Autorität besitzt und zerbrechlich wie Glas ist." Welchen neuen Inhalt uns somit immer die Offenbarung zu erschließen vermag: ihr eigentlicher R e c h t s g r u n d darf dennoch kein Mysterium bleiben, sondern muß sich uns in unserem eigenen Selbst enthüllen: „in dem klaren und lebendigen Lichte, das alle Menschen gleichmäßig erleuchtet und unwiderstehlich überzeugt, sobald sie die Augen des Geistes darauf richten." Hier besitzen wir das Kriterium, an dem vor allem jeder sittliche Anspruch, der an uns herantritt, aufs neue geprüft werden muß, so klar und fest er immer in einer übersinnlichen Autorität verbürgt und beglaubigt erscheinen mag. Für die echte Ethik verschwindet gleichsam der Gesichtspunkt der Zeit und der Überlieferung: was sie nicht unter der Form des Ewigen aus den Gesetzen des Bewußtseins abzuleiten vermag, das besitzt für sie keine bindende Kraft. Wenn die Theologen der Cartesischen Schule, wenn insbesondere Arnauld die „eingeborenen Ideen" des Sittlichen vom Standpunkt der geschichtlichen „Erfahrung" kritisiert und als leere und willkürliche Allgemeinbegriffe verworfen hatten, so bedeutet für Bayle eben jene „A b s t r a k t i o n", durch die wir die dauernde Regel aus den relativen Satzungen und Gewohnheiten herauslösen, die eigentliche Kraft und Bewährung der Vernunft. Alle Träume und Visionen, alle Wunder und Erscheinungen, auf die man den Glauben stützen will, müssen durch dieses Sieb hindurchgehen: „wie könnte man sich sonst versichern, ob sie von einem guten oder bösen Prinzip herstammen?" „Erdreistet sich somit jemand, zu behaupten, daß Gott uns ein Gebot offenbart hat, das unseren grundlegenden sittlichen Prinzipien widerstreitet, so muß man ihm entgegentreten und ihn bedeuten, daß er einer falschen Auslegung folgt: besser, daß das Zeugnis seiner K r i t i k und G r a m m a t i k, als daß das der Vernunft verworfen werde." Es hieße das furchtbarste

Chaos und den verwerflichsten Pyrrhonismus einführen, wenn man diese Regel antasten, wenn man leugnen wollte, daß jeder besondere Glaubenssatz seine eigentliche Sanktion erst in der Prüfung durch das individuelle Gewissen erhält. Die Skepsis erweist sich auch hier wieder mit den Motiven und Grundgedanken der religiösen Reformation verwandt. (Vgl. ob. S. 197) Erst wenn man hier seinen Ausgangspunkt nimmt, wenn man diese Sätze Bayles, die einer früheren Schrift angehören[1]), zugrunde legt, versteht man die Absicht des Bayleschen Zweifels, die im „Dictionnaire" durch mannigfache Nebenabsichten beschränkt und verdunkelt ist.

II.

Der Sinn und der Umfang der Bayleschen Skepsis, soweit sie sich auf die theoretische Naturerkenntnis bezieht, läßt sich in einem Wort begrenzen und festhalten: es ist nicht die Wahrheit der Begriffe, sondern die absolute Existenz der Dinge, die durch sie getroffen werden soll. Bereits die geschichtliche Anknüpfung, die Bayle zum Erweis seiner Lehre wählt, ist für diese Richtung seines Denkens bezeichnend: es ist der Idealismus der Eleaten, der von ihm ergriffen und dem Zeitalter entgegengehalten wird. Die Renaissance der großen antiken Systeme ist im 17. Jahrhundert im allgemeinen vollendet. Der Gegensatz zwischen Platon und Aristoteles ist allseitig dargestellt; die Lehre Demokrits ist durch Gassendi zu allgemeinem populären Verständnis, durch Galilei zu reinster logischer Durchbildung und Fortwirkung gelangt. Selbst Gedanken des Empedokles und Anaxagoras wirken in den naturphilosophischen Spekulationen der Zeit mannigfach nach. Nur dasjenige System, in dem alle diese Lehren ihre eigentliche Wurzel haben und auf das sie, fortbildend oder polemisch, dauernd Bezug nehmen, scheint bis jetzt kaum in den Gesichtskreis der neueren Zeit gerückt zu sein. Wenn Telesio und seine Schule sich auf Parmenides berufen,

---

[1]) Commentaire philosophique sur ces paroles de l'Évangile: .. contrains les d'entrer etc." Bayle, Oeüvres diverses. A la Haye 1727. Vol. II, 367 ff.

so knüpfen sie hierbei nur an seine Physik, nur an diejenigen Sätze, die er selbst dem Bereich der trügerischen und schwankenden Meinung zugewiesen hatte, an. Die l o g i s c h e Absicht aber, die dem Gedanken des Einen Seins und der Kritik der Vielheit und Unendlichkeit zugrunde lag, blieb unverstanden: sie mußte einer Epoche fremd bleiben, der die Wahrheit und das Sein des Unendlichen in ihrer neuen kosmologischen Gesamtansicht unmittelbar verbürgt erschien und die sich anderseits soeben ein neues gedankliches Instrument erschuf, um die Probleme des Unendlichen innerhalb der Wissenschaft exakt zu beherrschen und zu bewältigen. Bei Bayle dagegen tritt das Problem freilich zunächst nur als eine Frage der M e t a p h y s i k auf, die aber alsbald ihren Einfluß und ihre Rückwirkung auf die allgemeinen Fragen der E r k e n n t n i s l e h r e beweist. Das Originale und Wertvolle seiner Leistung besteht darin, daß er als Erster in der neueren Philosophie die Bedeutung der A n t i n o m i e n für die Begründung des Idealismus erkennt. Damit hat er ein Motiv geschaffen und einen Zusammenhang gestiftet, der in der Geschichte des Erkenntnisproblems nicht wieder verloren gegangen ist[1]). Die Annahme einer absoluten Materie hinter dem bekannten empirischen Sein der Phänomene zeigt sich jetzt nicht nur als eine leere, unbeweisbare Behauptung: sie offenbart sich als ein durchgängiger innerer W i d e r - s p r u c h. Denn wie immer man das „Sein" dieser Materie sich denken mag, ob man es aus ausdehnungslosen Punkten zusammensetzt oder ob man es aus Atomen oder aus Elementen von unbegrenzter Teilbarkeit bestehen läßt: immer geraten wir mit klaren und unaufheblichen Beweisgründen des Verstandes in Widerstreit. Jede dieser drei Meinungen vermag sich nur mittelbar dadurch zu behaupten, daß sie die beiden anderen entgegenstehenden Sätze als unmöglich erweist: jede ist unbesieglich, solange sie sich angreifend verhält, um sogleich zu

---

[1]) Der Gedanke ist gleichzeitig, in tieferem und umfassenderem Sinne, von L e i b n i z konzipiert worden, blieb jedoch wesentlich auf seinen philosophischen Briefwechsel beschränkt und konnte daher keine weitere geschichtliche Fortwirkung üben. (Über die Fortbildung des Gedankens, insbesondere bei C o l l i e r, vgl. Bd. II.)

nichte zu werden, falls sie es unternimmt, ihre These mit positiven Gründen zu erhärten[1]). Statt indes aus der Ausschließung zweier dieser Fälle mit Gewißheit auf die Wahrheit des dritten zu schließen, sollte man aus dem Kampfe und dem schließlichen gemeinsamen Schicksal der Parteien vielmehr lernen, daß die V o r a u s s e t z u n g, um die sich der Streit bewegt, in sich selbst unhaltbar ist, daß es das S u b j e k t des Schlußsatzes, nicht die einzelnen Prädikate sind, worin die Schwierigkeit begründet liegt. Wir müssen begreifen, daß der Körper der Physik zu keiner anderen Art des „Seins" gehört, wie die Linien und Flächen der Mathematik; wir müssen einsehen, daß, so gut Länge und Breite ideale Gebilde sind, das Gleiche auch für die Materie des Physikers gilt[2]). Demselben Verdikt, wie der Raum, verfällt die Bewegung: auch sie erscheint uns durchweg mit inneren Widersprüchen behaftet, sobald wir sie als eine unabhängige Wesenheit betrachten und demgemäß ihre innere „Natur" zu ent-

[1]) „Chacune de ces trois sectes, quand elle ne fait qu'attaquer, triomphe, ruine, terrasse; mais à son tour elle est terrassée et abîmée, quand elle se tient sur la défensive." (Dictionnaire, Art.: Zénon, Remarque G.) — Man vgl. hiermit die Sätze der Methodenlehre der Kritik der reinen Vernunft, 1. Hauptst., 2. und 3. Abschn.: „Durch welches Mittel wollen sie aus dem Streite heraus kommen, da keiner von beiden seine Sache geradezu begreiflich und gewiß machen, sondern nur die seines Gegners angreifen und widerlegen kann? Denn dieses ist das Schicksal aller Behauptungen der reinen Vernunft, daß . . sie dem Gegner jederzeit Blößen geben und sich gegenseitig die Blöße ihres Gegners zu Nutzen machen können . . . Ob aber gleich bei bloß spekulativen Fragen der reinen Vernunft keine Hypothesen stattfinden, um Sätze darauf zu gründen, so sind sie dennoch ganz zulässig, um sie allenfalls nur zu verteidigen, d. i. zwar nicht im dogmatischen, aber doch im polemischen Gebrauche. Ich verstehe aber unter Verteidigung nicht die Vermehrung der Beweisgründe seiner Behauptung, sondern die bloße Vereitelung der Scheineinsichten des Gegners, welche unserem behaupteten Satze Abbruch tun sollen."
[2]) „Il faut reconnaître à l'égard du corps ce que les mathématiciens reconnaissent à l'égard des lignes et des superficies . . Ils avouent de bonne foi qu'une longueur et largueur sans profondeur sont des choses qui ne peuvent exister hors de notre âme. Disons en autant des trois dimensions. E l l e s n e s a u r a i e n t t r o u v e r d e p l a c e q u e d a n s n o t r e e s p r i t ; e l l e s n e p e u v e n t e x i s t e r q u ' i d é a l e m e n t." Art. Zénon., Rem. G.

rätseln suchen. Die Schwierigkeiten der stetigen Zusammensetzung der Materie, wie ihres stetigen Überganges von Raum- zu Raumpunkt schwinden erst, wenn wir mit der Aufhebung jeglicher T r a n s s c e n d e n z Ernst machen: in unserem Geiste allein vermögen wir den „Zusammenhang" zu stiften und zu begreifen, der uns an den gesonderten, realen Elementen unfaßbar blieb[1]). Diesen Erwägungen fügt Bayle die Gründe hinzu, die sich aus der Betrachtung der physiologischen Bedingtheit unserer sinnlichen Erfahrung ergeben: denn alle „Mittel der Epoche", mit denen man die Subjektivität der Empfindungsqualitäten dartut, gelten ihm zugleich als ebensoviele Beweise gegen das unabhängige Sein der A u s - d e h n u n g. Hier weist er selbst auf Malebranche zurück, dessen Erörterungen über die Relativität aller räumlichen Setzungen er aufnimmt und breiter entwickelt. (Vgl. ob. S. 562 f.) Das wesentliche Ergebnis aber, das er gewinnt, liegt nicht in diesen psychologischen Ausführungen, sondern es besteht darin, daß er das letzte Band, das die k l a r e u n d d e u t l i c h e Perzeption noch mit der a b s o l u t e n Wirklichkeit verknüpft, zerschneidet. Wie die gesamte Entwicklung der Philosophie des 17. Jahrhunderts auf eine Lockerung dieses Zusammenhangs hinausging, konnten wir beständig verfolgen; aber erst jetzt ist die Scheidung streng und unwiderruflich vollzogen. Der Satz des W i d e r - s p r u c h s selbst, somit die Bedingung aller unserer Begriffe bleibt nur solange in Kraft, als wir innerhalb des Bereichs der Phänomene verharren; er versagt und wird stumpf, sobald wir ihn zur Ordnung an sich bestehender Dinge außerhalb jeglicher Beziehung zur Erkenntnis brauchen wollen.

Von diesem allgemeinen, t h e o r e t i s c h e n Ergebnis aus verstehen wir nunmehr sogleich die Kritik des Offenbarungsglaubens, die der „Dictionnaire" durchführt. Zwischen unseren V e r n u n f t b e g r i f f e n und den jenseitigen Mächten und Wirklichkeiten, von denen dieser Glaube spricht, läßt sich kein Zusammenhang herstellen. In der

---

[1]) A. a. O.: „Disons donc que le contact des parties de la matière n'est qu' idéal; c'est d a n s n o t r e e s p r i t q u e s e p e u v e n t r é u n i r l e s e x t r é m i t é s d e p l u s i e u r s c o r p s."

Sicherung dieses Gedankens liegt die Grundabsicht, die sich durch alle Wendungen und Verschleierungen von Bayles Dialektik hindurch verfolgen läßt. Wenn der „Commentaire philosophique", von dem wir ausgingen, noch auf eine rationale Prüfung und Berichtigung der Glaubenssätze hinzustreben schien, so wird jetzt eben diese Fassung des Zieles als in sich selber widerspruchsvoll verworfen. Das einzige eindeutige und konsequente Verhältnis, das sich zwischen Philosophie und Glaubenslehre feststellen läßt, ist die unbedingte Unterwerfung des Denkens unter den Inhalt der Offenbarung. Mit immer erneutem Pathos wird diese letzte resignierte Entscheidung als das endgültige Ziel und der echte Ertrag aller Wissenschaft gepriesen. Noch einmal faßt Bayle alle Bemühungen des Menschengeistes, Glauben und Wissen zu versöhnen, zusammen, um ihnen allen gleichmäßig das Urteil zu sprechen. Jede Vermittlung, die hier gesucht wird, erweist sich als eine Halbheit des Denkens[1]). Die Erkenntnis ist ein lückenloses System: sie an einem Punkte aufgeben, heißt somit auf sie in ihrer Totalität Verzicht leisten. Wir vertrauen etwa dem Grundsatz, daß zwei Dinge, die sich von einem dritten nicht unterscheiden, untereinander nicht verschieden sind: das Mysterium der Dreieinigkeit wird uns vom Gegenteil überzeugen. Wir nehmen als evidente Wahrheit an, daß ein Körper nicht an mehreren Orten zugleich sein kann: das Dogma der Eucharistie klärt uns über unseren Irrtum auf. „Durch diese Lehre verlieren wir alle Wahrheiten, die wir bisher in den Zahlen gefunden; wissen wir nun doch nicht mehr, was „Zwei" und „Drei", was Identität und Verschiedenheit bedeuten." Logik und Mathematik werden jetzt im günstigsten Falle zu einer Sammlung induktiver und jederzeit aufhebbarer Sätze: denn kann nicht morgen eine neue Offenbarung unsere evidentesten Vernunftprinzipien zu nichte machen?[2]) So ergibt sich ein seltsamer Kontrast zwischen der positiven Voraussetzung, von der Bayle ausgeht, und dem Ziel, bei dem er endigt. Seine Leistung und sein

---

[1]) Vgl. bes. die Artikel: Pyrrhon, Simonides, Manichéens, Pauliciens, Socin des „Dictionnaire".
[2]) Article: Pyrrhon, Remarque B.

Verdienst ist es, die unveräußerliche E i n h e i t der theoretischen Vernunft erkannt und festgehalten zu haben. Nur als G a n z e s kann sie, wie er begreift, etwas bedeuten und wirken: aber er hat sie, da er sie in diesem umfassenden Sinne nicht zu behaupten vermochte, zuletzt als Ganzes v e r w o r f e n. — Nach der subjektiven Ehrlichkeit dieses Schlußsatzes soll hier noch nicht gefragt werden; die Entscheidung hierüber wird sich von selbst ergeben, wenn wir nunmehr die Kehrseite von Bayles Skepsis, innerhalb des Dictionnaire selbst, ins Auge fassen. So entschieden er die Vernunft der W i s s e n - s c h a f t bekämpft und verwirft, so unantastbar bleibt ihm das Recht der s i t t l i c h e n Vernunft. Die Ausgangssätze des „Philosophischen Kommentars" bleiben in dieser Hinsicht unverändert bestehen, ja sie werden jetzt schärfer und radikaler behauptet und begründet. So wenig es dem menschlichen Geiste gegeben ist, in das Sein der jenseitigen Dinge einzudringen, so sehr steht ihm das alleinige Recht und die selbstgenügsame Kraft zu, sich das G e s e t z d e s H a n d e l n s zu bestimmen. Jede religiöse Ableitung des Sittengesetzes wird rückhaltlos verworfen. Immer von neuem kehrt Bayle zu diesem Gedanken zurück, immer wieder ist es die Kraft und Reinheit des weltlichen Ideals der A n t i k e , auf die er sich zu seinem Erweise beruft. Jedem Hinweis auf eine spezifische Wirkung des Christentums stellt er das Beispiel anderer Religionen, jedem Bericht einer übernatürlichen Gnadenwirkung ein Zeugnis für die lebendige Wirksamkeit der reinen philosophischen Sittenlehre gegenüber. Der „Dictionnaire" ist die Fundgrube für alle Beispiele geworden, in denen die Philosophie der französischen Aufklärung das gleiche Thema behandelt hat. Wenn Bayle Islam und Christentum miteinander vergleicht, um den Gehalt ihrer Beweisgründe wie den Einfluß auf die innere Gesinnung ihrer Bekenner gegeneinander abzuwägen, so klingt hier der satirische Oberton oft in einer Stärke mit, daß man unmittelbar V o l t a i r e zu hören glaubt. Er spricht es aus, daß die Macht der positiven Glaubenslehren sich bisher überall nur in der Kraft der Verfolgung gegen Andersdenkende, nicht in der

Rückwirkung auf das eigene Tun, bewährt habe. Es heißt die Sittlichkeit entwurzeln, wenn sie auf das Ansehen eines Einzelnen oder auf das Vorbild des Religionsstifters gestützt wird; wo ein geschichtliches Individuum in seiner Relativität zum unbedingten Maßstab wird, da ist die ewige „Idee" des Guten bereits verlassen[1]). So gestaltet sich auch hier der Widerstreit zwischen Vernunft und Glauben schroffer und unversöhnlicher als zuvor: die Schlußfolgerung aber, die daraus gezogen wird, ist derjenigen auf dem theoretischen Gebiet durchaus entgegengesetzt. Die Vernunft, die sich dort dem Dogma gefangen gab, erkennt sich nunmehr als fähig und zureichend, das Ganze der individuellen Lebensführung zu bestimmen und die Formen der empirischen Gemeinschaft zu erschaffen.

Beide Ergebnisse, so unvereinbar sie uns scheinen mögen, sind für Bayle nicht getrennt, sondern bilden in ihm eine unmittelbare, persönliche Einheit. Ihm innere Unwahrhaftigkeit vorzuwerfen, wäre nur dann berechtigt, wenn sich nicht die geschichtlichen und psychologischen Bedingungen aufzeigen ließen, aus denen der Zwiespalt in ihm notwendig folgt und sich erklärt. „Bayles Glaube — so urteilt **Feuerbach** — war ein Akt der Selbstverleugnung, eine Schranke, die er sich selbst setzte, eine eben deswegen an sich willkürliche Schranke, die freiwillige Negation seines Geistes, wie sein Geist die Negation seines Glaubens war.... Bayle schließt aus den Einwürfen der Vernunft gegen den Glauben nicht auf die Nichtigkeit der Dogmen, sondern auf die Nichtigkeit der Vernunft ... Sein Glaube ist eine freiwillige Abstinenz und Pönitenz seiner Vernunft. Aber gleichwohl war Bayle kein Heuchler. Er ist ein Freigeist aus Notwendigkeit. Bei dem Heuchler ist das Äußere im Widerspruch mit dem Innern, das Innere die Negation des Äußern und umgekehrt. Aber Bayle war **in sich selbst im Widerspruch**. Er heuchelte nicht den Glauben; er glaubte wirklich, aber er glaubte im Widerspruch mit sich, mit seiner Natur, seinem Geiste"[1]). Man kann

---
[1]) S. insbes. die Artikel: Mahomet, David, Sara. Zu Bayles ethischer Grundanschauung vgl. Jodl, Gesch. der Ethik, I, 280 ff.
[1]) **Feuerbach**, Pierre Bayle, Sämtl. Werke, hg. von **Bolin** u. **Jodl**, V, 268 ff.

indes selbst diesen i n n e r e n Widerspruch schlichten, wenn man sich — was durch die literarische Form des Dictionnaire freilich erschwert wird — das G a n z e seiner philosophischen Grundabsicht beständig vor Augen hält. Bayle hat das sacrificium intellectus gebracht, er hat die t h e o r e t i s c h e Vernunft geopfert, um der s i t t l i c h e n Vernunft unbedingtes und freies Feld zu schaffen. Je erhabener und unbegreiflicher er das Dogma schilderte, und in um so weitere Ferne er es damit rückte, desto mehr sicherte er das unmittelbare e m p i r i s c h e Leben vor seinen Eingriffen und Übergriffen. Die E t h i k — das ist der feste Punkt, in dem er wurzelt — geht ihm in der V e r n u n f t auf: die Kluft zwischen Vernunft und Dogma erweitern, heißt somit zugleich, dem Einfluß des Dogmas auf die sittliche Beurteilung und Betätigung steuern. Der Glaube an die Mysterien, an das „Sein" des Übersinnlichen ist der Preis, den er für die Erreichung dieses Hauptziels einsetzt. Die Persönlichkeit Bayles spricht nirgends lebendiger und eindrucksvoller zu uns, als in einer philosophischen Gelegenheitsschrift, die nach Aufhebung des Edikts von Nantes zur Verteidigung der Glaubensfreiheit geschrieben ist[1]). Hier hat er Worte von einer Kraft und Freiheit der Gesinnung und von einer polemischen Schärfe und Bitterkeit gefunden, die unvergeßlich sind. Hier sehen wir denn auch den Kern seiner geschichtlichen Aufgabe rein und losgelöst von allen fremden Bestandteilen vor uns. Nicht die wissenschaftliche Einsicht, sondern die religiöse Duldung ist der Endzweck, auf den seine Aufklärung abzielt. Sein kritisches Interesse erlahmt, sobald ihm dieser Zweck gesichert scheint, und das paradoxe Gefüge des Systems brachte es mit sich, daß er glauben konnte, ihn unter Preisgabe der Wissenschaft am gewissesten und gefahrlosesten erreichen zu können.

Freilich ist damit zuletzt weder der Vernunft, die keine Möglichkeit mehr besitzt, ihr Reich theoretisch zu festigen und auszubauen, noch auch dem Glauben gedient. Denn welcher Wert bleibt noch einer Religion, die unseren Verstand mit

---

[1]) „Ce que c'est que la France toute catholique sous le règne de Louis le Grand" vgl. bes. Oeüvres diverses II, 347.

dunklen Rätseln quält und die sich der Einwirkung auf unseren sittlichen Willen grundsätzlich begeben muß? Der Zwiespalt aber, der hier zurückbleibt, hat wiederum einen tieferen sachlichen Grund: er erklärt sich, wenn man die psychologische Grundauffassung des Menschen betrachtet, von der Bayle seinen Ausgang nimmt. M o n t a i g n e hatte gegen alle Zweifel seines theoretischen und sittlichen Relativismus einen festen Ankergrund im Begriffe des „natürlichen Menschen" gefunden. Der Mensch der Natur, der noch nicht durch die äußerlichen Bindungen und Satzungen, die die fortschreitende Zivilisation erschafft, in seinem Wesen verfälscht ist, bleibt für ihn der sichere Leitstern. Hier wird dieser Skeptiker gläubig; hier leiht er den phantastischen Erzählungen über die Verfassung der Naturvölker Amerikas willig Gehör: das goldene Zeitalter ist ihm unmittelbar in der Gegenwart lebendig geworden. Alles, was die Philosophen jemals von einem primitiven Idealzustand ersinnen konnten, reicht nicht heran an die reine und schlichte Naivetät, die uns hier die Erfahrung zeigt. »„Wilde" heißen wir jene, wie wir die Früchte wild nennen, die die Natur aus sich heraus und ohne fremde Hilfe hervorbringt; während wir im Grunde das Wort für diejenigen brauchen sollten, die wir künstlich verändert und durch Anpassung an unseren verdorbenen Geschmack zu Bastarden gemacht haben. Wider alle Vernunft wäre es, daß die Kunst den Vorrang vor unserer großen und mächtigen Mutter Natur gewinnen sollte. Wir haben die Schönheit und den Reichtum ihrer Werke so sehr mit unseren eigenen Erfindungen überladen, daß wir sie darunter völlig erstickt haben: wo immer noch einmal ihre Reinheit hervorleuchtet, da beschämt sie in erstaunlicher Weise unsere eitelen und frivolen Bemühungen« (Essais I, 30). Von solcher Rousseauschen Grundstimmung ist Bayle weit entfernt. Er erschließt das „Wesen" des Menschen lediglich aus dem Verlauf seiner Geschichte: hier aber dient ihm jedes neue Blatt dazu, das naive Zutrauen zu der ursprünglichen Güte seiner Natur zu widerlegen. „L'homme est méchant et malheureux; chacun le connaît par ce qui se passe au dedans de lui et par le commerce qu'il est obligé d'avoir avec son prochain . .

(Nous voyons) partout les monuments du malheur et de la méchanceté de l'homme: partout des prisons et des hôpitaux; partout des gibets et des mendiants .... L'histoire n'est à proprement parler qu'un recueil des crimes et des infortunes du genre humain"[1]). Dieser **Pessimismus** ist der tiefste Grund der Bayleschen Skepsis. Die sittliche Vernunft bleibt ihm ein Danaergeschenk; sie vermag das Ziel des Handelns festzustellen und den Weg zu erleuchten, aber die natürliche Kraft, es ins Leben und in die Wirklichkeit zu rufen, bleibt ihr versagt. So rein und selbständig ihr inneres Gesetz auch ist, es kann nach außen nichts bewegen. Den theologischen Gedanken an eine ursprüngliche Verderbnis der **Vernunft** hat Bayle überwunden: aber der andere Glaube an das „radikale Böse" in der **empirischen Menschennatur** ist ihm geblieben. Und diese ethische Beurteilung findet im theoretischen Gebiet ihr Gegenstück. Wo er den Socinianismus und seinen Anspruch einer rationalen Prüfung der Glaubenswahrheiten bekämpft, da wirft er ihm bezeichnenderweise vor allem einen **psychologischen** Grundirrtum vor. Man muß ein Schwärmer sein, um zu meinen, daß der Mensch von einem drückenden Joche befreit wäre, wenn man ihm den Gedanken an abstrakte Unbegreiflichkeiten erließe. Denn eben der innere Widerspruch bildet den Reiz und die beständige Anziehungskraft des Glaubens. „Wer eine philosophische Religion erfinden will, der mag alle schwerverständlichen Lehrsätze aus ihr entfernen, aber er mache sich auch von dem eitlen Wahne frei, daß die Menge ihm jemals folgen werde"[2]). Der Mensch bedarf, seinem Wesen nach, des festen positiven Dogmas: die Indifferenz in diesem Punkte wird ihm immer für verächtlicher und verwerflicher gelten, als selbst ein falsches Bekenntnis[3]). So ist der Zweifel an der **Realität** der Vernunft bei Bayle allenthalben nur das Ergebnis und der notwendige Ausdruck der Verzweiflung an ihrer empirisch-geschichtlichen **Verwirklichung.** Er ist andernteils bedingt durch die ein-

---

[1]) Dictionnaire: Article: Manichéens, Rem. D.
[2]) Art.: Socin (Fauste); Rem. H.
[3]) Art.: Acoste, Rem. H.

geschränkte Bedeutung, die der Begriff der Vernunft bei ihm noch besitzt. Den Betätigungen der Vernunft in der modernen Wissenschaft steht Bayle fern: seine Erörterungen über das Unendlichkeitsproblem, so wichtig ihr letztes metaphysisches Ergebnis ist, zeigen dennoch, wie sehr ihm jedes innerliche Verhältnis zur mathematischen Prinzipienlehre fehlt. Daher bleibt das Denken bei ihm trotz allem zuletzt auf seine scholastische Leistung, auf die dialektische Zergliederung gegebener Sätze beschränkt: es ist, wie er selbst es bezeichnet, ein auflösendes und zerstörendes, nicht ein aufbauendes Prinzip[1]). Die Kritik der positiven Theologie aber konnte nicht einzig mit den Mitteln der logischen und philologischen Analyse zu Ende geführt werden; sie bedurfte der Ergänzung durch die Philosophie der Naturwissenschaft. Voltaire erst, der überall wieder auf Bayles Sätze zurückgeht, vermochte sie zu weiteren und freieren Folgerungen fortzuführen, weil er nicht allein der Kritiker des Dogmas, sondern zugleich der Verkünder der neuen Newtonischen Weltansicht ist.

[1]) Art.: Manichéens.